Marc Buggeln, Michael Wildt (Hrsg.)

Arbeit im Nationalsozialismus

Arbeit im Nationalsozialismus

Herausgegeben von
Marc Buggeln und
Michael Wildt

DE GRUYTER
OLDENBOURG

Dieser Band geht zurück auf eine Tagung, die im Dezember 2012 im Internationalen Geisteswissenschaftlichen Kolleg „Arbeit und Lebenslauf in globalgeschichtlicher Perspektive" (re:work) in Berlin stattfand, und konnte mit freundlicher Unterstützung des Kollegs gedruckt werden.

ISBN 978-3-486-76538-0
e-ISBN (PDF) 978-3-486-85884-6
e-ISBN (EPUB) 978-3-11-039907-3

Library of Congress Cataloging-in-Publication Data
A CIP catalog record for this book has been applied for at the Library of Congress.

Bibliografische Information der Deutschen Nationalbibliothek
Die Deutsche Nationalbibliothek verzeichnet diese Publikation in der Deutschen Nationalbibliografie; detaillierte bibliografische Daten sind im Internet über http://dnb.dnb.de abrufbar.

Rosenheimer Straße 143, 81671 München, Deutschland
www.degruyter.com
Ein Unternehmen von De Gruyter
Titelbild: Hakenkreuzfahnen für den ‚Tag der nationalen Arbeit' (1. Mai) werden in einer Fahnenfabrik vor der Färbung mit roter Farbe zum Trocknen aufgehängt. Photographie, Berlin 1933. © akg images, Berlin.

Druck und Bindung: CPI books GmbH, Leck
Gedruckt in Deutschland
Dieses Papier ist alterungsbeständig nach DIN/ISO 9706

www.degruyter.com

Inhalt

Teil II: Bilder und Inszenierungen der Arbeit

Teil III: Von der Kollaboration bis zur Vernichtung

Marc Buggeln, Michael Wildt

Arbeit im Nationalsozialismus (Einleitung)

1 Historische Arbeits-Semantiken in Deutschland bis 1933

Im Schweiße seines Angesichts sollte der Mensch sein Brot essen, so lautete der Fluch Gottes nach der Vertreibung von Adam und Eva aus dem Paradies. Mühsal und Plackerei gehören ohne Zweifel zu den ältesten Vorstellungen von Arbeit; und es ist kennzeichnend, dass die Bedeutung von Arbeit als Strafe hier ihren Ausgang nahm. Das Leben all-inclusive ohne Arbeit hieß Paradies.[1]

In den antiken Stadtstaaten war die schwere Handarbeit den Sklaven auferlegt, während die Bürger sich für die Geschicke ihrer Polis engagierten, ihre Muße zum Philosophieren nutzten oder Kriegsdienst leisteten – ihrem Verständnis nach alles tugendhafte Beschäftigungen, keine Arbeit. Faulheit indes war eine Schande.[2]

Die in Europa christlich geprägte Vormoderne bildete eine deutliche Zäsur, war doch Arbeit für alle Christenmenschen obligatorisch: ora et labora. Nichtstun wurde als Gefahr für die Seele begriffen. Somit galt auch, dass Menschen, die – aus welchen Gründen auch immer – nicht im Sinne der christlichen Obrigkeit arbeiteten, einer Arbeit zugeführt werden sollten.

> Keine betteler unnd bettleryn sollen ynn unnserem kirchspiell ynn der stadt noch dorffern, gelidden werden, dann welche mit alder oder kranckkeitt nicht beladen, sollen arbeiten oder aus unnserm kirchspiell [...] hynwegk getrieben werden,

forderte Martin Luther 1523.[3] Seit dem 16. Jahrhundert entstanden so genannte Arbeitshäuser, in denen Arbeit für den Lebensunterhalt und Arbeit als Strafe gleichermaßen galten. Menschen wurden eingeteilt in diejenigen, die arbeite-

1 Walter Bienert, Die Arbeit nach der Lehre der Bibel, Stuttgart 1954.

2 Wilfried Nippel, Erwerbsarbeit in der Antike, in: Jürgen Kocka/Claus Offe/Beate Redslob (Hrsg.), Geschichte und Zukunft der Arbeit, Frankfurt/New York 2000, S. 54–56; Werner Conze, Arbeit, in: Otto Brunner/Werner Conze/Reinhart Koselleck (Hrsg.), Geschichtliche Grundbegriffe, Bd. I., S. 154–215, hier S. 155–158.

3 Zit. n.: Conze, Arbeit, S. 164. Umgekehrt konnte sich diese Kritik auch gegen den müßiggängerischen Adel richten. „Als Adam grub und Eva spann, wo war denn da der Edelmann?“ wurde zum geflügelten Wort im 15./16. Jahrhundert.

ten, die nicht arbeiten konnten und die nicht arbeiten wollten. Arbeit, Armenfürsorge und soziale Kontrolle waren seit dem Spätmittelalter zunehmend miteinander verbunden.[4]

All diese Bedeutungen verschwanden nicht in der Moderne, doch mit der Herausbildung der bürgerlichen Gesellschaft in Europa verknüpfte sich Arbeit mit dem Streben nach Reichtum und Glück. In den Schriften der Aufklärer und frühen Nationalökonomen wie John Locke oder Adam Smith kam es zu einer „emphatischen Aufwertung der Arbeit als Quelle von Eigentum, Reichtum und Zivilität bzw. als Kern menschlicher Existenz und Selbstverwirklichung".[5] Auch Karl Marx' fundamentale Kritik am Kapitalismus gründet auf der Annahme, dass die Arbeit allein Werte schaffe und sich der Kapitalist ungerechtfertigt einen Mehrwert der von den Arbeitern geleisteten Arbeit aneigne. Jürgen Kocka betont, dass dennoch die Ambivalenzen von Arbeit nicht unbeachtet blieben. So unterschieden Adam Smith und Adam Ferguson zwischen produktiver und unproduktiver, geistiger und mechanischer, hochwertiger und gemeiner Arbeit.

Durch die Industrialisierung, die Entwicklung einer kapitalistischen Marktwirtschaft setzte sich die lohnabhängige Erwerbsarbeit als dominante Arbeitsform durch. Mit der räumlichen Trennung von Wohnung und Arbeitsplatz erhielt die Fabrikarbeit nicht nur ein eigenes Zeitregime,[6] sie wurde auch entlang der Geschlechterlinien ganz unterschiedlich verteilt. Die Familie hörte auf, Produktionseinheit zu sein; Frauen wurden für den Haushalt und die Familie verantwortlich, während überwiegend die Männer ‚zur Arbeit' gingen.[7] Das Modell der „male breadwinner family" herrscht seither vor, obwohl Sonya O. Rose zu

---

4 Otto Gerhard Oexle, Arbeit, Armut, „Stand" im Mittelalter, in: Kocka/Offe/Redslob, Geschichte und Zukunft der Arbeit, S. 67–79. Es ist kein Zufall, dass Arbeitshäuser sich zuerst in England und in den Niederlanden, also in frühkapitalistischen Gesellschaften ausbreiteten. Ihre zentrale Aufgabe war es, vor- bzw. unterbürgerliche Schichten zu einem bürgerlichen Arbeits- und Leistungsethos zu „erziehen".

5 Jürgen Kocka, Mehr Last als Lust. Arbeit und Arbeitsgesellschaft in der europäischen Geschichte, in: ders., Arbeiten an der Geschichte. Gesellschaftlicher Wandel im 19. und 20. Jahrhundert, Göttingen 2011, S. 203–224, hier S. 206 (Online verfügbar: [http://www.zeitgeschichte-online.de/thema/mehr-last-als-lust], eingesehen 12.5.2014).

6 Edward P. Thompson, Time, Work-Discipline and Industrial Capitalism, in: Past & Present 38 (1967), S. 56–97; Alf Lüdtke, Arbeitsbeginn, Arbeitspausen, Arbeitsende. Skizzen zur Bedürfnisbefriedigung und Industriearbeit im 19. und frühem 20. Jahrhundert, in: ders., Eigen-Sinn. Fabrikalltag, Arbeitererfahrungen und Politik vom Kaiserreich bis in den Faschismus, Hamburg 1993, S. 85–119.

7 Karin Hausen, Work in Gender, Gender in Work: The German Case in Comparative Perspective, in: Jürgen Kocka (Hrsg.), Work in a Modern Society. The German Historical Experience in Comparative Perspective, New York/Oxford 2013, S. 73–92.

Recht darauf aufmerksam macht, dass in der Wirklichkeit die Sphären Haushalt und Arbeitsplatz keineswegs so strikt voneinander getrennt waren (und sind), sondern vielfältig miteinander verflochten. Selbstverständlich gab und gibt es viele Frauen, die erwerbstätig sind, und Familien konstituierten die ‚Klassenidentität' von männlichen Beschäftigten ebenso wie ihre Arbeitserfahrungen.[8]

Das Male-Breadwinner-Modell bestimmte nicht nur die Erwerbsarbeit in den kapitalistischen europäischen Gesellschaften, es durchdrang diese auch kulturell. Es korrespondierte mit einer Trennung von Öffentlichkeit, in der der Mann agierte, und Privatheit der Familie, die der Frau vorbehalten war. Gleichzeitig beinhaltete das Modell eine spezifische Ausformung von Maskulinität, bei der dem Mann politische und soziale Macht zufiel: er galt als Beschützer von Frauen und Kindern. Frauen hingegen erhielten die Rolle von Müttern, die für die Reproduktion der Familie, die Erziehung der Kinder und die emotionale Unterstützung des Mannes sorgen sollten. Umgekehrt wurden Frauen geächtet, die sich der Rolle des zu beschützenden Wesens entzogen, selbst für ihren Lebensunterhalt aufkommen und ein eigenständiges, selbstbestimmtes, von der Familie unabhängiges Leben führen wollten.[9]

Der bürgerliche Staat des 19. und 20. Jahrhunderts befestigte diese historisch hergestellte Geschlechterdifferenz, indem er ‚Familienpolitik' betrieb und arbeitsrechtliche Vorgaben erließ, die weibliche Erwerbstätigkeit erschwerten bzw. Frauen wieder ‚heim an den Herd' bringen sollten.[10] Insbesondere das NS-Regime unternahm große Anstrengungen, um 1933/34 mit einer Kampagne gegen „Doppelverdiener" im öffentlichen Dienst mitarbeitende Ehefrauen zu entlassen und ihre Arbeitsplätze Männern zu geben oder mit Ehestandsdarlehen junge, selbstredend „rassereine" Familien zu unterstützen, verbunden mit der Verpflichtung, dass die Frau zu Hause bleibt und die Rolle der deutschen Mutter einnimmt.[11] Hierbei konnten sie auf Zustimmung bei einem großen Teil der Männer aus der Arbeiterbewegung hoffen.[12]

8 Sonya O. Rose, Limited Livelihoods: Gender and Class in Nineteenth-Century England, Berkeley/Los Angeles 1992.

9 Hausen, Work in Gender, S. 90; Angelika Wetterer, Arbeitsteilung und Geschlechterkonstruktion. „Gender at Work" in theoretischer und historischer Perspektive, Konstanz 2002; Kathleen Canning, Gender History in Practice: Historical Perspective on Bodies, Class, and Citizenship, Ithaca 2006.

10 Gisela Bock/Pat Thane (Hrsg.), Maternity and Gender Policies. Women and the Rise of the European Welfare States 1880s–1950s, London/New York 1991; Susanne Rouette, Sozialpolitik als Geschlechterpolitik. Die Regulierung der Frauenarbeit nach dem Ersten Weltkrieg, Frankfurt a. M./New York, 1993.

11 Detlev Humann, „Arbeitsschlacht". Arbeitsbeschaffung und Propaganda in der NS-Zeit 1933–1939. Göttingen 2011, S. 152–178; vgl. seinen Beitrag in diesem Band. Doppelverdiener-

Das semantische Feld Arbeit band sich gleichfalls ein in die Nationalisierungsbestrebungen im Europa des 19. Jahrhunderts. In der Theorie Adam Smiths war die Summe aller produktiven Arbeit der Reichtum der Nation; umgekehrt besaß die Nation ein eminentes Interesse an der Organisation, Mobilisierung und Produktivierung von Arbeit. ‚Nationale Arbeit' im Sinne äußersten Arbeitseinsatzes als Dienst an der Nation war durchaus ein gängiger Topos schon im 19. Jahrhundert. Aus dem „Recht auf Arbeit" wurde eine „Pflicht zur Arbeit", stilisiert zur „Ehre der Arbeit".[13]

Ausdrücklich entwarf der Volkskundler und Publizist Wilhelm Heinrich Riehl 1861 in seinem Buch „Die deutsche Arbeit" eine spezifisch nationale Form des Arbeitens.[14] Das deutsche Volk, so Riehl, denkt, wenn es von Arbeit spricht, „an eine aus sittlichen Motiven entspringende, nach sittlichem Ziele ringende That, die mit dem Nutzen für uns selbst zugleich den Nutzen für andere Leute verbindet"[15]. Diese Auffassung von Arbeit unterscheide sich scharf vom „Schaffen und Raffen blos um eigennützigen Gewinns willen"[16], wofür selbstredend vor allem die „Juden" stehen, deren Arbeit Handel und „Schacher" seien. Die Vorstellung vom „schaffenden Deutschen" und „raffenden Juden" bildete einen festen Bestandteil völkischen Denkens.[17]

So rückwärts gewandt die antisemitische, Handwerk und Bauerntum verklärende Rhetorik anmutet, so war sie doch eine ‚moderne' Antwort auf die

kampagnen hatte es in Deutschland allerdings bereits 1919/20 und erneut seit 1930, u.a. propagiert vom Zentrum und auch von Teilen der SPD gegeben: Stefan Bajohr, Die Hälfte der Fabrik. Geschichte der Frauenarbeit in Deutschland 1914 bis 1945, Marburg 1979, S. 168–189. Die NS-Kampagne führte nur zu einem sehr geringen Rückgang der Frauenarbeit in der Industrie: Rüdiger Hachtmann, Industriearbeiterinnen in der deutschen Kriegswirtschaft 1936–1944/45, in: Geschichte & Gesellschaft 19 (1993), S. 332–366, hier S. 334–336.

12 Bei einer von Erich Fromm u.a. durchgeführten Befragung 1929/30 meinten nicht nur 90 % der nationalsozialistisch sondern auch etwa jeweils über 50 % der sozialdemokratisch und kommunistisch wählenden Angestellten und Arbeiter, dass eine verheiratete Frau keinen Beruf ausüben sollte: Erich Fromm, Arbeiter und Angestellte am Vorabend des Dritten Reiches, Eine sozialpsychologische Untersuchung, München 1980, S. 186.

13 Conze, Arbeit, S. 208f. Vgl. auch: Frank Trommler, Die Nationalisierung der Arbeit, in: Reinhold Grimm/Jost Hermand (Hrsg.), Arbeit als Thema der deutschen Literatur vom Mittelalter bis zur Gegenwart, Königstein/Taunus 1979, S. 102–125.

14 Wilhelm Heinrich Riehl, Die Deutsche Arbeit, Stuttgart 1861; vgl. dazu: Joan Campbell, Joy in Work, German Work: The National Debate, 1800–1945, Princeton/New Jersey 1989, S. 32–46. Pina Bock (Leipzig) arbeitet an einer Dissertation zum Topos „Deutsche Arbeit" im 19. Jahrhundert.

15 Riehl, Arbeit, S. 5.

16 Ebd., S. 6.

17 Vgl. dazu den Beitrag von Michael Wildt in diesem Band.

unumkehrbaren Transformationen der Gesellschaft.[18] Auch der so genannte nationale Sozialismus ging von der sozialen Existenz der Arbeiterschaft als neuer, durch die kapitalistische Industrie geschaffener Klasse aus und strebte deren Integration in eine völkisch strukturierte Gesellschaft an. Der Antisemitismus ermöglichte eine Kapitalismuskritik, ohne den Kapitalismus abzuschaffen.

Und es gab durchaus Korrespondenzen mit der sozialistischen Arbeiterbewegung. So formulierte die Sozialdemokratische Partei in ihrem Gothaer Programm 1875:

> Die Arbeit ist die Quelle allen Reichtums und aller Kultur, und da allgemein nutzbringende Arbeit nur durch die Gesellschaft möglich ist, so gehört der Gesellschaft, d. h. allen ihren Gliedern, das gesamte Arbeitsprodukt, bei allgemeiner Arbeitspflicht, nach gleichem Recht, jedem nach seinen vernunftgemäßen Bedürfnissen.[19]

Die Auffassung, dass nur derjenige, der arbeitet, ein nützliches Glied der Gesellschaft sei und Müßiggang gewissermaßen Diebstahl am Volksvermögen, die sich bei den Sozialdemokraten vor allem gegen adlige Großgrundbesitzer und Kapitalisten richtete, ließ sich durchaus antisemitisch deuten, indem die Müßiggänger und Ausbeuter als jüdisch identifiziert und die Schaffenden als nationale Gemeinschaft bestimmt wurden.[20]

Aber in solchen Sätzen steckte auch ein großer Stolz auf die eigene Arbeitsleistung als werteschaffende Produktivkraft, als Ausweis erfahrener Handfertigkeit und handwerklicher Kompetenz. Gleichzeitig verweisen sie auf eine männlich konnotierte Kulturbedeutung. Auch sozialistische Arbeiter konnten den Topos „deutsche Qualitätsarbeit" für sich reklamieren, ohne deshalb in den Verdacht zu kommen, als Parteigänger der völkischen Rechten zu gelten.[21] Die Bilder und Formeln der „deutschen Qualitätsarbeit", so Alf Lüdtke, transportierten zweierlei: „zum einen den Appell an die Arbeitserfahrungen und -haltungen; zum anderen den Verweis auf deren Bedeutsamkeit für das ‚große Ganze'"[22].

Neben der völkischen und der sozialistischen Arbeiterbewegung gewann nicht zuletzt der Erste Weltkrieg große Bedeutung für die Semantik wie Praxis

18 Zur Verklärung von Bauerntum und Handwerk im italienischen Faschismus vgl. den Beitrag von Katharina Schembs in diesem Band.

19 Siehe dazu die bissige Kritik von Karl Marx, Randglossen zum Programm der deutschen Arbeiterpartei, in: Karl Marx, Friedrich Engels, Werke, Bd. XIX, Berlin 1978, S. 15–32.

20 Peer Jürgens, Antisemitismus: Sozialismus der dummen Kerls? Sozialdemokratie und Antisemitismus im Deutschen Kaiserreich, Hamburg 2013.

21 Alf Lüdtke, Arbeit, Arbeitserfahrungen und Arbeiterpolitik. Zum Perspektivenwandel in der historischen Forschung, in: ders., Eigen-Sinn, S. 351–440, hier insb. S. 399–409.

22 Ebd., S. 404. Vgl. auch das Interview mit Alf Lüdtke in diesem Band.

von Arbeit, die nun einem militärischen Regime unterworfen wurde. Das Gesetz über den vaterländischen Hilfsdienst vom Dezember 1916, das auf Veranlassung der Obersten Heeresleitung unter Paul von Hindenburg und Erich Ludendorff zustande kam, verpflichtete alle Männer zwischen siebzehn und sechzig Jahren, die nicht zur Armee eingezogen waren, in der Rüstungsindustrie oder einem kriegswichtigen Betrieb zu arbeiten. Damit wurde die freie Wahl des Arbeitsplatzes aufgehoben, und das Militär hatte seinen Einfluss auf die Organisation der Arbeit im Deutschen Reich erkennbar erweitern können.[23]

2 Nationalsozialistische Arbeitsvorstellungen und -praktiken (1933–1939)

In diesem Feld widerstreitender historischer Semantiken, differenter sozialer Praktiken und öffentlichen Diskurses zum Thema Arbeit in der deutschen Gesellschaft agierten die Nationalsozialisten nach der Erringung der Macht 1933 und konnten durchaus an Vorstellungen von Arbeit anknüpfen, die zunächst keineswegs als nationalsozialistisch zu kennzeichnen waren. So griff die Hitler/Papen-Regierung eine Tradition der Arbeiterbewegung auf und erklärte den 1. Mai zum staatlichen Feiertag mit Lohnfortzahlung – und deutete ihn zugleich um in einen „Tag der nationalen Arbeit". „Ehret die Arbeit und achtet den Arbeiter!" lautete das offizielle Motto dieses 1. Mai 1933.[24] Am folgenden Tag stürmten SA-Trupps die Gewerkschaftshäuser, verhafteten die Funktionäre und zerschlugen buchstäblich die freie Gewerkschaftsbewegung. An deren Stelle trat die Deutsche Arbeitsfront, in der sowohl Unternehmer als Betriebsführer als auch Arbeitnehmer als Gefolgschaft organisiert waren. Den Zweck dieser neuen Organisation formulierte Hitler in einer Verordnung vom 24. Oktober 1934 ganz unmissverständlich: „Das Ziel der Deutschen Arbeitsfront ist die Bildung einer wirklichen Volks- und Leistungsgemeinschaft aller Deutschen. Sie hat dafür zu sorgen, dass jeder einzelne seinen Platz im wirtschaftlichen Leben der Nation in der geistigen und körperlichen Verfassung einnehmen kann, die ihn zur höchs-

23 Zum Hilfsdienstgesetz siehe: Gerald D. Feldman, Armee, Industrie und Arbeiterschaft in Deutschland 1914–1918, Berlin/Bonn 1985, S. 169–206.

24 Gesetz über die Einführung eines Feiertages der nationalen Arbeit vom 10.4.1933, in: RGBl. I, S. 191; siehe dazu den Beitrag von Inge Marszolek in diesem Band.

ten Leistung befähigt und damit den größten Nutzen für die Volksgemeinschaft gewährleistet."[25]

Arbeit als Dienst an der Volksgemeinschaft – auf diese Formel lässt sich das nationalsozialistische Verständnis von Arbeit bringen. „Volksgemeinschaft", so formulierte Hitler in einem vom Frankfurter Volksblatt am 27. Januar 1934 publizierten Gespräch mit Hanns Johst,

> das heißt Gemeinschaft aller wirkenden Arbeit, das heißt Einheit aller Lebensinteressen, das heißt Überwindung von privatem Bürgertum und gewerkschaftlich-mechanisch-organisierter Masse, das heißt die unbedingte Gleichung von Einzelschicksal und Nation, von Individuum und Volk. [...] Der deutsche Bürger mit der Zipfelmütze muß Staatsbürger werden und der Genosse mit der roten Ballonmütze Volksgenosse. Beide müssen mit ihrem guten Willen den soziologischen Begriff des Arbeiters zu dem Ehrentitel der Arbeit adeln. Dieser Adelsbrief allein vereidigt den Soldaten wie den Bauern, den Kaufmann wie den Akademiker, den Arbeiter wie den Kapitalisten auf die einzig mögliche Blickrichtung aller deutschen Zielstrebigkeiten: auf die Nation. [...] Denn alles, was nicht verfiebert zur Arbeit drängt und sich zur Arbeit bekennt, ist im Bereich des Nationalsozialismus zum Absterben verurteilt.[26]

Während zunächst die kreditfinanzierten Programme zu Arbeitsbeschaffungsmaßnahmen der vorangegangenen Regierungen fortgesetzt wurden, veränderte die NS-Regierung 1933/34 signifikant die Arbeitsorganisation. Mit der Zerschlagung der freien Gewerkschaften wurde die Tarifautonomie aufgehoben; per Gesetz wurde im Mai 1933 „Treuhändern der Arbeit" die rechtsverbindliche Regelung der Tarifpolitik übertragen. Das Gesetz zur Ordnung der nationalen Arbeit vom 20. Januar 1934 bestätigte die autoritäre Macht der Treuhänder. In den Unternehmen sollte von nun an eine „Betriebsgemeinschaft" mit „Führer" und „Gefolgschaft" herrschen; an die Stelle betrieblicher Mitbestimmung durch Betriebsräte traten abhängige „Vertrauensräte"; betriebliche Konflikte sollten künftig durch eine soziale Ehrgerichtsbarkeit geschlichtet werden.[27]

Im Februar 1935 wurde das Arbeitsbuch, und damit die Kontrolle über den Wechsel von Beschäftigungsverhältnissen, wieder eingeführt, die in Deutsch-

---

25 Zit. n.: Michael Schneider, Unterm Hakenkreuz. Arbeiter und Arbeiterbewegung 1933 bis 1939, Bonn 1999, S. 182. Zur DAF vgl. die demnächst erscheinende umfassende Darstellung von Rüdiger Hachtmann.

26 Zit. n.: Max Domarus, Hitler. Reden und Proklamationen 1932–1945. Kommentiert von einem Zeitgenossen, Teil I: Triumph, Bd. I: 1932–1934, Leonberg 1988, S. 150f.

27 Vgl. den Beitrag von Rüdiger Hachtmann in diesem Band; dort auch weitere Literaturhinweise. Zum Arbeitsrecht im Nationalsozialismus siehe ebenfalls den Beitrag von Martin Becker in diesem Band. Zur politischen Aufladung des betrieblichen Raums im Nationalsozialismus vgl. den Beitrag von Ulrich Prehn in diesem Band.

land im Laufe des 19. Jahrhunderts zugunsten einer freien Wahl des Arbeitsplatzes abgeschafft worden war. Im Juni 1935 folgte dann die obligatorische Verpflichtung zum Arbeitsdienst.[28] Die Dienstpflicht galt prinzipiell für Jugendliche beiderlei Geschlechts, tatsächlich rekrutiert wurden aber vornehmlich junge Männer im Alter zwischen 18 und 24 Jahren, die nun vor ihrem Wehrdienst ein halbes Jahr Arbeitsdienst zu leisten hatten. Stärker als der ökonomische Nutzen und die Senkung der Arbeitslosenzahl[29] stand dabei die Formierungsabsicht im Vordergrund. Schon auf der Kabinettssitzung am 4. April 1933 hatte Hitler betont, „dass man die Arbeitsdienstpflicht nicht zunächst unter wirtschaftlichen Gesichtspunkten betrachten solle. Er sehe darin vor allem ein Instrument, das zur bewussten Erziehung zur Volksgemeinschaft hervorragend geeignet sei."[30] Und im Gesetz zum Reichsarbeitsdienst vom Juni 1935 hieß es: „Der Reichsarbeitsdienst soll die deutsche Jugend im Geiste des Nationalsozialismus zur Volksgemeinschaft und zur wahren Arbeitsauffassung, vor allem zur gebührenden Achtung der Handarbeit erziehen."[31]

Die hohe Wertschätzung der körperlichen Arbeit durchzog die gesamte nationalsozialistische Propaganda. Schon in seiner Rede zum 1. Mai 1933 auf dem Tempelhofer Feld in Berlin hatte Hitler unterstrichen:

> Wir wollen in einer Zeit, da Millionen unter uns leben ohne Verständnis für die Bedeutung des Handarbeitertums, das deutsche Volk durch die Arbeitsdienstpflicht zu der Erkenntnis erziehen, dass Handarbeit nicht schändet, nicht entehrt, sondern vielmehr wie jede andere Tätigkeit dem zur Ehre gereicht, der sie getreu und redlichen Sinnes erfüllt.

Stürmischen Beifall erhielt Hitlers Forderung:

> Es bleibt unser unverrückbarer Entschluss, jeden einzelnen Deutschen, sei er, wer er sei, ob reich, ob arm, ob Sohn von Gelehrten oder Sohn von Fabrikarbeitern, einmal in seinem Leben zur Handarbeit zu führen, damit er sie kennenlernt.[32]

---

28 Bis dato war der Arbeitsdienst offiziell freiwillig, doch eine große Zahl junger Männer arbeitete dort, weil ihnen ansonsten die Arbeitslosenunterstützung entzogen worden wäre: Humann, „Arbeitsschlacht", S. 365–480; Kiran Klaus Patel, „Soldaten der Arbeit". Arbeitsdienste in Deutschland und den USA 1933–1945, Göttingen 2003, S. 73–103.

29 Bei der Senkung der Arbeitslosenzahlen durch die Einführung der Arbeitsdienstpflicht handelte es sich selbstredend um einen statistischen Effekt, waren die Jugendlichen doch allein durch ihre sechsmonatige Beschäftigung beim Reichsarbeitsdienst noch längst nicht wieder längerfristig in Lohn und Brot gebracht.

30 Akten der Reichskanzlei, Teil I, Nr. 85, S. 288f., zit. n.: Patel, Soldaten der Arbeit, S. 77.

31 RGBl. 1935 I, S. 769, zit. n.: Patel, Soldaten der Arbeit, S. 107.

32 Domarus, Hitler. Reden und Proklamationen, Bd I., S. 262.

2.1 Materieller und ideeller Lohn

Materielle Entlohnung sollte von der ideellen Wertschätzung entkoppelt werden. Für Hitler war jede Handlangertätigkeit für das Bestehen einer Gesellschaft genauso notwendig wie die Arbeit eines Ingenieurs oder eines Erfinders – im ideellen Sinn.[33] Materiell wurde jedoch durchaus differenziert entlohnt. Die Nationalsozialisten favorisierten Leistungslöhne, Akkordsysteme und Prämien mit der Folge, dass sich das Lohnsystem erheblich aufspreizte. Zum einen sollten so Leistungsanreize entstehen, zum anderen aber auch Solidarität unter den Arbeitern erschwert werden.[34]

Doch vergrößerten sich seit 1933 nicht nur die Lohnunterschiede zwischen Arbeitern, sondern vor allem verstärkte sich – ganz im Unterschied zu Götz Alys Annahmen – die Differenz zwischen den unteren und oberen Einkommensschichten. Wie eine bisher nur wenig beachtete Untersuchung des Ökonomen Fabian Dell zeigt, umfasste der Einkommensanteil des reichsten einen Prozents der deutschen Bevölkerung von 1923 bis 1933 relativ konstant etwa 11 % des Gesamteinkommens. Von 1933 bis 1938 stieg dieser Anteil um erstaunliche fünf Prozent auf insgesamt über 16 % an.[35] Demgegenüber lagen die nominellen Bruttostundenverdienste deutscher Arbeiter 1936 um 22,8 % und auch 1943 noch um 8 % unter dem Vorkrisenniveau von 1929, obwohl ab 1937 nahezu Vollbeschäftigung herrschte.[36] Gleichzeitig sank der Einkommensanteil der

33 Zudem lobten die Nationalsozialisten in herausgehobener Weise die nichtentlohnte, mehr oder minder freiwillige Arbeit als Dienst an der Volksgemeinschaft, was auf die Ambivalenzen einer Ausweitung des Arbeitsbegriffs über die Lohnarbeit hinaus verweist: vgl. dazu den Beitrag von Jürgen Kocka in diesem Band.

34 Rüdiger Hachtmann, Industriearbeit im Dritten Reich. Untersuchungen zu den Lohn- und Arbeitsbedingungen 1933–1945, Göttingen 1989, S. 90–160; vgl. auch: ders., Vom „Geist der Volksgemeinschaft durchpulst“ – Arbeit, Arbeiter und die Sprachpolitik der Nationalsozialisten, in: zeitgeschichte-online, Januar 2010, [http://www.zeitgeschichte-online.de/zol-sprachpolitik-2010], eingesehen 5.6.2014.

35 Fabian Dell, Top Incomes in Germany Throughout the Twentieth Century: 1891–1998, in: Alan B. Atkinson/Thomas Piketty (Hrsg.), Top Incomes over the Twentieth Century. A Contrast between European and English-Speaking Countries, Oxford 2007, S. 365–425, hier S. 376. Hingegen beschränkt sich Götz Aly auf die Untersuchung einiger Steuern und Abgaben, ohne ein differenziertes Bild von der Entwicklung der Primäreinkommen zu geben:Götz Aly, Hitlers Volksstaat. Raub, Rassenkrieg und nationaler Sozialismus, Frankfurt a.M. 2005, insb. der Abschnitt „Gefälligkeitsdiktatur“, S. 49–90.

36 Hachtmann, Industriearbeit, S. 92–135.

unteren Hälfte der Einkommensskala von 1928 bis 1936 von 25 auf 18 % herab.[37] Mit der Verordnung des Beauftragten für den Vierjahresplan über die Lohngestaltung vom 25. Juni 1938 legte Göring nun Höchstlöhne für bestimmte Bereiche fest, die nicht überschritten werden durften. Im Krieg weitete die NS-Führung dies durch die Kriegswirtschaftsverordnung vom 4. September 1939 und die Durchführungsverordnung zur Verordnung über die Lohngestaltung vom 23. April 1941 weiter aus. Partiell konnten Betriebe, wenn sie Arbeitskräfte gewinnen wollten, durch die Ausweitung betrieblicher Sozialpolitik andere Anreize schaffen, aber diese waren im Gegensatz zu tariflichen Löhnen keine einklagbaren und dauerhaften Festlegungen. Die makroökonomischen Daten belegen also deutlich, dass die Einkommensungleichheit im Nationalsozialismus bis Kriegsbeginn deutlich zunahm. Diese Daten waren den Arbeitern aber nicht zugänglich, für sie zählte vor allem, dass der Nationalsozialismus neue Arbeitsplätze geschaffen hatte und die Löhne sowie die Familieneinkommen gegenüber dem Tiefpunkt der Krise langsam stiegen.

2.2 Ausschluss aus der Leistungsgemeinschaft und „Erziehung zur Arbeit"

Die nationalsozialistische Volksgemeinschaft sollte nach dem Willen der NS-Führung auch und vor allem eine Leistungsgemeinschaft sein. Die menschliche Arbeitskraft sollte möglichst vollständig und umfassend zu Produktions- und Reproduktionszwecken genutzt werden. Wer nicht bereit war, seinen Beitrag zu erbringen, musste aus der Volksgemeinschaft ausgeschlossen werden. Diejenigen, die vermeintlich die Arbeit verweigerten, wurden in Arbeitshäuser, kommunale Fürsorgelager und auch in Konzentrationslager gesperrt, um sie mit Gewalt zur Arbeit zu „erziehen". Wer als „unverbesserlich" eingestuft wurde, den internierte man dauerhaft in einem Konzentrationslager.

Die Hervorhebung körperlicher Arbeit im Nationalsozialismus besaß demnach zugleich eine dunkle Seite. Denn „Handarbeit" sollte auch in den Konzentrationslagern dazu erziehen, aus den Gegnern des NS-Regimes und „Arbeitsscheuen" loyale, fleißige „Volksgenossen" zu machen. Gerade zu Beginn des NS-Regimes gab es etliche Zeitungsberichte über die Konzentrationslager, in denen immer wieder betont und mitunter mit Fotografien propagandistisch

37 Werner Abelshauser, Germany: guns, butter, and economic miracles, in: Mark Harrison (Hrsg.), The economics of World War II. Six great powers in international comparison, Cambridge 1998, S. 122–176, hier S. 148.

unterstrichen wurde, dass die Häftlinge unter harten, aber nicht grausamen Bedingungen lernen würden, sich in die „Volksgemeinschaft“ einzufügen und mit ihrer Arbeit zum Wohl des großen Ganzen beizutragen. So berichtete die „Münchner Illustrierte Presse“ am 16. Juli 1933 in einem großen Artikel mit etlichen Fotografien über das Konzentrationslager Dachau und zeigte unter anderem ein Bild, auf dem mehrere Häftlinge eine Straßenwalze zogen. In der Bildunterschrift hieß es dazu:

> Volksverführern denen der Begriff der Arbeit ihr Leben lang fremd geblieben ist, lernen ihn hier zum eigenen Nutzen kennen. Zum ersten Mal arbeiten sie produktiv in einer Gemeinschaft.[38]

Arbeit hatte in den frühen Konzentrationslagern vor allem zwei Funktionen: Erziehung und Terror. Vor allem jüdische Häftlinge mussten eine besonders brutale Behandlung erleiden und häufig die schwersten, mitunter völlig sinnlosen Arbeiten verrichten: Arbeit als Strafe und Gewalttat. Harriet Scharnberg schildert in ihrem Beitrag, dass mit dem Überfall auf Polen im September 1939 und dem Einsatz von jüdischen Zwangsarbeitern im besetzten Polen eine breite antisemitische Kampagne in deutschen Zeitschriften begann, in der in Bildreportagen voller Hohn und Abscheu über „Juden lernen arbeiten“ berichtet wurde. Die Fotos sollten die Ungeschicktheit der Arbeitenden zeigen, die in unzweckmäßiger Kleidung, nur unbeholfen arbeiten konnten. Der Kontrast zu „deutschen Arbeitern“ war mit Absicht ins Bild gesetzt und sollte das Unvermögen der „jüdischen Rasse“ zu konstruktivem Aufbau offenbaren.[39]

Aber auch die so genannten „Arbeitsscheuen“ gerieten mit Beginn des NS-Regimes in den Fokus der Verfolger. So berichtete der Lübecker Volksbote am 23. September 1933:

> Süßes Nichtstun gefällt dem Unterstützungsempfänger Alfred Helms, der in Rellingen als Fürsorgearbeiter beschäftigt werden sollte, besser als Arbeit. [...] Nachdem er verschiedene Male ergebnislos aufgefordert worden war, die ihm zugewiesene Beschäftigung zu übernehmen, wurde er abgeholt und ins Konzentrationslager gebracht.[40]

---

38 Zit. n.: Hans-Günter Richardi, Schule der Gewalt. Das Konzentrationslager Dachau, München/Zürich 1995, S. 200; vgl. auch: Paul Moore, „Man hat es sich viel schlimmer vorgestellt.“ German Concentrations Camps in Nazi Propaganda, 1933–1939. Representation and Reception, in: Christiane Heß/Julia Hörath/Dominique Schröder/Kim Wünschmann (Hrsg.), Kontinuitäten und Brüche. Neue Perspektiven auf die Geschichte der NS-Konzentrationslager, Berlin, 2011, S. 99–114.

39 Vgl. den Beitrag von Harriet Scharnberg in diesem Band.

40 Zit. n.: Moore, „Man hat es sich schlimmer vorgestellt“, S. 107.

In einer großen reichsweit angelegten Razzia, die von zahlreichen Zeitungen wie dem Lübecker Volksboten publizistisch unterstützt worden war, hatte die Polizei im September 1933 über zehntausend Menschen, die als Bettler, Obdachlose und Landstreicher angesehen wurden, kontrolliert, teilweise vor Gericht gebracht oder in ein Konzentrationslager verschleppt.[41] Schon im Sommer hatten das Reichspropagandaministerium und das Reichsinnenministerium darauf gedrängt, gegen das „Bettelunwesen", das das öffentliche Bild störe, polizeilich vorzugehen. Das bayrische Innenministerium erkannte dann im Oktober 1934 das KZ Dachau als Arbeitsanstalt im Sinne des § 20 der Reichsfürsorgepflichtverordung an; die badische Regierung erklärte das Arbeitshaus Kislau, in dem auch ein Konzentrationslager existierte, zum Vollzugsort des fürsorgerechtlichen Arbeitszwanges.[42]

Im Januar 1938 erteilte Himmler den Gestapostellen im Reich und dann auch in Österreich, das im März angegliedert worden war, den Befehl, so genannte „Arbeitsscheue" zu verhaften und im KZ Buchenwald zu internieren. Diese Aktion, die etwa 1.500 Menschen ins Konzentrationslager brachte, war aber nur der Auftakt für eine größere Verhaftungswelle im Juni 1938. Dieses Mal erhielt jeder Leitstellenbezirk der Kriminalpolizei eine feste Quote, mindestens 200 arbeitsfähige, „asoziale" Männer zu verhaften. Zusätzlich sollten alle männlichen Juden interniert werden, die jemals zu einer Haftstrafe von mindestens einem Monat verurteilt worden waren, was bei den geringsten Delikten möglich war. Die Polizei erfüllte das Soll um ein Dreifaches; insgesamt wurden zwischen 9.000 und 10.000 Männer verhaftet – unter ihnen 2.500 jüdische Häftlinge – und nach Buchenwald, Dachau und Sachsenhausen gebracht.[43] Der Zweck der Internierung lag darin, die Häftlinge als Arbeitskräfte für den Ausbau der Lager und für die SS-eigenen Betriebe, insbesondere zur Herstellung von Ziegeln für die Baubranche, auszunutzen; zugleich sorgte das rassenbiologische Selektionskriterium für das gewünschte Ziel, „Asoziale" aus dem deutschen „Volkskörper" auszusondern.[44]

41 Zur „Bettlerrazzia" siehe: Wolfgang Ayaß, „Asoziale" im Nationalsozialismus, Stuttgart 1995, S. 20–41; Julia Hörath, Experimente zur Kontrolle und Repression von Devianz und Delinquenz. Die Einweisung von „Asozialen" und „Berufsverbrechern" in die Konzentrationslager 1933 bis 1937/38, Diss. FU Berlin, 2012, S. 163–388.

42 Vgl. den Beitrag von Julia Hörath in diesem Band.

43 Kim Wünschmann, Cementing the Enemy Category: Arrest and Imprisonment of German Jews in Nazi Concentration Camps, 1933–8/9, in: JContH 45 (2010) 3, S. 576–600.

44 Ayaß, „Asoziale", S. 138–165; Christian Faludi (Hrsg.), Die „Juni-Aktion" 1938. Eine Dokumentation zur Radikalisierung der Judenverfolgung, Frankfurt a.M./New York 2013.

3 Arbeit im Krieg (1939–1945)

3.1 Dienstverpflichtung, Arbeitserziehungslager und erste Zwangsarbeiter

Nachdem im Herbst 1936 im Deutschen Reich nahezu die Vollbeschäftigung erreicht worden war, entwickelte sich in einigen aufstrebenden Industriebereichen, wie z.B. in der Flugzeugindustrie, ein Arbeitskräfteengpass. Dieser wurde bis 1939 vor allem durch die Anwerbung ausländischer Arbeitskräfte, insbesondere aus Italien, und die Abwerbung aus anderen Wirtschaftsbereichen gelöst. Je näher der Krieg rückte, umso überzeugter war die politische Führung wie auch das Oberkommando der Wehrmacht, dass die Behebung von Arbeitskräfteengpässen nun noch viel weniger freien Marktkräften überlassen werden durfte. Vielmehr sollte eine sehr viel stärkere Lenkung und staatliche Mobilisierung erfolgen. Im Zuge dessen entwickelte sich der NS-Staat immer stärker hin zu einer Mobilisierungsdiktatur.

Bereits im Februar 1939 hieß es in einer Verordnung des Beauftragten für den Vierjahresplan:

> Die Durchführung unaufschiebbarer Aufgaben von besonderer staatspolitischer Bedeutung darf durch Mangel an Arbeitskräften nicht gefährdet werden.[45]

Bei Kriegsbeginn folgte die Verordnung über die Beschränkung des Arbeitsplatzwechsels, die den Arbeitsämtern die vollkommene Überwachung aller Arbeitsmarktbewegungen ermöglichte. Die Einstellung von neuen Arbeitern war damit nun ebenso wie die Möglichkeit zum Arbeitsplatzwechsel von der Zustimmung des Arbeitsamtes abhängig.[46] Bis Ende 1939 griffen die Arbeitsämter rund 1,3 Millionen Mal zum Mittel der Dienstverpflichtung, in etwa 500 000 Fällen ging es dabei um Umstellungen in der Industrie zu Kriegsbeginn.[47] Da diese und die anderen zu Kriegsbeginn eingeführten Maßnahmen (Lohnkürzung, Arbeitszeitverlängerung, Streichung von Überstundenzuschlägen) in der Bevölkerung für erhebliche Missstimmung sorgten und die Umstellungsengpässe schnell überwunden werden konnten, nahm man die Maßnahmen zurück und

---

45 Verordnung zur Sicherstellung des Kräftebedarfs für Aufgaben von besonderer staatspolitischer Bedeutung vom 13. Februar 1939, in: RGBl. (1939) I, S. 206.

46 Verordnung über die Beschränkung des Arbeitsplatzwechsels vom 1. September 1939, in: RGBl. (1939) I, S. 1685.

47 Vgl. den Beitrag von Karsten Linne in diesem Band.

verzichtete erst einmal darauf, die Arbeitseinsatzpolitik umfassender auf den Bedarf einer Kriegswirtschaft umzustellen.[48] Das von den Nationalsozialisten nun propagierte Ideal der „kämpfenden Volksgemeinschaft", deren Mitglieder auf dem Weg zum angestrebten Sieg Opfer zu bringen hatten, erwies sich in der Praxis als nur bedingt durchsetzungsfähig. Dabei blieb die Frage, welche Opfer man der Bevölkerung meinte zumuten zu können, bis zum Kriegsende aktuell.

Zunehmender Zwang und wachsende Anforderungen mit Kriegsbeginn führten mancherorts auch zu einem Anstieg von Absentismus oder zu verlangsamten Arbeiten durch Teile der Arbeiterschaft. Auf diese Tendenzen reagierte das Regime mit äußerster Schärfe. Prägendster Ausdruck dessen war die Einrichtung von Arbeitserziehungslagern, die 1940 nach Absprachen zwischen SS und Wirtschaftsverbänden unter der Leitung regionaler Gestapostellen eingerichtet wurden. Dort wurden widerständige Arbeiter bis zu 56 Tage bei schwerster Zwangsarbeit und miserabelsten Lebensbedingungen inhaftiert. In einigen Lagern waren die Sterblichkeitsraten deutlich höher als in den Vorkriegs-Konzentrationslagern. Bis Kriegsende entwickelte sich ein nahezu flächendeckendes System von Arbeitserziehungslagern im Reich. Während zu Beginn die Mehrheit der Inhaftierten oft von deutschen Arbeitern gebildet wurde, waren später ausländische Zwangsarbeiter in der Überzahl.[49]

Nach dem siegreichen Feldzug gegen Polen begann der Einsatz polnischer Kriegsgefangener. Zuerst nur kurzfristig geplant, wurde, als sich die NS-Führung für einen längerfristigen Einsatz polnischer Zivilarbeiter im Reich entschied, vor allem um den Arbeitskräftemangel in der Landwirtschaft zu beheben, ein rassistisches Sonderrecht für die polnischen Arbeiter geschaffen. Dieses sorgte für eine schlechte Bezahlung und sollte zugleich eine möglichst strikte Separierung von der deutschen Bevölkerung gewährleisten. Vor Ort blieb das Verhältnis zwischen den lokalen Bauern und den polnischen Arbeitern jedoch oft noch von der Tradition der langjährigen polnischen Wanderarbeit geprägt, wogegen NS-Parteiorganisationen mobilisierten und auch lokal die Durchsetzung deutschen Herrenmenschentums propagierten – ein Ziel, dem sie notfalls mit exemplarischem Terror Nachdruck verliehen.

---

48 Timothy W. Mason, Sozialpolitik im Dritten Reich. Arbeiterklasse und Volksgemeinschaft, Opladen 1977, S. 295–299.

49 Gabriele Lotfi, KZ der Gestapo. Arbeitserziehungslager im Dritten Reich, Stuttgart 2000.

3.2 Der deutsche Arbeiter als Vorarbeiter Europas

Die euphorische Hochphase nationalsozialistischer Arbeitsplanung begann nach dem erfolgreichen Westfeldzug im Sommer 1940. In einer von der NS-Presse breit rezipierten Rede im September 1940 entwickelte Hans Kehrl, ein Textilindustrieller, der zum Redezeitpunkt Generalreferent für Sonderaufgaben im Reichswirtschaftsministeriums war und später eine zentrale Funktion in Speers Rüstungsministerium übernahm, seine Vorstellungen einer Kriegswirtschaft:

> Den Konkurrenzkampf werden wir zum Segen aller beibehalten. Aber wir können nicht darauf warten, daß sozusagen die Kraft der Stärkeren den Schwächeren an die Wand drückt und zahllose kranke Betriebe Jahre und Jahrzehnte hindurch mitschleppt. Wir werden hier etwas schneller arbeiten, dem Konkurrenzkampf, dem Ausleseprozess durch sinnvolle Vereinbarungen nachhelfen müssen, um nicht kostbare Arbeitskräfte zu vergeuden, wo sie nicht benötigt werden, während sie auf anderen wichtigen Gebieten fehlen.[50]

Wesentlicher Grund für die Notwendigkeit der staatlichen Beschleunigung kapitalistischer Destruktions- und Erneuerungsprozesse, die einen nationalsozialistisch geprägten Kriegsfordismus in Gang setzten,[51] war bei Kehrl schon der Mangel an Arbeitskraft, und dies galt im besonderen Maße für die knapper werdende Verfügbarkeit männlicher deutscher Arbeitskräfte:

> Im Großraum können die deutschen Arbeiter in Zukunft nur noch für hochwertige und bestbezahlte Arbeit, die den höchsten Lebensstandard ermöglicht, angesetzt werden; Produkte, die diese Voraussetzungen nicht erfüllen, werden wir in immer zunehmendem Maße den Randvölkern zur Produktion überlassen und überlassen müssen.[52]

Während die deutschen Arbeiter mit Höchstlöhnen belohnt werden und auch die nord- und westeuropäischen Nationen qualifizierte industrielle Arbeit leisten sollten, wurde den slawischen Menschen harte körperliche Arbeit zugewiesen. Sie sollten zu Arbeitssklaven des von NS-Deutschland beherrschten Wirtschaftsraums werden.[53]

---

50 Vortrag von Hans Kehrl vor der Industrie- und Handelskammer der Niederlausitz am 9.9.1940, abgedr. in: Reinhard Opitz (Hrsg.), Europastrategien des deutschen Kapitals 1900–1945, Köln 1977, S. 777–789, hier S. 785.

51 Zum Begriff Kriegsfordismus: Rüdiger Hachtmann, Fordism and Unfree Labour: Aspects of the Work Deployment of Concentration Camp Prisoners in German Industry between 1941 and 1944, in: IRSH 55 (2010), S. 485–513.

52 Vortrag Kehrl am 9.9.1940, in: Opitz (Hrsg.), Europastrategien, S. 786.

53 1940 glaubte man noch an die Eroberung eines großen Kolonialreichs. Für dieses arbeiteten die nationalsozialistischen Planer Ideen für ein koloniales Arbeitsregime aus: Karsten Linne,

In der Praxis erwies sich jedoch die strikte Hierarchisierung in Europa nur bedingt als praktikabel, denn das Dritte Reich befand sich im Krieg und Arbeit war eine knappe Ressource. Darum ging es weniger um die Realisierung eines Ideals als vielmehr um den möglichst schnellen Einsatz von Arbeitskräften für den deutschen Kriegsbedarf. Zudem knüpfte man vielerorts an alte Arbeitstraditionen an, z.B. im vormals vom österreichischen Kaiserreich beherrschten Teil Südosteuropas.[54] Bis zum Jahr 1941 blieb das kontinentale Arbeitsregime der Nationalsozialisten insgesamt weitgehend Stückwerk. Letztlich hoffte man doch, die Arbeitskraftengpässe durch deutsche Männer aufgrund von Truppenreduzierungen nach schnell beendeten Feldzügen in den Griff zu bekommen. Nur bei einigen Engpässen und vor allem in der Landwirtschaft setzte man auf ausländische Arbeitskräfte. Ein zentral gelenktes europäisches Zwangsarbeitsregime war dabei erst in Ansätzen entstanden.

3.3 1941/42: Scheitern des Blitzkrieges und Aufbau eines zentral gelenkten europäischen Zwangsarbeitsregimes[55]

Den zentralen Einschnitt in der deutschen Arbeitskräftepolitik während des Krieges bildet der Überfall auf die Sowjetunion. Erst nachdem der deutsche Blitzkrieg gegen die Sowjetunion im Herbst 1941 als gescheitert angesehen werden musste, wurden Arbeitskräfte endgültig zur knappen Ressource. Anstatt, wie bis November 1941 geplant, Soldaten von der Front in die Rüstungsproduktion zu entlassen, wollte man nun auch sowjetische Arbeiter zum Arbeitseinsatz ins Reich holen. Die gesamte Organisation der Kriegswirtschaft sollte zentralisiert werden, mit dem neu geschaffenen Reichsministerium für Bewaffnung und Munition unter Albert Speer im Mittelpunkt und der Einrichtung eines Generalbevollmächtigten für den Arbeitseinsatz, zu dem Hitler den thüringischen Gauleiter Fritz Sauckel ernannte.

Das erklärte Ziel Sauckels war es, innerhalb kürzester Zeit für eine Massenrekrutierung ausländischer Arbeiter in die deutsche Rüstungswirtschaft zu sorgen. Anfangs glaubte man noch, dass die ausländischen Arbeiter freiwillig kommen würden, aber das Vorgehen der Rekrutierungsstäbe in den besetzten

„Weiße Arbeitsführer" im „Kolonialen Ergänzungsraum". Afrika als Ziel sozial- und wirtschaftspolitischer Planungen in der NS-Zeit, Münster 2002.

54 Vgl. den Beitrag von Sabine Rutar in diesem Band.

55 Für eine Problematisierung der Begriffe Zwangsarbeit und unfreie Arbeit vgl. die Beiträge von Christoph Thonfeld und Marc Buggeln in diesem Band.

Gebieten führte rasch dazu, dass die freiwilligen Meldungen dramatisch abnahmen und die Deutschen zur offenen Zwangsrekrutierung übergingen. Sauckel meldete, dass sein Stab in den ersten acht Monaten seines Einsatzes (bis Ende November 1942) etwa 2,7 Millionen Arbeitskräfte ins Reich geschafft habe.[56]

Die ausländischen zivilen Arbeiter machten den bedeutendsten Zugewinn für die deutsche Kriegsproduktion aus. Daneben holte man jedoch auch Millionen sowjetischer Kriegsgefangener ins Reich. Zudem einigten sich bereits im März 1942 Speer und Himmler darüber, dass fortan auch KZ-Häftlinge in der Rüstungsindustrie eingesetzt werden sollten, die ab dem Herbst 1942 in Außenlager in der Nähe von Fabriken transportiert wurden. Fast gleichzeitig versprach das Justizministerium 1942, mehr Häftlinge aus den Justizvollzugsanstalten für die Kriegsproduktion zur Verfügung zu stellen und sich stärker um eine entsprechende Ausbildung der Insassen zu kümmern.[57]

3.4 Vom Massenmord und -sterben zur Leistungsernährung

Die Wirtschaftsführer des Reiches hatten 1941 erkannt, dass ein möglicher Mangel an Arbeitskräften eine zentrale Gefahr für die Fortführung des Krieges bildete. Dennoch dominierte bei vielen Verantwortlichen Rassismus und Herrenmenschentum während die Effizienz des Zwangsarbeitereinsatzes für sie von weit geringerer Bedeutung war. Bis zum Sommer 1942 finden sich immer wieder Aussagen, die das Leiden und Sterben unterschiedlicher Kategorien von Zwangsarbeitern eher befürworteten und den Erhalt der Arbeitskraft hintanstellten.

Am eindeutigsten dominierte die Vernichtungspolitik gegenüber der jüdischen Bevölkerung Europas. Im Protokoll der Wannseekonferenz hieß es im Januar 1942:

> In großen Arbeitskolonnen, unter Trennung der Geschlechter, werden die arbeitsfähigen Juden straßenbauend in diese Gebiete geführt, wobei zweifellos ein Großteil durch natürliche Verminderung ausfallen wird.

56 Ulrich Herbert, Fremdarbeiter. Politik und Praxis des „Ausländereinsatzes" in der Kriegswirtschaft des Dritten Reiches, Bonn 1999, S. 182–209.

57 Wachsmann, Gefangen unter Hitler. Justizterror und Strafvollzug im NS-Staat, München 2006, S. 241.

Auch gegen andere Gruppen wurde unverhohlen eine Politik der „Vernichtung durch Arbeit“ gefordert. Im Herbst 1942 schlug Joseph Goebbels dem neu ernannten Justizminister Thierack vor:

> Hinsichtlich der Vernichtung asozialen Lebens steht Dr. Goebbels auf dem Standpunkt, daß Juden und Zigeuner schlechthin, Polen, die etwa 3 bis 4 Jahre Zuchthaus zu verbüßen hätten, Tschechen und Deutsche, die zum Tode, lebenslangem Zuchthaus oder Sicherungsverwahrung verurteilt wären, vernichtet werden sollten. Der Gedanke der Vernichtung durch Arbeit sei der beste.[58]

In der Vereinbarung zwischen Thierack und Himmler wurde dieser Vorschlag wenig später konkrete Politik.[59] Über sein Abkommen mit Himmler schrieb Thierack an Bormann:

> Unter dem Gedanken der Freimachung des deutschen Volkskörpers von Polen, Russen, Juden und Zigeunern [...] beabsichtige ich, die Strafverfolgung gegen Polen, Russen, Juden und Zigeuner dem Reichsführer SS zu überlassen. Ich gehe hierbei davon aus, daß die Justiz nur in kleinem Umfang dazu beitragen kann, Angehörige dieses Volkstums auszurotten.[60]

In den Kriegsgefangenenlagern im Reich selektierte die SS alle Kriegsgefangenen, die sie als „untragbare Elemente“ ausmachte – mindestens 38.000 Menschen, die dann in einem Konzentrationslager ermordet wurden.[61] Doch auch für die übrigen war die Lage katastrophal. Im Reichsgebiet starben von Mitte Juli 1941 bis Mitte April 1942 mit mindestens 227.000 sowjetischen Kriegsgefangenen etwa die Hälfte der ins Reich Transportierten.[62]

Im Laufe des Jahres 1942 setzten sich jedoch zunehmend jene Stimmen durch, die zumindest den Arbeitseinsatz von polnischen und sowjetischen Zwangsarbeitern während des Krieges für unverzichtbar und eine Anpassung

---

58 Aufzeichnung Thieracks über ein Gespräch mit Goebbels am 14.9.1942, in: StAN, PS-682. Auch: Jens-Christian Wagner, Das Außenlagersystem des KL Mittelbau-Dora, in: Ulrich Herbert/Karin Orth/Christoph Dieckmann, Die nationalsozialistischen Konzentrationslager. Entwicklung und Struktur, Bd. II, S. 707–729, hier S. 720.

59 Aufzeichnung Thierack über ein Gespräch mit Himmler vom 18.9.1942, in: StAN, PS-654, abgedr. in: IMT, Bd. XXVI., S. 200–202.

60 Schreiben Thierack an Bormann vom 13.10.1942, in: StaN, PS-1063(a), abgedruckt in: IMT, Bd. XXVI., S. 697–699.

61 Reinhard Otto, Wehrmacht, Gestapo und sowjetische Kriegsgefangene im deutschen Reichsgebiet 1941/42, München 1998, S. 264–268.

62 Rolf Keller, Sowjetische Kriegsgefangene im Deutschen Reich 1941/42. Behandlung und Arbeitseinsatz zwischen Vernichtungspolitik und kriegswirtschaftlichen Zwängen, Göttingen 2011, S. 436.

der Behandlung an wirtschaftliche Notwendigkeiten für unumgänglich hielten. Dies führte dazu, dass das Oberkommando der Wehrmacht ab März 1942 schrittweise die Ernährungssätze für sowjetische Kriegsgefangene verbesserte und damit langsam die Sterblichkeit reduzierte.[63] Auch in den großen Ghettos in Osteuropa hielten einige Vertreter von Besatzungsregime und Wirtschaft selbst die Arbeitskraft der jüdischen Insassen zunehmend für wichtiger für die Kriegswirtschaft. Doch handelte es sich im Regelfall lediglich um einen temporären Aufschub der Ermordung; nur in wenigen Fällen bedeutete die „Rettung durch Arbeit", wie es der Judenratsvorsitzende Rumkowski im Ghetto Litzmannstadt/Łódź formulierte, tatsächlich ein Entrinnen vor der Vernichtung.[64] Auch im KZ-System galt es nun, die Arbeitskraft der Häftlinge besser für die deutsche Kriegswirtschaft auszunutzen. Doch da es an ausreichender Nahrung mangelte, war man bereit, die Leistungsschwächeren dem Untergang preiszugeben. Ausreichende Leistung konnte nun Schutz bieten, doch auch dies keineswegs immer, wie sich etwa während der Bauphase des KZ Mittelbau-Dora zeigte. Dort mussten KZ-Häftlinge den Bau der Stollenanlage für die V2-Produktion unter solch katastrophalen Bedingungen schnell vorantreiben, dass auch leistungsstarke Häftlinge in großer Zahl starben. Weil hier nur die schnelle Fertigstellung zählte, konnte die SS trotz der Toten auf den Beifall der NS-Oberen, u.a. von Rüstungsminister Speer, hoffen. Arbeit und Vernichtung gingen Hand in Hand, ohne dass es einen Disput darüber in den beteiligten Stellen gegeben hätte.[65]

Ihren prägendsten Ausdruck fand die zunehmende Rationalisierung und Ökonomisierung des Zwangsarbeitereinsatzes in den arbeitsphysiologischen Versuchen, Arbeitsleistung in Korrelation zur Ernährung zu optimieren. Hierbei entwickelte die oberschlesische Industrie die Idee, alle Nahrungszulagen nur noch an jene Zwangsarbeiter auszugeben, die Höchstleistungen erbrachten.[66] Dies wurde Ende 1943 vom Rüstungsministerium aufgegriffen und man empfahl, „durch die Ausgabe von zweierlei Essen den schlechter arbeitenden Teil der Kriegsgefangenen zu erziehen bzw. zu strafen"[67]. Führender Fachmann auf dem Gebiet der Ernährungsphysiologie war Prof. Heinrich Albrecht Kraut, Abteilungsleiter im Kaiser-Wilhelm-Institut für Arbeitsphysiologie, der 1944 dann

63 Vgl. die Beiträge von Jens-Christian Wagner und Stefan Hördler in diesem Band.

64 Vgl. den Beitrag von Andrea Löw in diesem Band.

65 Jens-Christian Wagner, Die Produktion des Todes. Das KZ Mittelbau-Dora, Göttingen 2001; Marc Buggeln, Arbeit & Gewalt. Das Außenlagersystem des KZ Neuengamme, Göttingen 2009.

66 Dietrich Eichholtz, Geschichte der deutschen Kriegswirtschaft, 3 Bde., Berlin 1969/1985/1996, hier: Bd. II., S. 276–279.

67 Rundschreiben des RMRuK vom 23.12.1943, in: BAB, R 3/1818.

Versuche zur „Leistungsernährung“ an Zwangsarbeitern durchführte.[68] Rüdiger Hachtmann ist zweifellos zuzustimmen, dass es sich bei den Kraut'schen Versuchen um „Hungern nach dem Leistungsprinzip unter wissenschaftlicher Aufsicht“[69] handelte. Zur umfassenden Umsetzung der Versuche kam es aufgrund des nahenden Kriegsendes nicht mehr, doch ab Ende 1944 war die Leistungsernährung in ihrer groben Form beim Umgang mit Ostarbeitern zur Standardpraxis in vielen Industriebetrieben geworden.[70]

3.5 Deutsche Arbeiter und Arbeiterinnen: Zwischen totaler Überarbeitung, Bombenkrieg und Machtangeboten

Während die Erfahrungen und das Verhalten der deutschen Arbeiter in der Vorkriegszeit häufig untersucht wurden, blieben die Kriegserfahrungen lange Zeit ein kaum beackertes Forschungsfeld.[71] Aus den wenigen Studien geht aber deutlich hervor, dass nach der Rücknahme der ersten Kriegserlasse die Bedingungen für Arbeiter im Reich bis Ende 1941 vergleichsweise stabil blieben. Umfassender wirkte sich der Krieg auf die im Reich gebliebenen Arbeiterinnen und Arbeiter erst ab 1942 aus. Der neu eingesetzte Rüstungsminister Albert Speer unterstützte generell die Forderungen aus Industrie und Wehrmacht, die deutschen Arbeiter in stärkerem Maße den Härten der Kriegswirtschaft auszusetzen, und stieß dabei auf den Widerstand von NS-Funktionären, die weiterhin den Zusammenbruch der inneren Front fürchteten. Auch erste Versuche, deutsche Frauen ab 1943 in stärkerem Maße zur Arbeit in der Rüstungsindustrie zu verpflichten, führten nur zu partiellen Erfolgen. Die von den Planern erhofften Zahlen an berufstätigen Frauen konnten zu keiner Zeit erreicht werden, was auch daran lag, dass der Anteil von Frauenarbeit in der deutschen Wirtschaft –

---

68 Siehe dazu den Beitrag von Irene Raehlmann in diesem Band sowie Eichholtz, Geschichte, Bd. III., S. 246–266.

69 Rüdiger Hachtmann, Wissenschaftsmanagement im „Dritten Reich“. Geschichte der Generalverwaltung der Kaiser-Wilhelm-Gesellschaft, 2 Bde. Göttingen 2007, Bd. 2, S. 937.

70 Adam Tooze, Ökonomie der Zerstörung. Die Geschichte der Wirtschaft im Nationalsozialismus, München 2007, S. 611; Mark Spoerer, Zwangsarbeit unter dem Hakenkreuz. Ausländische Zivilarbeiter, Kriegsgefangene und Häftlinge im deutschen Reich und im besetzten Europa 1939–1945, Stuttgart 2001, S. 129f.

71 Ein Grund hierfür dürfte sein, dass die für die Vorkriegszeit umfangreich genutzte Quelle der Sopade-Berichte 1940 versiegt. Die Pionierstudie zum Thema ist: Wolfgang Franz Werner, „Bleib übrig“. Deutsche Arbeiter in der Kriegsgesellschaft, Düsseldorf 1983. Für diese Einleitung konnte leider noch nicht auf das Werk von Michael Schneider, In der Kriegsgesellschaft. Arbeiter und Arbeiterbewegung 1939–1945, Bonn 2014, zurückgegriffen werden.

vor allem in der Landwirtschaft, weniger in der Industrie – schon früh vergleichsweise hoch gewesen war.[72] Insgesamt sank die Zahl der deutschen Arbeitskräfte im Reich von 39 Millionen 1939 auf 29 Millionen 1944, was vor allem der Rekrutierung durch die Wehrmacht geschuldet war.[73] Dagegen ging der Zuwachs an Arbeitskräften von Mai 1942 bis Mai 1944 bis zu etwa 90 Prozent auf ausländische Arbeitskräfte und nur zu etwa zehn Prozent auf deutsche Arbeitskräfte zurück.[74] Ohne den massiven Zustrom ausländischer Zwangsarbeiter hätte die deutsche Rüstungswirtschaft deswegen ab 1942 kaum noch aufrechterhalten werden können.

Obwohl die NS-Führung es vermied, deutschen Arbeiterinnen und Arbeitern besondere Härten zuzumuten, nahmen die Belastungen ab 1942 zu. In der Industrie wurden 60-Stunden-Wochen zum Normalfall, und bei Sonderprogrammen wie etwa dem Adolf-Hitler-Panzerprogramm wurden auch von deutschen Arbeitern mitunter 72-Stunden-Wochen verlangt.[75] Dies führte dazu, dass die Kräfte der Arbeiter zunehmend schwanden. Selbst Industrielle wie Walter Rohland mussten zugeben, dass die physischen Kräfte der deutschen Arbeiter für diese Anstrengungen mitunter nicht mehr ausreichten.[76]

Zu einer ständigen Bedrohung insbesondere für die Arbeiterschaft in den deutschen Großstädten entwickelte sich ab 1942 der alliierte Bombenkrieg. Von den britischen Flächenbombardements wurden insbesondere die großstädtischen Wohnflächen getroffen; deutsche Arbeiterinnen und Arbeiter verloren dabei oft ihr Heim und wurden zwischenzeitlich in Lagern, dann in Behelfswohnbauten untergebracht. Beständig stand die Frage im Raum, inwieweit Kinder oder Frauen und Kinder die Stadt verlassen sollten, wobei die Mehrheit der Familien dazu tendierte, lieber gemeinsam in der Gefahr auszuharren, um die Familie als stabile Kerneinheit in einer sich langsam auflösenden Gesellschaft zu bewahren.[77]

---

72 Tooze, Ökonomie, S. 591–593; Abelshauser, Germany: guns, butter, and economic miracles, S. 162.

73 Eichholtz, Geschichte, Bd. II, S. 259.

74 Ebd., S. 235.

75 Werner, „Bleib übrig“, S. 241–256; Hachtmann, Industriearbeit, S. 244.

76 Eichholtz, Geschichte, Bd. II., S. 261.

77 Dietmar Süß, Tod aus der Luft. Kriegsgesellschaft und Luftkrieg in Deutschland und England, München 2011, insb. Kapitel VI und VII; Ralf Blank, Kriegsalltag und Luftkrieg an der „Heimatfront“, in: Militärgeschichtliches Forschungsamt (Hrsg.), Das Deutsche Reich und der Zweite Weltkrieg, Bd. IX/I, Stuttgart 2004, S. 357–461; Nicole Kramer, Volksgenossinnen an der Heimatfront. Mobilisierung, Verhalten, Erinnerung, Göttingen 2011, S. 247–306.

Für Frauen bot der Krieg neue Arbeitsmöglichkeiten.[78] Dabei verwischten mitunter die Grenzen zwischen weiblicher und männlicher Arbeit stärker, als dies die nationalsozialistische Ideologie hätte erwarten lassen. Viele Frauen übernahmen im Luftschutz klassische Männerarbeit.[79] Ab Juli 1943 durften Frauen auch Flakgeschütze bedienen, und die Wehrmacht setzte etwa 500.000 Helferinnen ein.[80] Gegen Kriegsende stand sogar der Einsatz eines Frauenbataillons kurz bevor.[81] Auch beim Einsatz im besetzten Osteuropa boten sich den zumeist jungen Frauen neue Karrieremöglichkeiten. Als Reichsdeutsche genossen sie dort viele Privilegien und erhielten mitunter deutliche Lohnzuschläge. Zumeist füllten sie die sozialpflegerischen und pädagogischen Arbeiten zur Aufrechterhaltung der deutschen Herrschaft aus.[82] Auch wenn die Frau vielerorts tatsächlich als Kämpferin auftrat, wurde dieses Bild von der nationalsozialistischen Propaganda kaum bedient, weil es die Grenzen von Männlichkeit und Weiblichkeit zu stark verwischte. In der Propaganda blieb das Bild der Mutter vorherrschend. Es wurde ergänzt von einer Figur, die das Mütterliche und das Kämpferische verband: die Kameradin.[83]

3.6 Arbeit an den Fronten der Gewalt: Krieg & Töten

Insgesamt waren bis 1945 17 Millionen deutsche Männer in der Wehrmacht eingesetzt gewesen. Von der männlichen deutschen Arbeiterbevölkerung, die 1939 aktiv war, wurden bis Kriegsende mindestens zehn Millionen zur Wehrmacht eingezogen, unter ihnen mindestens drei Millionen Industriearbeiter. Omer Bartov betonte 1990 zu Recht, dass die Frage, was dies für die Weltanschauung von Arbeitern bedeutete, lange Zeit kaum erforscht wurde.[84] Die neuere For-

---

78 Vgl. dazu auch den Beitrag von Nicole Kramer in diesem Band.

79 Kramer, Volksgenossinnen, S. 103–180.

80 Franka Maubach, Die Stellung halten. Kriegserfahrungen und Lebensgeschichten von Wehrmachtshelferinnen, Göttingen 2009.

81 Sybille Steinbacher, Frauen im Führerstaat, in: Winfried Süß/Dietmar Süß (Hrsg.), Das „Dritte Reich". Eine Einführung, München 2008, S. 103–119, hier S. 114. Gefangene deutschen Soldaten, denen die Alliierten von diesen Plänen berichteten, äußerten darüber ihre tiefste Abscheu: Sönke Neitzel/Harald Welzer, Soldaten. Protokolle vom Kämpfen, Töten und Sterben, Frankfurt a.M. 2011.

82 Elisabeth Harvey, Women and the Nazi East. Agents and Witnesses of Germanization, New Haven 2003.

83 Kramer, Volksgenossinnen, S. 343.

84 Omer Bartov, The Missing Years: German Workers, German Soldiers, in: German History 8 (1990), S. 46–65.

schung und insbesondere das Projekt zur Erforschung der britischen und US-amerikanischen Abhörprotokolle von deutschen Kriegsgefangenen hat jedoch einige dieser Lücken schließen können.[85] Ziemlich einhellig wird inzwischen davon ausgegangen, dass in der Wehrmacht ein Geist der Kameradschaft vorherrschte. Politische Kategorien wie „Nazi" oder „Anti-Nazi" spielten ebenso wie politische Diskussionen kaum eine Rolle. Dies führte aber keineswegs zu Neutralität. Es dominierten patriotische, nationale und militärische Werte. Die Loyalität zum deutschen Staat und zur deutschen Nation stand für die meisten nicht in Frage. Die Zustimmungsraten zu Hitler blieben bis in das Frühjahr 1945 hinein hoch, allerdings zeigten sich Differenzierungen nach dem Alter. Während die Zustimmung bei den vor 1916 Geborenen bei nur knapp über 50 Prozent lag, kam Hitler bei den nach 1923 Geborenen auf 74 Prozent. Auch auf die Dauer der militärischen Sozialisation kam es an: Tendenziell übernahmen die Soldaten militärische Werte, je länger sie in der Wehrmacht dienten. Wirklich resistent gegenüber Nationalsozialismus und Militarismus zeigten sich vor allem die Kerne des katholischen und des arbeiterbewegten Milieus.[86]

Alf Lüdtke hat schon vor längerer Zeit darauf hingewiesen, dass die Wehrmachtssoldaten ihre militärische Tätigkeit oft mit ihrem früheren Berufsleben in Verbindung brachten. Krieg und auch Töten wurde in Briefen und Tagebüchern häufig mit Metaphern und Terminologien des Arbeitslebens in Verbindung gebracht. Krieg erschien vielen als eine etwas andere Form der Arbeit, mitunter auch als deutsche Qualitätsarbeit. Die Interpretation von gewalttätigen Verbrechen als Arbeit erlaubte dabei häufig die Einordnung und Bewältigung dieser Taten.[87] In einem neueren Aufsatz betont Lüdtke zudem die Übereinstimmungen und Überschneidungen, die es zwischen militärischer Kameradschaft und Kollegialität in industriellen Arbeitsprozessen und auch zwischen militärischem und industriellem Drill gab.[88] Die neuere Forschung hat diese Anregungen in-

85 Felix Römer, Kameraden. Die Wehrmacht von innen, München 2012; Neitzel/Welzer, Soldaten; Klaus Latzel, Deutsche Soldaten – nationalsozialistischer Krieg? Kriegserlebnis – Kriegserfahrung 1939–1945, Paderborn 1998. Martin Humbug, Das Gesicht des Krieges. Feldpostbriefe von Wehrmachtsoldaten aus der Sowjetunion 1941–1944, Opladen 1998; Omer Bartov, Hitlers Wehrmacht. Soldaten, Fanatismus und die Brutalisierung des Krieges, Reinbek 1995; Thomas Kühne, Kameradschaft. Die Soldaten des nationalsozialistischen Krieges und das 20. Jahrhundert, Göttingen 2006.

86 Römer, Kameraden, S. 151.

87 Alf Lüdtke, The Appeal of Exterminating „Others": German Workers and the Limits of Resistance, in: JModH 64 (1992), S. 46–67, insb. S. 61–67.

88 Alf Lüdtke, War as Work. Aspects of Soldiering in Twentieth-Century Wars, in: ders./Bernd Weisbrod (Hrsg), No Man's Land of Violence. Extreme Wars in the 20th Century, Göttingen 2006, S. 127–152, hier S. 138f. u. 142f.

zwischen häufiger aufgegriffen und in der Tendenz bestätigt und ausdifferenziert. Felix Römer betont anhand der Auswertung von Verhörprotokollen deutscher Kriegsgefangener, dass die vormaligen Soldaten nach wie vor äußerst intensiv über Maschinen und Technologien diskutierten, wobei sie sich als Arbeiter an den Maschinen verstanden. Häufig sprachen die Soldaten davon „Tag und Nacht geschafft", einen „Haufen Arbeit" erledigt zu haben.[89] Selbst Kombattanten, die sich nicht als Militärs verstanden, konnten von hohem Nutzen für die Wehrmacht sein, weil sie ihren Arbeitsethos einbrachten: „Ich war nie Soldat [...] Ich habe meine Pflicht getan als Soldat, und meine Arbeit gemacht."[90] Die hohe Wertschätzung der Arbeit, die die Deutschen meinten bei sich erkennen zu können, rechtfertigte auch die Gewalt gegen Andere, insbesondere gegen „Juden" und „Russen", die man für „arbeitsscheu" oder arbeitsunfähig hielt.[91]

3.7 Sammlung der Stammarbeiter für den Nachkrieg und Tötung oder Abschiebung der zwangsarbeitenden Anderen

Der Krieg war für Deutschland aufgrund der Übermacht der alliierten Kräfte schon seit 1943 kaum mehr zu gewinnen. Trotzdem hatte sich in Speers Rüstungsministerium und auch in Teilen der Rüstungsindustrie im Frühjahr 1944 ein optimistischer Ton gehalten. Diese Stimmung begann im Sommer 1944, nach der alliierten Landung in der Normandie, zusammenzubrechen. Speer und Hitler begannen Mitte August 1944, über einen resignativen Plan für einen „Minimal-Wirtschaftsraum" zu diskutieren.[92] Im Oktober 1944 brach durch die Bombardierungen der Schiffs- und Eisenbahnverkehr zwischen der Ruhr und dem Rest Deutschlands kurzfristig fast gänzlich zusammen. So begann im Herbst 1944 die finale Agonie Nazi-Deutschlands und seiner Rüstungswirtschaft. An eine Steigerung der Rüstungsproduktion war nicht mehr zu denken,

89 Zit. n.: Römer, Kameraden, S. 139.

90 Zit. n.: ebd., S. 114.

91 Sven Oliver Müller, Deutsche Soldaten und ihre Feinde. Nationalismus an Front und Heimatfront im Zweiten Weltkrieg, Frankfurt a.M. 2007, S. 170–175, sowie den Beitrag von Harriet Scharnberg in diesem Band.

92 Eichholtz, Kriegswirtschaft, Bd. III, S. 55.

möglich waren nur noch das notdürftige Zusammenhalten einer Restproduktion und Appelle an den Durchhaltewillen der Soldaten und der Bevölkerung.[93]

Seit dem Sommer 1944 flohen immer mehr Zwangsarbeiter aufgrund der weiter zunehmenden Bombardierungen aus ihren Unterkünften und versuchten, sich auf eigene Faust in den halb zerstörten Städten durchzuschlagen, wobei Plünderungsmeldungen im Reich zunahmen. Diese Meldungen führten zu einer drastischen Verschärfung der Repression. Anfang November 1944 gestattete das RSHA per Erlass den Gestapostellen, ohne Rücksprache eigenverantwortlich Exekutionen von Ostarbeitern und Polen durchzuführen. Im Frühjahr 1945 wurde der Erlass auch auf westeuropäische Zwangsarbeiter ausgeweitet.[94] Während größer angelegte Massenerschießungen vor allem in nahe gelegenen Waldgebieten oder in Arbeitserziehungslagern stattfanden, erschoss die Gestapo häufiger auch einzelne Zwangsarbeiter vor den Augen der Bevölkerung.[95] Dies führte schließlich auch dazu, dass die deutsche Bevölkerung zum Teil selbst zur Ermordung ergriffener Zwangsarbeiter schritt. In einzelnen Städten entstand ein Klima der Lynchjustiz.[96] Vielerorts mündete die staatspolizeiliche Selbstjustiz in den letzten Tagen vor der Einnahme in einen Amoklauf gegen Zwangsarbeiter, der nur noch durch die Eroberung der jeweiligen Stadt durch alliierte Truppen gestoppt werden konnte.[97]

Derweil begann sich die deutsche Industrie angesichts des alliierten Vorrückens langsam auf die Nachkriegszeit einzurichten. Die Unternehmer wollten die Substanz ihrer Unternehmen retten und eine möglichst gute Ausgangslage herstellen. Die Produktion sollte weiter betrieben werden, um die deutschen

---

93 Rolf-Dieter Müller, Der Zusammenbruch des Wirtschaftslebens und die Anfänge des Wiederaufbaus, in: Militärgeschichtliches Forschungsamt (Hrsg.), Das Deutsche Reich und der Zweite Weltkrieg, Bd. X/II, Stuttgart 2008, S. 55–200.

94 Herbert, Fremdarbeiter, S. 381.

95 Bernd A. Rusinek, Gesellschaft in der Katastrophe. Terror, Illegalität, Widerstand – Köln 1944/45, Essen 1989, S. 341–391; Lotfi, KZ der Gestapo, S. 274. Genereller zu den Endphaseverbrechen: Ian Kershaw, Das Ende. Kampf bis in den Untergang NS-Deutschland 1944/45, München 2011; Sven Keller, Volksgemeinschaft am Ende. Gesellschaft und Gewalt 1944/45, München 2013, wobei beide bei ähnlichem Ausgangsmaterial zu recht konträren Ergebnissen kommen: Kershaw sieht ab 1944 eine zunehmende Abwendung der Gesellschaft von Hitler und geht davon aus, dass das Durchhalten und die Gewalt vor allem durch das Charisma Hitlers und den mangelnden Widerstand gegen diesen in den Führungseliten begründet liegt. Keller geht dagegen davon aus, dass die Gewalt bei Kriegsende eine im Kern noch existierende Volksgemeinschaft zeigt, die sich bei den gemeinschaftlich begangenen Verbrechen gegen Andere noch ein letztes Mal manifestiert.

96 Herbert, Fremdarbeiter, S. 382–383.

97 Lotfi, KZ der Gestapo, S. 310.

Arbeiter an ihren Plätzen zu halten. Auf diese Weise wollte man sicherstellen, dass dieses zentrale Betriebskapital im Frieden sofort wieder zur Verfügung stand.[98] Parallel dazu planten die Unternehmer die langsame Entfernung von Zwangsarbeitern und insbesondere von KZ-Häftlingen aus den Betrieben. Erstens sollten so Aufstände von Zwangsarbeitern in den Betrieben verhindert werden. Zweitens wollte man gegenüber der Besatzungsmacht nicht als Sklavenhalter dastehen. Die Reichsgruppe Industrie verhandelte ab dem Januar 1945 verstärkt über dieses Thema. Sie unterrichtete die regionalen Handelskammern bereits Mitte Januar über ihr Konzept zur Neuzusammensetzung der Belegschaften.[99] Als Ziel formulierte die Reichsgruppe: „Die Betriebe müssen das Recht erhalten, z.B. die KZ-Häftlinge, Juden und Kriegsgefangenen an die zuständigen Dienststellen (Stalag, Gestapo, Arbeitsamt) zurückzugeben."[100] In der Folge bemühten sich die staatlichen Stellen, die Wünsche der Industrie soweit wie möglich zu erfüllen. So wurde versucht, Niederländer, Ungarn, Tschechen, Slowaken, Norweger und Dänen in ihre Herkunftsländer abzuschieben.[101] Am wichtigsten war es der Industrie jedoch, die KZ-Häftlinge an die SS zurückzugeben. Mit diesem Ansinnen konnte sich die Industrie letztlich beim SS-Wirtschafts- und Verwaltungshauptamt durchsetzen, so dass die Betriebe, wann immer sie wollten, KZ-Häftlinge in die bereits völlig überbelegten Hauptlager zurücküberstellen konnten, womit sie die Häftlinge mehr oder weniger wissentlich dem Tod auslieferten. Denn seit dem Herbst 1944 hatte sich die Situation in den Konzentrationslagern drastisch verschlechtert. Nicht allein die Todesmärsche, auf denen die Häftlinge massenhaft erschossen wurden oder aufgrund von Erschöpfung, Krankheit und Hunger zu Grunde gingen, ließen die Todeszahlen in die Höhe schnellen. Da die Lager im Osten geräumt worden und die Häftlinge in die KZ des Reichsgebietes getrieben worden waren, waren die Hauptlager vollkommen überbelegt. Aufgrund dieser grausigen Umstände erlebten von den im Dezember 1944 registrierten 714.000 KZ-Häftlingen vermutlich etwa ein Drittel das Kriegsende nicht mehr.

---

98 Dies stand mitunter in Konflikt zu der zunehmenden Heranziehung der verbliebenen Arbeiter zum Volkssturm oder zu Schanzarbeiten: Werner, „Bleib übrig", S. 338–350.

99 Niederschrift über die Sitzung der Industrie-Abteilungen der nordwestdeutschen Gauwirtschaftskammern am 15./16.1.1945 in Hamburg, in: Staatsarchiv Hamburg, 621–1, 125.

100 Besprechungsvorlage der Reichsgruppe Industrie für eine Sitzung am 8.2.1945, in: R 12I/339. Ähnlich heißt es auch in einem Entwurf von Prof. Friedrich für die Reichswirtschaftskammer vom 13.2.1945, in: ebd.

101 Eichholtz, Geschichte, Bd. III, S. 651.

4 Fazit: Eine rassistisch und sozial segregierte Leistungsgemeinschaft unter dem Vorzeichen restloser Verwertung

Arbeit besaß für den Nationalsozialismus einen zentralen Stellenwert. In Hitlers rassistischer Weltsicht ordneten sich die Rassen nach ihrer Arbeitskompetenz. Während die nordischen „Arier“ aufgrund der harten Umweltbedingungen gelernt hätten, uneigennützig zu arbeiten und Kultur und Staat aufzubauen, wären die „Juden“ stets Schmarotzer geblieben und unfähig zu produktiver Arbeit. Zugehörigkeit zur nationalsozialistischen Volksgemeinschaft war nur durch den Nachweis rassischer Reinheit und erbbiologischer Gesundheit gewährleistet; den angemessenen Platz erhielt jeder Volksgenosse und jede Volksgenossin durch die eigene Arbeitsleistung. Die Mobilisierung jedes einzelnen zur Optimierung des ganzen Volkskörpers war das Gebot, dem sich jedwede individuellen Interessen unterzuordnen hatten. Die nationalsozialistische Volksgemeinschaft sollte nach dem Willen ihrer Vordenker eine Leistungsgemeinschaft sein. Die menschliche Arbeitskraft galt es möglichst vollständig und umfassend zu Produktions- und Reproduktionszwecken zu nutzen. Wer nicht bereit war, seine Leistung zu erbringen, musste aus der Volksgemeinschaft ausgeschlossen werden.

Die ideologischen Konzepte, auf denen diese Weltsicht beruhte, waren keineswegs neu. Dass Arbeit gleichermaßen Zwang wie Erziehung bedeutet, bildete bereits den Grundsatz der Arbeitshäuser in der Vormoderne. Menschen nach ihrer Arbeitskraft zu bewerten, lag konzeptionell der nationalökonomischen Arbeitswertlehre zugrunde, die auch Karl Marx für seine Werttheorie übernahm. Arbeit als Grundlage allen Wertschaffens stellte das weltanschauliche Fundament nicht nur der bürgerlichen Gesellschaft, sondern auch der Arbeiterbewegung dar, die daraus ihren Anspruch auf Gleichbehandlung ableitete. Allerdings waren damit zugleich diejenigen ausgeschlossen, die, aus welchen Gründen auch immer, sich einer Arbeit entzogen oder, mit Paul Lafargue, ein Recht auf Faulheit postulierten.

Die sozialrassistische Konzeption der Arbeit korrespondierte durchaus mit jenen utilitaristischen Programmen, die nur Menschen, die arbeiteten, einen Anspruch auf staatliche Wohlfahrtsleistungen zubilligten und Zuwendungen nicht mehr allein von Bedürftigkeit abhängig machen wollten. Wer nicht arbeitet, soll auch nicht essen – so ließ sich schon beim Apostel Paulus in der Bibel lesen. Die strikte Korrelation zwischen Erwerbsarbeit und Leistungsansprüchen prägte die Sozialpolitik lange vor 1933 (und auch nach 1945).

Das NS-Regime verschärfte diese Praxis durch rassistische Kriterien, die jüdische Erwerbstätige aus der Wohlfahrtspolitik ausschlossen und ihre erworbenen Rentenansprüche annullierten. Arbeit war nun nicht mehr gleich Arbeit; eine zentrale Forderung der Arbeiter- wie Frauenbewegung: Gleicher Lohn für gleiche Arbeit, fand in der antisemitischen Arbeitspolitik des NS-Regimes keine Resonanz mehr. Im Nationalsozialismus war keineswegs Egalität, sondern vielmehr rassistische und auch soziale Ungleichheit prägend. Doch sollten sich bei aller Differenzierung innerhalb der Volksgemeinschaft Männer und Frauen, entlohnte Erwerbstätige oder unentgeltlich arbeitende Hausfrauen, Gebildete und Angelernte, Kopf- und Handarbeiter als Volksgenossen und Volksgenossinnen ideell gleichwertig fühlen, weil alle gleichermaßen, jeder und jede auf seinem bzw. ihrem Platz für die Optimierung des sozialen Ganzen sorgten. Die Ikonographie der Arbeit war im Nationalsozialismus ganz auf diese Inklusion und Mobilisierung bei gleichzeitiger sozialrassistischer Segregation ausgerichtet.

Die temporär oder dauerhaft Ausgeschlossenen, ob politisch Verfolgte, „Fremdrassige" oder als „arbeitsscheu" definierte „Gemeinschaftsfremde", hatten in den Konzentrationslagern auf gewalttätige Weise Arbeit als Terror und Erziehungsmittel zu erleiden. Diese exkludierende, erniedrigende und brutale Kehrseite der Arbeit gehörte untrennbar zum nationalsozialistischen Konzept der Arbeit dazu. Zwar sollte die schwere körperliche Arbeit in den Konzentrationslagern – in der Perspektive der Täter – als Erziehungsmittel dazu dienen, „besserungsfähige" Häftlinge wieder in die Volksgemeinschaft integrieren zu können. In der Praxis jedoch diente Arbeit in den Konzentrationslagern als Zwangsarbeit für staatliche Infrastrukturmaßnahmen oder Unternehmen sowie als Mittel brutaler Gewalt, um die Selbstbehauptung der Häftlinge zu brechen.

Auch die freie Wahl des Arbeitsplatzes gehörte zu jenen Erfolgen der Arbeiterbewegung, die im NS-Regime wieder kassiert wurden. Bereits im Ersten Weltkrieg war Arbeit durch das Vaterländische Hilfsdienstgesetz 1916 massiv staatlich reglementiert und militarisiert worden. Nun wurde mit der Einrichtung von Treuhändern der Arbeit, der Zerschlagung der freien Gewerkschaften und Zwangsorganisation der Arbeiterschaft in der Deutschen Arbeitsfront die Tarifautonomie gebrochen und ein vom Staat kontrolliertes Lohnsystem errichtet, das zwar aufgrund des Arbeitermangels noch genügend Möglichkeiten selbst individueller Lohndifferenzierung bot, aber dennoch als kollektives System die individuelle Verfügung über die eigene Arbeitskraft verhindern sollte. Die (Wieder-)Einführung des Arbeitsbuches 1936 offenbarte auf signifikante Weise, dass im Nationalsozialismus auch für deutsche Arbeitskräfte ein Zwangssystem vorgesehen war, welches im Zweiten Weltkrieg weiter ausgebaut wurde.

Im Krieg weitete sich das Zwangsarbeitssystem jedoch auf fast ganz Europa und vor allem in sehr viel brutalerer Form auf nichtdeutsche Arbeitskräfte aus.

Auch im Ersten Weltkrieg waren Kriegsgefangene zu Zehntausenden als Zwangsarbeiter eingesetzt worden, wurde die Zivilbevölkerung aus den besetzten Gebieten wie Belgien oder Polen mit falschen Versprechen oder nacktem Zwang zur Zwangsarbeit nach Deutschland verschleppt. Das NS-Regime weitete aber, vor allem als nach der Niederlage vor Moskau im Dezember 1941 die Umstellung der Rüstungswirtschaft auf einen längeren Krieg unausweichlich war, den Zwangsarbeitereinsatz in einem millionenfachen Ausmaß aus, das vorher kaum denkbar war und nur von der Sowjetunion in einer ähnlich verbrecherischen Dimension praktiziert wurde.

Millionen von Zwangsarbeiterinnen und Zwangsarbeitern wurden aus allen besetzten Gebieten nach Deutschland gebracht oder mussten vor Ort für die Wehrmacht und die deutschen Besatzungsstellen arbeiten. In den jüdischen Ghettos wurde die Arbeitsfähigkeit zum entscheidenden Kriterium über Leben und Tod. All diejenigen, die in den Augen der SS oder der Arbeitsämter nicht mehr arbeitsfähig waren, allen voran Kinder und alte Menschen, wurden selektiert und ermordet. 1942 lebten im Ghetto Litzmannstadt/Łódź nur noch „arbeitsfähige“ Frauen und Männer zwischen 16 und 60 Jahre; das Ghetto, so ein Überlebender, hatte sich in eine gigantische Fabrik verwandelt.

Dass Arbeit auch Vernichtung sein konnte, ist sicherlich das herausstechendste Merkmal des Nationalsozialismus. „Ob bei dem Bau eines Panzergrabens 10.000 russische Weiber an Entkräftung umfallen oder nicht“, so Heinrich Himmler in seiner berüchtigten Posener Rede vom Oktober 1943, „interessiert mich nur so weit, als der Panzergraben für Deutschland fertig wird.“ Der Passus in der Niederschrift der Wannsee-Konferenz vom 20. Januar 1942, dass „die arbeitsfähigen Juden straßenbauend in diese Gebiete geführt [werden], wobei zweifellos ein Grossteil durch natürliche Verminderung ausfallen wird“, war wörtlich gemeint. Wie Arbeit als Vernichtung konnte auch Vernichtung als Arbeit verstanden werden, wie zahlreiche Selbstzeugnisse, Tagebücher, Briefe von NS-Tätern und Soldaten zu erkennen geben. Diese Verbindung von Arbeit mit Destruktion, Gewalt und Vernichtung könnte man als einen Endpunkt der Militarisierung der Arbeit beschreiben. Sie ist zweifellos auch in Kolonialregimen zu beobachten; in der Systematik, wie in der Radikalität ragt der Nationalsozialismus jedoch hervor. Auch wenn das NS-Regime immer wieder zu pragmatischen, der Kriegssituation geschuldeten Entscheidungen gezwungen war – an der rassistischen Grundhaltung zur Arbeit, die immer wieder zu entgrenzter mörderischer Praxis führte, hielt das NS-Regime bis zu seinem Ende fest.

Teil I: Ideologien und Praxen der Arbeit

Michael Wildt

Der Begriff der Arbeit bei Hitler

Hitlers Weltanschauung ist vielfach untersucht worden.[1] Aber eigentümlicher Weise spielt der Begriff der Arbeit keine bedeutsame Rolle, wenn man von Reflektionen über den Namen der Nationalsozialistischen Arbeiterpartei und der Frage, ob die NSDAP eine Politik für Arbeiter gemacht hat, absieht. Diese Leerstelle ist umso seltsamer, als Arbeit für den Nationalsozialismus ein zentraler Begriff war und deshalb nicht unwichtig ist, was Hitler dazu gesprochen oder geschrieben hat. Daher soll im Folgenden der Versuch unternommen werden, eben nach Hitlers Vorstellung von Arbeit in seinen Reden und Schriften zu forschen, zumal er in einer frühen grundlegenden Rede 1920 Antisemitismus und Arbeit miteinander weltanschaulich verschränkt hat. Die Analyse dieser Rede steht am Anfang des Aufsatzes (I) und wird anschließend in ihren ideologisch-völkischen Kontext gestellt (II), der nicht bloß reaktionär war, sondern mit seiner Kapitalismuskritik im Zusammenhang mit der modernen Gesellschaft betrachtet werden muss (III). Nach der Schilderung, wie Arbeit in Hitlers Wahlagitation vor 1933 erscheint (IV), steht der 1. Mai 1933 als zentrales Moment von Arbeits- und Volksgemeinschaftsrhetorik im Mittelpunkt (V). Beide Seiten von Arbeit im Nationalsozialismus: Dienst an der Volksgemeinschaft (VI) und Zwang und Gewalt (VII) erscheinen auch in Hitlers Äußerungen nach 1933 klar und deutlich. Der rassistisch begründete Arbeitsbegriff führt zu einem entgrenzten Utilitarismus, der massenmörderische Dimension annahm: „Vernichtung durch Arbeit".

1 Arbeit und Antisemitismus

Einer seiner ersten großen programmatischen Reden hielt Adolf Hitler am 13. August 1920 im Festsaal des Münchner Hofbräuhauses zum Thema „Warum sind wir Antisemiten?".[2] In dieser Rede spielte Arbeit eine zentrale Rolle. Mit diesem Begriff entfaltete Hitler seine Weltanschauung von der rassistischen Superiorität der „Arier" wie der Vernichtung der „Juden". Während Arbeit als

---

1 Siehe insb.: Eberhard Jäckel, Hitlers Weltanschauung. Entwurf einer Herrschaft, erw. u. überarb. Neuausg. Stuttgart 1981.

2 Zit. n.: Hitler. Sämtliche Aufzeichnungen 1905–1924, hrsg. v. Eberhard Jäckel zusammen mit Axel Kuhn, Stuttgart 1980, S. 184–204. Erstmals abgedruckt in: Reginald H. Phelps, Hitlers „grundlegende" Rede über den Antisemitismus, in: VfZ 16 (1968) 4, S. 390–420.

instinktmäßiger Selbsterhaltungstrieb noch Menschen wie Tieren gemeinsam gewesen sei, habe sich bei den Menschen eine zweite Stufe entwickelt, die Arbeit aus reinem Egoismus. Auch diese Stufe sei überwunden worden zugunsten der Arbeit aus „sittlich-moralischem Pflichtgefühl", einer Tätigkeit, „die ich nicht um meiner selbst willen ausübe, sondern auch zu Gunsten meiner Mitmenschen".

Hitler gewann seinen Begriff der Arbeit aus dem Entwurf einer Geschichte der „nordischen Rassen", die, weil sie im Norden der Welt gelebt hätten, „in jenen unerhörten Eiswüsten, in jenen Stätten, die nur das kärglichste Dasein boten", gezwungen gewesen wären, nicht nur für den Einzelnen, sondern für die ganze Sippe zu arbeiten. Während im Süden den Menschen das Lebensnotwendige nahezu ohne Arbeit im überreichen Maße geboten worden wäre, hätten die „nordischen Menschen" um ihre Existenz kämpfen müssen. „Dieser Norden zwang die Menschen zu weiterer Tätigkeit, zur Bekleidung, zum Bau eigener Behausungen, Höhlen, später Wohnungen, kurz, er hat ein Prinzip praktisch geboren, das Prinzip der Arbeit."

Der Kampf ums Dasein hätte darüber hinaus zu „Rassereinzucht" geführt. „Was schwächlich und kränklich war", so Hitler, „konnte diese fürchterliche Periode nicht überstehen, sondern sank frühzeitig ins Grab und über blieb ein Geschlecht von Riesen an Kraft und Gesundheit." In ihrem äußeren Wirkungskreis begrenzt, hätten sich diese Menschen mehr und mehr den inneren Dingen zugewandt.

> Diese drei Errungenschaften: das erkannte Prinzip der Arbeit als Pflicht, die Notwendigkeit, nicht nur für den Einzelnen und aus Egoismus, sondern zum Bestande dieser ganzen, wenn auch oft nur ganz kleinen Masse von Menschen, dieser kleinen Sippen, zweitens die unbedingte körperliche Gesundheit und dadurch die geistige normale Gesundheit, und drittens das tief-innerliche Seelenleben hat diesen nordischen Rassen die Möglichkeit gegeben, staatenbildend über die übrige Welt zu ziehen.

Die Fähigkeit zur Staatenbildung und zu einer blühenden Kultur läge, so unterstrich Hitler, ausschließlich in der Auffassung des Begriffs Arbeit begründet. Arbeit sei nicht als Zwang, sondern als „notgeborene Notwendigkeit" verstanden worden; die unwirtlichen Lebensumstände erforderten gemeinsames Arbeiten und Arbeitsteilung. Arbeit sei, so Hitlers Quintessenz, von den „nordischen Rassen" als „soziale Pflicht" angesehen worden.

Ganz anders die „Juden". Zynisch zitiert Hitler Gottes Fluch aus dem ersten Buch Mose nach der selbst verschuldeten Vertreibung von Adam und Eva aus dem Paradies: „Im Schweiße deines Angesichts sollst du dein Brot essen", um – als sei dieser Satz nicht auch Teil der christlichen Bibel – den Zuhörern zu erklären, dass für die Juden demnach Arbeit als Strafe gelte. „Meine verehrten Anwesenden! Hier trennt uns schon eine ganze Welt; denn wir können Arbeit nicht als Strafe auffassen, weil wir sonst alle Sträflinge wären." Den Juden, so Hitler, sei Arbeit nicht sittliche Pflicht, sondern höchstens Mittel zur Selbsterhaltung. So verstanden könnte aber jede Tätigkeit, die ohne Rücksicht auf die Mitmenschen dazu dient, sich zu ernähren, also zum Beispiel auch das Ausrauben von Karawanen oder die Ausplünderung verschuldeter Bauern, als Arbeit gekennzeichnet werden. Juden, die sich nicht wie die nordischen Rassen „reingezüchtet" hätten, seien nicht in der Lage, Staaten zu bilden, sondern könnten nur als „Parasiten am Körper anderer Völker" existieren.

Damit lägen die Unterschiede zwischen den beiden „Rassen" offen zutage: „Ariertum bedeutet sittliche Auffassung der Arbeit und dadurch das, was wir heute so oft im Munde führen: Sozialismus, Gemeinsinn, Gemeinnutz geht vor Eigennutz – Judentum bedeutet egoistische Auffassung der Arbeit und dadurch Mammonismus und Materialismus, das konträre Gegenteil von Sozialismus. Und in dieser Eigenschaft, über die er nicht hinaus kann, die in seinem Blut liegt, er selbst erkennt das an, in dieser Eigenschaft allein schon liegt die Notwendigkeit für den Juden, unbedingt staatenzerstörend auftreten zu müssen. Er kann nicht anders, ob er will oder nicht."

In dieser Passage lässt sich ein zentrales Element des nationalsozialistischen Antisemitismus erkennen: Es gibt für Juden kein Entrinnen. Sie mögen als Einzelne gut oder böse sein, fleißig oder faul, anpassungsbereit oder eigensinnig, es hilft ihnen nichts. Die Forderung nach restloser Assimilation der Juden seitens der älteren Generation der Antisemiten war für Hitler obsolet, im Gegenteil, sie verschleierte nur den Blick für das unveränderliche jüdische „Rassenschicksal". Dagegen helfe, so Hitler, keine Aufklärung, kein bloß wirtschaftlicher Kampf, sondern nur die Tat und die Organisation der Massen.

> Darüber waren wir uns klar, wenn diese Bewegung nicht in die breiten Massen dringt, sie organisiert, dann ist alles vergeblich, dann wird es nie gelingen, unser Volk zu befreien, und wir werden nie daran denken können, unser Vaterland von neuem aufzubauen. Niemals kann hier die Erlösung kommen von oben, sie kann und wird nur kommen von der breiten Masse, von unten empor.

Die notwendigen sozialen Reformen zugunsten derer, „die Tag für Tag für die Volksgemeinschaft arbeiten", müssen einhergehen mit dem

> Kampf gegen den Gegner jeder sozialen Einrichtung: das Judentum. Auch hier wissen wir genau, dass die wissenschaftliche Erkenntnis bloß die Vorarbeit sein kann, dass aber hinter dieser Erkenntnis die Organisation kommen muss, die einst zur Tat übergeht, und die Tat bleibt bei uns unverrückbar fest, sie heißt: Entfernung der Juden aus unserem Volke.

Das Polizeiprotokoll vermerkt an dieser Stelle stürmischen, lang anhaltenden Beifall und Händeklatschen.

2 Völkische Traditionen

Hitlers rassistisches, antisemitisches Arbeitskonzept war nicht seine eigene originäre Leistung, sondern stand in einer langen Tradition völkischen Denkens.[3] Einer der wichtigsten deutschen politischen Publizisten am Beginn des 19. Jahrhunderts, Paul Ferdinand Friedrich Buchholz, machte in seinem 1803 erschienenen Büchlein „Moses und Jesus oder über das intellektuelle und moralische Verhältniß der Juden und Christen" unmißverständlich klar: Für einen Angehörigen eines christlichen Volkes sei Arbeit „das Mittel, wodurch er seinen Standort in der Gesellschaft behauptet. Er fühlt sich nicht als Individuum, sondern als Fragment eines kleinere oder größeren Ganzen", dessen Bestreben „immer" dahin gehe, „sich anderen nützlich zu machen, indem diese ihm wieder nützlich werden." Juden hingegen nähmen nicht an der „Nazionalarbeit" teil.[4]

In Gustav Freytags Roman *Soll und Haben* (1855) steht die „Arbeit auf deutsche Weise", die sich dem Gemeinwohl der Nation verpflichtet fühlt, der egoistischen, betrügerischen, gewinnorientierten Wirtschaftstätigkeit der jüdischen Romanfigur Itzig Veitel gegenüber.[5] Explizit entwickelte der Volkskundler und Publizist Wilhelm Heinrich Riehl 1861 in seinem Buch „Die deutsche Arbeit" eine Vorstellung von einer spezifisch nationalen Form des Arbeitens.[6] Ähnlich

---

3 Zur rassistischen Konnotation des nationalsozialistischen Arbeitsbegriffs siehe auch: Rüdiger Hachtmann, Vom „Geist der Volksgemeinschaft durchpulst" – Arbeit, Arbeiter und die Sprachpolitik der Nationalsozialisten, in: Zeitgeschichte-Online, Themenschwerpunkt „Arbeit" [http://www.zeitgeschichte-online.de/themen/vom-geist-der-volksgemeinschaft-durchpulst], eingesehen 24.6.2014.

4 Friedrich Buchholz, Moses und Jesus oder über das intellektuelle und moralische Verhältniß der Juden und Christen, Berlin 1803, S. 82, zit. n.: Klaus Holz/Jan Weyand, Arbeit und Nation. Die Ethik nationaler Arbeit und ihre Feinde am Beispiel Hitlers (unveröff. Paper, ich danke beiden Autoren für die Einsichtnahme). Zu Buchholz siehe: Deutsche Biographische Enzyklopädie, hrsg. v. Walter Killy, Bd. I, München et al. 1995, S. 184.

5 Vgl. dazu die Aufsätze von Christine Achinger, Antisemitismus und „Deutsche Arbeit". Zur Selbstzerstörung des Liberalismus bei Gustav Freytag, in: Nicolas Berg (Hrsg.), Kapitalismusdebatten um 1900. Über antisemitisierende Semantiken des Jüdischen, Leipzig 2011, S. 361–388, sowie: Heinrich Schwendemann, Gustav Freytags Soll und Haben (1855) – Wegbereiter des ökonomischen Antisemitismus, in: ebd., S. 333–360.

6 Wilhelm Heinrich Riehl, Die Deutsche Arbeit, Stuttgart 1861; vgl. dazu: Joan Campbell, Joy in Work, German Work: The National Debate, 1800–1945, Princeton/New Jersey 1989, S. 32–46. Pina Bock (Leipzig) arbeitet an einer Dissertation zum Topos „Deutsche Arbeit" im 19. Jahrhundert.

wie bei Freytag war Arbeit *das* Charakteristikum der Deutschen. Wieder zeichnete sich „deutsche Arbeit" durch ihre Gemeinnützigkeit aus. Das deutsche Volk, so Riehl, denkt, wenn es von Arbeit spricht, „an eine aus sittlichen Motiven entspringende, nach sittlichem Ziele ringende That, die mit dem Nutzen für uns selbst zugleich den Nutzen für andere Leute verbindet"[7]. Diese Auffassung von Arbeit unterscheide sich scharf vom „Schaffen und Raffen blos um eigennützigen Gewinns willen"[8], wofür selbstredend vor allem die „Juden" stehen, deren Arbeit Handel und „Schacher" seien. Allerdings gab es – im Gegensatz zum eliminatorischen Antisemitismus Hitlers – im Denken Riehls einen Ausweg für die jüdische Minderheit:

> Man machte sie deutsch, indem man ihnen die nationalen Formen unserer Arbeit erschloß und damit zugleich deutsche Gedanken von Arbeitsehre und Arbeitsmoral einpflanzte. Der Jude hinterm Pfluge und in der Werkstatt verliert sein semitisches und mittelaltriges Volksgepräge, weil er die theils angestammten, theils aufgezwungenen Schranken seiner Arbeit fallen lässt.[9]

Ebenso war die Vorstellung vom „schaffenden Deutschen" und „raffenden Juden" fester Bestandteil völkischen Denkens. Nach dem Börsenkrach 1873, in dem viele Kleinanleger ihr Vermögen verloren hatten, veröffentlichte Otto Glagau in der weitverbreiteten Zeitschrift *Die Gartenlaube* eine Artikelserie, in der er den Beruf des Börsenmaklers als betrügerisch denunzierte und das Finanzkapital als „jüdisch". In seiner Streitschrift *Deutsches Handwerk und historisches Bürgertum* (1879) ging er noch einen Schritt weiter und machte „die Juden" für die Veränderungen im Wirtschaftsleben durch den Kapitalismus insgesamt verantwortlich: „Die soziale Frage", so Glagau, „ist die Judenfrage!"[10] Dieser Identifizierung des Kapitalismus als „jüdisch" schloss sich auch der renommierte wilhelminische Historiker Heinrich von Treitschke an, der mit seiner Losung „Die Juden sind unser Unglück!" bis in den Nationalsozialismus hinein wirken sollte. Treitschke begründete seinen Antisemitismus ökonomisch mit dem angeblichen materiellen Gewinnstreben *des* Juden, „der jede Arbeit nur noch als Geschäft betrachtet und die alte gemüthliche Arbeitsfreudigkeit unseres Volkes zu ersticken droht"[11].

---

7 Riehl, Arbeit, S. 5.

8 Ebd., S. 6.

9 Ebd., S. 64.

10 Zit. n.: Shulamit Volkov, Antisemitismus als kultureller Code. 10 Essays, München 2000, S. 29.

11 Zit. n.: Holger Schatz/Andrea Woeldike, Freiheit und Wahn deutscher Arbeit. Zur historischen Aktualität einer folgenreichen antisemitischen Projektion, Hamburg/Münster 2001, S. 51.

Die Identifizierung des Kapitalismus als „jüdisch" durchzog die gesamte völkische Agitation. Kapitalismus sei „praktischer Mosaismus", schrieb der antisemitische Publizist Theodor Fritsch in seinem „Handbuch zu Judenfrage", das, 1887 zuerst erschienen, bis 1944 49 Auflagen erlebte.[12] Und der Ökonom Werner Sombart formuliert in seiner 1911 erschienenen Schrift „Die Juden und das Wirtschaftsleben", dass der Jude der „reine Geschäftsmann" sei, „der im Geist echt kapitalistischer Wirtschaft allen naturalen Zwecken gegenüber den Primat des Erwerbszwecks anerkennt".[13] Neben dem Sozialismus ließ sich auch der Antisemitismus als Weltanschauung mit den Erfahrungen der tief in den Alltag einschneidenden Veränderungen durch Industrie und Kapitalismus verbinden und zugleich zu dessen kritischer Deutung benutzen. Gerade jene Mittelschicht aus Handwerkern, Kaufleuten und kleinen Gewerbetreibenden, die sich durch die Industrieproduktion, neue urbane Distributionsformen wie Warenhäuser und veränderte Kredit- und Kapitalmärkte in ihrer Existenz bedroht fühlten, waren für die antisemitische Interpretation des rasanten gesellschaftlichen Wandels ebenso anfällig wie die ländliche Bevölkerung, deren bisherige agrarische Produktions- und Lebensweise von kapitalistischer Modernisierung, Urbanisierung und dem Weltmarkt nachhaltig verändert wurde.

Nicht zufällig war es vor allem der alte Mittelstand der Handwerker und Kleinhändler, die im Zentrum völkischer Politik standen, da diese Schichten sich in besonderer Weise von der modernen Entwicklung bedroht fühlten. Die Einführung der Gewerbefreiheit, 1869 im Norddeutschen Bund, 1872 dann im ganzen Deutschen Reich, brach die Macht der Zünfte. Während sich die Handwerker in den folgenden Jahren mit dem Befähigungsnachweis und der Einrichtung von Handwerkskammern manches zünftige Privileg zurückerobern konnten, waren die Kleinhändler desolat organisiert und gegenüber den ökonomisch erforderlichen Modernisierungen zumeist machtlos. Konsumvereine, Versandhäuser und in den Städten Warenhäuser füllten die Versorgungslücken.[14]

---

12 Theodor Fritsch, Handbuch der Judenfrage, 28. Aufl. 1919, S. 498, zit. n.: Heike Hoffmann, Völkische Kapitalismus-Kritik: Das Beispiel Warenhaus, in: Handbuch zur „Völkischen Bewegung" 1871–1918, hrsg. v. Uwe Puschner, Walter Schmitz u. Justus H. Ulbricht, München et al. 1996, S. 558–571, hier S. 559.

13 Werner Sombart, Die Juden und das Wirtschaftsleben, Leipzig 1911, S. 155, zit. n.: Hoffmann, Völkische Kapitalismus-Kritik, S. 559.

14 Heinz-Gerhard Haupt (Hrsg.), Die radikale Mitte. Lebensweise und Politik von Handwerkern und Kleinhändlern in Deutschland seit 1848, München 1985; ders., „Bourgeois und Volk zugleich?" Zur Geschichte des Kleinbürgertums im 19. und 20. Jahrhundert, Frankfurt a.M./ New York 1978.

Dementsprechend engagierten sich Antisemiten in den Mittelstandsvereinigungen und mittelständische Verbände vertraten antisemitische Positionen. Dabei reichte die Vorstellung, wer zum Mittelstand gehöre, sehr weit. Nicht nur Handwerker und Kaufleute sollten dazu zählen, sondern laut der Rede von Theodor Fritsch auf der Gründungsversammlung der sächsischen Mittelstandsvereinigung 1905,

> alle Stände, die durch redlichen Erwerb ihr Dasein fristen: den Arzt, den Lehrer, den Richter, den Beamten, den Gelehrten, den Künstler, den Techniker, den Fabrikanten, den Bauer, den Gutsbesitzer, den Hausbesitzer, den sittlich denken Arbeiter, kurz all diejenigen, die [...] in der Mitte stehen zwischen dem Großkapitalisten und dem Tagelöhner[15].

Daran klang schon jene Einheit „aller schaffenden Stände" an, die eine Grundlage für das Konzept der Volksgemeinschaft bilden sollte.

3 Kapitalismuskritik

So rückwärts gewandt die antisemitische, Handwerk und Bauerntum verklärende Rhetorik anmutet, so war sie doch eine „moderne" Antwort auf die unumkehrbaren Transformationen der Gesellschaft.[16] Die Differenzierung von „schaffendem" und „raffendem" Kapital bezog sich nicht auf eine vormoderne Wirtschaftsordnung als vielmehr auf den Kapitalismus; der so genannte nationale Sozialismus ging von der sozialen Existenz der Arbeiterschaft als neue, durch die kapitalistische Industrie geschaffene Klasse aus und strebte deren Integration in eine völkisch strukturierte Gesellschaft an. Der Antisemitismus ermöglichte eine Kapitalismuskritik, ohne den Kapitalismus abzuschaffen.

Hitler wehrte sich in seiner Rede 1920 gegen den Vorwurf, die Nationalsozialisten bekämpften nur das Börsen- und Leihkapital, nicht aber das Industriekapital überhaupt, indem er dieses als Werkzeug definierte.

> Was heißt Industriekapital? Es ist ein in der Größe sich allmählich verändernder Faktor, nur ein relativer Begriff. Es stellte einst vor: die Nadel, der Zwirn, die Werkstätte und vielleicht die paar Groschen Geldes, die der Schneidermeister in Nürnberg besaß im 13. Jahrhundert. Es war dies die Summe dessen, was er zur Arbeit nötig hatte, d. h. Werkzeug, Werkstätte und eine gewisse Summe, um ihm überhaupt eine gewisse Zeit das Leben zu ermöglichen.

---

15 Theodor Fritsch, Mittelstand, Kapital-Herrschaft, Monarchie, Leipzig 1906, S. 18, zit. n.: Hoffmann, Völkische Kapitalismus-Kritik, S. 559.

16 Immer noch anregend: Jeffrey Herf, Reactionary Modernism. Technology Culture and Politics in Weimar and the Third Reich, Cambridge 1984.

Mit der Zeit sei aus der Werkstätte eine Fabrik geworden, aus dem Webstuhl eine Maschine. „Aber Werkstätte und Werkzeug, Maschine und Fabrik an und für sich sind kein Wert, der von sich selber Wert erzeugt, sondern nur Mittel zum Zweck, wird erst Wert erzeugend, wenn mit ihnen gearbeitet wird. Das werterzeugende ist die Arbeit."[17] Dem nationalen Staat und Volk verpflichteten Industriekapital stehe das internationale Finanzkapital gegenüber, das, organisiert von Juden, nationale Ökonomien zerstöre. Diese Sichtweise, dass allein die Arbeit die Grundlage alle Werte sei, blieb eine Leitlinie in Hitlers Denken. 1937 unterstrich er auf einer Massenkundgebung in Regensburg:

> Wir haben das Geld seines phantomhaften Charakters entkleidet und es in die Rolle gebracht, die ihm zukommt: Nicht Gold und nicht Devisenbestände, sondern die Arbeit allein ist die Grundlage des Geldes! Es gibt keine Steigerung des Lohns, wenn nicht eine Steigerung der Produktion Hand in Hand damit geht.[18]

Mit der Auffassung, dass Arbeit Wert schaffe, stand Hitler ganz in der Tradition der von Adam Smith begründeten Nationalökonomie des 19. Jahrhunderts, in der Arbeit als Quelle gesellschaftlichen Reichtums zur zentralen Kategorie avancierte.[19] Arbeit hat – so hat Jürgen Kocka formuliert – in der bürgerlichen Epoche in Europa eine „geradezu emphatische Aufwertung [...] als Quelle von Eigentum, Reichtum und Zivilität bzw. als Kern menschlicher Existenz und Selbstverwirklichung"[20] erfahren. „Arbeit ist des Bürgers Zierde, Segen seiner Mühe Preis. Ehrt den König seine Würde, ehret uns der Hände Fleiß", dichtete Friedrich Schiller in der „Glocke".

Gleichermaßen gründet die Marxsche Theorie auf dem wertschöpfenden Charakter der Arbeit, wobei zugleich durch die Kategorien von Gebrauchs- und Tauschwert und deren unterschiedlicher Aneignung in der kapitalistischen Gesellschaft mit Marx auch der Begriff der Entfremdung bedeutsam wird. Denn auch Marxisten haben neben der kühlen Analyse des freien Lohnarbeiters, dessen produzierter Mehrwert sich der Kapitalist unrechtmäßig aneignet, einen utopischen Begriff von nicht entfremdeter, ganzheitlicher Arbeit, die in der kommunistischen Gesellschaft individuelle Freiheit wie soziale Verkehrsform darstellt.

---

17 Hitler. Sämtliche Aufzeichnungen, S. 193.

18 Max Domarus, Hitler. Reden und Proklamationen 1932–1945. Kommentiert von einem Zeitgenossen, Teil I Triumph, Bd. II.: 1935–1938, Leonberg 1988, S. 698.

19 Manfred Füllsack, Arbeit, Wien 2009, S. 50–53.

20 Jürgen Kocka, Mehr Last als Lust. Arbeit und Arbeitsgesellschaft in der europäischen Geschichte, in: ders., Arbeiten an der Geschichte. Gesellschaftlicher Wandel im 19. und 20. Jahrhundert, Göttingen 2011, S. 203–224, hier S. 206.

Die Sozialdemokratische Partei formulierte in ihrem Gothaer Programm 1875:

> Die Arbeit ist die Quelle allen Reichtums und aller Kultur, und da allgemein nutzbringende Arbeit nur durch die Gesellschaft möglich ist, so gehört der Gesellschaft, d. h. allen ihren Gliedern, das gesamte Arbeitsprodukt, bei allgemeiner Arbeitspflicht, nach gleichem Recht, jedem nach seinen vernunftgemäßen Bedürfnissen.[21]

Die Auffassung, dass nur derjenige, der arbeitet, ein nützliches Glied der Gesellschaft sei, die sich bei den Sozialdemokraten vor allem gegen Großgrundbesitzer und Kapitalisten richtete, ließ sich durchaus antisemitisch drehen, indem die Müßiggänger und Ausbeuter als jüdisch identifiziert und die Schaffenden als nationale Gemeinschaft bestimmt wurden. Die Forderung nach „Ehre der Arbeit", nach Aufwertung der Arbeiter als wertschaffender Kraft der Nation und nach Anerkennung von „deutscher Qualitätsarbeit" konnte auf der Linken wie der Rechten erhoben werden.[22] Gleichermaßen konnte die Verurteilung von Nichtstun als „Faulheit", die Verankerung von Arbeit als Pflicht und die Messung des sozialen Werts von Menschen an ihrer Arbeitsfähigkeit Personen rechter wie linker politischer Orientierung vereinen.

Mit der Priorität der Gemeinnützigkeit der Arbeit rückte das Charakteristikum der Lohnarbeit, die Bezogenheit auf den Markt und die Entlohnung in Geld, in den Hintergrund. Auch für die Nationalsozialisten galt es, in ihren Augen berechtigte materielle Ansprüche auf angemessenen Lohn anzuerkennen. In seinem Buch „Mein Kampf" widmete Hitler der Gewerkschaftsfrage ein ganzes Kapitel. Gewerkschaften seien notwendig,

> wenn durch sie soziale Ungerechtigkeiten, die in der Folge zu schweren Schädigungen des ganzen Gemeinschaftswesens eines Volkes führen müssen, verhindert werden können [... und] solange es unter den Unternehmern Menschen gibt, die von sich aus nicht nur kein Gefühl für soziale Pflichten, sondern nicht einmal für primitivste menschliche Rechte besitzen.[23]

Zwar verschwand der Begriff der Interessensvertretung nicht ganz aus dem Text. So hielt Hitler fest,

---

21 Siehe dazu die bissige Kritik von Karl Marx, Randglossen zum Programm der deutschen Arbeiterpartei, in: Karl Marx/Friedrich Engels, Werke, Bd. XIX, Berlin 1978, S. 15–32.

22 Vgl. dazu wegweisend: Alf Lüdtke, „Ehre der Arbeit": Industriearbeiter und Macht der Symbole. Zur Reichweite symbolischer Orientierungen im Nationalsozialismus, in: ders., Eigen-Sinn. Fabrikalltag, Arbeitererfahrungen und Politik vom Kaiserreich bis in den Faschismus, Hamburg 1993, S. 283–350.

23 Adolf Hitler, Mein Kampf, 349.–351. Aufl., München 1938, S. 671.

> Volksgemeinschaft bedeutet keinen Verzicht auf die Vertretung berechtigter Standesinteressen. Auseinandergehende Standes- und Berufsinteressen sind nicht gleichbedeutend mit Klassenspaltung, sondern sind selbstverständliche Folgeerscheinungen unseres wirtschaftlichen Lebens.[24]

Aber Hitler mühte sich sichtlich, die Tatsache unterschiedlicher Interessen unterschiedlicher sozialer Gruppen und deren nüchterne, wenngleich kompromissbereite Vertretung zugunsten einer moralischen Verpflichtung aller Beteiligten gegenüber dem Volksganzen zu ersetzen. Dass ein Großteil gesellschaftlich notwendiger Arbeit in einer modernen Industriegesellschaft Erwerbsarbeit ist, die mit Geld entlohnt wird, dessen Höhe Gegenstand durchaus gegensätzlicher Interessenkonflikte ist, minimierte Hitler, um die „Volksgemeinschaft" als Maßstab durchzusetzen.

Hitler versuchte, das Problem mit einer Teilung des Arbeitswerts in einen materiellen und einen ideellen Wert in den Griff zu bekommen. Der materielle Wert beruhe auf dem materiellen Nutzen, den eine bestimmte Arbeit für die Gesellschaft habe, und finde seinen Ausdruck im materiellen Lohn. Da es Unterschiede in der Bewertung des materiellen Nutzens jeweiliger Tätigkeiten gebe, seien auch unterschiedliche Löhne gerechtfertigt. Im Gegensatz zur Ungleichheit in der Bewertung des materiellen Wertes sei der ideelle Wert der Arbeit gleich bemessen.

> So sicher der materielle Nutzen einer Erfindung größer sein kann als der eines alltäglichen Handlangerdienstes, so sicher ist die Gesamtheit doch auf diesen kleinsten Dienst genau so angewiesen wie auf jenen größten. Sie mag materiell einen Unterschied treffen in der Bewertung des Nutzens der einzelnen Arbeit für die Gesamtheit und kann dem durch die jeweilige Entlohnung Ausdruck verleihen; sie muss aber ideell die Gleichheit aller feststellen in dem Augenblick, in dem jeder einzelne sich bemüht, auf seinem Gebiete – welches immer es auch sein mag – sein Bestes zu tun. Darauf aber hat die Wertschätzung eines Menschen zu beruhen, und nicht auf der Entlohnung.[25]

In dieser Konstruktion ist der Kern nationalsozialistischer Arbeitsauffassung zu erkennen. Die Frage materielle Entlohnung von geleisteter Arbeit trat zurück gegenüber einer symbolischen, öffentlichen Anerkennung von Arbeit. Damit war auch der ideologische Weg frei, all jene gesellschaftlich geleistete Arbeit, die nicht entlohnt wird, wie vor allem die Arbeit von Frauen im Haushalt und in der Familie, als gleichwertigen Dienst an der Volksgemeinschaft propagandistisch anzuerkennen, ohne die sozialreformerische Forderung aus der Frauen-

24 Ebd., S. 372f.
25 Hitler, Mein Kampf, S. 483.

bewegung nach Bezahlung dieser Tätigkeiten zu erfüllen noch dem Drang von Frauen nach Gleichstellung und gleichem Lohn in der Erwerbsarbeit nachzugeben. Frauen besaßen in Hitlers rassistisch-maskulinem Weltbild einen klar nachgeordneten Platz – bekanntlich wehrte er sich gegen die Ausweitung von Industriearbeit von Frauen, selbst als im Krieg die Arbeitskraft von Frauen in der Rüstungsproduktion dringend gebraucht wurde. Und doch ließ sich in der hierarchisierten Ungleichheit die ideologische Gleichwertigkeit aller „an ihrem Platz" propagieren.

4 Das Thema Arbeit in Hitlers Agitation vor 1933

Mit den gleichen rassistischen Invektiven wie 1920 in München hielt Hitler auch später seine Agitationsreden wie am 15. Juli 1925 im sächsischen Zwickau vor rund 3.500 Zuhörerinnen und Zuhörern. Wieder war es die antisemitische Trennung von internationalem Finanzkapital, das von Juden kontrolliert werde, und dem nationalen Wirtschaftskapital, das aus Anlage- und Betriebskapital bestehe, mit der Hitler sein antikapitalistisch eingestelltes Publikum zu gewinnen suchte. Wieder entwickelte er am Begriff der Arbeit, dem angeblichen Unvermögen der Juden zu produktiver Arbeit einerseits und der deutschen Arbeit andererseits, die aufgebaut sei „auf der Hingabe des einzelnen für die Gesamtheit, erst später geben die anderen ihm dann seinen Teil wieder zurück. Was er schafft, schafft er für die Allgemeinheit, ob das der Glasbläser ist, der Schmied, der Straßenfeger."[26] Den Juden fehle diese kulturschöpferische Kraft:

> Sehen Sie sich diesen Saal an! Wer hat diese Lampen erfunden, wer den Stoff, der den Saal schmückt? Wer ist der Erfinder? Nicht ein Jude ist unter ihnen! Und wer sind die Händler? Lauter Juden!!![27]

Der Weltkrieg sei verloren worden aufgrund der Zerrissenheit des deutschen Volkes. Hitler:

> Wir sind zerrissen worden durch zwei Begriffe. Der eine Begriff hieß ‚Sozial', und dieser Begriff wurde falsch ausgelegt. Ein Jude war es, der diesem Begriff Falsches unterschob. Der zweite Begriff hieß ‚National' und wurde auch falsch ausgelegt. Sowenig wie mit dem

26 Adolf Hitler, Rede auf der NSDAP-Versammlung in Zwickau, 15.7.1925, in: ders., Reden, Schriften, Anordnungen Februar 1925 bis Januar 1933, Bd. I, hrsg. u. komment. v. Clemens Vollnhals, München et al. 1992, S. 118–139, Zitat: S. 129.
27 Ebd, S. 130.

> Begriff ‚sozial‘ eine bestimmte Wirtschaft zu tun hat, hat das ‚national‘ nichts zu tun mit einer bestimmten Staatsauffassung. National ist jeder, der seinem Volke gibt, was ihm gehört. Ebenso ist sozial nur ein Mensch, der sich aufopfert für sein Volk, der sich bereit erklärt, seinem Volk zu geben, was ihm gebührt. ‚Volk‘ verstanden als Volksgemeinschaft, von unten bis oben. [...] Die Stärke eines Volkes beruht nicht auf dem hochgezüchteten Genie, sondern auf der Harmonie der körperlichen und geistigen Stärke, der Harmonie von Stirne und Faust. Ohne Wiederherstellung dieses inneren Gleichgewichts aber, der Volksgemeinschaft, ist ein Wiederaufstieg unseres Volkes unmöglich.[28]

Vor etwa 50 Vertretern aus Industrie und Handel unterstrich Hitler im Juni 1926 in Essen, dass Kapital, Arbeit und Nation untrennbar zusammengehörten. Es sei keineswegs egal, unter welcher Kontrolle die Betriebe stünden. Wirtschaft sei mit dem Volkstum identisch, daher sei eine nationale Kontrolle absolut notwendig. Die grundsätzliche Frage für die deutsche Wirtschaft bestehe darin, ein angemessenes Verhältnis zwischen Bevölkerungszahl und Bodenfläche zu finden. Gelänge es nicht, durch Export mehr Arbeit zu schaffen, könnten bald 20 Millionen Deutsche nicht mehr ausreichend ernährt werden.

> Sie bildeten die große Gefahr“, so der Bericht der Rheinisch-Westfälischen Zeitung, „nicht so sehr deswegen, weil Hungerrevolten oder Unruhen ausbrechen könnten, sondern weil sie – schlecht oder recht als Erwerbslose unterstützt – sich der Arbeit entwöhnten, zu Tagedieben würden, die das ganze Volk gesundheitlich und moralisch verseuchten.[29]

Immer wieder attackierte Hitler „die jüdisch-marxistischen Führer“, die die Begriffe Kapital, Eigentum, Unternehmertum verdreht hätten. Indem sie gegen das deutsche Unternehmertum und die nationale Wirtschaft kämpften, sägten sie am Ast, auf dem auch die Arbeiter selbst säßen, während sie „den eigentlichen Feind, das überstaatliche, internationale Börsen- und Leihkapital“ schonen würden. „Unser Kampf“, so Hitler auf einer Wahlkampfveranstaltung im thüringischen Eisenach im Januar 1927, „gilt den nichtschaffenden Schmarotzern, den nichtschaffenden Drohnen, unter Schutz der schaffenden Eigenpersönlichkeit und dem Eigentum.“[30]

---

28 Ebd., S. 134.

29 Adolf Hitler, Rede vor Wirtschaftsführern in Essen, 18.6.1926, in: ders., Reden, Bd. I, S. 478–480, Zitat: S. 479. Die Zahl von 20 Millionen Deutschen, die angeblich zu viel wären, schrieb Hitler fälschlicherweise dem ehemaligen französischen Premierminister George Clemenceau zu. Stattdessen stammt die Zahl aus dem Buch „L'Allemagne ennemie“ von Jeanne und Frédéric Régamey, Paris 1913 (siehe Anm. 10, in: Adolf Hitler, Reden, Schriften, Anordnungen Februar 1925 bis Januar 1933, Bd. II/1, hrsg. u. komment. v. Bärbel Dusik, München et al. 1992, S. 447).

30 Adolf Hitler, Rede auf einer NSDAP-Versammlung in Eisenach, 13.1.1927, in: ders., Reden, Bd. II/1, S. 120–122, Zitat: S. 121.

Auf der anderen Seite stand der Appell an die Volksgemeinschaft. „Was wir seit 1914 erlebten", so Hitler in Hamburg am 6. September 1930 in einer Wahlkampfrede vor mehreren tausend Zuhörerinnen und Zuhörern kurz vor den Reichstagswahlen, die der NSDAP mit 18,3 Prozent der Stimmen als nunmehr zweitstärkste politische Kraft den Durchbruch bescherte,

> verschwindet vor diesem neuen Erleben der echten Volksgemeinschaft, des Sichwiederfindens der Stände der Nation. Wir Nationalsozialisten erkennen als unsere größte Aufgabe, den deutschen Arbeiter zur Nation zurückzuführen, ihn als Granitblock einzufügen. Das Bürgertum aber muß aus dem Klassendünkel zur Volksgemeinschaft gebracht werden. Auf dieser Grundplattform werden wir eine neue Macht aufbauen.[31]

Und gleichermaßen einen Tag später in Nürnberg:

> Das ist das Neue an unserer Bewegung, daß sie den Menschen langsam von der alten Überzeugung losreißt, daß die verhängnisvolle Zersplitterung aufhören muß, daß sich Stadt und Land, Arbeiter und Bauer, Angestellter und Beamter wieder eins fühlen in dem Bewußtsein, wer die Macht wirklich darstellt, das deutsche Volk in seiner Gesamtheit oder die Parteienzersplitterung.[32]

5 1. Mai 1933: „Ehret die Arbeit und achtet den Arbeiter"

Gerade der 1. Mai 1933 sollte nach dem Willen der NS-Führung zu einer großen, reichsweiten und nachhaltigen Manifestation eines Verständnisses von Arbeit als Dienst an der Volksgemeinschaft, jenseits klassenkämpferischer Interessenvertretung, und der Integration der Arbeiterschaft in den Nationalsozialismus werden. Nicht von ungefähr war es die Hitler-Regierung, die als erste deutsche Regierung den 1. Mai, den „Kampftag der Arbeiterklasse", in einen „Tag der nationalen Arbeit" umdefinierte und zugleich diesen Tag zu einem staatlichen Feiertag erhob. „Ehret die Arbeit und achtet den Arbeiter!" war das offizielle Motto dieses 1. Mai 1933.

---

31 Adolf Hitler, Rede in Hamburg, 6.9.1930, in: ders., Reden, Schriften, Anordnungen Februar 1925 bis Januar 1933, Bd. III/3, hrsg. u. komment. v. Christian Hartmann, München u. a. 1995, S. 384–386, Zitat: S. 385.

32 Adolf Hitler, Rede in Nürnberg, 7.9.1930, in: ebd., S. 387–390, Zitat: S. 389.

Der Tag wurde gänzlich inszeniert.[33] Er begann um 9 Uhr mit einer „Kundgebung der Jugend“ im Berliner Lustgarten und Ansprache des Reichspräsidenten Hindenburg. Um die Mittagszeit empfing Hitler als Reichskanzler Arbeiterdelegationen aus dem gesamten Reichsgebiet, aus Österreich, Danzig und aus dem Saargebiet, und stellte sie anschließend dem Reichspräsidenten vor. In der Hoffnung, Handlungsspielräume zu erhalten, hatten sich die (noch) freien Gewerkschaften bereit erklärt, den „Tag der nationalen Arbeit“ zu unterstützen. Überall im Reich wurden die Gewerkschaftshäuser mit schwarz-weiß-roten Fahnen geschmückt. Auf dem Berliner Tempelhofer Feld war eine riesige Massenkundgebung, zu der zahlreiche Belegschaften Berliner Betriebe geschlossen aufmarschierten, veranstaltet worden, hinter der Rednertribüne hingen drei riesige Hakenkreuzfahnen. Die Reden von Joseph Goebbels und Hitler wurden im Rundfunk gesendet und in vielen Orten des Reiches auf öffentlichen Plätzen durch Lautsprecher übertragen – eine der ersten Erfahrungen medialer Simultanität in Deutschland.[34]

Hitler beschwor in seiner Rede die Einheit des deutschen Volkes, ohne die bestehenden Differenzen zu übergehen:

> Unseres Volkes Erwachen ist da. Das Symbol des Klassenkampfes, des ewigen Streites und Haders wandelt sich nun wieder zum Symbol der großen Einigung und Erhebung der Nation. Und deshalb haben wir diesen Tag der erwachenden Natur für alle kommenden Zeiten gewählt als Tag der Wiedergewinnung unserer eigenen Kraft und Stärke und damit auch zugleich jener schaffenden Arbeit, die keine engen Grenzen kennt, nicht gebunden ist an die Gewerkschaft, an Fabriken und Kontore, einer Arbeit, die wir überall dort anerkennen und fördern wollen, wo sie in gutem Sinne für Sein und Leben unseres Volkes geleistet wird.[35]

Die Vergangenheit malte Hitler in düsteren Farben. Klassenkampf, materielle und politische Not hätten zu Zerfall, Verzagtheit, Verzweiflung und zum Schwund der eigenen Kräfte geführt. Nun gelte es, den Weg zueinander wieder zu finden.

> Wir wissen, dass dieser Prozess des Zueinanderfindens und gegenseitigen Verstehenlernens nicht eine Sache von Wochen oder Monaten, ja auch nur wenigen Jahren sein kann. Allein, wir haben den unerschütterlichen Willen, diese große Aufgabe vor der deutschen

---

33 Zum 1. Mai 1933 in Berlin siehe ausführlich: Eberhard Heuel, Der umworbene Stand. Die ideologische Integration der Arbeiter in den Nationalsozialismus 1933–1935, Frankfurt a.M./New York 1988, S. 42–187; vgl. ebenfalls den Beitrag von Inge Marßolek in diesem Band.

34 Vgl.: Inge Marßolek, „Aus dem Volke, für das Volk“. Die Inszenierung der „Volksgemeinschaft“ um und durch das Radio, in: dies./Adelheid von Saldern (Hrsg.), Radiozeiten. Herrschaft, Alltag, Gesellschaft (1924–1960), Potsdam 1999, S. 121–135.

35 Max Domarus, Hitler. Reden und Proklamationen 1932–1945. Kommentiert von einem Zeitgenossen, Teil I Triumph, Bd. I: 1932–1934, Leonberg 1988, S. 259.

> Geschichte zu erfüllen, haben den Entschluss, die deutschen Menschen wieder zueinander zu führen, und wenn es sein muss, zueinander zu zwingen.[36]

Kopf- und Handarbeiter sollten zueinander finden – und doch hob Hitler klar die manuelle Arbeit hervor. Das Vorurteil, dass Handarbeit minderwertig sei, müsse in Deutschland ausgerottet werden.

> Wir wollen in einer Zeit, da Millionen unter uns leben ohne Verständnis für die Bedeutung des Handarbeitertums, das deutsche Volk durch die Arbeitsdienstpflicht zu der Erkenntnis erziehen, dass Handarbeit nicht schändet, nicht entehrt, sondern vielmehr wie jede andere Tätigkeit dem zur Ehre gereicht, der sie getreu und redlichen Sinnes erfüllt."[37] Stürmischen Beifall erhielt Hitlers Forderung: „Es bleibt unser unverrückbarer Entschluss, jeden einzelnen Deutschen, sei er, wer er sei, ob reich, ob arm, ob Sohn von Gelehrten oder Sohn von Fabrikarbeitern, einmal in seinem Leben zur Handarbeit zu führen, damit er sie kennenlernt.[38]

Am darauf folgenden Tag, dem 2. Mai 1933, besetzten SA-Stürme die Gewerkschaftshäuser, verhafteten Funktionäre und beschlagnahmten das Eigentum. An die Stelle der freien Gewerkschaften trat die Deutsche Arbeitsfront, die durch die Übernahme der Mitglieder wie des Vermögens der Gewerkschaften die mitgliederstärkste und reichste NS-Organisation wurde. In der Verordnung Hitlers über die Deutsche Arbeitsfront vom 24. Oktober 1934 hieß es unter dem § 2:

> Das Ziel der Deutschen Arbeitsfront ist die Bildung einer wirklichen Volks- und Leistungsgemeinschaft aller Deutschen. Sie hat dafür zu sorgen, dass jeder einzelne seinen Platz im wirtschaftlichen Leben der Nation in der geistigen und körperlichen Verfassung einnehmen kann, die ihn zur höchsten Leistung befähigt und damit den größten Nutzen für die Volksgemeinschaft gewährleistet.[39]

6 Arbeit als Dienst an der Volksgemeinschaft[40]

Handarbeit als Erziehungsmittel – dieser Gedanke stand ebenso hinter der Institution des Reichsarbeitsdienstes wie dessen Funktion, junge arbeitslose Männer in öffentliche Arbeitsprogramme einzubinden. Kollektiv verrichtete Handarbeit als Medium von Vergemeinschaftung und Disziplinierung war das nationalsozi-

---

36 Ebd., S. 260.
37 Ebd., S. 262.
38 Ebd.
39 Zit. n.: Schneider, Unterm Hakenkreuz, S. 182.
40 Vgl. dazu auch den Beitrag von Harriet Scharnberg in diesem Band.

alistische Konzept, das sich sowohl in den Lagern des Reichsarbeitsdienstes wie auch in den Konzentrationslagern wiederfindet.[41]

Zwar war der Reichsarbeitsdienst zunächst offiziell noch freiwillig und erst ab 1935 verpflichtend, aber mit einer Reihe von Maßnahmen und drohendem Entzug von Arbeitslosenunterstützung brachte man zahlreiche junge Männer dazu, sich für den RAD zu melden.[42] Stärker als der ökonomische Nutzen und die statistische Verbesserung der Arbeitslosenzahl stand dabei die Formierungsabsicht im Vordergrund. „Der Reichsarbeitsdienst", hieß es im Paragraph 3 des Gesetzes über den RAD, „soll die deutsche Jugend im Geiste des Nationalsozialismus zur Volksgemeinschaft und zur wahren Arbeitsauffassung, vor allem zur gebührenden Achtung der Handarbeit erziehen."[43]

In einem der ersten Interviews, die Hitler als neu ernannter Reichskanzler einer ausländischen Nachrichtenagentur gab, hatte er im Februar gegenüber Associated Press diese Aufgabe des Arbeitsdienstes unmissverständlich benannt:

> Die Arbeitsdienstpflicht verdankt als Idee ihre Entstehung der katastrophalen wirtschaftlichen Not und der daraus entspringenden Arbeitslosigkeit. Die Arbeitsdienstpflicht soll vor allem verhindern, dass Hunderttausende unserer Jungarbeiter hilflos auf der Straße verkommen. Sie soll aber weiter durch eine allgemeine Erziehung zur Arbeit einer Überbrückung der Klassengegensätze dienen. Als Nationalsozialist sehe ich auch in der allgemeinen Arbeitsdienstpflicht ein Mittel, um zur Achtung vor der Arbeit zu erziehen. Unsere jungen Leute sollen lernen, dass die Arbeit den Menschen adelt.[44]

Und in einer Rede vor Autobahnarbeitern im September 1933 hob er noch einmal hervor,

> dass wir einen Staat aufbauen wollen, der die Arbeit schätzt um ihrer selbst willen und der den Arbeiter achtet, weil er eine Pflicht an der Nation erfüllt, einen Staat, der durch seinen Arbeitsdienst jeden erziehen will, jedes Söhnchen auch hochgeborener Eltern zur Achtung der Arbeit, zum Respekt vor der körperlichen Tätigkeit im Dienste der Volksgemeinschaft.[45]

---

41 Kiran Patel, „Auslese" und „Ausmerze". Das Janusgesicht der nationalsozialistischen Lager, in: ZfG 54 (2006) 4, S. 339–365; Marc Buggeln/Michael Wildt, Lager im Nationalsozialismus. Gemeinschaft und Zwang, in: Bettina Greiner/Alan Kramer (Hrsg.), Die Welt der Lager. Zur „Erfolgsgeschichte" einer Institution, Hamburg 2013, S. 217–253.

42 Detlev Humann, „Arbeitsschlacht". Arbeitsbeschaffung und Propaganda in der NS-Zeit 1933–1939, Göttingen 2011, S. 365–480; Kiran Klaus Patel, „Soldaten der Arbeit". Arbeitsdienste in Deutschland und den USA 1933–1945, Göttingen 2003.

43 RGBl. 1935 I, S. 769, zit. n. Patel, Soldaten der Arbeit, S. 107.

44 Domarus, Hitler. Reden und Proklamationen, Teil I, Bd. I, S. 212.

45 Ebd., S. 302.

Dieser antibürgerliche Affekt gegen die „Hochgeborenen", denen es gut tue, einmal körperlich zu arbeiten, wie es schon in der Rede zum 1. Mai 1933 explizit anklang, erschien auch später in Hitlers Reden, wie kurz vor Kriegsbeginn am 1. Mai 1939. Da gäbe es manche Volksgenossen, die glaubten, ihre Söhne seien zu etwas Besserem, Geistigem bestimmt und sollten daher von der Arbeitsdienstpflicht befreit werden.

> Was du, mein lieber Freund, schon unter Geist verstehst! Wenn dein Junge jetzt sechs Monate im Westen mit dem Spaten für Deutschland gearbeitet hat, dann hat er praktisch mehr geleistet, als vielleicht dein ganzer Geist Zeit seines Lebens für Deutschland leisten konnte. Und vor allem: Er hat ja mitgeholfen, eine der schlimmsten geistigen Verirrungen zu beseitigen, die es gibt, nämlich die innere Zerrissenheit eines Volkes.[46]

Auch von akademischer Seite erhielt diese Position prominente Unterstützung. Kein geringerer als der frisch gekürte Rektor der Universität Freiburg, der Philosoph Martin Heidegger, entfaltete in seiner Rektoratsrede vom 27. Mai 1933, welche Aufgaben die Universität zu erfüllen hätten:

> Der Kampf, der heute tobt, geht um ganz große Ziele: eine Kultur kämpft um ihr Dasein, die Jahrtausende in sich verbindet und Griechen- und Germanentum gemeinsam umschließt.[47]

Wissenschaft „im Sinne des fragenden, ungedeckten Standhaltens inmitten der Ungewißheit des Seienden im Ganzen" schaffe dem Volk seine wahrhaft geistige Welt.

> Und die geistige Welt eines Volkes ist nicht der Überbau einer Kultur, sowenig wie das Zeughaus für verwendbare Kenntnisse und Werte, sondern sie ist die Macht der tiefsten Bewahrung seiner erd- und bluthaften Kräfte als Macht der innersten Erregung und weitesten Erschütterung seines Daseins.[48]

Für die Studenten hielt Heidegger drei „Bindungen" parat: „Die erste Bindung ist die in der Volksgemeinschaft. Sie verpflichtet zum mittragenden und mithandelnden Teilhaben an Mühen, Trachten und Können aller Stände und Glieder des Volkes. Diese Bindung wird fortan festgemacht und in das studentische Dasein eingewurzelt durch den Arbeitsdienst."[49] Neben „Wehrdienst" und

---

46 Rede Hitlers zum 1. Mai 1939, in: Max Domarus, Hitler. Reden und Proklamationen 1932–1945. Kommentiert von einem Zeitgenossen, Teil II Untergang, Bd. III: 1939–1940, Leonberg 1988, S. 1184.

47 Zit. n Victor Farías, Heidegger und der Nationalsozialismus, Frankfurt a.M. 1989, S. 155.

48 Zit. n.: ebd., S. 157.

49 Zit. n.: ebd., S. 159.

„Wissensdienst" galt die Arbeit als das wesentliche Element der Bindung und Teilhabe an der „Volksgemeinschaft". In einer Ansprache wenige Monate später, im November 1934, anlässlich der feierlichen Immatrikulation wurde Heidegger unter der Überschrift „Der deutsche Student als Arbeiter" noch deutlicher: „Der neue deutsche Student geht jetzt durch den Arbeitsdienst." Der wahre Sinn des „Wissensdienstes" bestehe in der Eingliederung in die „Arbeitsfront", kurz:

> Die Arbeit versetzt und fügt das Volk in das Wirkungsfeld aller wesentlichen Mächte des Seins. Das *in* der Arbeit und *als* Arbeit sich gestaltende Gefüge des völkischen Daseins ist der *Staat*. Der nationalsozialistische Staat ist der Arbeiterstaat.[50]

Iris Därmann machte mich darauf aufmerksam, wie eng Heideggers Verständnis von Gemeinschaft mit dem Krieg verbunden ist. In seinen beiden Vorträgen „Die deutsche Universität" im August 1934 hieß es, dass die „eigentliche Vorbereitung der nationalsozialistischen Revolution" im Ersten Weltkrieg begann, da im „Frontgeist", begriffen vor allem als „Kameradschaft", der „wissende Wille zu einer neuen Gemeinschaft" entstehe. Der Kriegsdienst, der eine Todes- und Tötungsgemeinschaft begründet, bildete für Heidegger 1933/34 die eigentliche Gemeinschaftsform des Mitseins. Arbeit als Dienst an der Volksgemeinschaft umfasst auch „destruktive Arbeit", „Vernichtungsarbeit".[51]

7 Arbeit und Gewalt

Erziehung und Disziplinierung durch Arbeit stand auch bei den frühen Konzentrationslagern propagandistisch im Vordergrund. Für Reichsinnenminister Wilhelm Frick stand gleich Anfang März 1933, unmittelbar als nach dem Reichstagsbrand die massive Verfolgung von politischen Oppositionellen begann, fest, dass die Kommunisten nicht an der Eröffnung des neu gewählten Reichstages teilnehmen werden. „Diese Herrschaften", so Frick „müssen wieder an fruchtbringende Arbeit gewöhnt werden. Dazu werden wir ihnen in Konzentrationslagern Gelegenheit geben. Wenn sie sich dann wieder zu nützlichen Mitgliedern der Nation erziehen lassen, wollen wir sie als vollwertige Volksgenossen will-

---

50 Ebd., S. 181.

51 Vgl.: Lars Clausen, Produktive Arbeit, destruktive Arbeit. Soziologische Grundlagen, Berlin/New York 1988.

kommen heißen, sonst werden wir sie auf die Dauer unschädlich zu machen wissen."[52]

Was propagandistisch als „Erziehung" deklariert wurde, diente im Alltag des Konzentrationslagers der Erniedrigung und Bestrafung. So berichtete die „Münchner Illustrierte Presse" am 16. Juli 1933 in einem großen Artikel mit etlichen Fotografien über das Konzentrationslager Dachau und zeigte unter anderem ein Bild, auf dem mehrere Häftlinge eine Straßenwalze ziehen mussten. In der Bildunterschrift hieß es dazu:

> Volksverführern, denen der Begriff der Arbeit ihr Leben lang fremd geblieben ist, lernen ihn hier zum eigenen Nutzen kennen. Zum ersten Mal arbeiten sie produktiv in einer Gemeinschaft.[53]

Das Arbeitskommando „Straßenwalze", eine Straßenbaukolonne, dem Juden und so genannte „Bonzen", also ehemalige sozialdemokratische Funktionären, angehörten, war berüchtigt wegen der Schwere und Brutalität der Arbeit.

„Vernichtung durch Arbeit" – dieses absolut destruktive Verständnis von Arbeit kann wohl allein das NS-Regime für sich verbuchen. Dokumentiert ist diese Formulierung im Abkommen, dass Heinrich Himmler mit dem damaligen Justizminister Thierack im September 1942 schloss. Den Hintergrund bildete das Bemühen Himmlers, einen Teil der Strafrechtspflege, nämlich gegen die sogenannten „Fremdvölkischen" von der Justiz an SS und Polizei zu übertragen. Thierack und Himmler kamen rasch überein, dass „nicht genügende Justizurteile durch polizeiliche Sonderbehandlung [...] korrigiert" werden sollten. Außerdem sollten sämtliche „asozialen Elemente", wörtlich wurden genannt: „Juden, Zigeuner, Russen und Ukrainer, Polen über 3 Jahre Strafe, Tschechen oder Deutsche über 8 Jahren Strafe", an die SS zwecks „Vernichtung durch Arbeit" übergeben werden.[54]

Hitler dachte genauso. In den Tischgesprächen klagte er immer wieder über die Justiz, die nicht in der Lage sei, mit angeblich Kriminellen umzugehen. „Nach zehn Jahren Zuchthaus", so Hitler im Februar 1942,

---

52 Wilhelm Frick im Völkischen Beobachter, Münchener Ausgabe, 11./12. März 1933, S. 2, zit. n.: Tuchel, Organisationsgeschichte, S. 44f.

53 Zit. n.: Hans-Günter Richardi, Schule der Gewalt. Das Konzentrationslager Dachau, München/Zürich 1995, S. 200.

54 BArch, R 22/4062, Bl. 35a–37, Vermerk Thieracks über die Besprechung am 18.9.1942, abgedruckt in: IMG, Bd. XXVI, S. 200–203 (654–PS); BA, R 22/5029, Bl. 58–65, Niederschrift Streckenbachs zu dem Treffen v. 21.9.1942.

> ist der Mensch sowieso für die Volksgemeinschaft verloren. Wer will ihm denn noch Arbeit geben? Solchen Kerl steckt man entweder in ein Konzentrationslager oder tötet ihn. In dieser Zeit ist das letztere wichtiger, um der Abschreckung willen. Um ein Exempel zu statuieren, muss es auch alle Mitläufer treffen![55]

Auch in seiner rassistischen Definition von Arbeit blieb Hitler bei seinen Maximen, die er 1920 seinem Publikum verkündet hat. Im Oktober 1940 entwickelte er in einer Unterhaltung mit Generalgouverneur Hans Frank, wie Martin Bormann pflichteifrig mitstenographierte, seine Vorstellungen, wie mit den Polen umgegangen werden müsse:

> Der Führer betonte weiter, der Pole sei im Gegensatz zu unserem deutschen Arbeiter geradezu zu niedriger Arbeit geboren. [...] Während unser deutscher Arbeiter von Natur aus im allgemeinen strebsam und fleißig sei, sei der Pole von Natur aus faul und müsse zur Arbeit angetrieben werden. [...] Es sei also durchaus richtig, wenn im Generalgouvernement eine starke Übersetzung an Arbeitskräften vorhanden sei, damit von dort aus wirklich alljährlich die notwendigen Arbeiter in das Reich kämen. – Unbedingt zu beachten sei, dass es keine ‚polnischen Herren' geben dürfte: wo polnische Herren vorhanden seien, sollten sie, so hart das klingen möge, umgebracht werden.[56]

In einem Kommentar aus dem Reichsministerium für die besetzten Ostgebiete zum so genannten „Generalplan Ost", der in der SS-Führung 1942 für die deutsche Besiedlung und Beherrschung Osteuropas, der Ukraine, des Baltikums, der Wolga-Region, der Krim und anderen Gebieten ausgearbeitet wurde und in dem mit der Vertreibung, Deportation und Ermordung von über 30 Millionen Menschen, die in diesen Gebieten lebten, geplant wurde, kam der Vorschlag auf, „ob nicht durch die Industrialisierung des baltischen Raumes zweckmäßigerweise die rassisch unerwünschten Teile der Bevölkerung verschrottet werden könnten", d. h. durch Schwerstarbeit vernichtet werden sollten.[57]

Nur im Nationalsozialismus kam das Schlagwort von der „Vernichtung durch Arbeit" auf, die Vorstellung, dass Menschen durch Arbeit „verschrottet" werden. Das rationale-zynische Kalkül, das auch westlichen Gesellschaften nicht fremd ist, durch Zwang und Unfreiheit Menschen zu ökonomisch günstigen Konditionen arbeiten zu lassen und dadurch den gesamtgesellschaftlichen

---

55 Henry Picker, Hitlers Tischgespräche im Führerhauptquartier. Entstehung, Struktur und Folgen des Nationalsozialismus, Frankfurt a.M./Berlin 1993, S. 143 (Eintrag vom 8.2.1942).

56 Martin Bormann, Aktenvermerk vom 2.10.1940, Nbg. Dok. USSR-172, dokumentiert in: Der Prozeß gegen die Hauptkriegsverbrecher vor dem Internationalen Militärgerichtshof, Nürnberg 14. November 1945 – 1. Oktober 1946, Nürnberg 1947, Bd. VII, S. 252–255, Zitat: S. 252f.

57 Bericht Wetzels über die Besprechung im Ostministerium am 4.2.1942 (Nbg. Dok. NO-2585), abgedruckt in: Helmut Heiber, Der Generalplan Ost, in: VfZ 6 (1958), S. 281–325, hier S. 293–296.

Nutzen bzw. den Kapitalgewinn für einige Gruppen oder Unternehmen zu steigern, stand im Nationalsozialismus hinter rassistischen, antisemitischen Weltordnungsplänen zurück. Auch wenn das NS-Regime immer wieder zu pragmatischen, der Kriegssituation geschuldeten Entscheidungen gezwungen war. An der rassistischen Grundhaltung, dass Juden ebenso wenig eine Existenzberechtigung haben wie behinderte Menschen, änderte das nichts.

8 Schluss

Was Hitlers Arbeitsbegriff schon 1920 auszeichnete, war die rassistische und antisemitische Grundierung. Während „Arier" durch die unwirtlichen Umstände ihrer Umgebung zu kulturschaffender Arbeit erzogen worden seien, seien „Juden" hingegen zu einer gemeinnützigen Arbeit nicht fähig. Diese durchaus in völkischer Tradition stehende Wendung erlaubte es zum einen, die moderne kapitalistische Gesellschaft zu kritisieren, in deren Mittelpunkt das Einzelinteresse stehe. Zum anderen ließen sich eben „raffende" Kapitalisten als „jüdisch" denunzieren, die gegen das Gemeinwohl arbeiten würden. Zudem bot die grundlegende Annahme, dass allein die Arbeit Wert schaffe, Berührungspunkte mit der sozialistischen Arbeiterbewegung. Dass auch die Sozialdemokraten mit Antisemitismus, der Denunziation des „jüdischen Kapitals" zu kämpfen hatten, zeigt deren Geschichte immer wieder.

Hitlers Rede von der Arbeit als Dienst an der Volksgemeinschaft, von der Handarbeit, die als erzieherische Maßnahme gerade den „Tintenrittern" und „hochwohlgeborenen Söhnchen" zugutekomme, wie sie insbesondere in seiner Ansprache zum 1. Mai 1933 zum Ausdruck kommt, konnte auf ein breites Einverständnis, auch über das völkische Lager hinaus, rechnen. Auch die Vorstellung, Arbeit als harte Erziehungsmaßnahme und Strafe einzusetzen, hatte Traditionen, die weit vor dem 20. Jahrhundert lagen.

Was die nationalsozialistische Arbeitsauffassung heraushob, war ihre Destruktivität. In den Äußerungen Hitlers zur Arbeit, die Polen zu verrichten hätten, ist der gewalttätige, rücksichtslose Rassismus ganz unverhüllt, der – anders als die Legitimationen der europäischen Kolonisatoren – keinerlei Anspruch auf eine „Zivilisierungsmission" mehr erhob.[58] Hier sollten Menschen

58 Vgl. dazu: Felix Axster, Arbeit, Teilhabe und Ausschluss. Zum Verhältnis zwischen kolonialem Rassismus und nationalsozialistischem Antisemitismus, in: Birthe Kundrus/Sybille Steinbacher (Hrsg.): Kontinuitäten und Diskontinuitäten. Der Nationalsozialismus in der Geschichte des 20. Jahrhunderts, Göttingen 2013, S. 121–133.

bis zu ihrer „Verschrottung" für das Deutsche Reich arbeiten, allein von einem utilitaristischen Kalkül ausgehend, das nicht einmal mehr die „Reproduktionsfähigkeit" der Arbeitskräfte zu berücksichtigen glaubte. Hitlers grundlegende Überzeugungen zur Arbeit, wie er sie insbesondere in seinen Reden vom 20. August 1920 und 1. Mai 1933 entwickelt hatte, waren erkennbar auch die Richtschnur für nationalsozialistisches Handeln zwischen 1933 und 1945.

Jürgen Kocka

Ambivalenzen der Arbeit

1 Zwang und Verführung[1]

In arbeitsgeschichtlicher Perspektive lag die Durchschlagskraft des Nationalsozialismus – das zeigen die vorstehenden Aufsätze – wesentlich in seiner wirkungsvollen Ambivalenz zwischen Zwang und Verführung begründet. Michael Wildt legt dar, wie Arbeit in der nationalsozialistischen Diktatur als Mittel der Disziplinierung – der Bestrafung wie auch der Umerziehung – von Menschen für politische Zwecke eingesetzt wurde, und zwar von Anfang an. Er arbeitet die illiberale-repressive Stoßrichtung von Arbeit heraus, wenn sie in der Diktatur nicht nur als Recht, sondern auch als Pflicht verstanden und durchgesetzt wurde; dadurch wurde sie zum Medium der Ausgrenzung und Unterdrückung von nichtarbeitenden, „arbeitsscheuen“ oder arbeitsunfähigen Menschen. Zwangsarbeit wurde unter den Bedingungen von Krieg und Diktatur zum Massenphänomen. Am radikalsten traten die zwanghaft-zerstörerischen Potentiale von Arbeit in den Vordergrund, wenn sie als Mittel oder genauer: als Form der Vernichtung von Menschen unter rassistischem Vorzeichen eingesetzt wurde.

Doch machen die Aufsätze gleichermaßen das Verführerische am nationalsozialistischen Arbeitsbegriff, an seinem ideologischen Gehalt und an der von ihm beeinflussten Praxis gleichermaßen, klar. Das Lob der Arbeit als der wichtigsten Quelle von materiellen und kulturellen Werten nahm einen zentralen Platz in der nationalsozialistischen Weltanschauung und Rhetorik ein, mit der Folge von Anerkennung und Wertschätzung für die kleinen, mühsam arbeitenden und lebenden Leute. – Kapitalismuskritik als Kritik des Geldes, des Marktes, der egoistischen Gier und der profitorientierten Ausbeutung von Arbeit war den sozialen Vorstellungen der Nationalsozialisten nicht fremd. Sie durchzog vielmehr ihre populistische Rhetorik und ihre sozialpolitischen Programme; damit dürften sie auf viel Zustimmung oder doch Verständnis in großen Teilen der deutschen Bevölkerung gestoßen sein, in der die Wertschätzung für Markt, Konkurrenz und „kreative Zerstörung“ (Josef Schumpeter) als

1 Die folgenden Ausführungen wurden im Wesentlichen als Kommentar auf der Jahresabschlusskonferenz des Internationalen Geisteswissenschaftlichen Kollegs „Arbeit und Lebenslauf in globalgeschichtlicher Perspektive“ in Berlin am 12.7.2013 vorgetragen.

Kern des kapitalistischen Prozesses nie breit verankert gewesen ist. Dies funktionierte, auch wenn die ausgeprägte Amalgamierung ihrer Kapitalismuskritik mit Antisemitismus und die damit ermöglichte Unterscheidung zwischen verabscheuungswürdigem „raffenden" und zu akzeptierendem „schaffenden Kapital" die nationalsozialistische Kapitalismuskritik typisch verbogen und einerseits weniger durchschlagend, andererseits mörderischer machten. – Schließlich sind das Versprechen der Gleichheit und die Kritik an Ungleichheit nicht zu überhören, die der nationalsozialistischen Arbeitsrhetorik innewohnten. Das Hohelied der Arbeit bezogen die nationalsozialistischen Sprecher und Autoren keineswegs nur auf „deutsche Wertarbeit" (Alf Lüdke), sondern auf alle, auch unqualifizierte Arbeit, auf „Arbeit der Stirn" und „Arbeit der Faust", wobei diese in der Symbolwelt und der Rhetorik der Nationalsozialisten für die „Volksgemeinschaft" eher mehr Gewicht besaß als jene. Den traditionellen Arbeiter-Angestellten-Unterschied pflegten die Nationalsozialisten jedenfalls nicht, weder in ihrer Rhetorik, noch in ihren Sozialversicherungsplänen noch in der Deutschen Arbeitsfront und den Betrieben. Das nationalsozialistische Lob der Arbeit trug einige egalitäre Züge. Es war überdies ganz betont mit der Anerkennung und Organisation von Freizeit verbunden. All dies ließ sich vorzüglich in symbolische Politik und mobilisierende Massenveranstaltungen übersetzen, rhetorisch und manipulativ ausnutzen und in Strategien der Legitimitätsbeschaffung ummünzen, wie es die große Show auf dem Tempelhofer Feld am 1. Mai 1933 mit modernsten Mitteln medialer Choreographie virtuos vorführte.

In arbeitshistorischer Perspektive wird eindrucksvoll klar, wie der Nationalsozialismus hierarchische Unterordnung, Ausgrenzung und Vernichtung mit Anerkennung, Verführung und Akzeptanzgewinnung zu verbinden verstand, sodass zwar ausgegrenzte Minderheiten und missliebige Einzelnen früh und radikal zu Opfern diktatorischer Repression wurden und unkontrollierte Herrschaft die „Volksgemeinschaft" jederzeit diffus durchzog, zugleich aber sehr große Teile der deutschen Gesellschaft Hitler und seinen Leuten „entgegenarbeiteten" (Ian Kershaw) und die diktatorische Herrschaft weithin nicht nur toleriert sondern auch akzeptiert wurde. Allerdings müsste genauer gefragt werden, was Rhetorik und Symbolpolitik blieb, und was zu politischer Praxis und gesellschaftlichen Prozessen wurde. Die Zwangselemente und die Verführungselemente nationalsozialistischer Arbeitspolitik dürften in dieser Hinsicht unterschiedliches Gewicht besessen haben.

2 Kontinuitäten und Neuansätze[2]

Aus arbeitshistorischer Perspektive wird ein weiteres Mal deutlich, wie tief der Nationalsozialismus in lange Kontinuitäten der deutschen und europäischen Geschichte eingebettet war, wenngleich seine besonders zerstörerischen Züge etwas Neues darstellten und er Kontinuitäten nicht einfach fortsetzte, sondern umakzentuierte und der neuen Situation anverwandelte.

Mit ihrer Hochschätzung der Arbeit befanden sich die Nationalsozialisten – auf allgemeiner Ebene – in einer langen Tradition, die einen ersten Höhepunkt im Zeitalter der Aufklärung erlebt hatte, als Intellektuelle und Autoren wie Diderot, Adam Smith und Kant die Arbeit nicht nur als wichtigste Quelle der Produktivität und des Wohlstands, sondern – trotz Kenntnis ihrer häufigen Mühsal und Härte – auch als zentrales Element des menschlichen Lebens, ja als Kern menschlicher Identität aufwerteten. Maßgebliche Intellektuelle des 19. Jahrhunderts wie Hegel, Marx und Max Weber setzten diese Tradition der emphatischen Hochschätzung der Arbeit mit neuen Bedeutungsnuancen fort, auch wenn sie wie Marx die realen Arbeitsverhältnisse ihrer Zeit einer radikalen Kritik unterzogen. Wenn Hannah Arendt später rückblickend vom Aufstieg der Arbeitsgesellschaft im 19. und frühen 20. Jahrhundert sprach, war ihre Wertung viel ambivalenter und skeptischer. Doch spiegelte ihre Begriffsschöpfung die ungemein prägende, gewichtige und zunehmend ubiquitäre Wirkung wider, die Arbeit in vielen Bereichen ausübte, nicht nur im Wirtschaftsleben, sondern auch für den Zusammenhalt der Gesellschaft, die Strukturierung von Lebensläufen, den entstehenden Sozialstaat und die Deutungen der Zeit. In gewisser, verzerrender, einseitig akzentuierender Weise standen die nationalsozialistischen Auslassungen zur Arbeit in dieser Tradition.

Aber auch mit ihrer Kritik an der kapitalistischen Organisation der Arbeit, ihrer Warenförmigkeit und Unterordnung unter das eigennützige Profitkalkül von Unternehmern und Kapitalisten standen die Nationalsozialisten in einer langen Tradition, die in Deutschland zumindest bis ins frühe 19. Jahrhundert zurückreichte und mit dem Aufschwung des Industriekapitalismus an Fahrt gewann. Die Durchsetzung der Lohnarbeit als Massenphänomen wurde nirgendwo in Europa von breiter Zustimmung der Bevölkerung getragen, sondern von weit verbreiteter Kapitalismuskritik begleitet, die ihre massenhafte Verbrei-

2 Zum folgenden Jürgen Kocka, Mehr Last als Lust. Arbeit und Arbeitsgesellschaft in der europäischen Geschichte, in: ders., Arbeiten an der Geschichte. Gesellschaftlicher Wandel im 19. und 20. Jahrhundert, Göttingen 2011, S. 203–224, 375–331; sowie ders., Geschichte des Kapitalismus, München 2013, S. 99–113, 124–128.

tung jedoch nicht verhinderte. Kritik an der kapitalistischen Instrumentalisierung von Arbeit fand im 19. und frühen 20. Jahrhundert ihren wichtigsten Ort in der sozialistischen oder sozialdemokratischen Protest- und Emanzipationsbewegung der Arbeiter, aber auch in ganz anderen politisch-moralischen Milieus, so besonders kraftvoll in der katholischen Soziallehre, ebenso wie in der Moderne-Kritik der Konservativen und, in den späten Jahrzehnten des 19. und dem ersten Drittel des 20. Jahrhunderts, im völkischen Populismus des rechten politischen Spektrums, dies spätestens seit der Großen Depression der 1870er Jahre mit Verbindung zu militantem Antiliberalismus und Antisemitismus. Kapitalismuskritik ist seit jeher politisch polyvalent, und das gilt auch für die lange Tradition der Kritik an der kapitalistischen Organisation der Arbeit, an die sich die Nationalsozialisten mit rassistischen Zuspitzungen und eigenen Inhalten anschlossen.

Mit ihrer Militarisierung der Arbeit – nach der Erfahrung des Ersten Weltkriegs –, ihrem massenhaften Einsatz von Zwangsarbeit unter staatlich-diktatorischer Kontrolle, ihrer Instrumentalisierung der Arbeit für die Vernichtung menschlichen Lebens und mit der Massivität ihres radikal-rassistischen Ansatzes, der hier erstmals zur offiziellen Regierungspolitik eines mächtigen Staates wurde, hob sich die nationalsozialistische Arbeitspolitik allerdings von allen deutschen und europäischen Traditionen ab. Insofern war sie neu, auch im Vergleich zur Arbeitspolitik der europäischen Kolonialmächte in ihren südamerikanischen, afrikanischen und asiatischen Kolonien. Aber auch dort fanden sich am ehesten rassistische, auf unfreie Arbeit vor allem von Sklaven gegründete und besonders repressive Formen zwanghafter Arbeitspolitik, die insofern Vorläufer der Arbeitspolitik in den totalitären Diktaturen Europas im zweiten Drittel des 20. Jahrhunderts darstellten. Es ist bekannt, dass beispielsweise die südafrikanische Apartheid-Politik mit viel Interesse und Zustimmung auf nationalsozialistische Vorbilder blickte. Aber den Kolonialherren und ihren Regierungen in den Kolonien fehlte die massive und mörderische Macht des nationalsozialistischen, aber auch des stalinistischen Regimes. Sie brauchten Mittler vor Ort, um sich durchzusetzen; ihre Repression blieb meist vergleichsweise begrenzt, ihr Rassismus relativ inkohärent; ihre Zwangsarbeitspolitik war kontrovers und Gegenstand sie störender Kritik. Auch in arbeitshistorischer Sicht treten die Unterschiede zwischen dem alten Kolonialismus und dem modernen Faschismus also deutlich hervor.[3]

3 Ich danke Fred Cooper für die entsprechenden Hinweise.

3 Jenseits der Erwerbsarbeit?

Es fällt auf, wie entschieden Hitler und andere Nationalsozialisten sich für einen Arbeitsbegriff einsetzten, der die bezahlte Erwerbsarbeit transzendierte, nämlich für Arbeit als Dienst am Gemeinwohl.[4] Es soll versucht werden, dies begriffshistorisch einzuordnen und mit jüngeren Debatten über „Bürgerarbeit" in der Zivilgesellschaft in Beziehung zu setzen.

Bis zum Ende des 18. Jahrhunderts hatte sich in den europäischen Sprachen ein allgemeiner Arbeitsbegriff herausgebildet. Bei vielen Unterschieden im einzelnen bezog sich „Arbeit" („work", „travail") auf ein umfassendes Spektrum von menschlichen Tätigkeiten, die einen Zweck außerhalb ihrer selbst besaßen, meistens den Zweck, etwas herzustellen, zu leisten oder zu erreichen; Arbeit hatte etwas von Verpflichtung oder Notwendigkeit an sich, diente einer von anderen gestellten oder selbst gesetzten Aufgabe; Arbeit war immer auch mühsam, hatte Widerstand zu überwinden, erforderte Anstrengung und ein Minimum an Beharrlichkeit. Spiel, Muße, Nichtstun waren die Gegenbegriffe.[5] Im Laufe des 19. Jahrhunderts – parallel zur Durchsetzung des Kapitalismus mit der Industrialisierung auch in der Arbeitswelt – fand ein stückweit eine Verengung des vorherrschenden Arbeitsbegriffs statt, ohne jene breitere Bedeutung von „Arbeit" ganz zu verdrängen. Im Zuge dieser Verengung bezog sich „Arbeit" im Vollsinn des Wortes der Tendenz nach nur noch auf Tätigkeiten, von denen man lebte und durch die man verdiente, größtenteils indem man Leistungen erbrachte und Güter herstellte, die auf Märkten einen Gegenwert erzielen konnten, sei es als unterschiedlich qualifizierte Arbeitsleistungen in lohnabhängiger oder selbständiger Stellung, sei es in Form von Produkten solcher Leistungen. Arbeit engte sich auf Erwerbsarbeit (labor) ein, und das schlug sich in den öffentlichen Statistiken, in den Debatten über Sozialpolitik und im allgemeinen Sprachgebrauch nieder. Dadurch gerieten Tätigkeiten an den Rand des Bedeutungsfeldes von „Arbeit", die vorher eindeutig als Arbeit gegolten hatten, beispielsweise Arbeiten (meist von Frauen) im Haushalt und nichtbezahlte Tätigkeiten in Gesellschaft und Politik.[6]

---

4 Vgl. dazu den Beitrag von Michael Wildt in diesem Band; Karl Peppler (Hrsg.), Die Deutsche Arbeitskunde, Leipzig 1940, S. 1f.: „Für den Nationalsozialisten bedeutet die Arbeit allgemein Sinn des Lebens und Dienst an der Volksgemeinschaft." – Joan Campbell, Joy in Work, German Work. The National Debate 1800–1945, Princeton, N.J. 1989, S. 312–374.

5 Ich folge Keith Thomas (Hrsg.), The Oxford Book of Work, Oxford 1999, S. VIII–XXIII, besonders XIV. Zuletzt umfassend: Catharina Lis/Hugo Soly, Worthy Efforts, Attitudes to Work and Workers in Pre-Industrial Europe, Leiden 2012.

6 Kocka, Mehr Last als Lust, S. 215f., 379.

Spätestens seit den 1980er Jahren finden sich Plädoyers für die Revision dieser Verengung und für eine erneute Erweiterung des Arbeitsbegriffs in den Sozialwissenschaften und in der Publizistik, jedenfalls im deutschsprachigen Raum. Dahinter steckt das Bemühen um Aufwertung von Arbeiten, die nichtmarktvermittelte, aber für Gesellschaft und Kultur höchst relevante Ergebnisse erzielen, so im Haushalt, in der Sphäre der Reproduktion, in der Erziehung und in Formen bürgerschaftlichen Engagements für gemeinwohlbezogene Zwecke in der Sphäre zwischen Wirtschaft und Staat, in der Zivilgesellschaft. Im emphatischen Eintreten für nicht durch Marktlogik gesteuerte, zugleich aber nicht staatlich gegängelte „Bürgerarbeit“ fand diese Bewegung ihren bisherigen Höhepunkt. Sie speiste und speist sich auch aus dem Bemühen, dem Markt und dem Staat nicht alles zu überlassen und der alles in Besitz nehmenden, alles durchdringenden Dynamik des Kapitalismus Grenzen zu setzen, ohne der ohnehin weit fortgeschrittenen Durchstaatlichung der Gesellschaft weiteren Vorschub zu leisten.[7]

Für die Ausweitung des Arbeitsbegriffs über die Erwerbsarbeit hinaus spricht auf diesem Hintergrund viel. Was aus der Geschichte der Arbeit im Nationalsozialismus gelernt werden kann, spricht nicht direkt dagegen. Aber es mahnt zur Vorsicht und macht auf Ambivalenzen aufmerksam, die im Bemühen um Relativierung der Erwerbsarbeit enthalten sein können und häufig nicht mitbedacht werden. Zum einen: die Betonung von Arbeit als Dienst am Gemeinwohl – oder auch als unbezahlte Bürgerarbeit – statt als Anstrengung mit dem Ziel des individuell zuzurechnenden Verdiensts und Erwerbs rückt Anerkennung und Ehre als Belohnungen in den Vordergrund und kann insofern dazu dienen oder besser: dazu missbraucht werden, materielle Entlohnung in angemessenem Umfang vorzuenthalten. Zum anderen kommt viel darauf an, wer welche Ziele als gemeinnützig auswählt oder vorgibt. Besonders wenn nicht der oder die einzelne Arbeitende diese Entscheidung trifft, sondern übergeordnete Instanzen mit dem Anspruch, für das Gemeinwesen im Ganzen zu sprechen, enthält Arbeit als Dienst allzu leicht mehr illiberale Momente und antiliberale Gefahren als sie für Erwerbsarbeit im Marktsystem typisch sind. Denn diese beansprucht und entlohnt im Prinzip begrenzte und gemessene

---

7 Ralf Dahrendorf, Entschwinden der Arbeitsgesellschaft. Wandlungen in der sozialen Konstruktion des menschlichen Lebens, in: Merkur 34 (1980), S. 749–760; Claus Offe (Hrsg.), Arbeitsgesellschaft. Strukturprobleme und Zukunftsperspektiven, Frankfurt a.M. 1984; Andre Gorz, Arbeit zwischen Misere und Utopie, Frankfurt a.M. 1999; Ulrich Beck, Modell Bürgerarbeit in: ders. (Hrsg.), Schöne neue Arbeitswelt. Vision: Weltbürgergesellschaft, Frankfurt a.M. 1999; Jürgen Kocka, Arbeit früher, heute, morgen. Zur Neuartigkeit der Gegenwart, in: Jürgen Kocka/Claus Offe (Hrsg.), Geschichte und Zukunft der Arbeit, Frankfurt a.M. 2000, S. 476–492.

Arbeitsleistungen, nicht aber die ganze Person des Arbeiters bzw. der Arbeiterin, während Arbeit als gemeinnütziger Dienst – oder auch als bürgerschaftliches Engagement – dazu tendiert, den Einsatz der arbeitenden Person als ganzer, also mitsamt ihrer Gesinnung und Moral, einzufordern. Gerade Arbeit, die über Erwerbsarbeit hinausgeht und sich deren marktbedingten Regulierungen entzieht, ist der Möglichkeit politischer Instrumentalisierung und illiberaler Konsequenzen ausgesetzt. In moralisch-politischer Hinsicht ist sie also der Erwerbsarbeit nicht schlechthin überlegen. Es kommt auf die Inhalte und Kontexte an, die aber von der Arbeit und den Arbeitenden allein nicht bestimmt werden können.

4 Konstitutive Ambivalenzen[8]

In der historischen Beschäftigung mit dem Gegenstand „Arbeit" werden zwar Themen wie Mühsal und Leiden, Disziplinierung und Unterordnung, Gefahr und Abnutzung, Ausbeutung und Unfreiheit keineswegs ausgeblendet. Traditionell wird aber Arbeit – jedenfalls in Europa – als produktiv unterstellt: als die Herstellung oder Bereitstellung von etwas, als zukunftsorientierte Handlung, als Lösung von Problemen, als Mittel des Überlebens, wenn nicht gar als Kernbestandteil menschlicher Identität. Dies meist nicht ausformulierte Vorverständnis beeinflusst die historische Beschäftigung mit der Arbeit wie auch mit der Arbeitslosigkeit, die ex negativo jene Vorannahmen zu bestätigen scheint.

Die Befreiungs- und Freiheitspotentiale, die der Arbeit aus der Sicht der Aufklärer und des Liberalismus, der klassischen Politischen Ökonomie und der Dialektischen Philosophie von Hegel und Marx in jeweils anderer Weise eigen sind, sind nicht zu bestreiten. Belege für diesen Zusammenhang finden sich in der Geschichte des Bürgertums seit dem Mittelalter, in der Bildungs- und Wissenschaftsgeschichte, in den Erfolgen der Arbeiterbewegungen und den sie tragenden Erfahrungen von Arbeitern, auch beim Blick auf den Zusammenhang von Erwerbsarbeit und Emanzipation im Verhältnis der Geschlechter zueinander seit dem 19. Jahrhundert.

8 Zum folgenden bereits Kocka, Mehr Last als Lust, S. 219–221. Vgl. auch Josef Ehmer/Peter Gutschner, Befreiung und Verkrümmung durch Arbeit, in: Richard van Dülmen (Hrsg.), Erfindung des Menschen. Schöpfungsträume und Körperbilder 1500–2000, Wien 1998, S. 283–303; Lars Clausen, Produktive Arbeit – destruktive Arbeit. Soziologische Grundlagen, Berlin 1988, besonders S. 54–106; Alf Lüdtke, Eigen-Sinn. Fabrikalltag, Arbeitererfahrungen und Politik vom Kaiserreich bis in den Faschismus, Hamburg 1993, S. 387–390, 406–408.

Doch die andere, dunkle Seite der Geschichte der Arbeit ist ebenfalls nicht zu übersehen. Historiker, die sich vor allem mit Sklaverei und anderen Formen gebundener Arbeit beschäftigen und Arbeit im Kontext der westlichen Kolonialisierung der Welt untersuchen, sind sich dieser dunklen Seiten der Arbeit stärker bewusst. In diesem Sinn ist auch die Geschichte der Arbeit im Nationalsozialismus von besonderer Relevanz. Führt sie doch noch eindeutiger als die Geschichte der Arbeit im alten Kolonialismus vor, dass und wie Arbeit als destruktive Kraft der Freiheitsberaubung, Entmenschlichung und Vernichtung wirken kann. In den großen totalitären Ideologien und Systemen des 20. Jahrhunderts wurde der Arbeit, breit verstanden und gerade nicht auf Erwerbsarbeit eingeengt, zentrale Bedeutung zugeschrieben. Die Erfahrung mit den kommunistischen und faschistischen Diktaturen des 20. Jahrhunderts, so unterschiedlich sie im Übrigen waren, legen den Schluss nahe, dass der Arbeit als solcher keine hinreichende Widerstandskraft gegen ihre totalitäre Instrumentalisierung eigen ist. Das gilt nicht nur für Arbeit im engen Sinn der Erwerbsarbeit, sondern erst Recht für Arbeit in breiteren Bedeutungen. Es kommt auf den gesellschaftlichen und kulturellen Kontext und die politisch-moralischen Rahmenbedingungen der Arbeit an, die darüber entscheiden, ob sie mehr zur Befreiung oder mehr zur Verkrümmung der Arbeitenden beiträgt und ihre Lebensqualität fördert oder in Frage stellt.

Nicole Kramer

Haushalt, Betrieb, Ehrenamt

Zu den verschiedenen Dimensionen der Frauenarbeit im Dritten Reich

Frauenarbeit lässt sich nicht auf Erwerbsarbeit reduzieren. Der Blick auf den weiblichen Teil der Bevölkerung lenkt die Aufmerksamkeit ebenso auf Haus- und Familienarbeit wie auf außerhäusliche unbezahlte Arbeit – z. B. ehrenamtliche Tätigkeiten oder Dienste.

Im Zentrum des Beitrags steht die Entwicklung der Frauenarbeit im Dritten Reich, wobei Lohn- ebenso wie Haus- und Familienarbeit in die Betrachtung einbezogen werden. Die Zeit des Nationalsozialismus bietet insofern ein vielversprechendes Untersuchungsfeld, als in der Theorie nicht Gelderwerb und Mehrung materieller Werte als Zweck der Arbeit galten, sondern der Nutzen für die ‚Volksgemeinschaft'. Dies förderte – zumindest propagandistisch – eine Aufwertung nichtbezahlter Tätigkeiten.[1]

Die Frauenerwerbsarbeit im Dritten Reich war ein zentrales Forschungsfeld der Frauengeschichtsschreibung, die nach den Mechanismen und Strukturen der patriarchalischen Unterdrückung von Frauen und Arbeitern fragte.[2] Mit der Weiterentwicklung zur Geschlechtergeschichte blieb dieser Schwerpunkt zwar erhalten, doch der Deutungsrahmen verschob sich merklich. Die Aufmerksamkeit richtet sich nicht mehr nur noch auf die Industriearbeit sondern auch auf Angestelltenberufe, Landwirtschaft und den Dienstleistungssektor.[3] Weibliche Erwerbsarbeit thematisierte vor allem auch die Täterinnen-Forschung, die zwar zuerst nach der Beteiligung an den nationalsozialistischen Verbrechen fragt, aber häufig Auskunft über berufliche Ausbildung, Rekrutierung, Arbeitsbedingungen und Karrierewege von Frauen gibt.[4]

---

1 Zur nationalsozialistischen Arbeitsauffassung siehe den Beitrag von Michael Wildt in diesem Band.

2 Vor allem: Dörte Winkler, Frauenarbeit im Dritten Reich, Hamburg 1977; Stefan Bajohr, Die Hälfte der Fabrik. Geschichte der Frauenarbeit in Deutschland 1914–1945, Marburg 1979.

3 Wiebke Liesner, „Hüterinnen der Nation". Hebammen im Nationalsozialismus, Frankfurt a.M. 2006; Helene Albers, Zwischen Hof, Haushalt und Familie: Bäuerinnen in Westfalen-Lippe (1920–1960), Paderborn 2001.

4 Jutta Mühlenberg, Das SS-Helferinnenkorps. Ausbildung, Einsatz und Entnazifizierung der weiblichen Angehörigen der Waffen-SS 1942–1949, Hamburg 2010; Elissa Mailänder-Koslov,

Der Zugang zum Thema der Frauenarbeit im Dritten Reich war seit jeher auch immer ein herrschaftsgeschichtlicher, d.h. die Frage, welche Haltung des Regimes gegenüber Frauen – und umgekehrt – sich hierin widerspiegelte, stand im Zentrum. Der Primat des Politischen drückte sich in der Deutung der Verdrängung aus dem Arbeitsmarkt als Unterdrückung von Frauen aus, die diese zu Opfern im Nationalsozialismus machte. Die Weigerung vieler Frauen, den Dienstverpflichtungen im Krieg nachzukommen, lasen Forscher und Forscherinnen durchaus unterschiedlich: Die einen als Beispiel für die Privilegierung bürgerlicher Schichten, die sich der Arbeitspflicht entziehen konnten, die anderen als Beleg für die Distanzierung innerhalb der weiblichen Bevölkerung gegen die nationalsozialistischen Mobilisierungsansprüche und damit auch gegen das NS-Regime.

In meinem Beitrag werden die herrschaftsgeschichtlichen Fragestellungen und Schlussfolgerungen zunächst einmal zurückgestellt, um den gesellschaftsgeschichtlichen Zugang zu stärken. Welche Vorstellungen über weibliche Erwerbstätigkeit existierten im Dritten Reich? Welche Instrumente gab es, um das Erwerbsverhalten von Frauen zu steuern? Wie und warum veränderten sich Arbeitsbedingungen und Berufsfelder? Welche Rolle spielte die Berufsausbildung? Trug die Politik der NS-Führung zur Stärkung des Nur-Hausfrauenmodells bei? Diese Fragen sollen in vier Schritten behandelt werden, wobei erstens die Entwicklung von Berufsfeldern beleuchtet wird. Zweitens gilt es, die Merkmale weiblicher Erwerbsarbeit und die Sonderstellung der Frau im Arbeitsleben herauszuarbeiten. Drittens geht es um die Professionalisierung und Entprivatisierung der Haus- und Familienarbeit. Schließlich wird sich das letzte Kapitel mit den teils ambivalenten Wirkungen des Zweiten Weltkriegs auf die Frauenarbeit beschäftigen und dabei das für die Kriegsgesellschaft charakteristische Feld der unbezahlten ehrenamtlichen Tätigkeiten beleuchten.

1 Erwerbstätigkeit von Frauen: Leitbilder, Berufsfelder und Restriktionen

Auf die Frage, ob Frauen erwerbstätig sein sollten, gaben führende Nationalsozialisten unterschiedliche Antworten. Häufig wird Hitlers Rede am 8. September 1934 vor der NS-Frauenschaft herangezogen, um die Vorstellungen über die

---

Gewalt im Dienstalltag. Die SS-Aufseherinnen des Konzentrations- und Vernichtungslagers Majdanek, Hamburg 2009.

Rolle der Frau im Nationalsozialismus nachzuzeichnen. Hitler wies dort beiden Geschlechtern unterschiedliche, sich ergänzende Aufgabenbereiche zu. Während der Mann sein Tun in den Dienst des Staates und der Gemeinschaft stellen sollte, sah er die Frauen auf ihre Familie, ihre Kinder und das Haus verpflichtet. Eine klare Linie zur Frauenerwerbstätigkeit lässt sich aus dem Gesprochenen nicht ableiten. Er lehnte die Frauenemanzipation, die er als jüdische Idee bezeichnete, ab, sprach jedoch von einer „nationalsozialistischen Frauenbewegung", deren Leistungen er lobte.[5] Nicht nur Hausfrauen und Mütter konnten sich anerkannt fühlen, sondern zumindest auch diejenige, die in NS-Organisationen aktiv waren.[6]

Die Verdrängung von Frauen aus dem Erwerbsleben war weder ein zentrales noch dauerhaftes Ziel nationalsozialistischer Arbeitsmarktpolitik. Zwar gab es Maßnahmen wie das Ehestandsdarlehen oder die Doppelverdienerkampagne, die dies nahelegen. Doch bei näherem Hinschauen zeigt sich, dass diese sozialpolitische Finanzleistung noch in ganz andere Richtungen, in eine konsum- und eine bevölkerungspolitische, zielte.[7]

Lohnarbeit diente auch als Grundlage der Erfassung in NS-Organisationen. Als Leiterin des Frauenamtes der Deutschen Arbeitsfront hatte die Reichsfrauenführerin Gertrud Scholtz-Klink auch als die Vertreterin der erwerbstätigen „Volksgenossinnen" zu handeln. Das Frauenamt hatte nicht nur ein Auge auf die Einhaltung von Sondervorschriften für die Anstellung von Frauen. Ein wichtiges Thema waren zudem Lohnungleichheiten zwischen Männern und Frauen, gegen die es bei den Treuhändern der Arbeit vorzugehen versuchte.[8]

Erwerbstätige Frauen fühlten sich vom Nationalsozialismus angesprochen, und der Arbeitsplatz war oft ein Ort, an dem sie mit nationalsozialistischen Vertretern und deren Ideen in Berührung kamen. Beispiele hierfür finden sich in einer Sammlung von Lebensberichten, die der Politikwissenschaftler Theodore Abel für sein Buch „Why Hitler came into power" durch ein Preisausschreiben erhalten hatte. 680 Männer, aber nur 48 Frauen nahmen daran teil.[9]

5 Rede Hitlers vor NS-Frauenschaft vom 8.9.1934, in: Völkischer Beobachter Nr. 253 vom 10.9.1934, abgedruckt in: Max Domarus, Hitler. Reden und Proklamationen 1932–1945. Kommentiert von einem deutschen Zeitgenossen. Teil 1: Triumph, Bd. I: 1932–1934, 4. Aufl. Leonberg, 1988. S. 343–464.

6 Ansprache „Appell an die Nation" vom Juli 1932, in: Domarus, Reden, S. 57–168.

7 Siehe den Aufsatz von Detlev Humann in diesem Band.

8 Z. B.: Akten der Parteikanzlei, Regest 21799, Bl. 6701–6703, Tätigkeitsbericht des Frauenamtes der DAF für Oktober 1936 vom 12.11.1936.

9 Theodore Fred Abel, How Hitler came into power?, New York 1938, S. 2–5. Geographisch liegt großes Gewicht auf Berlin (30 % der Zuschriften).

Während die Frauen von Begeisterung und Engagement für den Nationalsozialismus berichteten, erfährt man fast beiläufig Einzelheiten ihres beruflichen Werdegangs. Gertrud M. hatte eine Lehre als kaufmännische Angestellte absolviert und musste nach der Scheidung von ihrem Mann ins Berufsleben zurückkehren, um sich und ihren Sohn zu ernähren. Sie arbeitete in einem Berliner Amtsgericht, wo sie – nach eigener Aussage – durch den Eintritt in die NSDAP jedoch entlassen wurde. Zunächst „erwerbslos, eingereiht ins Millionenheer" fand sie nach der Machtübernahme 1933 wieder eine Anstellung im Büro. [10]

Für andere Frauen bedeutete die Machtübernahme 1933 jedoch eher ein Ende ihrer Berufsausübung und Karrieren. Die NS-Führung zielte mit ihren beruflichen Beschränkungen vor allem auf Akademikerinnen im Staatsdienst. Im August 1936 wies Hitler an, Frauen nicht mehr als Richterinnen, Staats- und Rechtsanwältinnen zuzulassen (eine solche Laufbahn war für Juristinnen ohnehin erst seit 1922 möglich). Zwar konnten sie weiterhin am Vorbereitungsdienst teilnehmen, danach stand ihnen aber nur noch der Weg in die Verwaltung offen. Erst während des Krieges sollten diese Beschränkungen teilweise wieder aufgehoben werden, um Personalengpässe zu beheben, was sich allerdings als schwierig herausstellte, denn angesichts schlechter beruflicher Aussichten fehlte es an weiblichem Nachwuchs.[11] Jennifer Walcoff hat jedoch darauf hingewiesen, dass Juraabsolventinnen nach 1936 verstärkt Karriere in Wohlfahrts- und Arbeitsämtern, vor allem aber auch in NS-Organisationen machten. Eine führende Vertreterin der NS-Frauenschaft, Ilse Eben-Servaes, selbst ausgebildete Juristin und in der Funktion einer Rechtsreferentin tätig, hatte erreicht, dass Gerichtsreferentinnen die Reichsfrauenführung und ihre Gaufrauenschaftsleitungen als Ausbildungsstationen wählen konnten.[12]

1933 schlossen sich zwar einige beruflichen Wege für Frauen, andere wurden jedoch gleichzeitig eröffnet. Wie nah dies beieinander lag, lässt sich für die Bibliothekarinnen rekonstruieren: Seit der nationalsozialistischen Machtübernahme war es für Frauen schwierig, als wissenschaftliche Bibliothekarin im höheren Dienst z. B. in Staats- und Universitätsbibliotheken zu arbeiten. Bibliotheksdirektoren übergingen Bewerberinnen bei der Vergabe von Volontariaten,

---

10 Hoover Institution Archives, Theodor Fred Abel Papers, Bericht „Mein Lebenslauf" von Gertrud M. geb. 1887 vom 8.8.1934.

11 Lothar Gruchmann, Justiz im Dritte Reich. 1933–1940. Anpassung und Unterwerfung in de Ära Gürtner, 3. Aufl. München 2001, S. 318–319.

12 Jennifer E. Walcoff, Von der Staatsbürgerin zur „Volksbürgerin". Der Disput um die Rechtsstellung der Frau, in: Sybille Steinbacher (Hrsg.), Volksgenossinnen. Frauen in der NS-Volksgemeinschaft, Göttingen 2009, S. 48–68, hier S. 63–64.

die Ausbildungszahlen sanken im Vergleich zu denen der Männer.[13] Frauen wurden aber nicht aus dem Bibliothekswesen verdrängt, vielmehr stieg die Zahl der Volksbibliothekarinnen erheblich. Zum einen wurde dieser Zweig im Nationalsozialismus ausgebaut, zum anderen unterstellte man den Frauen (bereits zu Zeiten der Weimarer Republik) eine besondere Eignung für die Arbeit in einer Volksbibliothek.[14]

Nicht immer zeigten die nationalsozialistischen Lenkungsversuche Erfolg, wie sich am Beispiel der Hausgehilfinnen zeigen lässt. Seit der Jahrhundertwende verzeichnete diese traditionell von Frauen ausgeführte Tätigkeit eine sinkende Zahl von Berufsanfängerinnen. Der Beruf der Hausgehilfin erfuhr propagandistisch zwar eine enorme Aufwertung im Dritten Reich, denn er galt nicht nur als Ideal für Frauen, sondern auch als besonders wichtig, um Familien mit Landwirtschaft und solche mit großer Kinderschar zu unterstützen. Für Mädchen, die ins Arbeitsleben einstiegen, war er aber nicht attraktiv. Zu den bestehenden Problemen der Hierarchie zu den Arbeitsgebern, der geringen Bezahlung sowie mangelnder Privatsphäre kam hinzu, dass die NS-Regierung die Hausgehilfinnen 1933 in der Sozialversicherung sehr schlecht gestellt hatte. Die Bemühungen der Berufsberatungsstellen, Interessentinnen zu werben, konnten daran wenig ändern. Schließlich sollten Dienstverpflichtungen und später die Rekrutierung von Zwangsarbeiterinnen den nach wie vor bestehenden Bedarf decken.

Die Vorstellung von der Komplementarität der Geschlechter, die im Nationalsozialismus vorherrschte, sicherte und eröffnete Frauen Arbeitsfelder, bisweilen sogar Karrierewege. Auch die nationalsozialistische Verfolgungspolitik förderte die Nachfrage nach weiblichem Personal, was sich beispielsweise in der Etablierung der weiblichen Kriminalpolizei niederschlug. Die Anfänge dieser Formation lagen noch in der Weimarer Republik. Vertreterinnen aus den Reihen der Frauenbewegung hatten dieses Reformprojekt initiiert, unter anderen Vorzeichen und mit anderen Zielsetzungen wurde es im Nationalsozialismus fortgeführt. 1933 stand die Zukunft der weiblichen Polizei zwar kurzzeitig zur Debatte, die Leitung der Weiblichen Kriminalpolizei konnte die Bedeutung ihrer Arbeit jedoch unter Beweis stellen. 1937 regelte Heinrich Himmler ihren Fortbestand per Erlass. Darin legte er zudem eine wichtige Basis für die Tätig-

13 Dagmar Jank, Wissenschaftliche Bibliothekarinnen im Nationalsozialismus, in: Michael Knoche (Hrsg.), Wissenschaftliche Bibliothekare im Nationalsozialismus: Handlungsspielräume, Kontinuitäten Deutungsmuster, Wiesbaden 2001, S. 27–35.

14 Helga Lüdtke, Mütter ohne Kinder: Volksbibliothekarinnen während der Weimarer Republik und dem Nationalsozialismus, in: dies. (Hrsg.), Leidenschaft und Bildung: zur Geschichte der Frauenarbeit in Bibliotheken, Berlin 1992, S. 67–93.

keit der Weiblichen Kriminalpolizei, denn diese war von da an immer hinzuzuziehen, wenn Frauen betroffen waren.[15] Das geschlechterdifferente Denken sah Frauen als Expertinnen, wenn es um andere Frauen, aber auch wenn es um Kinder und Jugendliche ging. Als diese Gruppen im Dritten Reich mehr in den Fokus der Polizei rückten, war das relativ junge Berufsfeld der Polizistin gesichert.

Die Täterinnenforschung hat belegt, dass gute Verdienstmöglichkeiten, die Gewährung von Zulagen und hohes Ansehen SS und Polizei zu attraktiven Arbeitgebern für Frauen machten, vor allem für diejenigen, die keine Berufsausbildung vorweisen konnten (was beispielsweise für die Arbeit als Aufseherin im KZ explizit nicht verlangt war), sich aber dennoch einen sozialen Aufstieg wünschten.[16] Sophie Gode mag solch ein Fall gewesen sein, als sie sich 1940 bei der Weiblichen Kriminalpolizei bewarb und im Oktober desselben Jahres als KZ-Aufseherin in Ravensbrück anfing. Sie verdiente zwar nur wenig mehr als in ihrer vorherigen Anstellung als Packerin, allerdings wurde ihr eine Dienstwohnung gestellt. Vor allem aber konnte die alleinstehende Mutter ihre zwei Töchter während ihrer Dienstzeiten betreuen lassen.[17]

2 Die Sonderstellung der weiblichen Arbeitskraft

Erwerbstätigkeit galt im Nationalsozialismus durchaus als frauengemäß. Mutterschaft wurde als höchstes Ziel erachtet, aber eines, das nicht alle Frauen anstrebten, insbesondere auch solche nicht, die höhere Funktionärinnenposten in NSF und DFW inne hatten. Mit Verweis auf den „Überhang" von Frauen im heiratsfähigen Alter betonten Frauenorganisationen die Notwendigkeit, Ledige und Kinderlose in den Arbeitsmarkt einzubinden. Vereinzelt propagierten manche nationalsozialistische Autorinnen auch für Mütter eine Berufsausbildung als sinnvollen Bestandteil der weiblichen Biographie. Denn besonders die beruflich ausgebildete Frau galt ihnen als Garantin für die Erziehung von Kindern zu

15 Dirk Götting, Die „Weibliche Kriminalpolizei": ein republikanisches Reformprojekt zwischen Krise und Neuorientierung im Nationalsozialismus, in: Wolfgang Schulte (Hrsg.), Die Polizei im NS-Staat: Beiträge eines internationalen Symposiums, Frankfurt a.M. 2009, S. 481–510.

16 Mailänder-Koslov, Gewalt, S. 97–100; Mühlenberg, SS-Helferinnenkorps, S. 81–82 u. 85.

17 Dazu: Hannah Synycia, „Eine rühmliche Ausnahme"? Die SS-Aufseherin Sophie Gode, in: Eva Schöck-Quinteros et al. (Hrsg.), „Was verstehen wir Frauen auch von Politik?" Entnazifizierung ganz normaler Frauen in Bremen (1945–1952), Bremen 2011, S. 299–316, hier S. 302–303.

leistungsbereiten „Volksgenossen".[18] Erwerbsarbeit von Frauen diente also nicht als Mittel zur Selbstentfaltung sein, vielmehr sollte sie deren Familien- und Haushaltsrolle flankieren und unterstützen.

Die Frauenerwerbstätigkeit im Dritten Reich war weniger von Verdrängung als von einer zunehmenden geschlechtsspezifischen Aufteilung gekennzeichnet. In diese Richtung wirkte auch die Durchsetzung der Berufsschulpflicht im Dritten Reich. Flächendeckende Berufsausbildungsprogramme in der Industrie hatten die Gewerkschaften bereits zu Beginn der Weimarer Republik gefordert. Rechtskonservative Vertreter machten sich diese Idee schnell zu eigen und seit 1933 waren Befürworter in den Reihen der DAF zu finden. Spätestens mit dem Reichsschulpflichtgesetz 1938 bestand eigentlich Berufsschulpflicht für Absolventen von Volksschulen. Fast alle Jungen traten in Folge dessen in ein Lehrlingsverhältnis ein, nicht aber die Mädchen. Denn obwohl auch die Zahl der Plätze für weibliche Lehrlinge stiegen – von 84.000 1934/35 auf immerhin 357.000 1942/43 – lagen sie weit unter den Zahlen der Jungen. Nur etwa ein Viertel der Mädchen, die eine Ausbildung anstrebten, erhielten die Chance dazu, während fast neunzig Prozent der männliche Schulabgänger einen Lehrlingsvertrag unterschrieben.[19] Die Berufsausbildung beförderte die soziale Mobilität männlicher Arbeiter, was zu einem Mangel an ungelernten Arbeitskräften führte. Diese Lücke füllten zunehmend Frauen, die als Personalressource für ungelernte Tätigkeiten ins Blickfeld der Unternehmer rückten.

Manche Forscher sprechen sogar von der Schaffung eines weiblichen „Rationalisierungsproletariats" in den 1930ern, wobei die verstärkte Umstellung der Industrieproduktion auf tayloristische Arbeitsabläufe als ausschlaggebend gilt.[20] Das Arbeitswissenschaftliche Institut der DAF (AWI) erachtete den Einsatz von Frauen für die wachsende Zahl der Arbeitsplätze, die kleinteilige monotone Tätigkeiten verlangten, als zweckmäßig. Diese seien für solcherlei Arbeiten besonders geeignet, nicht nur wegen ihrer ausgeprägten „Monotoniefreudigkeit", vielmehr hätten sie kein Interesse an Erwerbsarbeit, stünden dieser also gleichgültig gegenüber. Studien des AWI argumentierten, dass Frauen für die als sinnentleert

---

18 Elfriede Eggener, Die organische Eingliederung der Frau in den nationalsozialistischen Staat, Diss. Univ. Leipzig 1938, S. 21 u. 37ff. Vgl. auch: Pia Gerber, Erwerbsbeteiligung von deutschen und ausländischen Frauen 1933–1945 in Deutschland, Frankfurt a.M. 1996, S. 181–183.

19 John Gillingham, The „deproletarization" of German society. Vocational training in the Third Reich, in: JSocH 19 (1986), S. 423–432, hier S. 428.

20 Zur Rationalisierungsstrategie im fordistischen Produktionsregime: Adelheid von Saldern/Rüdiger Hachtmann, „Gesellschaft am Fließband". Fordistische Produktion und Herrschaftspraxis in Deutschland, in: ZHF Online-Ausgabe, 6 (2009) 2, [http://www.zeithistorische-forschungen.de/16126041-Hachtmann-Saldern-2-2009], eingesehen 7.2.2014.

betrachteten Tätigkeiten am Fließband auch deswegen in Frage kamen, weil sie ihre Selbstentfaltung bereits im Bezugskreis Familie und Haushalt fänden.[21] Sie begründeten damit nicht nur eine folgenschwere Teilung des Arbeitsmarktes in einen qualifiziert-männlichen und einen unqualifiziert-weiblichen Bereich, sondern auch eine enge Kopplung weiblicher Erwerbsarbeit an Familienarbeit.[22]

Ein Indikator für die immer größer werdenden Schere zwischen den Bedingungen für männliche und weibliche Erwerbstätige ist die Lohnentwicklung. Tendenziell wuchsen die geschlechtsspezifischen Lohnunterschiede während des Dritten Reiches. Qualifikationsstufen, Halbtagsarbeit und fehlende Zuschläge drückten den durchschnittlichen Lohn von Frauen.[23] Zwar gab es immer wieder Versuche in einzelnen Branchen, beispielsweise der Ziegelindustrie, die Löhne von Frauen, denen von Männern anzugleichen allerdings mit dem Ziel, die Anstellung von für Unternehmer billigen Arbeitskräften zu verhindern.[24] Während des Krieges rückten Frauen zudem in bisher für sie unzugängliche Positionen und damit in der Regel in bessere Lohngruppen vor. Davon profitierten allerdings nur wenige Frauen, denn eine flächendeckende Verbesserung blieb aus. Das Arbeitswissenschaftliche Institut der DAF kritisierte 1940 zwar in einer Denkschrift, die Benachteiligung von Frauen, ging aber weiterhin von Lohnungleichheiten der Geschlechter aus, die sie mit der vermeintlich geringeren Leistungsfähigkeit weiblicher Arbeitskräfte rechtfertigte.[25] Wenn in den Opelwerken 1940 ein Produkt mit 50 oder 75 Pfennig vergütet wurde – abhängig davon, ob ein Mann oder eine Frau es hergestellt hatte –, war dies also keine Ausnahme.[26]

Neben Lohn- und Qualifikationsunterschieden markierten vor allem die Schutzbestimmungen eine Sonderstellung von Frauen im Erwerbsleben. Festge-

---

21 Annemarie Tröger, Die Planung des Rationalisierungsproletariats. Zur Entwicklung der geschlechtsspezifischen Arbeitsteilung und des weiblichen Arbeitsmarktes im Nationalsozialismus, in: Annette Kuhn/Jörn Rüsen (Hrsg.), Frauen in der Geschichte II. Fachwissenschaftliche und fachdidaktische Beiträge zur Sozialgeschichte der Frauen vom frühen Mittelalter bis zur Gegenwart, Düsseldorf 1984, S. 245–313, hier S. 266–271.

22 Michelle Mouton, From Nurturing the Nation to Purifying the Volk: Weimar and Nazi Family Policy, 1918–1945, Cambridge 2007, S. 153.

23 Rüdiger Hachtmann, Industriearbeit im „Dritten Reich". Untersuchungen zu den Lohn- und Arbeitsbedingungen in Deutschland 1933–1945, Göttingen 1989, S. 136.

24 Z. B.: Monatsbericht der Reichstreuhänder der Arbeit vom Mai 1937, in: Timothy W. Mason (Hrsg.), Arbeiterklasse und Volksgemeinschaft. Dokumente und Materialien zur deutschen Arbeiterpolitik 1936–1939, S. 335.

25 „Zur Problematik der Reichslohnordnung" vom Dezember 1940, in: ebd., S. 824–825.

26 „Frauen, welche ein Hauswesen zu versorgen haben, werden nicht angenommen". Frauenarbeit in den Opelwerken 1880 bis 1945, in: Zeitschrift für Unternehmensgeschichte 44 (1999), S. 172–195, hier S. 192.

legte Maximalarbeitszeiten, Nachtarbeitsverbot und Schutz von Schwangeren regelte bereits die Gewerbeordnung von 1891, in der Weimarer Republik wurden die Bestimmungen ausgeweitet. Im Nationalsozialismus erfolgte eine erneute Weiterentwicklung, wobei die Gewährung der verbesserten Leistungen nun rassisch-eugenischen Kriterien folgte. Während es zunächst keine gesetzlichen Reformen gab, wirkte vor allem die DAF auf eine Ausweitung des Mutterschutzes in einzelnen Betrieben hin. Die Vertrauensfrauen des Frauenamtes der DAF hatten eine wichtige Funktion, weil sie auf die Einhaltung der Schutzregelungen achteten, indem sie verhinderten, dass Krankenkassen und Arbeitgeber zustehende Leistungen kürzten.[27] Erst im Mai 1942, vor dem Hintergrund der forcierten Mobilisierungsanstrengungen, erließ die NS-Führung das „Gesetz über den Schutz der erwerbstätigen Mutter". Dieses stärkte den Kündigungsschutz und sah eine signifikante Erhöhung des Wochengeldes, das fortan der Höhe des vollen Lohnes – zuvor war es die Hälfte – entsprach. Besonderen Schutz genossen stillende Mütter, die einem zwölf- statt sechswöchigen Beschäftigungsverbot unterlagen und denen die Betriebe bei Wiederaufnahme der Erwerbsarbeit festgelegte Stillzeiten einräumen mussten. Erstmals erhielten nicht oder nur dürftig sozialversicherte Gruppen wie Hausgehilfinnen, Heimarbeiterinnen und Frauen in der Landwirtschaft Anspruch auf Mutterschutzleistung. Zunächst blieb dies jedoch lediglich eine formale Regelung, die während des Krieges nicht mehr umgesetzt wurde. Diese Ausweitung war allerdings richtungsweisend und wurde im Mutterschutzgesetz von 1952 aufgenommen.[28]

Das NS-Regime stärkte die Verbindlichkeit des Mutterschutzes, zum einen durch Absicherung wie den vollen Lohnausgleich, aber auch durch Verbote und Kontrolle. Bezieht man weitere Regelungen wie z. B. die Einführung des Hausarbeitstags ein, zeigt sich die Integration der Familien- und Hausarbeit in die Erwerbsarbeit als bestimmender Trend im Dritten Reich.[29] Mehr als bei Männern bestimmte bei Frauen die (potentielle) Funktion in der Familie die Bedingungen der Erwerbsarbeit, dies galt überwiegend selbst für diejenigen, die ungebunden waren.

---

27 Z. B.: Akten der Parteikanzlei, Regest 21799, Bl. 6701–6703, Tätigkeitsbericht des Frauenamtes der DAF für November 1937 vom 14.12.1937.

28 Dazu: Cosima König, Die Frau im Recht des Nationalsozialismus. Eine Analyse ihrer familien-, erb- und arbeitsrechtlichen Stellung, Frankfurt a.M. 1988, S. 210–213. Vgl. auch: Gesetz zum Schutze der erwerbstätigen Mutter vom 24.1.1952, in: BGBl. I, S. 69–74.

29 Carola Sachse, Der Hausarbeitstag. Gerechtigkeit und Gleichberechtigung in Ost und West, 1939–1994, Göttingen 2002, S. 45; Robert G. Moeller, Protecting Mother's Work: From Production to Reproduction in Postwar West Germany, in: JSocH 22 (1989), S. 413–437, hier S. 418.

3 Entprivatisierte Hausarbeit

Tim Mason vertrat die These, dass sich die seit dem Ende des 19. Jahrhunderts zu beobachtende Verbreitung des Modells der Hausfrauenehe im Nationalsozialismus fortsetzte, wenn nicht gar verstärkte.[30] Aus dem allgemeinen Trend stach die Zeit des Nationalsozialismus in dieser Hinsicht nicht hervor. Durchaus neu war jedoch die staatlich forcierte Entprivatisierung der Hausfrau bzw. Haus- und Familienarbeit. Zwar lässt sich in Deutschland bereits vor dem Ersten Weltkrieg eine starke Politisierung und Nationalisierung von Hausarbeit nachweisen, bei der diese als wichtiger Faktor der Volkswirtschaft erkannt wurde.[31] Das NS-Regime schuf jedoch Strukturen, Hausfrauen nicht nur propagandistisch zu mobilisieren, sondern auch direkt zu erfassen.

Wichtiges Instrument hierfür waren die NS-Frauenorganisationen, allen voran das Deutsche Frauenwerk. Dieses war aus der Gleichschaltung bestehender nichtjüdischer Frauenvereine und -gruppen hervorgegangen. Viel mehr als bisher führte Haus- und Familienarbeit die Frauen hinaus aus ihren vier Wänden. Zwei Millionen besuchten die Mütterschulen des Deutschen Frauenwerkes, um Kurse in Haushaltsführung und Säuglingspflege zu absolvieren.[32] Vor allem im Krieg trommelten die NS-Frauenschaften ihre Mitglieder zusammen, um gemeinsam Arbeiten zu verrichten, wie z. B. zu so genannten Näh- und Stopfnachmittage. Hausarbeit fand hier gemeinschaftlich statt, und dies wurde auch herausgestellt.[33]

Das DFW unterstrich die Rolle der Frauen als Konsumentin, deren Wissen genutzt und deren Verbrauchsverhalten gesteuert werden sollte. Als Mitglied der „Arbeitsgemeinschaft für Verbrauchslenkung" unter Leitung der Vierjahresplanbehörde hatte es die Aufgabe über die Angebote ihrer Abteilung Hauswirtschaft/Volkswirtschaft Einfluss auf die Hausfrauen als Verantwortliche für den alltäglichen Einkauf auszuüben. Hierfür standen vor allem Einrichtungen wie Lehrküchen und hauswirtschaftliche Beratungsstellen zur Verfügung. Die NS-Frauenorganisationen griffen zudem auf das Wissen der Hausfrauen über

---

30 Mason, Women, S. 190.

31 Nancy R. Reagin, Sweeping the German Nation. Domesticity and National Identity in Germany, 1870–1945, New York 2007, S. 72ff.

32 Susanna Dammer, Kinder, Küche, Kriegsarbeit. Die Schulung der Frauen durch die NS-Frauenschaft, in: Frauengruppe Faschismusforschung (Hrsg.), Mutterkreuz und Arbeitsbuch. Zur Geschichte der Frauen in der Weimarer Republik und im Nationalsozialismus, Frankfurt a.M. 1981, S. 215–245, hier S. 234–236.

33 Staatsarchiv Würzburg (künftig: StA Würzburg), NSDAP 1059, Monatsbericht der Ortsgruppe der NSF und DFW Stockheim vom Januar 1943.

Produkte und Preise zurück und leiteten es an andere Parteistellen weiter: sei es im Auftrag von Robert Ley in seiner Funktion als Reichskommissar für den sozialen Wohnungsbau oder für die Zwecke der Preisüberwachung, die der Reichskommissar für Preisbildung organisierte.[34] Auch der Reichskommissar für Preisbildung hatte das Expertenpotential der Hausfrauen erkannt, die bei der seit 1936 laufenden Preisüberwachung mitwirken sollten.

Die Professionalisierung der Hausarbeit zeigte sich schließlich auch mit der Einführung des Diploms der „Meisterin der Hauswirtschaft". Wer ein solches haben wollte, musste nachweisen, fünf Jahre lang einen Haushalt geführt zu haben, und konnte sich dann für einen zweijährigen Lehrgang anmelden. Die NS-Frauenorganisationen zeigten selbst großes Interesse an den hauswirtschaftlichen Profis. Die „Meisterhausfrauen" wurden bevorzugt für die Arbeit in Beratungsstellen und für Massenverpflegungseinsätze im Krieg herangezogen; für beides waren sie ausgebildet worden.[35]

Effiziente Haushaltsführung war jedoch nicht nur für eine Elite von Hausfrauen gedacht, vielmehr ging es um die Rationalisierung aller Haushalte. Impulse hierfür gingen von der im November 1936 gegründet „Reichsstelle für hauswirtschaftliche Forschungs- und Versuchsarbeit" aus, die wissenschaftliche Studien sammelte und in Auftrag gab, um Arbeitsabläufe und den Einsatz von Haushaltsgeräten zu verbessern. In Leipzig führte die eigens dafür eingerichtete Versuchsstelle Tests durch, um Fragen wie z. B. der Waschbarkeit von bestimmten Stoffen zu beantworten.[36] Ähnlich wie das AWI Arbeiter und ihre Tätigkeit studierte, wurden auch die Hausfrauen in den 1930er Jahren zu einem Objekt der Wissenschaft. Das Ziel wirtschaftlicher Autarkie und später die Mobilisierung für den Krieg trieben die Erforschung der Hausarbeit voran. Methoden wie Umfragen und Berichtsdokumentationen erschlossen und quantifizierten, was Frauen in ihren vier Wänden leisteten. Wissenschaftler dokumentierten in ihren Daten die gesellschaftliche Bedeutung der Hausarbeit.

---

34 Akten der Partei-Kanzlei Regest 21799, Bl. 7355, Monatsberichts der Reichsfrauenführung für Juli–September.

35 Ebd., Bl. 6619, Monatsbericht für März/April 1936 der Reichsfrauenführung; Deutsches Frauenschaffen im Kriege. Jahrbuch der Reichsfrauenführung 1941, hrsg. v. der Reichsfrauenführung, Dortmund 1941, S. 49. Manche „Meisterhausfrau" empfahl sich mit dieser Ausbildung noch in den 1950er Jahren für die Tätigkeit in Verbraucherberatungsstellen: Helga Brennecke, Wandlungen der Verbraucherinformation, in: Erich Egner (Hrsg.), Aspekte des hauswirtschaftlichen Strukturwandels, Berlin 1967, S. 167–183.

36 Akten der Partei-Kanzlei Regest 21799, Bl. 6722, Monatsbericht für November/Dezember 1936 der Reichsfrauenführung. Vgl. z. B.: Hauswirtschaftliche Jahrbücher. Berichte für Hauswirtschaft in Wissenschaft und Praxis vom Januar 1939.

Ein weiterer Baustein zur Entprivatisierung der Hausarbeit war deren Kopplung an ein staatliches Belohnungs- und Gratifikationswesen. Die NS-Frauenorganisationen richteten ihre Zuwendungen, die sie „Volksgenossinnen" zukommen ließen oder verwehrten, immer auch daran aus, wie sie deren Leistungen in Haus und Familie bewerteten. Ein explizites Gratifikationsinstrument für Haus- und Familienarbeit wurde im Dezember 1938 mit dem Ehrenkreuz für deutsche Mütter eingeführt, dessen Verleihung durch NS-Organisationen und kommunalen Behörden nach rassisch-weltanschaulichen Kriterien begutachtet wurde. Hinzu kam, darauf hat Michelle Mouton verwiesen, dass viele der Gutachten, insbesondere solche von Fürsorgerinnen geschriebene, sich an einem bürgerlichen Familienideal orientierten, das viele Arbeiterfamilien mit den Ressourcen, die ihnen zur Verfügung standen, gar nicht erfüllen konnten.[37] Etwa fünf Prozent der Vorgeschlagenen erhielten eine negative Bewertung. Die Auswirkung der Mutterkreuzverleihungen auf das Reproduktionsverhalten von Paaren ist von der Forschung als gering eingeschätzt worden, für die Frage nach der Anerkennung von Hausarbeit außerhalb des Privatbereichs war die Einführung dieses Belohnungsmittels jedoch von großer Bedeutung.

Eine Art Anerkennung stellten auch die Erholungsaufenthalte dar, die Mütter beantragen konnten. Zuständig hierfür war die Hilfsstelle Mutter und Kind der NSV, die Frauen in Einrichtungen, aber auch zu Verwandten verschickte. 1938 stieg die Zahl der verschickten Frauen auf über 77.000 an.[38] Freilich diente die Erholungsfürsorge nicht nur der Gesundheitsvorsorge, sondern auch der weltanschaulichen Unterweisung, für die der mehrwöchige Aufenthalt in Einrichtungen eine gute Gelegenheit bot.[39] Überdies verwies diese Maßnahme auf den Charakter der Familien- und Hausarbeit als kräftezehrende Tätigkeit, von der sich Frauen erholen müssen, um ihre Arbeitskraft zu erhalten. Dieser Gedanke setzte sich auch in der Nachkriegszeit fort und fand im Aufbau des Müttergenesungswerks 1950 Niederschlag.[40]

Allerdings erfolgte die Anerkennung von Hausfrauen und der Wahrnehmung von Hausarbeit als Leistung meist auf der symbolischen und theoretischen Ebene. Eine materielle Aufwertung gab es kaum, obwohl es Ansätze dafür

37 Mouton, Nation, S. 128.

38 Herwart Vorländer, Darstellung und Dokumentation einer nationalsozialistischen Organisation, Boppard a. Rhein 1988, S. 67–68.

39 Ebd.; Mouton, Nation, S. 189–191. Mouton beschreibt den Alltag in Erholungseinrichtungen und Konflikte, die es um die Frage nach dem Stellenwert weltanschaulicher Ausrichtung gab.

40 Kim Carpenter, „For mothers only": Mothers' convalescent homes and modernizing maternal ideology in 1950s West Germany, in: JSocH 34 (2001), S. 863–893, hier S. 863.

gab. Robert Ley wandte sich nach dem Inkrafttreten des Mutterschutzgesetzes 1942 an Martin Bormann und beklagte, dass sich dieses nur an berufstätige Frauen richte. Er mahnte eine dringende Erweiterung sozialpolitischer Prinzipien an: „Nach nationalsozialistischen Grundsätzen muss sich Sozialpolitik auf alle Volksgenossen erstrecken, ohne Rücksicht ob sie eine selbstständige oder unselbstständige Tätigkeit ausüben oder eine sonst wie für die Volksgemeinschaft wichtige Pflicht erfüllen, wie es bei den meist kinderreichen, im Haushalt, aber nicht berufstätigen Ehefrauen gerade in erster Linie der Fall ist.“[41] Wäre Ley mit seiner Forderung durchgekommen, hätte dies eine Gleichstellung von Haus- und Familienarbeit mit der Erwerbsarbeit bedeutet. Ein solcher Schritt sollte in Deutschland ansatzweise erst in 1980er Jahren erfolgen, als der bundesdeutsche Gesetzgeber in die Rentenversicherung Kindererziehungszeiten einführte.[42]

4 Krieg und Frauenarbeit

Blickt man auf die Zahlen, so änderte sich im Bereich der Erwerbsarbeit von deutschen nicht-jüdischen Frauen wenig. Das noch vor Kriegsbeginn ermittelte weibliche Arbeitskräftereservoir – Frauen ohne Kinder unter 14 Jahren und ohne Beschäftigung – von 3,5 Millionen konnte kaum mobilisiert werden. Die Zahl der erwerbstätigen „Volksgenossinnen“ stieg von Mai 1939 bis September 1944 nur von 14,6 auf 14,9 Millionen. Im Vergleich dazu konnte Großbritannien große Mobilisierungserfolge verzeichnen, was auch damit zu tun hatte, dass die weibliche Erwerbsquote vor 1939 wesentlich niedriger als in Deutschland lag.[43] Jedoch verbergen sich hinter den teils hochaggregierten Zahlen der Statistiken Entwicklungsdynamiken. Vier sollen hier angesprochen werden:

---

41 Akten der Parteikanzlei, Regest 26639, Bl. 8248, Robert Ley an Martin Bormann vom 20.8.1942.

42 Christiane Kuller, Soziale Sicherung von Frauen – ein ungelöstes Strukturproblem im männlichen Wohlfahrtsstaat. Die Bundesrepublik im europäischen Vergleich, in: AfS 47 (2007), S. 199–236, hier S. 217.

43 Jüngst hat dies erneut herausgestellt: Adam Tooze, The Wages of Destruction. The Making and Breaking of Nazi Economy, London 2006, S. 358–359. Allerdings relativiert sich die Differenz zwischen Deutschland und Großbritannien, was die weibliche Erwerbsquote vor dem Zweiten Weltkrieg betrifft, wenn man die unterschiedlichen Erfassungsweisen berücksichtigt, vor allem die Kategorie der „mithelfenden Familienangehörigen“, die 1907 in die deutsche Reichsstatistik eingeführt wurde. In den britischen Erhebungen wurden solche Erwerbsformen häufig nicht aufgenommen.

1. Zwar führten die Meldepflichtverordnung vom Januar 1943 und ihre Vorläufer kaum zu einer Steigerung der Gesamtzahl erwerbstätiger Frauen. Sie setzte aber großangelegte Erfassungsaktionen in Gang, an denen neben der Arbeitsverwaltung auch die Kreisleitungen sowie NS-Frauenschaften beteiligt waren. Bereits 1941 hatte das Reicharbeitsministerium angeordnet, Frauen vorzuladen, die ihre Arbeit mit Kriegsbeginn aufgegeben hatten. Zugleich schuf es einerseits Anreize, eine Arbeit aufzunehmen, indem der Lohn nicht auf den Familienunterhalt angerechnet wurde. Andererseits drohte Frauen, die sich weigerten, eine Arbeitsstelle anzutreten, die Kürzung sozialer Leistungen.[44] Die Erfassungsaktion vom Jahre 1943 griff demgegenüber viel weiter aus, da nun auch Frauen, die noch nie erwerbstätig waren, einbezogen wurden. Bis Kriegsende folgten weitere Versuche, Frauen in den Arbeitsmarkt einzugliedern, beispielweise prüfte man ab Januar 1944, inwieweit Evakuierte einsatzfähig waren. Immer wieder kamen die Behörden zum ernüchternden Ergebnis, dass selbst diejenigen, die keine Kinder hatten, oft nicht dienstverpflichtet werden konnten, sei es dass sie den Betrieb ihres zum Militärdienst eingezogenen Mannes führten oder eine Nebenerwerbslandwirtschaft hatten, sei es dass sie Angehörige pflegen mussten. Nach Prüfung der Arbeitsverwaltung 1943 konnte nur die Hälfte der erfassten Frauen eingesetzt werden und nur ein Fünftel stand ganztags zur Verfügung.[45] Am politischen Willen, mehr Frauen in den Arbeitsmarkt zu bringen, fehlte es nicht. Auf der Ebene der Umsetzung taten sich jedoch Hindernisse auf.

An den Sitzungsprotokollen der mecklenburgischen Gauleitung zeigt sich, dass es das Zusammenspiel vieler Akteure war, das zum mäßigen Erfolg der Dienstverpflichtung beitrug. Gauleiter Friedrich Hildebrandt mahnte immer wieder zur Rücksicht gegenüber den Frauen, vor allem verheirateten mit Kindern und älteren. Die Ausnahmeregelungen der Meldepflichtverordnung legte er sehr weit aus, so dass in seinem Gau Frauen, deren Männer im Tag-Nacht-Schichtdienst arbeiteten, nicht herangezogen wurden.[46] In den Protokollen wird auch die Rolle der Betriebsleiter thematisiert, denen Hildebrandt eine große Mitverantwortung für die Schwierigkeiten beim Einsatz der Frauen zusprach. Die Ein-

---

44 Ludwig Eiber, Frauen in der Kriegsindustrie. Arbeitsbedingungen, Lebensumstände und Protestverhalten, in: Martin Broszat et al. (Hrsg.), Bayern in der NS-Zeit, Bd. III: Herrschaft und Gesellschaft im Konflikt: Teil B, München/Wien 1981, S. 569–644, hier S. 578–579.

45 Roland Peter, Rüstungspolitik in Baden: Kriegswirtschaft und Arbeitseinsatz in einer Grenzregion im Zweiten Weltkrieg, München 1995, S. 319–322.

46 Sitzung des Reichsverteidigungsausschusses vom 22.1.1943, in: Michael Buddrus, Mecklenburg im Zweiten Weltkrieg. Die Tagungen des Gauleiters Friedrich Hildebrandt mit den NS-Führungsgremien des Gaues Mecklenburg 1939–1945. Eine Edition der Sitzungsprotokolle, Bremen 2009, S. 495.

arbeitung neuer Arbeitskräfte, von denen einige noch nie zuvor in Fabriken gearbeitet hatten und die zudem aufgrund von Schutzvorschriften nicht voll einsetzbar waren, führte dazu, dass Unternehmen auf die Anstellung von Frauen wenn möglich verzichteten. Halbtagsarbeit lehnten ohnehin viele ab, denn diese machte Umstellungen im Betriebsablauf notwendig.[47] Betriebsleiter bevorzugten letztlich ausländische Zwangsarbeiter und Zwangsarbeiterinnen, weil sie bei diesen ein rigides Arbeitsregime durchsetzen konnten. Die zögerliche Heranziehung von Frauen hatte also nicht nur etwas damit zu tun, dass diese besonders geschont werden sollten, sondern mit der Ausbeutungslogik im Krieg. Kurzum: Die dienstverpflichtete Frau war in den Augen der Unternehmer nicht sonderlich attraktiv.

2. Zu den Bewegungen in der Erwerbstätigenstatistik trugen auch diejenigen bei, die ihre Arbeit nach Kriegsbeginn niederlegten. Bis Mai 1941 war es immerhin eine halbe Million Frauen, die meisten davon waren Ehefrauen, deren Männer in die Wehrmacht eingezogen worden waren. Sie erhielten bis zu 85 Prozent des letzten Nettoeinkommens des Ehemannes unabhängig von dessen Sold.[48] Die meisten Familien hatten dadurch ein höheres Einkommen als zuvor. Auch andere Sozialleistungen wirkten in diese Richtung. Ähnliches galt aber auch für die Kriegswitwenversorgung. Besonders deutlich zeigte sich dies bei der so genannten Bräuteversorgung, also der Versorgung von (noch) nicht verheirateten weiblichen Hinterbliebenen. Sie konnten im Zweiten Weltkrieg erstmals Ansprüche auf Hinterbliebenenleistungen erheben.[49] Finanziell war einigen von ihnen (wie auch den Familienunterhaltsberechtigten) damit die Aussicht eröffnet worden, sich für die Niederlegung der Erwerbsarbeit und das Dasein als Hausfrau entscheiden zu können.

Der letzte bisher wenig beachtete Faktor, der das Modell der Nur-Hausfrau stärkte, war die Evakuierung und Umquartierung aus den luftkriegsbedrohten Städten. Möglichkeiten, einer Erwerbsarbeit nachzugehen, waren sehr begrenzt, denn in den meist agrarisch geprägten Aufnahmegebieten gab es kaum Arbeitsplätze, vor allem kaum solche, die zu den Qualifikationen der evakuierten Frauen aus der Stadt passten. In den Kriegsjahren wurde diese Problematik kaum thematisiert, finanzielle Notlagen der Evakuierten konnte der Räumungsfamilienunterhalt abfedern, den die Aufnahmegemeinden auszahlten. In der Nachkriegszeit sah es anders aus. Jährlich berichtete das Evakuiertenamt der Stadt

47 Sitzung des Reichsverteidigungsausschusses vom 15.3.1943, in: ebd. S. 637.

48 Birthe Kundrus, Kriegerfrauen. Familienpolitik und Geschlechterverhältnisse im Ersten und Zweiten Weltkrieg, Hamburg 1995, S. 285–287.

49 Bundesarchiv, Abteilung Militärarchiv Freiburg, RW 16/87, Erlass des OKW über die Hinterbliebenenversorgung für Bräute von gefallenen oder im Felde verstorbenen Soldaten vom 12.1.1942.

Nürnberg über Zahl und Lage der so genannten „Außenbürger". Neben den Alten waren es vor allem alleinstehende Frauen mit minderjährigen Kindern, die in den Aufnahmeorten festsaßen. Die Rückkehr in die Städte hing vom Nachweis eines Vollzeit-Arbeitsplatzes ab, was für Frauen mit Kindern ausgeschlossen war. Auf dem Land, so ging es aus ihren Briefen an das Evakuiertenamt hervor, hatten sie aber noch nicht einmal die Gelegenheit, eine Nebentätigkeit aufzunehmen, um ihren Lebensunterhalt zumindest teilweise zu erwirtschaften.[50] Evakuierte Frauen wurden auf diese Weise zu Fürsorgeklienten gemacht. In anderen Landesteilen war die Situation ganz ähnlich.[51] Für Frauen, die vorerst nicht wieder in ihre Heimatstädte zurückkehren konnten, führte die Evakuierung auf lange Sicht in strukturelle Arbeitslosigkeit und Armut.

3. Dass Frauen nicht erwerbstätig waren, bedeutete noch nicht, dass sie sich ausschließlich auf den eigenen Haushalt und die eigene Familie konzentrierten. Der Umfang unbezahlter (außerhäuslicher) Tätigkeiten nahm im Krieg enorm zu. Ob es um die Germanisierungspolitik im Osten, die Betreuung der Evakuierten durch die NSV oder die Tätigkeiten des Roten Kreuzes ging, überall war der Einsatz von Frauen sehr gefragt. Bei Kriegsbeginn waren etwa eine Million der Mitglieder von NS-Frauenschaft und Deutschem Frauenwerk als Funktionärinnen (Ortsgruppenleiterinnen, Kinder- bzw. Jugendgruppenleiterinnen, Abteilungsleiterinnen) aktiv.[52] 98 Prozent der Posten, die in der NSF bzw. im DFW zur Verfügung standen, waren ehrenamtlich.

Der Bereich der unbezahlten Arbeit wird meist vernachlässigt, wenn es um die Frage geht, inwieweit Frauen in Deutschland für die Kriegsarbeit mobilisiert wurden. Freilich war der zeitliche Umfang meist wesentlich geringer als der einer regulären Beschäftigung. Gerade das flexiblere Zeitformat der unbezahlten „ehrenamtlichen" Arbeit, dürfte auch Frauen, die eine Vollzeiterwerbstätigkeit ablehnten, veranlasst haben, sich zu engagieren. Der Nachweis regelmäßigen ehrenamtlichen Engagements konnte helfen, eine drohende Dienstverpflichtung abzuwenden.[53]

50 Stadtarchiv Nürnberg, C 44 Nr 304, Bericht über die Evakuiertenfürsorge des Evakuiertenamtes Nürnbergs, o.D. [ca. 1950]; ebd., Bericht „Fürsorge für Evakuierte der Stadt Nürnberg im Jahre 1954.

51 Gregory Schroeder, Ties of Urban Heimat: German cities and their wartime Evacuees in the 1950s, in: GSR 27 (2004), S. 307–324.

52 Deutsches Frauenschaffen im Kriege. Jahrbuch der Reichsfrauenführung 1941, hrsg. v. der Reichsfrauenführung, Dortmund 1941, S. 5.

53 StA Würzburg, NSDAP 1020, Gausachbearbeiterin, Abteilung Organisation und Personal, an NSDAP-Gauleitung Mainfranken, Gaupersonalamt. Auch: Peter, Rüstungspolitik, S. 317–318.

In der Zunahme und Bedeutung der unbezahlten Tätigkeiten zeigt sich ein Merkmal des Nationalsozialismus. Frauen, egal ob erwerbstätig oder nicht, verbrachten ihre Freizeit nach getaner Haus- bzw. Erwerbsarbeit damit weiterzuarbeiten. Diese ständige Betriebsamkeit entsprach dem in Partei und NS-Organisationen angewandten Prinzip, die Einbindung in den Nationalsozialismus über gemeinsames Handeln und gemeinsame Erlebnisse zu fördern. Im Krieg entwickelte sich Aktivität zum zentralen Distinktionsmerkmal innerhalb der „Volksgemeinschaft".[54]

4. Einige Entwicklungsdynamiken erschließen sich erst, wenn man eine zeitlich längere Perspektive wählt. Die Halbtagsarbeit hatte sich während des Krieges zwar nicht durchgesetzt, erst in der Nachkriegszeit bildete sie sich als gängiges Erwerbsmodell für verheiratete Frauen heraus. Die Erfahrungen aus dem Zweiten Weltkrieg wirkten in zweifacher Weise nach: Zum einen registrierte die Arbeitsverwaltung eine teils ablehnende Haltung bei den Frauen, assoziierten diese doch die Dienstverpflichtungen mit der Teilzeitarbeit. Zum anderen konnten Arbeitsämter in den 1960er Jahren, als sie zur gezielten Rekrutierung übergingen, auf erprobte Methoden zurückgreifen.[55]

Als Erfahrungsfeld lässt sich die Kriegsmobilisierung auch beschreiben, wenn man alltagsgeschichtlich argumentiert. Anfang der 1980er Jahre wurden Frauen befragt, die während des Krieges in Schreibbüros der Thyssen-Hütte in Duisburg-Hamborn eingezogen worden waren. Hier arbeiteten 1937 unter den kaufmännischen Angestellten nur zwei Prozent Frauen, im Juli 1940 lag der Anteil bei 19 Prozent und im Januar 1945 bei fast 50 Prozent.[56] Einige derjenigen, die dort als Bürogehilfin eine Tätigkeit aufnahmen, hatten vorher keine Ausbildung absolviert. Nun stand ihnen der Weg für eine Lehre offen. Dabei wird deutlich, dass die Frauen die Kriegsarbeit nicht nur als Arbeit, sondern auch als Beruf begriffen, wozu vor allem die Möglichkeit zur Ausbildung beitrug. Dies führte zu einer stärkeren Identifizierung mit der Tätigkeit, was sich ebenfalls im Wunsch nach dauerhafter Beschäftigung – unabhängig vom Familienstatus – ausdrückte. Zwar mussten viele Frauen nach dem Krieg zunächst einmal wei-

---

54 Armin Nolzen, Inklusion, Exklusion und Distinktion im „Massenstaat": Das Beispiel NSDAP, in: Frank Bajohr/Michael Wildt, Volksgemeinschaft. Neue Perspektiven auf die Gesellschaft des Nationalsozialismus, Frankfurt a.M. 2009, S. 60–77.

55 Christine von Oertzen, Teilzeitarbeit und die Lust am Zuverdienen. Geschlechterpolitik und gesellschaftlicher Wandel in Westdeutschland 1948–1969, Göttingen 1999, S. 35–36 u. 259–261.

56 Dazu und im Folgenden: Margot Schmidt, Krieg der Männer – Chance der Frauen? Der Einzug von Frauen in die Büros von Thyssen AG, in: Lutz Niethammer (Hrsg.), „Die Jahre weiß man nicht, wo man die heute hinsetzen soll". Faschismuserfahrung im Ruhrgebiet, 2. Aufl. Bonn 1986, S. 133–162.

chen, mit Ausnahme derer, die eine Ernährerfunktion innehatten. Als man in der Zeit des wirtschaftlichen Aufschwungs jedoch erneut Frauen in die Betriebe holte, waren die ehemaligen Kriegsarbeitskräfte die ersten, die angeworben wurden.

5 Fazit

Schon Ende des 19. Jahrhunderts hat die proletarische Frauenbewegung auf die Abhängigkeit weiblicher Lohn- von Hausarbeit hingewiesen und bezog damit den Reproduktionsbereich neben den ökonomischen Produktionsverhältnissen in die Auseinandersetzung um Klasse mit ein.[57] Ein integrierter Zugriff ergibt sich aus den historischen Gegebenheiten selbst. Als Untersuchungsperspektive macht er vor allem die Interdependenzen sichtbar. So erklärt sich die zögerliche Haltung der NS-Führung, die Melde- und Dienstpflicht der weiblichen Bevölkerung im Zweiten Weltkrieg durchzusetzen, unter anderem mit Blick auf die Aufwertung der Hausarbeit und die Heranziehung von Frauen für ehrenamtliche Tätigkeiten. Mütter, die Kinder versorgten, oder Amtsträgerinnen in NS-Organisationen standen im Krieg nicht als Reserve auf Abruf bereit, sie hatten eine Beschäftigung. Die Anerkennung der Leistung der Hausfrau begründete wiederum den Ausbau der Sonderstellung von Frauen auf dem Arbeitsmarkt, die ihnen – wenn auch begrenzt – Raum für die Aufgaben in der Familie gab.

Die Zusammenschau von Erwerbs- und Hausarbeit zeigt jedoch auch wie unterschiedlich innovativ das NS-Regime in den beiden Sphären wirkte. Die Aufteilung des Arbeitsmarktes entlang der Geschlechtergrenze und die zunehmend auch rechtlich konstruierte Sonderstellung von Frauen hatten sich schon vor 1933 abgezeichnet. Die NS-Führung trieb diese Entwicklungen voran, freilich mit teils eigenen Begründungslogiken. Die großzügige Ausweitung des Mutterschutzes 1942 erfolgte zu einem Zeitpunkt, als pronatale Maßnahmen wichtiger denn je erschienen und die Besserstellung der „Volksgenossinnen" mit der Diskriminierung und Ausbeutung von Zwangsarbeiterinnen einher ging.

Mit der durch Staat und Partei betriebenen Aufwertung, Professionalisierung und damit auch Entprivatisierung der Haus- und Familienarbeit hebt sich die Zeit des Nationalsozialismus hingegen von bisherigen Entwicklungen ab. Ob und inwieweit daraus Langzeiteffekte folgten wäre eine lohnende Untersuchungsperspektive. Indizien, dass es solche gab, liefern beispielsweise die Er-

57 Kathleen Canning, Gender and the Politics of Class Formation. Rethinking German Labor History, in: AHR 97 (1992), S. 736–768, hier S. 763.

holungseinrichtungen für Mütter, die in der frühen Nachkriegszeit aufgebaut wurden. Aber auch auf dem Gebiet der Sozialpolitik finden sich Spuren, vor allem dort, wo es um die Berücksichtigung der *care*-Arbeit ging, die im auf die Erwerbsarbeit zentrierten Wohlfahrtsstaat zunächst ausgeblendet war. 1957 erfolgte z. B. die Herabsetzung des Rentenalters für Frauen mit Verweis auf deren Doppelbelastung, wobei in der parlamentarischen Diskussion das Argument der besonderen Herausforderungen im Krieg und die Vorstellung von Haus- und Familienarbeit als „Überlebensarbeit“ eine wichtige Rolle spielten.[58]

Für eine Grundfrage der Geschlechtergeschichte nämlich die nach dem Verhältnis von Arbeit und Emanzipation deutet sich eine eher ernüchternde Einsicht an. Marktpolitisch und wohlfahrtsstaatlich war die Erwerbsarbeit von Frauen derart reguliert, dass sie weder ökonomische noch rechtliche Unabhängigkeit bot. In ihrer Ergänzungsfunktion für männliche Lohnarbeit war sie ihres emanzipatorischen Potentials weitgehend beraubt.

58 Ulrike Haerendel, Geschlechterpolitik und Alterssicherung. Frauen in der gesetzlichen Rentenversicherung von den Anfängen bis zur Reform 1957, in: Deutsche Rentenversicherung (2007), S. 99–124, hier S. 119.

Karsten Linne

Von der Arbeitsvermittlung zum „Arbeitseinsatz"

Zum Wandel der Arbeitsverwaltung 1933–1945

Trotz aller neu geschaffenen Sonderbehörden, Beauftragten und Generalbevollmächtigten, trotz der Deutschen Arbeitsfront sowie anderer Parteidienststellen, trotz solcher Einrichtungen wie dem Reichsarbeitsdienst, dem Landjahr etc., war es eine traditionelle Bürokratie, die maßgeblich für die Verteilung der Arbeitskräfte im Dritten Reich bis zum Kriegsende verantwortlich blieb: die Arbeitsverwaltung; genauer gesagt, die Arbeitsämter und die ihnen übergeordneten Landes- bzw. Gauarbeitsämter. Ihre Vermittlungszahlen – wobei der Begriff „Vermittlung" im Laufe der Jahre zunehmend als ein Euphemismus bezeichnet werden muss – stiegen von 1933 5,4 Millionen auf die Rekordhöhe von 9,9 Millionen im Jahre 1939 und betrugen selbst 1943 noch 9,5 Millionen.[1]

Am Wandel der Arbeitsverwaltung, an ihrem sich verändernden Agieren, das den ursprünglichen Zweck ihrer Gründung immer mehr in den Hintergrund drängte, lässt sich deutlicher als irgendwo sonst die Flexibilität und Disponibilität zeigen, mit der die Nationalsozialisten den Faktor „Arbeit" betrachteten, wie sehr sie den Arbeitsbegriff selbst instrumentalisierten. Dabei ist der zu beobachtende Dreiklang „Arbeit – Dienst – Zwang", der die Entwicklung kennzeichnet, durchaus nicht nur metaphorisch gemeint. Die drei Ausprägungen wurden den jeweils veränderten Gegebenheiten und Bedürfnissen angepasst. Der angesprochene Wandel der Arbeitsverwaltung vollzog sich auf drei Ebenen, die sich nur schwer voneinander trennen lassen: auf der organisatorischen und parallel dazu auf der operativen Ebene, beides gesteuert durch neue Gesetze und Verordnungen; flankierend dazu gab es einen Wandel auf der symbolischen Ebene. In diesem Beitrag kann die Rolle der Arbeitsverwaltung beim Einsatz der ausländischen Zwangsarbeiter, der Kriegsgefangenen, der Juden etc. sowie ihr Engagement in den besetzten Gebieten aus Platzgründen nicht berücksichtigt werden.[2]

---

1 Dieter G. Maier, Anfänge und Brüche der Arbeitsverwaltung bis 1952. Zugleich ein kaum bekanntes Kapitel der deutsch-jüdischen Geschichte, Brühl 2004, S. 100.

2 Dazu nach wie vor: Ulrich Herbert, Fremdarbeiter. Politik und Praxis des „Ausländer-Einsatzes" in der Kriegswirtschaft des Dritten Reiches, Berlin 1985; ders. (Hrsg.), Europa und der „Reichseinsatz". Ausländische Zivilarbeiter, Kriegsgefangene und KZ-Häftlinge in Deutschland

Die Arbeitsverwaltung als einheitliche Bürokratie konnte auf keine sehr lange Geschichte zurückblicken. Erste Anfänge von Stellennachweisen gab es zwar bereits seit den 1880er Jahren, aber erst im Zuge des Ersten Weltkriegs, vor allem mit der nach seinem Ende notwendigen Demobilisierung der Soldaten, gewann die Entwicklung an Fahrt. Trotzdem wurde erst 1920 ein Reichsamt für Arbeitsvermittlung gegründet, das Friedrich Syrup leitete.[3]

Das Gesetz über Arbeitsvermittlung und Arbeitslosenversicherung vom 16. Juli 1927 vereinigte dann die bislang kommunalen Arbeitsämter und die zu den Ländern gehörenden Landesämter für Arbeitsvermittlung mit dem Reichsamt für Arbeitsvermittlung zu einer Reichsbehörde, der weiterhin Syrup vorstand. Der primäre Zweck der neu gegründeten Reichsanstalt für Arbeitsvermittlung und Arbeitslosenversicherung bestand – wie der Name es ja bereits ausdrückte – in der Vermittlung Arbeitsloser, daneben in der Berufsberatung.[4] Die mit der staatlichen Beeinflussung des Arbeitsmarktes zusammenhängenden Verwaltungsaufgaben waren einheitlich auf die Reichsanstalt und die ihr nachgeordneten 13 Landesarbeitsämter und 360 Arbeitsämter mit etwa 860 Nebenstellen übertragen worden. Ihre mehrjährigen Erfahrungen auf dem Gebiet der Arbeitsvermittlung ließ die Reichsanstalt dem NS-Regime prädestiniert dafür erscheinen, die geplanten Arbeitsbeschaffungsmaßnahmen durchzuführen. Auch ihre reichseinheitliche Organisation, die sie von anderen Zweigen der inneren Verwaltung unterschied, sowie ihre Präsenz auf lokaler Ebene und ihr relativ großer Personalbestand von im März 1933 1 513 Beamten, 25 000 Angestellten und Arbeitern, sprachen für diese Entscheidung. Aber zunächst schalteten die Nationalsozialisten ihre dort tätigen politischen Gegner aus, entmachteten die Selbstverwaltungsorgane und führten das „Führerprinzip" ein. Dies

1938–1945, Essen 1991. Neuerdings auch: Karsten Linne/Florian Dierl (Hrsg.), Arbeitskräfte als Kriegsbeute: Der Fall Ost- und Südosteuropas 1939–1945, Berlin 2011; Tilman Plath, Zwischen Schonung und Menschenjagden. Die Arbeitseinsatzpolitik in den baltischen Generalbezirken des Reichskommissariats Ostland 1941–1944, Essen 2012; Florian Dierl et al., Pflicht, Zwang und Gewalt. Arbeitsverwaltungen und Arbeitskräftepolitik im deutsch besetzten Polen und Serbien 1939–1944, Essen 2013. Zur Rolle der Arbeitsverwaltung bei Verfolgung und Zwangsarbeit der Juden: Dieter G. Maier, Arbeitseinsatz und Deportation. Die Mitwirkung der Arbeitsverwaltung bei der nationalsozialistischen Judenverfolgung in den Jahren 1938–1945, Berlin 1994.

3 Zu Syrups Biographie: Maier, Arbeitseinsatz, S. 64. Zum Gesamtkontext: ders., Anfänge, S. 18ff.

4 Ebd., S. 60ff.; Eckart Reidegeld, Staatliche Sozialpolitik in Deutschland, Bd. II: Sozialpolitik in Demokratie und Diktatur 1919–1945, Wiesbaden 2006, S. 218ff. Zur Lenkungsfunktion der Arbeitsverwaltung bei der Berufsberatung und der Berufsausbildung: David Meskill, Optimizing the German Workforce. Labor Administration from Bismarck to the Economic Miracle, New York/Oxford 2010, S. 141ff.

stärkte die interne Position des Präsidenten erheblich und schuf einen straffen hierarchischen Verwaltungsaufbau.[5]

Die Reichsanstalt lobte sich anlässlich ihres zehnjährigen Bestehens 1937 entsprechend selbst: Zwar habe ihre finanzielle Basis 1933 nicht ausgereicht, aber die Struktur gestimmt.

> Damit aber war erreicht, daß nach der Machtübernahme eine Einrichtung zur Verfügung stand, die nach Durchführung des Führerprinzips und der Ausmerzung der politisch untragbaren Kräfte für die großen und wichtigen Aufgaben der deutschen Erhebung auf dem Gebiete des Arbeitseinsatzes von einer autoritären Staatsführung eingesetzt werden konnte.

Aus dem Beauftragten einer „wirtschaftlichen Selbstverwaltung" sei der „Beauftragte des Staates" geworden.[6] Und das NS-Regime war offensichtlich – zumindest bis in die erste Phase des Krieges hinein – durchaus zufrieden mit den Leistungen der Arbeitsverwaltung:

> Die stärkste Bewährungsprobe für die Richtigkeit dieser Organisationsform hat die Wiedergewinnung der deutschen Gebiete in Polen geliefert, bei der die Arbeitseinsatzverwaltung der kämpfenden Truppe teils zur Seite stand, teils unmittelbar auf dem Fuße folgte und schon nach Tagen ihre Arbeit aufnahm.[7]

---

5 Hans-Walter Schmuhl, Arbeitsmarktpolitik und Arbeitsverwaltung in Deutschland 1871–2002. Zwischen Fürsorge, Hoheit und Markt, Nürnberg 2003, S. 223ff.; Heribert Rottenecker/Jürgen Schneider, Geschichte der Arbeitsverwaltung in Deutschland, Stuttgart 1996, S. 113f.; Horst Kahrs, Die ordnende Hand der Arbeitsämter. Die deutsche Arbeitsverwaltung 1933 bis 1939, in: Beiträge zur nationalsozialistischen Sozial- und Gesundheitspolitik 8 (1990), S. 9–61, hier S. 9. Insgesamt zur Geschichte der Reichsanstalt bis 1939: Volker Herrmann, Vom Arbeitsmarkt zum Arbeitseinsatz. Zur Geschichte der Reichsanstalt für Arbeitsvermittlung und Arbeitslosenversicherung 1929 bis 1939, Frankfurt a.M. 1993. Speziell zur „Gleichschaltung" der Behörde: Dan P. Silverman, Nazification of the German Bureaucracy Reconsidered: A Case Study, in: JModH 60 (1988) 3, S. 496–539.

6 Zehn Jahre Reichsanstalt für Arbeitsvermittlung und Arbeitslosenversicherung 1927–1937, hrsg. v. der Hauptstelle der Reichsanstalt, Berlin 1937, S. 13 (Zitate ebd.). Und auch Reichsarbeitsminister Franz Seldte betonte in einer Rede vom 1.2.1940 die zentrale Rolle der Arbeitsverwaltung bei Aufrüstung, Bau des Westwalles und der Reichsautobahnen, die ohne die Arbeitsverwaltung nicht möglich gewesen seien: „Wenn sie nicht schon vorhanden gewesen wäre, so hätte sie nach 1933 unverzüglich geschaffen werden müssen." Weiterer Ausbau der Arbeitseinsatzverwaltung, in: Arbeitseinsatz und Arbeitslosenhilfe 7 (1940) 3–6, S. 33–34, hier S. 34.

7 Martin Zschucke, Das Reichsarbeitsministerium, Berlin 1940, S. 39. Dazu: Dierl et al., Pflicht, S. 63ff.

1 Dirigistische Eingriffe in den Arbeitsmarkt

Die Eingriffe des Staates in die Arbeitsmarktpolitik nahmen nach 1933 ebenso zu wie die Reglementierung der Arbeitsverhältnisse. Dies begann bereits in der – hier nur kurz erwähnten – Phase der Arbeitsbeschaffung, z. B. mit der „Anordnung über die Verteilung von Arbeitskräften" vom 28. August 1934, welche die Arbeitsämter ermächtigte, die altersmäßige Zusammensetzung der in einem Betrieb Beschäftigten zu überprüfen und unter bestimmten Umständen ledige Arbeiter unter 25 Jahren durch erwerbslose Familienväter zu ersetzen. Die 130 000 Jugendlichen, die daraufhin ihren Arbeitsplatz aufgeben mussten, wurden in die Landwirtschaft und den Reichsarbeitsdienst vermittelt. In eine ähnliche Richtung gingen die Zugangssperren für Städte und Gebiete mit hoher Arbeitslosigkeit.[8]

Die Politik der Nationalsozialisten war von Anfang an auf Kriegsvorbereitung ausgerichtet. Sie bezogen daher die Reichsanstalt umgehend in ihre Rüstungsplanungen ein und gestalteten sie in eine kriegswichtige Behörde um. Ab 1934 erhielt die Reichsanstalt die ersten grundsätzlichen Befugnisse zur Lenkung der Arbeitskräfte. Die Grundlage für eine umfassendere staatliche Kontrolle und Beeinflussung des Arbeitsmarktes durch die Reichsanstalt schuf der Gesetzgeber dann in den Jahren 1935 und 1936.

Seit dem Frühjahr 1934 kam es, noch während offizielle Arbeitslosigkeit in beträchtlicher Höhe bestand, in für die Aufrüstung bedeutsamen Bereichen zu einem Arbeitskräftemangel. Dies galt insbesondere für Facharbeiter im Baugewerbe und in den Metallberufen. In diesem Zusammenhang machten ein Ansatz und ein Begriff Karriere, der durch das „Gesetz zur Regelung des Arbeitseinsatzes" vom 15. Mai 1934 in die Rechtssprache eingeführt wurde, der Begriff des „Arbeitseinsatzes". Die Stoßrichtung wurde aus dem ersten Paragraphen deutlich:

> Der Präsident der Reichsanstalt für Arbeitsvermittlung und Arbeitslosenversicherung kann für Bezirke mit hoher Arbeitslosigkeit anordnen, daß Personen, die in diesen Bezirken am Tage des Inkrafttretens der Anordnung keinen Wohnort haben, dort als Arbeiter oder Angestellte nur mit seiner vorherigen Zustimmung eingestellt werden dürfen.[9]

In diesem Gesetz noch auf die „Leutenot" in der Landwirtschaft und auf die Bekämpfung der Arbeitslosigkeit in den gesperrten Gebieten bezogen, erwies

8 Reidegeld, Sozialpolitik, S. 411f. Insgesamt zur Arbeitsbeschaffung: Detlev Humann, „Arbeitsschlacht". Arbeitsbeschaffung und Propaganda in der NS-Zeit 1933–1939, Göttingen 2011 sowie seinen Beitrag in diesem Band.

9 Gesetz zur Regelung des Arbeitseinsatzes vom 15.5.1934, in: RGBl. I, S. 381.

sich der dirigistische Ansatz als effizient und allgemein verwendbar. Bereits mit einer Verordnung vom 10. August 1934 wurde der Präsident der Reichsanstalt ermächtigt, die „Verteilung von Arbeitskräften“ insbesondere durch ihren „Austausch“ zu regeln. Diese Vorschriften signalisierten einen Prioritätenwandel, sie stehen für den Prozess des Übergangs von der Arbeitsbeschaffungs- zur Arbeitseinsatzpolitik. Die Lenkung der vorhandenen Arbeitskräfte in die strategisch wichtigen Branchen, vor allem in die rüstungsrelevanten Betriebe, stand von jetzt an eindeutig im Mittelpunkt.[10]

Mit der Einführung des Arbeitsbuches im Februar 1935 gab das Regime den Arbeitsämtern ein sehr wirksames Erfassungs-, Lenkungs- und Kontrollinstrument an die Hand. Die ersten Worte des Gesetzes verdeutlichten das primäre Ziel:

> Um die zweckentsprechende Verteilung der Arbeitskräfte in der deutschen Wirtschaft zu gewährleisten, wird ein Arbeitsbuch eingeführt.

Arbeitnehmer durften jetzt nur noch beschäftigt werden, wenn sie im Besitz eines ordnungsmäßig ausgestellten Arbeitsbuches waren. Die Arbeitsämter konnten so vor allem die berufliche Qualifikation und den Werdegang der einzelnen Arbeitnehmer registrieren und ihren Einsatz lenken.[11] Die Arbeitsbücher wurden ab April 1935 ausgegeben; Angestellte und Arbeiter hatten ein solches Buch zu führen und bei ihrem jeweiligen Arbeitgeber zu hinterlegen. Die Eintragungen wurden an die Arbeitsämter weitergegeben und dort auf Karteikarten erfasst. Im Juni 1938 war die Ausgabe von 22 Millionen Arbeitsbüchern abgeschlossen. Die darauf basierenden statistischen Erhebungen vom Sommer 1938, 1940 und 1941 gaben einen detaillierten Überblick über die Verteilung der Arbeitskräfte nach Alter, Geschlecht, Ort und Wirtschaftszweigen.[12] Ein Mitarbeiter der Arbeitsverwaltung betonte, dass es bis dahin an einem technischen Hilfsmittel gefehlt habe, „das in Form eines dauernden amtlichen Personalausweises für jeden Schaffenden möglichst eingehend seinen Ausbildungsgang, seine

---

10 Verordnung über die Verteilung von Arbeitskräften vom 10.8.1934, in: RGBl. I, S. 786; Schmuhl, Arbeitsmarktpolitik, S. 240ff.; Reidegeld, Sozialpolitik, S. 415; Ute Vergin, Die nationalsozialistische Arbeitseinsatzverwaltung und ihre Funktionen beim Fremdarbeiter(innen)einsatz während des Zweiten Weltkriegs, Diss. Univ. Osnabrück 2008, S. 77; Dieter G. Maier, Vom Vermittlungsbüro zum „zivilen Wehrbezirkskommando“. Der Umbau der Arbeitsverwaltung zur Arbeitseinsatzbehörde für deutsche und ausländische Arbeitskräfte 1933–1945, in: Linne/Dierl, Arbeitskräfte, S. 17–45, hier S. 23.

11 Gesetz über die Einführung eines Arbeitsbuches vom 26.2.1935, in RGBl. I, S. 311 (Zitat ebd.); Reidegeld, Sozialpolitik, S. 417; Vergin, Arbeitseinsatzverwaltung, S. 89ff.

12 Stefanie Werner et al., Hitlers gläserne Arbeitskräfte. Das Arbeitsbuch als Quelle von Mikrodaten für die historische Arbeitsmarktforschung, in: JbWG (2011) 2, S. 175–191, hier S. 176 u. 181.

besonderen Fähigkeiten und Kenntnisse erkennen läßt und den Einsatz eines jeden in der Wirtschaft durch laufende Fortschreibung" verfolge. Dieses Hilfsmittel sei mit dem Arbeitsbuch geschaffen worden. Es erleichtere vor allem die „Regelung des Zugangs in Mangelberufe".[13]

Kritische zeitgenössische Beobachter, wie die Mitglieder der linken Oppositionsgruppe „Neu Beginnen", bemerkten, dass mit dem Arbeitsbuch „eine Registrierung und damit Disponibilität der deutschen Berufstätigen in einem Umfang erreicht (werde), der in der Welt ohne Beispiel ist". Sie schlossen aus den in den Arbeitsbüchern zu erfassenden Daten, dass sie der Organisierung des „Totalen Krieges" dienen sollten.[14] Zu einer ähnlichen Einschätzung kamen auch die Vertrauensleute der SPD, auch sie betrachteten die Arbeitsbücher als „die Stammrolle für den Arbeitseinsatz im kommenden Krieg" und als wirksames Kontrollinstrument gegenüber dem einzelnen Arbeiter.[15] Über diese Zielsetzung ließ auch eine Besprechung im Landesarbeitsamt Berlin-Brandenburg im März 1935 keinen Zweifel:

> Das Arbeitsbuch wird militärischen Zwecken dienstbar gemacht. Damit wird das AA. [Arbeitsamt, K.L.] das ‚wirtschaftliche Bezirkskommando'. Das Arbeitsbuch dient der wirtschaftlichen und militärischen Mobilmachung. Es wird vor allem darüber Aufschluß geben (durch Geheimzeichen), für welchen Dienst im Ernstfall der Inhaber vorgesehen ist.[16]

Die Arbeitsbücher erlangten für die Arbeitseinsatzmaßnahmen der Vierjahresplanphase und vor allem für die Abstimmung des Personalbedarfs der Wehrmacht mit dem der Kriegsindustrie eine derartige Bedeutung, dass Syrup sie 1942 mit den Wehrpässen verglich. Im gleichen Zusammenhang bezeichnete er die Arbeitsämter als „zivile Wehrbezirkskommandos". Flankiert wurde diese Voraussetzung für einen planmäßigen Arbeitseinsatz durch das am 21. Mai 1935 erlassene, geheim gehaltene „Gesetz über den Deutschen Volksdienst", das dem Reichsarbeitsminister die Erfassung und den Einsatz aller Reichsangehöri-

---

13 Willi Sommer (Hrsg.), Die Praxis des Arbeitsamtes. Eine Gemeinschaftsarbeit von Angehörigen der Reichsanstalt für Arbeitsvermittlung und Arbeitslosenversicherung, Berlin 1939, S. 45.

14 Bericht über die Lage in Deutschland, Nr. 19/20 vom 20.3.1936, zit. n.: Bernd Stöver, Berichte über die Lage in Deutschland. Die Lagemeldungen der Gruppe Neu Beginnen aus dem Dritten Reich 1933–1936, Bonn 1996, S. 681 (Zitat ebd.).

15 Bericht Nr. 8 vom August 1936, in: Deutschland-Berichte der Sozialdemokratischen Partei Deutschlands (künftig: Sopade-Berichte) 1934–1940 (Nachdruck Nördlingen 1980), 3 (1936), S. 1048 (Zitat ebd.).

16 Aktennotiz über eine Besprechung im Landesarbeitsamt Berlin-Brandenburg vom 21.3.1935, zit. n.: Dieter Maier, Beteiligung der Arbeitsverwaltung am Zwangsarbeitereinsatz 1939–1945 (Dokumentensammlung), Weimar o.J. (2000), unpag.

gen zwischen dem 15. und 65. Lebensjahr übertrug. Damit avancierten die Arbeitsämter zu den Schaltstellen der Arbeitskräftebewirtschaftung im Rahmen der künftigen Kriegswirtschaft.[17] Zementiert wurde diese Position im November desselben Jahres, als die Reichsanstalt das Monopol für Arbeitsvermittlung, Berufsberatung und Lehrstellenvermittlung bekam.[18]

Über die Vorbereitungen der Arbeitsverwaltung zur Sicherstellung des Personalbedarfs kriegswichtiger Betriebe und Einrichtungen im Falle einer militärischen Auseinandersetzung drang so gut wie nichts an die Öffentlichkeit. In einem Erlass vom 7. März 1936 verpflichtete Syrup die Dienststellen der Reichsanstalt auf die „völlige Geheimhaltung dieser Maßnahmen“. Dies ging so weit, dass nicht einmal alle Beschäftigten eines Arbeitsamtes Kenntnis von der neuen Aufgabe ihrer Behörde erlangten.[19]

Nach der „Anordnung über die Meldung Schulentlassener“ vom 1. März 1938 mussten sich alle Schulentlassenen obligatorisch beim Arbeitsamt melden. Sie wurden dort einer „Nachwuchslenkung“ und Registrierung unterzogen, um sie in rüstungsbedeutsame Berufe zu drängen und um sie gegebenenfalls sofort für einen zusätzlichen Arbeitseinsatz zu mobilisieren.[20]

Seit dem 22. Juni 1938 war mit der „Verordnung zur Sicherstellung des Kräftebedarfs für Aufgaben von besonderer staatspolitischer Bedeutung“ anlässlich des Westwallbaues die Möglichkeit einer vorübergehenden Dienstverpflichtung gegeben und damit eine Zäsur gesetzt:

> Deutsche Staatsangehörige können vom Präsidenten der Reichsanstalt für Arbeitsvermittlung und Arbeitslosenversicherung für eine begrenzte Zeit verpflichtet werden, auf einem ihnen zugewiesenen Arbeitsplatz Dienste zu leisten oder sich einer bestimmten beruflichen Ausbildung zu unterziehen.[21]

---

17 Maier, Anfänge, S. 98f.; Schmuhl, Arbeitsmarktpolitik, S. 243f.; Horst Kahrs, Verstaatlichung der polnischen Arbeitsmigration nach Deutschland in der Zwischenkriegszeit. Menschenschmuggel und Massenabschiebungen als Kehrseite des nationalisierten Arbeitsmarktes, in: Beiträge zur nationalsozialistischen Sozial- und Gesundheitspolitik 11 (1993), S. 130–194, hier S. 156f.; Friedrich Syrup, Die deutsche Arbeitsverwaltung im Kriege, in: Reichsarbeitsblatt V, S. 328–333 (Zitat S. 330).

18 Gesetz über Arbeitsvermittlung, Berufsberatung und Lehrstellenvermittlung vom 5.11.1935, in: RGBl. I, S. 1281.

19 Herrmann, Arbeitsmarkt, S. 149.

20 Meskill, Optimizing, S. 160ff.; Reidegeld, Sozialpolitik, S. 423.

21 Verordnung des Beauftragten für den Vierjahresplan zur Sicherstellung des Kräftebedarf für Aufgaben von besonderer staatspolitischer Bedeutung vom 22.6.1938, in: RGBl. I, S. 652; Reidegeld, Sozialpolitik, S. 429.

Die Vertrauensleute der SPD schilderten die mit dieser Verordnung verbundenen drastischen Eingriffe der Arbeitsbehörden in die Betriebe. Aus Südwestdeutschland berichteten sie im Juli 1938: „Aus sämtlichen Betrieben unseres Bezirkes sind die gelernten Maurer herangezogen und an die Westgrenze transportiert worden. So hat man z. B. aus X. 200 Maurer und Bauhilfsarbeiter zu Befestigungsarbeiten abgeordnet. In Y., einer Stadt mit etwa 15 000 Einwohnern, sind 300 Maurer und Hilfsarbeiter herangezogen worden."[22]

Mit der „Notdienstverordnung" vom Oktober 1938 konnten Arbeiter dann für eine begrenzte Zeit zu „Notdienstleistungen" herangezogen werden. Die Notdienstpflichtigen wurden aus ihren normalen Arbeitsverhältnissen herausgeholt und waren für die Dauer des Notdienstes zu beurlauben.[23]

Ende 1938 gab es bedeutende organisatorische Änderungen in der Arbeitsverwaltung. Ein Erlass Hitlers vom 21. Dezember 1938 bestimmte, dass die Aufgaben und Befugnisse des Präsidenten der Reichsanstalt für Arbeitsvermittlung und Arbeitslosenversicherung nun auf den Reichsarbeitsminister übergingen. Syrup wurde zum Staatssekretär ernannt und in das Reichsarbeitsministerium berufen. Die Reichsanstalt, die als Körperschaft des öffentlichen Rechts formal eine unabhängige Institution geblieben war, wurde nun als Hauptabteilung V in das Reichsarbeitsministerium eingegliedert und damit der Reichsregierung direkt unterstellt.[24]

Mit der Verordnung über den Arbeitseinsatz vom 25. März 1939 erhoben die Nationalsozialisten die Landesarbeitsämter und Arbeitsämter zu Reichsbehörden, die dem Reichsarbeitsminister unterstellt waren. Mit dieser „Verreichlichung" sei der hoheitliche Charakter der Lenkung des Arbeitseinsatzes auch organisatorisch anerkannt worden. Die bisherige Reichsanstalt für Arbeitsvermittlung und Arbeitslosenversicherung blieb als Körperschaft des öffentlichen Rechts bestehen, erfuhr aber eine komplette Umwidmung und wurde in „Reichsstock für Arbeitseinsatz" umbenannt. Sie hatte nun das Beitragsaufkommen zu vereinnahmen und es nach Maßgabe ihres Haushaltsplans zu verausgaben.[25]

Die „Notdienstverordnung" hatte allerdings keinen durchschlagenden Erfolg. Der Beauftragte für den Vierjahresplan ersetzte sie deshalb durch eine

---

22 Bericht Nr. 7 vom Juli 1938, in: Sopade-Berichte 5 (1938), S. 681.

23 Dritte Verordnung zur Sicherstellung des Kräftebedarfs für Aufgaben von besonderer staatspolitischer Bedeutung (Notdienstverordnung) vom 15.10.1938, in: RGBl. I, S. 1441; Reidegeld, Sozialpolitik, S. 425.

24 Erlaß des Führers und Reichskanzlers über die Reichsanstalt für Arbeitsvermittlung und Arbeitslosenversicherung vom 21.12.1938, in: RGBl. I, S. 1892; Maier, Arbeitseinsatz, S. 13.

25 Verordnung über den Arbeitseinsatz vom 25.3.1939, in: RGBl. I, S. 575; Zschucke, Reichsarbeitsministerium, S. 39.

verschärfte Verordnung vom 13. Februar 1939. Darin hieß es unmissverständlich:

> Die Durchführung unaufschiebbarer Aufgaben von besonderer staatspolitischer Bedeutung darf durch Mangel an Arbeitskräften nicht gefährdet werden. Zur Durchführung solcher Aufgaben muß die Möglichkeit gegeben sein, Bewohner des Reichsgebietes zu Leistungen heranzuziehen und die Bindungen an den Arbeitsplatz fester zu gestalten.[26]

Für solche Aufgaben konnten die Arbeitsämter nun Arbeiter zur Dienstleistung verpflichten, auch auf unbeschränkte Dauer. Neu war auch eine Beschränkung des Arbeitsplatzwechsels aus besonderen staatspolitischen Gründen: Den Arbeitsämtern konnte dabei durch den Reichsarbeitsminister ein Zustimmungsrecht vor der Lösung von Arbeitsverhältnissen eingeräumt werden; ebenso konnten Einstellungen an die Zustimmung gebunden werden. Das Arbeitsbuch und die Arbeitsbuchkartei der Arbeitsämter wurden in dieser Zeit zu einem häufig benutzten und wichtigen Instrument des Arbeitseinsatzes.[27]

Bis Ende 1939 sprachen die Arbeitsämter rund 1,3 Millionen Dienstverpflichtungen aus, fast 400 000 davon betrafen den Bau des Westwalls und über 500 000 die Umstellungen in der Industrie zu Kriegsbeginn. Auf rüstungswichtige Arbeitsplätze entfielen etwa 400 000 Dienstverpflichtungen, womit der Bedarf nicht annähernd gedeckt werden konnte.[28] Diese Dienstverpflichtungen führten „zu starken Spannungen im sozialpolitischen Leben, oft auch zu offener Mißstimmung in weiten Bevölkerungskreisen“. Darüber hinaus kam es bei den Umgruppierungen zu „absoluten Fehldispositionen“ der Arbeitsämter.[29]

Der Begriff „Dienstpflicht“ expandierte gleichwohl und wurde zum Modell für Arbeitsverhältnisse schlechthin. Offiziell wurde Dienst als Pflichterfüllung und Opfergabe für die Volksgemeinschaft glorifiziert, letztendlich diente er als

---

26 Verordnung zur Sicherstellung des Kräftebedarfs für Aufgaben von besonderer staatspolitischer Bedeutung vom 13.2.1939, in: RGBl. I, S. 206; Rottenecker/Schneider, Geschichte, S. 117f.; Reidegeld, Sozialpolitik, S. 426.

27 Ebd.

28 Michael Schneider, Unterm Hakenkreuz. Arbeiter und Arbeiterbewegung 1933 bis 1939, Bonn 1999, S. 320.

29 Jahreslagebericht 1938 des Sicherheitshauptamtes, zit. n.: Heinz Boberach (Hrsg.), Meldungen aus dem Reich. Die geheimen Lageberichte des Sicherheitsdienstes der SS 1938–1945, Herrsching 1984, Bd. II, S. 200 (Zitate ebd.). Auch später klagten Arbeiter und Arbeitgeber immer wieder über eine „ungenügende Sorgfalt“ bei den Vermittlungen oder Dienstverpflichtungen durch die Arbeitsämter: Bericht zur innenpolitischen Lage (Nr. 12) vom 6.11.1939, zit. nach: ebd., S. 429.

Instrument zur Durchführung staatlicher Zwecke. So schrieb der Arbeitsrechtler Wolfgang Siebert 1942:

> Volksgemeinschaft als Grundlage und Mittelpunkt der Arbeit bedeutet zunächst, daß alle Arbeit auf das Wohl des Volkes gerichtet, Dienst in der Volksgemeinschaft sein muß.[30]

Auch dem Sicherheitsdienst der SS entging nicht, dass sich mit den Dienstverpflichtungen ein Funktionswandel der Arbeitsverwaltung vollzog. In einem Bericht für das erste Quartal 1939 hieß es dazu:

> Die Vermittlungstätigkeit der Arbeitsämter nimmt unter den derzeitigen Umständen einen gänzlich neuen Charakter an. Sie besteht weitgehend darin, unter straffer Handhabung der Anordnungen zum Arbeitseinsatz einen unerwünschten Arbeitsplatzwechsel zu unterbinden und die Verteilung der vorhandenen Arbeitskräfte nach staatspolitischen Gesichtspunkten zu lenken.[31]

Wie es mit der zwangsweisen Dienstverpflichtung in der Praxis aussah, zeigt ein SPD-Bericht vom Februar 1939 aus Bayern:

> 1. Bericht: Anfang August 1938 erschien auf einem Privatbau ein Beauftragter des Arbeitsamtes, der durch den Polier alle Arbeiter antreten ließ. Dann mußten von diesen 48 Arbeitern alle Älteren und Verheirateten wegtreten. Vom Rest suchte er 12 ledige Arbeiter heraus und teilte ihnen mit, daß sie sich umgehend für die Fahrt nach Ostpreußen fertig machen sollen. Sie würden dort für die Fertigstellung staatlicher Aufträge gebraucht.
> 2. Bericht: Die von Göring eingeführte allgemeine Dienstpflicht wird rücksichtslos durchgeführt. So wurden z. B. von den rund 300 Angestellten der Nürnberger Lebensversicherungsbank 20 kaufmännisch vorgebildete Angestellte zum Schippen bei den Befestigungen an der Westgrenze herausgezogen.[32]

Eine weitere Radikalisierung deutet ein Bericht vom Juni 1939 aus Südwestdeutschland an:

---

30 Wolfgang Siebert, Die deutsche Arbeitsverfassung, Hamburg 1942, S. 31; Vergin, Arbeitseinsatzverwaltung, S. 80.

31 1. Vierteljahresbericht 1939 des Sicherheitshauptamtes, zit. n.: Boberach, Meldungen, S. 316f. Zu einem ähnlichen Ergebnis kamen die Vertrauensleute der SPD im Sommer 1939: „An die Stelle des Arbeitsmarktes ist in den letzten Jahren mehr und mehr die staatliche Arbeitslenkung, die Zwangsbewirtschaftung der Arbeitskraft, die Rationierung des Arbeitermangels getreten. Diese staatliche Lenkung erfolgt nach folgenden Gesichtspunkten: 1. jeden kriegswirtschaftlich unerwünschten Wechsel des Arbeitsplatzes auszuschließen; 2. der Kriegsrüstung die notwendigen Arbeitskräfte zuzulenken; 3. möglichst alles verfügbar zu machen, was als Arbeitskraft schon jetzt und im Ernstfall eingesetzt werden kann." Bericht Nr. 6 vom Juni 1939, in: Sopade-Berichte 6 (1939), S. 724.

32 Bericht Nr. 2 vom Februar 1939, in: ebd., S. 158f.

> Die zwangsweise Zuweisung von Arbeit nimmt immer schärfere Formen an. (...) Vor einigen Wochen fehlten Bauarbeiter. Die Meister verlangten auf dem Arbeitsamt Zuweisung von Arbeitskräften. Das Arbeitsamt wies die Fabrikanten an, die betreffenden Arbeiter zu entlassen und dem Arbeitsamt zur Verfügung zu stellen. Als nun einzelne Arbeiter sich weigerten, die vom Arbeitsamt zugewiesene Arbeit anzunehmen, weil sie auf dem Bau bedeutend weniger verdienen als in der Fabrik, wurde ihnen geantwortet, dann hätten sie an die Westfront zu gehen, da verdienten sie mehr.[33]

Die Verordnung vom 13. Februar 1939 wurde – weil dort einzelne Branchen ausgespart waren – am 1. September 1939 wieder aufgehoben und durch die Verordnung über die Beschränkung des Arbeitsplatzwechsels (Arbeitsplatzwechselverordnung) ersetzt. Den Arbeitsämtern wurde darin eine totale Überwachung aller Arbeitsmarktbewegungen übertragen. Die Lösung von Arbeitsverhältnissen war damit ebenso wie die Einstellung in Arbeits- und Ausbildungsverhältnisse von der Zustimmung des Arbeitsamtes abhängig.[34]

So vorbereitet ging die Arbeitsverwaltung in den Krieg – und auch dort erfüllte sie ihre Aufgaben zur Zufriedenheit des nationalsozialistischen Regimes. Der Ministerialrat im Reichsarbeitsministerium, Walther Stothfang, konnte im Januar 1941 konstatieren, die Arbeitsverwaltung habe sich als „jederzeit einsatzbereites und schlagkräftiges Instrument zur planmäßigen Regelung des Arbeitseinsatzes“, erwiesen und „in diesem Krieg die Feuerprobe mit Erfolg bestanden“.[35] Trotzdem hatte auch die Arbeitsverwaltung seit Kriegsbeginn mit einem Problem zu kämpfen: der Schwächung ihres Personalbestandes, vor allem in den Arbeitsämtern, durch Einberufungen zur Wehrmacht und Abordnungen in die besetzten Gebiete sowie zu anderen Institutionen. In manchen Bezirken war ein Fünftel bis ein Drittel des Mitarbeiterbestandes nicht mehr verfügbar. Das Oberkommando der Wehrmacht erklärte in der Regel nur die führenden Mitarbeiter für unabkömmlich, nach dem Überfall auf die Sowjetunion nahm auch diese Praxis ab.[36]

---

33 Bericht Nr. 6 vom Juni 1939, in: ebd., S. 729.

34 Verordnung über die Beschränkung des Arbeitsplatzwechsels vom 1.9.1939, in: RGBl. I, S. 1685; Rottenecker/Schneider, Geschichte, S. 117f.; Maier, Vermittlungsbüro, S. 29. In einer Rede am 1.2.1940 rechtfertigte Reichsarbeitsminister Franz Seldte diese dirigistischen Eingriffe: „Es bedarf keiner weiteren Ausführung darüber, daß der nationalsozialistische Staat entgegen dem liberalistischen Prinzip ebenso wenig wie die Ordnung der Arbeitsbedingungen die Regelung des Arbeitseinsatzes dem freien Spiel der Kräfte und damit außerstaatlichen Machtfaktoren überlassen kann. Beide Gebiete bedürfen der ordnenden Hand des Staates.“ Weiterer Ausbau der Arbeitseinsatzverwaltung, in: Arbeitseinsatz und Arbeitslosenhilfe 7 (1940) 3–6, S. 33–34, hier S. 34.

35 Walter Stothfang, Der Arbeitseinsatz an der Jahreswende, in: Monatshefte für NS-Sozialpolitik 8 (1941) 1–2, S. 4–6, hier S. 6 (Zitate ebd.).

36 Vergin, Arbeitseinsatzverwaltung, S. 141.

2 Weiterer Umbau der Arbeitsverwaltung

Am 21. März 1942 erfolgte die Berufung des thüringischen Gauleiters Fritz Sauckel zum Generalbevollmächtigten für den Arbeitseinsatz (GBA), der in dieser Funktion Göring als Beauftragten für den Vierjahresplan direkt nachgeordnet war. Die Gründe für die Einrichtung einer neuen Sondergewalt lagen im endgültigen Scheitern des „Blitzkriegs"-Konzepts, dem damit verbundenen Übergang zu einer langfristig angelegten Rüstungsproduktion. In dem Erlass hieß es:

> Die Sicherstellung der für die gesamte Kriegswirtschaft, besonders für die Rüstung erforderlichen Arbeitskräfte bedingt eine einheitlich ausgerichtete, den Erfordernissen der Kriegswirtschaft entsprechende Steuerung des Einsatzes sämtlicher verfügbaren Arbeitskräfte einschließlich der angeworbenen Ausländer und der Kriegsgefangenen sowie die Mobilisierung aller noch unausgenutzten Arbeitskräfte im Großdeutschen Reich einschließlich des Protektorats sowie im Generalgouvernement und in den besetzten Gebieten.[37]

Aus dem Reichsarbeitsministerium wurden die Abteilungen III (Lohn) und V (Arbeitseinsatz) ausgegliedert und Sauckel unterstellt, ebenso alle Landes- und Arbeitsämter.[38]

Mit seiner ersten Anordnung vom 6. April 1942 setzte er die Gauleiter zu Bevollmächtigten für den Arbeitseinsatz ein, um Partei und Behördenapparat enger miteinander zu verbinden.[39] Parallel dazu wurde die Freizügigkeit der Arbeitskräfte noch weiter eingeschränkt. Nach einer Verordnung vom 20. Mai 1942, welche die zu Kriegsbeginn erlassene „Arbeitsplatzwechselverordnung" weiter verschärfte, konnten Arbeitsverhältnisse ausschließlich mit Zustimmung

---

37 Erlaß des Führers über einen Generalbevollmächtigten für den Arbeitseinsatz vom 21.3.1942, in: RGBl. I, S. 179. Zur Berufung des GBA: Dietrich Eichholtz, Die Vorgeschichte des „Generalbevollmächtigten für den Arbeitseinsatz" (mit Dokumenten), in: JbG 9 (1973), S. 339–383; Vergin, Arbeitseinsatzverwaltung, S. 182ff. Zur Person Sauckels: Steffen Raßloff, Fritz Sauckel. Hitlers „Muster-Gauleiter" und „Sklavenhalter", 3. Aufl. Erfurt 2008.

38 Anordnung zur Durchführung des Erlasses des Führers über einen Generalbevollmächtigten für den Arbeitseinsatz (vom Beauftragten für den Vierjahresplan) vom 27.3.1942, in: RGBl. I, S. 180.

39 Maier, Arbeitseinsatz, S. 13ff.; Kahrs, Hand, S. 31; Walter Naasner, Neue Machtzentren in der deutschen Kriegswirtschaft 1942–1945. Die Wirtschaftsorganisation der SS, das Amt des Generalbevollmächtigten für den Arbeitseinsatz und das Reichsministerium für Bewaffnung und Munition/Reichsministerium für Rüstung und Kriegsproduktion im nationalsozialistischen Herrschaftssystem, Boppard a. Rhein 1994, S. 35f.

des zuständigen Arbeitsamtes gelöst werden. In den Folgemonaten wurde die staatliche Reglementierung des Arbeitsmarktes weiter abgerundet.[40]

Durch eine Verordnung vom 25. Mai 1942 ermöglichte es Göring dem GBA, von den „Ermächtigungen Gebrauch [zu] machen, die dem Reichsarbeitsminister aufgrund von Gesetzen und Verordnungen zustehen". Die Ermächtigungen für Sauckel schlossen nicht nur die Erfassung und Beschaffung zusätzlicher Arbeitskräfte ein, sondern auch die zentrale Lenkung des Arbeitseinsatzes aller deutschen und ausländischen Kräfte. Der GBA hatte in diesen Bereichen Weisungsbefugnis gegenüber den beteiligten Zivil- und Wehrmachtsinstanzen. Der arbeitspolitische Einfluss des GBA erstreckte sich auf die Landesarbeitsämter und Arbeitsämter; sie standen nach der Maßgabe des Führererlasses vom 21. März 1942 dem GBA zur Verfügung und waren an seine Weisungen gebunden.[41] In einer Rede im September 1942 skizzierte Sauckel, welche Mitarbeiter er dabei erwartete:

> Beamter, Angestellter oder Arbeiter bei einer deutschen Arbeitsbehörde kann in Wirklichkeit nur der sein, der ein vorbehaltloser, überzeugter und bedingungslos gehorsamer Nationalsozialist ist.[42]

Schließlich erteilte Hitler am 30. September 1942 Sauckel eine weitgehende arbeitspolitische Vollmacht: Dem GBA wurde die Berechtigung zuerkannt, im Reich einschließlich des Protektorats, im Generalgouvernement und in den besetzten Gebieten eigenständig „alle Maßnahmen zu treffen, die den geordneten Arbeitseinsatz für die deutsche Kriegswirtschaft unter allen Umständen gewährleisten" sollten. Zu diesem Zweck war Sauckel befugt, ihm unmittelbar unterstellte Beauftragte bei den Dienststellen der Militär- und Zivilverwaltung zu ernennen, die diesen gegenüber weisungsberechtigt waren.[43]

Gegen Ende des Jahres 1942 wurde die Hauptabteilung V des Reichsarbeitsministeriums auf Betreiben Sauckels in die Hauptabteilungen V A (Arbeits-

---

40 Verordnung über die Sicherstellung des Gefolgschaftsbestandes vom 20.5.1942, in: RGBl. I, S. 340. Zur Abrundung siehe z. B.: Durchführungsverordnung vom 29.9.1942 zur Verordnung über die Beschränkung des Arbeitsplatzwechsels, in: ebd., S. 426.

41 Bundesarchiv Berlin (künftig: BArch Berlin), R 3901, Nr. 20029, Bl. 17, Anordnung Nr. 1 des Generalbevollmächtigten für den Arbeitseinsatz über Bestellung und Aufgaben seiner Bevollmächtigten vom 6.4.1942; Naasner, Machtzentren, S. 36f.

42 Fritz Sauckel, Arbeitseinsatzmänner sind fanatische Nationalsozialisten (Rede anlässlich der Tagung der Arbeitsamtsleiter Großdeutschlands am 12.9.1942 in Weimar), zit. n.: Handbuch für die Dienststellen des Generalbevollmächtigten für den Arbeitseinsatz und die interessierten Reichsstellen im Großdeutschen Reich und in den besetzten Gebieten (künftig: Handbuch), Bd. I, Berlin 1944, S. 221–226, hier S. 221.

43 Erlaß des Führers zur Durchführung des Erlasses über einen Generalbevollmächtigten für den Arbeitseinsatz vom 30.9.1942, zit. n.: ebd., S. 23 (Zitat ebd.).

einsatz u. a.) und V B (Arbeits- und Sozialstatistik u. a.) aufgegliedert; mit Wirkung vom 4. März 1943 ging aus der Hauptabteilung V A die Hauptabteilung VI („Europaamt für den Arbeitseinsatz") und aus der Hauptabteilung V B die neue Hauptabteilung V hervor, deren drei Abteilungen für Arbeitseinsatzunterstützungen, Reichsstock für Arbeitseinsatz, Prüfungsdienst, öffentliche Arbeitsbeschaffung und Arbeits- und Sozialstatistik zuständig waren. Die zuständigen Abteilungen des Reichsarbeitsministeriums wurden Sauckel auch in personeller Hinsicht unterstellt. Der Generalbevollmächtigte für den Arbeitseinsatz erhielt die Befugnis, die Bezirke der Landesarbeitsämter und der Reichstreuhänder der Arbeit abzugrenzen und beide Institutionen zu vereinigen.[44]

Das Europaamt regelte in fünf (seit März 1944 sechs) Abteilungen neben dem Arbeitseinsatz von Frauen und Jugendlichen, den Belangen des Berufsnachwuchses, des zwischenstaatlichen Arbeitseinsatzes und des Arbeitseinsatzrechts im wesentlichen den Einsatz sämtlicher in der deutschen Kriegswirtschaft tätigen deutschen und ausländischen Zivilarbeitskräfte, Kriegs- und Strafgefangenen unter Einbeziehung des „Arbeitseinsatzes von Juden".[45] Die Schaffung des Europaamtes begründete Sauckel mit den steigenden Anforderungen auf dem Gebiete des Arbeitseinsatzes, welche „die restlose Mobilisierung aller verfügbaren Arbeitskräfte im deutschen Machtbereich und deren Konzentration auf die wichtigsten Arbeiten der Kriegswirtschaft" verlangten.[46] Und Sauckel ließ keinen Zweifel über den von ihm eingeschlagenen Weg:

> Wo die Freiwilligkeit versagt (nach den Erfahrungen versagt sie überall), tritt die Dienstverpflichtung an ihre Stelle. [...] Wir werden die letzten Schlacken unserer Humanitätsduselei ablegen.[47]

Die Arbeitsämter meldeten die in ihrem Bezirk fehlenden Arbeitskräfte über die Gauarbeitsämter an das Reichsarbeitsministerium in Berlin. Dieses koordinierte die Meldungen und wies die Anwerbekommissionen in den besetzten Ländern an, zu einem bestimmten Termin eine vorgegebene Zahl von Arbeitskräften zu rekrutieren und in das Reich zu transportieren. Da die Kommissionen und Arbeitseinsatzstäbe der Besatzungsverwaltungen dies nicht allein bewältigen

44 Zweiter Erlaß des Führers zur Durchführung des Erlasses über einen Generalbevollmächtigten für den Arbeitseinsatz vom 4.3.1943, zit. n.: ebd., S. 24.

45 Naasner, Machtzentren, S. 48f.

46 BArch Berlin, R 43 II, Nr. 652a, Bl. 28, Schellbrief des Generalbevollmächtigten für den Arbeitseinsatz an die Obersten Reichsbehörden und sämtliche betroffenen Institutionen vom 22.12.1942 (Zitat ebd.).

47 Totaler Arbeitseinsatz für den Sieg. Kernsätze aus einer Rede anläßlich der ersten Tagung der Arbeitseinsatzstäbe vom 6.1.1943 in Weimar, zit. n.: Handbuch, S. 227–234, hier S. 233.

konnten, erhielten sie vor Ort Unterstützung von den zivilen, polizeilichen und militärischen Stellen. Überall in den besetzten Gebieten waren – als eine der ersten Verwaltungsmaßnahmen – Arbeitsämter nach deutschem Muster und unter deutscher Leitung mit Angehörigen der Reichsanstalt errichtet worden. Ende 1943 versahen insgesamt knapp 2 500 Mitarbeiter in den besetzten Ländern ihren Dienst, allein in der Sowjetunion fast 1 000.[48]

Ende Juli 1943 ordnete Sauckel die Errichtung von Gauarbeitsämtern in den Reichsverteidigungsbezirken an, welche die Aufgaben der Landesarbeitsämter und der Reichstreuhänder der Arbeit vereinigen sollten. Damit wurde der „Arbeitseinsatz" entschieden politisiert, die „bürokratischen Hemmnisse" mehr und mehr beiseitegeschoben.[49] Die Personalunion trug – so Sauckel – den fachlichen Anforderungen Rechnung und sichere zugleich eine schlagkräftige Mittelinstanz der Arbeitsverwaltung.[50]

Mit dem 1. September 1943 nahmen die Gauarbeitsämter ihren Dienst auf. Für jeden der 42 Reichsgaue der NSDAP war nunmehr ein Gauarbeitsamt vorhanden. Dadurch gab es eine Deckungsgleichheit zwischen dem Aufbau der Partei und der Arbeitsverwaltung. Ziel der Reorganisation war laut einem Ministerialrat des Reichsarbeitsministeriums die politische Stoßkraft und Aktivität der Partei, vor allem die der Gauleiter, für die Arbeitsverwaltung nutzbar zu machen.[51]

Trotz der Einberufungen zur Wehrmacht und der Dienstverpflichtungen, stieg die Zahl der Mitarbeiter der Arbeitsverwaltung – hauptsächlich bedingt durch die Aufgabenausweitung und die territoriale Expansion – bis Mitte 1944 auf über 80 000 an. Damit hatte sie sich gegenüber Abfang 1933 mehr als verdreifacht.[52]

3 Der Kampf um die Begriffe

Die grundlegenden Änderungen zeigten sich auch in der offiziellen Terminologie. Im Sinne einer Militarisierung der Arbeit wurde aus der Arbeitsvermittlung der „Arbeitseinsatz", die Arbeitsbeschaffung wurde zur „Arbeitsschlacht",

48 Maier, Anfänge, S. 118f.
49 Verordnung des Generalbevollmächtigten für den Arbeitseinsatz über die Gauarbeitsämter vom 27.7.1943, in: RGBl. I, S. 450.
50 Archiwum Państwowe w Lublinie, 498, Nr. 675, Bl. 31, Rundschreiben des GBA an die Leiter der Gauarbeitsämter vom 1.8.1943.
51 Walter Stothfang, Zur Errichtung der Gauarbeitsämter, in: Der Arbeitseinsatz 1943, Nr. 2 vom 22.9.1943, S. 11–12, hier S. 11 (Zitat ebd.).
52 Vergin, Arbeitseinsatzverwaltung, S. 74.

der Arbeiter selbst sollte als „Soldat der Arbeit“ seinen „Dienst“ tun, die Zuweisungskarte des Arbeitsamtes wurde zum „Gestellungsbefehl der Dienstverpflichtung“, der Unternehmer wurde „Führer des Betriebes“ und die Belegschaft seine „Gefolgschaft“.[53] Sehr prägnant hat das Otto Marrenbach, Stabsleiter der Deutschen Arbeitsfront ausgedrückt, der die nationalsozialistische Gemeinschaft betonte, in der jeder seinen Platz habe und deren oberstes Gesetz die Disziplin sei. Jeder einzelne in dieser Gemeinschaft müsse zur höchsten Leistung angespornt werden, wobei der Soldat das Vorbild sei, er verkörpere die geforderten Tugenden in vollendeter Form:

> Die Begriffe ‚Führer‘ und ‚Gefolgschaft‘, wie sie das Gesetz zur Ordnung der nationalen Arbeit verankert hat, erhalten ihren wahrhaften Sinn dadurch, daß aus dem liberalistischen Begriff ‚Arbeitgeber‘ der Offizier der Wirtschaft, aus dem ‚Proleten‘ sein Gefolgsmann wurde und beide zusammen den neuen Begriff des ‚Soldaten der Arbeit‘ darstellen.[54]

Ein ranghoher Mitarbeiter des Reichsarbeitsministeriums ordnete den Begriff Arbeitsvermittlung dem „liberalen Zeitalter“ zu. Erst der autoritäre Staat Adolf Hitlers habe den Weg einschlagen können, bei dem die staatliche Lenkung der Arbeitskraft des einzelnen „Volksgenossen“ dem Wohle der Allgemeinheit diente und „vom einzelnen freudig innerlich bejaht werden konnte“. An die Stelle der beratenden Tätigkeit der Arbeitsverwaltung sei so der Begriff des Arbeitseinsatzes getreten, „der heute nicht bloß Allgemeingut des deutschen Volkes, sondern Grundlage der gesamten inneren Wehrhaftmachung auf dem zivilen Sektor geworden“ sei.[55] Ähnlich argumentierte ein Mitarbeiter der Arbeitsverwaltung. Auch für ihn hatte der „Arbeitseinsatz“ als „planmäßige Lenkung der Arbeitskräfte des Volkes nach den übergeordneten Gesichtspunkten der Staatspolitik“ den Begriff „Arbeitsmarkt“ abgelöst. Der Einsatz der Arbeitskraft könne nicht unbeschränkt der freien Entscheidung des Einzelnen überlassen werden, es sei vielmehr eine planmäßige Lenkung vonnöten, die sich nach den staatspolitischen Notwendigkeiten, den „übergeordneten Interessen des Gemeinwohls“ zu richten habe.[56]

Im Januar 1942 sah sich der Staatssekretär der Regierung des Generalgouvernements dazu veranlasst, die entsprechenden Stellen zu rügen, da öffentliche Dienststellen immer noch den Ausdruck „Arbeitsmarkt“ verwendeten,

---

53 Otto Neuloh (Bearb.), Hundert Jahre staatliche Sozialpolitik 1839–1939. Aus dem Nachlaß von Geheimrat Dr. Friedrich Syrup, Stuttgart 1957, S. 403f.

54 Robert Ley, Soldaten der Arbeit, München 1939, darin: Otto Marrenbach, Zu diesem Buch, S. 7–8 (Zitat S. 7).

55 Zschucke, Reichsarbeitsministerium, S. 36f. (Zitate ebd.).

56 Sommer, Praxis S. 35f. (Zitat S. 36).

selbst in Rechtsvorschriften. Die Bezeichnung „Arbeitsmarkt“ sei aber im nationalsozialistischen Staat durch den Begriff „Arbeitseinsatz“ abgelöst worden. Die Bezeichnung „Arbeitsmarkt“ beruhe auf der „liberalistischen Vorstellung“, dass die Arbeitskraft des schaffenden Menschen eine Ware darstelle, deren Bezahlung sich wie auf einem Markt nach dem Gesetz von Angebot und Nachfrage richte. Der Begriff „Arbeitseinsatz“ dagegen stelle den Gesichtspunkt der staatlichen planvollen Lenkung der Arbeitskräfte nach übergeordneten staatspolitischen Notwendigkeiten in den Vordergrund. Der Ausdruck „Arbeitsmarkt“ sei daher in Zukunft zu vermeiden.[57]

Die Realitäten holten diese symbolische Politik aber immer wieder ein und konterkarierten sie. So berichtete der Sicherheitsdienst der SS bereits Ende 1939, dass die Dienstverpflichtungen zu „einem allmählichen Wandel in der Auffassung von der Wertung des Arbeiters“ geführt hätten. In ihm werde „nicht mehr so sehr der Mensch und Volksgenosse als vielmehr die ‚Arbeitskraft‘ gesehen“, was zur Folge habe, dass auch die Arbeiter selbst die materiellen Arbeitsbedingungen für wichtiger hielten und die „ideellen Gedanken“, wie die „Betriebsgemeinschaft“ demgegenüber in den Hintergrund träten.[58]

4 Fazit

Wir haben es also mit einem kompletten Wandel der Arbeitsverwaltung, ihrer völligen Sinnumkehrung im Vergleich von 1933 zum Status bei Kriegsende zu tun. Dabei war der Weg von der Arbeitsvermittlung zum Arbeitseinsatz gekennzeichnet durch dirigistische Eingriffe in den Arbeitsmarkt. Franz Neumann erschien dieser Umstand gar als prägend für das Gesamtsystem:

> Der Nationalsozialismus unterscheidet sich am schärfsten durch die Kontrolle des Arbeitsmarktes von einer demokratischen Gesellschaft. Der Arbeiter besitzt keine Rechte. Die potentielle und aktuelle Macht des Staates über den Arbeitsmarkt ist so umfassend, wie sie nur sein kann.[59]

---

57 Archiwum Państwowe w Radomiu, 209, Nr. 793, Bl. 1, Rundschreiben des Staatssekretärs Bühler vom 5.1.1942 (Zitate ebd.).

58 BArch Berlin, R 58, Nr. 145, Bl. 108–127, hier Bl. 123, SD-Bericht zur innenpolitischen Lage vom 6.12.1939 (Zitate ebd.).

59 Franz Neumann, Behemoth. Struktur und Praxis des Nationalsozialismus 1933–1944, Frankfurt a.M. 1984 (zuerst New York 1942), S. 395.

Die Arbeitsverwaltung begleitete und unterstützte den Weg von der am Individuum ausgerichteten, vertragsgemäß entlohnten „Arbeit" hin zum an der nationalsozialistischen Volksgemeinschaft orientierten „Dienst". Dieser wurde als „Pflichterfüllung" und „Opfergabe" für die Gemeinschaft ideologisch aufgeladen, war aber immer mit einem außerökonomischen „Zwang" verbunden.

Die ältere Forschung war geneigt, bei der Analyse des Verwaltungshandelns ein Schwarz-Weiß-Bild zu entwerfen: Auf der einen Seite das „normenstaatliche" Agieren der traditionellen Bürokratie und auf der anderen Seite das „maßnahmenstaatliche" der SS- und NSDAP-nahen Verwaltungen und Sonderbehörden. Die neuere Forschung brach diese starre Dichotomie zunehmend auf. Nach ihren Erkenntnissen basierten auch die Sonderverwaltungen durchaus auf den traditionellen Normen der Bürokratie, normen- und maßnahmenstaatliche Komponenten überlappten sich hier. Hingegen passten sich die traditionellen Bürokratien ab 1933 verstärkt an die NS-Dogmen an, verletzten geläufige Verwaltungsnormen und agierten zunehmend per Intervention.[60]

Das, was unbürokratisch oder irrational erschien, die Ämterrivalität und das Hineinregieren von Parteiinstanzen in die Verwaltung, waren für Bürokratien in einer politisierten Umwelt nicht ungewöhnlich. Das häufig konstatierte „Ämterchaos" der nationalsozialistischen Polykratie machte das Regime nicht handlungsunfähig und seine Verwaltung nicht per se ineffizient. Im Gegenteil, Rivalität und Konkurrenz unter den Teilinstanzen wirkten integrierend und mobilisierten Leistungsreserven. Dies galt auch für die sich wandelnde Arbeitsverwaltung, die sich sowohl organisatorisch, vor allem aber inhaltlich immer stärker von ihren Ursprüngen entfernte.[61]

---

60 Wolf Gruner/Armin Nolzen, Editorial, in: BGN 17 (2001), S. 7–15, hier S. 11. Auf die Radikalisierungsprozesse im „Normenstaat" wurde bereits häufiger hingewiesen: Jan Erik Schulte, Die Konvergenz von Normen- und Maßnahmenstaat: Das Beispiel SS-Wirtschafts-Verwaltungshauptamt, 1925–1945, in: ebd., S. 151–188; Frank Bajohr, „Arisierung" in Hamburg. Die Verdrängung der jüdischen Unternehmer 1933–1945, Hamburg 1997, S. 209 u. 342;. Zum klassischen Modell: Ernst Fraenkel, Der Doppelstaat, Frankfurt a.M. 1974 (zuerst New York 1941).

61 Sven Reichardt/Wolfgang Seibel, Radikalität und Stabilität: Herrschen und Verwalten im Nationalsozialismus, in: dies. (Hrsg.), Der prekäre Staat. Herrschen und Verwalten im Nationalsozialismus, Frankfurt a.M. 2011, S. 7–27, hier S. 9; Rüdiger Hachtmann, Elastisch, dynamisch und von katastrophaler Effizienz – zur Struktur der Neuen Staatlichkeit des Nationalsozialismus, in: ebd., S. 29–73.

Detlev Humann

Die „Arbeitsschlacht“ als Krisenüberwindung

„Volksgemeinschaft gegen Arbeitslosigkeit“ postulierte der Presseamtsleiter der Deutschen Arbeitsfront im Sommer 1933. Er verlangte in einer Zeitschrift:

> Jeder Kampf gegen die Arbeitslosigkeit, selbst wäre er von bestem Willen getragen, *muß* scheitern, wenn er nicht vom ganzen Volk getragen wird. [...] Deshalb war es das erste Bestreben Adolf Hitlers, ein einiges deutsches Volk zu schaffen. Darum wurde die deutsche Stammeszerrissenheit beseitigt. Der Nationalsozialismus vernichtete den Klassenkampf, wo er ihn traf. Das blödsinnige deutsche Parteiwesen verschwand von der Bildfläche. [...] Der Kampf gegen die Arbeitslosigkeit ist gleichbedeutend mit einem Krieg, der von einem Volk nur dann gewonnen werden kann, wenn es einig ist. Einig in seinen Ständen, einig in seinen Stämmen. Eine Niederlage in diesem unblutigen Kampfe wäre für das deutsche Volk schlimmer als eine verlorene Schlacht des Weltkrieges.[1]

Das klang so, als hätte erst die Weimarer Demokratie zerstört werden müssen, um in vermeintlicher Eintracht die Arbeitslosigkeit verringern zu können. Gleichschaltung und Diktatur waren angeblich die Voraussetzungen dafür, im „Krieg“ gegen die Arbeitslosigkeit bestehen zu können, so die autoritäre Logik in militärischer Metaphorik. Wie dramatisch sich die Lage dargestellt habe, sollte der Weltkriegsvergleich unterstreichen. Keine drei Jahre später war der Kampf allem Anschein nach gewonnen. Errungen schien der Sieg in der „Arbeitsschlacht“, der nationalsozialistischen Bezeichnung für die eigenen Arbeitsbeschaffungsmaßnahmen. Der Erfolg wurde besonders gefeiert, als im März 1936 eine sogenannte Reichstagswahl anstand. Plakate verkündeten die einzelnen Posten der Erfolgsbilanz, dargeboten im Ton eines Dankgebetes:

> Wir danken dem Führer, *daß er Deutschland vor dem Untergang rettete.*
> Wir danken dem Führer, *daß er Schornsteine wieder zum Rauchen, stillstehende Räder der Fabriken wieder zum Laufen brachte.*
> Wir danken dem Führer, *daß er die Arbeitskraft unseres Volkes für große, der Gemeinschaft dienende Werke zusammenfaßte, Autobahnen, gewaltige Bauten, neuen, fruchtbaren Boden schuf.*
> Wir danken dem Führer, *daß er Millionen von dem Elend der Arbeitslosigkeit befreite.*
> Wir danken dem Führer, *daß er durch die Einführung der Arbeitsdienstpflicht die Arbeit edelte.*

---

1 Hans Biallas, Volksgemeinschaft gegen Arbeitslosigkeit, in: Informationsdienst. Mitteilungsblatt der NSBO-Pressestelle 2 (1933) 27 vom 29.7.1933. Hervorhebung im Original durch Sperrung.

> Wir danken dem Führer, *daß er den Arbeiter als gleichgeachtetes Glied in die deutsche Volksgemeinschaft einfügte.* [...][2]

Tatsächlich war es so: Bis 1936 hatte die Konjunktur stark angezogen, die Produktion war angestiegen und die vormalige Massenarbeitslosigkeit schickte sich an, ganz zu verschwinden. Straßen und Bauten entstanden, Böden wurden verbessert und Ackerflächen gewonnen. Junge Männer zog der Arbeitsdienst ein, und auch ältere Arbeiter fanden wieder Beschäftigung. Entstand so die harmonische „Volksgemeinschaft", die ganz „dem Führer" zu verdanken war?

1 Arbeitsbeschaffungsprogramme und Besonderheiten

Obwohl die Nationalsozialisten im Jahr 1932 mehrere Arbeitsbeschaffungsprogramme lancierten, passierte nach Hitlers Regierungsantritt zunächst wenig; wichtiger als Arbeitsbeschaffung war zweifelsohne Machtsicherung.[3] Die Ministerialbürokratie führte zwar die Maßnahmen der Vorgängerregierungen fort, aber erst im Juni und September 1933 traten zwei Gesetze „zur Verminderung der Arbeitslosigkeit" in Kraft, die als eigenständige Programme zu sehen waren; in diesen Zeitraum fiel auch das „Gesetz über die Errichtung eines Unternehmens Reichsautobahnen".

Die Arbeitsbeschaffungsmaßnahmen des „Dritten Reiches" waren vom Volumen her bedeutender als die Programme der Weimarer Zeit, auch die Finanzierung durch Kreditschöpfung war beachtlich. Ins Bewusstsein der Zeitgenossen drangen aber die Dinge, die sie selbst sahen oder die ihnen die Propaganda nahebrachte: Zuerst die Autobahnen, die viel mehr Arbeitsplätze versprachen, als sie mit Verspätung tatsächlich erbrachten.[4] Breite, endlose Straßen über hohe Talbrücken hinweg bündelten Sehnsüchte und ließen sie realisierbar

2 Bayerisches Hauptstaatsarchiv München, Plakatsammlung 18607. Hervorhebung im Original durch Fettdruck.

3 Dazu und zum Folgenden: Detlev Humann, „Arbeitsschlacht". Arbeitsbeschaffung und Propaganda in der NS-Zeit 1933–1939, Göttingen 2011, S. 38–78.

4 Dazu grundlegend: Erhard Schütz/Eckhard Gruber, Mythos Reichsautobahn. Bau und Inszenierung der „Straßen des Führers" 1933–1941, Berlin 1996. Vgl. auch: Richard Vahrenkamp, The German Autobahn 1920–1945. Hafraba Visions and Mega Projects, Lohmar 2010. Mit regionalem Schwerpunkt: Reiner Ruppmann, Schrittmacher des Autobahnzeitalters. Frankfurt und das Rhein-Main-Gebiet, Darmstadt 2011.

erscheinen: Naturverbundenheit, Freiheit, Grenzenlosigkeit, Geschwindigkeitsrausch, Grandiosität, Machbarkeit – wenn nicht gar Allmacht und Ewigkeitsanspruch. Mit solchem Beeindruckungspotenzial konnten Wohnungsinstandsetzungen, Bodenverbesserungen, Flussregulierungen, Siedlungsbauten und viele andere Maßnahmen der gewöhnlichen Arbeitsbeschaffung nicht aufwarten, obwohl sie für mehr Beschäftigung sorgten.

Während die Finanzierung durch Wechsel oder Abgaben keine besondere Beteiligung der Bevölkerung zu erfordern schien, so zwang die „Spende zur Förderung der nationalen Arbeit“ zum Bekenntnis.[5] Die Arbeitsspende war wie viele Spenden im „Dritten Reich“ nur bedingt freiwillig; in vielen Fällen wurde sie Arbeitern, Angestellten und Beamten direkt von Lohn, Gehalt oder Besoldung abgezogen und an das Finanzamt überwiesen. Auch wenn dazu das Einverständnis des Betroffenen nötig war, dürfte der Gruppendruck, sich zu beteiligen, hoch gewesen sein. Trotz des Ärgers vor allem bei Geringverdienern über den augenblicklichen Verlust an Kaufkraft hatte die Spende wohl auch einen längerfristigen Effekt, den die Propaganda vom „Opfergeist“ umriss: Wenige Jahre später, als die Arbeitslosigkeit verschwunden sein sollte, konnten alle Spender mit Fug und Recht behaupten, sie hätten ihren Anteil an der erfolgreichen „Arbeitsschlacht“ gehabt. Im zufriedenen Rückblick konnte sich das frühere Ärgernis in gerechtfertigte Großzügigkeit wandeln – wenn es schon nicht zum „Opfergeist“ reichen sollte. Da war es sogar günstig, dass die „Volksgenossen“ weder beim Spenden 1933/34 noch später erfuhren, wie mit ihrer Gabe militärische und parteiamtliche Zwecke verfolgt wurden.

Ein anderes, gewiss weniger bekanntes Kuriosum war das „Gesetz über die Einschränkung der Anwendung von Maschinen in der Zigarrenindustrie“.[6] Es war ebenfalls ideologisch motiviert, auch wenn die Opferbereitschaft nur den Zigarrenproduzenten abverlangt wurde, die Maschinen einsetzten. Das Gesetz, das offenbar von Ressentiments aus der Zeit des Maschinensturms gespeist wurde, verbot die Rationalisierung durch Maschinen, um Arbeitsplätze zu schützen. Propagandisten und Werbetreibende konnten nicht nur mit Beschäftigungssicherung argumentieren, sondern auch die menschliche Handarbeit aufwerten und das seelenlose Massenprodukt aus der Maschine brandmarken. Als Verbot für eine bestimmte Branche war das Gesetz außergewöhnlich, exemplarisch stand es dafür, dass die nationalsozialistische Arbeitsbeschaffung häufig darauf verzichtete, Maschinen einzusetzen – etwa bei Erdarbeiten oder beim Steinschlag für den Straßen- und Wegebau.

---

5 Humann, Arbeitsschlacht, S. 87–95.

6 Ebd., S. 107–109.

2 Flankierende Maßnahmen

2.1 Ehestandsdarlehen

Ideologisch motiviert war auch das Ehestandsdarlehen.[7] Wenn die Frau auf ihren Arbeitsplatz verzichtete, so erhielten Eheleute mehrere Hundert Reichsmark in Form von Gutscheinen, die sie für den Kauf von Hausrat und Einrichtungsgegenständen verwenden konnten. Damit sollten Arbeitsplätze für Männer freigemacht und Branchen wie die Möbelindustrie gefördert werden. Zudem verfolgte das Regime ein bevölkerungspolitisches Ziel: Das Darlehen konnte nicht nur wie jeder Kredit getilgt werden, sondern auch durch Geburten „beglichen" werden – für jedes Kind wurde ein Viertel des Darlehens erlassen.

Die Vorstellung, die das Ehestandsdarlehen prägte, war deutlich: Frauen sollten Kinder gebären und sich um den Haushalt kümmern, während die Männer dem Broterwerb nachgingen. Diese Vorstellung fand zwar nicht überall Zustimmung, sie war aber nicht nur in konservativen Kreisen Konsens. Die ideologischen Implikationen wurden bei weiteren Bestimmungen noch deutlicher: Mit dem Darlehen durften nur „deutsche" Waren gekauft werden – nicht jedoch beim „jüdischen" Händler. Überhaupt erhielten nur „arische" Paare das Darlehen, und auch nur dann, wenn die Ehe im „Interesse der Volksgemeinschaft" lag und „erbgesunder" Nachwuchs zu erwarten war; schlimmstenfalls konnte eine amtsärztliche Untersuchung in die Zwangssterilisation der Darlehensbewerber münden. Das Ehestandsdarlehen umriss also Rollen und Grenzen der „Volksgemeinschaft": Es prämierte das Dasein als Hausfrau und Mutter und wies den Weg zu männlicher Erwerbstätigkeit; dagegen belastete es ledige Einkommensbezieher, die Ehestandshilfe zahlen mussten. Das Darlehen belohnte das heimische Gewerbe und „deutsche" Händler, dagegen wurden auswärtige Produzenten und „nichtarische" Händler diskriminiert.[8] Weitere Ausgrenzungen trafen mögliche Darlehensbewerber: Juden, „politisch Unzuverlässige", „Erbkranke", Zeugungsunfähige; sogar die Erwerbslosigkeit des Mannes konnte zum Ausschluss führen; insofern wurden auch Arbeitslose in Zeiten der Massenarbeitslosigkeit diskriminiert. Insgesamt waren also einige Hürden zu nehmen, um in den Genuss des Darlehens zu kommen. Und diejenigen, die es ge-

---

7 Ebd., S. 118–135.

8 Das Reichsfinanzministerium bestimmte dabei, dass nur „Deutsche Erzeugnisse" gekauft werden durften. Manchmal ordneten Kommunen vor Ort (z. B. Ingolstadt) an, dass die Bedarfsdeckungsscheine des Ehestandsdarlehens nur vor Ort eingelöst werden durften: Humann, Arbeitsschlacht, S. 119 u. 130.

schafft hatten, durften sich gewissermaßen als wertvolles Glied der „Volksgemeinschaft“ fühlen, umso mehr, wenn sie das Darlehen durch Kinder tilgen konnten, was die Propaganda allenthalben lobte.

2.2 Weitere Verdrängung in die Hauswirtschaft

Das Ehestandsdarlehen war nicht die einzige Maßnahme, die Haus und Heim als Tätigkeitsbereich der Frau vorzeichnete. Im Zuge der Arbeitsbeschaffung wurde die Einstellung von Hausgehilfinnen auf dem Gebiet der Steuern, Abgaben und Beiträge begünstigt.[9] Für Arbeitgeber wurde es lohnender, Haushälterinnen zu beschäftigen; für die Frauen wurde der Beruf nicht unbedingt attraktiver, weil er aus der Arbeitslosenversicherung ausgegliedert worden war. Völlig unattraktiv war das Hauswirtschaftliche Jahr, mit dem Schulabsolventinnen geparkt und vom Arbeitsmarkt ferngehalten werden sollten, weil es einem fast unbezahlten Praktikum glich. Letztlich profitierten Arbeitgeber und arbeitslose Hausgehilfinnen, wenn sie wieder eine Stellung fanden. Insgesamt wurden häusliche Dienste für Frauen aber prekärer, und Männer profitierten indirekt von weniger Konkurrenz um besser bezahlte Stellen.

2.3 Kampf gegen das „Doppelverdienertum“

Männer im Allgemeinen waren auch die Gewinner beim Kampf gegen den „Doppelverdienst“.[10] Denn der Vorwurf des ungerechtfertigten zweifachen Familieneinkommens traf insbesondere Frauen oder Töchter, die wie ihre Männer oder Brüder ebenfalls einer Erwerbstätigkeit nachgingen. Kritisiert wurde, dass Doppelverdienerinnen und Doppelverdiener den Erwerbslosen Arbeitsplätze wegnähmen. Übersehen wurde dabei gern, dass viele Niedriglöhner, Teilzeitbeschäftigte oder Kurzarbeiter ihren Unterhalt oder den der Familie nicht mit einer einzigen Stelle bestreiten konnten. Dennoch war die Denkfigur vom gemeinschaftsschädigenden Doppelverdienst verbreitet, weil der Ruf nach ausgleichender Gerechtigkeit in Notzeiten auf besondere Empfänglichkeit traf. Und die Ankündigung, den Doppelverdienst zu bekämpfen, schien schon zum Ende der

---

9 Humann, Arbeitsschlacht, S. 136–151; Mareike Witkowski, In untergeordneter Stellung. Hausgehilfinnen im Nationalsozialismus, in: Nicole Kramer/Armin Nolzen (Hrsg.), Ungleichheiten im „Dritten Reich“. Semantiken, Praktiken, Erfahrungen, Göttingen 2012, S. 155–175.
10 Humann, Arbeitsschlacht, S. 152–178.

Weimarer Republik populär, nicht nur bei Nationalsozialisten. Was dann aber die Diktatur an Kampfeseifer und Verfolgungswut zeigte, übertraf deutlich die Vorahnungen zur Zeit der Demokratie. Sicher hatten diejenigen, die man des Doppelverdienstes verdächtigte, wenig mit den Kämpfern gegen den Doppelverdienst gemeinsam, aber für enttäuschte Erwerbslose, rachsüchtige Denunzianten und übermotivierte Parteisoldaten bot sich eine Arena, in der sie Frust abbauen, Nachbarn anschwärzen oder sich in brauner Uniform bewähren konnten – ganz im Gewand der Gemeinnützigkeit, ganz im Sinne der „Volksgemeinschaft". Den Schönheitsfehler, dass viele Parteifunktionäre selbst Mehrfachverdiener waren, galt es dabei zu übersehen.

2.4 Kampf gegen die „Schwarzarbeit"

Gemeinschaftsdienst schrieben sich auch diejenigen aufs Banner, die Schwarzarbeit bekämpften.[11] Nur nachrangige Bedeutung hatte es dabei, dass es der Reichsregierung selbst nicht gelang zu definieren, was unter dem Delikt zu verstehen sei – weder beim „Doppelverdienst" noch bei der „Schwarzarbeit". Vor Ort sorgten aber Drohungen, Razzien und Denunziationen dafür, dass es Unterstützungsempfänger kaum noch wagten, Nebeneinkünfte beim Amt zu verschweigen. Und die Propaganda zur „Schwarzarbeit" erweckte den Eindruck, dass das energische Eingreifen von Staat und Partei nötig gewesen wäre, um – auch auf diesem Gebiet – Recht und Ordnung wiederherzustellen. Die Gemeinschaft schien zu gewinnen, selbst wenn einige Aktionisten die Grenzen der Vernunft überschritten hatten, wenn sie beispielsweise Selbstrasierer zu Schwarzarbeitern deklarieren und den Gang in die Frisierstube vorschreiben wollten.

2.5 Beschränkung der Freizügigkeit und der Berufsfreiheit

Während der Kampf gegen Doppelverdienst und Schwarzarbeit auf fehlender oder zweifelhafter juristischer Grundlage ablief, waren Beschränkungen der Freizügigkeit und der Berufsfreiheit rechtlich klarer umrissen.[12] Per Gesetz wurde die Arbeitsverwaltung ermächtigt, bestimmte Regionen vom Zuzug Arbeitssuchender fernzuhalten, was sie für Berlin, Hamburg und Bremen auch tat. Mit

11 Ebd., S. 179–194.
12 Ebd., S. 195–211.

demselben „Gesetz zur Regelung des Arbeitseinsatzes“ ermächtigte man die Arbeitsverwaltung auch anzuordnen, dass Landarbeiter nur noch mit amtlicher Zustimmung in anderen Wirtschaftszweigen eingestellt werden dürfen oder dass abgewanderte Landarbeiter wieder entlassen werden müssen. Landarbeiter sollten dementsprechend in der Landwirtschaft bleiben oder dorthin zurückkehren. Die Regierung erhoffte dadurch, das Problem der Landflucht zu mildern, die zudem als Ursache dafür galt, dass sich in Großstädten arbeitslose Industriearbeiter ballten. Die Regierung konnte so auf Zustimmung bei städtischen Erwerbslosen hoffen und Applaus von Bauern erwarten, die nach billigen Dienstboten suchten. Bei den betroffenen Landarbeitern sah das freilich anders aus: Ihre Arbeitsmöglichkeiten schränkte der Staat ein und ihre Aufstiegschancen schwanden, weil ihnen die besser bezahlten Industriearbeitsplätze entzogen schienen. Selbst wenn die Arbeitsämter ihr Eingriffsrecht nicht extensiv nutzten, so konnte bei den Betroffenen doch der Eindruck entstehen, nur eine Figur auf dem Spielbrett der Behörden zu sein, die jederzeit verschoben werden konnte. Langfristig wurde der Beruf des Landarbeiters dadurch noch unattraktiver.

2.6 „Arbeitsplatztausch“

Beim „Arbeitsplatztausch“ oder „Arbeitskräfteaustausch“ sollten Jugendliche auf ihre Stelle verzichten und sie einem Familienvater überlassen.[13] Weil Appelle an den Gemeinsinn bei Jugendlichen und Arbeitgebern, die Interesse an billigeren Kräften hatten, aus Regimesicht zu schwache Ergebnisse zeitigten, fühlten sich diverse Parteistellen berufen, auch rechtswidrig in Beschäftigungsverhältnisse einzugreifen. Der Aktionismus ähnelte also dem Kampf gegen Doppelverdienst und Schwarzarbeit. Anders als auf diesen Gebieten führte der „Arbeitsplatztausch“ aber zu einem Gesetz, weil nach einem Jahr blindwütiger Eingriffe die Reichsregierung nur so eine Möglichkeit sah, dem illegalen Treiben ein Ende zu bereiten. Das „Gesetz über wirtschaftliche Maßnahmen“ ermächtigte das Reichswirtschaftsministerium zu weitreichenden Interventionen, die es dazu nutzte, der Arbeitsverwaltung die alleinige Kompetenz zur Verteilung von Arbeitskräften zu verordnen. Die Arbeitsverwaltung verpflichtete daraufhin die Betriebe, ihre Beschäftigtenstruktur zu überprüfen und den Arbeitsämtern Austauschvorschläge zu unterbreiten; die endgültige Entscheidung behielt die Arbeitsverwaltung – vom Arbeitsamt über Landesarbeitsamt bis zur Reichsanstalt.

---

13 Ebd., S. 212–239.

Auf diesem Amtsweg verloren weit über hunderttausend Jugendliche ihre Arbeitsplätze. Weit bedeutender als amtliche Entlassungen waren aber versagte Einstellungsgenehmigungen. Dadurch behinderten die Arbeitsämter den Aufstieg vieler Jugendlicher und schufen Unmut, sie verursachten aber weniger Ärger, als er entstand, wenn die Ämter die Entlassung bereits eingearbeiteter Kräfte erzwangen.

3 Notstandsarbeiten

Familienväter, die trotz des „Arbeitsplatztauschs“ keine Stellen fanden, sollten bei Notstandsarbeiten beschäftigt werden.[14] Überhaupt waren für die meisten erwachsenen Erwerbslosen Notstandsarbeiten vorgesehen, sie avancierten zur wichtigsten Beschäftigungsform der „Arbeitsschlacht“. Im Jahr 1934 gingen 200.000 bis 600.000 Erwerbslose gleichzeitig Notstandsarbeiten nach, mit welchen die Infrastruktur verbessert wurde: Strom-, Wasser- oder Gasleitungen wurden verlegt, Wege und Straßen gebaut, Dämme aufgeschüttet, Flüsse begradigt, Wiesen und Äcker entwässert oder Löschteiche angelegt. Notstandsarbeiter, die aus sämtlichen Berufen kamen, hatten meist einfache, aber anstrengende Tätigkeiten zu verrichten, weil die Direktive „schaufeln statt baggern“ galt.

Notstandsarbeiten wurden von der öffentlichen Hand durchgeführt, meist von den Kommunen. Die Finanzmittel stammten größtenteils aus dem Etat der Arbeitslosenversicherung, zu geringeren Teilen auch aus den Arbeitsbeschaffungsprogrammen des Reichs oder anderen Budgets. Die Arbeitsverwaltung war nicht nur an der Finanzierung beteiligt, sondern auch an der Zuteilung der Arbeitskräfte: Die Arbeitsämter vor Ort teilten die Erwerbslosen den unterschiedlichen Notstandsarbeiten zu. Für gewöhnlich blieben die Notstandsarbeiter mehrere Wochen bis wenige Monate beschäftigt, bis sie dann gegen andere Erwerbslose ausgetauscht wurden. So konnte der Arbeitswille möglichst vieler überprüft werden.

Die Begeisterung für Notstandsarbeiten hielt sich bei den Erwerbslosen in Grenzen, zumal bei Stadtbewohnern, wenn sie zu Baustellen in entlegene Gegenden geschickt wurden, dort mühevolle Erdarbeiten zu erledigen hatten und in zugigen Baracken zusammen mit vielen anderen unterkommen mussten. Erschwerend kam hinzu, dass die Löhne nicht selten unterhalb der Unterstützungssätze lagen, insbesondere bei Vätern, die mehrere Familienmitglieder zu

14 Zu den Notstandsarbeiten: ebd., S. 241–364.

versorgen hatten. Etliche Notstandsarbeiter hatten trotz Arbeit weniger Geld zur Verfügung als vorher. Das war systembedingt, weil sich die ohnehin niedrige Wohlfahrtsunterstützung an der Bedürftigkeit orientierte, die Notstandsarbeiten aber auf Tariflöhnen basierten. Während beispielsweise bei Straßenbauten der höhere Tiefbautarif galt, fielen Bodenverbesserungen in den niedrigen Landarbeitertarif. Und bei verkürzter Arbeitszeit, wie sie allgemein üblich war bei Arbeitsbeschaffungsmaßnahmen, musste auch der Lohn geringer ausfallen. Die niedrigen Löhne bei Familienvätern konterkarierten freilich die Wahlversprechungen der Nationalsozialisten und säten Zweifel an der propagierten Rollenverteilung, wenn der Mann nicht mehr imstande war, Frau und Kinder zu ernähren – und das gerade wegen der vermeintlichen Wohltat der Arbeitsbeschaffung. Ein weiteres Problem war, dass die berufliche Qualifikation der Notstandsarbeiter verfiel, wenn sie an- oder ungelernten Tätigkeiten nachgingen. Trotz dieser Nachteile überwogen für das NS-Regime die Vorteile: Durch Notstandsarbeiten ließen sich Arbeitslosenzahlen rasch und billig senken, die Arbeitsdisziplin wurde gestärkt, und sogar Rüstungsmaßnahmen ließen sich aus der Arbeitslosenversicherung finanzieren, wenn Notstandsarbeiter bei Vorarbeiten zum Kasernen- oder Flugplatzbau beschäftigt wurden.

4 Arbeitsdienst

Notstandsarbeiten gab es bereits in der Weimarer Republik, ebenso existierte der Arbeitsdienst schon vorher.[15] Der Freiwillige Arbeitsdienst wurde 1931 gegründet und erfuhr seit Sommer 1932 einen beträchtlichen Aufschwung, so dass bald mehr als 200.000 Jugendliche dem Dienst angehörten. Zu Weimarer Zeit trugen ihn vor allem die großen Jugendbünde, öffentlich-rechtliche Körperschaften, Turn- und Sportvereine, kirchliche und karitative Verbände. 1933 gab es gravierende Änderungen: Unter der Hitler-Regierung wurden regimeferne Dienstträger teils gewaltsam gleichgeschaltet, bis nur noch nationalsozialisti-

15 Zum Konflikt beider Beschäftigungsformen – selbst bei der Propaganda: Detlev Humann, Kleinkrieg in der „Arbeitsschlacht“. Der Dauerstreit zwischen Arbeitsdienst und Notstandsarbeiten im Dritten Reich, in: ZfG 60 (2012), S. 54–70; ders., Kleinkrieg beim Kulturfilm. Die Reichsanstalt für Arbeitsvermittlung und Arbeitslosenversicherung und der Streit um Kampf um Brot (1936), in: Filmblatt 16 (2011/12) 46–47, S. 41–52. Zum Arbeitsdienst: Kiran Klaus Patel, „Soldaten der Arbeit“. Arbeitsdienste in Deutschland und den USA 1933–1945, Göttingen 2003; Michael Hansen, „Idealisten“ und „gescheiterte Existenzen“. Das Führerkorps des Reichsarbeitsdienstes. Diss. Univ. Trier, 2004. [http://ubt.opus.hbz-nrw.de/volltexte/2004/266/pdf/MichaelHansenDiss.pdf], eingesehen 6.4.2013; Humann, Arbeitsschlacht, S. 241–364.

sche Träger übrig waren. Auch das Betätigungsfeld des Arbeitsdienstes für die männliche Jugend wechselte: Während in der Demokratie vorwiegend Landschaftspflege und Sportstättenbau betrieben wurde, konzentrierte sich der Dienst in der Diktatur auf die Bearbeitung des Bodens, um dem Ziel der Autarkie oder „Brotfreiheit" näher zu kommen; zugleich ließ sich die ideologische Verehrung von „Blut und Boden" zelebrieren.

Im NS-Staat änderte sich nicht nur das Aufgabenfeld, sondern auch die institutionelle Anbindung: Der Arbeitsdienst trennte sich von der etablierten Arbeitsverwaltung und errichtete einen eigenen zentralistischen Apparat, der mehr und mehr expandierte. Überstürzte Umformierungen, Finanzprobleme, ungeeignete Führer und Missstände in den Lagern kennzeichneten den Dienst. Rund anderthalb Jahre dauerten die chaotischen Verhältnisse, erst ab Mitte 1934 gab es Besserung. Nach Einführung der Wehrpflicht beschloss die Regierung im Juni 1935 die Arbeitsdienstpflicht; zugleich entstand der Reichsarbeitsdienst. Die neue Dienstpflicht galt prinzipiell für Jugendliche beiderlei Geschlechts, rekrutierte tatsächlich aber nur junge Männer. Der Arbeitsdienst für junge Frauen nahm eine eigenständige Entwicklung, und erst 1936 wurde der weibliche Dienst in den Reichsarbeitsdienst integriert.

Finanzierung und Durchführung von Projekten des Arbeitsdienstes gestalteten sich anfangs ähnlich wie bei den Notstandsarbeiten; der Großteil der Mittel stammte aus der Arbeitslosenversicherung. Nach anderthalb Jahren Diktatur musste die Abrechnungsbasis zugunsten der Kommunen geändert werden, die über schlechte Arbeitsleistungen des Dienstes geklagt hatten. Streitigkeiten gab es auch wegen der Lager: Der nationalsozialistische Arbeitsdienst hatte üppig ausgestattete Lager verlangt, die er dann aber schon nach kurzer Zeit wieder verließ, weil er nur noch große Einheitslager mit 216 Mann betreiben wollte. Die Aufwendungen vieler Kommunen erwiesen sich dadurch als Fehlinvestitionen, so dass die Bereitschaft sank, Lager zu finanzieren; der Arbeitsdienst musste mit eigenen Mitteln einspringen.

Hinzukamen weitere Probleme: Schon die Planung vieler Projekte verlief mangelhaft, weil der nationalsozialistische Arbeitsdienst anfangs keine Fachleute hierfür hatte, aber auch nicht mit den etablierten Kulturbaubehörden kooperieren wollte. Stattdessen sollten – entsprechend dem Expansionsbestreben – eigene Planungsstäbe eingerichtet werden. Nach unzureichenden Plänen zu arbeiten war allein schon ineffizient. Die Träger der Arbeiten, die Kommunen, mussten aber weitere Erschwernisse in Kauf nehmen: Die jugendlichen Dienstleistenden waren ungeübt und ungelernt. Der Arbeitsdienst schickte zudem ungeeignete, gesinnungsfeste Führer auf die Baustellen, die selbst zuschauten, jedoch nicht mitarbeiteten. Außerdem war die Wochenarbeitszeit geringer als bei Lohnarbeitern, weil die Organisation auch mit Exerzieren und

Paradieren befasst war; die Jahresarbeitszeit war geringer, weil der Arbeitsdienst bei der Erntehilfe eingespannt war. Dadurch sank die Arbeitsleistung, während die Lasten für die Träger blieben, weil Werkzeuge und Materialien länger gemietet werden mussten.

Die Jugendlichen waren im Allgemeinen wenig geneigt, in den nationalsozialistischen Arbeitsdienst einzutreten. Zu Weimarer Zeit konnten die Jugendlichen noch häufig im offenen Lager am Heimatort bleiben und sich dennoch im Arbeitsdienst betätigen – bei einem Dienstträger, der ihnen nahestand. Dagegen mussten sie im „Dritten Reich“ ins geschlossene Lager, das meist entfernt vom Wohnsitz lag und in welchem sie ideologisch indoktriniert und militärisch gedrillt wurden. Enttäuscht waren die Jugendlichen, wenn sie am Ende ihrer Dienstzeit nicht mehr an ihren angestammten Arbeitsplatz zurückkehren konnten oder nicht die erhoffte Arbeit fanden, obwohl ihnen die Organisation oft Versprechungen gemacht hatte, die die Arbeitsämter indes nicht einlösen konnten.

5 Landhilfe

Nach Notstandsarbeiten und Arbeitsdienst war die Landhilfe die drittwichtigste Beschäftigungsform in der „Arbeitsschlacht“.[16] Bei der Landhilfe vermittelten die Arbeitsämter Jugendliche – vorwiegend aus den Städten – zu möglichst entfernten Bauernhöfen. Dort verrichteten sie gegen geringes Entgelt die typischen Tätigkeiten von Dienstboten. Die Landhilfe war keine Erfindung der Nationalsozialisten. Planungen erbte die Hitler-Regierung von ihrer Vorgängerin, sie mussten nur noch umgesetzt werden, was auch in großem Umfang geschah: In den meisten Monaten der Jahre 1933 bis 1935 gingen über hunderttausend Jugendliche agrarischen Arbeiten nach. Diese Teilnehmerzahlen erzielte die Landhilfe nur, weil sie für die jungen Arbeitssuchenden nur anfangs und nur auf dem Papier freiwillig war – und weil sie die Bauern mit Geldern aus der Arbeitslosenversicherung subventionierte.

Die Landhilfe verfrachtete viele Jugendliche in die unbekannte Welt kleiner Dörfer und verstreuter Güter – bevorzugt Ostelbiens. Die Jugendlichen waren meist allein bei den Bauern untergebracht, sie hatten kaum Kontakt zu anderen Landhelfern; selbst die Bemühungen der Hitlerjugend bewirkten nicht viel. Oft haderten die Helfer mit den niedrigeren, zumindest andersartigen Standards bei Unterkunft und Verpflegung, mit dem abgeschiedenen Leben in der religiösen

16 Zur Landhilfe: Humann, Arbeitsschlacht, S. 481–591.

Diaspora. Sie kamen schwer zurecht mit der knappen und dann oft öden Freizeit sowie den langen Arbeitszeiten bei anstrengender Tätigkeit. Sowohl die Landhelfer als auch die Bauern hatten oft zu hohe Ansprüche an die jeweils andere Seite, was zu Streitigkeiten führte. Dabei hatten die Bauern als Haus- und Hofherren zweifellos die stärkere Position. Viele Landhelfer sahen deshalb keine andere Möglichkeit, als sich vertragsbrüchig und mehr oder minder mittellos auf die Heimreise zu begeben.

Wenn es sich die Jugendlichen leisten konnten, so mieden sie die Landhilfe von Anfang an. Den Parteigenossen und Parteinahen gelang das besser als den gewöhnlichen „Volksgenossen“. Wenn Jugendliche die Wahl hatten, dann gingen sie eher nicht zur Landhilfe, sondern lieber zum Arbeitsdienst, weil sie dort die Gemeinschaft Gleichaltriger erwartete. Die institutionellen Rahmenbedingungen des NS-Staates boten wenig Gewähr dafür, dass die Landhilfe allgemeine Akzeptanz fand. Die städtischen Wohlfahrts- und Arbeitsämter wollten sich schnell ihrer jungen Erwerbslosen entledigen und entsandten deshalb auch kranke und schwache Landhelfer. Die ländlichen Dienststellen mussten sich dann der exportierten Probleme annehmen. Mängel und Missstände vor Ort nutzten dann Reichsjugendführung und Landwirtschaftsbürokratie, um ihre Mitsprache einzufordern. Der Reichsjugendführung gelang es so, die Landhilfe nach einigen Jahren in den eigenen Landdienst zu übernehmen, der ideologiegetränkter war und die überzeugteren Jugendlichen versammelte. Vor Ort setzte sich die Hitlerjugend noch am ehesten für die Landhelfer ein, die vereinzelt und relativ schutzlos waren. Dagegen hat der Reichsnährstand die lokalen Probleme kaum entschärft, sondern im Gegenteil das Macht- und Missbrauchspotenzial der Bauern vergrößert, wenn er sich selbst bei offenkundigen Missständen auf die Seite der Landwirte schlug. Die Reichsanstalt mit ihren Arbeitsämtern spielte in diesem Gefüge eine schwache Rolle. Obwohl sie für die Landhilfe maßgeblich verantwortlich war, setzte sie ihre Vorstellungen kaum durch. Vorgeschriebene ärztliche Untersuchungen wurden häufig unterlaufen, die Bauernhöfe zu schlecht kontrolliert. Die Jugendlichen wurden mit falschen Versprechungen aufs Land gelockt, in der Hoffnung, sie würden sich dort dann in ihr Schicksal fügen.

Dass die Landhilfe trotz gravierender Probleme jahrelang existierte, hatte vor allem einen Grund, der paradox anmutet: Die Landhilfe verdankte ihre Entstehung der Krise, sie verdankte ihr Fortbestehen aber gerade dem Aufschwung: Der Aufschwung nämlich verringerte den Unmut über die Institution, weil es immer weniger Jugendliche traf, die aus ökonomischer Notwendigkeit heraus als Landhelfer zum Billigtarif arbeiten mussten. Die sich bessernde Konjunktur bot immer mehr Möglichkeiten, die unbeliebteste Form der Arbeitsbeschaffung zu umgehen. So schrumpfte der Ärger über die Landhilfe ebenso wie die Zahl der Teilnehmer.

6 Propaganda

Weil die NS-Propagandisten wussten, wie unpopulär die Landhilfe war, tilgten sie sie meist aus den Erfolgsbilanzen des Regimes.[17] Auch mit Notstandsarbeiten wollte man nicht unbedingt Werbung treiben, weil die meisten Notstandsarbeiter mit ihrer Beschäftigung ebenfalls unzufrieden waren. So schien es geschickter, einen kollektiven Kontext von „Arbeitsbeschaffung“ und „Aufbau“ zu schaffen, in den sich die „Volksgemeinschaft“ eingebettet sehen konnte. Unter dem Gesichtspunkt der Propaganda war der Arbeitsdienst die Ausnahme. Angesichts von inkompetenten Führern, Organisationschaos und schwachen Leistungen hätte man erwarten dürfen, dass auch der Arbeitsdienst nicht vorzeigbar gewesen wäre. Doch die Mängel der ersten Zeit kaschierten die Propagandisten mit ideellen und erzieherischen Werten, die sie dem Arbeitsdienst anhefteten. Dazu nutzte die Organisation die verschiedensten Medien und Instrumente, darunter auch Parteitagsparaden, Lieder, Bildbände, Wanderausstellungen und Erlebniserzählungen, die von Abenteurertum und Kameradschaft schwärmten. Besonders im Medium Film ließ sich eine freudig disziplinierte Arbeitstruppe zeigen – die freilich wenig mit der Realität zu tun hatte, die eher aus ödem Drill und mühsamer, ineffizienter Handarbeit bestand.

7 Schluss

Bekämpfung der Arbeitslosigkeit hieß im „Dritten Reich“ zunächst: Übernahme und Ausweitung der Programme aus der Zeit der Weimarer Republik. Nach einem halben Jahr zeichnete sich allerdings ab, wie die Nationalsozialisten die Arbeitsmarkt- und Beschäftigungspolitik auch nach ideologischen Kriterien umgestalteten. Das Ehestandsdarlehen verteilte die Rollen zwischen Männern und Frauen zwar nicht neu, doch zementierte es die alten Muster: Frauen sollten ihre Arbeitsplätze außerhalb des Hauses aufgeben und sich um Heim und Nachwuchs kümmern, so dass Männer und Väter leichter ihrer Erwerbstätigkeit nachgehen konnten. Die finanziellen Verlockungen kamen dabei direkt den Eheleuten zugute und indirekt dem inländischen Handel und Gewerbe für Möbel und Hausrat. Doch diese Lockung reichte nicht, Zwang schien nötig, um die Zuweisung von Rollen und Arbeitsplätzen zu beschleunigen, so dass sich auch Erfolge in der Erwerbslosenstatistik vorweisen ließen. Die „Doppelverdienerin“ und der „Doppelverdiener“ gerieten ins Visier vor allem von Parteifunktionären, die jene ohne

17 Zu den propagandistischen Aspekten der Arbeitsbeschaffung: ebd., S. 593–702.

rechtliche Grundlage von ihren Stellen verdrängten. Ähnlich aktionistisch verlief der Kampf gegen tatsächliche oder vermeintliche Schwarzarbeit. Beim schönfärberischen „Arbeitsplatztausch", der Jugendliche ihrer Stellen beraubte, waren die Interventionen nationalsozialistischer Amtswalter so verstörend, dass es der Gesetzgeber nicht mehr nur bei mäßigenden Appellen beließ, sondern einschritt und allein der Arbeitsverwaltung derart tiefe Eingriffsrechte in Beschäftigungsverhältnisse zuschrieb. Trotz rechtlicher Einhegung blieb der Arbeitsplatzverlust für die Betroffenen derselbe. Spürbar war auch die Beschränkung der Freizügigkeit für Stellensucher, die nach Berlin, Hamburg oder Bremen strebten; gravierender war die angedrohte oder verwirklichte Beschränkung der Berufsfreiheit für Landarbeiter, die sich im Agrarsektor eingesperrt fühlen mussten. Solche Freiheitseinschränkungen wirkten ähnlich anachronistisch aus der Zeit gefallen wie das Maschinenverbot in der Zigarrenindustrie.

Maschinenvermeidung zeichnete auch die wichtigste Beschäftigungsform der „Arbeitsschlacht" aus: Bei Notstandsarbeiten verbesserten erwachsene Erwerbslose die Infrastruktur. Die Handarbeit der Notstandsarbeiter überhöhte man dabei aber weniger stark als die Handarbeit der Jugendlichen im Arbeitsdienst. Das hatte mit dem Spektrum der Arbeiten zu tun: Während Notstandsarbeiter ein größeres Aufgabenfeld hatten und beispielsweise auch beim Ausbau städtischer Versorgungsleitungen zu Werke gingen, kaprizierte sich der nationalsozialistische Arbeitsdienst auf Bodenverbesserung oder Landgewinnung, jedenfalls auf Tätigkeiten, die ideologisch-propagandistisch besser zu verwerten waren und dem Erhalt oder der Vermehrung von Blut, Boden oder Brot zu dienen schienen. Der ideologische Vorrang des Arbeitsdienstes, der Erdarbeiten als Ehrendienst verklärte, musste nach nationalsozialistischer Logik dazu führen, dass jüdische Jugendliche vom Arbeitsdienst ausgeschlossen wurden. Ähnlich lauteten die Ansprüche bei der Landhilfe. Die Ideologen des Reichsnährstandes verlangten, dass das deutsche Bauerntum nicht von „verderbten" jüdischen Jugendlichen infiltriert werde. Die ideologische Aufwertung galt also auch der Landhilfe, doch ließ sie sich dort weniger gut in den Köpfen festsetzen als beim Arbeitsdienst. Während die Arbeitsdienstleistenden der nahezu täglichen weltanschaulichen Schulung ausgesetzt waren, waren die Landhelfer lediglich ihrem Bauern ausgeliefert, der sich nicht immer als „nationaler Sozialist" erwies, sondern öfter den kapitalistischen Ausbeuter jugendlicher Arbeitskraft gab. Daher musste die Propaganda zuweilen postulieren, dass die Landhelfer ihre Bauern nationalsozialistisch erziehen sollten – und nicht etwa umgekehrt.

Der Einwirkungsgrad auf die Arbeitskräfte unterschied sich also je nach Beschäftigungsform und hing wiederum mit der Unterbringung zusammen: Während Landhelfer in einer Kammer auf dem Bauernhof unterkamen, waren die Arbeitsdienstleistenden im umgrenzten Lager untergebracht. Bei den Notstandsarbeitern hing die Unterbringung von der Entfernung der Heimat zur Baustelle ab: bei kurzer Entfernung konnten die Notstandsarbeiter weiterhin zu Hause übernachten, bei größerer Entfernung oft in einer Baracke zusammen mit anderen. Die Erfahrung ununterbrochener Gemeinschaft war bei den Notstandsarbeitern daher seltener als bei Arbeitsdienstleistenden. Ob sie als positiv empfunden wurde, hing stark von Vorgesetzten oder Führern ab, und oft dürfte es Kameradschaft nur unter den Arbeitenden gegeben haben, die verhasste Führungsfiguren erträglicher machte. Am wenigsten Gemeinschaft gab es für die Landhelfer, sie konnten lediglich auf sporadische Treffen bei der Hitlerjugend hoffen.[18]

Wenn man bei der „Arbeitsschlacht“ schon nicht von Mobilisierung der „Volksgemeinschaft“ oder gar Mobilmachung sprechen möchte, so ist zumindest ein gewisser Zwang zur Mobilität festzuhalten: Die heimatferne Arbeit und Unterbringung traf Notstandsarbeiter zuweilen, sie war bei Arbeitsdienstleistenden und Landhelfern normal. Gerade bei der Landhilfe gehörte es zum Konzept, die städtischen Jugendlichen in den agrarischen Osten zu verschicken, um die vertragsbrüchige Rückkehr zu erschweren; das Eisenbahnbillet galt nur in eine Richtung. Und mit der dürftigen Entlohnung der Landhelfer war eine eigenständige Rückkehr kaum möglich, der Lohn hing ohnehin zuletzt vom Bauern ab, der einen Teil seiner Subvention aus der Arbeitslosenversicherung an den Helfer weiterreichte. Finanziell noch schlechter gestellt waren Arbeitsdienstleistende, sie wurden bei freier Unterkunft und Verpflegung mit einem Taschengeld abgespeist. Lediglich der Notstandsarbeiter konnte auf Tariflohn hoffen, allerdings achtete die Ministerialbürokratie darauf, dass im Zweifel der niedrigere Tarif angewandt wurde.

Wenn die Arbeitsbeschaffung also finanziell kaum Verbesserungen oder sogar Verschlechterungen gegenüber dem Unterstützungsbezug brachte, wenn die mühevolle und monotone Handarbeit kaum befriedigen konnte, dann stellt sich die Frage: Wie konnte die „Arbeitsschlacht“ dennoch zur Erfolgsgeschichte werden? Für die Betroffenen war das am ehesten im Rückblick möglich, nämlich dann, wenn sie wieder einen gutbezahlten regulären Arbeitsplatz innehatten, den der Wirtschaftsaufschwung ermöglicht hatte. Dass der Aufschwung durch die Aufrüstung bedingt war, musste den „Volksgenossen“ nicht unbedingt bewusst werden. Die Propaganda versuchte zumindest, den Zusammenhang nach Kräften zu kaschieren, und sprach fortwährend vom „Aufbauwerk des Führers“

---

18 Zur Disziplinierung flüchtiger Landhelfer oder aufbegehrender Notstandsarbeiter setzte das Regime mancherorts auch Zwangslager ein: Detlev Humann, Ordentliche Beschäftigungspolitik? Unterstützungssperren, Drohungen und weitere Zwangsmittel bei der „Arbeitsschlacht“ der Nationalsozialisten, in: VfZ 60 (2012), S. 33–67, hier S. 54–60.

statt von Aufrüstung und Kriegsvorbereitung. Im saturierten Rückblick der Vollbeschäftigung konnten Versatzstücke der Propaganda überzeugen, weil sie sich mit den eigenen Erfahrungen in Einklang bringen ließen: Der vielbeschworene „Opfergeist" schien tatsächlich Erfolg gebracht zu haben, die Zumutungen der Notstandsarbeit, des Arbeitsdienstes oder der Landhilfe hatten sich wohl gelohnt, weil sie nur eine kurze Etappe auf dem Weg zu neuem Einkommen und gutem Auskommen gewesen zu sein schienen. Jugendliche, die 1933 von ihrer Stelle verdrängt wurden, um älteren Familienvätern Platz zu machen, konnten diese Zumutung 1937 tatsächlich als selbstlosen Beitrag zur „Volksgemeinschaft" werten, auch wenn sie den Verlust zum früheren Zeitpunkt vielleicht als schreiende Ungerechtigkeit empfunden hatten. Die Arbeitsplatzbesitzer, die ihre Stellen über die Krisenzeit hinweg behielten, spürten die Zumutungen der „Arbeitsschlacht" ohnehin nicht, abgesehen von kleineren Zusatzbelastungen wie der Arbeitsspende oder der Ehestandshilfe. Sie konnten sich darüber freuen, dass sich mit der Arbeitsbeschaffung die Infrastruktur verbesserte und Beschäftigung entstand. Solange die Unbill der Arbeitsbeschaffung nur die anderen traf, war sie leicht als nötige Härte – den Zeitumständen geschuldet – zu verbuchen. Letztlich konnten also Betroffene und Nichtbetroffene die „Arbeitsschlacht" als Sieg aller „Volksgenossen" verbuchen, zumindest solange die „Volksgemeinschaft" in Vollbeschäftigung stand, was bis zum Ende der Fall blieb. Die „Arbeitsschlacht" schien sich in der Krisenüberwindung bewährt zu haben, der „Führer" Wort gehalten zu haben. Dass der Lebensstandard im „Dritten Reich" stagnierte oder sogar sank im Vergleich zur Vorkrisenzeit, übertünchte die nationalsozialistische Propaganda. Ihr Referenzpunkt war nie die „gute Zeit" der Weimarer Republik, sondern stets die Depression der Weltwirtschaftskrise. Und seither war es tatsächlich aufwärts gegangen.

Hatte damit die „Arbeitsschlacht" die Grundlage einer „Volksgemeinschaft" geschaffen, die dem „Führer" zu verdanken war? Zumindest retrospektiv konnte in der Bevölkerung der Eindruck entstehen, dass die Lobpreisungen des Dankgebetes von 1936 gerechtfertigt waren. Dass der Konjunkturaufschwung sich schon im zweiten Halbjahr 1932 abzeichnete, war kein Allgemeinwissen der Zeitgenossen. Ebenso wenig war das Ausmaß der Aufrüstung und damit der Staatskonjunktur abzusehen. Die Zumutungen der „Arbeitsschlacht" erlebten zwar viele am eigenen Leib oder dürften sie zumindest vom Hörensagen gekannt haben. Aber in besseren Zeiten ließ sich die Rückschau auf schlechtere Zeiten gut ertragen. Dass sich der Diktator um die Arbeitsbeschaffung selbst wenig gekümmert hatte, wussten die Zeitgenossen nicht, sie konnten glauben, was die Propaganda stets versicherte: Alle Erfolge beruhten auf Hitler. Und für Missstände – etwa beim Arbeitsdienst oder in der Landhilfe – trug der „Führer" keinerlei Verantwortung.

Rüdiger Hachtmann

Arbeit und Arbeitsfront: Ideologie und Praxis

Für die „Deutsche Arbeitsfront" (DAF) markierte „Arbeit" den Kern ihrer Identität und die ideologische wie politisch-praktische Zielrichtung aller ihrer Aktivitäten. Von Anfang an machten Robert Ley, der Leiter der am 10. Mai 1933 gegründeten DAF, und seine Mitstreiter aus dem Programm, dem die neue Organisation folgen sollte, kein Geheimnis. Bereits der Name der neuen Organisation zeigt an, was deren Ziel sein sollte: Nicht eine „Arbeit*er*front", sondern eine „Arbeitsfront" wollten Ley und seine Entourage aufbauen. Deutlich gemacht wurde damit, dass es dem NS-Regime und seinen Protagonisten nicht um den einzelnen „Arbeiter" ging und nicht um die Vertretung der inner- und überbetrieblichen Interessen der Arbeitnehmerschaft in einer Gesellschaft, die zwischen 1933 und 1945 weiterhin industriekapitalistisch geprägt blieb.[1] Für den einzelnen Arbeiter sowie dessen Bedürfnisse und Interessen interessierten sich Ley und andere Protagonisten der Diktatur nicht. Ihnen ging es um „Arbeit" als ökonomische Substanz, um die Mobilisierung von Arbeit, und zwar nicht um ihrer selbst willen, sondern zielgerichtet. Auch das fand bereits im Organisationsnamen seinen Ausdruck. Denn zweiter Bestandteil des Organisationsnamens war die „Front". Damit waren Ziel und Mittel markiert, nämlich eine „Militarisierung der Arbeit" unter dem Primat des Bellizismus, also die Konzentration aller Kräfte auf Aufrüstung, Kriegführung und Kriegswirtschaft.

Als Erfinder des Organisationsnamens gilt Reinhold Muchow, der im August 1933 verstorbene Spiritus Rector der Nationalsozialistischen Betriebszellenorganisation (NSBO). Muchow bezeichnete am 1. März 1933 in einem Leitartikel der Zeitschrift „Arbeitertum", die bis Mitte 1933 das Zentralorgan der NSBO, danach eines der wichtigen Periodika der DAF war, die „Formierung einer neuen Arbeitsfront" als Ziel. Das hieß zunächst nichts anderes, als dass eine Organisation aufgebaut werden sollte, die sich „die Vernichtung des Klassenkampfes" auf die Fahnen geschrieben habe.[2] Vor dem 2. Mai 1933 sprachen

---

1 Resümierend: Christof Buchheim, Unternehmen in Deutschland und NS-Regime 1933–1945, in: HZ 282 (2006), S. 351–390; Jochen Streb, Das nationalsozialistische Wirtschaftssystem: indirekter Sozialismus, gelenkte Marktwirtschaft oder vorgezogene Kriegswirtschaft?, in: Werner Plumpe/Joachim Scholtyseck (Hrsg.), Der Staat und die Ordnung der Wirtschaft. Vom Kaiserreich bis zur Berliner Republik, Stuttgart 2012, S. 61–83.

2 Vgl. Daten zur Vorgeschichte der DAF: Wolfgang Pohl, Geschichte der Deutschen Arbeitsfront (5.5.1943), in: Sozialstrategien der Deutschen Arbeitsfront, hrsg. v. der Hamburger Stif-

die meisten DAF- und NSBO-Funktionäre noch von „Arbeit*er*front". Sie taten dies auch, um Illusionen unter den Arbeitern und Angestellten zu schüren, man wolle anstelle der in Richtungsgewerkschaften zersplitterten Arbeitnehmerverbände der Weimarer Republik endlich die lang ersehnte Einheitsgewerkschaft aufbauen. Das jedoch war nie Absicht gewesen. Am Abend des 2. Mai, nach der insgesamt reibungslos verlaufenen Zerschlagung der freien Gewerkschaften, schien es Ley denn auch nicht mehr nötig, sich zu verleugnen. Robert Ley, als Person Garant eines strikt antigewerkschaftlichen Kurses und deshalb an die Spitze der neuen Organisation berufen,[3] sprach nun von der „großen Front der Arbeit" und von „Arbeitsfront".[4]

Konzipiert war die am 10. Mai 1933 auf einem bombastischen Kongress förmlich konstituierte neue Organisation ausdrücklich als Gegenprogramm zu den Gewerkschaften. Daraus machten die maßgeblichen Akteure keinen Hehl. Bis zum 2. Mai 1933 hatten Hitler, Ley, Muchow und andere führende Nationalsozialisten den Gewerkschafts-Begriff zumeist mit positiver Konnotation verwendet.[5] Seit dem 10. Mai erhielten die Begriffe „Gewerkschaften" und „gewerkschaftlich" in Reden, Schriften und Periodika der DAF und anderer nationalsozialistischer Institutionen und Organisationen pejorativ konnotierte Bedeutungsinhalte. Die Gewerkschaften und überhaupt „gewerkschaftliches Denken" galten nun als „Schlacke der Klassengesellschaft", die es rigoros auszumerzen gelte.[6]

In den folgenden Abschnitten werden zunächst Arbeitsbegriff und Arbeits-Ideologie der Arbeitsfront umrissen. Einzugehen ist in diesem Zusammenhang auch auf das „Gesetz zur Ordnung der nationalen Arbeit" (AOG) vom 20. Januar

---

tung für Sozialgeschichte des 20. Jahrhunderts, bearb. v. Michael Hepp et al., Teil B (Microfiche), München 1992, B/2, Nr. 116, Bl. 593–659, hier S. 4. Nach Cornelia Schmitz-Berning (Vokabular des Nationalsozialismus, Berlin/New York 1998, S. 135) findet sich der Terminus „Arbeitsfront" bereits 1919, in der von Dietrich Eckart – dem Mitbegründer der NSDAP und ersten Herausgeber des Völkischen Beobachters – herausgegebenen Zeitschrift „Auf gut Deutsch".

3 Bereits als NSDAP-Gauleiter für Köln-Aachen (von Juli 1925 bis Mai 1931) hatte sich Ley scharf gegen Gewerkschaften positioniert. Am 9.12.1932 war es nicht zufällig der strikt antigewerkschaftliche Ley, der Gregor Strasser als Stabsleiter (später: Reichsorganisationsleiter) der NSDAP ablöste, nachdem dieser kurz zuvor Gewerkschaften als unabdingbar für den „neuen Staat" bezeichnet hatte.

4 Rede vom 2.5.1933, in: Sebastian Heuel, Der umworbene Stand. Die ideologische Integration der Arbeiter in den Nationalsozialismus 1933–1935, Frankfurt a.M./New York 1988, S. 623–628, hier S. 628.

5 Dies macht z. B. die Lektüre der Passagen von Hitlers „Mein Kampf" deutlich, in denen dieser sich über Gewerkschaften auslässt. Vgl. auch den Beitrag von Michael Wildt in diesem Band.

6 Zeitgenössische Zitate. Heuel, Stand, insb. S. 300f.

1934 und die aktive Beteiligung der DAF-Führung an der Ausformulierung dieses Grundgesetzes der nationalsozialistischen Arbeitsverfassung. Im anschließenden Teil sind die Organisationsprinzipien dieses eigentümlichen Massenverbandes anzusprechen, danach wichtige Elemente der Praxis der Arbeitsfront zu skizzieren. Im resümierenden Schlussteil wird begründet, warum weit über die betrieblichen Produktionsstrukturen hinaus Ökonomie und Gesellschaft während der Hitler-Diktatur Züge eines spezifisch nationalsozialistischen Kriegsfordismus annahmen – und die DAF sich als herausragender Propagandist dieses Kriegsfordismus profilierte.

1 Das Ziel: für den „Führer" ein Massenheer an leistungsbewussten „Soldaten der Arbeit"

Die „Frontgemeinschaft" der „Schützengräben" war das Ideal, das Ley immer wieder beschwor, mit nostalgischen Erinnerungen an den Ersten Weltkrieg verwob und den Mitgliedern der DAF als positives Ziel vorgab – entsprechend der Leitlinie Hitlers: „Wir müssen [das] große Gemeinschaftserlebnis [des Ersten Weltkrieges] in unsere große Lebensgemeinschaft hineintragen [...]. Das ist der letzte Sinn der Arbeitsfront."[7] Die Bezeichnung „Arbeitsfront" signalisiert ein Verständnis von Arbeit und Arbeitnehmern, das diese zu einer armeeähnlichen Manövriermasse im Interesse der Führer der, wie es sinnfällig seit Oktober 1934 hieß: „Volks- und *Leistungs*gemeinschaft aller Deutschen", machen wollte. Der Terminus „Arbeitsfront" und ebenso die Formel „Soldaten der Arbeit" – letzteres eine Metapher, die auf Hitler zurückgeht[8] und von Ley seit Herbst 1933 popularisiert wurde – weckt Assoziationen an industrialisierte Massenkriege und an Generalstäbe, die Fronten mit Millionenmassen an Soldaten je nach den ‚Bedürfnissen' des Krieges hin- und herschoben. Tatsächlich wollte die nationalsozialistische Führung eine Arbeitnehmerschaft, die sich je nach den ‚Notwendigkeiten' von Aufrüstung und Kriegswirtschaft beliebig manövrieren ließ.

Die Armee der „Soldaten der Arbeit" wiederum war nicht etwa egalitär konzipiert. Sie sollte wie jede Armee vielmehr intern scharf hierarchisiert sein, auch und gerade unterhalb des „Generalstabes". Die Unternehmer als „Betriebsfüh-

---

7 NS 5 VI, Nr. 5872, Rede Hitlers auf dem NSDAP-Reichsparteitag in Nürnberg vom 11.9.1939, nach: Grundstein Nr. 10 vom 10. Okt. 1937, in: Bundesarchiv Berlin (künftig: BArch Berlin)

8 Georg Büchmann (Hrsg.), Geflügelte Worte. Zitatenschatz des deutschen Volkes, 29. Aufl., Berlin 1942, S. 644.

rer“ machte Ley rhetorisch zu den „Offizieren der Wirtschaft“. Die von der DAF ernannten Betriebsobmänner galten ihm als „Feldwebel“. Und auch die breite Masse der „Soldaten der Arbeit“ war keineswegs einheitlich feldgrau, sondern hatte abgestuft auf je unterschiedlichen „Kommandoposten“ zu stehen.[9] Wer wo stand in der der „Frontgemeinschaft“ nachempfundenen „Betriebsgemeinschaft“, entschied sich nach dem sozialdarwinistisch aufgeladenen Leistungs- und Konkurrenzprinzip. Ley machte auch daraus keinen Hehl, etwa wenn er einem an höhere DAF-Funktionäre adressierten Vortrag das Motto „Gemeinschaft ist Auslese“ voranstellte.[10]

Die Praxis der Arbeitsfront folgte dieser Rhetorik und der von Ley postulierten verstärkten Binnendifferenzierung der „Betriebsgemeinschaften“, die wie die „Volksgemeinschaft“ stets „Leistungsgemeinschaften“ zu sein hatten. So zielte nicht zuletzt das vehement von der DAF propagierte Postulat einer „gerechten Leistungsentlohnung“ auf die verstärkte Aufsplitterung der Belegschaften. Ihren Höhepunkt fand die auf Segmentierung setzende Lohnpolitik im „Lohnkatalog Eisen und Metall“, der unter maßgeblicher Mitarbeit der Arbeitsfront entwickelt, ab 1942 reichsweit eingeführt wurde und die klassische Eingruppierung der Arbeiter in die drei Qualifikationsstufen ‚gelernt‘, ‚angelernt‘ und ‚ungelernt‘ durch acht Grundlohngruppen ersetzte. Auf diese Weise wurden die Einkommensunterschiede viel stärker als zuvor gespreizt[11] und die Artikulation eigenständiger kollektiver Interessen der Belegschaften weiter erschwert.

Damit nicht genug. Außerdem postulierte die Arbeitsfront, der Wehrpflicht vergleichbar, eine Arbeitspflicht, der kein entsprechendes Recht auf Arbeit gegenüber stand. Ley brachte das im Mai 1934 in die simple Formel, „dass alle deutschen schaffenden Menschen, so wie sie ihrer Soldatenpflicht genügen, auch ihrer Arbeitspflicht genügen“ müssten.[12] Ein „Arbeitsrecht“ habe nur derjenige, der „höchste Leistung“ brachte. Wer sich dem nicht unterwarf, würde dies umgehend zu spüren bekommen: „Wer sabotiert, wird zertreten“, so Ley.[13]

---

9 Zitate: BArch Berlin, R 3901, Nr. 20644, Bl. 70–77 Rs., hier Bl. 71, (Zweite) Rede Leys auf der 3. Reichsarbeits- und -schulungstagung der DAF vom 4.12.1935.

10 Robert Ley, „Gemeinschaft ist Auslese“ (Rede auf der Eröffnungssitzung der Arbeitskammer Berlin-Brandenburg), in: Informationsdienst (InDie) der DAF vom 6. Nov. 1936 (Nr. 260, Bl. a).

11 Zum Ideologem der „gerechten Leistungsentlohnung“ wie zum „Lohnkatalog Eisen und Metall“: Tilla Siegel, Leistung und Lohn in der nationalsozialistischen „Ordnung der Arbeit“, Opladen 1986, S. 165–269; Marie Luise Recker, Nationalsozialistische Sozialpolitik im Zweiten Weltkrieg, München 1985, S. 223–250 ; Rüdiger Hachtmann, Industriearbeit im Dritten Reich. Untersuchungen zu den Lohn- und Arbeitsbedingungen 1933–1945, Göttingen 1989, S. 161–223.

12 Robert Ley, „Das erste Jahr der Deutschen Arbeitsfront“ (eine Art Rechenschaftsbericht), in: Westdeutscher Beobachter vom 16.5.1934, S. 1–12 (Zitat: S. 9), in: BArch Berlin, NS 22, Nr. 755.

13 Der Abschluß der Reise Dr. Leys, in: Der Deutsche vom 29.4.1934.

2 Federführend an der Ausformulierung beteiligt: das „Gesetz zur Ordnung der nationalen Arbeit" und die DAF-Führung

Ley spitzte zu, was als Grundtendenz in der nationalsozialistischen Arbeitsverfassung angelegt war. Auch deshalb wäre verfehlt, das „Gesetz zur Ordnung der nationalen Arbeit" (AOG) vom Januar 1934[14] als Niederlage der DAF zu deuten. In der Forschung wird dies gern behauptet,[15] u. a. mit dem Hinweis darauf, dass die NS-Organisation im AOG keine tarifpolitischen Rechte erhalten habe. Die aber hatten Ley und die Arbeitsfront-Führung nie gewollt. Im Gegenteil, Tarifverhandlungen und damit die Existenz von Tarifkontrahenten galten ihnen als Ausgeburt des „Klassenkampfes". Bereits auf dem Gründungskongress der DAF vom 10. Mai 1933 hatte Ley die „Erziehung zum Arbeitswillen" und die „Weckung der Arbeitsdisziplin" – bei gleichzeitiger „Pflege des Berufsstolzes" und einer auf das Semantische beschränkten „Veredelung des Begriffes ‚Arbeit'" – sowie die „Erziehung zur Volksgemeinschaft" als die zentralen Zielen der DAF vorgegeben.[16] Der Terminus „Arbeit", so Ley, „ist für uns Nationalsozialisten nicht nur ein wirtschaftlicher Begriff, sondern eine zutiefst weltanschauliche These. Arbeit ist Ausdruck des Lebenskampfes".[17] Sich selbst und seine Gefolgsleute erklärte Ley in diesem Sinne zu „Arbeitsfanatikern", die wollten, dass „der Geist der Volksgemeinschaft die Arbeit durchpulst und durchflutet".

---

14 Zum AOG vgl. vor allem: Andreas Kranig, Lockung und Zwang. Zur Arbeitsverfassung im Dritten Reich, Stuttgart 1983; Wolfgang Spohn, Betriebsgemeinschaft und Volksgemeinschaft. Die rechtliche und institutionelle Regelung der Arbeitsbeziehungen im NS-Staat, Berlin 1987; Timothy W. Mason, Zur Entstehung des Gesetzes zur Ordnung der nationalen Arbeit vom 20. Januar 1934. Ein Versuch über das Verhältnis ‚archaischer' und ‚moderner' Elemente in der neuesten deutschen Geschichte, in: Hans Mommsen et al. (Hrsg.), Industrielles System und politische Entwicklung in der Weimarer Republik, Düsseldorf 1974, S. 322–351; Rüdiger Hachtmann, Die rechtliche Regelung der Arbeitsbeziehungen im Dritten Reich, in: Dieter Gosewinkel (Hrsg.), Wirtschaftskontrolle und Recht im Nationalsozialismus – zwischen Entrechtlichung und Modernisierung. Bilanz und Perspektiven der Forschung, Baden-Baden 2004, S. 123–139.

15 So z. B.: Ludolf Herbst, Das nationalsozialistische Deutschland 1933 bis 1945, Frankfurt a.M. 1996, S. 240f.; Hans-Ulrich Thamer, Verführung und Gewalt. Deutschland 1933–1945, Berlin 1986, S. 499; Martin Broszat, Der Staat Hitlers, München 1969, S. 194f.; Ronald Smelser, Hitlers Mann an der „Arbeitsfront". Robert Ley. Eine Biographie, Paderborn 1989, S. 176; Michael Schneider, Unterm Hakenkreuz. Arbeiter und Arbeiterbewegung 1933 bis 1939, Bonn 1999, S. 297.

16 Alle Zitate aus der Rede Leys vom 10.5.1933: Willy Müller, Das soziale Leben im neuen Deutschland, Berlin 1938, S. 67.

17 Robert Ley, Nachlese und Bilanz vom 1.5.1939, in: Der Angriff vom 13.5.1939.

Das Arbeitsordnungsgesetz wurde von der DAF enthusiastisch begrüßt. So dankte Ley Hitler telegraphisch „von ganzem herzen für das grosszuegige werk, das mit der annahme des gesetzes zur ordnung der nationalen arbeit verwirklicht worden" sei[18] – nachdem der Wortlaut des AOG definitiv feststand, d.h. eine Woche, bevor das Gesetz am 20. Januar 1934 mit der Veröffentlichung im Reichsgesetzblatt förmlich in Kraft trat. Das war keine vorgetäuschte Begeisterung, die man pflichtschuldig äußerte. Überdies hatte sich die DAF-Führung nicht mit der Rolle des Zaungastes beschieden, sondern das Grundgesetz der NS-Arbeitsverfassung maßgeblich mitgestaltet. Namentlich Rudolf Schmeer und Wolfgang Pohl hatten das Gesetz federführend mitformuliert.[19] Beide waren Schwergewichte innerhalb der DAF: Schmeer war von Mitte 1933 bis Juni 1936 für die Organisation der NSDAP-Reichsparteitage verantwortlich und neben anderen Funktionen förmlich Stellvertreter Leys als Chef der DAF-Gesamtorganisation sowie Leiter des DAF-Personalamtes. Pohl, der bis 1935 bzw. 1937 hochrangige Posten im Reichsarbeits- und Reichswirtschaftsministerium einnahm, fungierte seit Ende 1933 als persönlicher Referent Leys. Einige Monate nach der Inkraftsetzung des AOG wurde Pohl u.a. für seine Mitarbeit am AOG mit der Leitung des Arbeitswissenschaftlichen Instituts, der Denkfabrik der Arbeitsfront, belohnt. Ley seinerseits erklärte rückblickend, auch er selbst sei „nicht faul" gewesen und habe bei der Ausformulierung des Arbeitsordnungsgesetzes sogar „gleich die Führung in die Hand" genommen.[20]

Ausdrücklich begrüßte die DAF-Führung, dass sie *nicht* in die Rechte der Gewerkschaften eintrat. Die „Treuhänder der Arbeit", die am 19. Mai 1933 vorläufig und mit dem AOG dann endgültig installiert wurden, erkannte sie als autoritäre tarifpolitische Instanz grundsätzlich an. Allerdings verstand sich die Arbeitsfront von Anbeginn als eine Art politisch-ideologischer Gesamtverantwortlicher und ‚Wächter' der „Volksgemeinschaft", der immer die mit dem da-

18 BA Berlin, R 43 II, Nr. 547, Bl. 102, Telegramm Leys vom 12.1.1934.

19 Zur Beteiligung Schmeers: BArch Berlin, R 3901, Nr. 20644, Bl. 181–193, hier Bl. 182, Schmeers (erste) Rede auf der Arbeitstagung des DAF-Sozialamtes in Würzburg vom 24.–26.7.1937. Pohl verfasste mit einem weiteren „Vater" dieses Gesetzes auch den maßgeblichen Kommentar: Werner Mansfeld/Wolfgang Pohl (unter Mitarbeit v. Gerhard Steinmann/Arthur B. Krause), Das Gesetz zur Ordnung der nationalen Arbeit. Kommentar, Berlin 1934.

20 Hans-Joachim Reichhardt, Die Deutsche Arbeitsfront. Ein Beitrag zur Geschichte des nationalsozialistischen Deutschlands und zur Struktur des totalitären Herrschaftssystems, Diss. Univ. Berlin 1956, S. 85. Auf den maßgeblichen Einfluss der DAF auf das AOG wies auch die etablierte Presse hin, z. B. die renommierte Deutsche Bergwerks-Zeitung vom 17.1.1934 („Magna Charta der nationalen Arbeit. Soziale Ehre in der Wirtschaftsführung").

hinter stehenden gesellschaftlichen Ordnungskonzept verbundenen langfristigen Ziele des Nationalsozialismus im Auge behielt und sich deshalb legitimiert glaubte, auch gegenüber den Treuhändern der Arbeit korrigierend einzugreifen. Aus diesem Selbstverständnis resultierten die von der historischen Forschung ausführlich thematisierten, bis Kriegsbeginn immer wieder aufflackernden Konflikte zwischen den Treuhändern der Arbeit, dem diesen übergeordnete Reichsarbeitsministerium (RAM) und den Organisationen der Wirtschaft (OgW): Die Arbeitsfront wollte die „Volks- und Leistungsgemeinschaft" als ‚das große Ganze' gewahrt wissen. RAM, OgW und auch die Treuhänder hatten dagegen neben ökonomischen Aspekten (vor allem Senkung der Lohnkosten) in erster Linie den Schutz des einzelnen „Betriebsführers" im Auge, d.h. die Wahrung der autokratischen Stellung des Unternehmers innerhalb des Betriebes.[21] Derartigen Partikularinteressen glaubte die DAF-Führung entschieden entgegenzutreten zu müssen. So anerkannte sie grundsätzlich zwar die unbeschränkte Stellung des „Betriebsführers" in seinem Unternehmen, da anders der verhasste „Klassenkampf" nicht aus der Welt zu schaffen sei. „Der Unternehmer soll wieder Führer des Betriebs sein, aber wehe ihm, wenn er seinen Führerpflichten nicht genügt."[22] Hinter dieser Drohung Leys stand der Wille, gegen „eigensüchtige", vermeintlich unsoziale Unternehmer aufzutreten. Dazu gehörten auch solche, die ihre Belegschaften ‚unnötig' schlecht behandelten, damit Unzufriedenheit und Widerstand provozierten – und so das Ansehen des NS-Regimes zu ruinieren drohten.

Indem die Organisationen der gewerblichen Wirtschaft ihrerseits der Arbeitsfront eine gewerkschaftliche Attitüde unterstellten, kaschierten sie diesen Zusammenhang – und ebenso, dass sie selbst zunächst dem „Klassenkampf"-Denken der Weimarer Republik verhaftet blieben. Ihre verbalen Ausfälle gegen die Arbeitsfront lassen leicht übersehen, dass Ley sich von Anfang an gegen NSBO- und DAF-Funktionäre positionierte, die dessen populistische Statements als Ermunterung missverstanden, sich aggressiv-aktionistisch als braune Gewerkschaftler gegen tatsächlich oder vermeintlich unsoziale „Betriebsführer" aufzuspielen. Ley hatte es nicht leicht, sich in den eigenen Reihen auch tatsäch-

21 Zu den Treuhändern der Arbeit und ihrer Arbeitgebernähe: die in Anm. 14 genannten Studien sowie Rüdiger Hachtmann, Atomisierung, Entmündigung, Zwangsorganisation – Arbeitsrecht und Arbeitsverfassung im Dritten Reich, in: Marc von Miquel (Hrsg.), Weichenstellungen im Arbeits- und Sozialrecht. Diktatorische Vergangenheit und demokratische Prägung, Geldern 2013, S. 64–94, insb. S. 65–69. Kurzbiographien aller Treuhänder der Arbeit: ebd., S. 86–94.

22 Ley an die Leitung des 1926 gegründeten DINTA anlässlich dessen freiwilliger Eingliederung in die DAF, vom 26.7.1933, in: Arbeitsschulung [Zentralorgan des DINTA] 4 (1933), S. 73.

lich durchzusetzen. Noch Ende 1933 klagte er darüber, wie schwierig es sei, den unteren Chargen innerhalb der DAF und der NSBO das „gewerkschaftliche Denken" auszutreiben und diesen den ganz „neuen Geist der Arbeitsfront" einzutrichtern.[23] Bis Herbst 1934 wurden mehrere zehntausend Funktionäre aus der DAF und NSBO hinausgesäubert[24] und so die Vorgabe Leys, aus der Arbeitsfront jeglichen „gewerkschaftlichen Geist" zu tilgen, umgesetzt.

Mit dem AOG (so lässt sich resümieren) wurde festgeschrieben, was die engere DAF-Führung seit Mitte 1933 als Richtschnur vorgegeben hatte. Nur in einer Hinsicht waren Ley und seine Mitstreiter mit dem Arbeitsordnungsgesetz unzufrieden: Sie wollten eigentlich ein kurzes, auf wenige Kernsätze konzentriertes ‚Grundgesetz'. Damit jedoch konnten sie sich gegenüber der in traditionellem Rechtsdenken befangenen Ministerialbürokratie noch nicht durchsetzen. Auch der für Ley und seine Entourage typische militaristische Jargon schimmerte in den einzelnen Artikeln des AOG nur gedämpft durch. In der Anrufung des „Frontgeistes" (Franz Seldte) waren sich die federführenden Akteure allerdings völlig einig. Ein Denken, Sprechen und Schreiben in militärischen Kategorien war unter den maßgeblichen Protagonisten des Regimes selbstverständlich.[25] Bei Ley war dies freilich besonders ausgeprägt. So galt ihm und seinen Mitstreitern die eigene Organisation als der „Exerzierplatz, auf dem täglich die Gemeinschaft geübt wird".[26] Diese sollte die Mitglieder der „Betriebsgemeinschaften" „drillen und exerzieren", bis jene „einen gleichen Schritt haben, einen gemeinsamen Marschschritt". Ein „gleicher Marschschritt" könne, so Ley, allerdings nur „aus dem Rhythmus des Blutes kommen".[27] Denn „der Deutsche" sei nicht in erster Linie als Arbeiter, sondern als Krieger besonders tüchtig, nach

---

23 BArch Berlin, NS 5 I, Nr. 256, Rede Leys auf der Reichskonferenz der NSBO vom 20.11.1933, S. 6.

24 BArch Berlin, NS 26, Nr. 283, Sonderrundschreiben Muchows vom 27.7.1933. Muchow spricht von 100 000 ausgeschlossenen NSBO-Mitgliedern. Außerdem: Volker Kratzenberg, Arbeiter auf dem Weg zu Hitler? Die nationalsozialistische Betriebszellen-Opposition. Ihre Entstehung, ihre Programmatik, ihr Scheitern 1927–1934, Frankfurt a.M. 1987, S. 267 (der noch höhere Zahlen nennt); Günter Morsch, Arbeit und Brot. Studien zur Lage, Stimmung, Einstellung und Verhalten der deutschen Arbeiterschaft 1933–1936/37, Frankfurt a.M. 1993, S. 112f.

25 Zur Militarisierung der Sprache ab 1933: Rüdiger Hachtmann, Vom „Geist der Volksgemeinschaft durchpulst" – Arbeit, Arbeiter und die Sprachpolitik der Nationalsozialisten, in: Zeitgeschichte-Online (2010), [http://www.zeitgeschichte-online.de/zol-sprachpolitik-2010], eingesehen 31.1.2014.

26 Robert Ley, Durchbruch der sozialen Ehre. Reden und Gedanken für das schaffende Deutschland, hrsg. v. Walter Kiehl, Berlin 1937, S. 210.

27 BArch Berlin, R 3901, Nr. 20644, Bl. 70–77 Rs., hier Bl. 72, (Zweite) Rede Leys auf der 3. Reichsarbeits- und -schulungstagung der DAF vom 4.12.1935.

dem Motto: „Wecke im Deutschen den Soldat[en], und du wirst immer die höchste Leistung und den größten Erfolg aus ihm herausholen können!“ Die DAF müsse deshalb „die soldatischen Tugenden, die in unserer Rasse und in unserem Volk vorhanden sind, auch für die Organisation unseres Arbeitslebens“ mobilisieren.[28]

3 Bellizismus, Antisemitismus, Rassismus, Biologismus und November-Syndrom: Kernelemente des Arbeitsbegriffs der DAF

Von Anbeginn unter bellizistischen und rassistischen Vorzeichen stand auch das vielfältige sozialintegrative Instrumentarium, welches die DAF entwickelte, also die NS-Gemeinschaft „Kraft durch Freude“ (KdF) als die größte Suborganisation der Arbeitsfront, aber auch z. B. die diversen Volksprodukte des DAF-Konzerns und dessen sonstige Dienstleistungen, die die Arbeitsfront zu einem „volksgemeinschaftlichen Dienstleister“ machten.[29] Symptomatisch ist hier ein vielzitierter Aufruf Hitlers, mit dem dieser am 14. November 1933 die Gründung von KdF zwei Wochen später ankündigte: „Ich will, daß dem Arbeiter ein ausreichender Urlaub gewährt wird [...]. Ich wünsche das, weil ich ein nervenstarkes Volk will, denn nur allein mit einem Volk, das seine Nerven behält, kann man wahrhaft große Politik machen“. Drei Tage später, am 17. November, ergänzte Ley diese Worte seines „Führers“ in einem Artikel der DAF-Zeitschrift „Arbeitertum“, in dem er die Gründung des Freizeitwerkes „Nach der Arbeit“ (aus dem dann Anfang 1934 „Kraft durch Freude“ wurde) mit folgenden Worten ankündigte: „Wir verloren den [Ersten Welt-]Krieg, weil wir die Nerven verloren haben. Der beste Staatsmann kann mit einem Volk mit zerrütteten Nerven keine Politik treiben. Der verlorene Krieg sollte uns diese Erkenntnis für alle Ewigkeit eingehämmert haben. [...] Deshalb will der Führer, daß der nationalsozialistische Staat [...] dafür sorgt, daß die Nerven des Volkes gesund und stark bleiben“.[30] „Wir haben den [Ersten Welt-]Krieg deshalb verloren [so Ley], weil die

28 Robert Ley, Betrachtungen zum 1. Mai. Der Frontarbeiter, in: Angriff vom 1./2.5.1941.

29 Zum Terminus „volksgemeinschaftlicher Dienstleister“ und zu dem dahinter stehenden Konzept: Rüdiger Hachtmann, Das Wirtschaftsimperium der Deutschen Arbeitsfront, Göttingen 2012, S. 14ff. u. 566f.

30 Ley auf der Sitzung des Kleinen Arbeitskonvents der DAF vom 17.11.1933, in: Informationsdienst der DAF, Ausgabe A, vom 18.11.1933 (Nr. 16, Bl. 1). Zum KdF-Massentourismus vgl. vor

Gegner bei der Überzahl ihrer Menschen dauernd ihre Soldaten sich erholen und ausruhen lassen und immer wieder frische Menschen in den Kampf schicken konnten, während wir unsere Menschen wochen- und zum Teil monatelang in den Gräben lassen mussten. Diese Menschen verloren ihre Nerven, und in der Heimat war es dasselbe." Deshalb habe ihm „der Führer selbst" die Gründung von KdF „als direkte Aufgabe" übertragen.[31]

Neben Bellizismus und Militarismus waren Antisemitismus und überhaupt Rassismus zentrale Elemente, die auch die Praxis der DAF nachhaltig strukturierten. Der Antisemitismus der Arbeitsfront besaß seine Wurzel zum einen in der Unterscheidung von „schaffendem" und „raffendem Kapital" sowie der Gleichsetzung vom „raffendem Kapital" mit dem Stereotyp vom „jüdischen Wucherer" (ein antisemitisches Stereotyp, das wesentlich auf Henry Ford zurückgeht[32]). Fast wichtiger noch ist, dass die Nationalsozialisten ein spezifisches, antisemitisch aufgeladenes Arbeitsethos entwickelten. Hitler postulierte bereits Anfang der 20er Jahre, nur „Ariertum" prädestiniere für eine „sittliche Auffassung der Arbeit" und damit für „Gemeinsinn".[33] Sein Adlatus Ley teilte diese Auffassung: „Arbeit ist eine Funktion der [arischen] Rasse".[34]

Die „arische Rasse" und der Kollektivsingular „die Juden" werden hier, bei Hitler wie bei Ley, gegeneinander in Stellung gebracht und als sich ausschließende Elemente begriffen. Der Rassismus der Arbeitsfront ging jedoch noch weit über den Antisemitismus hinaus. Er schloss im Prinzip alle Nationen und Völker des europäischen Kontinents ein, und zwar nicht erst seit 1939. Es ist kein Zufall, wenn ausgerechnet das Arbeitswissenschaftliche Institut (AWI), der für strategische Konzepte der DAF verantwortliche Think Tank der Organisation, noch vor Beginn des Zweiten Weltkriegs formulierte, dass „der vorwiegend ostische oder ostbaltische Mensch in der Regel recht gut, der vorwiegend nordi-

---

allem: Hasso Spode, Arbeiterurlaub im Dritten Reich, in: Carola Sachse et al., Angst, Belohnung, Zucht und Ordnung. Herrschaftsmechanismen im Nationalsozialismus, Opladen 1982, S. 275–328, sowie zur Einordnung von KdF in die Gesamtgeschichte des Tourismus: Rüdiger Hachtmann, Tourismus-Geschichte, Göttingen 2007, insb. S. 122ff.

31 Rede Leys auf der NSBO-Reichskonferenz vom 20.11.1933, S. 19, Anm. 23.

32 Zum Antisemitismus Fords: Christiane Eifert, Henry Ford, Antisemit und Autokönig. Fords Autobiographie und ihre Rezeption in Deutschland in den 1920er Jahren, in: ZHF 6 (2009), 2, S. 209–229, online unter: [http://www.zeithistorische-forschungen.de/16126041-Eifert-2-2009], eingesehen 29.1.2014.

33 Morsch, Arbeit, S. 35ff. u. 50; Klaus Holz, Nationaler Antisemitismus. Wissenssoziologie einer Weltanschauung, Hamburg 2001, S. 359–430; Michael Wildt, Geschichte des Nationalsozialismus, Göttingen 2008, S. 10f.

34 (Erste) Rede Leys auf der 3. Reichsarbeits- und -schulungstagung der DAF vom 3.12.1935 (Anm. 27), Bl. 59 Rs.–65 Rs., hier Bl. 62 Rs.

sche oder fälische Mensch dagegen weniger für Fließ- und im besonderen Bandarbeit geeignet ist".[35]

Derartige Positionen hatten Vorläufer, nicht zuletzt erneut in Henry Ford. Aufmerksamen Zeitgenossen war dies nicht entgangen. So vermerkte der Vorstandsvorsitzende der Siemens-Schuckert-Werke Carl Köttgen 1928 beifällig: „Will man objektiv beurteilen, wie monotone Arbeit auf den Menschen wirkt, dann muß man zuerst einmal betrachten, wie die einzelnen Manschen ihrem Temperament gemäß geartet" seien. „Das Arbeitstemperament ist bei den Menschen [...] verschieden je nach Volkscharakter". Keiner habe das besser erkannt als der US-amerikanische Automobilkönig, so Köttgen: „Es ist bezeichnend, daß in den Fordschen Betrieben an den fließenden Bändern in der Hauptsache Arbeiter stehen, die [...] aus dem östlichen oder südlichen Europa stammen".[36]

Aus der Temperamentfrage, dem xenophoben Ressentiment und einem latenten Rassismus vor 1933 wurde nach 1933 offener Rassismus – in den Arbeitswissenschaften generell[37] und hier wiederum in besonderem Maße in den Sektoren der DAF, die für eine NS-spezifische Verwissenschaftlichung der Sozialpolitik sowie die praktische Umsetzung der Arbeitswissenschaften in betriebliches Handeln zuständig waren. Den Ton gab erneut das AWI vor. Ende 1939 verlangte der Brain Trust der DAF: Arbeitskräfte für die Fließfertigung seien bevorzugt aus den „neuerdings ins Reich eingegliederten Gebiete[n]" anzuwerben.[38] Rassisch angeblich minderwertige Arbeiter an die Fließbänder, ‚hochwertige Facharbeit' als Privileg einer ‚arischen' Arbeiteraristokratie – diese Devise wurde spätestens seit 1941 in zahllosen Unternehmen der verarbeitenden Industrie auch in die Praxis umgesetzt, besonders extensiv in den rüstungsrelevanten Branchen, wie z. B. Lutz Budraß für die Flugzeugindustrie überzeugend gezeigt hat.[39]

Wie nahe sich nationalsozialistischer Biologismus und Rassismus (geschlechtsspezifische und ‚rassisch' bedingte ‚Veranlagungen') waren, lässt sich markant an der Begründung des Arbeitswissenschaftlichen Instituts ablesen,

---

35 AWI der DAF, Die Einsatzfähigkeit von Arbeitskräften für Fließbandarbeiten, in: dass., Jahrbuch 1939, Bd. I, Berlin 1939, S. 441–452 (Zitat: S. 449).

36 Carl Köttgen, Die allgemeinen Grundlagen der Fließarbeit, in: Beihefte zum Zentralblatt für Gewerbehygiene und Unfallverhütung, Beiheft 12: Fließarbeit, Berlin 1928, S. 100ff., zit. nach: Thomas v. Freyberg, Industrielle Rationalisierung in der Weimarer Republik. Untersucht an Beispielen aus dem Maschinenbau und der Elektroindustrie, Frankfurt a.M. 1989, S. 333.

37 Hachtmann, Industriearbeit, S. 83ff.

38 AWI, Arbeitskräfte, S. 449.

39 Lutz Budraß, Der Junkers-Konzern. Das Programm des Heinrich Koppenberg und die Funktion des Fordismus in der Rüstung des „Dritten Reiches", in: Regine Bittner/Henning Brüning (Hrsg.), Zukunft aus Amerika. Fordismus in der Zwischenkriegszeit: Siedlung, Stadt, Raum, Dessau 1995, S. 149–161, S. 157.

warum Frauen angeblich „grundsätzlich" für „die bis ins kleinste unterteilte und hier im besonderen für die Bandarbeit" prädestiniert seien: „Die schnell erlernbaren Handgriffe, die auch bald bis ins kleinste beherrscht und fast automatisch ausgeführt werden, binden die Frau mit geringer Denkarbeit nur lose an die Arbeit und vor allem nur lose an den Sinn der Arbeit. Sie kann sich während der Arbeit mit ihren privaten und häuslichen Freuden und Sorgen beschäftigen. [...] Das zwangsläufige Arbeitstempo bei der Bandarbeit kommt den Wünschen der industriell tätigen Frau meistens auch entgegen, da ihr dadurch die Verantwortung einer eigenen Initiative in einer Tätigkeit erspart bleibt, deren Sinn ihr fremd ist."[40] Damit war eine Handlungsmaxime formuliert, die von Mitte der 30er Jahre bis 1941 in rasch wachsendem Umfang in weiten Teilen der verarbeitenden Industrie zur Praxis wurde,[41] ehe 1941/42 die Millionenheere der „Fremdarbeiter" beiderlei Geschlechts neben den deutschen Arbeiterinnen zum zweiten Kern des kriegsfordistischen Rationalisierungsproletariats wurden.

4 Entmündigung und Atomisierung: zur Organisationspraxis

Zu Bellizismus, Antisemitismus, Rassismus generell und ebenso Biologismus sowie den damit verbundenen Exklusions- und Segregationsmustern tritt als weiterer Faktor, der Selbstverständnis, Praxis und auch die Organisationsstrukturen der Arbeitsfront prägte, das von Tim Mason so genannte „Novembersyndrom" hinzu. Der Terminus verweist auf die Angst vor einer sozialistischen Revolution, vor einer von einer radikalisierten linken Arbeiterbewegung getragenen Umwälzung wie ab November 1918, und schloss den tief sitzenden, pathologischen Hass auf Sozialismus und Kommunismus ein, den die Nationalsozialisten mit breiten bürgerlichen und kleinbürgerlichen Schichten teilten. Dieses in subjektiver Perspektive alptraumhafte Bedrohungsgefühl, das bis 1945 nicht wich, prägte das Alltagshandeln wie die organisatorischen Binnenstrukturen der Arbeitsfront. Die DAF verstand sich eine Art Agentur zur inneren Kolonialisierung vor allem der deutschen Arbeiterschaft, weniger der Angestellten; letztere hatten zu erheblichen Teilen aufgrund einer Sozialisation durch den antisemi-

---

40 AWI, Zum Arbeitseinsatz der Frau in Industrie und Handwerk, in: dass., Jb. 1940/41, Bd. I, Berlin 1941, S. 373–418 (Zitat: S. 399). Vgl. auch: dass., Arbeitskräfte für Fließbandarbeiten, S. 450.

41 Zum „Fraueneinsatz" in der Industrie: Rüdiger Hachtmann, Industriearbeiterinnen in der deutschen Kriegswirtschaft 1936–1944/45, in: GG 19 (1993), S. 332–366.

tischen, schließlich semifaschistischen Deutschnationalen Handlungsgehilfen-Verband, als der größten Angestelltenorganisation der Weimarer Republik, schon vor 1933 starke NS-Affinitäten ausgebildet.[42] Der Wille, vor allem der Arbeiterschaft „klassenkämpferische" Ideen ein für alle Mal auszutreiben, machte die DAF nicht nur zu einer Organisation, die frühzeitig ein vielfältiges Instrumentarium von Lockung und Zwang ausbildete. Das Ziel einer unbedingten inneren Kolonisierung der bis 1933 dem Nationalsozialismus gegenüber distanzierten Sozialschichten erklärte auch, warum die Arbeitsfront keinerlei tarifpolitische Kompetenzen besitzen wollte und warum die DAF-Führung ganz bewusst nicht in die Fußstapfen der Gewerkschaften als Tarifkontrahent der Arbeitgeber trat, dagegen die Wiederherstellung der autokratischen Stellung des „Betriebsführers" gegenüber den zur „Gefolgschaft" degradierten Belegschaft als grundlegendes Prinzip der NS-Arbeitsverfassung ausdrücklich billigte. Die Arbeiter und Angestellten ‚positiv' zur „Volksgemeinschaft" zu erziehen, implizierte die Aufhebung jeglicher individuellen und kollektiven Autonomie. Selbst Ansätze dazu mussten unterbunden werden. Die Organisationsstrukturen wie die Politik der DAF zielten auf eine vollständige Entmündigung, und zwar nicht erst der „Fremdarbeiter", deren außerbetriebliche „Betreuung" der DAF im Mai 1942 durch den „Generalbeauftragten für den Arbeitseinsatz" Fritz Sauckel übertragen wurde, sondern bereits der deutschen Arbeiter und Angestellten.

Es war angesichts dieses Ziels der Entmündigung der deutschen Arbeitnehmerschaft nur folgerichtig, dass die Anfang 1934 geschaffenen Reichsbetriebsgemeinschaften (RBG) mit den bis 1933 politisch und auch finanziell starken Einzelgewerkschaften namentlich des ADGB nichts mehr gemein hatten. Die RBG fungierten als wirtschaftsfriedliche Scharniere zwischen den Gliederungen der Selbstverwaltung der Wirtschaft (also der Reichswirtschaftskammer, der Reichsgruppe Industrie, den Wirtschafts-, Fachgruppen usw.) und der DAF. Konsequenterweise wurden die RBG 1937 in „Fachämter" umbenannt. Es war vor diesem Hintergrund nur folgerichtig, dass die Masse der DAF-Mitglieder selbst nicht in den RBG, sondern unmittelbar zentral in der Arbeitsfront organisiert wurde. Irgendwelche Möglichkeiten, sich selbständig entlang von berufli-

42 Iris Hamel, Völkischer Verband und nationale Gewerkschaft. Der Deutschnationale Handlungsgehilfenverband 1893–1933, Frankfurt a.M. 1967, insb. S. 238–263; Michael Prinz, Vom neuen Mittelstand zum Volksgenossen. Die Entwicklung des sozialen Status der Angestellten von der Weimarer Republik bis zum Ende der NS-Zeit, München 1986, insb. S. 69ff.; zur starken Verankerung dieser NS-Organisation unter Angestellten: Kratzenberg, NSBO, insb. S. 219ff. sowie exemplarisch: Rüdiger Hachtmann/Christoph Kreutzmüller, Arbeiter und Arbeiterorganisationen in Berlin (1930–1945), in: Michael Wildt/Christoph Kreutzmüller (Hrsg.), Berlin 1933–1945. Stadt und Gesellschaft im Nationalsozialismus, München 2013, S. 111–126, hier S. 113f.

chen oder branchenbezogenen Gemeinsamkeiten zu organisieren, waren ihnen damit genommen. Franz Leopold Neumann sprach bereits 1942 treffend davon, dass die Arbeitsfront zum „charakteristischen Ausdruck des Prozesses vollkommener Atomisierung der deutschen Arbeiterklasse" geworden sei.[43]

Die kurzfristig angestrebte passive, „negative Integration" der Arbeitnehmer sollte sukzessive zu einer „positiven Integration" erweitert, nämlich durch eine möglichst weitgehende aktive Affirmation des nationalsozialistischen Normensystems und dessen Verinnerlichung als handlungsleitende Maximen abgelöst werden. Ziel war, die Arbeiter und Angestellten deutscher Staatsangehörigkeit und „arischer Rasse" dazu zu bringen, aus freien Stücken „dem Führer entgegen zu arbeiten" (Ian Kershaw). In diesem Motiv, die deutsche Arbeitnehmerschaft zu enthusiastischen, sich selbst mobilisierenden Anhängern des Regimes zu machen, hat der für die DAF typische Sozialpaternalismus seine Wurzeln, der organisatorisch seinen Ausdruck in KdF, im Reichsberufswettkampf, in den Kampagnen von „Schönheit der Arbeit", aber auch in den zahlreichen Volksprodukten und weiteren Dienstleistungen des DAF-Wirtschaftsimperiums fand. Alle diese ‚Wohltaten' selektierten ihrerseits rassistisch und waren an politische Konformität gebunden.[44] Die Arbeitsfront war über die unmittelbar repressiv-kontrollierende Seite hinaus, die die Ley'sche Massenorganisation immer auch besaß und während des Krieges weiter verstärkte, eine ‚Dienstleistungsorganisation', die sich vorzüglich in die von antisemitischen und rassistischen Stigmatisierungen durchzogene nationalsozialistische „Volks- und Leistungsgemeinschaft" einpasste – ein ‚*volksgemeinschaftlichen* Dienstleister' eben.

5 Kriegsfordismus – nicht nur ein Produktionsregime

Schaut man sich Ideologie und Praxis der Arbeitsfront in vergleichender Perspektive genauer an, gewinnt man den Eindruck, dass diese zu erheblichen Teilen auf Prämissen basierten, die der von den Nationalsozialisten bewunderte

---

43 Franz L. Neumann, Behemoth. Struktur und Praxis des Nationalsozialismus 1933–1944, Frankfurt a.M. 1977 (zuerst 1942/44), S. 480. Sehr früh bereits ganz ähnlich ein Stimmungsbericht in den SoPaDe-Berichten 1934, S. 120. Außerdem: Detlev Peukert, Die KPD im Widerstand. Verfolgung und Untergrundarbeit an Rhein und Ruhr 1933 bis 1945, Wuppertal 1980, S. 217 sowie vor allem: ders., Volksgenossen und Gemeinschaftsfremde. Anpassung, Ausmerze und Aufbegehren unter dem Nationalsozialismus, Köln 1982, insb. S. 136 f., 140, 284–288 u. 294ff.

44 Ausführlich: Hachtmann, Wirtschaftsimperium.

Henry Ford zehn Jahre vor der NS-Machtergreifung vorformuliert hatte. Man muss sich nur einige zentrale Statements vor Augen halten, die dieser in seiner Autobiographie „My Life and Work" gemacht hat:

Für Ford war es „völlig ausgeschlossen, den Leuten auch nur vorübergehend ihren Willen zu lassen",[45] im Einzelunternehmen wie in der Gesellschaft. Das waren Prämissen, wie sie auch der NS-Arbeitsverfassung sowie der Praxis der DAF zugrunde lagen und bereits in den Basistermini des AOG, „Betriebsführer" und „Gefolgschaft", zum Ausdruck kamen. Autonome innerbetriebliche Arbeitnehmervertretungen waren in Fords Augen kontraproduktiv, Gewerkschaften überflüssig. Tatsächlich wurden Gewerkschaften erst nach jahrzehntelangen schweren Kämpfen 1941/42 in seinem Konzern zugelassen.

Die Prämisse Fords, dass die unkalkulierbare Menge politische Führer brauche, nämlich „Menschen, die die formlose Masse [...] zu einem gesunden, wohlgebildeten Ganzen umzuformen vermögen" und ihrerseits „geistig und moralisch [ge]härtet" seien,[46] wurde von Friedrich von Gottl-Ottlilienfeld, der im Mai 1924 das Schlagwort „Fordismus" erfand und popularisierte, treffend als „Führersozialismus" gefeiert. Der lakonische Satz Fords: „Kein Ausdruck ist abgedroschener als das Wort ‚Demokratie'",[47] hätte gleichfalls auch von Robert Ley oder einem anderen Protagonisten des NS-Regimes kommen können.

Ford und seine Ideen waren in der zweiten Hälfte der 20er Jahre in Deutschland in aller Munde. Seine Autobiographie war Ende 1923 unter dem Titel „Mein Leben und Werk" auf Deutsch erschienen und gelangte bereits im ersten Erscheinungsjahr in mehreren hunderttausend Exemplaren auf die Büchertische.[48] Er faszinierte Industrielle sowie weit darüber hinaus fast alle politischen Lager bis hin zur Sozialdemokratie. Nicht zuletzt in der frühen Hitler-Bewegung stieg Henry Ford in seiner Vierfach-Rolle als herausragender Antisemit, als vorgeblich genialer Tüftler, als Propagandist der industriellen Massenfertigung und eines Kapitalismus ohne Krisen zur vergötterten Ikone auf.[49]

---

45 Henry Ford, Erfolg im Leben, München 1952, S. 71. Es handelt sich dabei um die neu betitelte Nachkriegsauflage vom „Mein Leben und Werk". Daraus auch die folgenden Nachweise. Im Vergleich zu den Auflagen 1923 bis 1944 wurden in den Auflagen ab 1945 die (offen) antisemitischen Passagen (S. 292–295 bzw. 281–283) stillschweigend gestrichen. Ansonsten wurde der Wortlaut nicht verändert.

46 Ford, Erfolg im Leben, S. 66f.

47 Ebd., S. 170.

48 Anderswo war die Resonanz dagegen weit geringer: Richard Vahrenkamp, Von Taylor zu Toyota. Rationalisierungsdebatten im 20. Jahrhundert, Köln 2010, S. 103, Anm. 15.

49 Rüdiger Hachtmann, „Die Begründer der amerikanischen Technik sind fast lauter schwäbisch-allemannische Menschen": Nazi-Deutschland, der Blick auf die USA und die „Amerikanisierung" der industriellen Produktionsstrukturen im „Dritten Reich", in: Alf Lüdtke et al.

Das Selbstverständnis der DAF und Fords Konzept von der Einhegung der breiten Arbeitnehmerschaft ähnelten einander frappierend. Auch wenn Ford selbst sich nach bisherigem Erkenntnisstand nie explizit zu größten NS-Massenorganisation geäußert hat, kann man die Arbeitsfront bereits aufgrund ihrer entschiedenen Frontstellung gegen „Klassenkampf“ und Gewerkschaften sowie aufgrund ihres Willens, keinerlei autonome Organisierung der Arbeitnehmer zuzulassen, sondern diese repressiv-paternalistisch zu lenken, geradezu als Verkörperung des Traums von Ford von einer idealen Arbeitnehmerorganisation betrachten.

Hinzu treten weitere Aspekte, insbesondere eine bemerkenswerte Vorliebe der DAF und anderer für fordistische Produktionsregime. Ökonomischer Hintergrund dieser Affinität war die Aufrüstung 1933/34 eingeleitete und im Spätsommer 1936 forcierte Aufrüstung. Sie legte die Grundlagen für Massenfertigung in großem Maßstab. Seit Einsetzen der Vollbeschäftigung wurde in allen Zweigen der verarbeitenden Industrie in rasantem Maße und immer umfassender einzelbetrieblich ‚fordisiert‘. Im Herbst 1942 resümierte dies der führende Manager eines Flugzeugwerkes mit folgenden Worten: „Es ist für uns keine Frage mehr, ob wir irgendwo Fließarbeit anwenden wollen oder nicht. [...] Für uns kann es sich nur um die Frage handeln: Bis wann bringen wir alles zum Fließen und wie bringen wir es noch besser zum Fließen“.[50]

In den Jahren zwischen 1935 und 1944, die als erste Blütezeit des betrieblichen Fordismus im deutschen Raum gelten können,[51] sprach man statt von „Fordismus“ und „Rationalisierung“ zwar lieber von „Leistungssteigerung“ (die auch die schlichte Ausbeutung durch massiven außerökonomischen Druck

(Hrsg.), Amerikanisierung. Traum und Alptraum im Deutschland des 20. Jahrhunderts, Stuttgart 1996, S. 37–66.

50 Nach: Rainer Fröbe, Der Einsatz von KZ-Häftlingen in der Industrie, in: Hamburger Stiftung zur Förderung von Wissenschaft und Kultur (Hrsg.), „Deutsche Wirtschaft“. Zwangsarbeit von KZ-Häftlingen für Industrie und Behörden, Hamburg 1991, S. 33–78, hier S. 45. Zum Verhältnis von Fordismus und Zwangsarbeit: Rüdiger Hachtmann, Fordism and Unfree Labor–Aspects of the Work Deployment of Concentration Camp Prisoners in German Industry between 1941 and 1944, in: IRSH (55) 2010, S. 485–513.

51 Als Überblick sowie zur Einordnung des Dritten Reiches in die Geschichte des Fordismus im 20. Jahrhundert: ders., Fordismus, Version: 1.0, in: Docupedia-Zeitgeschichte, 27. 10. 2011, [http://docupedia.de/zg/Fordismus?oldid=84605], eingesehen 29.1.2014; ders./Adelheid v. Saldern, „Gesellschaft am Fließband“. Fordistische Produktion und Herrschaftspraxis in Deutschland, in: ZHF 6 (2009) 2, S. 186–208. Zum Fordismusbegriff: dies., Das fordistische Jahrhundert. Eine Einleitung, in: ebd., S. 174–185 (auch: [http://www.zeithistorische-forschungen.de/16126041-Hachtmann-Saldern-2-2009], eingesehen 29.1.2014, bzw. [http://www.zeithistorische-forschungen.de/16126041-Editorial-2-2009], eingesehen 29.1.2014).

einschließen konnte) oder von „deutscher Rationalisierung". Solcherart oberflächliche Umcodierungen konnten das weitere Vordringen tayloristischer und fordistischer Produktionsregime seit Mitte der 30er Jahre freilich nur schlecht kaschieren. Welch hohes Ansehen Henry Ford unter Nationalsozialisten auch nach 1933 genoss, lässt sich u. a. daran ablesen, dass ihm 1938 das Großkreuz des Deutschen Adlerordens verliehen wurde, die höchste Auszeichnung, die die NS-Diktatur an Ausländer zu vergeben hatte. 1940 erschien seine Autobiographie in der 33. Auflage.

Mit der seit Mitte der 30er Jahre staatlicherseits forcierten Normierung und Typenbeschränkung wurden zudem die Voraussetzungen für eine Implementierung fordistischer Produktionsregime weiter verbessert – durch Sonderkommissare,[52] aber auch unter tatkräftiger Mithilfe der Arbeitsfront. Symptomatisch ist u. a., dass das DAF-„Amt für Betriebsführung und Berufserziehung" (AfBuB) am 5. Oktober 1935 mit dem „Reichsausschuss für Arbeits(zeit)studien" (REFA), als der institutionalisierten deutschen Version des Taylorismus, ein Abkommen abschloss, das eine enge Kooperation zwischen beiden Seiten vorsah. Aufgrund dessen gelang es REFA, die Zahl der jährlich ausgebildeten, gerade auch für die Implementierung fordistischer Produktionsregime zentralen Zeitnehmer bis 1942 gegenüber 1929 (dem besten Jahr von REFA während der Weimarer Republik) mehr als zu verzehnfachen.[53] Das AfBuB war 1935 aus dem Mitte der 20er Jahre gegründeten „Deutschen Institut für technische Arbeitsschulung" (DINTA) hervorgegangen. Das DINTA wiederum, das von der NS-Machtergreifung enthusiasmiert worden war und sich im Juli 1933 der Arbeitsfront aus freien Stücken angeschlossen hatte, hatte sich bis 1933 auf die Ausbildung von Facharbeitern fokussiert und gleichzeitig, wie REFA, ebenfalls Arbeits- und Ermüdungsstudien sowie Experimente auf dem Feld der Industriellen Psychotechnik usw. durchzuführen begonnen. Darüber hinaus besaß das DINTA, wie REFA, enge Kontakte zum Kaiser-Wilhelm-Institut für Arbeitsphysiologie (KWI-A) in Dortmund. Seine zunächst in kleinem Maßstab durchgeführten Experimentreihen zur „nervösen Überbeanspruchung" bei dauerhafter Fließbandarbeit, zu „Antriebsmomenten bei weitgehend automatisierten Arbeitsformen" und anderen Folgewirkungen fordistischer Produktionsregime[54] weitete das KWI-A, das

52 Als Überblick: Hachtmann, Industriearbeit, insb. S. 72ff. Zur Arbeitsfront als Propagandist fordistischer Produktionsregime vgl. die im Entstehen begriffene DAF-Gesamtdarstellung des Verfassers.

53 Ders., Industriearbeit, S. 175–181.

54 Zum Verhältnis zwischen KWI-A und DINTA bzw. AfBuB sowie der DAF-Gesamtorganisation: ders., David gegen Goliath? Das Kaiser-Wilhelm-Institut für Arbeitsphysiologie und die Deutsche Arbeitsfront, in: Theo Plesser/Hans-Ulrich Thamer (Hrsg.), Arbeit, Leistung

Zentrum der arbeitswissenschaftlichen Grundlagenforschung in Deutschland, in den 30er Jahre systematisch aus.[55] Auch das DINTA bzw. AfBuB und die für diese Einrichtung tätigen Arbeitsingenieure fokussierten sich ab 1936 in den verarbeitenden Branchen zunehmend auf das an den Bändern beschäftigte Rationalisierungsproletariat sowie auf die Ausbildung hochwertiger Facharbeiter nun für die neuen Berufsfelder, die die Implementierung fordistischer Produktionsregimes mit sich brachte – als Einrichter, Reparaturhandwerker, Überwacher und Kontrolleure.

Auch z. B. die Aktivitäten und Kampagnen des KdF/DAF-Amtes „Schönheit der Arbeit“ erinnern an Leitlinien Fords, etwa seine Feststellung, dass „die absolute Voraussetzung für hohe Leistungsfähigkeit [...] saubere, helle und gut gelüftete Fabrikräume“ seien. „Ohne Sauberkeit keine Moral“, so Ford.[56] Ley hätte das nicht besser formulieren können. Leys Pläne für eine „betriebliche Gesundheitsführung“ bis hin zur Kasernierung chronisch kranker, schwer verletzter und invalider Arbeitnehmer hatte Ford gleichfalls vorweggenommen: Verletzte Arbeiter seien „durchaus imstande zu arbeiten“ und müssten nicht krankgeschrieben werden, so Ford. Er war stolz darauf, z. B. „Schwindsüchtige“ in „eigens dazu konstruierten Holzschuppen untergebracht“ zu haben.[57] Die Reihe der Analogien und konzeptionellen Verwandtschaften zwischen der DAF bzw. dem Nationalsozialismus generell auf der einen und Ford auf der anderen Seite ließe sich fortsetzen.

Der hier eingeführte Terminus „*Kriegs*fordismus“ unterstellt freilich bereits terminologisch Abweichungen, paradox formuliert, vom „Ford'schen Fordismus“. Entscheidende Differenz war, dass Ford im Rahmen seiner Sozialutopie die moderne Massenkonsumgesellschaft auf Basis einer angeblich krisenfesten Endlosschleife von Massenfertigung und Massenkonsum predigte. Auch den Nationalsozialisten schwebte Ähnliches vor – eine Massenkonsumgesellschaft. Sie wurde von ihnen langfristig durchaus ernsthaft avisiert, sollte freilich rassistisch segregiert sein. Bis 1939 entstanden markante Ansätze einer solchen Mas-

---

und Ernährung. Vom Kaiser-Wilhelm-Institut für Arbeitsphysiologie zum Max-Planck-Institut für molekulare Physiologie und Leibniz-Institut für Arbeitsforschung in Dortmund, Stuttgart 2012, S. 425–468; ders., Ein Kind der Ruhrindustrie? Die Geschichte des Kaiser-Wilhelm-Instituts für Arbeitsphysiologie von 1913 bis 1949, in: WestfF 60 (2010), S. 73–154, hier S. 133–136. Zum KWI-A während der NS-Zeit: Irene Raehlmann, Arbeitswissenschaft im Nationalsozialismus. Eine wissenschafts-soziologische Analyse, Wiesbaden 2005, S. 98–122 sowie den Beitrag von Irene Raehlmann in diesem Band.

55 Zitat: Hachtmann, Kind, S. 122.

56 Ford, Erfolg im Leben, S. 72f.

57 Ebd., S. 70f.

senkonsumgesellschaft. Der von der NS-Gemeinschaft „Kraft durch Freude“ als der größten Suborganisation der DAF organisierte Massentourismus wies konzeptionell und architektonisch fordistische Züge auf.[58] Auch die Volksprodukte und sonstigen sozialen Dienstleistungen, die das Wirtschaftsimperium der Arbeitsfront den deutschen „Volksgenossen“ offerierte, verweisen auf das Ziel einer rassistisch segregierten Massenkonsumgesellschaft. Faktisch jedoch blieb die NS-Gesellschaft trotz aller Ansätze ohne elaborierten Massenkonsum und mit ihrem Fokus auf Rüstungsproduktion – kriegsfordistisch. Dies, also ein Primat der Aufrüstung und Kriegswirtschaft bei gleichzeitig erzwungenem Konsumverzicht, mag ab 1939 bzw. 1941 auch für die anderen kriegführenden Industrienationen gegolten haben. Im Unterschied zu ihnen war der nationalsozialistische Kriegsfordismus jedoch insofern auf höchst fatale Weise einzigartig, als er zudem hochgradig rassistisch aufgeladen war.

Der Fordismus war als Produktionsregime, als gesellschaftsprägendes Konzept wie als Sozialutopie eine markante Signatur der Gesamtgeschichte des „kurzen“ 20. Jahrhunderts. Der Begriff ‚nationalsozialistischer Kriegsfordismus‘ ist ein wichtiger Aspekt, der den spezifischen Ort der NS-Diktatur innerhalb des „Fordistischen Jahrhunderts“ markiert. Fordismus beschränkt sich dabei nicht auf Fließband, Massenfertigung und Massenkonsum. Antonio Gramsci hat Ende der 20er Jahre hellsichtig beobachtet, dass der Fordismus darüber hinaus u. a. „die Notwendigkeit hervorgebracht [habe], einen neuen Menschentypen auszuarbeiten, der dem neuen Typus der Arbeit und des Produktionsprozesses konform ist“.[59] Das bezog sich nicht allein auf die ungelernten oder bestenfalls semi-qualifizierten Produktionsarbeiter am Band, sondern mindestens ebenso auf die neuen Facharbeiter mit ihren – im Vergleich zu vorfordistischen, noch stark handwerklich geprägten Tätigkeiten – stark veränderten Berufsfeldern. Ähnlich wie der italienische Faschismus, den Gramsci in erster Linie vor Augen hatte, war auch das Dritte Reich (dies kann hier nur als These formuliert werden) bemüht, einen neuen fordistischen Arbeitertypus auszubilden, der, statt den Werten der alten Arbeiterbewegung von Solidarität und Selbsthilfe zu folgen, einen individualistischen Leistungswillen und ein konkurrenzgeprägtes Karrierebewusstsein an den Tag legte. Statt den Betrieb zum Mittelpunkt seiner Sozialbeziehungen zu machen, rückten für diesen neuen Arbeitertypus außerdem zunehmend Konsum, Tourismus und überhaupt Freizeit ins Zentrum – nach dem

---

58 Hasso Spode, Fordism, Mass Tourism and the Third Reich. The „Strength through Joy“ Seaside as an Index Fossil, in: JSocH, 38 (2004), S. 127–155; Hachtmann, Tourismus-Geschichte, S. 160ff. u. 173ff.

59 Antonio Gramsci, Gefängnishefte. Kritische Gesamtausgabe, Bd. IX, Hamburg 1999, hier S. 2069.

Muster, wie sie KdF organisierte. Insbesondere die Arbeitsfront orientierte in ihren rationalisierenden Bemühungen wie ihren sozialintegrativen Aktivitäten auf „ein beinahe ‚amerikanisches' Leitbild des leistungsorientierten Arbeiters" (Detlev Peukert).[60] Die Spuren in die Nachkriegszeit sind deutlich sichtbar. ‚Amerika' wurde nicht erst ab 1945 zum Orientierungsrahmen. Nicht zuletzt die Deutsche Arbeitsfront hat Arbeitsbegriff und ebenso die Mentalitäten zahlloser Arbeitnehmer weit über 1945 hinaus nachhaltig geprägt und dabei unübersehbar Anleihen bei US-amerikanischen Vorbildern gemacht – wenn auch nicht so plakativ wie im Westdeutschland der Nachkriegszeit. Die NS-Organisation hat aus ihrer Orientierung an bestimmten Leitbildern jenseits des Atlantiks jedoch kein schamhaft verhülltes Geheimnis gemacht. Das den Ford'schen Werken von Dearborne nachgebildete und zum DAF-Konzern gehörige Volkswagenwerk am Mittellandkanal ist für die vielfältigen Affinitäten der Arbeitsfront zu Henry Ford und zum Fordismus bis heute das steingewordene Symbol geblieben.

60 Peukert, Volksgenossen, S. 43; ebd., S. 140 u. 287f.

Martin Becker

Die Betriebs- und die Volksgemeinschaft als Grundlage des „neuen" NS-Arbeitsrechts

Arbeitsrechtsideologie im NS-Rechtssystem

1 Vorbemerkung

Wie für alle anderen Wissenschaften bedeutete die Machtergreifung der Nationalsozialisten die Vertreibung hervorragender Wissenschaftler, die Einschnürung der Meinungs- und Wissenschaftsfreiheit sowie die Schaffung eines der Gelehrsamkeit in jeder Hinsicht feindlichen Klimas eine tiefe Zäsur. Auch für die Arbeitsrechtwissenschaft bedeutete das Jahr 1933 eine schwere Beschränkung. Die in Deutschland verbliebenen Wissenschaftler verhielten sich angesichts der vom Parteiprogramm der NSDAP propagierten Ersetzung des „der materialistischen Weltordnung dienenden" römischen Rechts durch ein „deutsches Gemeinrecht" kaum unterschiedlich. Zurückzufinden zum „Geist des deutschen Rechts" sollte die Pflicht sein, zu den das Recht tragenden Ideen, „die unverlierbar sind, solange es germanische Völker gibt". Deshalb sind die juristischen Lehren der NS-Zeit, also Rechtsbegriff, Staatsbegriff, Verfassung, Rechtsquellen, Gesetz und Gewohnheit, Richter, Auslegung, das Verhältnis Privatrecht-öffentliches Recht, subjektives Recht, Rechtsfähigkeit, Person, Schuldverhältnis, Vertrag, Grundrecht und Rechtsstaat in ihren Abhängigkeiten von besonderen Formeln und politischen Vorgaben zu analysieren.[1] Es ging um die Umsetzung und Effektuierung von antiliberalen und neoidealistischen Vorverständnissen in Rechtswissenschaft und Rechtspraxis.[2]

Was die Methodik angeht, so lassen sich generelle Aussagen kaum treffen. Wie stets forschten auch während der NS-Zeit mehrere Generationen von Wissenschaftlern nebeneinander, und sie verarbeiteten unterschiedliche Lebens- und Werterfahrungen, hatten unterschiedliche Ziele. Das umschließt auch die

---

1 Vgl. die vortreffliche Analyse von Joachim Rückert, Der Rechtsbegriff der deutschen Rechtsgeschichte der NS-Zeit, in: Joachim Rückert/Dietmar Willoweit (Hrsg.), Die deutsche Rechtsgeschichte in der NS-Zeit, Tübingen 1995, S. 177–190.

2 Vgl. Martin Becker, Arbeitsvertrag und Arbeitsverhältnis während der Weimarer Republik und in der Zeit des Nationalsozialismus, Frankfurt am Main 2005, S. 350.

Begriffs- und Dogmengeschichte im Sinne einer Wortverwendungsgeschichte und als Hauptschlüssel für die sprachliche Kommunikation über Recht.

2 Die arbeitsrechtliche Normsetzung des Dritten Reichs

Wer die Bedeutung der arbeitsrechtlichen Normsetzung für die Gestaltung des Arbeitslebens im Dritten Reich beurteilen will, muss sich vor Augen führen, dass gewisse zentrale Entscheidungen des NS-Regimes, anders als in einem Rechtsstaat, nicht in Gesetzesform und nicht aufgrund geltender Gesetze, sondern in der Form geheimer, zunächst nur den engsten Vertrauten Hitlers zugänglicher Befehle, Erlasse und dergleichen ergingen. Die Form entsprach dem häufig rechtswidrigen Inhalt.[3] Obwohl bereits das „Ermächtigungsgesetz" die Reichsregierung vom 24. März 1933 zum Gesetzgeber erhoben und Verfassungsdurchbrechungen durch Gesetze der Reichsregierung zugelassen hatte, fielen viele der Entscheidungen des NS-Regimes, die zu eklatanten Rechtsbrüchen des Dritten Reichs führten, durch Geheimbefehle und nicht in Gesetzesform.

Die Gesetzgebung während der gesamten Dauer des Dritten Reichs wurde zunächst und vor allem dadurch geprägt, dass bis Mitte 1934 alle „Hemmnisse" parlamentarischer, föderalistischer oder wirtschaftsdemokratischer Art, die sich der diktatorischen, politischen Lenkung und Entscheidung durch das NS-Regimes hätten entgegenstellen können, beseitigt wurden. Schon in den ersten Monaten der NS-Herrschaft zentrierte sich die Gesetzgebung völlig bei der Reichsregierung.[4]

Mit der schrittweisen Beseitigung der politischen Parteien sicherte das NS-Regime seine diktatorische Macht weiter ab und schaltete jede Art parlamentarischer Verantwortlichkeit oder Kontrolle aus. Grundlage und Ausgangspunkt des nationalsozialistischen Rechtssystems war damit das weltanschauliche Prinzip des absoluten Führertums. Das gesamte Volk, angefangen von den Einrichtungen des Staates bis zur kleinsten Gruppe, sollte von einem Führer repräsentiert werden, der in seiner Gewaltausübung sowohl in rechtlicher, als auch tatsächlicher Hinsicht nicht beschränkt sein sollte. Das so verstandene Führer-

---

3 Andreas Kranig, Lockung und Zwang. Zur Arbeitsverfassung im Dritten Reich, Stuttgart 1983, S. 20.

4 Karl Dietrich Bracher, Stufen der Machtergreifung, in: ders./Wolfgang Sauer/Gerhard Schulz, Die nationalsozialistische Machtergreifung, Frankfurt/Berlin/Wien 1974, S.232.

prinzip erschien als legitime Anknüpfung an seine angeblichen historischen Vorläufer in germanischer Zeit und als Erfüllung der Forderung der Wiedererstehung des König- und Kaisertums, das schon während der Weimarer Zeit von den rechtskonservativen Gruppierungen gefordert worden war. Diese NS-Ideologie war Mittel zum Zweck im Kampf um den Erhalt der politischen Macht und Legitimation der spezifischen Herrschaftsstruktur der NS-Bewegung.[5]

3 Die arbeitsrechtliche Normsetzung im NS-System

Die erste Phase der arbeitsrechtlichen Gesetzgebung reichte von der Machtergreifung bis in das Jahr 1936. In dieser Zeit wurde die im „Ermächtigungsgesetz" vorgesehene Zuständigkeit der Reichsregierung zur Normsetzung noch überwiegend eingehalten. Die arbeitsrechtlichen Regelungen aus dieser Zeit wurden in der Regel in den zuständigen Ressorts für Arbeit, Wirtschaft, Finanzen und Justiz entworfen und gegebenenfalls untereinander abgestimmt, von der Reichsregierung als „Gesetze" verabschiedet und in der für Gesetze vorgesehenen Form ausgefertigt und im Reichsgesetzblatt verkündet. Doch kündigte sich schon in dieser Zeit an, dass das NS-Regime sich bei der Gesetzgebung an die von ihm selbst im „Ermächtigungsgesetz" vorgesehenen Zuständigkeiten, Verfahren und Normen nicht gebunden fühlte.[6]

Vor allem diejenigen Regelungen, die sich mit dem Aufbau, der Organisation und den Aufgaben der Deutschen Arbeitsfront (DAF) befassten, wichen in mehrfacher Hinsicht von der üblichen arbeitsrechtlichen Normsetzung ab. Die DAF wurde nach der Liquidierung der freien Gewerkschaften durch Einberufung eines Gründungskongresses am 10. Mai 1933 ins Leben gerufen.[7] Der erste vorläufige Organisationsplan der DAF knüpfte teils noch an Organisationsformen der Gewerkschaften an: die DAF erschien zunächst als Auffangorganisation der Gewerkschaften. Sie nahm einige von deren Aufgaben, wie zum Beispiel Unterstützungszahlungen für arbeitslose Mitglieder sowie die Rechtsberatung der Mitglieder wahr, trat die Vermögensnachfolge der Gewerkschaften an und beschäftigte sogar noch eine Zeit lang frühere Gewerkschaftsfunktionäre weiter,

5 Ernst Fraenkel, Der Doppelstaat, Frankfurt am Main, 1974, S. 235; Bernd Rüthers, Die unbegrenzte Auslegung, 3. Auflage, Heidelberg 1988, S. 103f.

6 Kranig, Lockung, S. 26f.

7 Siehe dazu auch den Beitrag von Rüdiger Hachtmann in diesem Band.

die zur Anpassung an das NS-Regime bereit waren. Doch verwirklichte bereits der erste organisatorische Aufbau der DAF ansatzweise, wenn auch nicht in eindeutiger Form, das von Mansfeld als Exponent der Unternehmerinteressen vorgetragene Konzept einer wirtschaftsfriedlichen, harmonischen, „einheitlichen Berufsvertretung, in der Arbeitnehmer und Arbeitgeber nicht als Gegner, sondern als Kameraden zusammen arbeiten“.[8]

Noch 1933 fiel aber, entsprechend den Kräfteverhältnissen im Gefüge des nationalsozialistischen Herrschaftssystems, die Entscheidung darüber, dass die DAF ihre spezifisch gewerkschaftlichen Aufgaben und Organisationsstrukturen verlor. In dem „Aufruf an alle schaffenden Deutschen“ vom 27. November 1933[9] wurde klargestellt, dass die Gestaltung der materiellen Arbeitsbedingungen nicht Sache der DAF sei, sondern von den zuständigen staatlichen Stellen, ab 1934 auf der Grundlage des AOG die Treuhänder der Arbeit und von den Unternehmern in den Betrieben selbst wahrgenommen werden sollte. Im Jahr 1934 nahm deshalb die DAF jene Gestaltung an, die sie bis zum Ende des NS-Staates nicht mehr grundlegend ändern sollte. In diesem Jahr wurden auch die Arbeitgeber als Mitglieder in die DAF aufgenommen und das Prinzip der Einzelmitgliedschaft eingeführt. Drei Elemente bestimmten im Wesentlichen die Organisationsstruktur der DAF: die Zusammenfassung aller Entscheidungsbefugnisse in einem umfangreichen Ämterapparat an der Spitze der DAF, eine Gliederung, die die Arbeiter und die Unternehmer umfasste und die analog der Organisationsstruktur der NSDAP durchgeführte vertikale Gliederung. Der „Erlass des Führers und Reichskanzlers vom 24. Oktober 1934 über Wesen und Ziel der deutschen Arbeitsfront“[10], wurde die Rechtsgrundlage der DAF, die bis zum Ende des nationalsozialistischen Regimes in Kraft blieb. Es wurde ihr damit eine Ausgleichsaufgabe übertragen, die die nationalsozialistischen Grundsätze durchsetzen und zur Entlastung der staatlichen Organe führen sollte. Um es zugespitzt zu formulieren: das absolute Führertum schloss eben demokratische Teilhabe in Staat, Gesellschaft und Wirtschaft aus. Die Arbeitsverfassung sollte autoritär umgestaltet werden.

---

8 Werner Mansfeld, Deutsche Bergwerkszeitung vom 29.03.1933, zitiert nach Hans-Gerd Schumann, Nationalsozialismus und Gewerkschaftsbewegung. Die Vernichtung der deutschen Gewerkschaften und der Aufbau der „Deutschen Arbeitsfront“, Hannover/Frankfurt am Main 1958, S. 76; Kranig, Lockung, S. 28; Becker, Arbeitsvertrag, S. 401–405.

9 Martin Broszat, Der Staat Hitlers. Grundlegungen und Entwicklung seiner inneren Verfassung, 8. Aufl., München1979, S. 187; Timothy W. Mason, Sozialpolitik im dritten Reich, Opladen 1977, S. 111; Kranig, Lockung, S. 29.

10 Dokumentiert bei Martin Hirsch, Diemut Majer, Jürgen Meinck (Hrsg.), Recht, Verwaltung und Justiz im Nationalsozialismus, Köln 1984, S. 192f.

In den Anfangsjahren des Dritten Reichs übte deshalb in der Regel das Reichsarbeitsministerium – je nach der zu regelnden Materie im Zusammenwirken mit dem Reichswirtschafts-, Finanz- und Justizministerium – den entscheidenden Einfluss auf die Gestaltung der arbeitsrechtlichen Normen aus. Gerade diese Ressorts wurden von Politikern geleitet, die zwar einerseits nicht zu den engsten Vertrauten Hitlers zählten, andererseits jedoch zunächst große Bedeutung für den Bestand des NS-Regimes hatten.

4 Die Zerstörung der Weimarer Arbeitsverfassung, die Gemeinschaft als Grundlage des NS-Arbeitsrechts

War die Weimarer Arbeitsverfassung in ihrer Endphase durch die Bedrohung der Tarifautonomie, durch die vermehrten staatlichen Eingriffe und die Weiterentwicklung des Zwangsschlichtungswesens geprägt, so war dies für die Konsolidierungsphase der neuen Arbeitsverfassung im NS-System eine förderliche Rahmenbedingung.[11] Die Strukturen der Arbeitsverfassung während der Weimarer Zeit waren Ausfluss eines Verfassungsstaates und eines sozialen Rechtsstaates. Für die hierbei erzielten Errungenschaften war in der Staatskultur des Nationalsozialismus kein Raum mehr. Staat, Verfassung und Recht verschwanden auch aus dem Zentrum der NS-Arbeitsrechtspolitik und sollten einer autoritären Führungsordnung Platz machen. Für die Strukturen der Arbeitsverfassung bedeutet dies eine Re-Politisierung, die schließlich zu einer nahezu vollständigen Entrechtlichung des am Arbeitsverhältnis beteiligten Individuums führen sollte. Ideologisches Ziel war die „Überwindung des Klassenkampfes durch die Bildung einer alles umfassenden Volksgemeinschaft".[12]

Die sozialen Spannungen aus der Zeit der Weimarer Republik sollten autoritär umgestaltet, ihrer entsprechenden Organisations- und Artikulationsformen, wie Tarifautonomie und betrieblicher Mitbestimmung, beraubt werden. Soweit Massenorganisationen im nationalsozialistischen Herrschaftssystem bestehen blieben, sollten sie nicht die Funktion von Interessenvertretungen erfüllen,

11 Vgl. dazu Thilo Ramm, Nationalsozialismus und Arbeitsrecht, abgedruckt in: Redaktion Kritische Justiz (Hrsg.), Der Unrechtsstaat, Bd. 1, 2. Aufl, Baden-Baden 1983, S. 82ff; Becker, Arbeitsvertrag, S. 382ff.

12 Zum Sozialideal des Nationalsozialismus vgl. Bernd Rüthers, Die Betriebsverfassung im Nationalsozialismus, in: Arbeit und Recht 1970, S. 97; Becker, Arbeitsvertrag, S. 383.

sondern die Kontrolle der Individuen optimieren.[13] Resultierte der Interessengegensatz der beiden Gruppen aus ihrer unterschiedlichen persönlichen und wirtschaftlichen Stellung, dann musste der Interessenausgleich dort institutionalisiert werden, wo er am deutlichsten entsteht, nämlich im Betrieb.[14]

Die Ideologie der Betriebsgemeinschaft, wie sie bereits von der Rechtsprechung während der Weimarer Zeit forciert wurde, war Ausgangspunkt der Abschaffung jeglicher überbetrieblicher Interessenvertretung, der sozialen Selbstbestimmung. Sämtliche partikularen Interessen der am Arbeitsverhältnis Beteiligten sollte auf diese Weise absorbiert und durch das Interesse der Gemeinschaft ersetzt werden, um auf diese Weise Interessengegensätze zu überwinden und die Arbeitnehmer in das Gesamtsystem zu integrieren.

„Das neue deutsche Arbeitsrecht hat ein bestimmendes Moment darin, dass es Teil an der politischen Grundordnung, der ‚Verfassung' des völkischen Reiches, hat; es ist in seinem Kern Bestand einer Arbeitsverfassung. Zu jedem denkbaren Rechtssystem gehört ein ‚Arbeitsrecht', gehören also rechtliche Bedingungen, die für die Leistung abhängiger Arbeit gelten. Eine ‚Arbeitsverfassung' dagegen entsteht nur unter besonderen Voraussetzungen, wenn nämlich die Stellung der abhängigen Arbeit zu einem eminent politischen Problem geworden ist, das seine Lösung nur durch die politische Ordnung finden kann."[15]

Die Arbeitsrechtsentwicklung verschob sich von kontradiktorischen Interessenausgleichsverfahren hin zur staatlich-autoritären Gestaltung der Arbeitsbeziehungen. Später führte dies sogar dazu, nicht mehr die angeblich gemeinsamen Interessen zu betonen, sondern an ihre Stelle Pflichten zu setzen. Die Arbeitsleistung war auch nicht mehr rechtlich Privatsache, sondern eine Pflicht gegenüber der Betriebsgemeinschaft, der Untereinheit der Volksgemeinschaft. Arbeitsleistung wurde auch rechtlich zur Aufgabe und zum Amt. Die Arbeitsbeziehungen sollten refeudalisiert werden.

---

13 Ernst Fraenkel hat für diesen Sachverhalt seine bekannte Formel vom Doppelstaat geprägt. Seiner Analyse des Nationalsozialismus legt Fraenkel die Unterscheidung von „Maßnahmenstaat" und „Normenstaat" zugrunde. In den entscheidenden, konfligierenden Situationen habe sich der Normenstaat dem Maßnahmenstaat zu beugen (Fraenkel, Doppelstaat, S. 21, 70, 72, 75f, 185, 238f.). Danach sei das nationalsozialistische Rechts- und Wirtschaftssystem durch ein Nebeneinander von rationalem Normenstaat mit dem Schwerpunktbereich in der Wirtschaft und dem irrationalen Maßnahmenstaat für sämtliche andere gesellschaftliche Bereiche gekennzeichnet. Siehe hierzu die Auseinandersetzung mit Fraenkels Thesen: Bernhard Blanke, Der deutsche Faschismus als Doppelstaat, in: Redaktion Kritische Justiz (Hrsg.), Unrechtsstaat, Bd. 1, S. 59ff.

14 Wolfgang Siebert, Arbeit und Gemeinschaft, in: Deutscher Juristentag 1936, S. 187.

15 Ernst-Rudolf Huber, Die Arbeitsverfassung des völkischen Reichs, in: Zeitschrift der Akademie für Deutsches Recht 1937, S. 73.

5 Die Betriebsverfassung und die staatliche Lohnfestsetzung

Für die politischen Entscheidungsinstanzen schied aufgrund der Führer- und Gemeinschaftsideologie die Übernahme der Weimarer Betriebsverfassung aus, wollte man doch die Arbeitsbeziehungen auf eine neue Wertungsgrundlage stellen. Seinen prägnantesten Ausdruck fanden diese Wertungsgrundlagen des nationalsozialistischen Staates innerhalb der Arbeitsverfassung durch den Erlass des Gesetzes zur Ordnung der nationalen Arbeit (AOG), dessen Bestimmungen ihren gemeinsamen Bezugspunkt in der Überwindung der gegensätzlichen Interessenlage der Arbeitnehmer und Arbeitgeber hatten. Darüber führte Carl Schmitt aus: „Am klarsten aber hat der nationalsozialistische Gesetzgeber dem neuen Ordnungsdenken in seinem Gesetz ‚Gesetz zur Ordnung der nationalen Arbeit' Ausdruck verliehen. Dieses Gesetz ist ein gewaltiger Schritt, der mit einem Schlage eine ganze Welt individualistischen Vertrags- und Rechtsbeziehungsdenkens hinter sich lässt."

Als Stätte der Produktion sollte der Betrieb weiterhin eine außerstaatliche, private Einrichtung bleiben, als Stätte der Beziehungen zwischen den Beteiligten sollte er nach politisch-ideologischen Grundsätzen ausgerichtet werden. Allerdings wurde der Führergrundsatz angereichert mit der Gemeinschaftsideologie und der Begriff der „sozialen Ehre" in den Vordergrund gerückt in der Absicht, die großen Interessenkonflikte zu partikularisieren, wurden diese Zwecksetzungen für die betriebliche Ebene schließlich normativ-textlich festgelegt. Die Formulierungen lauteten: „Im Betrieb arbeiten der Unternehmer als Führer des Betriebes, die Angestellten und Arbeiter als Gefolgschaft gemeinsam zur Förderung der Betriebszwecke und zum gemeinen Nutzen von Volk und Staat, § 1 AOG."

§ 2 AOG legte die Aufgabenverteilung zwischen dem Betriebsführer und der Gefolgschaft fest: „Der Führer des Betriebes entscheidet der Gefolgschaft gegenüber in allen betrieblichen Angelegenheiten, soweit sie durch dieses Gesetz geregelt werden. Er hat für das Wohl der Gefolgschaft zu sorgen. Diese hat ihm die in der Betriebsgemeinschaft begründete Treue zu halten."

Die durch § 1 AOG statuierten „Betriebszwecke" und der „gemeine Nutzen" wurden aufeinander bezogen, wobei die Rangordnung der Ziele nicht textlich expliziert wurde. Politisch weltanschaulich sollte der Betrieb als „Urzelle der Wirtschaft" in politisch-sozialer Homogenität erscheinen. Die neue Betriebsverfassung definierte aber die Betriebsgemeinschaft als Führungsordnung, in der der Betriebsführer die alleinige Entscheidungsgewalt hatte. Gegengewicht gegen diese Machtstellung sollten nach der Konzeption des AOG die Kontroll-,

Eingriffs- und eigenen Gestaltungsbefugnisse der staatlichen Verwaltungsbehörde „Treuhänder der Arbeit“ sein. Doch waren diese Befugnisse durchgängig nicht zur staatlichen Oberleitung über das Arbeitsleben ausgebaut, sondern sollten nach Bedarf eingesetzt werden. Die Selbstgestaltungsbefugnisse innerhalb der Betriebsgemeinschaft im Verhältnis zur Volksgemeinschaft waren damit nicht klar erkennbar.[16] Rechtspositionen der Individuen waren auf diese Weise an zwei Pflichtenkreise gebunden, nämlich an den der Betriebsgemeinschaft und den der Volksgemeinschaft. Diese beiden Gemeinschaften sollten politische Werte transportieren und gerade nicht neue juristische Strukturen betrieblicher Selbstverwaltung ausbilden.

Später, in den Zeiten der Kriegswirtschaft, wurde allerdings die normative Geltungskraft des AOG zu Lasten der Pflichten aus der Volksgemeinschaft verschoben. Rhode fasste 1944 diesen Bedeutungswandel folgendermaßen zusammen: „Immer stärker ist der über- und außerbetriebliche Pflichtenkreis an jeden Einzelnen herangetragen worden, immer deutlicher ist jedem das Erlebnis des Volksseins geworden. Es hätte nicht erst der Lehre des Krieges bedurft, um den absoluten Vorrang aller volksgemeinschaftlichen Pflichten vor denen aus engeren Gemeinschaften durchzusetzen.“[17]

Die Arbeitnehmer sollten keine Lohnerhöhungen durchsetzen, der Unternehmer sollte seinen Wirtschaftsspielraum nicht mehr ausnutzen und die Betriebsgemeinschaft sollte nicht mehr ihre eigenen Zwecke verfolgen dürfen, ohne auf die Begrenzungen durch die Volksgemeinschaft Rücksicht nehmen zu müssen.

An der Spitze des Betriebes stand nunmehr der „Betriebsführer“, der als Ausfluss des kodifizierten Führerprinzips durch das AOG eine nahezu umfassende Alleinentscheidungsbefugnis in allen betrieblichen Angelegenheiten erhielt.

Das Alleinentscheidungsrecht war nicht ungebunden, sondern der „Betriebsführer“ erhielt eine gespaltene Stellung zugewiesen. Der Arbeitgeber übernahm auf der einen Seite eine übergeordnete Rolle gegenüber den Arbeitnehmern, die die Gefolgschaft bildeten. Auf der anderen Seite musste der Arbeitgeber aufgrund des Bezugs auf die Volksgemeinschaft verstärkte Pflichten übernehmen. Das Entscheidungsrecht des Führers des Betriebes wurde auch als ausgesprochenes „Pflichtrecht“ begriffen, denn es stehe ihm nicht um des

16 Becker, Arbeitsvertrag, S. 390; anderer Auffassung ist insoweit: Hermann Reichold, Betriebsverfassung als Sozialprivatrecht, München 1995: „Die Grundsätze der so festgelegten nationalsozialistischen Betriebsverfassung erwiesen sich in besonders prägnanter Weise als Mikrokosmos des politischen Makrosystems.“ (S. 338f.).

17 Rhode, Arbeitsrecht-Sozialrecht-Gemeinschaftsrecht, 1944, S. 21.

Rechts wegen zu, sondern um der Pflicht willen, die Betriebsgemeinschaft zu führen, für das Wohl der Gefolgschaft zu sorgen und den Betrieb zum gemeinen Nutzen von Volk und Staat zu fördern.[18] Analog der geänderten Wirtschaftsordnung unterschied das AOG rechtlich zwischen dem Unternehmer einerseits und dem Betriebsführer andererseits. Der Gesetzgeber wollte den „Unternehmer" als den für das soziale Geschehen verantwortlichen „Führer" zeigen. Wenn auch in der Regel der „Betriebsführer" und der Unternehmer personenidentisch waren, so war im AOG eine differenzierte Funktionenverteilung rechtlich angelegt. Der Begriff „Unternehmer" meinte die Eigentümerstellung an den Produktionsmitteln und die Abschlusskompetenz für den Arbeitsvertrag. Die Unternehmereigenschaft war nicht mehr notwendig die Voraussetzung für die Betriebsführereigenschaft, sondern durch die Betriebsführerstellung wurde die vormals privatrechtliche Organisationsbefugnis ihrer rein privatrechtlichen Grundlage entkleidet. Dies verwies auf ein im Nationalsozialismus vorhandenes Strukturproblem: aufgrund der gespaltenen Stellung des Unternehmers wurde die Abstimmung zwischen Wirtschafts- und Arbeitsverfassung zum Problem.[19] Auch das unklare Verhältnis zwischen den Pflichtenkreisen aus der Betriebsgemeinschaft und der Volksgemeinschaft führte dazu, Betrieb und Betriebsführer mit öffentlich-rechtlichen Qualitäten auszustatten, um auf diese Weise das geänderte Verhältnis zwischen Staat und Arbeitsverfassung auszudrücken: „Während das Unternehmen als wirtschaftlich-geschäftliche Einheit bisher in der Sphäre des privaten Rechts verblieben ist, ist die Betriebsgemeinschaft von dieser privatrechtlichen Grundlage abgelöst und zur öffentlichen Organisation geworden (...). Der Unternehmer hat eine deutliche Doppelstellung erhalten; er ist als Herr des Unternehmens privatrechtlicher Rechtsträger, als Führer des Betriebes aber Organ eines öffentlichen Verbandes."[20]

Damit wurde die neue funktionale Aufgabenverteilung zwischen dem „Betriebsführer" und dem Unternehmer nicht nur durch den Führergrundsatz geprägt, sondern auch durch den Bezug der Eingangsbestimmungen des AOG auf das allgemeine Prinzip der Volksgemeinschaft bezogen. „Geht der Gefolgsführer ein Arbeitsverhältnis ein, so übernimmt er damit als Unternehmer nicht nur dem Gefolgen gegenüber die Pflicht zur Lohnfortzahlung, sondern der Gesamtakt, der das Arbeitsverhältnis schafft, stellt zugleich eine Pflichtbeziehung des Unternehmers zur Volksgemeinschaft her, weil er sich auch ihr gegenüber zur

18 Rolf Dietz, in: Alfred Hueck, Hans-Carl Nipperdey, Rolf Dietz, AOG, 4. Aufl. 1943 München, S. 2 Anm. 9.

19 Vgl. hierzu mit weiteren Nachweisen: Becker, Arbeitsvertrag, S. 392.

20 Ernst Rudolf Huber, Betriebsordnung und Tarifordnung, in: Juristische Wochenschrift 1934, S. 1017 (1019).

Versorgung dieser Gefolgen anstelle der Volksgemeinschaft für die Dauer des Arbeitsverhältnisses verpflichtet."[21]

Ob nun die Rechtsstellung des „Betriebsführers" ein Amt war, das die Erledigung von öffentlichen Aufgaben umfasste, oder ohne eine solche Organstellung ist letztlich ohne Belang, wenn man sich nur vergegenwärtigt, dass die allgemeinen Wertungsprinzipien des nationalsozialistischen Rechtssystems wie Führertum und Volksgemeinschaft gleichzeitig einen Wechsel in der systematischen Einordnung in Teilrechtsgebiete herbeiführen sollten.

Dem „Führungsrecht" kam hierdurch eine andere Bedeutung zu, als dem privatrechtlich verstandenen Direktionsrecht des Unternehmers. Die Legitimation der weitgehenden Entscheidungsbefugnisse war nicht mehr die subjektive Willensmacht des Unternehmers als Rechtssubjekt, sondern hatte einen funktionalen Bezug zu den betrieblichen Rationalitätskriterien und der „Arbeit zum gemeinen Nutzen von Staat und Volk". War das Direktionsrecht des Unternehmers in der Vergangenheit ein Bestandteil der unternehmerischen Handlungsfreiheit, so war es nunmehr funktional auf übergeordnete Zwecke bezogen, was jedoch für die Arbeitnehmer keine Beschränkung der betrieblichen Entscheidungsbefugnisse des Unternehmers bedeutete, da das AOG die Entscheidungsbefugnis „in allen betrieblichen Angelegenheiten" wieder herstellte. Der Betriebsführer war aber in seine Handlungen nicht unbeschränkt frei, sondern vor allem an die Tarifordnungen der Treuhänder der Arbeit gebunden. Dem Staat verblieben durch die von ihm ernannten Treuhänder eine Reihe von Aufsichtsbefugnissen und Einwirkungsrechte.[22]

Die im Betrieb beschäftigten Arbeiter und Angestellten bildeten nach der Terminologie des AOG die „Gefolgschaft". Sie waren dem Betriebsführer zur Treue verpflichtet und hatten sich für die Förderung des Betriebszwecks einzusetzen. Gemeinsam mit dem Betriebsführer bildeten sie die „Betriebsgemeinschaft", welche dem gemeinen Nutzen von Volk und Staat zu dienen hatte. „Betriebsführer", „Gefolgschaft", „Fürsorgepflicht" und „Treuepflicht" waren Begriffe, deren innerer Zusammenhang durch die Betriebsgemeinschaft hergestellt werden sollte. Eine Funktion der Betriebsgemeinschaft bestand darin, die in jeder industriellen Betriebsverfassung angelegten Spannungen und Gegensätze durch die Entscheidungsbefugnisse zu beseitigen.

Obwohl die Betriebsgemeinschaft der Mittelpunkt der nationalsozialistischen Arbeitsverfassung werden sollte, wurde sie, wie das Gemeinschaftsprinzip als allgemeines Wertungsprinzip insgesamt, nicht näher gesetzlich konkre-

21 Rhode, Arbeitsrecht, S. 102f.

22 Ramm, Nationalsozialismus, S. 82(86); Rüthers, Betriebsverfassung, S. 97(100).

tisiert. Die Inhaltsbestimmung sollte in den außerrechtlichen Bereich verlagert werden, um den zur Inhaltsbestimmung berufenen Entscheidungsinstanzen eine weitgehende Freistellung von gesetzlichen Wertungen zugunsten von politischen und ökonomischen „Sachgesetzlichkeiten" zu ermöglichen. Der Verzicht auf die Legaldefinition der Betriebsgemeinschaft konnte zu einer je nach den betrieblichen Erfordernissen bestimmten Anpassung der gegenseitigen Rechte und Pflichten führen, denn das Moment der vertraglichen oder rechtlichen Bestimmtheit lag nicht mehr in der Norm selbst, sondern in der Wirklichkeit der konkreten Ordnung des Betriebes. Es sollte neues Bewusstsein hergestellt werden. Der NS-Arbeitsrechtler Siebert gründete darauf dann seinen Ansatz vom Arbeitsverhältnis in Übereinstimmung mit Carl Schmitt als „konkrete Ordnung". „Wahre Gemeinschaft ist eben gerade nicht nur Richtlinie, Maßstab und Synthese. Die unmittelbare Durchführung des Gedankens der Betriebsgemeinschaft muss vielmehr ausgehen von der wesensmäßigen Einheit und Ganzheit dieser Gemeinschaft. Diese Einheit und Ganzheit ist lebendiges und geltendes Recht (§§ 1, 2 AOG)."[23]

Hinter dem Begriffsnebel der „konkreten Ordnung" und der Betriebsgemeinschaft kamen bei näherer Betrachtung die Betriebsstrukturen einer einseitigen Machtunterworfenheit der Arbeitnehmer und der Ausgrenzungsmöglichkeiten der Arbeitgeber und der politischen Instanzen zum Vorschein. So kam die Rechtsprechung, wie auch die Wissenschaft, ohne ausdrückliche normative Grundlage zu dem Ergebnis, dass das AOG auf jüdische Arbeitnehmer keine Anwendung finden könne, weil Juden aufgrund ihrer fehlenden „Artgleichheit" keine Gefolgschaftsangehörigen sein könnten. Diese Rechtsprechung wurde durch verschiedene Verordnungen nachträglich legitimiert, indem für jüdische Arbeitnehmer sowie für Fremdarbeiter ein Beschäftigungsverhältnis eigener Art geschaffen wurde.

Die von den Treuhändern der Arbeit erlassenen Tarifordnungen wurden zu einem der bedeutsamsten arbeitsrechtlichen Gestaltungsmittel der Arbeitsbeziehung. Die Verstaatlichung des Tarifwesens zielte auf die Verhinderung der Möglichkeit von Arbeitskämpfen, die schon durch die Beseitigung der Tarifvertragsparteien vorgezeichnet war. Die alleinige Zuständigkeit der staatlichen Treuhänder für die Festsetzung tariflicher Regelungen sollte gesellschaftliche Konfliktaustragung ausschließen, um die Entscheidungen autoritär an die jeweiligen Staatszwecke binden zu können. Wenn auch als Ausnahme gedacht, so konnte auf eine überbetriebliche Regelung der Arbeitsbedingungen weder

23 Wolfgang Siebert, Das Arbeitsverhältnis in der Ordnung der nationalen Arbeit, Hamburg 1935, S. 63.

aus politischen, noch aus ökonomischen Gründen verzichtet werden. Denn da die Betriebsführer ihr durch das AOG gewährte Alleinentscheidungsrecht leicht zu Lohnsenkungen nutzen und damit den beschworenen Arbeitsfrieden gefährden konnten, musste die Möglichkeit einer bindenden Lohnfestsetzung durch den Staat geschaffen werden.

Die staatliche Reglementierung der Arbeitsbedingungen ging schließlich dazu über, zur Sicherung der Geldwertstabilität Höchstlöhne festzusetzen.[24] Bei den Aufgaben und Maßnahmen der Reichstreuhänder stand von Anfang an die Lohnpolitik im Vordergrund. Schließlich wurde die Lohnfestsetzung als Mittel der allgemeinen Wirtschaftslenkung eingesetzt.[25] Rechtsgrundlage hierzu war später dann die Verordnung des Beauftragten für den Vierjahresplan über die Lohngestaltung vom 25.06.1938, die Kriegswirtschaftsverordnung vom 04.09.1939 und die Durchführungsverordnung zur Verordnung über die Lohngestaltung vom 23.04.1941. Durch die staatliche Festsetzung der Arbeitsbedingungen sollte der Gegenstand der arbeitsvertraglichen Abmachungen, sowohl auf individueller, als auch auf kollektiver Ebene den unmittelbar Betroffenen entzogen werden, um von einer staatlichen Entscheidungsinstanz autoritär festgesetzt zu werden. Folgerichtig wurde die Wirkkraft der Tarifordnungen dahingehend erweitert, dass sie für die wichtigsten Arbeitsbedingungen die Löhne, Grenzen nach unten und nach oben festsetzen konnten. Ein Verzicht auf eine staatliche Lohnpolitik hätte eine dysfunktionale Entwicklung der Arbeitsbedingungen im Blick auf die übergeordneten wirtschaftlichen und politischen Ziele der NS-Machthaber bedeuten können. Die Betriebsverfassung und die staatliche Lohnfestsetzung ordneten sich in die allgemeinen Zwecksetzungen und Entwicklungen des Rechts- und Gesellschaftssystems ein, um letztendlich auch für den Bereich der Arbeitsbeziehungen eine refeudalisierte Struktur zu installieren. Es entstand eine omnipotente Verwaltungszuständigkeit, die vor allem für die „Erhaltung des Arbeitsfriedens zu sorgen hatte," § Abs. 1 S. 1 AOG.

6 Das Kündigungsrecht

Eines der wirksamsten Mittel zur Disziplinierung der Arbeitnehmer war die Kündigungsmöglichkeit für den Arbeitgeber. Die Kündigungspraxis während der Zeit des Nationalsozialismus war für die außerordentliche Kündigung weit-

24 Kranig, Lockung, S. 66ff.

25 Wolfgang Siebert, Die deutsche Arbeitsverfassung, 2. Aufl. 1942, Hamburg, S. 60.

gehend bestimmt durch die Generalklausel des § 626 BGB und der Parallelnormen im Handelsgesetzbuch und in der Gewerbeordnung.[26]

Die ordentliche Kündigung war dagegen grundsätzlich unbeschränkt zulässig, allerdings konnte sich der Arbeitnehmer gegen eine solche Kündigung mit der Widerrufsklage zur Wehr setzen, indem der geltend machte, dass sie „unbillig, hart und nicht betriebsbedingt" sei, § 56 AOG[27]. Die Widerrufsklage musste binnen zwei Wochen beim Arbeitsgericht eingereicht werden, und ihr war eine Bescheinigung des Vertrauensrates beizufügen, wonach eine Weiterbeschäftigungsmöglichkeit erfolglos beraten worden war, § 56 Abs. 2 AOG. Der Arbeitgeber war allerdings selbst bei einem der Klage stattgebenden Urteil nicht zur Wiedereinstellung des Arbeitnehmers verpflichtet. Er hatte die Wahl, eine vom Gericht festgesetzte Entschädigung zu zahlen, um die Wiedereinstellung zu verhindern, § 57 AOG. Wertungsgrundlage und in der richterlichen Entscheidungspraxis bestimmend war auch hier die Gemeinschaftsideologie, um die Rechtsbegriffe „unbillige Härte" und „wichtiger Grund" im Sinne der politischen Erfordernisse auszulegen. Hierbei spielten der Schutz der „Volksgemeinschaft" vor „Volksschädlingen" und der Schutz der Betriebsgemeinschaft eine eminent wichtige Rolle. Des Öfteren wurde auch die Begründung, eine Weiterbeschäftigung des Arbeitnehmers gefährde den Betriebsfrieden und sei deshalb betriebsbedingt, zum Argumentationstopos. Jede sozial- oder wirtschaftspolitische Kritik konnte damit als Störung des Gemeinschaftsgeistes erachtet und zum Anlass einer sofortigen Kündigung genommen werden.

7 Fazit

Die traditionellen Rechtsquellen im Arbeitsrecht, wie das parlamentarische Gesetz, der Tarifvertrag frei gebildeter Koalitionen, die Betriebsvereinbarung zwischen Arbeitgeber und Betriebsrat oder der Arbeitsvertrag standen der Forderung nach einer völkischen Rechtserneuerung im Sinne des NS-Staates im Wege. Sie konnten ihr jedenfalls nicht ausreichend dienen. Die nationalsozialistische Revolution berief sich daher, wie viele andere Revolutionen vor ihr, auf den Dualismus von Recht und Gesetz, von Geist und Buchstaben. Strenge Geset-

26 Siehe hierzu den Überblick über die Rechtsprechung bei Rüthers, Auslegung, S. 237ff.

27 Probleme des damaligen Kündigungsschutzrechts beschreibt aus zeitgenössischer Sicht Wolfgang Siebert, Kündigung und Kündigungsschutzverfahren im Arbeitsrecht, in: Deutsches Recht 1935, S. 566ff; ders., Probleme des Kündigungsschutzes im Arbeitsrecht, in: Zeitschrift der Akademie für Deutsches Recht 1936, S. 143ff.

zestreue wurde als leerer, formaler Normativismus und Positivismus diffamiert. Die Gesetze sollten ihre zentrale Bedeutung für Recht und Rechtsanwendung verlieren. Das völkische Rechtsdenken „belässt vor allem das Gesetz nicht in seiner isolierten Stellung, sondern stellt es in den Gesamtzusammenhang einer Ordnung hinein, deren Grundgedanken übergesetzlicher Natur sind“[28].

Neben die herkömmliche Gesetzesordnung traten vor allem vier neue konkurrierende Rechtsquellen. So wurde der Führerwille für verbindlich erklärt, da dem „erwählten, gottgesandten Führer die Gnade vorbehalten war, den Volksgeist von Angesicht zu Angesicht zu schauen“.[29] Selbst Ausnahmesituationen wurden mit dieser neuen Rechtsquellenlage gerechtfertigt: „Der Führer schützt das Recht vor dem schlimmsten Missbrauch, wenn er im Augenblick der Gefahr kraft seines Führertums als oberster Gerichtsherr unmittelbar Recht schafft.“[30]

In ähnlicher Weise wurden die „nationalsozialistische Weltanschauung“ und das „gesunde Volksempfinden“ im Sinne eines rassisch bestimmten Volkstums einer auf „Artgleichheit“ gegründeten Volksgemeinschaft zu unmittelbaren Rechtsquellen erhoben. Das Parteiprogramm der NSDAP wurde wie ein geltendes Gesetz der Rassenpolitik gelesen und angewendet.

Eine feste Rangfolge der neuen konkurrierenden Rechtsquellen wurde nicht bestimmt. Die praktischen Entscheidungen waren folglich nicht mehr vorhersehbar. Um die eintretende Rechtsunsicherheit zu verteidigen, wurde heftig gegen die Berechenbarkeit des Rechts polemisiert. Auch die Auslegung musste einer Auslegung im nationalsozialistischen Sinne sein.[31] An die Stelle der Auslegung der geltenden Gesetze sollte nun gleichsam die Einlegung der NS-Weltanschauung treten, wie sie im Parteiprogramm der NSDAP und in Äußerungen Hitlers Ausdruck gefunden hatte. Die Rechtswissenschaft machte sich deshalb auf die Suche nach neuen Formen und Wegen, diese Forderungen zu erfüllen.

Für das Arbeitsrecht und das Arbeitsleben hatte dies weitreichende Konsequenzen: Der Gedanke der individuellen Selbstbestimmung durch Privatautonomie war damit auch im Individualarbeitsrecht nicht mehr die ausschlaggebende Wertungsgrundlage. An die Stelle eines im Ausgangspunkt auf dem Prinzip der Privatautonomie beruhenden Individualarbeitsrechts ist in der Endphase des NS-Regimes ein auf staatlichem Zwang und Dienstpflicht beruhendes

---

28 Karl Larenz, Über Gegenstand und Methode des völkischen Rechtsdenkens, Berlin 1938, S. 33.

29 Schönfeld, Zur geschichtlichen und weltanschaulichen Grundlegung des Rechts, Deutsche Rechtswissenschaft Bd IV (1939), S. 201(215).

30 Carl Schmitt, Der Führer schützt das Recht, Deutsche Juristenzeitung 1934, Sp 1945(1946).

31 Carl Schmitt, Nationalsozialismus und Rechtsstaat, Juristische Wochenschrift 1934, S. 713 (717).

Arbeitsverwaltungsrecht getreten. Der vormalige Fixpunkt, der „freie" Arbeitsvertrag, individuelle Selbstbestimmung oder soziale Selbstbestimmung durch Koalitionen oder Betriebsräte waren nicht mehr vorhanden, jedenfalls nicht mehr bedeutsam für die geänderten Wirtschafts- und Arbeitsbedingungen.

Mit der Identifizierung von Recht und nationalsozialistischer Weltanschauung im Arbeitsverhältnis konnte dieses hinsichtlich der einzelnen Pflichten, vor allem der Treue und Fürsorgepflichten, vollständig ideologisiert, politisch instrumentalisiert werden. Es ging eben bei fast allen Autoren nicht mehr um die Abgrenzung der gegenseitigen Rechtssphären im Arbeitsverhältnis, schon gar nicht um die Freiheit vor dem Arbeitsverhältnis, ganz gleich, ob vertragsrechtlich oder schuldrechtlich definiert. Nahezu einheitlich ging es um das Gesamtziel der autoritären und totalitären Gestaltung des „Arbeitslebens der Nation" innerhalb eines „auf Ehre, Treue und Fürsorge gegründeten und durch den Betriebsführer gestalteten Gemeinschaftsverhältnisses".

In der totalen Gemeinschaft, in der der Arbeitnehmer vollständig und unbegrenzt seine Arbeitskraft zur Verfügung zu stellen hatte, war der Schutz der individuellen Freiheitsrechte sinnlos geworden, denn es konnte eine Verletzung des privaten Freiheitsraumes nicht mehr geben. Das Privatrecht, insbesondere verbindliche Selbstgestaltungsmöglichkeiten der Individuen, sollten nachhaltig aus dem Arbeitsverhältnis eliminiert werden. Es kam bei den wissenschaftlichen Autoren zu mehr oder weniger ausgeprägten Abrechnungen mit dem Liberalismus, dem Positivismus, dem Normativismus, der liberalen Rechtsstaatlichkeit und der Gesetzesbindung, sowie im gleichen Atemzug zu Hinwendungen zu „Führertum" und „Gefolgschaft", zur „Betriebsgemeinschaft" und „Volksgemeinschaft" als Geltungsgründen, unübersteigbaren Schranken und letzten Zielen im Arbeitsverhältnis.

Es ging nicht mehr um die richterliche Entscheidungsfindung auf der Grundlage allgemeiner, fester, klarer Begriffe, sondern um die mehr oder weniger emotional-politisierte Dezision. Es sollten mehr oder weniger „konkrete" politische Entscheidungen produziert werden. Zwar wurden von der höchstrichterlichen Rechtsprechung neue, zumindest geänderte Anspruchsgrundlagen wie die Treuepflicht, die Fürsorgepflicht, die konkrete Ordnung des Betriebes, der Gleichbehandlungsgrundsatz benannt, aber immer wieder mit deutlichen Geltungsvorbehalten ausgestaltet, so dass von festen, klaren oder verhaltenssteuernden Rechtssätzen nicht ausgegangen werden kann. Was als weltanschaulich richtig erkannt war, musste auch über dem positiven Recht gelten. Und das hieß politisch: die Abwendung von der parlamentarischen Demokratie, von der Gewaltenteilung, von der arbeitsteiligen Trennung von Rechtsanwendung und Rechtspolitik. Rechtssicherheit war damit obsolet.

Irene Raehlmann

Forschungen des Kaiser-Wilhelm-Instituts für Arbeitsphysiologie im Nationalsozialismus

Das Kaiser-Wilhelm-Institut (KWI) für Arbeitsphysiologie wurde Ende 1912 gegründet und nahm Anfang 1913 zunächst in Berlin unter dem Physiologen und Hygieniker Max Rubner (1854–1932), Professor an der Berliner Universität, seine Arbeit auf. Unter seinem Nachfolger, dem Mediziner/Physiologen Prof. Dr. Edgar Atzler (1887–1938), wechselte das Institut Ende 1929 nach Dortmund ins Ruhrgebiet. In Münster wurde noch eine Zweigstelle unter der Leitung von Prof. Dr. Erich Albert Müller (1898–1977) eingerichtet, die bereits Anfang 1941 ihre Tätigkeit einstellte. An den Ergebnissen der Forschung waren nicht nur die Industrie, sondern auch das Militär und der Sport interessiert. Vor allem für das Militär erwiesen sie sich als „eminent wichtig".[1]

Das KWI entwickelte sich nach dem Zweiten Weltkrieg – nun als Max-Planck-Institut – unter der Leitung des Mediziners/Physiologen Prof. Dr. Gunther Lehmann (1897–1974) zum institutionellen Zentrum der Arbeitswissenschaft, was sich schon darin zeigt, dass sich die entsprechenden Hochschullehrer der fünfziger bis achtziger Jahre ganz überwiegend aus dem wissenschaftlichen Personal dieses Instituts rekrutierten. Heute ist es nicht mehr Mitglied der Max-Planck-Gesellschaft (MPG). Unbenannt wurde es 2009 in Leibniz-Institut für Arbeitsforschung an der Technische Universität Dortmund.[2] Gut möglich, dass diese institutionelle Veränderung auch dem Strukturwandel im Ruhrgebiet geschuldet ist. Schwere körperliche Arbeit im Bereich von Bergbau und Eisen/Stahl war nämlich in der Vergangenheit ein wichtiger Aspekt des Forschungsprofils.

Die Entwicklung der Arbeitswissenschaft als eine angewandte und mithin eine dem Anspruch nach interdisziplinäre Wissenschaft steht im Zusammenhang mit der in den zwanziger Jahren des vergangenen Jahrhunderts von Vertretern maßgeblicher Verbände und Wissenschaftsdisziplinen geführten Diskussion über Rationalisierung bzw. Rationalisierung der Arbeit. Unter dem Dach der

1 Rüdiger Hachtmann, Ein Kind der Ruhrindustrie? Die Geschichte des Kaiser-Wilhelm-Instituts für Arbeitsphysiologie von 1913–1945, in: WestfF 60 (2010), S. 73–154, hier S. 132.

2 Zeittafel zur Geschichte des KWI für Arbeitsphysiologie, in: Theo Plesser/Hans-Ulrich Thamer (Hrsg.), Arbeit, Leistung und Ernährung. Vom Kaiser-Wilhelm-Institut für Arbeitsphysiologie in Berlin zum Max-Plank-Institut für molekulare Physiologie und Leibniz Institut für Arbeitsforschung in Dortmund, Stuttgart 2012, S. 25f.

Arbeitswissenschaft versammelten sich hierzu Vertreter der Natur-, Ingenieur- sowie der Wirtschafts- und Sozialwissenschaften. Schon 1920 wurde unter dem vorgesehenen Leiter Max Weber (1864–1920), der allerdings noch im gleichen Jahr starb, der Reichsausschuss für Arbeitswissenschaft gegründet, der ein interdisziplinäres Forschungsprogramm voran bringen sollte. Der Ausschuss scheiterte kurz nach der Einberufung am Widerstand der Industrie.[3] Zur Interdisziplinarität hatte Weber im Rahmen der Forschungen des Vereins für Socialpolitik bereits wichtige methodologische Grundlagen gelegt.[4] Zudem hatte er bis heute aktuelle Ausführungen zum Problem der Wertfreiheit und zur Objektivität in der (Sozial)Wissenschaft gemacht, die uns im weiteren Verlauf noch beschäftigen werden.[5] In den arbeitswissenschaftlichen Konzepten, die in der Weimarer Republik entwickelt wurden – vornehmlich von Psychologen wie Otto Lipmann (1880–1933), Paul Plaut (1894–1960) und Fritz Giese (1890–1935) – ist der wissenschaftliche Einfluss Webers offensichtlich.[6] Diese so genannte Versozialwissenschaftlichung – eine durchaus gängige Tendenz – bedeutet zugleich, dass die Soziologie als Disziplin in der Regel explizit keine Rolle spielt.[7]

Technik und Arbeitsorganisation sind wichtige Ansatzpunkte der Rationalisierung. Insofern kann nicht erstaunen, dass Frederick Winslow Taylor (1856–1915) mit seinem System der Wissenschaftlichen Betriebsführung als ein wichtiger, aber umstrittener Gründer der Arbeitswissenschaft gilt.[8] Ein zentraler Vorwurf lautet, Taylor orientiere sich letztlich an Maximalleistungen und betreibe dadurch Raubbau am Menschen. Es handele sich daher um eine „Fehlrationalisierung".[9] In der damaligen Diskussion tauchten unterschiedliche

3 Irene Raehlmann, Interdisziplinäre Arbeitswissenschaft in der Weimarer Republik. Eine wissenschaftssoziologische Analyse, Opladen 1988, S. 50ff.

4 Max Weber, Methodologische Einleitung für die Erhebungen des Vereins für Socialpolitik über Auslese und Anpassung (Berufswahlen und Berufschicksal) der Arbeiterschaft in der geschlossenen Großindustrie (1908), in: ders., Gesammelte Aufsätze zur Soziologie und Sozialpolitik, Tübingen 1924, S. 1–60; ders., Zur Psychophysik der industriellen Arbeit (1908/9), in: ebd. S. 61–255.

5 Max Weber, Die „Objektivität" sozialwissenschaftlicher Erkenntnis, in: ders., Soziologie, Weltgeschichtliche Analysen, Politik, 3. durchg. und erg. Aufl., Stuttgart 1964, S. 186ff.; ders., Der Sinn der „Wertfreiheit" der Sozialwissenschaften, in: ebd., S. 263ff.

6 Raehlmann, Arbeitswissenschaft Weimarer Republik, S. 88ff.

7 Irene Raehlmann, Arbeitswissenschaft und Soziologie – eine produktive Beziehung?, in: Soziologie 3 (2009), S. 307–315.

8 Frederick Winslow Taylor, Die Grundsätze wissenschaftlicher Betriebsführung, München/Berlin 1919.

9 Otto Bauer, Kapitalismus und Sozialismus nach dem Weltkrieg, Bd. I.: Rationalisierung – Fehlrationalisierung, Berlin 1931.

Begriffe auf wie physiologische Rationalisierung, psychoenergetisches Optimum, Optimalisierung, Arbeitsbestgestaltung. Sie avancierten zum Leitbild arbeitswissenschaftlicher Forschung und Gestaltung, etwa vergleichbar mit dem heute üblichen Zielkonzept Humanisierung der Arbeit, menschengerechtere Arbeitsgestaltung, gute Arbeit, dass auch das von der Sozial-liberalen Koalition (1969–1982) Anfang der siebziger Jahre initiierte Forschungs- und Aktionsprogramm „Humanisierung der Arbeit" programmatisch anleitete.[10] Gleichwohl waren sich die ArbeitswissenschaftlerInnen trotz anders lautender Rhetorik in der Mehrzahl stets bewusst, dass die betriebliche Praxis eher Maximal- denn Optimalleistungen anstrebt. Es geht ihr stets um Kosten- und nicht um Kraftersparnis. WissenschaftlerInnen können nicht damit rechnen, dass ihre Vorschläge zur Arbeitsgestaltung unmittelbar umgesetzt werden. Vielmehr sind diese – zumal seit der Novellierung Betriebsverfassungsgesetzes 1972 (vgl. §§ 90, 91) – Gegenstand von Verhandlungen zwischen Management und Betriebsrat. Das bedeutet, dass Verbesserungen der Arbeitsbedingungen mit einer Verschlechterung einhergehen können. Beispielweise kann eine ergonomische Verbesserung zu einer Arbeitsintensivierung führen. Die diesbezüglichen Erfahrungen wissenschaftlicher ExpertInnen sind daher durchaus ernüchternd, denn ihr Einfluss ist eher indirekt. Das gilt ebenfalls für die NS-Zeit. Von einer unmittelbaren, direkten Umsetzung kann auch hier nicht ausgegangen werden.

Die Forschungen in der NS-Zeit bedeuteten vielfach keinen grundlegenden Neuanfang, sondern weisen durchaus Kontinuität zur bisherigen und auch späteren Forschung auf. Die Radikalisierung während dieser Zeit bestand etwa darin, dass bisherige normative Begrenzungen offiziell, häufig auch inoffiziell außer Kraft gesetzt wurden. Die wissenschaftliche Neugier und der Ehrgeiz der Forscher waren allem Anschein nach allemal größer, als es ihre eventuell noch vorhandenen moralischen Skrupel waren. Allerdings führten erst die politischen und gesellschaftlichen Rahmenbedingungen zur normativen Entgrenzung. Das gilt auch für die Arbeitswissenschaft. Mit der Zerschlagung der Gewerkschaften, der Abschaffung des Betriebsrätegesetzes und der Betriebsräte wurde in den Unternehmen die alte, patriarchalisch-autoritäre Ordnung wieder hergestellt. Das Management konnte nun widerspruchslos Forschungen erlauben. Dazu gaben in der Regel auch politische Akteure ihr Plazet. Diese waren gegebenenfalls in der Lage, finanzielle Zuwendungen an die Wissenschaftler, also Drittmittelforschung zu ermöglichen. Als eine weitere Voraussetzung gilt, dass infolge des rassistisch und imperialistisch motivierten Krieges ausreichendes „Men-

10 Irene Raehlmann, Innovationen in Arbeits- und Alltagswelt. Voraussetzung – Wirkungen – Barrieren, Göttingen 2007, S. 68ff.

schenmaterial" in Gestalt von KZ-Häftlingen, Kriegsgefangenen und sonstigen ZwangsarbeiterInnen als „Untersuchungsobjekt" zur Verfügung stand.

Meine Untersuchung zur Geschichte des Instituts im Nationalsozialismus verfolgte zwei Perspektiven, die miteinander verbunden sind bzw. in Wechselwirkung stehen.[11] Da Wissenschaft und das Handeln ihrer Akteure nicht autonom sind, sondern von politischen, gesellschaftlichen und ökonomischen Rahmenbedingungen mitbestimmt werden, sind diese Kontexte zu berücksichtigen. Die Institutionen der Wissenschaft und das Handeln von WissenschaftlerInnen sind dadurch aber keineswegs voll determiniert. Wissenschaft verfügt über eine Eigendynamik und WissenschaftlerInnen verfügen über eine begrenzte Autonomie in ihrem allgemeinen sozialen und auch in ihrem speziellen, Erkenntnis produzierenden Handeln. Diese grundlegenden Annahmen führten mich zu zwei Untersuchungsebenen: Erstens galt es die institutionellen Rahmenbedingungen in den Blick zu nehmen. Zweitens war auch das Handeln der Akteure als Wissenschaftler und auch allgemeiner als Mitglied des wissenschaftlichen und politisch-gesellschaftlichen Systems zu untersuchen. Beide Untersuchungsebenen werden von den angesprochnen Rahmenbedingungen beeinflusst bzw. bilden damit Wirkungszusammenhänge. Das Handeln der Akteure wird zudem von dem arbeitsorganisatorischen Kontext mit geprägt.

1 Die Arbeitsbereiche des KWI für Arbeitsphysiologie

Das KWI für Arbeitsphysiologie beschäftigte sich im Nationalsozialismus vor allem mit zwei Forschungsvorhaben: Der Ernährungsforschung sowie der noch stärker kriegswirtschaftlich ausgerichtete Bereich um den Gasschutz. Die beiden Bereiche der Institutsforschung haben auf den ersten Blick nichts Gemeinsames. Eine Klammer bildet jedoch die Erforschung der physiologischen und gegebenenfalls auch der psychologischen Voraussetzungen menschlicher Leistung und deren Grenzen. Obwohl es sich gemäß dem Selbstverständnis der Wissenschaftler um Grundlagenforschung handelt, verbindet sich diese mit einem Praxisbezug. Es ging einerseits um Industriearbeit, vornehmlich um eine ausreichende Ernährung bei schwerer körperlicher Arbeit, andererseits um militärisch wichtige Tätigkeiten wie das Kämpfen unter Schutzkleidung, etwa Gasmasken, und

11 Irene Raehlmann, Arbeitswissenschaft im Nationalsozialismus. Eine wissenschaftssoziologische Analyse, Wiesbaden 2005.

um die ergonomisch optimale Konstruktion von Waffen und deren Gebrauch. Arbeit, die im Verständnis der Moderne durchweg positiv wahrgenommen und überaus wertgeschätzt wird, erhält durch die NS-Ideologie einen weiteren, diesmal allerdings negativen Sinngehalt. Es erfolgt eine Militarisierung von Arbeit, demzufolge das Töten im Krieg, aber auch der Genozid als Arbeit bezeichnet werden. Die Tätigkeiten werden heute dem Bereich „destruktive(r) Arbeit" zugeordnet.[12] Diese Bezeichnung wird sich auch für die Ernährungsforschung als berechtigt erweisen. Im Ersten Weltkrieg hatte sich das Thema Ernährung und Leistung zu einem wichtigen Forschungsfeld entwickelt. Atzler knüpfte nach einigen Jahren der Unterbrechung in Folge der militärischen Niederlage im Ersten Weltkrieg an die von Rubner begründete Rüstungsforschung – zunächst im Geheimen – wieder an. Für die beiden Forschungsfelder empfing das Institut über Jahre umfangreiche Geldmittel aus den zuständigen Ministerien.

Der dritte Bereich Arbeitsbereich des KWI für Arbeitsphysiologie war der Sport. Erkenntnisse der Sportphysiologie sollten für die Gestaltung industrieller Arbeit genutzt und sportliche Aktivitäten als Ausgleich für einseitige körperliche Belastungen gefördert werden.[13]

Während in Dortmund Fragen der Industrieforschung den Schwerpunkt bildeten, waren es in Münster wehrphysiologische und ergonomische Auftragsstudien.[14] Die Stadt Münster war als Ort einer Zweigstelle gewählt worden, weil sie Standort einer Universität und einer Garnison war. So konnte wissenschaftliches Personal leicht rekrutiert werden. Außerdem „eröffneten sich für wehrphysiologische Großforschungsprojekte Kooperationsperspektiven mit den 2.200 bis 2.300 [...] stationierten Soldaten der Reichswehr".[15] Die sich anbahnende Kooperation zwischen Reichswehr und KWI für Arbeitsphysiologie wurde von der Kaiser-Wilhelm-Gesellschaft (KWG) auf Grund beidseitiger Interessen akzeptiert. War doch damit zugleich dem „Gesamtinteresse des Staates" gedient. Der Präsident der KWG, Adolf von Harnack, begrüßte den darüber hinaus gehenden Plan, geeignete KWG Institute der Wehrmacht „dienstbar zu machen". Institutionell zeigte sich diese Zusammenarbeit darin, dass einerseits Vertreter des Reichswehrministeriums seit Mitte der zwanziger Jahre Mitglieder im Verwaltungsrat des KWI waren[16] und andererseits Atzler Mitglied im Psycho-

12 Lars Clausen, Produktive Arbeit, destruktive Arbeit. Soziologische Grundlagen, Berlin/New York 1988.

13 Hachtmann, Kind, S. 87.

14 Florian Schmaltz, Kampfstoff-Forschung im Nationalsozialismus. Zur Kooperation von Kaiser-Wilhelm-Instituten, Militär und Industrie, Göttingen 2005, S. 207.

15 Ebd., S. 204.

16 Ebd., S. 201.

logischen Senat des Ministeriums wurde.[17] Atzler, so Schmaltz, „förderte die Militarisierung der physiologischen Forschung im Kontext der getarnten Aufrüstung der Reichswehr in der Weimarer Republik an seinem Institut“.[18] So schlug er einen Forschungskatalog mit ergonomischer und physiologischer Akzentuierung vor, so zum Schnellladegeschütz und Maschinengewehr, zur Normierung von Handgranaten und zur optimalen Marschgeschwindigkeit.[19] Zwischen 1925 und 1935 kam es zu einer größeren Zahl wehrpolitisch relevanter Forschungsprojekte, die staatlicherseits finanziert wurden.[20]

2 Die Gasschutzforschung

Die Gasschutz- bzw. Gasmaskenforschung unter Einbeziehung von Soldaten bildete einen Schwerpunkt dieser Institutsarbeit. Die „Dauertrageversuche mit der Gasmaske“ fanden in mehreren Zyklen zwischen 1932 und 1934 statt. Die Versuchspersonen stammten aus allen Formationen des Heeres, aber eine Einwilligung zur Teilnahme hatten sie nicht gegeben. Ihre Teilnahme wurde angeordnet, obwohl sie im Winter 1933 noch mit einer Bronchitis zu kämpfen hatten, was das Atmen unter einer Gasmaske erschwerte. Diese Beeinträchtigungen wurden schlicht ignoriert, um, so die Behauptung, das Forschungsprojekt nicht zu gefährden. Diese Position widersprach jedoch den vom Reichsministerium des Inneren 1931 erlassenen „Richtlinien für neuartige Heilbehandlung und für die Vornahme wissenschaftlicher Versuche am Menschen“.[21] Dem zu Folge waren wissenschaftliche Untersuchungen am Menschen ohne deren Einwilligung nicht erlaubt. Mögliche Probanden mussten zuvor über Zweck, Begründung, Durchführung und Gefahren des Experiments aufgeklärt werden. Hier zeigt sich, dass bereits vor bzw. gleich am Anfang der NS-Herrschaft normative Standards für Forschungen mit und am Menschen außer Kraft gesetzt wurden. Bekanntlich kam es mit der Dauer des Regimes zu einer massenhaften Missachtung solcher Regeln. Das gilt auch, wie noch zu zeigen ist, für die späteren Ernährungsuntersuchungen des KWI für Arbeitsphysiologie.

Die „Soldaten wurden toxischen Reizgasen ausgesetzt, um den dichten Sitz der Gasmasken zu kontrollieren. Im Freien geschah dies mit Hilfe von Spritzge-

17 Ebd., S. 243.
18 Ebd.
19 Ebd., S. 200.
20 Ebd., S. 201.
21 Ebd., S. 221.

räten, mit denen das Manövriergelände überraschend vernebelt wurde".[22] Infolgedessen litten die Männer unter Schmerzen am Kopf, starkem Tränen der Augen und Augenschmerzen sowie Atemnot und Brechreiz, bisweilen kam es auch zu Gasvergiftungen. Die Gase sollten dem Gegner im Krieg das Tragen von Gasmasken unmöglich machen und ihn damit anderer tödlicher Giftgase schutzlos ausliefern. Für die gesundheitlichen Gefährdungen der Teilnehmer interessierten sich jedoch die die Experimente durchführenden Wissenschaftler bestenfalls im Rande. Deren „leistungsmedizinisch orientierte(r) Blick [...] war allein auf die Frage gerichtet, inwiefern das dauerhafte Tragen der Gasmasken zu einer physiologisch meßbaren Leistungsminderung führte".[23] Während Atzler für die im Winter organisierten Experimente keine Leistungsminderung behauptete, kam er für die im Sommer durchgeführten Untersuchungen zu einem gegenteiligen Ergebnis. Die beteiligten Wissenschaftler interessierten sich letztlich für Leistungsgrenzen der Gasmasken tragenden Soldaten. Ergänzt wurden die physiologisch orientierten Untersuchungen durch ergonomische, die eine optimale Gestaltung der Gasmaske und ein optimales Zusammenspiel von Gasmaske und Stahlhelm zum Ziel hatten.

3 Leistungsernährungsforschung

Das weitere zentrale Forschungsfeld während der NS-Zeit, vor allem während des Krieges war der Zusammenhang zwischen Ernährung und Leistung.[24] Damit war zeitweilig das gesamte Dortmunder Institut beschäftigt, das dafür seine finanziellen und personellen Ressourcen erheblich aufstocken konnte. Die Leitung dieser Vorhaben hatte der Ernährungsphysiologe Prof. Dr. Heinrich Kraut (1893–1992) inne.[25] Nach dem Studium, der Promotion und Habilitation in Chemie stand er seit 1928 der chemischen Abteilung des Instituts vor, er wurde 1932 außerplanmäßiger Professor und 1951 Honorarprofessor an der Universität Münster. Er war Mitglied der NSDAP seit 1937. Sein Renommee als international anerkannter Ernährungsexperte führte dazu, dass er seine Karriere bruchlos vom Dritten Reich in die Dritte Welt fortsetzen konnte. Er wurde Präsident der Welthungerhilfe. Diese Organisation stiftete überdies den „Professor-Kraut-

22 Ebd., S. 222.
23 Ebd., S. 225.
24 Raehlmann, Arbeitswissenschaft Nationalsozialismus, S. 98ff.
25 Ebd., S. 107; Ulrike Thoms, Das Max-Plank-Institut für Ernährungsphysiologie und die Nachkriegskarriere von Heinrich Kraut, in: Plesser/Thamer, Arbeit, S. 295–356.

Preis", womit hervorragende Leistungen von Ernährungsberatern aus Entwicklungsländern ausgezeichnet wurden und womöglich noch werden. Kraut bekleidete viele herausragende Funktionen in einschlägigen Organisationen und erhielt zahlreiche Auszeichnungen, die hier nicht alle aufgeführt werden können. So wurde ihm das große Verdienstkreuz des Verdienstordens der Bundesrepublik Deutschland, die Ehrendoktorwürde der Medizinischen Fakultät der Universität Münster und wohl auch die der Universität Be'er Sheva/Israel verliehen. Die zuletzt genannte Ehrung erfolgte vermutlich in Unkenntnis seiner NSDAP-Mitgliedschaft, seiner Forschungen in der NS-Zeit und seiner Gutachten im Rahmen der Nürnberger Prozesse gegen den IG Farben- und den Flick-Konzern, in denen er die Ernährungsgrundlagen für die Häftlinge im KZ Auschwitz als ausreichend bewertet hatte.[26] Diese steile, ungebrochene, internationale Karriere in der Nachkriegszeit war ja für ehemalige Mitglieder der NS-Elite keineswegs ungewöhnlich.

Das Forschungsfeld Ernährung und Leistung steht ganz in der Tradition des KWI. Wie schon im Ersten Weltkrieg erfuhr dieses Thema in der NS-Zeit einen enormen Bedeutungszuwachs, der auch noch in den Hungerjahren der Nachkriegszeit anhielt. In der späteren Entwicklungspolitik war es ebenfalls zentral. Fragen der Ernährung wurden zu einem erstrangigen Thema, weil die mangelhafte Ernährung während des Ersten Weltkrieges als eine wesentliche Ursache für Kriegsmüdigkeit und die Entstehung einer politischen Opposition angesehen wurde.[27] Mit Hilfe von Ausbeutung und Vernichtung der Bevölkerung in den eroberten Ländern wurden die Deutschen bis Kriegsende einigermaßen ausreichend ernährt.[28] Kraut trat schon vor dem Krieg als Herausgeber eines Volkskochbuches für das rheinisch-westfälische Industriegebiet hervor, ferner entwickelte er im Krieg „Rationssätze für die verschiedenen Bevölkerungsgruppen", die als „Kraut'sche Normen" für die Nahrungszuteilung maßgebend wurden.

Das Thema Ernährung und Leistung verweist auf grundlegende Annahmen arbeitswissenschaftlicher Forschung. Von Beginn an galten vor allem die physiologischen und psychologischen Faktoren als maßgeblich bestimmend für die Leistung der Arbeitskräfte. Dabei wurde Leistung differenziert betrachtet, nämlich als Leistungsfähigkeit und Leistungsbereitschaft. Diese Unterscheidung

26 Meine diesbezügliche Anfrage in Be'er Sheva blieb ohne Antwort, d. h. die Ehrung wurde weder bestätigt noch verneint.

27 Christian Gerlach, Krieg, Ernährung, Völkermord. Forschungen zur deutschen Vernichtungspolitik im Zweiten Weltkrieg, Hamburg 1989, S. 169 u. 246.

28 Ulrich Herbert, Fremdarbeiter. Politik und Praxis des „Ausländer-Einsatzes" in der Kriegswirtschaft des Dritten Reiches, 2. Aufl. Berlin/Bonn 1999, S. 431.

spielt nachfolgend noch eine wichtige Rolle. Das naturwissenschaftliche Profil des KWI umfasste daher auch psychologische Kompetenz.

Offiziell distanzierten sich die Wissenschaftler des KWI von der im Krieg immer stärker werdenden Forderung nach Maximalleistungen und hielten das Prinzip der Optimalleistung hoch. Sie beschworen immer wieder das Prinzip der Wertfreiheit und stilisierten das Institut zu einer „Pflegestätte unabhängiger Forschung“. Gemäß dem programmatischen Leitbild der KWG verstanden auch sie ihre wissenschaftliche Tätigkeit als Grundlagenforschung. Ihr Selbstverständnis, größtenteils Selbsttäuschung, wurde auch in der Nachkriegszeit aufrechterhalten und gepflegt. Die Leistungsforschung bot die Chance, grundlegende Erkenntnisse über die Grenzen menschlicher Leistungsfähigkeit zu gewinnen. Meines Erachtens bestand darin die Attraktivität für die Wissenschaftler. Dieses Interesse ließ sie in beiden Tätigkeitsfeldern normative Grenzen überschreiten.

Die Forschung in Dortmund bezog sich aber nicht nur auf die Ernährung, sondern pharmakologische Substanzen wie Alkohol, Koffein, Nikotin, ferner Phosphat, Lecithin, Colanuss, Vitamine, Traubenzucker und Pervitin sowie Narkotika, etwa Kokain, Morphium, Meskalin, Haschisch und Schlafmittel wurden hinsichtlich ihrer Bedeutung für die Arbeitsleistung und deren Steigerung verstärkt erforscht. Auftraggeber waren häufig pharmazeutische Hersteller. Hinzu kamen betriebliche Untersuchungen, etwa bei Krupp der Einsatz einer Ultraviolett-Bestrahlungsanlage und ein zumindest geplanter Großversuch mit Vitaminen.[29] Wegen der Risiken war die Zahl der Versuchspersonen jedoch häufig klein und Selbstversuche waren nicht ungewöhnlich. Nahezu durchgängig konstatierten die Forscher nach Einnahme der Substanzen eine Leistungssteigerung, aber sie wiesen auch auf die Gefahr des Dopings hin, d. h. eine momentane Leistungssteigerung schädige bei anhaltendem Gebrauch die Gesundheit und führe überdies letztlich zur Sucht. Schon die andauernden Dopingskandale im Sport heutzutage verweisen auf die Aktualität der Leistungsforschung. Darin sind Sportmediziner – auch aus universitären Instituten – involviert. Der mit Doping einhergehende Raubbau, so die weiterführende Argumentation der KWI-Wissenschaftler, sei aber im Interesse übergeordneter Ziele, um etwa aus dem Krieg als Sieger hervor zu gehen, gerechtfertigt. So wurde beispielsweise Pervitin in allen militärischen Bereichen angewandt.[30] Dessen Wirkung wird in einem Dokument so beschrieben:

29 Raehlmann, Arbeitswissenschaft Nationalsozialismus, S. 113f.

30 Karl Heinz Roth, Das Beispiel Pervitin, in: Friedolf Kudlien (Hrsg.), Ärzte im Nationalsozialismus, Köln 1985, S. 172.

> Nach Einnahme von 1–5 Tabletten schwinden Schlafbedürfnis und Müdigkeit, statt dessen treten Arbeitslust, Aktivität, Redefluss und Wohlbefinden auf; werden die Tabletten am Abend genommen, so kann man die ganze Nacht ohne Müdigkeit durcharbeiten in voller Leistungsfähigkeit und bei erhaltener Arbeitskraft [...]. Es ist z. B. ganz auffallend, wie stark die Arbeitskraft gerade bei Personen, welche träge und unlustig bei der Arbeit sind, gehoben wird.[31]

In einem anderem Dokument wird über einen Versuch mit Landarbeitern Folgendes berichtet: Unter dem Einfluss von Pervitin arbeitet diese Gruppe regelmäßig 36 Stunden und nach sieben Stunden Schlaf wird wieder 36 Stunden gearbeitet. Die Arbeiter würden nach diesem stimulierenden Mittel verlangen, um durch Überstunden ihren Verdienst zu steigern.[32]

Mit Beginn und im Verlauf des Krieges wurden unter der Federführung von Kraut verschiedene Untersuchungen mit Zwangsarbeitern (russische Kriegsgefangene, Ostarbeiter, italienische Militärinternierte) über die Bedeutung der Kalorienzufuhr für Leistungsfähigkeit und Leistungsbereitschaft durchgeführt. In diesem Zusammenhang waren die Wissenschaftler auch daran interessiert, „rassische Leistungsunterschiede" aufzudecken.[33] Es handelte sich, soweit ich sehe, ausschließlich um Männer. Wären Frauen in die Untersuchungen einbezogen worden, so wären vermutlich auch physiologische Unterschiede der Geschlechter thematisiert worden. Die Arbeitskräfte waren auf Grund der Mangelernährung in den Lagern nach wenigen Wochen kaum noch arbeitsfähig. Außer der Hungersnot kam es zu Seuchen, hohen Todesraten, von der systematischen Unterdrückung erst gar nicht zu sprechen. Während der Experimente verbesserte sich zwar die Versorgung, doch generell sollte das Ernährungsgefälle zwischen Deutschen und Zwangsarbeitern aufrechterhalten werden, um Proteste der Bevölkerung nicht aufkommen zu lassen.[34]

Die Naturwissenschaftler in der Arbeitswissenschaft favorisieren Laborexperimente. Hingegen verwiesen die sozialwissenschaftlichen Experten schon früh, so Max Weber, auf die Notwendigkeit von Feldforschung, denn die Ergebnisse der Laborforschung können nicht ohne weiteres auf die reale Arbeitswelt übertragen werden.[35] Die einmalige Chance zur Feldforschung im großen Stil unter quasi experimentellen Bedingungen bot sich, als das KWI, im Wesent-

31 Archiv zur Geschichte der Max-Planck-Gesellschaft Berlin (künftig: AGMPG) I. Rep. 4, 165, Bl. 1f.

32 Raehlmann, Arbeitswissenschaft Nationalsozialismus, S. 115.

33 Susanne Heim, Kalorien, Kautschuk, Karrieren. Pflanzenzüchtung und landwirtschaftliche Forschung in Kaiser-Wilhelm-Instituten 1933–1945, Göttingen 2003, S. 116f.

34 Ebd., S. 114.

35 Raehlmann, Arbeitswissenschaft Weimarer Republik, S. 82f. u. 180.

lichen finanziert durch das Reichsernährungsministerium, Leistungsuntersuchungen mit 6 800 Zwangsarbeitern in zahlreichen Unternehmen des Ruhrgebiets mit so klangvollen Namen wie etwa Krupp und Hoesch durchführen konnte.[36] Zuvor hatten schon kleinere Untersuchungen stattgefunden. Ein Ergebnis war, dass mit der Einführung von Prämien, etwa Ernährungszulagen und Zigaretten, die Leistung anstieg bei gleichzeitigem Abfall des Körpergewichts. So heißt es in einem Bericht:

> [...] unter der Wirkung der durch Prämie forcierten Arbeit (kam, I. R.) es zu einem erheblichen Abfall des Körpergewichtes, so dass eine Fortsetzung dieser Arbeitsweise über längere Dauer unmöglich gewesen wäre.[37]

In einem weiteren Bericht findet sich ein ähnliches Ergebnis:

> Seit der Einführung des Zigarettenprämie überstieg dagegen die Leistungsbereitschaft so sehr die Leistungsfähigkeit, dass innerhalb eines halben Jahres 3,5 kg pro Mann zur Deckung des Kaloriendefizits aus den Reserven des Organismus zugesetzt wurden.[38]

Der „Ernährungsgroßversuch" fand im letzten Kriegsjahr 1944/45 statt, als der militärische Rückzug auf breiter Front einsetzte und sich die Niederlage abzeichnete. „In den besetzten Ländern versteifte sich der Widerstand gegen die wirtschaftliche Ausbeutung und die Deportation von Arbeitskräften".[39] Dadurch erhielten die Partisanen erheblichen Zulauf.[40] Im Zuge dieser Entwicklung erwies sich der zunehmende Arbeitskräftemangel in Deutschland als *das* zentrale Problem.[41] Daher mussten alle Leistungsreserven der vorhandenen Arbeitskräfte mobilisiert werden, um so doch noch die Niederlage abwenden zu können. Offizielles Ziel der Ernährungsuntersuchungen war, den schlechten Gesundheitszustand und die ungenügende Leistung der ausländischen Zwangsarbeiter durch eine Erhöhung der Kalorienversorgung, die 90 bis maximal 100 Prozent der Rationen für deutsche Beschäftigte entsprechen sollte, zu verbessern. Kraut ging also davon aus, dass die Arbeitsproduktivität der Zwangsarbeiter dadurch stei-

---

36 Raehlmann, Arbeitswissenschaft Nationalsozialismus, S. 119ff.

37 AGMPG 1, A1, 1372/4, Bl. 7.

38 Raehlmann, Arbeitswissenschaft Nationalsozialismus, S. 117.

39 Dietrich Eichholtz, Die „Krautaktion". Ruhrindustrie, Ernährungswissenschaft und Zwangsarbeit 1944, in: Ulrich Herbert (Hrsg.), Europa und der „Reichseinsatz". Ausländische Zivilarbeiter, Kriegsgefangene und KZ-Häftlinge in Deutschland 1938–1945, Essen 1991, S. 270–294, hier S. 270.

40 Heim, Kalorien, S. 111.

41 Ebd., S. 107; Eichholtz, Krautaktion, S. 271ff.

gen würde.[42] Die Versuche, auf einheitlicher Grundlage und nach einheitlichen Richtlinien durchgeführt, umfassten die Messung der Leistung, die Veränderungen des Krankenstandes und der Unfallhäufigkeit. Die Untersuchungsrichtlinien verdeutlichen die Zwangslage und den vollkommenen Objektstatus der Arbeitskräfte. Gleichzeitig versuchen sie, den wissenschaftlichen Anspruch des Vorhabens zu unterstreichen. Es heißt u. a.: „Die Verpflegung der Versuchungspersonen ist von der der Nichtbeteiligten völlig getrennt zu halten, damit ein Austausch der Nahrungsmittel unterbleibt. Die Ausgabe und der Verzehr der Nahrungsmittel sind genau zu überwachen. Wenn möglich, sind die an der Untersuchung Beteiligten auch unterkunftsmässig getrennt zu halten und in irgendeiner Form zu kennzeichnen" (Punkt 5). „Bei Beginn der Zulage ist den beteiligten Ausländern mitzuteilen, dass nach 4 Wochen eine Steigerung ihres Arbeitspensums um einen bestimmten Betrag erwartet wird. [...] Falls innerhalb von 4–6 Wochen die verlangte Leistungssteigerung ausbleibt, ist die Zulage zu entziehen. Die Höhe der verlangten Leistungssteigerung wird von den beteiligten Werken mit dem Kaiser-Wilhelm-Institut vereinbart" (Punkt 8).[43] Vereinzelt geht die wegen der besseren Ernährung konstatierte Leistungssteigerung mit einem Gewichtsverlust einher. Mit anderen Worten: Die Leistungsbereitschaft übersteigt die Leistungsfähigkeit! Jedoch betont Kraut als allgemeine Tendenz, dass die mit der Gewichtszunahme, durchschnittlich etwa ein kg pro Mann, einhergehende Leistungssteigerung von früher 60 bis 80 Prozent nun auf 80 bis 100 Prozent der deutschen Normalleistung gestiegen sei. Eine Arbeitsintensivierung zwischen 22 und 31 Prozent führe zum Gewichtsstillstand und eine Steigerung von 38 Prozent bereits zum Gewichtsverlust.[44]

Die Rahmenbedingungen, die die Wissenschaftlichkeit seiner Experimente beeinträchtigten, wurden von Kraut durchaus registriert, etwa zu geringe Rationen, Verminderung der Ruhezeiten, Zerstörungen durch Luftangriffe mit häufigen Arbeitsunterbrechungen sowie Materialmangel.[45] In Folge dessen vermisste er die „frühere(n) Exaktheit" wie er sie von Laborexperimenten kannte. Aber diese „Störungen", so sein Zweckoptimismus, hätten keine nachteiligen Folgen für die Ergebnisse, denn „einwandfreie Befunde" konnten erhoben werden.[46] Sie würden auch nicht dadurch beeinträchtigt, dass das Untersuchungssample sich um 300 Personen durch Flucht, Selbstverstümmelung und

42 Raehlmann, Arbeitswissenschaft Nationalsozialismus, S. 280.
43 Bundesarchiv Koblenz (künftig: BArch Koblenz) 1198, Nr. 4, Bl. 2ff.
44 Raehlmann, Arbeitswissenschaft Nationalsozialismus, S. 121.
45 Ebd.
46 BArch Koblenz N 1198, Nr. 33, Bl. 3.

Sabotage verringerte.[47] Unter Gesichtspunkten statistischer Auswertung mögen die erwähnten Sachverhalte zu vernachlässigen sein. Mitnichten zu vernachlässigen sind allerdings die forschungsethischen Probleme. Die Untersuchungsberichte klammern die Arbeits- und Lebenslage der Untersuchungspersonen aus. Sie abstrahieren zumeist von der Realität menschlicher Not, Verelendung und Zerstörung. Kraut war die katastrophale Lage der Häftlinge durch Besuche seines Assistenten in den Lagern und Betrieben wohl bekannt, zumal er auch eingestehen musste, dass einige Häftlinge erst „aufgefüttert" werden mussten, um an den Untersuchungen überhaupt teilnehmen zu können. Sein Mitarbeiter berichtete über eine Reise Ende 1944 Folgendes: Die russischen Ärzte unter den Häftlingen beklagen die „dünner gewordene Ernährung", verweisen auf „eine Häufung grippöser Erkrankungen" u. a. auf Grund fehlender Decken, ferner auf „Magengeschwüre, eitrig entzündete Hauterkrankungen, Grippe, Tbc" und Furunkulose wegen geringer Waschmittel, vollständiges „Fehlen von Seife, Handtüchern und einer nur aus Resten bestehenden Unterwäsche" sowie auf fehlende Strümpfe.[48] Das ganze menschliche Leid scheint in dem zynisch formulierten Satz auf: „Im S-Lager sammelt sich der Abschaum aller russ. Läger, die Leute sind größtenteils bei ihrer Ankunft im Lager in einem sehr reduzierten Körper- und Ernährungszustand".[49]

In der Nachkriegszeit beschäftigten sich die KWI-Wissenschaftler weiterhin mit dem Zusammenhang von Ernährung und Leistung, ohne jedoch ihre voraus gegangenen Forschungen zu erwähnen. Der Institutsleiter Lehmann schrieb: „Aktuelle, zeitbedingte Aufgaben erwuchsen dem Institut in nicht zu bewältigender Fülle aus dem unfreiwilligen Experiment der Unterernährung eines ganzen Volkes und ihrer Auswirkung auf die industrielle Leistung. Um die einmalige Gelegenheit zur Erforschung dieser Dinge nicht vorübergehen zu lassen, wurde das Schwergewicht der Institutsarbeit bewusst auf die Seite der Ernährungsfragen verschoben".[50] Immerhin konnte Lehmann erreichen, „daß die Ernährungssituation der Industriearbeiter erheblich verbessert und damit die Grundlage für den wirtschaftlichen Wiederaufbau für die Industrie gelegt wurde".[51]

47 Raehlmann, Arbeitswissenschaft Nationalsozialismus, S. 4.
48 Ebd., S. 1f.
49 Ebd., S. 5.
50 AGMPG V Abtl. Rep. 4 KWG 1.
51 AGMPG II, 1 A, PA Lehmann.

4 Fazit

Das wissenschaftliche Selbstverständnis des KWI für Arbeitsphysiologie, bis heute durchaus noch weit verbreitet, ist unter Bezug auf die Wissenschaftslehre Max Webers zu diskutieren.[52] Damit verbindet sich die Erwartung, dass Handeln der KWI-Wissenschaftler in seiner Komplexität erklären zu können. Die „inhumane Entgrenzung“[53] ist eben nicht nur durch wissenschaftliche Neugier, berufliche Ambitionen und Anpassung an politische Erwartungen zu deuten, sondern dafür ist meines Erachtens auch das wissenschaftliche Selbstverständnis der Akteure heranzuziehen. Mit ihrem Anspruch auf Grundlagenforschung verbindet sich bei den KWI-Wissenschaftlern die Vorstellung von objektiver, freier und unabhängiger Forschung.

Zur Erinnerung: Beim Prinzip der Wertfreiheit geht es Weber im Wesentlichen um zwei Dinge, um die Forderung nach Werturteilsfreiheit und um das Problem der Wertbeziehung. Mit dem Prinzip der Werturteilsfreiheit verlangt Weber die Trennung von Sein und Sollen. Der Grundsatz der Wertbeziehung besagt, dass es eine voraussetzungslose Wissenschaft nicht gibt. Die subjektiven und damit normativen Erkenntnisinteressen der WissenschaftlerInnen leiten die Auswahl des Untersuchungsthemas, sie weisen der Forschung die Richtung, bestimmen ihre Struktur und prägen ihre Analyse. Das Prinzip der Wertfreiheit wurde und wird bis heute in der Wissenschaft häufig, so auch damals von den Wissenschaftlern des KWI für Arbeitsphysiologie, unter Aussparung des Prinzips der Wertbeziehung, also nur einseitig rezipiert. Damit wird der Illusion Vorschub geleistet, Wissenschaft sei voraussetzungslos, neutral und folglich den politischen und gesellschaftlichen Rahmenbedingungen mit ihren Problemen und Auseinandersetzungen entrückt. Das ist jedoch mitnichten der Fall.

Bei den militärischen Vorhaben war der Kontext von vornherein klar. Die Möglichkeit eines weiteren Krieges zur Korrektur des „Diktats von Versailles“ zeichnete sich bereits mit dem Aufstieg der NS-Bewegung, dem Beginn und im Verlauf der NS-Herrschaft ab. Die weiteren Kriegspläne hatten die Weltherrschaft im Visier. Aber auch bei den Ernähungsexperimenten zeigte sich, dass in allen Phasen des Forschungsprozesses, d.h. in der Phase der Entdeckung, der Begründung und der Verwertung Einflüsse des umfassenden sozialen Kontextes nachweisbar waren. In der die Forschung abschließenden Phase finden sich in den Dokumenten Vorschläge zur Verwertung der Ergebnisse im Sinne einer

52 Weber, Wertfreiheit, S. 263ff.
53 Heim, Kalorien, S. 256.

Verbesserung der Arbeitsbedingungen für die Zwangsarbeiter, so Arbeitspausen bei Bandarbeit, keine pauschale Verlängerung der Arbeitszeit angesichts der Ernährungslage und generell eine bessere Ernährung. Jedoch hatten diese Vorschläge keine Umsetzungschance. Sie waren reichlich illusionär angesichts der überaus lebensbedrohenden Gesamtlage der Zwangsarbeiter und des rassistischen und imperialistischen Leitbildes des Nationalsozialismus.

Das naturwissenschaftliche Selbstverständnis der KWI-Forscher leistet dieser Selbsttäuschung Vorschub. Zudem geht damit die Überzeugung einher, Laborexperimente seien gegenüber der Feldforschung wissenschaftlich überlegen. Bereits Weber merkte ja dazu schon an, dass Ergebnisse aus der Laborwelt nicht auf die reale Arbeitswelt übertragen werden können. Die Ernährungsuntersuchungen und die Gasschutzforschung waren zwar keine Laborexperimente. Gleichwohl wurden sie als Experimente angesehen, denn der Anspruch war, den Untersuchungsverlauf wie im Labor „total" zu kontrollieren bzw. kontrollieren zu können. Da das gesamte Leben – bestenfalls Überleben – der Teilnehmer sich in „totalen Institutionen" wie KZ-Lagern und Militär/Kasernen abspielte, schien die „totale" Überwachung möglich.[54] Gemäß diesem Wissenschafts- und Methodenverständnis setzte Kraut in der Nachkriegszeit seine Untersuchungen in weiteren „totalen Institutionen" wie in Gefängnissen und in Waisenhäusern fort.[55] Noch in den siebziger Jahren, als im Zusammenhang mit dem staatlichen Forschungs- und Aktionsprogramm „Humanisierung der Arbeit" eine heftige Kontroverse zwischen Arbeitsmedizin/Ergonomie und Soziologie um das Profil der Arbeitwissenschaft ausgetragen wurde, waren diese Unterschiede im methodischen Vorgehen – Laborexperimente versus Feldforschung – ein herausragender Streitpunkt.[56] Inzwischen wird zunehmend ein Methodenpluralismus als ein Kennzeichen von Interdisziplinarität akzeptiert. Mit Blick auf die Zusammenarbeit von Sozial- und Naturwissenschaften allgemein ist meines Erachtens jedoch davon auszugehen, dass Spannungen und Konflikte über das methodische Vorgehen, ja letztlich über das wissenschaftliche Selbstverständnis nach wie vor existieren. Es bleibt für das System der Wis-

54 Erving Goffman, Asyle. Über die soziale Situation psychiatrischer Patienten und andere Insassen, Frankfurt a.M. 1973; Michel Foucault, Überwachen und Strafen. Die Geburt des Gefängnisses, in: ders., Die Hauptwerke, Frankfurt a.M. 2008, S. 705–1019.

55 Thoms, Nachkriegskarriere, S. 315ff.

56 Raehlmann, Arbeitswissenschaft Weimarer Republik, S. 9ff.; dies., Arbeitswissenschaft im Spannungsfeld von systemischer Rationalisierung und Globalisierung, in: Aida Bosch et al. (Hrsg.), Sozialwissenschaftliche Forschung und Praxis. Interdisziplinäre Sichtweisen, Wiesbaden 1999, S. 181–209; Irene Raehlmann/Walter Volpert, Geschichte und Richtungen der Arbeitswissenschaft, in: Holger Luczak/Walter Volpert (Hrsg.), Handbuch Arbeitswissenschaft, Stuttgart 1997, S. 19–25.

senschaft und für seine Akteure eine erhebliche Herausforderung diesen Pluralismus anzuerkennen.

Die vorgestellten Forschungsergebnisse aus dem KWI für Arbeitsphysiologie bzw. aus der KWG müssten der MPG wohl bekannt sein, zumal die referierten Veröffentlichungen ihnen vermutlich vorliegen. Als Soziologin ist mir das Phänomen des Vergessens bzw. des Wiederentdeckens in der Wissenschaft geläufig. Jüngst habe ich mit Erstaunen eben dieses Phänomen auch in einer MPG-Publikation, worauf ein Artikel in der Süddeutschen Zeitung (SZ) verwies, zur Kenntnis genommen. Mittlerweile haben zahlreiche Untersuchungen der letzten Jahrzehnte unser Wissen über die NS-Zeit ausgeweitet und vertieft. Umso irritierender erscheint nun die Tatsache, dass – laut SZ – Historiker wohl zu Recht beklagen, die MPG gehe „nach Jahren vorbildlicher Aufarbeitung [...] nun leichtfertig mit ihrer NS-Geschichte um".[57] In dem Beitrag kritisierte die Autorin Christina Berndt u. a. mit Blick auf das KWI für Arbeitsphysiologie, dass in dem MPG-Wissenschaftsmagazin unter der Rubrik „Rückblende" über die vorgenannten Forschungen kein Wort zu lesen ist. Es sind, wie die Überschrift ihres SZ-Artikels lautet: „Blinde Flecken"! Berichtet wird zwar über frühere Forschungen, etwa über einen Trainingsplan für einen Waschbrettbauch unter dem Titel „Schwitzen im Dienst der Wissenschaft" oder über Fahrradfahren unter Alkoholeinfluss.[58] Zu fragen ist daher: Haben wir es – trotz weiterer, einschlägiger NS-Forschungen – in so kurzer Zeit mit einem einzelnen, zufälligen Vergessen oder schon mit einem allgemeinen, systematischen, erneuten Vergessen und Verdrängen zu tun? Ist ein einmal erreichtes Niveau an Aufklärung immer wieder gefährdet?

57 Christina Berndt, Blinde Flecken. Nach Jahren vorbildlicher Aufarbeitung geht die Max-Planck-Gesellschaft nun leichtfertig mit ihrer NS-Geschichte um, beklagen Historiker, in: Süddeutsche Zeitung, Nr. 19 vom 25.1.2011, S. 16.

58 Elke Maier, Schwitzen im Dienst der Wissenschaft, in: Max Planck Forschung. Das Wissenschaftsmagazin der Max-Planck-Gesellschaft (2009) 3, S. 96f.

Teil II: **Bilder und Inszenierungen der Arbeit**

Katharina Schembs

Korporativismus, Arbeit und Propaganda im faschistischen Italien

(1922–1945)

„Im zähen Willen des italienischen Volkes zu arbeiten und zu sparen liegt die sichere Garantie seiner Zukunft." – Mit diesem Zitat Mussolinis ist eine Propagandapostkarte von 1938 unterschrieben (Abb. 1). Sie zeigt einen überaus muskulösen oberkörperfreien Arbeiter, der mit einem Hammer ein glühendes Stück Eisen auf einem Amboss bearbeitet. Im Zusammenspiel mit der Bildunterschrift wird die Zukunft der Nation also an die Arbeitsamkeit der Italiener geknüpft. Stilisiert zum vorbildlichen *uomo nuovo fascista,* begannen Arbeiterfiguren wie diese ab 1922 die faschistische Bildpropaganda zu bevölkern.

Abb. 1: „Nella volontà tenace del popolo italiano di lavorare...", Cassa di Risparmio delle Provincie Lombarde, Postkarte 105 × 148 mm, Mailand 1938. © Wolfsoniana – Fondazione regionale per la Cultura e lo Spettacolo, Genua.

Denn nicht nur im nationalsozialistischen Deutschland, auch im faschistischen Italien stellte Arbeit ein zentrales Diskursfeld bei der öffentlichen Propaganda des Regimes dar. Ab 1922 sollte als Reaktion auf Arbeiterunruhen und als Lösung der sozialen Frage mit dem Korporativismus ein sozioökonomisches Gegenmodell zu Kapitalismus und Kollektivismus institutionalisiert werden.[1] Durch die vertikale Gliederung nach Berufsständen in staatlich kontrollierte Körperschaften, die dem Korporationsministerium als zentralem wirtschaftspolitischen Steuerungselement unterstanden, wurde die Befriedung überkommener Klassenkonflikte angestrebt.[2] Zwar schritt die Institutionalisierung nur schleppend voran und Funktionalität wie Effektivität der korporatistischen Organe wurden berechtigterweise bereits zeitgenössisch angezweifelt.[3] Dennoch kam es in diesem sozioökonomischen Umfeld erstmals dazu, dass Arbeit einen zentralen Stellenwert innerhalb des politischen Programms einer italienischen Nationalregierung einnahm. Als keineswegs ausschließlich wirtschaftliches Reformprogramm avancierte der Korporativismus gar zur staatstragenden Ideologie und spielte eine immense Rolle in der Selbstrepräsentation des Regimes.[4] Die korporatistischen Reformen koinzidierten mit dem Ausbau und der erstmaligen Nutzung der modernen Massenmedien im großen Stile zu politischen Zwecken.[5] Das zunächst abstrakte Wirtschaftsmodell wurde nun in der faschistischen Propaganda allgegenwärtig.[6] In der weitläufig vertriebenen Bildpropaganda, die in Anlehnung an Massentheorien des ausgehenden 19. Jahrhunderts von den Faschisten für am geeignetsten befunden wurde, die als irrational konzipierte Masse zu erziehen, wimmelte es geradezu von Arbeiterfiguren.[7]

Obwohl die Faschisten Bildpropaganda als zentrales massenpolitisches Instrument erachteten, war sie bisher kaum Gegenstand eingehender Studien.

1 Simonetta Falasca-Zamponi, Fascist Spectacle. The Aesthetics of Power in Mussolini's Italy, Berkeley 1997, S. 133.

2 Alexander Nützenadel, Korporativismus und Landwirtschaft im faschistischen Italien, in: Aldo Mazzacane (Hrsg.), Korporativismus in den südeuropäischen Diktaturen, Frankfurt a.M. 2005, S. 346; Arnd Bauerkämper, Der Faschismus in Europa 1918–1945, Stuttgart 2006, S. 61.

3 Alexander Nützenadel, Landwirtschaft, Staat und Autarkie. Agrarpolitik im faschistischen Italien (1922–1943), Tübingen 1997, S. 339; Nützenadel, Korporativismus, S. 346; Gianpasquale Santomassimo, La terza via fascista: Il mito del corporativismo, Rom 2006.

4 Falasca-Zamponi, Spectacle, S. 132.

5 Clemens Zimmermann, Medien im Nationalsozialismus. Deutschland 1933–1945, Italien 1922–1943, Spanien 1936–1951, Wien 2007, S. 67; Giovanni Sedita, Gli intellettuali di Mussolini. La cultura finanziata dal fascismo, Florenz 2010, S. 180.

6 Zimmermann, Medien, S. 67; Giuseppe Bottai, La Carta del lavoro, Rom 1928.

7 Falasca-Zamponi, Spectacle, S. 20f.: Mussolini stand mit dem Begründer der Massenpsychologie Gustave Le Bon in engem persönlichen Kontakt und betrachtete ihn gar als seinen Mentor.

Dabei kann deren Analyse neben der Frage nach dem Verhältnis zwischen Propaganda und Realität weitere wichtige Aspekte der Kulturgeschichte des Faschismus erhellen, die potentiell über Erkenntnismöglichkeiten von Schriftquellen hinausgehen. Dabei ist zu fragen, auf welchem Typus Arbeiter der Fokus der faschistischen Propaganda lag. Ferner sind Einsichten in die Konstruktion von Geschlechterrollen mithilfe von Bildmedien zu erwarten. Welche Folgen hatte die Kopplung der nationalen Identität an Arbeit für Nicht-Italiener? Und schließlich: Inwiefern wurde die propagandistische Kategorie der Arbeit in Kriegszeiten modifiziert?

Nach der Erläuterung der kulturpolitischen Rahmenbedingungen im faschistischen Italien wird die Bildpropaganda in Form von Plakaten, Postkarten und anderen Printmedien vorranging auf ihre Bildsujets hin befragt. Dabei wird von einem aktivischen Bildbegriff ausgegangen, wie ihn die rezente historische Bildforschung[8] postuliert und wie er auch dem konstruktivistischen Verständnis der Faschisten von Kunst und Propaganda entsprach: Die künstlerische Bildproduktion sollte die neue korporatistische Ordnung nicht nur abbilden oder illustrieren, sondern, ihr vorgeschaltet, aktiv zu deren Errichtung und Diffusion beitragen.[9]

1 Kulturpolitik und Propaganda im faschistischen Italien

Im Hinblick auf die mit der korporatistischen Umgestaltung einhergehende Kulturpolitik im faschistischen Italien sollten ministeriale Neugründungen oder Erweiterungen eine zentralisierte Koordination der staatlichen Propaganda garantieren.[10] So wurde die 1922 gegründete Presseabteilung (*Ufficio Stampa del Capo del Governo*) bis 1937 sukzessive zum Ministerium für Populärkultur (*Ministero della Cultura Populare*) ausgebaut, für dessen Konzeption das deutsche Reichsministerium für Volksaufklärung und Propaganda Pate stand.[11] Im Ge-

8 Gerhard Paul, Die aktuelle Historische Bildforschung in Deutschland. Themen – Methoden – Probleme – Perspektiven, in: Jens Jäger/Martin Knauer (Hrsg.), Bilder als historische Quellen? Dimension der Debatten um historische Bildforschung. München 2009, S. 125–148.

9 Monica Cioli, Il fascismo e la „sua" arte: Dottrina e istituzioni tra futurismo e Novecento, Florenz 2011, S. XXI.

10 Nicola Tranfaglia, La stampa del regime, 1932–1943. Le veline del Minculpop per orientare l'informazione, Mailand 2005, S. 18.

11 Gustavo Corni, State and Society: Italy and Germany compared, in: Richard Bosworth (Hrsg.), The Oxford Handbook of Fascism, Oxford 2009, S. 279–295, S. 293.

gensatz zum deutschen Gegenstück beschränkten sich die Praktiken der Zensurpolitik im faschistischen Italien in der Frühphase jedoch größtenteils auf die Aussprache von Empfehlungen.[12] Kontrolle und Kooptation wurden unter Mussolini weniger über Einschüchterungsmaßnahmen als vielmehr über materielle Anreize ausgeübt. Da das staatliche Finanzaufkommen im kulturellen Bereich ungekannte Ausmaße erreichte, eröffneten sich vielen Kulturschaffenden neue Möglichkeiten der Finanzierung.[13] Vom kulturpolitisch liberaleren Klima und vom größtenteils freiwilligen Charakter der Kollaboration mit dem Regime zeugen nicht zuletzt zahlreiche Anfragen von Schriftstellern und Künstlern nach finanziellen Zuwendungen beim Ministerium für Populärkultur.[14]

Die korporatistische Organisation des kulturellen Bereiches wurde auch auf die Bildenden Künste ausgedehnt. 1927 wurde das entsprechende Syndikat gegründet, das sich in 18 regional organisierte Gewerkschaften gliederte.[15] Die Mitgliedschaft war Voraussetzung für die Teilnahme von Künstlern an Ausstellungen und im großen Stil vom Regime lancierten Wettbewerben um öffentliche Aufträge, mittels derer das faschistische Regime versuchte, die künstlerische Produktion zu lenken.[16] Während die Mitgliedschaft in den Künstlersyndikaten im faschistischen Italien mit dem Imperativ, der ebenfalls berufsständisch gegliederten Reichskulturkammer im nationalsozialistischen Deutschland beizutreten, vergleichbar ist, war sie im ersteren Fall jedoch nie obligatorisch.[17]

Insgesamt diente die Kulturpolitik den Faschisten als wichtiges Herrschafts- und Integrationsmittel, durch das sie sich versprachen, kulturelle Legitimität zu erlangen und sich des rüpelhaften und von Gewalt geprägten Images der frühen Jahre der faschistischen Herrschaft zu entledigen.[18] Analog zur proklamierten Neuheit des Regimes forderte Mussolini eine neue, vermeintlich originär faschis-

12 Zimmermann, Medien, S. 69.

13 Ebd., S. 73; Marla Stone, The State as Patron: Making Official Culture in Fascist Italy, in: Matthew Affron, Fascist Visions. Art and Ideology in France and Italy, Princeton 1997, S. 205–238, hier S. 208 u. 212.

14 Sedita, Gli intellettuali, S. 183 u. 185.

15 Kate Flint, Art and the Fascist Regime in Italy, in: Oxford Art Journal 3 (1980) 2, S. 49–54, hier S. 50; Stone, Patron, S. 211.

16 Ebd., S. 212.

17 Toby Clark, Kunst und Propaganda. Das politische Bild im 20. Jahrhundert, Köln 1997, S. 60f.; Stone, Patron, S. 219.

18 Gabriele Turi, Faschismus und Kultur, in: Jens Petersen (Hrsg.), Faschismus und Gesellschaft in Italien. Staat – Wirtschaft – Kultur, Köln 1998, S. 91–108, hier S. 99; Stone, Patron, S. 213f.

tische Kunst, die zur wieder beanspruchten Größe Italiens beitragen sollte.[19] Im Hinblick auf die künstlerischen Gattungen wurden dabei die Grenzen zwischen Hoch- und der aufkommenden Populärkultur verwischt und verschiedenste Medien und Ausdrucksformen in den Dienst des Regimes gestellt.[20] Allerdings blieb offen, was genau unter faschistischer Kunst zu verstehen war. Aufgrund des Ausbleibens konkreter ästhetischer Direktiven herrschte in stilistischer Hinsicht weitgehender Pluralismus.[21] Daraus folgte, dass auch antithetische ästhetische und kulturelle Strömungen wie Modernismus und Antimodernismus, Internationalismus und Nationalismus, Avantgarde und Traditionalismus koexistieren konnten und in fast gleichwertiger Weise vom Regime gefördert wurden.[22] Hauptkünstlergruppierungen, die bisweilen darum buhlten, die offizielle Staatskunst zu repräsentieren, und eng mit dem Regime kollaborierten, indem sie beispielsweise auch Personal für offizielle Posten im Kulturbereich stellten, waren *Novecento*, *Strapaese* und der Futurismus.[23] Während erstere in Formensprache und Themenwahl eher traditionalistisch und nationalistisch orientiert waren, verstand sich der Futurismus explizit als Teil der internationalen Avantgarde.[24] Bereits in seiner Entstehung eng mit dem Futurismus verbandelt, wurde das faschistische Regime mit seiner sichtbaren Patronage modernistischer Kunstrichtungen zu einer der ersten Nationalregierungen weltweit, die Avantgarde-Bewegungen in Dienst nahm und massiv finanziell förderte.[25] Das eklektische und breit gefächerte System staatlicher Kunstpatronage im faschistischen Italien stand insbesondere im krassen Gegensatz zum nationalsozialistischen Deutschland, wo moderne Kunst verfemt und mit dem Attribut ‚entartet' belegt wurde.[26] Trotz der im Laufe der 1930er Jahre immer stärkeren Orientierung an der NS-Kulturpolitik, die zur Bevorzugung von reaktionäreren Kunststilen auch in Italien führte, ist es doch bezeichnend, dass das Projekt, die NS-Ausstellung „Entartete Kunst" nach Italien zu holen, letztendlich am Widerstand der Futuristen scheiterte.[27]

19 Christine Müller, Franco Veremondi, Die symbolische Form der Zeit. Eine Politik der Künste, in: Jan Tabor (Hrsg.), Kunst und Diktatur, Baden 1994, Band 2, S. 612–615, hier S. 613.
20 Stone, Patron, S. 218.
21 Sedita, Gli intelletuali, S. 181.
22 Ebd.
23 Cioli, „Sua" arte, S. XI.
24 Ebd., S. 322; Ruth Ben-Ghiat, Fascist Modernites: Italy 1922–1945, Berkeley 2001, S. 26; Stone, Patron, S. 223.
25 Stone, Patron, S. 228.
26 Ebd.; Clark, Kunst, S. 63.
27 Anna D'Elia, L'universo futurista: un mappa, dal quadro alla cravatta, Bari 1988, S. 42.

2 Der Arbeiter in der faschistischen Bildpropaganda

Was die Übersetzung des abstrakten Korporativismus in Bildmedien angeht, so lässt sich neben der Zentralität des Themas der Arbeit eine Dominanz von Körpern feststellen. Die korporatistische Theorie basierte auf intellektuellen Strömungen, die von einer organizistischen Metapher der Nation als Körper ausgingen, dessen Einzelteile nur insofern wichtig waren, als sie das Ganze funktionieren ließen.[28] Dies zeigt sich auf einem Plakat (Abb. 2) auf die Figur des Diktators zugespitzt: In einer Mischung aus Gattungen sieht man eine aus der

Abb. 2: „Un cuore solo", Postkarte 105 × 148 mm, 1936. © Raccolta delle Stampe „Achille Bertarelli", Mailand.

28 Ben-Ghiat, Modernities, S. 17f.; Clark, Kunst, S. 70f.

Entfernung fotografierte Ansammlung von Menschen, die das gesamte Bild ausfüllt. Darüber ist in Rot Mussolinis Profil gezeichnet. Im übertragenen Sinne konstituiert also die anonyme Masse den Duce. Die Bildunterschrift „Ein einziges Herz, eine einziger Wille, eine einzige Entscheidung" weist ihn zusätzlich als alleinigen Repräsentanten und Entscheidungsträger der Nation aus. Darüber hinaus inszenierte sich Mussolini als überaus arbeitsam. Mythencharakter haben die Überlieferungen, dass das Licht in seinem Büro im Palazzo Venezia nie erlosch.[29] Dass Mussolini keinesfalls nur zu intellektueller Arbeit fähig war, schienen massenweise vertriebene Propagandafotografien des 1924 gegründeten *Istituto Luce* zu belegen. Diese zeigen ihn vorzugsweise oberkörperfrei bei der Getreideernte – ein Anlass, bei dem er sich als vorbildlicher faschistischer Arbeiter gerierte. Sie belegen Mussolinis hemdsärmelige Selbstpräsentation, die ihn deutlich von Hitlers oder Stalins Selbstdarstellungen abhob (Abb. 3).

Abb. 3: Mussolini bei der Getreideernte, P.N.F. „Il secondo libro del fascista", Rom 1939, S. 77. © Wolfsoniana – Fondazione regionale per la Cultura e lo Spettacolo, Genua.

29 Simonetta Falasca-Zamponi, Mussolini's Self-Staging, in: Hans-Jörg Czech (Hrsg.), Kunst und Propaganda im Streit der Nationen 1930–1945, Dresden 2007, S. 88–95, hier S. 92.

2.1 Stadt und Land

Wie bereits im Falle von Mussolinis Selbstinszenierung als Landarbeiter angedeutet, lässt sich im Hinblick auf die Frage, welcher Typus Arbeiter vom faschistischen Regime propagiert wurde, die Tendenz feststellen, das Landleben zu verherrlichen. Im Rahmen der Ruralismus-Ideologie wurde die italienische Bauernschaft idealisiert.[30] Zum Zeitpunkt des Aufstiegs des Faschismus war Italien ein agrarisch geprägtes Land. Ländliche Großgrundbesitzer und Pächter konstituierten zunächst die traditionelle Stütze des Regimes.[31] Nachdem die Faschisten an die Macht gelangt waren, trieben sie auch im landwirtschaftli-

Abb. 4: „L'agricolotore d'Italia", Zeichner: Mirko Vucetich, Herausgeber: Lit. Rag. C. Sala & C., Plakat 100 × 70 cm, Mailand 1927. © Raccolta delle Stampe „Achille Bertarelli", Mailand.

30 Flint, Art, S. 52.
31 Reilly, Emblems, S. 296.

chen Bereich die Modernisierung voran.[32] So waren großangelegte Kampagnen der Landgewinnung wie Sumpftrockenlegungen im Agro Pontino Gegenstand der Bildpropaganda.[33] Insgesamt ist jedoch ein Übergewicht von anachronistischen und zeitlosen Darstellungen von Landarbeitern in der faschistischen Propaganda zu verzeichnen.[34] War die korporatistische Theorie durch das mittelalterliche Gildensystem inspiriert[35], hatten die Landarbeiterfiguren starke ikonographische Anklänge an die römische Antike.[36] So ist die unbekleidete und sehr muskulös dargestellte Figur auf einer Postkarte (Abb. 4) des nationalen landwirtschaftlichen Verbandes im Stile einer römischen Statue entworfen. Weitere Reminiszenzen an die römische Antike sind der Lorbeerkranz auf dem Kopf sowie die zum römischen bzw. faschistischen Gruß erhobene rechte Hand.[37] In der anderen Hand hält die Figur einen rudimentären Pflug. Dieses Werkzeug fungiert, abgesehen von der Bildunterschrift, als einziges bildnerisches Mittel, das sie als Landarbeiter ausweist. Angesichts der archaischen Züge der Figur vermittelt lediglich das Zitat Mussolinis eine zukunftsorientierte Perspektive: „Die italienische Landwirtschaft wird in eine Epoche großen Glanzes eintreten". Im Zusammenhang mit der antikisierenden Darstellung wird somit gleichzeitig die Kontinuität des faschistischen Regimes mit Italiens glorreicher Vergangenheit postuliert.[38]

Ein weiterer Kontext, in dem der Landarbeiter in der Propaganda gepriesen wurde, war die vom Regime verfolgte Autarkiepolitik. Im Rahmen der so genannten Getreideschlacht, die ab 1925 darauf zielte, sich von ausländischen Getreideimporten unabhängig zu machen, wurden Preisgelder ausgeschrieben, um die Agrarier zu mehr Produktion zu animieren.[39] Auf einem dieser Plakate (Abb. 5) wird ein jugendlicher Landarbeiter mit Getreidebündel im Arm gezeigt. Die beiden Ochsen im Geschirr links neben ihm negieren jedoch die inzwischen vorangeschrittene Mechanisierung der Landwirtschaft.

Die Kehrseite der Verherrlichung des Landlebens war eine negative Sichtweise auf die Stadt als von der Moderne korrumpiertem Raum, in dem Arbeitslosigkeit grassierte und Arbeiter in unmenschlichen Bedingungen lebten.[40] Diese antiurbanistische Haltung äußerte sich auch in konkreten Maßnahmen, die der

32 Patrizia Dogliani, Il fascismo degli italiani. Una storia sociale, Mailand 2008, S. 125 u. 136f.
33 Reilly, Emblems, S. 296.
34 Ebd., S. 295 u. 304.
35 Ebd., S. 304.
36 Bauerkämper, Faschismus, S. 69.
37 Martin Winkler, The Roman Salute: Cinema, History, Ideology, Columbus 2009, S. 2.
38 Reilly, Emblems, S. 304.
39 Nützenadel, Landwirtschaft, S. 109.
40 Falasca-Zamponi, Spectacle, S. 146.

Abb. 5: „La vittoria del grano“, Zeichner: Bruno Boari, Hrsg. Officine Grafiche L. Boari & C., Plakat 140 × 100 cm, Mailand ohne Datum. © Raccolta delle Stampe „Achille Bertarelli“, Mailand.

Landflucht entgegenwirken sollten.[41] An dieser Stelle kollidierten die Positionen der offiziellen Propaganda insbesondere mit dem Futurismus, stellte die Idealisierung der Metropolen doch immerhin ein zentrales Element innerhalb des futuristischen Diskurses dar.[42] Allerdings hatte sich das Verhältnis zwischen Faschisten und Futuristen nach anfänglich enger Kooperation abgekühlt, und bei der Vergabe öffentlicher Aufträge wurden letztere immer weniger berücksichtigt.[43] Stattdessen standen intellektuelle Gruppierungen wie *Strapaese*, die die Rückkehr zum Landleben forderten, der ruralistischen Ausrichtung der faschistischen Kulturpolitik in den 1930er-Jahren näher.[44]

Dementsprechend tauchen städtische Arbeiter wesentlich seltener in der faschistischen Bildpropaganda auf. In den wenigen Fällen, in denen Beschäftigte

41 Reilly, Emblems, S. 297.
42 Fochessati, Futurismus, S. 66.
43 Ebd., S. 73.
44 Ben-Ghiat, Modernities, S. 26.

Abb. 6: Industriearbeiter, „Il governo fascista mi ha ridato…", Zeichner: Giorgio Muggiani, Postkarte 105 × 148 mm, 1924. © Raccolta delle Stampe „Achille Bertarelli", Mailand.

der Industrie thematisiert werden – ausgewiesen durch ihre Kleidung oder rauchende Fabrikschlote im Hintergrund – wird mittels der Bildunterschrift auf ihre soziale Besserstellung durch die Reformen des faschistischen Regimes, im Bild durch das namensgebende Liktorenbündel (lat. *fasces*) repräsentiert, abgehoben (Abb. 6).[45] Trotz der anti-urbanistischen Stoßrichtung des Großteils der propagandistischen Publikationen gab es keine Negativdarstellungen industrieller Arbeit im Faschismus. Sehr wohl wurden jedoch in der Rückschau die Lebensumstände industrieller Arbeiter in vorfaschistischer Zeit angeprangert, oftmals im Modus einer Vorher-Nachher-Darstellung (Abb. 7): Während die Vorzeit durch Krisen, Streiks und Unterbezahlung geprägt war, hatte das faschistische Regime für einen gerechten Lohn, Sozialversicherungen und Arbeitsschutz gesorgt.

45 Reilly, Emblems, S. 301.

Abb. 7: Industriearbeiter vorher – nachher, „Lavoratore attento!" Zeichner: Giorgio Muggiani , Hrsg. Stab. Lit. F.lli Sella, Mailand, Edizioni Muggiani, Plakat 140 × 100 cm, 1922–38. © Raccolta delle Stampe „Achille Bertarelli", Mailand.

2.2 Gender

Weitgehend übereinstimmend ist die visuelle Propaganda des faschistischen Italiens und des nationalsozialistischen Deutschlands im Hinblick auf die durch sie transportierten Geschlechterrollen. So war die im italienischen *stato corporativo* zentrale identitätsstiftende Kategorie der Arbeit nicht für beide Geschlechter gleichermaßen gültig.[46] Frauen wurden hauptsächlich auf ihre Mutterrolle verwiesen und als für die Reproduktion der Nation zuständig befunden.[47] Wie auch in NS-Deutschland wurden gemäß der pronatalistischen Ausrichtung der faschistischen Familienpolitik kinderreiche Familien gefördert.[48] Lohnarbeit war allenfalls für junge unverheiratete Frauen denk-

46 Victoria de Grazia, How fascism ruled women, Italy, 1922–1945, Berkeley 1992, S. 168.
47 Perry R. Willson, The clockwork factory. Women and work in Fascist Italy, Oxford 1993, S. 2.
48 Reilly, Emblems, S. 306f.

Abb. 8: „Giornata della madre e del fanciullo", Zeichner: Marcello Dudovich, Technik: Lithographie, Hrsg. Grafiche I. G. A. P., Plakat 140 × 100 cm, Rom-Mailand ohne Datum. © Raccolta delle Stampe „Achille Bertarelli", Mailand.

bar.[49] Entsprechend der vorgenommenen Differenzierung zwischen männlicher und weiblicher Arbeit als qualitativ unterschiedlich, waren für Frauen vor allem Tätigkeiten vorgesehen, in denen ihre vermeintlich mütterlichen und weiblichen Fähigkeiten zum Tragen kämen wie soziale und pädagogische Berufe.[50] Da Arbeit außer Haus als mit der Mutterrolle konfligierend aufgefasst wurde, sollten Frauen spätestens nach der Heirat aus dem Berufsleben ausscheiden. Haushalte mit so genannten „Doppelverdienern" wurden denunziert.[51] Auch in den neuen korporatistischen Institutionen waren Frauen nicht vertreten. Stattdessen wurden sie in einem parallelen Netzwerk von Parteiorganisationen erfasst. Diese zielten jedoch kaum auf die Stärkung ihrer Identität als Arbeiterinnen ab, als sie dort vielmehr klassenübergreifend auf die Unterstützung des Regimes

49 De Grazia, Women, S. 168.
50 Ebd., S. 180 u. 196f.
51 Ebd., S. 175.

Abb. 9: „Natale di Roma. Festa del lavoro", Zeichner: Marcello Dudovich, Plakat 140 × 100 cm, Mailand ohne Datum. © Raccolta Salce Soprintendenza al Patrimonio Storico Artistico e Demoetnoantropologico delle Province di Venezia, Belluno, Padova e Treviso.

eingeschworen werden sollten.[52] Was die Gesetzgebung anging, wurde im Zuge der Verabschiedung von Arbeitsschutzgesetzen zwar erstmals der Mutterschutz reglementiert. Jedoch fanden diese Maßnahmen keine flächendeckende Anwendung und galten beispielsweise nicht für die Landwirtschaft oder die vom Regime so propagierte Heimarbeit. Im Laufe der 1930er-Jahre folgten dann offen misogyne Gesetze, die die Beschäftigung von Frauen auf minimale Quoten herabsetzten.[53]

Dieses reaktionäre Rollenbild wird auch auf einem Plakat (Abb. 8) des Nationalwerks für den Schutz der Mutterschaft und der Kindheit (*Opera Nazionale per la protezione della maternità e dell'infanzia*) vermittelt. Generell waren in der faschistischen Propaganda Anleihen bei christlicher Ikonographie häufig.[54] In

52 Ebd., S. 175 u. 177.
53 Willson, Factory, S. 6.
54 Hierzu Emilio Gentiles grundlegendes und seither viel diskutiertes Werk, in dem er die These vom Faschismus als politischer Ersatzreligion aufstellt: Emilio Gentile, Il culto del littorio. La saccralizzazione della politica nell'Italia fascista, Rom/Bari 1993.

Abb. 10: „Servizi Ausiliari", Poster 100 × 70 cm, 1943–45. © Raccolta delle Stampe „Achille Bertarelli", Mailand.

diesem Fall wird die Kernfamilie als geheiligte Domäne dargestellt. Der sakrale Charakter wird durch das Datum des angekündigten Tages der Mutter und des Kindes unterstützt: Es handelt sich um den 24. Dezember. Die Isolation der Familie vor dem simplen, fast monochromen Hintergrund unterstreicht den Eindruck des Geschütztseins vor den Widrigkeiten der modernen urbanen Welt.[55] In Rückansicht und vom Betrachter abgewandt, blicken sie in eine verheißungsvolle Zukunft, repräsentiert durch eine Lichtquelle am rechten Bildrand.

Außer als Mutter wird die Frau in der faschistischen Bildpropaganda bisweilen als agrarische Arbeiterin dargestellt (Abb. 9). Auf dem Plakat der Mailänder *Fasci* anlässlich des Tags der Arbeit, der vom faschistischen Regime auf den 21. April, den Tag der mythischen Gründung Roms, verlegt wurde,[56] wird

55 Reilly, Emblems, S. 307.
56 Alexander Nützenadel, Staats- und Parteifeiern im faschistischen Italien, in: Sabine Behrenbeck/Alexander Nützenadel (Hrsg.), Inszenierungen des Nationalstaats. Politische Feiern in Italien und Deutschland seit 1860/71, Köln 2000, S. 127–148, hier S. 134.

Abb. 11: „Figlio, piuttosto che traditore", Poster 100 × 70 cm, Lithographie, 1943–45. © Raccolta delle Stampe „Achille Bertarelli", Mailand.

eine bäuerliche junge Frau im Brustbild gezeigt, die ein Bündel Weizen mit dem linken Arm in die Höhe streckt. Im Hintergrund sind stilisiert ein Weizenfeld und eine industrielle Anlage mit rauchenden Fabrikschloten zu sehen. Zwar ist das Plakat undatiert, die Unterschrift „Autarchia" verweist jedoch auf die zweite Hälfte der 1930er-Jahre, als nach Verhängung der Sanktionen durch den Völkerbund nach dem Äthiopienkrieg komplette Autarkie angestrebt wurde.[57]

Mit Beginn des Zweiten Weltkriegs und Italiens Kriegseintritt 1940 änderte sich die Arbeitsmarktpolitik: Frauen wurden nun massenhaft in die Lohnarbeit gedrängt, um die weggefallenen männlichen Arbeiter zu ersetzen.[58] Auf den Propagandaplakaten aus der Zeit der Italienischen Sozialrepublik (*Repubblica Sociale Italiana*, 1943–45) wird dieser Aspekt jedoch größtenteils übergangen, und Frauen werden weiterhin hauptsächlich bei für sie als geeignet befundenen

57 Nützenadel, Landwirtschaft, S. 345.
58 De Grazia, Women, S. 177.

Tätigkeiten gezeigt (Abb. 10). Hier treten sie hauptsächlich als Krankenschwestern im Rahmen der Hilfsdienste (*Servizi Ausiliari*) auf. Eine weitere Variante, in der Frauen zu Kriegszeiten in der visuellen Propaganda auftauchen, ist erneut die Mutterrolle, in diesem Fall jedoch als Mütter von Soldaten, die ihre Söhne mit den Worten in den Krieg verabschieden, sie sollten lieber sterben als zu Verrätern werden (Abb. 11).

2.3 Nationale Identität und Rassismus

Die Bildpropaganda ist auch eine überaus aussagekräftige Quelle, wenn es um die Konstruktion einer nationalen Identität geht, nicht zuletzt über Strategien der Abgrenzung. Der italienische Rassismus unter Mussolini richtete seine xenophoben Attacken dabei zunächst gegen Slawen und Afrikaner, während ein biologisch begründeter Antisemitismus anfangs keine große Rolle spielte.[59] So gab es beispielsweise anlässlich des Äthiopienkrieges 1935 massive rassistische Propagandakampagnen,[60] die die „Zivilisierungsmission" der Italiener als ultimative Rechtfertigung für das spätkoloniale Unternehmen anführten.[61] Das Motiv, der lokalen Bevölkerung das Arbeiten beibringen zu müssen, ist ein wiederkehrendes in der faschistischen Propaganda. Auf der eingangs beschriebenen Postkarte (Abb. 1) ist im Hintergrund die koloniale Situation in Nordafrika angedeutet. Mit in die Hüften gestemmten Armen steht ein schmächtiger Dunkelhäutiger in vermeintlich ortstypischer Kleidung tatenlos da und beobachtet den beispielhaften italienischen Arbeiter. Auch wenn in der Bildunterschrift nicht explizit auf den nordafrikanischen Kontext abgehoben wird, unterstreicht auch sie den vorbildlichen Charakter italienischer Arbeit, der im Rahmen der „Zivilisierungsmission" von zentraler Bedeutung war.

Spätestens im Zuge der Annäherung an das nationalsozialistische Deutschland bekannte sich auch das faschistische Italien mit der Verabschiedung der Rassegesetze 1938 offen zum Rassen-Antisemitismus. So richtet sich das Titelblatt (Abb. 12) der ab 1938 erscheinenden Zeitschrift *La difesa della razza*[62] nicht nur gegen Afrikaner, sondern auch gegen Juden. Versetzt und überlappend im Profil gezeigt, erscheinen die Köpfe einer antiken Statue, eines stereotypisierten

59 Schieder, Diktaturen, S. 323.

60 Marco Giuman, Ciro Parodo, Nigra subucula induti. Immagini, classicità e questione della razza nella propaganda dell'Italia fascista, Padua 2011; Manfredi Martelli, La propaganda razziale in Italia 1938–1943, Rimini 2005.

61 Manfredi Martelli, La propaganda razziale in Italia 1938–1943, Rimini 2005, S. 219.

62 „Die Verteidigung der Rasse" (eigene Übersetzung).

Abb. 12: Cover „La difesa della razza", Jahrgang I, N. 1, 5. August 1937. © Biblioteca Marucelliana, Florenz.

Juden sowie einer Afrikanerin. Der durch das Haupt der klassischen Skulptur kodifizierte Italiener wird mit einem Schwert, was vom Bildrand hereinreicht, aus der Reihe der anderen separiert. Hierbei wird die Konstruktion der *italianità* mittels ikonographischer Anleihen bei der römischen Antike erneut deutlich. Dass die Trennung mit einer Waffe vollzogen wird, steht für die Bereitschaft des faschistischen Regimes, die eigene Rasse gewaltsam zu verteidigen, wie auch der Titel der Zeitschrift nahelegt. In technischer Hinsicht verweisen der Stilmix und die Kollage aus Fotographie und Graphik auf die vom Faschismus im Gegensatz zum Nationalsozialismus durchaus häufig genutzte modernistische Ästhetik.

Bezüglich der Arbeitsthematik in Verbindung mit antisemitischen Motiven erschien 1942 in derselben Zeitschrift ein illustrierter Artikel über zu Arbeit verpflichtete Juden (Abb. 13). Während Überschrift und Text auf die pseudowissenschaftliche Klassifizierung der Schädelformen von Juden abheben, bedient die graphische und fotographische Illustration im Modus einer Vorher-Nachher-Darstellung das Klischee vom ehemals parasitären Juden, der nun zur Arbeit gezwungen werde. Im Hinblick auf Einflüsse und Adoptionen aus Deutschland ist bemerkenswert, dass es ab 1939 unter der Überschrift „Juden lernen arbeiten!" eine ganz ähnliche Kampagne in deutschen Bildmedien gegeben hat-

Abb. 13: „...il giudeo costretto a lavorare", in: „La difesa della razza", Jahrgang V, N. 16, 20. Juni 1941. © Biblioteca Marucelliana, Florenz.

te.[63] Während in diesem Fall wie in vielen weiteren die Konvergenzen der Argumentationslinie und Darstellungsweise in der Bildpropaganda beider Regime offensichtlich sind, steht die Aufarbeitung der genauen Modalitäten eines Transfers in personeller oder konzeptueller Hinsicht noch aus.

2.4 Autarkie und die Militarisierung des Arbeitsbegriffs

Die Verhängung von Völkerbundssanktionen über Italien in Folge des Äthiopienkrieges Mitte der 1930er-Jahre führte zur Steigerung autarkistischer Bestrebungen, die auch in die Bildpropaganda Eingang fanden.[64] Eine Postkarte (Abb. 14) anlässlich des Tages des italienischen Produktes zeigt in futuristischer, abstrakter Formensprache eine stilisierte Figur in der Diagonalen, die mit einem Hammer auf einen Amboss einschlägt. Dies lässt einen nach rechts oben sprühenden Funkenstrahl entstehen, der in den italienischen Nationalfarben gehalten ist. Die in futuristischer Ästhetik ausgeführte Komposition ist voller

63 Hierzu der Beitrag von Harriet Scharnberg in diesem Band.
64 Nützenadel, Landwirtschaft, S. 345.

Abb. 14: „Giornata del prodotto italiano“, Zeichner: Giuseppe Riccobaldi Del Bava, Lithographie, Hrsg. Barabino & Graeve, 23,7 × 16,9 cm, Genua 1930. © Raccolta delle Stampe „Achille Bertarelli“, Mailand.

Dynamik, was als Verweis auf die Leistungsfähigkeit der italienischen Wirtschaft gedeutet werden kann.

Eine andere Postkarte (Abb. 15) ruft zum ausschließlichen Erwerb italienischer Produkte auf. Die Überschrift „Sanktionen“ wird bezeichnenderweise vom Rauch, der aus den unzähligen Fabrikschloten dringt, die perspektivisch bis in den Hintergrund schier endlos fortgeführt werden, geschwärzt, so dass sie kaum noch erkennbar ist. Damit soll der Eindruck erweckt werden, dass die Fortschrittlichkeit der italienischen Industrie die Auswirkungen der Sanktionen zunichtemache. Während generell die Landarbeit als das Idealbild faschistischer Arbeitspropaganda erscheint, ist die Industrie hauptsächlich im Kontext von Sanktionen und Autarkiebestrebungen Thema, verweist aber auf kein Ideal. Meist liegt der Fokus auf der Modernität der Industrieanlagen selbst, ohne dass dort notwendigerweise Industriearbeiter als moderne Heroen auftauchen.

Abb. 15: „Sanzioni", Postkarte 105 × 148 mm, Hrsg. Comitato per il prodotto italiano, Rom ohne Datum. © Wolfsoniana – Fondazione regionale per la Cultura e lo Spettacolo, Genua.

Wie im nationalsozialistischen Deutschland[65] ist mit Herannahen des Zweiten Weltkriegs auch in Italien eine zunehmende Militarisierung des Arbeitsbegriffs festzustellen. In der faschistischen Propaganda wurde nach dem Kriegseintritt Italiens jeder, der nicht an der Front kämpfte, dazu aufgerufen, durch seinen Arbeitseinsatz zu Hause einen Beitrag zu leisten. Und dies galt für verschiedene Berufsgruppen gleichermaßen. Auf einem Plakat (Abb. 16) mit dem Titel „Arbeiten und kämpfen für das Vaterland, für den Sieg" sind ein Soldat und ein Schmied im Profil bzw. Halbprofil in Ganzkörperansicht dargestellt, wie sie sich die Hand reichen. Außer durch ihre Kleidung sind sie durch die Attribute, Gewehr respektive Hammer und Amboss, charakterisiert. Während der Handschlag den gemeinsamen Aufwand repräsentiert, wird der Schulterschluss zwischen beiden durch die Überkreuzung von Schrift und Bild – der Soldat

65 Hierzu der Beitrag von Inge Marszolek in diesem Band.

Abb. 16: „Lavorare e combattere“, Plakat 70 × 100 cm, ohne Datum. © Archivio di Stato Forlì-Cesena.

steht über dem Schriftzug ‚arbeiten‘, der Arbeiter ist mit ‚kämpfen‘ unterschrieben – noch verstärkt.

Jedoch wurden nicht nur Handarbeiter, sondern auch Angehörige freier Berufe in der visuellen Propaganda dazu angehalten, den Krieg durch ihre Arbeit zu unterstützen. In diesem Fall (Abb. 17) sitzt eine männliche Figur im Brustbild im Vordergrund; der weiße Kittel sowie Bleistift und Zirkel weisen ihn als Architekten oder Naturwissenschaftler aus. Das Kriegsgeschehen ist in den Hintergrund verlegt, wo Granaten werfende Soldaten auszumachen sind. Durch die Bildunterschrift „In Zusammenarbeit – Arbeitet für Italien!“ werden beide Bildebenen verknüpft und auf die geforderte gemeinsame Kriegsanstrengung abgehoben.

Abb. 17: „Collaborando...", Plakat 70 × 100 cm, ohne Datum. © Archivio di Stato Forlì-Cesena.

3 Fazit

Mit der Verabschiedung der *Carta del Lavoro* 1927 wurde Arbeit zur sozialen Pflicht und zur Voraussetzung für die Zugehörigkeit zum Volkskörper erklärt. Dabei wurden in anachronistischer Weise wie auch im nationalsozialistischen Deutschland vorrangig Bauern und Landarbeiter zu nationalen Helden erklärt, während die für die Kriegsanstrengungen viel wesentlichere Industrie in der Bildpropaganda seltener auftauchte. Zwar wurde bisweilen auf die Modernisierung der Industrie als Leistung des Regimes abgehoben, sie verwies aber nicht auf eine faschistische oder nationalsozialistische Utopie. Mehrheitlich blieb auch im italienischen Faschismus wie im Großteil der konservativen Strömungen des 19. Jahrhunderts die Industrie eher eine Bedrohung durch Vermassung als ein Idealbild. Hiervon wichen in Italien am entschiedensten die Futuristen ab.

Bezüglich *Gender* lassen sich ebenso Übereinstimmungen zwischen faschistischer und nationalsozialistischer Propaganda konstatieren. So waren für die Geschlechter grundlegend verschiedene Beschäftigungen vorgesehen: Der Mann wurde als für den Erwerb des Lebensunterhaltes zuständig befunden; Haus und Heim sollten hingegen den Hauptarbeitsplatz von Frauen darstellen.

Während in der Frühphase des Faschismus der Antisemitismus wenig ausgeprägt war und Juden auch vielfach unter den Mitgliedern der Faschistischen Partei zu finden waren[66], flammten rassistische Ressentiments gegenüber Afrikanern spätestens im Umfeld des Äthiopienkrieges auf und wurden zum Gegenstand der visuellen Propaganda. Nach zunehmender Annäherung an NS-Deutschland Ende der 1930er-Jahre verstärkte sich der Antisemitismus auch in Italien, was die Rezeption und Reproduktion antisemitischer Bildproduktion mit einschloss. Das Motiv der Arbeit tauchte dann nicht mehr in seiner inklusiven Variante als Versprechen der Zugehörigkeit zur Nation auf, sondern als Strafe. Angesichts des nahenden Krieges wurden die Aufrufe zu mehr Produktion zunehmend mit dem Kriegsaufwand verknüpft. Die zuvor in der Propaganda zentrale ländliche Arbeiterfigur wurde nun sukzessive durch die des Soldaten ersetzt.

66 Dogliani, Il fascismo, S. 312.

Harriet Scharnberg

Arbeit und Gemeinschaft

Darstellungen „deutscher“ und „jüdischer“ Arbeit in der NS-Bildpropaganda

Diejenigen Untersuchungen, die sich dezidiert den Darstellungen der Arbeit im Nationalsozialismus widmen, nehmen vor allem die sogenannten hochkulturellen Medien – Gemälde und Plastik, Ausstellungen, Literatur und „Kult“ – in den Blick.[1] Darüber hinaus gilt das Forschungsinteresse auch der Ästhetisierung des Arbeitsumfelds und seiner propagandistischen Inszenierung.[2] Von Seiten einer originär bildgeschichtlich interessierten Forschung wurde das Metathema „Arbeit im Nationalsozialismus“ noch nicht vermessen.[3] Aufsätze zu bestimmten Darstellungsaspekten oder Fotografen der Arbeit erhellen es bisweilen blitzlichtartig.[4]

---

1 Frank Trommler, Die Nationalisierung der Arbeit, in: Reinhold Grimm/Jost Hermand (Hrsg.), Arbeit als Thema in der deutschen Literatur vom Mittelalter bis zur Gegenwart, Königstein/Ts. 1979, S. 102–125; Peter Schirmbeck, Adel der Arbeit. Der Arbeiter in der Kunst der NS-Zeit, Marburg 1984; Irmgard Weyrather, Bauarbeit im NS-Kult, in: Peter Ulrich Hein/ Hartmut Reese (Hrsg.), Kultur und Gesellschaft der Bundesrepublik Deutschland, Frankfurt a.M. 1996, S. 315–331; Christoph Kivelitz, Der „schaffende Mensch“ und die „Veredelung der Materie“. Der Begriff der Arbeit in Propagandaausstellungen des Nationalsozialismus, in: Klaus Türk (Hrsg.), Arbeit und Industrie in der bildenden Kunst. Beiträge eines interdisziplinären Symposiums, Stuttgart 1997, S. 119–130; Stefanie Schäfers, Vom Werkbund zum Vierjahresplan. Die Ausstellung „Schaffendes Volk“, Düsseldorf 1937, Düsseldorf 2001.

2 Chup Friemert, Produktionsästhetik im Faschismus. Vorbilder und Funktionsbestimmungen, in: Berthold Hinz et al. (Hrsg.), Die Dekoration der Gewalt. Kunst und Medien im Faschismus, Gießen 1979, S. 17–30; Peter Reichel, Der schöne Schein des Dritten Reichs. Gewalt und Faszination des deutschen Faschismus, Hamburg 2006 (zuerst München 1991).

3 Richard Hiepe widmet dem Thema nur wenige Seiten, Rudolf Stumbergers Darstellung erstreckt sich für Deutschland nicht auf die Jahre nach 1933. Gerhard Pauls Bildatlas verzichtet auf einen Eintrag zu Bildern der Arbeit im Nationalsozialismus: Richard Hiepe, Riese Proletariat und große Maschine. Zur Darstellung der Arbeiterklasse in der Fotografie von den Anfängen bis zur Gegenwart, Erlangen 1983; Rudolf Stumberger, Klassen-Bilder. Sozialdokumentarische Fotografie 1900–1945, Konstanz 2007; Gerhard Paul (Hrsg.), Das Jahrhundert der Bilder. Bd. I: 1900–1949, Bonn 2009 (zuerst Göttingen 2009).

4 Christian Schellenberg/Christian Tünnemann, „Schmelzendes Eisen verlangt Männer von Stahl!“, in: Ulrich Hägele/Gudrun M. König (Hrsg.), Völkische Posen, volkskundliche Dokumente. Hans Retzlaffs Fotografien 1930 bis 1945, Marburg 1999, S. 122–127; Claudia-Gabriele Philipp, „Die schöne Straße im Bau und unter Verkehr.“ Zur Konstituierung des Mythos von der Autobahn durch die mediale Verbreitung und Ästhetik der Fotografie, in: Rainer Stommer

Allerdings hat Alf Lüdtke exemplarisch verdeutlicht, wie gewinnbringend die Betrachtung auch fotografischer Quellen sein kann, um in einer alltagsgeschichtlichen Perspektive die Bedeutung symbolischer Orientierungen der deutschen Arbeiterschaft für das „Hinnehmen und Mitmachen" im Nationalsozialismus zu erschließen.[5] Um dieser Frage nach der Bedeutung symbolischer Orientierungen umfassender nachzugehen, bräuchte es zweierlei: Eine umfangreich angelegte Übersicht über die symbolischen „Angebote", die das Regime unterbreitete, sowie eine gezielte Auswertung geeigneter Egodokumente zur Untersuchung verschiedener Aneignungs- und Umdeutungspraktiken. Dieser Aufsatz widmet sich dem symbolischen Angebot des Regimes. Untersucht werden die fotografischen Arbeitsbilder, ihre Kontexte und Bildformen in alltäglichen, populärkulturellen Medien mit großer Reichweite. Besonderes Interesse gilt im Zusammenhang dieses Tagungsbandes der Frage, ob fotografischen Darstellungen der Arbeit neben inkludierenden auch exkludierende Funktionen zukamen, wie und wann sich diese Darstellungen unterschieden – und wann nicht.

Den Ausgangspunkt der Überlegungen markiert die zentrale Rolle, die die Nationalsozialisten neben der „Rasse" eben auch der „Arbeit" in ihrem Entwurf der Volksgemeinschaft zuwiesen. Besonders plastisch zeigte sich die über den „nationalen Sozialismus" hergestellte, verbindliche Verknüpfung von „deutscher Arbeit" und „Volksgemeinschaft" am 1. Mai, der in der Propagandadarstellung nach 1933 nicht nur als „Tag der deutschen Arbeit" gefeiert wurde, sondern auch als „Tag der Volksgemeinschaft" galt. Aber nicht nur für die Volksgemeinschaft war ein spezifisches ideologisches Arbeitskonzept grundlegend, sondern auch für ihre Negation, die „jüdische Zersetzung". Bei den Juden hatte die nach Meinung der Nazis grundsätzlich andere, sich schon im Alten Testament offenbarende Auffassung von Arbeit als Strafe zu einer bestenfalls egoistischen Motivation geführt, nicht aber zu einer gemeinnützigen Arbeitsmoral.

Nach einer kurzen Betrachtung der grundlegenden Rolle, die der „Arbeit" im nationalsozialistischen (Volks-) Gemeinschaftskonzept zugesprochen wurde, leuchtet der Beitrag aus, in welchen verschiedenen diskursiven Zusammenhän-

---

(Hrsg.), Reichsautobahn. Pyramiden des Dritten Reiches. Analysen zur Ästhetik eines unbewältigten Mythos, Marburg 1982, S. 111–134; Cord Pagenstecher, Vergessene Opfer. Zwangsarbeit im Nationalsozialismus auf öffentlichen und privaten Fotografien, in: Fotogeschichte 17 (1997) 65, S. 59–71.

5 Alf Lüdtke, „Ehre der Arbeit": Industriearbeiter und Macht der Symbole. Zur Reichweite symbolischer Orientierungen im Nationalsozialismus, in: ders., Eigen-Sinn. Fabrikalltag, Arbeitererfahrungen und Politik vom Kaiserreich bis in den Faschismus, Hamburg 1993, S. 283–350; ders., German Work and German Workers: The Impact of Symbols on the Exclusion of Jews in Nazi-Germany, in: David Bankier (Hrsg.), Probing the Depths of German Antisemitism. German Society and the Persecution of the Jews 1933–1941, Jerusalem 2000, S. 296–311.

gen eine fotografische Repräsentation von „Arbeit" eine zentrale Stellung beanspruchte. Dabei steht die illustrierte Presse im Zentrum. Ein Seitenblick gilt aber auch der Darstellung der Arbeit in den zeitgenössisch ähnlich populären Sammelbilderalben. Zwei Bildformen können dabei als bestimmend identifiziert werden, nämlich Darstellungen von Erdbauarbeit sowie Bilder „deutscher Qualitätsarbeit". Ihrer exemplarischen Analyse gilt anschließend ein weiterer Teil. Frauen tauchten in Repräsentationen der nationalsozialistischen Volksgemeinschaft bekanntlich vor allem in der Mutterrolle und als Mitglieder in den ihnen zugedachten Einrichtungen und Parteigliederungen auf. Im Krieg wurden sie freilich unter pragmatisch-propagandistischen Gesichtspunkten auch als Arbeiterinnen an der Heimatfront ins Bild gesetzt. Während so zunächst das propagierte Selbstbild „deutscher Arbeit" Konturen annimmt, steht schließlich eines seiner Kontrastbilder, die Darstellung „jüdischer Arbeit" im Vordergrund. Anhand zweier Beispiele zeige ich abschließend, dass diese kontrastierende visuelle Gegenüberstellung der ideologischen Fundierung folgend mal absolut inszeniert wurde, während sich in anderen Fällen Spuren eines pragmatischen Bildgebrauchs nachweisen lassen, in dem Sinne, dass sie die Vorstellung von der „Produktivierung" der Juden als „Lösung der Judenfrage" zu erkennen geben.

1 Arbeit und Volksgemeinschaft

Schon in seiner ersten überlieferten Rede über den Antisemitismus in der nationalsozialistischen Bewegung aus dem Jahr 1920 erhob Hitler die Einstellung zur Arbeit zum Differenzkriterium schlechthin zwischen „nordischen Völkern" einerseits und „Juden" anderseits.[6] Nach Hitler bedurfte es zur Staatengründung dreierlei Ingredienzien, die allein dem Arier von der Natur des rauhen Nordens gelehrt worden seien: Einer gemeinnützigen Arbeitsmoral, der rassischen, körperlichen Reinzüchtung und einer besinnlichen, auf das innerlich-seelische Erleben gerichteten Kultur. Juden hingegen würden Arbeit nicht als Erfüllung sondern als Strafe betrachten. Nichts Konstruktives liege ihrem Arbeitsbegriff zugrunde, nur Utilitaristisches. Während arische Arbeit untrennbar an den Gemeinnutz gebunden sei, umfasse der egoistische jüdische Arbeitsbegriff auch die Ausplünderung anderer – „Wir nennen das nicht Arbeit, sondern Raub. (Sehr richtig!)"

6 Hier und im Folgenden zit. n: Reginald H. Phelps, Hitlers „grundlegende" Rede über den Antisemitismus, in: VfZ 16 (1968) 4, S. 390–420; dazu auch der Beitrag von Michael Wildt in diesem Band.

Aus der unterschiedlichen, geradezu konträren Einstellung zur Arbeit bei Juden und „Ariern" leitete Hitler eine ganze Kette ideologisch konstruierter Folgen ab. „Wir sehen, daß hier schon in der Rasse zwei große Unterschiede liegen: Ariertum bedeutet sittliche Auffassung der Arbeit und dadurch das, was wir heute so oft im Munde führen: Sozialismus, Gemeinsinn, Gemeinnutz vor Eigennutz – Judentum bedeutet egoistische Auffassung der Arbeit und dadurch Mammonismus und Materialismus, das konträre Gegenteil des Sozialismus."

Reginald Phelps hat zwei zentrale Aspekte der Rede herausgestrichen; er hat ihren grundlegenden Charakter hervorgehoben und gleichzeitig ihre fehlende Originalität betont: Die Motive dieser Rede gehörten zum Kanon der völkisch-antisemitischen Stereotypie und sie waren grundlegend für die nationalsozialistische Weltanschauung.

Verschafft man sich anhand des den *Völkischen Beobachter* als Wochenillustrierte ergänzenden *Illustrierten Beobachters* (IB) eine Übersicht über die diskursiven Zusammenhänge, in denen Bilder der Arbeit präsentiert wurden, ergibt sich ein facettenreiches Bild, das die zentrale Position des Motivs für die nationalsozialistische Weltanschauung und die Integrationsbemühungen des Regimes zu erkennen gibt. Der IB erschien nach 1933 in einer Auflagenhöhe von etwa 650 000 bis 850 000 Exemplaren.[7] Wie bei allen Illustrierten ist jedoch wegen familiärer und nachbarschaftlicher Lesegemeinschaften, des Vertriebs in Lesezirkeln und der öffentlichen Auslage in Gaststätten, Betrieben, Arztpraxen und Friseurgeschäften mit einer erheblich über der Auflage liegenden Reichweite zu rechnen. Mit Kriegsbeginn zog die Auflage des IB deutlich an und wurde 1944 mit knapp 2 Mio. beziffert.[8]

Unter den zahlreichen zeitgenössisch überaus populären Illustrierten kam dem IB der Rang eines (bild-)propagandistischen Leitmediums zu, zunächst für die nationalsozialistische Bewegung und nach der Machtübernahme für den nationalsozialistischen Staat. Aufgrund der Presselenkung und des auch von Teilen der Bildpresse artikulierten Bestrebens der Selbstgleichschaltung sind die qualitativen diskursiven Zusammenhänge als weitgehend verbindlich auch für die anderen illustrierten Zeitungen anzusehen, wenngleich hier (vermutlich in erster Linie zielgruppenbedingte) quantitative Abstriche bei der Visualisierung der Arbeit festzustellen sind. Konkret auf die zu präsentierenden *Motive* der Arbeit einwirkende Anweisungen durch das Bildpressereferat im Propagandaministerium sind heute nur sporadisch nachweisbar.

7 Zur Geschichte des „Illustrierten Beobachters": Rudolf Herz, Hoffmann und Hitler. Fotografie als Medium des Führer-Mythos, München 1994, S. 72–74.

8 [Fritz Schmidt], Presse in Fesseln. Eine Schilderung des NS-Pressetrusts, Berlin 1947, S. 216.

Arbeit wurde ins Bild gesetzt, um die wirtschaftliche Konsolidierung der mittleren 1930er Jahre zu demonstrieren, wobei vor allem der Anteil der nationalsozialistischen Regierung daran unterstrichen werden sollte. Arbeitsbilder waren deshalb ein fester Bestandteil bei der Berichterstattung über die Bauten des Regimes – insbesondere die Autobahnen –, den „Wiederaufbau" wirtschaftlicher Krisenregionen, die sich das Reich einverleibt hatte und die „würdige" Gestaltung der Arbeitsplätze im nationalsozialistischen Deutschland. Bei der Realisierung spektakulärer Großbauvorhaben und ihrer Präsentation als Wahrzeichen des neuen Deutschland gerieten die Arbeiter symbolisch zu den Erbauern des neuen Reiches.[9]

Die Bilder der Arbeit wurden mal implizit, mal explizit imaginären oder materiellen Bildern von Arbeitslosigkeit und Arbeitskampf gegenübergestellt. Diese Abgrenzung galt sowohl in internationaler wie historischer Hinsicht: Angeprangert und im Kontrast zur „egalitären" Volksgemeinschaft präsentiert wurde die angeblich falsche Organisation der Arbeit in den westlichen Demokratien und in der „Systemzeit", die soziale Ungerechtigkeit bedinge und den Unfrieden im Volk schüre.[10] In Gegenüberstellungen bildete auch die amerikanische oder jüdische „High Society" einen Kontrast zum deutschen Arbeiter. Auf der anderen Seite inkludierte man die „Auslandsdeutschen" wie auch die Verbündeten in das arbeitsame Selbstbild, indem auch ihnen eine gemeinnützige und ehrenvolle Auffassung von der „Arbeit" als charakteristisch unterstellt wurde.

2 Arbeit im Lager

Arbeit als Erziehungsmittel zur Volksgemeinschaft war das Thema zahlreicher Fotoreportagen über die vielfältigen Inklusions- oder Integrationslager, die das Regime gleich nach der Machtübernahme errichten ließ. Hier sollten sich die (nichtjüdischen) Deutschen verschiedener Berufe und Regionen auf der Basis gemeinsamer körperlicher Arbeit als Volksgemeinschaft erleben und konstituieren. Die Bildreportagen des IB zeigten die Lager als Mikrokosmen der Gesellschaft, in denen gemeinsame Arbeit alle gesellschaftlichen Distinktionen binnen kürzester Frist aufhob. Andreas Krass hat „Volksgemeinschaft" als das

9 Weyrather, Bauarbeit, S. 322ff.

10 Z. B. Die eine und... die andere Seite, in: IB Nr. 21 vom 21.5.1936, S. 806. In der Fotoreportage werden Bilder amerikanischer Arbeits- und Obdachloser, die Mülltonnen durchwühlen, den Bildern deutscher Arbeiter gegenübergestellt, die ihren KdF-Urlaub auf Madeira genießen.

didaktische Ziel des (Integrations-) Lagers identifiziert.[11] Analog kann man (gemeinsame) „Arbeit“ als sein didaktisches Mittel bezeichnen, dem eine entsprechende propagandistische Inszenierung widerfuhr.

Eine modellhafte Rolle als Schmelztiegel der Volksgemeinschaft sollten die Lager und Schulen des Reichsarbeitsdienstes (RAD) und der SA einnehmen.[12] Der RAD sollte nach dem Willen seines Begründers und Leiters, Reichsarbeitsführer Konstantin Hierl, als Vervollkommnung der Stein-Hardenbergschen-Reformen der Schulpflicht und der Wehrpflicht noch die Arbeitsdienstpflicht an die Seite stellen, da „der Deutsche nicht nur im Kriege mit der Waffe, sondern auch im Frieden mit dem Werkzeug seinem Vaterlande zu dienen habe.“[13] Dabei stand der pädagogische Gedanke ganz oben auf der Agenda. „Durch eure Schule soll die ganze Nation gehen“, rief Hitler 1934 den Arbeitsdienstmännern auf dem Reichsparteitag zu. Aber die Nation war eben als Schüler nicht nur Subjekt, sondern als Volksgemeinschaft auch Objekt der Lehren des Arbeitsdienstes. Auch das wurde in der Propagandadarstellung deutlich betont. Als der Arbeitsdienst im Sommer 1935 verpflichtend eingeführt wurde, stellte der IB die nationalsozialistischen Sozialisierungsinstitutionen junger Männer nochmal in ihrer Reihenfolge dar. Die Aufgabe des Arbeitsdienstes, illustriert durch eine Zeichnung von drei jungen Männern die mit nacktem Oberkörper mit Hacke, Spaten und Lore hantierten, lag der Bildunterschrift zufolge darin, die „kostbare, zur Volksgemeinschaft unerlässliche Gabe [zu lehren]: die Arbeitskameradschaft.“[14]

Ein zweiter visueller Topos der Lager, der die Darstellung gemeinsamer Arbeit häufig sekundierte, war die Darstellung des gemeinsamen Essens. Die mit diesem Motiv verknüpften Deutungen changierten. Zum einen konnte mit dem Motiv die angeblich reichhaltige Verpflegung in den Lagern behauptet werden, etwa um Proteste der Betroffenen, die sie als karg und unzureichend kritisiert hatten, Lügen zu strafen und Bedenken der Angehörigen zu zerstreuen.[15]

---

11 Andreas Kraas, Lehrerlager 1932–1945. Politische Funktion und pädagogische Gestaltung, Bad Heilbrunn 2004, S. 123.

12 Ebd., S. 28f.; Marc Buggeln/Michael Wildt, Lager im Nationalsozialismus. Gemeinschaft und Zwang, in: Bettina Greiner/Alan Kramer (Hrsg.), Die Welt der Lager. Zur „Erfolgsgeschichte“ einer Institution, Hamburg 2013, S. 166–202.

13 Herbert Erb, Der Begründer des Reichsarbeitsdienstes, einer Lebensschule, die einzigartig ist: Reichsarbeitsführer Konstantin Hierl, in: Berliner Illustrirte Zeitung Nr. 30 vom 23.7.1936, S. 1134–1136.

14 Vom Pimpf zum wehrhaften deutschen Mann. Vorbereitung und Ausbildung, in: IB Nr. 26 vom 27.6.1935, S. 1012–1014.

15 Z. B.: Kiran Klaus Patel, „Soldaten der Arbeit“. Arbeitsdienste in Deutschland und den USA 1933–1945, Göttingen 2003, S. 135f.

Manchmal lag der Fokus hingegen eher auf der gemeinsamen, egalitären Reproduktion der Arbeitskraft. „Volksgemeinschaft in der Praxis" sollte ein Bild darstellen, das „SA-Kameraden" unterschiedlichen Ranges „nach dem Dienst in der Kantine" zeigt.[16] Oder es wurde, wie in dem zitierten Bericht, über die Bildbeschriftungen eine konsekutive Verbindung dieser Motive angedeutet – „Nach getaner Arbeit ist gut Essen" oder „Er hat fest zugepackt, jetzt schmeckt ihm ein Apfel [...]". Dass nur wer arbeitet auch essen kann, gehörte zum allgemeinen Erfahrungshaushalt der frühen dreißiger Jahre. Aber auch normative Deutungen dieser Text-Bild-Kombination sind nicht von der Hand zu weisen: Wer arbeitet, der soll auch essen. Der unausgesprochene Umkehrschluss – wer nicht arbeitet, soll auch nicht essen – spiegelt die utilitaristischen Maximen (sozial-)rassistischer Ideologien.[17]

Dieser Umkehrschluss wurde freilich auch dann nicht ausgesprochen oder gezeigt, wenn sich die Bildpresse, was allerdings viel seltener geschah, der propagandistischen Darstellung einer anderen Art Lager zuwandte. Denn in der Propagandadarstellung der Konzentrationslager besaß das Arbeitsmotiv ebenfalls eine übergeordnete Bedeutung. Arbeiten und in geringerem Maße auch Essen waren zwei der visuellen Topoi, die das in der illustrierten Bildpresse präsentierte Propagandabild der KZ in den 1930er Jahren bestimmten. Mit den Bildreportagen in der illustrierten Presse verfolgte das Regime die Absicht, den regional und international kursierenden Gerüchten und Berichten über die grausame Behandlung der Häftlinge in den Konzentrationslagern eine Propagandaerzählung über die „tatsächlichen" Verhältnisse entgegenzusetzen. Die Analogie im Bildprogramm zeigt, wie Habbo Knoch schreibt, wie die KZ dabei „visuell [...] in die Normalität des neuen Staates eingelesen [wurden], für den die Lagerisierung der Gesellschaft ein zentrales Element der ‚Volksgemeinschaft' war".[18]

Eine weitere Gruppe von Bildreportagen führte gleichsam das Ergebnis des Integrationslagers vor Augen: den Neuen Menschen im nationalsozialistischen Staat. Arbeit und Gemeinschaft bildeten die beiden festen Größen bei der Präsentation seines vorbildlich harmonischen Lebens. Dabei sollte die entweder als Haus-, Familien- oder Siedlungsgemeinschaft thematisierte Gemeinschaft als Keimzelle der Volksgemeinschaft begriffen werden. Besondere Gewichtung er-

---

16 Aus dem sozialen Hilfswerk der SA: Die Hilfswerklager und Lehrwerkstätten der SA-Brigade 85 (Oberbayern) in Erding und München, in: IB Nr. 52 vom 29.12.1934, S. 2128–2129.

17 Michael Wildt, Funktionswandel der nationalsozialistischen Lager, in: Mittelweg 36–20 (2011) 4, S. 76–86, hier S. 80.

18 Habbo Knoch, Die Tat als Bild. Fotografien des Holocaust in der deutschen Erinnerungskultur, Hamburg 2001, S. 82.

fuhr auch hier wieder die gemeinsame Arbeit als Verbindung der beiden Maximen. Ein Bericht über die Reichskleinsiedlung „Am Hart" im Münchner Norden idealisiert den „Siedler im neuen Staat". Die Bilder sollten zeigen, wie auch hier die gemeinsame Arbeit „eine Volksgemeinschaft im Kleinen für alle Zukunft zusammenschweißt". Und nach getaner Arbeit sind „ein Stück Schwarzbrot und eine ‚Halbe' [gemeint: eine Halbliterflasche Bier; H.S.] [...] im Kreis der Arbeitsgemeinschaft [...] die rechte Labsal."[19]

3 Politiker und Arbeiter, Politiker als Arbeiter

Die nationalsozialistische Bildpropaganda illustrierte nicht nur die Bedeutung der Arbeit und der Arbeiter für die Volksgemeinschaft, sondern auch die Nähe der Arbeiter zur Partei und zum Regime selbst und umgekehrt.[20] Dafür ließen sich beispielsweise „Volksvertreter bei der Berufsarbeit" ablichten.[21] In einem Bildbericht über die „Mitternachts-Stunde in der Reichskanzlei", wo auch nächtens „die Arbeit nicht ruht", sollten Fotos belegen, dass „[h]ier [...] der Rhythmus des neuen Deutschland [herrscht], das Gebet eiserner Pflichterfüllung, das Tag und Nacht das gleiche Gesicht trägt: Arbeit!"[22] In dem Reichskanzler sollte also der erste Arbeiter des Reiches erkannt werden. Aus dem Propagandaministerium stammte die Idee, höhere Beamte und Landesstellenleiter für acht Wochen in Fabriken und landwirtschaftliche Betriebe zu entsenden, „wo sie als Arbeiter unter Arbeitern leben und tätig sein werden."[23] Ziel der Aktion sollte sein, dass die „führenden Männer des Propagandaministeriums [...] in der Front des werktätigen Volkes stehen, damit sie aus eigener Anschauung heraus erfahren, wie der deutsche Arbeiter fühlt und handelt." Die Fotoreportage des IB stellt die Propaganda-Funktionäre visuell in die Arbeiterschaft eingepasst vor. Sie arbeiten zusammen und nahezu unterschiedslos, so dass nur die Bildunterschrift die „Arbeiter der Stirn" unter den „Arbeitern der Faust" zu identifizieren vermocht hätte, wären da nicht ihre Brillen.

19 Siedler im neuen Staat, in: IB Nr. 15 vom 9.4.1936, S. 579f.

20 Besonders sinnfällig sollte auch das Titelbild des IB vom 6.2.1940 diese Nähe unter Beweis stellen. Es zeigt einen deutschen Arbeiter und seinen angeblichen Brief an „Mister Tschörchill", in dem er begründet, warum zwischen den Führer und den deutschen Arbeiter kein Blatt Papier passt.

21 In: IB Nr. 4 vom 27.1.1934, S. 112f.

22 In: IB Nr. 11 vom 17.3.1934, S. 416–418.

23 Für 8 Wochen vom Amt weg in die Betriebe, in: IB Nr. 28 vom 15.7.1937, S. 1053f.; Propagandisten gehen in die Betriebe, in: Münchner Illustrierte Presse Nr. 29 vom 22.7.1937, S. 972. Der letztgenannte Bildbericht erschien unter einem Bild, das „Streikterror" in den USA illustrieren sollte.

Berliner Illustrierte Zeitung

In Hamburg

Dr. Goebbels sprach

vor Werftarbeitern

Abb. 1: Aus: Berliner Illustrierte Zeitung Nr. 1 /1941 (2.1.), S. 2.

Wenn prominente Politiker öffentlich sprachen und eine mediale Verbreitung der Rede erwünscht war, wurden die Bildagenturen vom Propagandaministerium aufgefordert, Bildberichter zu entsenden, damit die Rede auch in der Bildpresse Resonanz hervorrufen konnte. Im Falle einer Rede Goebbels' bei Blohm + Voss sollte der Ministerbesuch allerdings in eine visuell-narrative Reportage eingebaut werden, die einige Vorarbeiten nötig werden ließ. Das Ministerium informierte deshalb das Hamburger Reichspropagandaamt über die Ankunft eines Berliner Bildberichters, Hanns Hubmann, der „im Auftrag des Ministers und der Berliner Illustrirten [...] einen Arbeiter im Bilde festzuhalten [hat], wie er gerade sein Werkzeug aus der Hand legt, seinen Arbeitsplatz verläßt und zur Kundgebung geht."[24] Die Idee der Reportage bestand also darin, für den Betrachter eine Identifikationsfigur zu etablieren, die aus der Arbeitermasse her-

24 BArch, R55/21777, S. 91, Eintrag im Bildpresse-Zensur-Dienstbuch vom 16.12.1940.

ausgegriffen wurde. Goebbels wurde dieser visuell individualisierte Arbeiter gewissermaßen als Counterpart gegenübergestellt und die Rede als Zusammentreffen beider inszeniert. Die Bildreportage, die dem festgelegten Programm in jeder Station folgt, erschien wenige Wochen später wie geplant in der populärsten aller Illustrierten, der „Berliner Illustrierten Zeitung" (BIZ).

Auch in der visuellen Gegenüberstellung von Redner und Publikum folgte die Reportage wohl Anregungen des Propagandaministeriums, von dem bekannt ist, dass es am Tag nach der Rede drei (andere) Zeitungsredaktionen anrief, um zu präzisieren, „daß es weniger darauf ankommt, Bilder von dem Minister zu zeigen als solche, die Arbeiter als Zuhörer zeigen. Diese Bilder sind mit Unterschriften wie: Gespannt lauschen die Arbeiter den Worten von Reichsminister Dr. Goebbels, in ihren Augen kann man lesen u.s.w. [zu versehen]". Dabei ließ insbesondere das Zuhörerbild der BIZ, vermutlich eine Fotomontage, durchaus Spielraum für Interpretationen.[25] Während der Bildtext den Arbeitern wie gefordert ein „gebanntes" Zuhören attestiert, deuten die Körperhaltungen (verschränkte Arme, gerunzelte Stirnen) eher auf eine skeptische, zumindest aber besorgte Aufnahme der Rede hin.

Zwei Jahre zuvor hatte der IB ein im Sinne des Regimes überzeugenderes Beispiel gebracht. Ein einzelnes Bild innerhalb eines fotografischen Wochenpanoramas zeigte auch hier „Dr. Goebbels vor den Männern der Arbeit" – unter ihnen freilich auch Frauen.[26] Goebbels steht umringt von den Arbeitern und Arbeiterinnen der Berliner Stock-Werke (und einigen SS-Männern) und gibt ihnen die Hand. Dass das Schütteln der Arbeiterhände eine beliebte Geste der nationalsozialistischen Parteiprominenz gewesen ist, die „Ehre der Arbeit" zu preisen und die traditionellen Hierarchien symbolisch zu überbrücken, hat bereits Alf Lüdtke herausgestellt.[27] Sie ist von Robert Ley, aber auch von Hitler und eben Goebbels überliefert.[28] Die soziale, nachgerade sozialistische „Handreichung" kontrastierte die Bildredaktion in dem Wochenpanorama des IB so-

---

25 Es existieren mindestens zwei weitere, gleichzeitig aufgenommene Bilder derselben Zuhörergruppe von dem Hamburger Fotografen Joseph Schorer. Wo in der BIZ-Aufnahme der Zuhörer „Johann G." als Protagonist der Reportage steht, klafft auf Schorers Aufnahmen eine Lücke: Bildarchiv Preußischer Kulturbesitz (Hrsg.), Als Hamburg unter den Nazis lebte. 152 wiederentdeckte Fotos eines Zeitzeugen, Hamburg/Zürich 1986, o.S. [S. 145].

26 In: IB Nr. 42 vom 20.10.1938, S. 1560.

27 Lüdtke, Ehre, S. 283–287.

28 Deutsche Arbeiter vom Führer geehrt (in: IB Nr. 50 vom 12.12.1940, S. 1334). Ein anderes Beispiel ist das mit „Zwei Arbeiter für Deutschland reichen sich die Hand" untertitelte Bild, das Hitler und einen Arbeiter beim Händedruck zeigt: Cigaretten-Bilderdienst Altona-Bahrenfeld (Hrsg.), Deutschland erwacht. Werden, Kampf und Sieg der NSDAP, Hamburg 1933, S. 115.

dann mit einer Aufnahme zur Arbeitsauffassung in den Vereinigten Staaten, die sich unschwer als materialistisch-egoistisch dechiffrieren ließ. Denn das Bild unter Goebbels zeigte die Auswüchse eines Transportarbeiterstreikes in „Neuyork“. Der Bildunterschrift zufolge mussten hunderte LKW bereitgestellt werden, um wenigstens die Versorgung der Krankenhäuser zu sichern.

4 Spezielle Adressaten: Frauen und Jugendliche

Neben Stipendien für die berufliche Ausbildung sollte der Handschlag des Führers am 1. Mai als „höchste Auszeichnung“ auch die Sieger der „Reichsberufswettkämpfe“ ehren. Die praktische, weltanschauliche und körperliche Leistung umfassenden Wettbewerbe richteten sich zuerst ausschließlich an Jugendliche. Propagiert wurde, dass die Bewertung herkunftsunabhängig ausschließlich aufgrund von Leistung und Einstellung erfolge. Die Reichsberufswettkämpfe waren ein weiterer regelmäßiger Anlass, um Arbeit in der Bildpresse darzustellen. In ihnen erschien die Jugend als zukünftiger Produzent „deutscher Qualitätsarbeit“, die als ein absoluter Topos in der Bildpresse des Nationalsozialismus firmierte.[29] Sie war auch ein zentrales Thema in einem weiteren zeitgenössisch überaus populären Bildmedium: den Sammelbildalben.

Zwischen 1933 und 1938 erschienen im Reich mindestens acht Sammelalben bzw. Sammelbildserien, die sich ausschließlich der Arbeit widmeten.[30] Unterschiedliche Produzenten, von der Zigarettenindustrie bis zur Deutschen Arbeitsfront, gaben diese Serien und Alben heraus, darunter Titel wie „Adel der Arbeit“ (Greiling, 1934), „Das schaffende Deutschland“ (Zigarettenfabrik Weber, 1938), „Deutsche Arbeit“ (Reichsbund der deutschen Verbrauchsgenossenschaften,

---

29 Z. B.: Die Welt bewundert deutsches Handwerk. Fleiss, Können, Schöpfergeist machen die deutsche Arbeit in der Welt unentbehrlich, in: IB Nr. 23 vom 4.6.1936, S. 886–887.

30 Heinz-Peter Mielke, Vom Bilderbuch des kleinen Mannes. Über Sammelmarken, Sammelbilder und Sammelalben, Köln 1982, S. 310f. Die Sammelbilder wurden als Werbezugaben beim Kauf verschiedener Produkte, in den 1930er Jahren vor allem Zigaretten, gratis beigegeben. Mit ihnen wurden alle Bevölkerungskreise erreicht, auch und besonders Kinder. Von den Sammlern erforderte die Albenpflege eine besondere Zuwendung und beim Erwerb und Tausch der Bilder eine gute Kenntnis der vorhandenen Motive. Die Auflagen der meisten Alben sind unbekannt, Bernhard Jussen zufolge jedoch „gigantisch“. Noch heute besteht ein breites antiquarisches Angebot an diesen Alben, das zusammen mit den Erinnerungen von Zeitgenossen ihre große Verbreitung belegt. Unter anderem haben Günter Grass, Uwe Timm und Joachim Fest der Bilder Einfluss auf die individuelle Weltvorstellung zur Sprache gebracht: Bernhard Jussen, Liebigs Sammelbilder. Weltwissen und Geschichtsvorstellung im Reklamesammelbild, in: Paul, Jahrhundert, S. 132–139.

1934) oder „Das Handwerk“ (DAF, 1934). Aber auch in anderen Alben, wie dem goldgeprägten, von Heinrich Hoffmann zusammengestellten und in Kooperation mit dem Propagandaministerium herausgegebenen Titel „Der Staat des Friedens und der Arbeit“ (Cigaretten-Bilderdienst Altona-Bahrenfeld, 1934) spielten Darstellungen der Arbeit eine bedeutende Rolle.[31] Die reinen Arbeits-Alben waren als Panoramen der aktuellen oder der historischen deutschen Berufswelt angelegt, die, wenn sie vervollständigt wurden, in je 100 bis 200 Bildern berufliche Tätigkeiten vorstellten und dabei insbesondere das Handwerk idealisierten.[32] Besonders die frühen Alben rufen auch durch ihre Anordnung den Eindruck einer berufsständisch organisierten Volksgemeinschaft hervor. Manche Alben, die neben den Bildern noch rudimentäre Berufsinformationen verzeichnen, richteten sich gezielt an jugendliche Sammler, die mit dem Album implizit aufgefordert waren, ihren Platz in der ständischen Gemeinschaft zu ermitteln und einzunehmen.

Mit dem Beginn des Zweiten Weltkrieges spielten diese Alben nur noch eine untergeordnete Rolle, bis sie aus kriegswirtschaftlichen Erwägungen ganz vom Markt verschwanden. In der Bildpresse wurde die Integrationspropaganda, die das Regime seit Machtantritt betrieben hatte, bei Kriegsbeginn durch die Kriegspropaganda abgelöst. Bilder der Arbeit blieben aber ein wichtiger Bestandteil der Pressepropaganda. Allerdings wandelten sich der Kontext und damit auch die Darstellung der Arbeit der nunmehr als Heimatfront ins Bild gesetzten Volksgemeinschaft im Reich teilweise deutlich. Die Reportagen der illustrierten Presse unterlagen in den 1940er Jahren nahezu ausnahmslos einem übergeordneten Zweck. Sie sollten exemplarisch zeigen, wie sich die Heimatfront ohne die Männer im wehrfähigen Alter organisiert hatte und dadurch in der Lage war, ihren Teil zum Krieg beizutragen. Die Arbeit von Frauen, Jugendlichen und Alten geriet dadurch in den Mittelpunkt der Arbeitsdarstellungen, flankiert von Berichten über ausländische Zwangs- und Zivilarbeiter als angeblich willige und anerkannte Unterstützer der Heimatfront.[33]

---

31 Zu diesen und anderen Alben: Volker Ilgen, „Du bist nichts, dein Volk ist alles.“ Sammelbilderalben aus der Zeit des „Dritten Reichs“, in: Trödler- und Sammler-Journal (2004) 10, S. 42–48 u. 11, S. 82–86.

32 Das Album „Deutsche Arbeit“ gliederte sich beispielsweise in folgende Bildgruppen: Segen der heimatlichen Scholle; In Garten, Wald und Feld; Die am Hause schaffen; Metallgewinnung und -verarbeitung; Auch sie nutzen das Metall; Sie nutzen das Holz; Arbeiten aus Ton und Glas; Der Weg des Leders; Kleidung und Wohnung; Feine Handarbeit; Kunsthandwerk und Kunst; Land- und Luftverkehr; In Wind und Wellen; Was man auf der Straße sieht; Im Dienste aller; Unser täglich Brot.

33 Dazu: Pagenstecher, Opfer.

Bei der visuellen Repräsentation der Frauenarbeit sah sich das Propagandaministerium allerdings manchmal zur Intervention gezwungen, so auch bei der Vorbereitung der Kampagne „Deutsche Frauen helfen siegen" im Februar und März 1941. Sorge bereiteten dem Ministerium insbesondere „Bildberichte, die Frauen bei schweren Arbeiten zeigen, [sie] sollen nicht mehr veröffentlicht werden. Beispiel: Schornsteinfegen. Weiter sollen Frauen nicht bei solchen Arbeiten gezeigt werden, die eine längere Berufsausbildung voraussetzen." Stattdessen sollten lieber „Frauen bei feinerer und sauberer Arbeit" gezeigt werden.[34] Das Ministerium fürchtete offenbar, dass die Sphäre der offiziellen visuellen Repräsentation in Gegensatz zum traditionellen Frauenbild geraten könnte. Außerdem sollte die Aktion die Bereitschaft zur Erwerbsarbeit unter (Haus-)Frauen höherer gesellschaftlicher Schichten stärken, weshalb die visuelle Unterstützung der Vorstellung von „fraulicher Arbeit" als erfolgversprechender beurteilt wurde.

5 Handwerk

Schon bei einer ersten Sichtung fällt auf, dass die Darstellungen von Arbeit in der nationalsozialistischen Integrationspropaganda eigentlich nur zwei Motivgruppen kennen, die handwerkliche Arbeit und die Erdbauarbeit. Bilder aus den Bereichen Dienstleistung und Handel fehlen entweder oder werden nicht als Arbeit kontextualisiert. Die Transport-Branche kommt nur selten vor. Auch geistige Arbeit und mit ihr der propagierte „Arbeiter der Stirn" erfahren eine vergleichsweise marginale Repräsentation. Industrielle Arbeit wird zwar gezeigt, ist aber im Bild ihrer Charakteristika weitestgehend beraubt: Sie wird, darauf hat schon Rolf Sachsse hingewiesen, im Nationalsozialismus grundsätzlich als handwerkliche Arbeit ins Bild gesetzt. Solche Darstellungen, die in der (werbenden) deutschen Industriefotografie seit Beginn des Jahrhunderts anzutreffen sind, dienten dazu, die Qualität des Produktes hervorzuheben, das als Ausweis deutscher Qualitätsarbeit gelten konnte.[35] Überspitzt gesagt, erweckte die massenhafte Verhandwerklichung der Industrie in der NS-Propagandafotografie den Anschein, „als würden Turbinen und Panzer von Dorfschmieden

34 BArch, R55/21777, Eintrag im Bildpresse-Zensur-Dienstbuch vom 24.2.1941, S. 121 u. 20.3.1941, S. 131.

35 Rolf Sachsse, Mensch – Maschine – Material – Bild. Eine kleine Typologie der Industriefotografie, in: Lisa Kosok/Stefan Rahner (Hrsg.), Industrie und Fotografie. Sammlungen in Hamburger Unternehmensarchiven, Hamburg/München 1999, S. 85–93, hier S. 90.

gefertigt".[36] Insofern ist auch die bereits zitierte Anweisung des Propagandaministeriums wörtlich zu verstehen, nach der ein Arbeiter auf der Großwerft Blohm + Voss, einem Industriebetrieb erster Güte, gezeigt werden sollte, „wie er gerade sein Werkzeug aus der Hand legt." Bildreporter Hubmann hat diese Weisung ebenfalls wörtlich genommen und seinen Arbeiter mit einer Säge an den Schraubstock gestellt. Wie er „Tag für Tag [...] an der Drehbank [steht]", zeigte Hubmann jedoch nicht.

Als oberstes Prinzip bei der Darstellung industrieller als handwerklicher Arbeit lässt sich benennen, dass der Arbeiter nicht als Sklave sondern als Herr der Maschine inszeniert wurde – sofern überhaupt Maschinen gezeigt wurden.[37] Der Arbeiter sollte souverän erscheinen. Ein wichtiges Mittel, um diesen Eindruck zu erwecken, lag schon in der Wahl des Bildausschnitts und der Maschine. Diese musste menschlichen Dimensionen untergeordnet sein. Fließbänder und Großmaschinen wie Maschinenhammer, Walzwerke und Schmiedepressen waren deshalb zumindest in der Bildpresse selten auf Bildern der Arbeit zu finden. Für die Darstellung der Arbeit legten die Fotografen gewöhnlich einen ausgesprochen engen Ausschnitt um einen meist halbfigürlich präsentierten Arbeiter und die von ihm bediente Maschine. Eindrücke von der Umgebung, von der Größe der Halle und den weiteren, bei Fließfertigung nicht selten an ihren Maschinen aufgereihten Arbeitern konnten so nicht zustande kommen. Neben der Maschine und gegebenenfalls dem Werkstück lag der Fokus auf dem bei professionelleren Fotografen gut ausgeleuchteten Gesicht und den Händen, schließlich sollte Arbeit ja als der Hände Werk dargestellt werden. Der konzentrierte, kontrollierende Blick ruhte auf dem Werkstück, das von den kräftigen Händen sicher gehalten wurde, oder auf der Maschine, die die Hände fachkundig bedienten.

Die Würdigung deutscher Qualitätsarbeit fand schon im Ersten Weltkrieg über die Parteigrenzen hinweg wohlwollende Aufnahme unter Facharbeitern.[38] Die Feststellung, dass nur wenige fotografische Selbstdarstellungen aus der Arbeiterfotografie-Bewegung der Weimarer Republik überliefert sind, die diesen Topos visuell aufgreifen und die Fabrik als „Ort der handwerklichen Identität" (*Rudolf Stumberger*) zeigen – also in einem Abbildungsmodus, den man in Analogie zu Stumbergers Einteilung als „die kompetente Klasse" bezeichnen könnte – wird in erster Linie den Fotografierverboten in den Fabriken angelastet.[39]

36 Hiepe, Proletariat, S. 123.

37 Weyrather, Bauarbeit, S. 320; Lüdtke, Ehre, S. 308.

38 Lüdtke, Ehre, S. 307ff.

39 Stumberger, Klassen-Bilder, S. 179ff.; vgl. auch: Alf Lüdtke, Industriebilder – Bilder der Industriearbeit? Industrie- und Arbeiterphotographie von der Jahrhundertwende bis in die

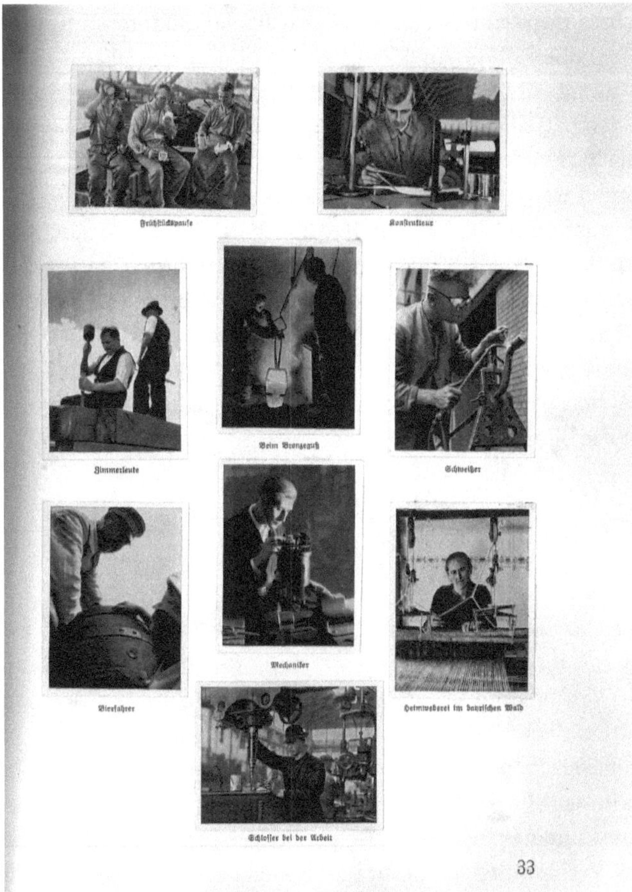

Abb. 2: Aus: Der Staat der Arbeit und des Friedens. Ein Jahr Regierung Adolf Hitler. Hrsg. v. Cigaretten-Bilderdienst, Altona-Bahrenfeld 1934, S. 33 (im Original teilweise koloriert).

Die Arbeiterfotografie der Weimarer Zeit fand vor allem *vor* den Werktoren statt. Einzelne von Lüdtke und Stumberger angeführte Beispiele erweisen sich jedoch als anschlussfähig für die NS-Propagandadarstellung.[40]

Wenn unmittelbare und isolierte Effekte retrospektiv auch schwer oder gar nicht zu bemessen sind, kann man dennoch auch für die NS-Zeit davon ausge-

---

1930er Jahre, in: Irmgard Wilharm (Hrsg.), Geschichte in Bildern. Von der Miniatur bis zum Film als historische Quelle, Pfaffenweiler 1995, S. 47–92.

40 Ebd.

hen, dass die vermehrte Darstellung von Arbeitern in der Bildpresse und in repräsentativen Sammelalben diese zur Identifikation einlud und als offizielle Repräsentation und damit Anerkennung verstanden wurde. Demgegenüber sollen sich Arbeiter dem Filmbesuch von Leni Riefenstahls Propagandawerk „Triumph des Willens“ (1935) mit der Begründung entzogen haben, dass die eigentliche Arbeit dort zu wenig würdigende Repräsentation erfahre, besonders im Gegensatz zu den ausführlichen Mitschnitten der Parteitags*reden* über die Arbeit und die Bauten des Regimes.[41] Diese Argumentation erinnert an Brechts „Fragen eines lesenden Arbeiters“, das die sprachliche Repräsentation der Vielen einfordert. Wenn Thymian Bussemers Einschätzung zutrifft, dass viele Deutsche die Volksgemeinschaftspropaganda vorwiegend emanzipatorisch in Kategorien von Teilhabe und Gleichberechtigung dekodiert hätten, so könnte gleiches also auch für die Bilder der Arbeit gelten.[42]

6 Erdarbeit

Bilder junger, kräftiger Männer mit freiem Oberkörper, die Spaten und Pickel schultern oder kräftig mit ihnen auf das Erdreich einhauen, um es gemeinsam unter Aufbietung aller verfügbaren Kräfte in großen Loren abzutragen, werden noch heute leicht als Embleme des Nationalsozialismus erkannt. Das liegt an ihrer enormen zeitgenössischen Verbreitung ebenso wie an ihrer typischen Ikonografie sowie an ihrem offensichtlichen metaphorischen Gehalt. Diese Bilder symbolisieren unter anderem ein spezifisches Körper- und Männlichkeitsideal, die ideologische Verbindung von „Blut und Boden“ wie auch die Militarisierung ziviler Lebensbereiche. Zeitgenössisch wurden sie allerdings häufig als Sinnbild von (deutscher) Arbeit an sich – also in ihrer abstrakten Variante – geprägt. Für eine solche Deutung spricht bereits ihr Gebrauch im Kontext der Integrationslager und insbesondere des Reichsarbeitsdienstes wie auch als Gegenbilder zur Arbeitslosigkeit. In gleicher Bedeutung griff auch die Werbewirtschaft auf solche Motive zurück, um die Vorzüge von Produkten wie „Dextro Energen“, „Dr. Hillers Pfefferminz“ oder „Vasenol“ Fußpuder bei der Arbeit anzupreisen und gleichzeitig bildsprachlich Zeitgeist zu demonstrieren. Agfa

41 Lagebericht der Staatspolizeileitstelle Stettin vom 4.5.1935, zit. n: Martin Loiperdinger, Rituale der Mobilmachung. Der Parteitagsfilm „Triumph des Willens“ von Leni Riefenstahl, Opladen 1987, S. 119.

42 Thymian Bussemer, Propaganda und Populärkultur. Konstruierte Erlebniswelten im Nationalsozialismus, Wiesbaden 2000, S. 98.

Abb. 3: Aus: Berliner Illustrierte Zeitung Nr. 13/1939 (30.3.), S. 503.

wiederum setzte auf die Werbestrategie, Hobbyfotografen zu erläutern, wie man marschierende Arbeiter mit Spaten ebenso dynamisch und überhöht ins Bild setzen konnte, wie aus der Bildpropaganda bekannt. Zu diesem Zweck empfahl die Firma ihren Isopan-Film in Verbindung mit der Froschperspektive.

Auf der Werbefotografie marschiert eine Gruppe junger Arbeiter im Gleichschritt durch die Natur, jeder hat seinen Spaten in gleicher Art geschultert. Die Männer tragen lange Arbeitshosen, die unbekleideten, in der Sonne schimmernden Oberkörper erscheinen in einem überdurchschnittlichen, aber nicht übertriebenen Sinne muskulös. Ihre Körper sind aufrecht, ihre Blicke geradeaus gerichtet, ihre Mienen ernst und konzentriert. Sie hinterlassen einen energischen Eindruck. Durch eine starke Betonung der Bilddiagonale wird die Dynamik des Motivs gestalterisch aufgegriffen und verstärkt. Der tiefe Kamerastandpunkt führt dazu, dass die Männer riesenhaft erscheinen und sich vor dem flächigen Himmel eindeutig als zentrales Motiv abheben. Kraft, Dynamik, Souveränität der Arbeiter und Gemeinschaftlichkeit der Arbeit waren wie im Gemälde so auch in der Fotografie die zentralen Botschaften, die diese Bilder der Arbeit vermitteln sollten.[43]

43 Schirmbeck, Adel, S. 98ff. u. S. 118ff.

7 Jüdische Arbeit

Während die Bilder deutscher Arbeit ständig vorgeführt wurden, stand jüdische Arbeit nur einmal auf der Agenda einer reichsweiten, multimedialen Propagandakampagne, nämlich nach dem Überfall auf Polen. Zahlreiche illustrierte Zeitungen und Zeitschriften und die Kino-Wochenschau beteiligten sich an einer Spottkampagne („Juden lernen arbeiten") gegen die unter dem deutschen Besatzungsterror leidenden polnischen Juden.[44] Der Generalarbeitsführer des RAD Will Decker verfasste ein ganzes Kapitel zu dem Slogan und auch in anderen publizistischen Retrospektiven auf den Polenfeldzug wurde das Schlagwort in Bild und/oder Wort abgehandelt. Im Propagandafilm „Der ewige Jude" (1940) standen die Wochenschaubilder jüdischer Arbeit aus dem Herbst 1939 ganz direkt Filmbildern deutscher Arbeit gegenüber. Die Bilder deutschen Handwerks und deutscher Bauarbeit waren dabei, um die Tüchtigkeit der deutschen Arbeiter subtil herauszustreichen, im leichten Zeitraffer eingespielt worden. Die Reichweite der Kampagne muss enorm gewesen sein. Das zeigt sich auch darin, dass den „Juden lernen arbeiten"-Darstellungen in der privaten Soldatenfotografie ebenfalls eine große Bedeutung zukam: Ein zweites Propagandamotiv mit vergleichbarer Resonanz in den Alben deutscher Wehrmachtssoldaten dürfte sich schwerlich finden lassen.

Die Bilder der Spottkampagne bilden in nahezu jeder Hinsicht das Gegenteil zu den Darstellungen deutscher Erdbauarbeit. Das Bildverständnis erforderte einen Betrachter, der bereit war, Juden und Arbeit an sich als wesensfremde Größen zu identifizieren; der Bilder grotesker „Witz" resultierte aus der Zusammenführung dieser beziehungslosen Kategorien. Im Unterschied zu späteren, ebenfalls unter dem Slogan der Spottkampagne verfassten Reportagen berühren die Bilder aus dem Herbst 1939 die Vorstellung von der „Lösung der Judenfrage" durch eine „Produktivierung" der Juden nicht.

Die Reportage in der *Wiener Illustrierten* zeigt beispielhaft, wie die arbeitenden Männer nicht in Untersicht als Helden, sondern in Aufsicht quasi als Zwerge der Arbeit präsentiert wurden. Hervorstechen sollte hier, wie auch in zahlreichen anderen Reportagen, ihre Inkompetenz beim Arbeiten, ausgedrückt durch falsche, unzweckmäßige Kleidung („mit Kragen und Hut"; kleines Bild links), ihre gebeugte Haltung, ihre Unkenntnis gegenüber der Handhabung der gän-

44 Dazu ausführlich: Harriet Scharnberg, „Juden lernen arbeiten!" – Ein antisemitisches Motiv in der deutschen Bildpresse 1939–1941, in: Michael Nagel/Moshe Zimmermann (Hrsg.), Judenfeindschaft und Antisemitismus in der deutschen Presse über fünf Jahrhunderte. Erscheinungsformen, Rezeption, Debatte und Gegenwehr, Bremen 2013, S. 841–872.

gigsten Werkzeuge sowie ihre unprofessionellen, zaghaften Bewegungen, die in „Arbeitsbummelei“ münden (Bild rechts), sobald ihnen der Aufseher den Rücken kehrt. Im Gegensatz zu den Darstellungen deutscher Arbeit, wo die gemeinschaftliche Arbeit ein typisches Sujet war, bildete sie bei der Darstellung jüdischer Arbeit eine seltene Ausnahme (Bild unten links).[45]

Abb. 4: Aus: Wiener Illustrierte Nr. 11/1939 (22.11.), S. 8.

45 Der zweite Mann von rechts trägt einen Verband am Kinn, der in der Reportage keine Erwähnung findet. Der Verband zeigt an, dass der Mann Opfer antijüdischer Gewalt wurde. Diese richtete sich u. a. häufig gegen die Bärte der polnischen Juden, die von deutschen Soldaten abgeschnitten oder ausgerissen wurden.

Nur vereinzelt hatten Bilder jüdischer Arbeit vor 1939 den Weg in die nationalsozialistische Presse gefunden. Ein in Bild und Text überaus bemerkenswertes Beispiel ist der in insgesamt zwölf Folgen im „Angriff" gedruckte Reisebericht des späteren SD-Judenreferenten Leopold von Mildenstein.[46] Unter dem Titel „Ein Nazi reist nach Palästina" eruiert von Mildenstein die Chancen und Möglichkeiten einer „Lösung der Judenfrage" durch den Zionismus zu einem Zeitpunkt, als die deutschen „Judenspezialisten" im Sicherheitsapparat bei diesem Terminus noch hauptsächlich an die „restlose Auswanderung der Juden" dachten.[47] Überraschenderweise beurteilt von Mildenstein die Perspektive für ein jüdisches Palästina überaus positiv und in einem Vokabular, das in der NS-Publizistik vollkommen präzedenzlos war und einzigartig blieb. Von Mildenstein schildert die Juden in Palästina nämlich mehrheitlich als die „Neuen Juden", die sich ihr Land durch harte, körperliche Arbeit aneignen würden – „Diese neuen Juden werden ein neues Volk".[48] Nicht nur sprachlich greift von Mildenstein hier auf die zionistischen Topoi eines „nationalen Aufbauwerks" zurück, sondern auch bildsprachlich. Besonders deutlich wird das, wenn wie in Folge zwei (und nochmal in Folge drei) ein jüdischer Land- bzw. Straßenarbeiter auf einem Raupenschlepper ins Bild gesetzt, und damit ein Motiv genutzt wird, das (auch) unter Kibbuz-Fotografen „besonders geeignet [schien], das Vermögen zur Gestaltung des Landes überzeugend zu vermitteln."[49]

Aber auch nach 1939 finden sich in der nationalsozialistischen Presse nicht wenige Darstellungen, die im Unterschied zu den Bildern der Spottkampagne nicht jüdische Inkompetenz beim Arbeiten ausdrücken, sondern im Gegenteil jüdische Handwerksarbeit ins Bild setzen.[50] Bemerkenswert ist eine Darstellung aus dem Ghetto Warschau, die von dem Bildberichter der Propagandakompanie 689, Ludwig Knobloch, aufgenommen wurde.

46 Zum Hintergrund: Jacob Boas, A Nazi Travels to Palestine, in: History Today 30 (1980) 1, S. 33–38; Wolf Kaiser, „Vergebliche Wirklichkeit"? Das jüdische Palästina in der Wahrnehmung und literarischen Gestaltung von Reisenden, in: Julia Bernhard/Joachim Schlör, Deutscher, Jude, Europäer im 20. Jahrhundert. Arnold Zweig und das Judentum, Bern 2004, S. 193–207.

47 Memorandum des SD-Amtes IV/2 an Heydrich vom 24.5.1934, zit. n: Michael Wildt, Die Judenpolitik des SD 1935 bis 1938. Eine Dokumentation, München 1995, S. 66–69, Dok. 1.

48 LIM [Leopold von Mildenstein], Ein Nazi reist nach Palästina [9. Folge], in: Der Angriff Nr. 234 vom 5.10.1934, o.S.

49 Ulrike Pilarczyk, Gemeinschaft in Bildern, Jüdische Jugendbewegung und zionistische Erziehungspraxis in Deutschland und Palästina/Israel, Göttingen 2009, S. 190f.

50 Scharnberg, „Juden lernen arbeiten", S. 865ff.

Abb. 5: Ludwig Knobloch (PK 689), Warschauer Ghetto ca. Mai 1941. BArch Bild 101I-134-0769-10.

Knobloch, der die verschiedenen Einrichtungen des Ghettos über Wochen hinweg fotografierte, besuchte auch die vom Judenrat betriebenen Ausbildungswerkstätten. Formal ist die hier exemplarisch abgebildete Aufnahme nicht von denen zu unterscheiden, die die Ausbildung deutscher Jugendlicher etwa anlässlich der Reichsberufswettkämpfe zeigen. Ob Knobloch mit seinen Fotos aus dem Frühjahr 1941 der Idee von der Produktivierung der Ghettos das Wort sprechen wollte, oder ob die Bilder in einem anderen Deutungs- und Gebrauchszusammenhang entstanden, muss an dieser Stelle offenbleiben. Aber bildsprachlich ging Knobloch sehr weit – und offenbar zu weit für das Propagandaministerium. Knoblochs Fotos aus den Werkstätten blieben unveröffentlicht.

8 Resümee

Arbeit besaß im propagierten Selbstbild der Volksgemeinschaft einen eminenten Stellenwert. Deshalb waren Darstellungen deutscher Arbeit in der NS-Bildpropaganda sehr verbreitet. Die Bilder traten in vielfältigen Kontexten auf, so dass Arbeit als zentrales Identifikations- und Differenzierungsmerkmal erschien. Von den (arbeitenden) Rezipienten konnten diese veröffentlichten Bilder als symbolische Würdigung verstanden werden.

Als leitendes Strukturprinzip nationalsozialistischer Bildpropaganda muss zweifellos die kontrastive Gegenüberstellung von Plus- und Minuspartei gelten. Entsprechend konträr waren die Bilder ausgestaltet, wenn dieses zentrale Identifikationsmerkmal zur Darstellung und Begründung von rassischer Exklusion eingesetzt wurde. Neben diesen ideologisch verabsolutierten Bildern finden sich aber auch solche, die ikonografisch eindeutig nach politisch-pragmatischen Gesichtspunkten ausgerichtet waren. Um diese Aspekte der Darstellung erkennen und gewichten zu können, erweist sich eine methodische Verschränkung von ikonografischer, kontrastiver und historisierender Perspektive, wie sie hier nur konturiert werden konnte, als ertragreich.

Ulrich Prehn

Von roter Glut zu brauner Asche?

Fotografien der Arbeit in Deutschland in der ersten Hälfte des 20. Jahrhunderts*

Die „Welt der Arbeit" und ihre Bedeutung für (bzw. ihre Auswirkungen auf) die Lebens-, Alltags- und Erfahrungswelt von Individuen und Kollektiven in Deutschland zwischen 1900 und 1945 ist historiographisch zwar auf unterschiedlichen Ebenen und aus unterschiedlichen Perspektiven und Erkenntnisinteressen heraus behandelt worden.[1] Eine umfassende Analyse *visueller Repräsentationen* dieses wichtigen Lebensbereiches steht jedoch noch aus.[2] Im vorliegenden Aufsatz sollen Fotografien, die „Arbeit" bzw. Arbeiterinnen und Arbeiter (oder, ebenfalls unter dem Rubrum „Arbeiter der Faust" firmierend: die Handwerker) zum Gegenstand haben, mit Blick auf die Jahre nach der Machtübernahme durch die Nationalsozialisten nicht auf einen Schwarzweiß-Kontrast reduziert werden: eine künstliche Dichotomie, infolge derer die Entwicklung fotografischer Praxis in der NS-Zeit vornehmlich als Bruch aufzufassen wäre. Stattdessen soll in diesem Aufsatz eine Sichtweise vorgeschlagen werden, die stärker nach Graustufen, nach Gleichzeitigkeiten und Überlagerungen langer Wirkungen mit kurzfristigeren Entwicklungen, nach Traditionslinien, Konventionen, Adaptionen, „Neuerfindungen" und „Überschreibungen" Ausschau hält. Mit Susanne Regener, Ulrike Pilarczyk und Ulrike Mietzner ist davon auszugehen, dass Fotografien als Quellen eben dadurch

* Für wertvolle Hinweise, Anregungen und Kritik zum Text sowie zu den Bildinterpretationen bedanke ich mich herzlich bei Ulrike Pilarczyk (Braunschweig), Levke Harders (Bielefeld/Berlin) und Veronika Springmann (Berlin) sowie meinen Kolleginnen und Kollegen im Forschungsprojekt „Fotografie im Nationalsozialismus" am Institut für Geschichtswissenschaften der Humboldt-Universität zu Berlin und den beiden Herausgebern.

1 Vgl. aus der breiten Literatur etwa: Wolfgang Ruppert, Die Fabrik. Geschichte von Arbeit und Industrialisierung in Deutschland, München 1983; Alf Lüdtke, „Deutsche Qualitätsarbeit", „Spielereien" am Arbeitsplatz und „Fliehen" aus der Arbeit: industrielle Arbeitsprozesse und Arbeiterverhalten in den 1920er Jahren – Aspekte eines offenen Forschungsfeldes, in: Friedhelm Boll (Hrsg.), Arbeiterkulturen zwischen Alltag und Politik. Beiträge zum europäischen Vergleich in der Zwischenkriegszeit, Wien 1986, S. 155–197; ders., Wo blieb die „rote Glut"? Arbeitererfahrungen und deutscher Faschismus, in: ders. (Hrsg.), Alltagsgeschichte. Zur Rekonstruktion historischer Erfahrungen und Lebensweisen, Frankfurt a. M./New York 1989, S. 224–282.

2 Für die vornationalsozialistische Zeit allerdings wegweisend: Klaus Tenfelde (Hrsg.), Bilder von Krupp. Fotografie und Geschichte im Industriezeitalter, München 1994.

einen spezifischen Mehrwert für die historische Forschung haben, dass deren Analyse den für die zu untersuchende Frage nach der Bildung von Gemeinschaften im Arbeitskontext im bzw. *durch* das Foto zentralen Aspekt des Performativen, der Selbst- und Fremdinszenierung[3], in den Blick rückt. Wenn also im Folgenden für einen Zeitraum von mindestens drei Jahrzehnten verschiedene Bereiche der deutschen „Arbeitswelt“ auf Prozesse und Praxen von Gemeinschaft(en) oder Vergemeinschaftung und deren Visualisierung hin untersucht werden, stellt sich die Frage nach Schattierungen und Facetten kollektiven wie individuellen Verhaltens über zwei politische Systemwechsel hinweg gleichsam von selbst.

Dabei greift dieser Aufsatz besonders eine Leitfrage des vorliegenden Sammelbandes auf: den Blick auf grundlegende Praxen „erlebter bzw. inszenierter Gemeinschaft“ bei der Arbeit. In einer solchen Perspektive können mithilfe der Analyse fotografischer Quellen individuelle wie kollektive Akteursgeschichte(n) und deren Bedingungen und „Rahmungen“ beleuchtet werden, denn: Für den zu untersuchenden Zeitraum haben wir es mit äußerst vielgestaltigen visuellen Repräsentationen von „Arbeit“, Arbeitswelt und Arbeitsalltag zu tun.

Das Themenfeld „Fotografien der Arbeit“ in Deutschland in der ersten Hälfte des 20. Jahrhunderts lässt sich in vielen Facetten auffächern. Ich möchte die Bandbreite der Aspekte, die behandelt werden könnten, zumindest kurz benennen, damit deutlich wird, dass die Fotografien, auf die ich konkret eingehen werde, nur einen kleinen, durchaus subjektiven Ausschnitt aus der Vielzahl denkbarer Zugänge darstellen.[4] Auch ist die folgende Aufzählung relevanter Sujets keineswegs vollständig. Für die entsprechenden Szenen und Motive, die immer mit konkreten Fotografier*anlässen* verbunden waren, liegen massenhaft Aufnahmen vor, sei es in Alben- oder Serienform oder als Einzelbilder:

- visuelle Dokumentationen der Betriebszugehörigkeit;
- betriebliche Gemeinschaftsbetätigungen und Vergemeinschaftungsformen während der Arbeitszeit und in der Freizeit;
- Fest- und Feierveranstaltungen;
- Branchen- und Traditionsbezogenheit, „Produktstolz“ und „Leistungsschau“, z. B. Selbstbilder der Innungen und Gewerbezweige;

3 Susanne Regener, Bilder | Geschichte. Theoretische Überlegungen zur Visuellen Kultur, in: Karin Hartewig/Alf Lüdtke (Hrsg.), Die DDR im Bild. Zum Gebrauch der Fotografie im anderen deutschen Staat, Göttingen 2004, S. 13–26, insb. S. 14 u. 25f.; sowie Ulrike Pilarczyk/Ulrike Mietzner, Das reflektierte Bild. Die seriell-ikonografische Fotoanalyse in den Erziehungs- und Sozialwissenschaften, Bad Heilbrunn 2005, S. 107f.

4 Dabei ist zu bedenken, dass Gegenstand meiner Analysen nicht fotografische Repräsentationen von „Arbeit“ im Allgemeinen sind, sondern von industrieller bzw. handwerklicher Arbeit, von Arbeiterinnen und Arbeitern im Betrieb.

- Repräsentationen von Arbeitsteilung und Hierarchien im Betrieb;
- der konkrete Arbeitsplatz/-ort;
- gewerbe-/branchenbezogenes und politisches Organisationswesen sowie entsprechendes Agieren im betrieblichen wie außerbetrieblichen öffentlichen Raum.

Den zuletzt genannten Punkt möchte ich zunächst aufgreifen, um der Frage nachzugehen, inwiefern sich die nationalsozialistische Machtübernahme in Deutschland mit Blick auf das Arbeiter- und Betriebsmilieu auf die visuellen (Selbst-)Repräsentationen auswirkte: Welches Spektrum von Praxen, Aktionsformen und Öffentlichkeiten kann seit der Jahrhundertwende bis in die Dreißigerjahre auf entsprechenden Foto-Quellen ausgemacht werden? Und änderten sich damit einhergehend auch die Visualisierungsformen?

Ich greife dazu etwas weiter zurück, zunächst auf ein aus dem Jahr 1904 stammendes Bildbeispiel aus der sächsischen Kreisstadt Crimmitschau und anschließend auf ein Foto, das aus den späten 1920er-Jahren stammt.

1 Protest und Präsenz – Kollektiv und Erinnerung

Noch ganz den Konventionen der Atelierfotografie entsprechend präsentieren sich (und werden durch das Foto repräsentiert) Textilarbeiterinnen und -arbeiter aus Crimmitschau, zum Teil sitzend, zum Teil stehend im Freien vor einem Gebäudeeingang. Die 27-köpfige Gruppe umfasst beinahe alle Altersstufen: Männer und Frauen, Jungen und Mädchen, gekleidet im Sonntagsstaat. Fast alle schauen in die Kamera. Der Bildaufbau ist symmetrisch, und eine Reihe von „Rahmungen“ ist auszumachen. Die rechtwinklige Armhaltung der beiden links und rechts am Bildrand stehenden Männer mit den nach innen weisenden Handflächen hält die Gruppe zusammen und begrenzt sie nach außen. Die auf sorgsam ausgelegtem Reisig sitzend platzierten Jungen und der freigelassene Weg etablieren den zentralperspektivischen Blick auf Schild und Gebäudeeingang. Auch die beiden erhöht stehenden Kinder links und rechts in der letzen Reihe sowie der Mann, der (ebenfalls in der letzten Reihe) exakt unterhalb des Spaltes in der Flügeltür des Gebäudes positioniert ist, tragen zur symmetrischen Ordnung des Fotos und zur Blicklenkung und -fokussierung bei (Abb. 1).

Die Aufschrift auf dem Schild – „Zur Erinnerung an die letzten Kämpfer der Firma: Alex Wiehe 1903–1904 um den Zehnstundentag!“ – verweist nicht nur auf den Fotografier*anlass*, sondern auch auf die Funktion des Bildes. In dieser spezifischen Form der (Selbst-)Inszenierung, die durch die Verbreitung in Post-

Abb. 1: Erinnerungsfoto, das u. a. Belegschaftsmitglieder der Firma Alex Wiehe, Crimmitschau, als Beteiligte am fünfmonatigen Arbeitskampf um die Einführung des Zehnstundentages in der sächsischen Textilindustrie von 1903/04 zeigt.

kartenform wohl auch über die lokale Ebene hinaus einige Beachtung erfuhr, schufen die Abgebildeten „ein Denkmal ihrer Solidarität zur persönlichen wie kollektiven medialen Erinnerung"[5] – oder anders ausgedrückt: ein visuelles Symbol von *Arbeiter-Macht*.

Arbeiter-Initiative und Arbeiterkampf als öffentliche, politische Intervention begegnen uns auch in einer Fotografie, die den „Verband der Maler" (also eher Handwerker als Arbeiter) wahrscheinlich in Chemnitz in Aktion zeigt, hier in einem Demonstrationszug, möglicherweise auch – der genaue Rahmen und Anlass ist nicht bekannt – einem Gewerbe- oder Handwerkerumzug Ende der 1920er-Jahre (Abb. 2). Es handelt sich dabei um eine 1928 oder 1929 gelaufene Foto-Postkarte.[6] Von einer erhöhten Kameraposition über die Köpfe einer Reihe

5 Wolfgang Hesse, Der Amateur als politischer Akteur. Anmerkungen zur Arbeiterfotografie der Weimarer Republik, in: Fotogeschichte 29 (2009) 111, S. 21–30, hier S. 25.

6 Die an einen Studienrat in Braunschweig gerichtete Ansichtskarte ist unterzeichnet von „Heinrich Eggemann[,] Maler, Niederhermersdorf bei Chemnitz" und trägt den Poststempel eines Chemnitzer Postamtes. Auf der linken unteren Ecke der Foto-Postkarte klebt ein Papp-

von Zuschauerinnen und Zuschauern am Straßenrand aus aufgenommen, zeigt das Foto einen Wagen des Maler-Verbandes. Die in Berufskleidung auftretenden Protagonisten halten verschiedene Schilder in Händen. Eines davon – ganz links im Bild – verweist auf die historische und zeitgenössische Entwicklung der täglichen wie der Wochenarbeitszeit im Verhältnis zum jeweiligen Lohnniveau, während ein zweites Schild die öffentliche Aufmerksamkeit auf „mehrere Werkstattstreiks zur Anerkennung des Tarifvertrags" lenkt. Der nicht weit von der Szenerie postierte Fotograf bzw. die Fotografin zeigt in einem relativ engen Ausschnitt einen von Pferden gezogenen Wagen des Zuges in Bewegung und setzt fotografisch die politischen Aktivisten zur städtischen Öffentlichkeit – Zuschauerinnen und Zuschauer in Zivilkleidung an beiden Straßenseiten – ins Verhältnis zueinander. Aus gleicher Augenhöhe mit dem Fotografen oder der Fotografin blicken mindestens zwei der Malerkittel und -mützen tragenden Männer auf dem Wagen direkt in Richtung Kamera. Das Foto ist voller „Aktion", dynamisch, denn der Wagen passiert gerade eine leichte Kurve, der Kutscher blickt, der Kamera abgewandt, in die Straße im Bildhintergrund; die Aufmerksamkeit der hinter bzw. unterhalb von ihm postierten Zuschauer richtet sich mehrheitlich offenbar auf den Teil des Zuges, der (vermutlich) dem Wagen folgte, sich aber zum Zeitpunkt der Aufnahme jenseits des linken Bildrandes befand.

Über den kämpferisch-aktionistischen Gestus und Kontext der beiden Fotografien aus Crimmitschau und Chemnitz hinaus sind für viele Jahrzehnte vor der Machtübernahme durch die Nationalsozialisten (aber auch für die Jahre 1933–1945) massenhaft Erinnerungsfotos aus Belegschaftszusammenhängen überliefert, die nicht (unmittelbar) politisch motiviert erscheinen. Solche Gruppen-Inszenierungen, die häufig aufgrund der für die damalige Fototechnik in Innenräumen ohne Blitzlicht nicht oder nur mit großem Aufwand zu bewältigenden Aufnahmesituation nach draußen, überwiegend vor die Betriebsstätten verlegt wurden, weisen jedoch nur teilweise Unterschiede zu ihren nach 1933 „geschossenen" Entsprechungen auf.[7]

---

rückstand, der wahrscheinlich einen Teil der Einsteckecke eines Fotoalbums darstellt, dessen Bestandteil die Karte einmal gewesen sein mag; Slg. Ulrich Prehn, Serien und Einzelbilder, Nr. 723 (Rückseite, unsichere Lesart des Poststempels).

7 Eine genauere Untersuchung des in solchen Aufnahmen zur Schau gestellten „Arbeiter-Stolzes" in entsprechenden individuellen wie kollektiven Gesten steht allerdings noch aus (und kann in diesem Rahmen nicht geleistet werden).

Abb. 2: Politische Kundgebung: 1928 oder 1929 gelaufene Foto-Postkarte, deren Vorderseite einen Wagen des „Verbandes der Maler" bei einem Umzug (wahrscheinlich in Chemnitz) zeigt.

Auffällig an folgendem, für das eben Ausgeführte als typisches Beispiel ausgewählten Foto (Abb. 3) – es handelt sich um eine Gruppenaufnahme eines kleinen Teils der Belegschaft der Berliner Werkzeugmaschinenfabrik Carl Hasse & Wrede GmbH in Pankow-Heinersdorf[8] aus dem Jahr 1927 – ist jedoch: Keines der abgebildeten Belegschaftsmitglieder (hier im Übrigen nicht nur Männer, auch wenn diese im Vordergrund stehen und in der Mehrheit sind) hat sich für diese Aufnahme herausgeputzt. Die Aufstellung als Gruppe ist eher „unordentlich" – die Fotografierten posieren nicht in mit Bedacht arrangierten Reihen wie im Foto aus Crimmitschau, und die Aufnahme ist auch nicht so sorgsam kadriert. Drei der Arbeiter stehen mit vor dem Oberkörper verschränkten Armen da, einer mit geballter Faust. Das Bild der Gruppe lebt von der großen, selbstverständlich wirkenden Körperlichkeit der Zufriedenheit und Stolz ausstrahlenden Abgebildeten.

8 1897 vom Kaufmann Carl Hasse als Fabrik für Nähmaschinen, Fahrräder und spezielle Werkzeugmaschinen gegründet, entwickelte sich die Firma, deren Gesellschafterin (mit Mehrheitsbeteiligung) 1921 die Knorr-Bremse AG wurde, in der ersten Hälfte des 20. Jahrhunderts zu einem der größten Werkzeugmaschinenhersteller Europas.

Abb. 3: Belegschaftsmitglieder der Werkzeugmaschinenfabrik Carl Hasse & Wrede im Berliner Stadtteil Pankow-Heinersdorf, 1927. Abzug als LEONAR-Foto-Postkarte, Motivzuordnung und Datierung aufgrund der rückseitigen handschriftlichen Beschriftung.

Doch fallen in dieser Aufnahme zwei Modi des *Zeigens* zusammen, wobei die Anteile und Wirkungsrichtungen in diesem Wechselspiel beider Pole – dem medienspezifischen, also der „eingreifenden" Präsenz des fotografischen Apparats (sprich: der Kamera und ihres „Operateurs") und den zwischen „Objekt"- und Akteursstatus schwankenden abgebildeten Personen, den eigentlichen Protagonisten der Szenerie – nur schwer zu bestimmen sind. Denn grundsätzlich bietet der medienspezifische „*Zeige*modus" der Fotografie den Abgebildeten – zumal als Gruppe – eben auch eine Art Bühne, „*sich* zu zeigen"[9], etwa: bestimmte Posen einzunehmen und in einer bestimmten Anordnung aufzutreten, wobei der Einfluss des Fotografen auf derartige, zwischen Präsentation und

9 Man könnte auch sagen: sich zu inszenieren bzw. – im Sinne einer zu transportierenden, möglichst eindeutig zu entziffernden Botschaft – etwas „darzustellen" oder „sich darzubieten". Hierzu: Roland Barthes, Die helle Kammer. Bemerkungen zur Photographie, Frankfurt a. M. 1989, S. 88–90; sowie kritisch zu Barthes' Interpretation der Pose als „eine aktive Transformation des Subjekts": Craig Owens, Posieren, in: Herta Wolf (Hrsg.), Diskurse der Fotografie. Fotokritik am Ende des fotografischen Zeitalters, Bd. II, Frankfurt a. M. 2003, S. 92–114 (Zitat S. 112; Hervorgebung i. O.).

Repräsentation changierende Ordnungen, Gesten und Ausdrucksformen nicht zu vernachlässigen ist.

2 Im Werk, am Arbeitsplatz. Entzifferungsversuche eines Foto-Konvoluts aus der NS-Zeit

Im Folgenden wird der Versuch unternommen, ein Foto-Konvolut, über dessen Urheber, Vorbesitzer und Überlieferungskontext kaum etwas bekannt ist, einer näheren Betrachtung zu unterziehen im Hinblick darauf, welche spezifischen Visualisierungsformen und -modi jener Bildkorpus aufweist.

Es handelt sich um elf Fotografien, die ich im September 2012 im Rahmen einer Internetauktion erwarb. Der Verkäuferin zufolge waren sie in einem Ringordner enthalten, in dem als Anfangsbeschriftung „Ausbesserungswerk Nürnberg" stand.[10] Zweifellos ist der Ort der Handlung jener Fotografien das in Nürnberg angesiedelte Ausbesserungswerk der Reichsbahn. Aber damit hören die Gewissheiten schon auf. Wichtige Basis- und Kontextinformationen (Datierung der Fotos, Urheberschaft) fehlen.[11]

Dagegen liegt eine Reihe von Basisinformationen zum Ort des fotografisch eingefangenen Geschehens, dem Reichsbahnausbesserungswerk (RAW) Nürnberg, vor. Das Mitte der 1930er-Jahre um mehrere Hallen erweiterte RAW gliederte sich in zwei örtlich getrennte Werke: das 1872 in Betrieb genommene Stammwerk, das in den Dreißigerjahren vornehmlich zur Ausbesserung zwei- und dreiachsiger Personenwagen und Lokomotiven diente, sowie das 1912 in Betrieb genommene Nebenwerk Rangierbahnhof, in dem hauptsächlich Güterwagen und Verbrennungstriebwagen ausgebessert wurden. Zum 1. März 1939 umfasste die „Gefolgschaft" des Stammwerkes 119 Beamte und 1 079 Arbeiter, die des Nebenwerkes 64 Beamte und Angestellte sowie 929 Arbeiter.[12] Kernstück des Stammwerk-Komplexes war die im April 1938 in Betrieb genommene Triebwa-

10 Schriftliche Mitteilung von T. G. an Ulrich Prehn vom 6.9.2012.

11 Als Plädoyer dafür, auch solche Fotografien in die historische Forschung einzubeziehen, über die nur wenig Kontextwissen vorliegt (bzw. recherchierbar ist): Linda Conze/Ulrich Prehn/Michael Wildt, Sitzen, baden, durch die Straßen laufen. Überlegungen zu fotografischen Repräsentationen von „Alltäglichem" und „Unalltäglichem" im Nationalsozialismus, in: Annelie Ramsbrock et al. (Hrsg.), Fotografien im 20. Jahrhundert. Verbreitung und Vermittlung, Göttingen 2013, S. 270–298, insb. S. 298.

12 DBMuseum Nürnberg, MA-10-02, 23-seitiges Typoskript: Leistungskampf der deutschen Betriebe 1938/1939. Betriebsbesichtigungsergebnis. Zusammenfassende und abschliessende Beurteilung über die Anlagen des Reichsbahnausbesserungswerks Nürnberg, S. 1f.

genhalle für die Motorabteilung, die sowohl Lokomotiven als auch Lastkraftwagen der Reichsbahn und, ab 1940, Fahrzeugen der Wehrmacht (bis hin zu gepanzerten Kettenfahrzeugen) als Werkstätte diente.[13] Damit ist bereits ein Teil der Funktionen und Aufgaben der Ausbesserungswerke benannt. Sie umfassten vor allem größere Reparaturen und Hauptuntersuchungen; zugleich waren die Ausbesserungswerke auf die Aufarbeitung von Tauschteilen spezialisiert, aber ebenso auf Arbeiten jenseits des Reparatur-, Wartungs- und Kontrollbetriebs, etwa den Umbau bzw. die Modernisierung von Fahrzeugen und bisweilen auch den Neubau von Schienenfahrzeugen.

Abb. 4 bis 14: Elf Fotografien mit Motiven aus dem Reichsbahnausbesserungswerk Nürnberg, undatiert. Die Abbildungen 4 bis 7 sind rückseitig mit gestempeltem Text beschriftet: „Photo Krauss Nürnberg A Königstr. 60"; die Abbildungen 8 bis 14 sind unbeschriftet.

13 Winfried Nerdinger (Hrsg.), Bauen im Nationalsozialismus. Bayern 1933–1945, München 1993, S. 90.

Abb. 5

Abb. 6

Abb. 7

Die Aufnahmen des im Folgenden näher zu analysierenden Foto-Konvoluts können nur teilweise (Abbildungen 9 bis 14) einem bestimmten Ort im Hallenkomplex des im Stammwerk gelegenen RAW Nürnberg zugeordnet werden: der Lehrwerkstätte.[14] Ungeachtet etwaiger Zuordnungen auf konkrete Orte weist das Konvolut gleich auf den ersten Blick formale Unterschiede auf: Die ersten vier Abzüge (Abbildungen 4 bis 7) auf Agfa-Lupex-Fotopapier liegen im Kleinformat (ca. 4,5 × 6,5 cm) vor. Die Bildrückseiten sind jeweils beschriftet mit einem Stempel: „Photo Krauss Nürnberg A Königstr. 60".[15] Die restlichen sieben Abzü-

---

14 Eine Außenaufnahme, die Lehrlinge bei der Pause vor eben diesem durch ein entsprechendes Schild ausgewiesenen Gebäude sitzend zeigt und die in der Publikation datiert ist auf „um 1940" – ist abgedruckt in: Alfred Gottwald, Eisenbahner gegen Hitler. Widerstand und Verfolgung bei der Reichsbahn 1933–1945, Wiesbaden 2009, S. 305.

15 Der identische Stempel belegt zwar nicht eindeutig, dass alle vier Fotos (zumindest ungefähr) zur gleichen Zeit aufgenommen (aber höchstwahrscheinlich abgezogen) wurden, jedoch erscheint es naheliegend, alle vier Fotos – aufgrund der auf Abb. 4 und Abb. 5 sichtbaren entsprechenden NS-Insignien – auf den Zeitraum nach der Gründung der Deutschen Arbeitsfront im Mai 1933 zu datieren.

Abb. 8

ge (Abbildungen 8 bis 14) auf Agfa-Lupex- bzw. Agfa-Brovira-Fotopapier (Format: ca. 9 × 12 cm) sind unbeschriftet. Auf den Rückseiten aller elf Fotos befinden sich leichte Kleberückstände: immerhin ein (materieller) Hinweis darauf, dass die Fotos nach ihrer Entstehung soziale Bedeutung hatten und, wahrscheinlich in einem privaten Kontext, für archivierungswürdige Dokumente oder Erinnerungsstücke gehalten wurden.

Auf den vier kleinformatigen Fotos ist nur einmal eine reale Arbeitssituation abgebildet. Auf diesem Foto (Abb. 7) scheinen die drei Arbeiter die Kamera nicht zu bemerken oder – wahrscheinlicher – zu ignorieren. Zwei Aufnahmen zeigen jeweils eine größere Gruppe von Arbeitern, knapp dreißig an der Zahl (Abb. 4) bzw. neun (Abb. 5), stehend vor einem festlich geschmückten Aufbau mit einer Texttafel, deren Aufschrift nicht zu entziffern ist. Rechts und links der Tafel sind Profil- oder Halbprofil-Porträts zweier Männer aufgehängt; die Tafel sowie das Hakenkreuzemblem der Deutschen Arbeitsfront (DAF) sind in einen Festschmuck-Kranz eingefasst. Der Anlass der Feier – möglicherweise ein Jubiläum – bleibt unklar; auffällig ist jedoch die laienhafte, unbeholfene Wahl des

Abb. 9

Bildausschnitts in Abb. 4: Die gesamte untere Hälfte nimmt der Hallenboden ein, sodass die Arbeitergruppe in der oberen Hälfte unnötig weit in den Hintergrund rückt. Für den Arbeiter, der gut einen Meter rechts von der Gruppe leicht abseits steht, ist eine Bewegungsunschärfe festzustellen. Gelungener „komponiert" (allerdings unscharf) ist die nähere Aufnahme (Abb. 5); wie in dem unbeholfen kadrierten Gruppenporträt scheint keiner der abgebildeten Männer im Zentrum der Szenerie bzw. der „Handlung" zu stehen, niemand wird durch fotografische Verfahren herausgehoben.

Keine alltägliche Szene aus der Arbeitswelt zeigt auch das Foto (Abb. 6), auf dem sechs verkleidete Arbeiter – fünf von ihnen tragen selbst gebastelte, zum Teil mit Symbolen (einer Blume, einem Totenkopf) bzw. einem schwer lesbaren Schriftzug versehene Hüte, zwei von ihnen (der Erste und der Vierte von links) einen falschen Bart – in ausgelassener Stimmung hinter einer Werkbank stehen (und nicht etwa, wie in den Abbildungen 4 und 5, statisch inszeniert und als Gruppe aufgereiht vor etwas, nämlich vor dem mit DAF-Insignien geschmückten und mit einer Texttafel versehenen Aufbau). Die beiden Träger der angeklebten Bärte deuten mit ihren Händen Arbeitsgesten an, doch schauen beide

Abb. 10

nicht auf das, was ihre Hände tun. Der Erste von links (der als Einziger nicht lacht) blickt direkt in die Kameralinse, der Vierte von links, der neben dem blumenverzierten Hut einen seltsamen hellen Kragen (möglicherweise aus Papier) trägt, erwidert offenbar den Blick des links von ihm stehenden Kollegen. Er scheint im Moment der Aufnahme im Zentrum der Aufmerksamkeit zu stehen, denn auch der ganz rechts abgebildete Arbeiter schaut ihn an. Zwar wirkt die Gruppe isoliert und wie auf sich selbst zurückgezogen in der großen Werkshalle, doch sind (zumindest in der Vergrößerung) im rechten, die Hallentiefe betonenden Bildraum weit im Hintergrund mindestens zwei weitere (nicht verkleidete) Arbeiter zu erkennen, von denen einer mit dem Rücken zur Kamera und zum Geschehen im Bildvordergrund steht, während die Kopfhaltung des anderen den Schluss zulässt, dass er an der Szenerie kaum vorbeischauen konnte und insofern die Fotografiersituation wahrnahm.

Auch wenn wir über den konkreten Anlass für die Verkleidung und den Hintergrund jener ausgelassen wirkenden fotografischen (Selbst-)Inszenierung nichts wissen, so zeigt dieses Foto, dass – wie Alf Lüdtke bereits 1986 dargelegt hat – für „Spielereien" und „Schabernack" am Arbeitsplatz, Pausen und „Ab-

Abb. 11

wechslungen"[16], also für Formen „eigensinniger Praxis"[17], auch im Zeitalter der Rationalisierung – und man könnte hinzufügen: auch unter dem von feierlich-ernstem „Ehre der Arbeit"-Pathos gekennzeichneten NS-Regime – durchaus Raum war und man sich gelegentlich Zeit dafür nehmen konnte.

Die sieben erwähnten Fotos im 9 × 12-Abzugs-Format (Abbildungen 8 bis 14) wurden, anders als die vier Kleinformate, mit professionellem Auge (und wohl auch mit einer entsprechenden Ausrüstung) aufgenommen. Eines von ihnen (Abb. 8) wirkt wie Aufnahmen, die Reinhard Matz in seiner Skizze der (frühen) Werksfotografie als „Belegfotos" bezeichnet hat, deren Urheber oder Hersteller auf das kollektive Vorverständnis der Betrachterinnen und Betrachter sowie auf entsprechende Wiedererkennungseffekte setzen konnten.[18] Wie bereits in der Kleinformat-Serie fällt auch hier ein Foto (Abb. 8), das einzige

16 Das Foto zeigt sogar eine darüber hinausgehende Form von „Feiern" oder „Spektakel".
17 Lüdtke, Qualitätsarbeit, insb. S. 190ff.
18 Reinhard Matz, Werksfotografie – Ein Versuch über den kollektiven Blick, in: Tenfelde, Bilder, S. 289–304, hier S. 302f.

Abb. 12

Hochformat, heraus. Es zeigt einen – gelungen kadrierten – Ausschnitt einer beinahe menschenleeren Werkshalle: Nur der Laufkranführer überblickt aus seiner knapp unter der Hallendecke horizontal fahrbaren Kabine das Geschehen.

Die restlichen sechs Fotografien hingegen wurden nicht in einer der Werkshallen aufgenommen, in denen Wartungs-, Reparatur-, Endfertigungs- und Montagearbeiten durchgeführt wurden. Ort der Handlung(en) ist die „neue", am 1. August 1937 in Betrieb genommene Lehrwerkstätte (bisweilen auch: Lehrlingswerkstätte) des RAW Nürnberg, die auf einer Grundfläche von 1 200 Quadratmetern Ausbildungsmöglichkeiten für 150 Lehrlinge bot.[19] Zu sehen sind auf allen – vom Fotografen sorgsam aus verschiedenen Perspektiven aufgenommenen – Bildern Lehrlinge an ihrem jeweiligen Arbeitsplatz, den in mehreren Reihen angeordneten Werkbänken. Diese stehen in großem Abstand zueinander, und auch die großzügig frei gelassenen, die Parallelreihen kreuzenden Laufwe-

19 Siehe DBMuseum Nürnberg, MA-10-02, 23-seitiges Typoskript: Leistungskampf der deutschen Betriebe 1938/1939 (Anm. 12), S. 9.

Abb. 13

ge, die dem Meister bzw. den Lehrgesellen bequemen Zugang zu den einzelnen Arbeitsplätzen[20], aber auch den kontrollierenden Über- bzw. Durchblick erlauben, springen (vor allem auf den Abbildungen 11 bis 13) ebenso ins Auge wie der Umstand, dass die Einrichtung als „eine der neuzeitlichsten Lehrwerkstätten überhaupt“[21] vollkommen aufgeräumt und überaus sauber[22] ins Bild gesetzt wurde: Nichts liegt an den Arbeitsplätzen herum oder „im Weg“. Die Lehrlinge scheinen konzentriert zu arbeiten, lediglich zwei von ihnen – beide jeweils weit im Bildhintergrund angesiedelt (Abb. 10: dritte Person von links; sowie Abb. 14: erste Person von links) – blicken in Richtung Kamera.

20 Diese umfassten 107 Schraubstöcke sowie 31 Werkzeugmaschinen; ebd.

21 Ebd.

22 Dazu beispielsweise als Folie der expliziten NS-Propaganda: Aufnahme eines Waschraums der BMW-Werke, München, aus dem Jahr 1935, die, ganz im Sinne des DAF-Amtes „Schönheit der Arbeit“, folgenden Wandspruch ablichtete: „Dreck gehört zur Arbeit, aber nicht zum deutschen Arbeiter!“ Abgedruckt in: Nerdinger, Bauen, S. 424.

Abb. 14

Während die Lehrlinge in allen fotografischen Repräsentationen der Arbeit bzw. der Ausbildungssituation einzeln und konzentriert wirkend ihren jeweiligen Tätigkeiten nachgehen, sind auf zwei Fotografien auch Interaktionen zu sehen: Abb. 11 zeigt in der letzten Werkbankreihe rechts zwei über ein „Werkstück" gebeugte Personen. Die rechte ist offenbar ein Lehrling, das Gesicht der zweiten, links vornüber gebeugten Person ist nicht zu erkennen. Die Vermutung liegt nahe, dass es sich hierbei um einen Lehrgesellen handelt, der die sachgemäße Ausübung des Arbeitsschrittes vorführt.[23] Abb. 12 zeigt möglicherweise das gleiche Paar, allerdings nicht in Zentralperspektive, sondern aus einem

23 Interessante Rückschlüsse auf das Verhältnis zwischen Lehrlingen und Lehrgesellen lassen die von stilisierten Selbstbildern und (Fremd-)Wahrnehmungen der Lehrlinge bestimmten „10 Gebote für den Lehrgesellen. Entnommen der Abschlußzeitung des Lehrganges 1935–1938" zu: Werk-Zeitung RAW Nürnberg, Nr. 10, Oktober 1938, S. 9. Siehe etwa das zehnte Gebot: „Begib dich ab 3 Uhr in das Lehrgesellenzimmer und kümmere dich nicht mehr um den Lehrling. Du würdest ihm und dir selbst nur die Freude am Feierabend schmälern." Ebd. Das Titelblatt dieser Ausgabe der Werk-Zeitung ziert im Übrigen ein Gruppenfoto, das die „Neugesellen" zusammen mit ihrem Meister und ihren Lehrgesellen zeigt.

schrägen, im Vergleich zu Abb. 11 weiter rechts angesiedelten Kamerastandpunkt. In dieser Aufnahme erscheint die linke Person an der fraglichen Werkbank deutlich älter als der Lehrling, es könnte sich also durchaus um den Meister handeln.

Doch zeigen (vielleicht mit einer Ausnahme: den interagierenden Personen-Zweiergruppen) der Blick und die Bildsprache des Fotografen kein Interesse an den Lehrlingen (oder ihren Ausbildern) als Individuen; lediglich als Repräsentanten ihres „Standes" und beinahe gesichtslos und austauschbar „bevölkern" sie die Werkstatthalle. Auch wenn es sich hier ebenfalls nicht um die gleiche Bildsprache wie in der Industriefotografie im Stil des Neuen Sehens handelt, die seit den Zwanzigerjahren „Werksanlagen häufig in Form von menschenleeren Fabrikhallen" als „ästhetisiertes Objekt" darstellte[24], so sind doch in der Mehrzahl der Aufnahmen aus der Lehrwerkstätte Elemente enthalten, die auch für die vornationalsozialistische Industriefotografie kennzeichnend waren. Insbesondere in den Abbildungen 9, 10, 13 und 14 nimmt der (menschenleere) Bereich des Oberlichts und/oder der Hallendecke großen Raum ein. Dieser Bildbereich ist stark „rhythmisch" (d. h. im räumlichen Sinn seriell) strukturiert, da von der Decke Reihen von Lampen herabhängen (die den Bildraum z. T. diagonal wie ein Gitter oder „Gewebe" durchziehen) und darüber hinaus der Bildbereich oberhalb der (ebenfalls aufgereihten) Lehrlinge an ihren Werkbänken von Stahlträgern durchzogen ist, die den Raum gleichermaßen „rhythmisch" strukturieren.[25] Weite Teile des Bildbereiches bleiben so eigentümlich leer (wie in den Abbildungen 11 bis 14) und/oder von fotografischen Gestaltungsmitteln einer an der „graphisch"-dynamischen visuellen Raumstruktur von Industriehallen interessierten, genrespezifischen Seh- und Inszenierungsweise dominiert, die deutlich erkennbare Kompositionsregeln aufweist.

Neben den räumlichen Perspektivierungen fallen in der Gesamtschau der sechs Aufnahmen aus der Lehrwerkstätte noch zwei weitere Inszenierungsaspekte bzw. -ebenen auf: zum einen die auf drei Fotos (Abbildungen 10 bis 12) sichtbare „Wanddekoration" in Form eines Tryptichons: ein „Führer-Bild", links und rechts im quasi-religiösen Ensemble eingerahmt von zwei Halbprofil-Porträts,

---

24 Christian Schellenberg/Christian Tünnemann, „Schmelzendes Eisen verlangt Männer von Stahl!", in: Ulrich Hägele/Gudrun M. König (Hrsg.), Völkische Posen, volkskundliche Dokumente. Hans Retzlaffs Fotografien 1930 bis 1945, Marburg 2009, S. 122–127, hier S. 125.

25 Auch wenn die Bildsprache der Fotos nicht im strengen, „reinen" Sinn die des „Neuen" fotografischen Sehens ist, so sind Elemente davon durchaus enthalten. Christian Schellenberg und Christian Tünnemann haben in diesem Zusammenhang zu Recht darauf hingewiesen, dass die „im Vorfeld des Nationalsozialismus sich vollziehende Entwicklung der Neuen Fotografie" einen „Fundus von Darstellungsformen" lieferte, den die NS-Propaganda aufgegriffen habe: dies., Schmelzendes Eisen, S. 126f.

dessen Protagonisten nicht zu identifizieren sind. Dagegen ist das Hitler-Porträt durchaus zuzuordnen; es handelt sich um die Reproduktion eines Gemäldes des Malers Bruno Jacobs, das vom Verlag des Hitler-„Leibfotografen“ Heinrich Hoffmann als Postkartenmotiv[26] (und möglicherweise in größeren Reproduktionsformaten) angeboten wurde. Zum anderen sind die Hallenwände auf zwei Fotos (Abbildungen 13 und 14) geschmückt mit Hakenkreuzbannern, teils im DAF-Zahnrad, teils in Verbindung mit dem Reichsadler, der ab 1936 als Hoheitszeichen (mit Hakenkreuz im Eichenlaub) auch die Eisenbahner-Uniformen „zierte“.[27] Das Hitler-Porträt nimmt den zentralen Platz (in Abb. 11 zudem noch zentralperspektivisch inszeniert) in der dunklen Wandbespannung ein, ebenso wie die beiden flankierenden Porträts ist es mit einer Art Girlande versehen. Im oberen Bereich des Feierschmuck-Ensembles ist außerdem noch die Werksuhr zu sehen – sie wollte man offenbar nicht verhängen oder abhängen, wurde doch schließlich an diesem Ort gearbeitet, als die Aufnahmen entstanden. Wirkt die Lehrwerkstätte schon ohne die Feier-Dekoration wie ein Vorzeigeobjekt eines nationalsozialistischen „Musterbetriebs“[28], deutet sich – auch wenn die vorliegenden Fotografien die Feier an sich nicht zeigen – an, in welchem Maße die entsprechenden Gliederungen der NSDAP tagtäglich Einfluss auf die Lehrlinge[29] wie auf ihre Ausbildungsstätte ausübten und Gemeinschafts-„Angebote“ mach-

---

26 Reproduktion des Gemäldes wiedergegeben auf: [http://fachkataloge.bsb-muenchen.de/img/hoff-2046.jpg], eingesehen 25.11.2013.

27 Klaus Hildebrand, Die Deutsche Reichsbahn 1933–1945, in: Lothar Gall/Manfred Pohl (Hrsg.), Unternehmen im Nationalsozialismus, München 1998, S. 73–90, hier S. 79f. Allerdings handelt es sich bei dem als Festwandschmuck angebrachten Reichsadler mit Hakenkreuz im Eichenlaub nicht um die „Staatswappen“-Version, sondern um den nach rechts blickenden sogenannten „Parteiadler“.

28 Der bereits im November 1936 als „vorbildliche Berufserziehungswerkstätte“ eingestuften Lehrwerkstätte wurde am 19. Oktober 1938, nachdem „die Lehrlinge, die Jungarbeiter und Werkscharmänner“ in der „festlich geschmückten Lehrwerkstätte“ angetreten waren, das sogenannte Leistungsabzeichen verliehen. Siehe den (namentlich nicht gezeichneten) Artikel: „Vorbildliche Berufserziehung. Das Reichsbahn-Ausbesserungswerk erhielt das Leistungsabzeichen – Eine verdiente Anerkennung“, in: Fränkische Tageszeitung vom 20.10.1938, S. 7. Vgl. auch: DBMuseum Nürnberg, MA-10-02, 23-seitiges Typoskript: Leistungskampf der deutschen Betriebe 1938/1939 (Anm. 12), S. 9. Es ist gut möglich, dass die analysierten Fotos in diesem Zeitraum entstanden bzw. sogar zu einem in Zusammenhang mit der Auszeichnung stehenden Anlass angefertigt wurden.

29 Im Jahr 1927 waren insgesamt 3 270 Lehrlinge bei der Reichsbahn beschäftigt. Ausgebildet wurden Lehrlinge „für das Schlosserhandwerk und nach Bedarf für andere Handwerkszweige [...], besonders als Dreher, Schmiede und Kesselschmiede“. Die Personalausbildung bei der Deutschen Reichsbahn. Ein Handbuch, bearb. unter Mitwirkung von Reichsbahnrat Dr. Couvé von Dr.-Ing. Bruno Schwarze, Geheimem Baurat, Reichsbahndirektor und Mitglied der Hauptverwaltung der Deutschen Reichsbahn-Gesellschaft, Referent im Preuß. Ministerium für Handel und Gewerbe. Mit 92 Abbildungen, 23 Tafeln und den amtlichen Lehrplänen, Berlin 1928, S. 126 u. 182 (Zitat).

ten, denen die Auszubildenden sich nicht leicht hätten entziehen können. Das Foto, auf dem an der hinteren Wand der Halle eine Tafel für Bekanntmachungen, Plakate usw. zu erkennen ist (Abb. 13), belegt, dass die Deutsche Arbeitsfront und die Hitler-Jugend im (Betriebs-)Alltag ohnehin hochgradig präsent waren.[30] Doch auch darüber hinaus, in der Regel sogar bis in den Freizeitbereich hinein, veränderten die Aktivitäten der verschiedenen DAF-Unterorganisationen, etwa des „Jugendamtes", des „Amtes für Schönheit der Arbeit" oder der für den „Berufswettkampf aller schaffenden Deutschen" zuständigen Abteilung, den Arbeitsalltag nicht nur der Lehrlinge, sondern der gesamten „Betriebsgemeinschaft".

Obwohl das genaue Aufnahmedatum nicht zu ermitteln war, so ergeben sich aus der Auswertung einer Parallelüberlieferung von Fotografien aus dem Ausbesserungswerk, die im DBMuseum in Nürnberg archiviert sind, einige zumindest naheliegende Vermutungen und Eingrenzungen. Im fraglichen Konvolut, einer größeren Menge von auf schwarzer Pappe aufgeklebten und zum Teil durch Aufkleber maschinenschriftlich mit knappen Texten versehenen[31] Schwarzweißfotografien, befinden sich unter anderem Aufnahmen, die die sogenannte Freisprechung des „alten" Lehrlingsjahrgangs (am 13. Oktober 1938, Abb. 15), die Einstellung eines neuen Jahrgangs von Auszubildenden sowie die Übergabe des Leistungsabzeichens für anerkannte Berufserziehung (am 19. Oktober 1938) zeigen.

Für den Fotografen der „Freisprechungsfeier" im RAW Nürnberg stellte es sicher eine gewisse Herausforderung dar, die Veranstaltung aus verschiedenen Perspektiven abzubilden, um fotografisch gelungen sowohl die verschiedenen Aktivitäten als auch die beteiligten Gruppen – Jung und Alt, Zivilisten und Uniformierte, Zuschauer und (Haupt-)Akteure der jeweiligen Situation in Szene setzen zu können. Überwiegend nutzte er dabei den erhöhten Kamerastandpunkt von der oberen Etage aus, doch mischte er sich (auf den beiden oberen auf der Seite aufgeklebten Fotos) beinahe auf Augenhöhe ins Geschehen ein. Dies gilt umso mehr für die auf der Seite links unten montierte Aufnahme, bei der er nicht aus dem Rücken einer Zuschauergruppe „abdrückte", sondern sich der aufgenommenen Gruppe (mit Ausnahme der Fahnenwache, die schräg am

30 In einer „Bestandsaufnahme" aus dem Frühjahr 1939 ist ein Organisationsgrad von 100 Prozent der jeweiligen „Gefolgschafts"-Teile für die DAF bzw. für die HJ vermerkt – wobei der die Jugendorganisation betreffende Grund ein naheliegender war: „Bei den Lehrlingen ist die Zugehörigkeit zur HJ Voraussetzung für die Einstellung." Siehe DBMuseum Nürnberg, MA-10-02, 23-seitiges Typoskript: Leistungskampf der deutschen Betriebe 1938/1939 (Anm. 12), S. 14 sowie Ergänzungsblatt zu S. 14 (unpag.).

31 Zum Teil sind die Ränder der (augenscheinlich) zeitgenössischen Abzüge – nachträglich, möglicherweise in einigem zeitlichen Abstand zum Aufnahmedatum – handschriftlich mit kurzen Notizen zum Motiv bzw. zum Fotografieranlass und/oder -datum versehen.

Fotografen vorbei in den Raum blickt) frontal zuwandte. Auffällig ist, dass das ungemein statische Moment im Figuren-Ensemble um das Rednerpult auf den ersten vier Fotografien (v. re. n. li. und v. o. n. u.) das Bild bestimmt; lediglich für die letzten beiden Fotos, in denen Rednerpult und Fahnenwache nicht abgebildet sind, tauchen auf der Handlungsebene in einem gewissen Maß dynamische Elemente (Bewegung, Interaktion) auf, wobei auch hier die Blicke der Zuschauergruppen als „ordnendes" Gegenprinzip fungieren.

Die Fotos von der in der Lehrlingswerkstätte des Ausbesserungswerkes abgehaltenen „Freisprechungsfeier", zu der am 13. Oktober 1938 einundvierzig Lehrlinge „antraten"[32], verdeutlichen, wie viele sorgsam geplante symbolische Handlungen[33] in der Halle vollzogen wurden. Angesichts einer aus elf Programmpunkten bestehenden „Feierfolge"[34] ist von einer durchdachten Choreografie der Veranstaltung auszugehen, die dem anwesenden Fotografen genügend Motive für eindrucksvolles Material lieferte. Auffällig ist dabei die Mischung aus traditionellen, der Huldigung des Handwerks und des Handwerkerstandes bzw. des „Jung-Arbeitertums" gewidmeten Elementen der Feier (die sich jedoch in den Fotografien kaum niederzuschlagen scheinen) mit der Omnipräsenz der nationalsozialistischen neuen Erscheinungsformen (den Insignien, den „Fahnenkult"-Praktiken). Diese „Neuerungen" dominieren die visuellen Repräsentationen der Feier, deren Anlass – die Freisprechung der Lehrlinge – wiederum eine „alte" symbolisch-rituelle Handlung mit langer Tradition darstellte. Die Betonung von Leistung und „Verpflichtung zur Leistung" seitens des Betriebes sowie dessen Auszubildenden im Veranstaltungsprogramm, gepaart mit dem „weihevollen" Ernst der Feier und insbesondere der Lehrlinge, den die überlieferten Fotos vermitteln (sollen), steht in einem eigentümlichen Gegensatz zum ersten Teil der entsprechenden Sentenz im schriftlichen Bericht über die

32 Dies geht hervor aus: [o. Vorn.] Efde, Freisprechung der Lehrlinge, in: Werk-Zeitung RAW Nürnberg, Nr. 10, Oktober 1938, S. 3–5, hier S. 3.

33 Alf Lüdtke spricht sogar von „symbolisch formulierte[n] Erfahrungen", wie z. B. in Form von „Grußformeln und Abzeichen, Speisepläne[n] und Bekleidung, Weisen der Anrede und des Sprechen[s sowie von] Melodien und Liedtexte[n]". Siehe ders., Glut, S. 233f.

34 Auf den „Einmarsch der Fahne und der Gesellenanwärter" morgens um 9 Uhr und den anschließenden musikalischen „Gruß an Hans Sachs und Aufzug der Zünfte" aus Richard Wagners „Die Meistersinger" folgte, nach einer Begrüßungsansprache durch den Jugendwalter, einem Gedicht („Deutsche Arbeit" von Wolfram Krupka) und einem Marschlied („Jung-Arbeiter voran!" von Hans-Horst Sieber), einer Ansprache des Betriebsführers, auf die die Überreichung der Zeugnisse und die „Auszeichnung der Besten" folgte, sowie dem Dank eines Gesellenanwärters, endlich mit der Freisprechung der Lehrlinge und der Verpflichtung der neuen Gesellen, die in einen Treueschwur mündete, der Höhepunkt der symbolisch-rituellen Handlungen. Abschließend sprach der Betriebsobmann, und es wurden das Deutschland- sowie das Horst-Wessel-Lied angestimmt: Efde, Freisprechung, S. 3.

Abb. 15: Seite mit sechs aufgeklebten Fotos von der Freisprechung der Lehrlinge im Reichsbahnausbesserungswerk Nürnberg am 13. Oktober 1938. Die Seite ist Teil einer betriebseigenen Überlieferung, deren Schwerpunkt die Teilnahme des RAW am „Leistungskampf der deutschen Betriebe 1938/1939" darstellt

Feier in der Werk-Zeitung des RAW: „Die *herrliche Ungebundenheit und der Frohsinn der Jugend* soll in der Freisprechung nochmal [sic] voll aufklingen. Die Verpflichtung dann wird den Neugesellen für ihre Wanderjahre das Recht auf Arbeit und die Pflicht zur Leistung für Führer und Volk mit auf den Weg geben."[35]

35 Ebd. (Hervorhebung U. P.).

Die genau zu datierenden und, was den Feier- und Fotografieranlass angeht, gut kontextualisierbaren Fotografien, als deren Urheber ein beauftragter, professioneller Fotograf anzunehmen ist, zeigen einen ganz anderen Blick auf das Geschehen als die beiden undatierten, vermutlich von einem nichtprofessionellen Fotografen gemachten Aufnahmen von dem unklaren Feieranlass, in dessen Zuge sich eine Gruppe von „Gefolgschafts"-Mitgliedern vor dem geschmückten Aufbau aufgestellt hat (Abbildungen 4 und 5). Beide Konvolute weisen unterschiedliche „Blicke", Repräsentations- oder Inszenierungsweisen auf: die „Freisprechungs"-Fotos den vergleichsweise distanzierten (Über-)Blick, der sich auf Ordnungen, Beziehungen und Hierarchien richtet, und gleichzeitig die „Highlights" der Veranstaltung in bewussten Entscheidungen ins Bild setzt, während im Fall der beiden Gruppenaufnahmen der Fotograf die jeweils Abgebildeten in unbeholfener Bildsprache zu den Feier-Aufbauten in Beziehung setzt. Die Fotografierten wirken eher plump, nämlich schlicht vor dem Aufbau stehend und frontal in die Kamera blickend – also stärker in Richtung des Betrachters positioniert als etwa „organisch" mit dem mit NS-Insignien und -Porträts geschmückten Hintergrund zu einem gelungenen Ensemble „verschmelzend". So hat die fotografische Gemeinschafts-„Formulierung" in den beiden Gruppenaufnahmen einen anderen (nämlich überschaubareren, rein auf die Abgebildeten begrenzt erscheinenden Binnen-)Charakter als in den im DBMuseum überlieferten, auf die Visualisierung von „Betriebs"- und „Leistungsgemeinschaft" abzielenden Aufnahmen aus der Lehrlingswerkstätte.

3 Fazit

In diesem Sinne können für die beiden unterschiedlichen Überlieferungen aus dem RAW Nürnberg, und zwar unter der Vermutung, dass die zunächst analysierten Fotos (Abb. 4 bis 7) von einem Amateurfotografen, die Bilder von der „Freisprechungsfeier" dagegen von einem professionellen Fotografen gemacht wurden, folgende Befunde und offene Forschungsfragen formuliert werden:

Vor allem in der Fotografie, die die verkleideten, hinter einem Arbeitsplatz posierenden Arbeiter zeigt (Abb. 6), wird keine Vergemeinschaftung „von oben" sichtbar – ganz zu schweigen von spezifisch nationalsozialistischen „Agenden". Im Gegensatz zu Fotografien, die zu firmenseitigen Dokumentationszwecken oder gar im Auftrag der DAF oder anderer NS-Organisationen hergestellt wurden, steht diese Aufnahme für die – zweifellos wesentlich seltener überlieferten – Zeugnisse amateurfotografischer, „privater“ (im Sinne von nichtöffentlicher bzw. nichtinstitutioneller[36]) Praxis im Betrieb, am Arbeitsplatz.

Dagegen wäre vor allem mit Blick auf Fotografien, die durch Berufsfotografen bzw. im institutionellen Kontext angefertigt wurden, zu fragen, ob bzw. in welcher Hinsicht sich die (fotografischen) Inszenierungen von Gemeinschaft am Arbeitsplatz im nationalsozialistischen Deutschland – aber auch im Vergleich mit entsprechenden fotografischen Zeugnissen aus dem Kaiserreich und aus der Weimarer Republik – glichen. Dabei ist zu bedenken, dass derartige visuelle Inszenierungen von „Gemeinschaft“, namentlich in großen Werkstatt- und Produktionshallen, immer auch *Raum*-Inszenierungen waren – sei es nun im Rahmen von Werk- oder Betriebsfeiern, Belegschaftsappellen, öffentlichen Belobigungen und Auszeichnungen, Jubilarfeiern, Kameradschaftsabenden und Lehrlings-Freisprechungen.

Ein entsprechendes Ergebnis der exemplarischen Analyse der Foto-Quellen aus dem RAW Nürnberg kann folgendermaßen umrissen werden: Selbst wenn der Arbeitsplatz und das Arbeitsumfeld im Vordergrund standen (und nicht so sehr die Arbeiter oder Lehrlinge), so erschien dieser Raum während des Nationalsozialismus zunehmend als ein von der NSDAP bzw. ihren Gliederungen politisierter, auch wenn eine entsprechende visuelle, symbolische Besetzung oder Durchdringung des Raumes – der konkreten Werkhalle – nicht immer im Zentrum der Fotografien stehen musste. Dagegen verschwanden Fotos, die politische Interventionen von Arbeiterinnen und Arbeitern als autonom bzw. gar explizit als gegen Betriebsführung, Staat oder „Klassenfeind“ Agierende zeigte, bereits im Laufe des Jahres 1933. Welche Bedeutung gerade den visuellen Thematisierungen und Ausgestaltungen entsprechender kollektiver, zumeist symbolisch hoch aufgeladener „Ersatz“-Formen zukam, die in einem Gemisch aus „Lockung“ und Zwang auf „Bändigung“ und Vereinnahmung der Arbeiterschaft abzielten, wäre weiter zu untersuchen. Und ob schließlich mit Blick auf die Werksfotografie im Nationalsozialismus, wie von dem Historiker und Wirtschaftsarchivar Karl-Peter Ellerbrock aufgrund einer Analyse entsprechender Bestände des Stahlkonzerns Hoesch angedeutet, im Vergleich zur vornationalsozialistischen Zeit allgemein von einem „Rückschritt in die Entindividualisierung“ als einem Trend in der Motivwelt (in entsprechenden Visualisierungen

36 Pilarczyk/Mietzner, Bild, S. 89f., die z. B. innerhalb von Institutionen (Verbänden, Schulen, etc.) entstehende Aufnahmen, die sowohl zur internen Kommunikation als auch zur Selbstdarstellung dienen können, als „halböffentliche“ bzw. „institutionsöffentliche“ Fotografien klassifizieren.

durch Werksfotografen) gesprochen werden kann[37], wäre etwa anhand größerer Konvolute und vor allem branchenübergreifend sowie unter Berücksichtigung verschiedener Betriebsgrößen zu diskutieren.

Ein letzter wichtiger Aspekt kann abschließend nur angerissen werden: die unterschiedlichen Dimensionen von Erinnerungsstiftung und -steuerung durch die verschiedenen analysierten „Fotografien der Arbeit" in Deutschland in der ersten Hälfte des 20. Jahrhunderts. Zunächst ist gezeigt worden, dass das Anfertigen fotografischer Repräsentationen verschiedener Situationen am Arbeitsplatz oder im (weiteren) öffentlichen Raum, etwa auf der Straße, unterschiedliche Erinnerungsfunktionen hatte und unterschiedliche Erinnerungsmodi aufwies und „bediente" (mit der direktesten Formulierung in der Aufnahme aus Crimmitschau: der Texttafel im Bildzentrum). Tatsächlich stellt der Titel des vorliegenden Aufsatzes in dieser Hinsicht keine Übertreibung dar: Elemente von „roter Glut" sollten im nationalsozialistischen Deutschland ausdrücklich nicht mehr visuell repräsentiert und erinnert werden – es sollte solche Bilder schlicht nicht mehr geben.[38] Fotografien wie die aus Crimmitschau sollten in personalisierter Form an den Arbeitskampf und dessen mutige Protagonisten erinnern – die Nürnberger Lehrwerkstättenfotos dagegen zielten direkt auf einen Schwarzweiß-Kontrast im Sinne eines „früher versus heute" ab und versuchten auf diese (doppelte) Weise die kollektive Erinnerung in zwei Richtungen zu formen: Während die „Systemzeit" sich im NS-Entwurf der (retrospektiven) Vergleichsfolie auch (und gerade) im Betrieb als Hort von „Unordnung" und „Gefahr" darstellte, inszenierten die Betriebsführungen und die DAF Neuerungen und „Modernisierungs-Errungenschaften" (z. B. die großzügig und „luftig"

---

37 Karl-Peter Ellerbrock, Im Fokus der Kamera: Menschen und Fabrikhallen. Anmerkungen zur Industriefotografie im Ruhrgebiet, in: Wilfried Feldenkirchen et al. (Hrsg.), Geschichte – Unternehmen – Archive, Essen 2008, S. 495–514 (Zitat S. 504).

38 Im Rahmen des Forschungsprojekts „Fotografie im Nationalsozialismus", für das ich Tausende Fotos zum Thema „Arbeit/Arbeitswelt" gesichtet habe, sind mir bislang keine Fotografien untergekommen, die für die NS-Zeit kollektive, „rote" Kampfformen zeigen. Allerdings findet man einige Fotobeispiele wie das Motiv gehisster roter Fahnen am Werksschornstein, insbesondere aus den ersten Monaten des Jahres 1933. Siehe etwa die im Archiv der Arbeiterjugendbewegung, Oer-Erkenschwick, als Foto mit der Signatur 02/1018 überlieferte Aufnahme (Titel: Rote Fahne an dem Kamin der Zeche Helene in Essen-Altenessen am 1. Mai 1933), recherchiert in der Online-Datenbank: [http://www.arbeiterjugend.de/archiv-main/bestaende/onlinedatenbank.html], eingesehen 18.2.2014. Zu diskutieren wäre der Befund des Verschwindens bzw. Verdrängens von Fotografien, die Spuren einer „roten Glut" transportierten, sicherlich im Hinblick auf die These, die bereits im Titel von Rolf Sachsses immer noch grundlegender Studie anklingt: ders., Die Erziehung zum Wegsehen. Fotografie im NS-Staat, Dresden 2003.

eingerichtete, saubere und helle Lehrwerkstätte im RAW Nürnberg) als sozialpolitische und betriebliche Leistungen zum Wohl der „Gefolgschaft".

Vor allem in diesem Sinne, als ein bedeutender Faktor von Erinnerungsproduktion und -steuerung, spielte die Fotografie eine herausragende Rolle bei der Dokumentation und Verbreitung, ja zum Teil sogar als aktiver, eingreifender Faktor bei der (Selbst-)Inszenierung der Belegschaften sowie entsprechenden Neuformulierungen oder „Überschreibungen" von „Gemeinschaft". Dabei sollte deutlich geworden sein, dass die verschiedenen, sich im Laufe der ersten Hälfte des 20. Jahrhunderts verändernden Visualisierungsformen entsprechender Praktiken in deutschen Betrieben entweder in stereotypen Repräsentationen auf Konformität, An- und Einpassung des einzelnen Arbeiters bzw. der einzelnen Arbeiterin (bisweilen auch von Teilen der Belegschaft) abzielten oder aber in facettenreicheren visuellen Zeugnissen Individualität und „Eigen-Sinn" vermitteln konnten.

4 Abbildungsnachweis

Abb. 1: Historische Sammlung der Stadt Crimmitschau.
Abb. 2: Slg. Ulrich Prehn, Serien und Einzelbilder, 723.
Abb. 3: Slg. Ulrich Prehn, Serien und Einzelbilder, 732.
Abb. 4: Slg. Ulrich Prehn, Serien und Einzelbilder, 608.
Abb. 5: Slg. Ulrich Prehn, Serien und Einzelbilder, 608a.
Abb. 6: Slg. Ulrich Prehn, Serien und Einzelbilder, 608b.
Abb. 7: Slg. Ulrich Prehn, Serien und Einzelbilder, 608c.
Abb. 8: Slg. Ulrich Prehn, Serien und Einzelbilder, 608d.
Abb. 9: Slg. Ulrich Prehn, Serien und Einzelbilder, 608e.
Abb. 10: Slg. Ulrich Prehn, Serien und Einzelbilder, 608f.
Abb. 11: Slg. Ulrich Prehn, Serien und Einzelbilder, 608g.
Abb. 12: Slg. Ulrich Prehn, Serien und Einzelbilder, 608h.
Abb. 13: Slg. Ulrich Prehn, Serien und Einzelbilder, 608i.
Abb. 14: Slg. Ulrich Prehn, Serien und Einzelbilder, 608j.
Abb. 15: DBMuseum Nürnberg, MA-10-02.

Inge Marszolek

Vom Proletarier zum ‚Soldaten der Arbeit'

Zur Inszenierung der Arbeit am 1. Mai 1933

Die Umformung des 1. Mai als traditionellen Festtages der Arbeiterbewegung in den „Tag der nationalen Arbeit" geschah am 1. Mai 1933 mit einem medialen Paukenschlag. Kein anderer als Reichspropagandaminister Goebbels hatte unmittelbar nach den Reichstagswahlen am 24. März mit der Vorbereitung des Tages begonnen.[1] Bezogen auf eine anstehende Sitzung des Reichskabinetts, hatte Goebbels notiert:

> Wir werden das in größtem Rahmen aufziehen und zum erstenmal das ganze deutsche Volk in einer einzigen Demonstration zusammenfassen. Von da ab beginnt dann die Auseinandersetzung mit den Gewerkschaften. Wir werden nicht eher Ruhe geben, bis sie restlos in unserer Hand sind.[2]

Goebbels hatte wohl von Anfang an dem noch relativ neuen Medium Radio eine ganz zentrale Rolle an diesem Tag zugedacht. Um einen heutigen Terminus zu benutzen, der 1. Mai 1933 war als riesiges Medienevent geplant und wurde so inszeniert.

Aus kommunikationswissenschaftlicher Sicht sind Medienevents als verdichtete Medienkommunikation zu begreifen. Diese sind „durch eine zentrierende und auf einen thematischen Kern ausgerichtete Performanz gekennzeichnet ..., [die] unterschiedliche Medienproduktionen durchschreiten bzw. eine breite und verstreute Vielfalt von Publika und Teilnehmern erreichen".[3] Kennzeichnend ist ferner, dass diese Medienevents auf ein mediatisiertes Zentrum ausgerichtet sind und damit in hohem Maße machtgeprägte Ereignisse darstellen. Während der Begriff des Medienevents also den Fokus auf eine verdichtete Situation medialer Kommunikation legt, lenkt der Blick auf die Geschichte des 1. Mai als traditionellen Kampf- und Festtages der sozialistischen Arbeiterbewegung auf die Bedeutung von Symbolen und ihrer Performanz. Gottfried Korff verweist in Referenz auf Clifford Geertz darauf, dass

---

1 Eberhard Heuel, Der umworbene Stand. Die ideologische Integration der Arbeiter im Nationalsozialismus 1933–1935, Frankfurt a.M. 1989, S. 50.

2 Joseph Goebbels, Tagebücher 1924–1945, Bd. II: 1930–1934, hrsg. v. Ralf Georg Reuth, München 1992, S. 798.

3 Andreas Hepp/Veronika Krönert, Medien – Event – Religion: Die Mediatisierung des Religiösen, Wiesbaden 2009, S. 35.

Symbole Modelle von und für soziale und kulturelle Wirklichkeiten seien, d.h. der Arbeiterfeiertag „ein Gemisch von Erfahrungs- und Erwartungssymbolik" darstelle.[4] Für Goebbels bedeutete das, die Symbolik und die rituellen Performanzen in die nationalsozialistische Maifeier zu übernehmen, aber die Zukunftsbilder, auf die diese verwiesen, in die nationalsozialistischen Entwürfe einzuschreiben.

Ich werde im Folgenden beschreiben, in welcher Weise das nationalsozialistische Regime über die Umdeutung der Vorstellungen von Arbeit und Arbeitern und deren Integration in die NS-Volksgemeinschaft verhandelten. Erleichtert wurde dieses nicht zuletzt dadurch, dass auch die Maifeiern in der Weimarer Republik von einer zunehmenden Betonung des Tages als Kampftag geprägt waren – die Militarisierung bzw. Uniformierung der Massendemonstrationen der Arbeiterbewegung v.a. am Ende der Weimarer Republik ist in der historischen Forschung herausgearbeitet worden.[5] Gleichzeitig aber gab es Bemühungen, den utopischen Überschuss der Maifeiern im Kaiserreich durch Massenrituale in den Feiertag zu retten. So blieben eben auch in den Festteilen die Feiern der Masse durch Chor und Massenspiele zentrale Elemente. Beides, die männlich dominierte Massendemonstration wie auch die ästhetisierte Feier der Masse, konnten – durch eine diskursive Radikalisierung – für den nationalsozialistischen Mai genutzt werden. Zentrale Intention war für Goebbels, nunmehr auch den ideologischen Sieg über die Arbeiterbewegung für alle „Volksgenossen" deutlich zu machen. Ausgehend von der Überlegung, dass die NS-Volksgemeinschaft kommunikativ immer wieder herzustellen war, gilt für den 1. Mai 1933, dass in der Laborsituation unmittelbar nach den Wahlen vom März 1933 und dem Ausschalten der Parteien mediale Angebote zur Integration an die (männliche) Arbeiterschaft, aber auch darüber hinaus an andere Gruppen gemacht wurden. Zentral war die Aufwertung der Arbeit selbst, wie sie in der Einheit vom „Arbeiter der Stirn" und dem „Arbeiter der Faust" auf dem Plakat zu sehen ist. Die damit verbundenen Umdeutungen wurden sowohl in verschiedenen Performanzen vor Ort als in radiophonen Formen am Tage selbst, wie auch visuell in „Begleitmedien" (Plakate, Postkarten etc.) realisiert. Auffällig ist für alle Inszenierungen, dass diese im wesentlichen Adaptionen der Festformen der sozialistischen Maifeiern waren bzw. generell an ästhetische

4 Gottfried Korff, Seht die Zeichen, die euch gelten. Fünf Bemerkungen zur Symbolgeschichte des 1. Mai, in: Inge Marszolek (Hrsg.), 100 Jahre Zukunft. Zur Geschichte des 1. Mai, Frankfurt a.M. 1990, S. 16–39, hier S. 17.

5 Immer noch: Heinrich August Winkler, Die Weimarer Republik. Die Geschichte der ersten deutschen Republik, München 1993, S. 477ff.; vgl. auch: Detlef Lehnert, Die Weimarer Republik, Stuttgart 1999, S. 156–162.

Produktionen der Arbeiterkultur anknüpften, mit einer allerdings gravierenden Änderung, nämlich der massiven Zentrierung auf den Führer hin. So verwies die frühere Symbolik der sozialistischen Maifeiern nunmehr auf die Utopie des Nationalsozialismus. Desgleichen hatte dieser erste nationalsozialistische „Tag der nationalen Arbeit" selbst eine Art Laboratoriumscharakter insofern, als es dem Regime und v.a. hier Joseph Goebbels noch nicht genau klar war, welche der Aspekte der „Volksgemeinschaft" gegenüber der Arbeiterschaft zu betonen waren, welche eher diffus zu bleiben hatten, und in welcher Weise der nationalsozialistische Arbeitsbegriff zu füllen war.

1 „Tag der nationalen Arbeit": Der 1. Mai 1933

Der Auftakt des medialen Großereignisses fand in der Nacht vom 30. April am Brocken statt, wo die Delegationen der HJ und des BDM zur Feier der Walpurgisnacht am sog. Hexentanzplatz angetreten waren. Die Norag übertrug ab 23.00 Uhr live die Veranstaltung. Am 1. Mai selber begann um 8.50 Uhr die Übertragung aus Berlin mit der Jugendkundgebung im Lustgarten, wo Reichspräsident Hindenburg, begleitet von Hitler und Goebbels, vor 200.000 Jugendlichen und Kindern sprach. Danach wurde ein halbstündiger Hörbericht gesendet, in dem vom Reporter Hans Heinz Mattau „typische Berufsvertreter" aus unterschiedlichen Regionen zu Wort kamen. Danach sendete der Rundfunk direkt vom Tempelhofer Feld: Die Reportagen schilderten u. a. die Ankunft der „Arbeiterdelegationen", die einem Flugzeug entstiegen, oder die Aufmärsche auf dem Tempelhofer Feld. Sie wurden von längeren und kürzeren Hörspielen, wie von einem Bericht aus dem Zeppelin, der über dem Tempelhofer Feld kreiste und dann seine Deutschlandfahrt fortsetzte, unterbrochen. (Abb. 1) Höhepunkt der gesamten Inszenierung war ein Werk des damals jungen Architekten Albert Speer, der in der einsetzenden Dunkelheit zum ersten Mal seinen „Lichtdom" erprobte. Der Lichtdom bot die Kulisse für die Reden von Goebbels und Hitler. Krönender Abschluss war das Feuerwerk, das von vier Reportern beschrieben wurde. „Als wär ein riesengroßer Brand am Horizont, so leuchtet das Hakenkreuz herüber" kommentierte ein Reporter wider Willen prophetisch. Beendet wurde die Übertragung um 1.00 Uhr nachts. Um zu ermöglichen, dass man die Massen außerhalb des Tempelhofer Feldes erreichte, wurden in allen größeren Städten Lautsprecheranlagen aufgestellt, die sicherstellten, dass die Aufmarschierenden die Übertragung aus Berlin hören konnten. Da 1933 nur etwa ein Drittel aller Haushalte über ein Radiogerät verfügten, wurden die „Volksgenossen" aufgefordert, ihre Geräte in die geöffneten Fenster zu stellen.

Abb. 1: Der Zeppelin fliegt über das Tempelhofer Feld 1. Mai 1933/Fotograf o.Ang., Bundesarchiv 102–02375.

Nur so war gewährleistet, dass auch ein zerstreutes und vielfältiges Publikum erreicht wurde, wobei natürlich das ideale Hören an diesem Tag ein Beschallen der formierten Massen war. Darüber hinaus wurde durch Maipostkarten, Plakate, Berichte in den Zeitungen etc. das Ereignis multimedial begleitet. Wenngleich partiell auf den Plakaten etc. auch Frauen und Kinder abgebildet waren, so blieben diese in dem gesamten Rundfunkprogramm am 1. Mai nicht „hörbar" und waren wohl auch auf dem Tempelhofer Feld wie in den Versammlungen und Aufmärschen im Reich nicht präsent. Gewissermaßen ist auch hier eine Traditionslinie zu den sozialistischen Maifeiern zu sehen: Frauen und Kinder waren auf den Feiern am Nachmittag und Abend präsent, nicht in den Aufmärschen und ‚Kampf'-versammlungen am Vormittag.

Der thematische Kern des gesamten „Events" war die Umschreibung des Arbeitsbegriffes und der Figur des Arbeiters in die nationalsozialistische Ideologie. Hierbei sind im Wesentlichen vier Aspekte bedeutsam:

1.1 Die Überwindung des „marxistischen Klassenkampfes" durch die Einheit der NS-Volksgemeinschaft und die Nationalisierung von Arbeit

Zweifellos war die Besetzung des Feiertages der Arbeiterbewegung eine willkommene Gelegenheit, die Überwindung des eigentlichen Gegners aus der Weimarer Republik, der sozialdemokratischen und kommunistischen Arbeiterbewegung, nun auch nach außen wirksam zu zelebrieren. Allerdings waren Verhaftungen und Terrorisierungen dem Inklusionsangebot am 1. Mai 1933 bereits vorausgegangen. Das betraf in besonderem Maße die KPD, die bereits nach dem Reichstagsbrand verfolgt und am 15. März 1933 verboten worden war. Aber auch die SPD war von der sog. Reichstagsbrandverordnung vom 28. Februar 1933, der „Verordnung zum Schutz von Volk und Staat", wie alle demokratischen Parteien, in ihren Grundrechten stark eingeschränkt: Gerade in den Arbeitervierteln der Städte waren Sozialdemokraten wie Kommunisten dem Terror der SA und SS nahezu schutzlos ausgesetzt. In den ersten Konzentrationslagern – die meisten waren sog. wilde Lager, die der SA bzw. der SS direkt unterstanden – waren sowohl Kommunisten als auch Sozialdemokraten inhaftiert. Der Versuch der Führung des ADGB, durch Aufruf zur Beteiligung an den nationalsozialistischen Maifeiern der Auflösung und der Verfolgung zu entgehen, scheiterte. Die Besetzung der Gewerkschaftshäuser am 2. Mai 1933 war letztlich die Konsequenz aus der Selbstenthauptung des ADGB im Vorfeld wie auch des ungestörten Ablaufs der Maifeiern in Berlin und im Reich. Goebbels selber hatte offenbar die Stärke der Gewerkschaften anfangs überschätzt, eine Einschätzung, die er aber bereits Mitte April korrigierte.[6]

Die Auseinandersetzung mit der sozialistischen Arbeiterbewegung stand daher explizit nicht im Vordergrund, wurde aber in einer satirischen Hörfolge „An ihren Taten sollt ihr sie erkennen" dem Hörerpublikum dargeboten.[7] Diese Folge, wie das gesamte Programm, wurde über Lautsprecher sowohl auf dem Tempelhofer Feld wie an zentralen Aufmarschplätzen im gesamten Reich übertragen. Verfasst war die Folge vom Intendanten des Deutschlandsenders, Götz Otto von Stoffregen, unter dem Pseudonym Orpheus der Zwote. In lockeren Szenenfolgen wurde die Wandlung eines sozialdemokratischen und eines

6 Heuel, Stand, S. 52.

7 Das Tonmaterial des 1. Mai 1933 befindet sich im deutschen Rundfunkarchiv. Teile sind von Eberhard Heuel transkribiert worden und im Anhang seines Buches zu finden. Ich beziehe mich im Wesentlichen auf Mitschnitte des Materials, wie sie von Radio Bremen am 30. April/1. Mai in der „Langen Nacht des Ersten Mai" gesendet wurden.

kommunistischen Arbeiters zu Nationalsozialisten dargestellt. So singt z. B. der nationalsozialistische Arbeiter, Orje, ‚Völker hört die Signale' und sagt dann, dass er als die einzigen Signale gehört habe, wie die Engländer und Franzosen dem deutschen Arbeiter die letzten Groschen aus der Tasche zögen. Allein die NSDAP, so Orje, hätte die richtigen Lösungsvorschläge für die Probleme und Nöte der Arbeiter in der Weimarer Republik, vor allem weil sie diese in die nationale Frage einbettete. D.h. die Nationalisierung der Bedeutung der Arbeit und des Arbeiters innerhalb der Volksgemeinschaftsideologie, die den Klassenkampf obsolet mache, führe zur Besserung der Lage der Arbeiter und damit des gesamten deutschen Volkes.

Während in dieser Satire mit bemerkenswerter Deutlichkeit die Niederlage der sozialistischen Vorstellungen den Massen auf dem Tempelhofer Feld wie im Reich verkündet wurde, geschah das in den anderen Berichten und den beiden Hörspielen subtiler. Die „Symphonie der Arbeit" war ein langes Gedicht (25 min), vorgetragen durch Sprechchöre. Mit großem Pathos wurde das Hohelied der Arbeit und vermittelt des Arbeiters gesungen. Mit religiösen Sentenzen wie „Mit uns der Anfang, mit uns das Ende, wir sind die Arbeit" wurde die konkrete Arbeit der Realität enthoben: das alles spielt keine Rolle mehr zugunsten der gesichtslosen Masse, die mit militärischen Bildern belegt wird: „Wir sind das Heer der Hände" sangen die Chöre.

Nicht nur die Form, sondern auch das Pathos stand in der Tradition der sozialistischen Maifeier. Gerade in der Arbeiterkulturbewegung der Weimarer Republik, die ja in Konkurrenz zur sich verbreitenden Massenkultur stand, sollte die proletarische Festkultur, so der *Kulturwille*, die sozialdemokratische Monatszeitung, „zu einer kultischen Handlung werden".[8] Insofern wurde insbesondere in den Maifeiern Arbeiterkultur auch ästhetisch zelebriert. Das bedeutete zugleich eine fast religiöse Überhöhung der Arbeit und der disziplinierten Gemeinschaft der Arbeiter, verbunden mit einer rituellen Beschwörung der Stärke und der Siegesgewissheit. Gerade die Arbeitersprechchöre waren beliebtes Gestaltungsmittel, die diesem Pathos Ausdruck gaben[9] und die auf keiner Maifeier fehlten. Allerdings klafften insbesondere am Ende der Weimarer Republik Erfahrung und Beschwörung auseinander. Die inszenierte Wirklichkeit geriet in immer weitere Ferne, oder, wie der Arbeiterdichter Erich Grisar in

8 Kulturwille (1928) 10, S. 183.

9 Inge Marßolek, Von Freiheitsgöttinnen, dem Riesen Proletariat und dem Aufzug der Massen. Der 1. Mai im Spiegel der sozialdemokratischen Maizeitungen 1891–1932, in: dies., 100 Jahre, S. 145–170, hier S. 167.

seinem Gedicht, abgedruckt in der Maizeitung von 1931 „Zum neuen Beginn" in der zweiten Strophe formuliert:

> Denn das ist der Zeiten urew'ger Lauf: Jahrtausende werden aus Tagen; Das Alte vergeht und das Neue steht auf, und wer siegen will, der muß wagen.[10]

Dass 1933 es nicht die Sozialdemokratie, sondern die Nationalsozialisten waren, die das Neue wagten, hatte Grisar wohl nicht geahnt.

Die Einheit des Volkes wurde als Gegensatz zu der überwundenen Spaltung der Weimarer Republik inszeniert: Nicht nur wurde die „Einheit des Arbeiters der Faust und der Stirn" in vielen Facetten beschworen, auch die Überwindung des Trennenden durch regionale Differenz wurde auf die Bühne des Tempelhofer Feldes und im Radio in Szene gesetzt. Der Hörbericht, der um 10.00 Uhr vormittags ausgestrahlt wurde, ließ acht namenlose Arbeiter zu Wort kommen, aus unterschiedlichen Berufen und Regionen, vom Hafenarbeiter in Hamburg über den ostpreußischen Landarbeiter und den Hüttenarbeiter aus dem Saarland bis hin zu dem Winzer von der Mosel. All diesen Sprechern war gemeinsam, dass sie die Überwindung der Not vom Nationalsozialismus erwarteten, weil dieser die nationale Einheit versprach. Darüber hinaus aber erhofften sie die Anerkennung ihrer Arbeit als Form der nationalen Arbeit und spiegelten hiermit das programmatische Motto des 1. Mai 1933 wider: „Ehret die Arbeit und achtet den Arbeiter", so überschrieb Goebbels einen Abschnitt in seinem Aufruf vom 25. April 1933.[11]

1.2 Die nationale Arbeit als Quell des wieder zu erweckenden Selbstbewusstseins des deutschen Volkes

Die letzte Hörfolge, um 18.30 Uhr gesendet, vierzig Minuten lang, also kurz vor der Dämmerung, in der die Reden von Goebbels und Hitler folgten, präsentierte einmal mehr die Bedeutung der Arbeit für die deutsche Nation. Unterbrochen von fiktiven Gesprächen eines Arbeiters, eines Vertreters des Staates und eines Vertreters der Industrie wurden die technischen und kulturellen Errungenschaften Deutschlands gepriesen. So wurde berichtet vom Hindenburgdamm, der die Insel Sylt mit dem Festland verbindet, ebenso wie von einer Staustufe des Hohenzollernkanals im Märkischen und von der Eröffnung des „Deutschen Museums" 1925 in München. Der Sprecher schilderte die Büsten der großen deut-

10 Zit. n.: ebd., S. 165.
11 Heuel, Stand, S. 92.

schen Männer im Foyer – und konstruierte die Genealogie von Kopernikus bis Krupp. Ein Originalton der Eröffnungsrede des schwedischen Forschers, Weltreisenden und Entdeckers Sven Hedin[12] würdigte das Museum als „festgefügten Bau des Geistes“ und betonte, dass die Niederlage des Ersten Weltkriegs und deren Folgen zwar die deutschen Industrieanlagen habe zerstören können, nicht aber den deutschen Geist, der den sittlichen Wert des deutschen Volkes ausmache. Kultur bedeutete in der Rede Hedins wiederum industrielle Kultur. Auch in diesem Hörspiel wurde Arbeit in ein nationales Narrativ eingebettet. Die Rede von der Überlegenheit der deutschen Kultur gegenüber der angloamerikanischen Zivilisation, wie sie eine lange Tradition hatte, wurde von Hedin nunmehr durch die Überlegenheit der industriellen Leistungen und Erfindungen Deutschlands behauptet, was zugleich die zentrale Aussage des Hörspiels darstellte. Hier standen nicht so sehr die Arbeiter sondern die technischen Leistungen im Vordergrund, und damit der Ingenieur, ganz im Sinne des Mottos von der ‚Einheit der Arbeiter der Faust und der Stirn‘.

Dass aber das Verhältnis Ingenieur – Arbeiter durchaus hierarchisch gestaltet war, zeigte eine kurze Unterhaltung zwischen einem Arbeiter und einem Ingenieur, in dem letzterer sehr von oben herab dem Arbeiter die Gründe für die Veränderungen der Arbeit an Schiffen, vom Nieten bis zum Schweißen erklärte. Doch letztlich appellierte die Hörfolge an den Stolz des deutschen Facharbeiters auf sein hergestelltes Produkt und seine Arbeit – mit Alf Lüdtke ist hier zu argumentieren, dass eben dieser Stolz zum Einfallstor auch der NS-Ideologie wurde.[13]

1.3 Die Modernität der deutschen Industrie und industrieller Arbeit und die Modernität des NS-Regimes

Aber noch eine andere Linie ist zu ziehen: die Hörfolge preist die Modernität und den technologischen Fortschritt deutscher Industrie. Wenn in der „Sym-

---

12 Sven Hedin (1865–1952) hatte zunächst eine positive Haltung zum Nationalsozialismus, der ihn als „Aushängeschild“ gewinnen wollte. Hedin begrüßte anfangs den antisemitischen Rassismus. Er stand in regelmäßigem Kontakt mit Hitler, hielt auf der Eröffnungsfeier der Olympischen Spiele eine Rede „Sport als Erzieher“. Zugleich aber setzte er sich für verhaftete und verfolgte jüdische Kollegen und in der Kriegszeit für deportierte Norweger ein.

13 Alf Lüdtke, Deutsche Qualitätsarbeit. Ihre Bedeutung für das Mitmachen von Arbeitern und Unternehmern im Nationalsozialismus, in: Aleida Assmann et al. (Hrsg.), Firma Topf und Söhne – Hersteller der Öfen für Auschwitz. Ein Fabrikgelände als Erinnerungsort?, Frankfurt a.M., 2002, S. 123–138.

phonie der Arbeit" das Hohelied deutschen Erfindungsgeistes und industrieller Produktion gesungen wird, so ist die Modernität Deutschlands und damit auch des Nationalsozialismus eine Facette des thematischen Kerns, der den Festtag prägte. Nahezu alle ‚Ikonen' der Moderne waren auf dem Tempelhofer Feld und im Radio präsent. Die Arbeiterdelegationen trafen mit dem Flugzeug auf dem Tempelhofer Feld ein, diese Arbeiter, sämtlich verdiente Parteigenossen, wurden aus allen Regionen des Reichs eingeflogen, es war selbstverständlich ihre erste Flugreise, was sie auch den Reportern, die sie mit dem Mikrofon in Empfang nahmen, mitteilten. Und natürlich drückten sie ihre Bewunderung für den Führer aus, der bereits während seines Wahlkampfes ein Flugzeug benutzte. Auch diese Live-Interviews wurden übertragen und waren auf den Aufmarschplätzen in den Städten zu hören. Das gilt auch für eine Übertragung aus dem Luftschiff ‚Zeppelin', das auf Deutschlandreise über Berlin flog, und hier berichtete der Chefredakteur des Wolffschen Telegraphenbüros, Alfred Ingemar Berndt, der sich sofort in seinem Bericht als Nationalsozialist zu erkennen gab, von den überallher strömenden Menschen, die zum Tempelhofer Feld marschierten bzw. sich den SA- und SS-Zügen anschlossen, deren Uniformen sich, wie Berndt es beschrieb, mit dem „einfachen Kleid des Arbeiters" mischten, von den Gartenkolonien, in denen vormals die roten Fahnen geflattert hätten und die nunmehr mit den Hakenkreuzfahnen geschmückt wurden. Kurzum: Aus der Vogelperspektive schilderte Berndt eine begeisterte ‚Volksgemeinschaft', die den nationalsozialistischen 1. Mai feierte. Der Zeppelin, eine Ikone deutscher Ingenieurskunst, wurde zum Zeichen der Modernität des nationalsozialistischen Regimes. Aus der Vogelperspektive des Luftschiffs wurden alle Dissense und Gegensätze unsichtbar – die NS-Volksgemeinschaft schien Wirklichkeit.

Gleichzeitig inszenierte sich der Rundfunk selber als Ikone der Moderne: Nicht nur dass diese nahezu 24-stündige Live-Sendung – vom Vorabend auf dem Brocken bis zur Ansprache Adolf Hitlers – , gemessen an den medienspezifischen Möglichkeiten 1933, eine immense Kraftanstrengung war, zugleich bewiesen die Rundfunkmacher, wie – etwa durch die Reportagen aus dem Zeppelin – Raum und Zeit nicht nur durch das Fluggerät, sondern im Medium selber überwunden werden konnten. Zugleich aber kam das Medium zu den Menschen: Die Reporter, die sich mit ihrem Mikrofon zu den Arbeitern durchkämpften, die aus den Flugzeugen stiegen, gaben diesen eine Stimme im Radio. Diese Formen von Hörerpartizipation wurden in den Folgejahren weiter ausprobiert, etwa in den sog. Gaurundfunktagen, wo Übertragungswagen und Personal der Radiosender aufs Land fuhren, oder in den Volkssendeaktionen im Rahmen der regionalen und zentralen Funkausstellungen, wo Rundfunksprecherwettbewerbe für Volksgenossen stattfanden.

1.4 Die Militarisierung der Arbeit: Der Arbeiter als Soldat und der Soldat als Arbeiter

Das Bild auf dem Tempelhofer Feld war dominiert von den braunen Uniformen der SA und SS, zweifellos eine große Differenz zu den Maifeiern der Arbeiterbewegung. Allerdings waren auch die Maidemonstrationen der Weimarer Republik geprägt von den uniformierten Schutzverbänden wie dem Reichsbanner und der Eisernen Front. Die diskursive Vollendung der Militarisierung des Arbeiters blieb aber Goebbels vorbehalten, der, bevor Hitler das Wort ergriff, eine Totenrede auf sieben am Tage zuvor in Essen verunglückte Bergarbeiter und im gleichen Atemzug auf zwei in Naumburg und Kiel ermordete SA-Männer hielt. In dieser Rede beschwor Goebbels das letzte Sinnfundament der nationalsozialistischen Revolution, den Opfertod für Volk und Nation:

> Die neun Soldaten der Arbeit und der Politik fallen auf dem Feld der Ehre. Die ganze deutsche Nation erhebt sich in diesem feierlichen Augenblick und ehrt das Andenken dieser gefallenen Soldaten durch eine Minute ehrfurchtsvollen Schweigens.[14]

In seinem Tagebuch notierte er: „Nun steht die ganze Nation still. Die Lautsprecher tragen die Stille über Stadt und Land".[15]

In dieser Gleichsetzung von Soldat und Arbeiter zusammen mit der Ehrung ihres Opfertodes unterstrich Goebbels hier das eigentliche Fundament der nationalsozialistischen Arbeit, das in den Folgejahren überaus sichtbar und hegemonial wurde, die Gleichsetzung von Arbeiter und Soldat.

Diese Militarisierung bestimmte auch das Bild der Maifeiern zunehmend: 1936 traten die Formationen der Wehrmacht gemeinsam mit den „Soldaten der Arbeit" zum 1. Mai an. 1938 wirkte die Scheinwerferbatterie des Flak-Regiments 32 aus Oldenburg an dem Feuerwerk am Bremer Weserdeich mit, unter dem Programmpunkt „Flammen und Fanfaren".[16]

Das Idealbild des deutschen Arbeiters aber wurde der ‚Frontarbeiter', der mit der Organisation Todt die Befestigungen des Westwalls etc. errichtete. (Abb. 2) Oder wie Robert Ley 1941 wenige Wochen vor dem Angriff auf die Sowjetunion schrieb:

14 Heuel, Stand, S. 141.

15 Goebbels, Tagebücher, S. 798.

16 Klaus Dyck/Jens Joost-Krüger, Unsrer Zukunft eine Gasse. Eine Lokalgeschichte der Bremer Maifeiern, in: Marßolek, 100 Jahre, S. 191–257, hier S. 230–235.

Abb. 2: Plakat des Reichsarbeitsdienstes 1944/o.Ang., Bundesarchiv 003-013-006.

Er [der Frontarbeiter] ist die sichtbare Synthese zwischen Arbeiter und Soldat und damit auch sichtbarer Ausdruck unseres neuen, revolutionären deutschen Arbeitertums! [...] Der Frontarbeiter ist zum Vorbild für das zukünftige deutsche Arbeitertum insgesamt geworden.[17]

17 Rüdiger Hachtmann, Vom „Geist der Volksgemeinschaft durchpulst" – Arbeit, Arbeiter und die Sprachpolitik der Nationalsozialisten, in: Zeitgeschichte-online, [http://www.zeitgeschichte-online.de/thema/vom-geist-der-volksgemeinschaft-durchpulst], eingesehen 30.12.2013.

2 Erfolge und Misserfolge an den „Tagen der nationalen Arbeit“ im Nationalsozialismus

Betrachtet man den 1. Mai 1933 als „Medienevent“, so wird deutlich, dass Reichspropagandaminister Joseph Goebbels einerseits die Möglichkeiten des damaligen immer noch recht neuen Mediums, des Rundfunks, beispielhaft nutzte, andererseits dieses Event intermedial in den Printmedien, durch Plakate und Postkarten verbreitet wurde. Hierdurch wurde der „Tag der nationalen Arbeit“ sowohl auditiv wie visuell erlebbar. Zu betonen ist, dass die Symbolik der sozialistischen Maifeiern performativ benutzt und umgeformt wurde. So gelang es den Nationalsozialisten durch die nationale Aufladung des Wertes der Arbeit bzw. des Arbeiters zweifellos, auch Arbeiter partiell für bestimmte Facetten der nationalsozialistischen Utopie zu gewinnen. Zu fragen ist jedoch, inwieweit an diesem 1. Mai 1933 Erfahrung und Erwartung insbesondere für die sozialdemokratischen und kommunistischen Arbeiter nicht weit auseinanderklafften. Besonders offenkundig wird dies, wo die Nationalsozialisten in den KZ's inhaftierte politische Gegner des Regimes zwangen, den „Tag der nationalen Arbeit“ zu ‚feiern‘. Diese Doppelfunktion der nationalsozialistischen Maifeier – emotionale Vergemeinschaftungsversuche, gekoppelt mit einer Machtdemonstration, die auch auf offene Gewalt verwies – dürfte durchaus Wirkung gezeigt haben. Wenngleich die Mehrheit der in der Weimarer Republik in der Arbeiterbewegung organisierten Arbeiter durchaus dem Regime in den ersten Jahren mit Skepsis und Distanz begegneten, und eine Minderheit Widerstand leistete, so gab es doch durchaus auch Zustimmung, insbesondere zu den nationalen Identifikationsangeboten.[18]

Zudem kann die Frage, inwieweit der 1. Mai 1933 ein Erfolg für das Regime war, nicht einfach beantwortet werden. Zum einen war es eine Laborsituation, ein Testlauf für das Regime, immerhin mit dem Ergebnis, dass offenbar wurde, wie sehr die organisierte Arbeiterschaft zersplittert und demoralisiert war und zu keinem sichtbaren Widerstand mehr die Kraft hatte. Zum anderen verstärkte zweifellos die machtvolle Demonstration des NS-Regimes eben genau diesen Prozess. Die Umdeutung der Arbeit wie die Bemühungen um die Inklusion der Arbeiter in die NS-Volksgemeinschaft aber musste und wurde performativ auch nach dem 1. Mai 1933 weitergetrieben, mit der DAF und ihren vielfältigen Ange-

18 Ein Interview mit Rüdiger Hachtmann, in: [http://www.zeitgeschichte-online.de/interview/man-darf-nicht-vergessen-dass-der-terror-massiv-war-vor-80-jahren-wurde-der-1-mai-zum], eingesehen 30.12.2013.

boten und Anreizen, der KdF, der Aktion „Schönheit der Arbeit" etc. Die außenpolitischen Erfolge ebenso wie das bedingte Greifen der sozialpolitischen Strategien wie der Rückgang der Arbeitslosigkeit durch die Aufrüstungspolitik scheinen zumindest partiell die Integration der Arbeiter in die NS-Volksgemeinschaft befördert zu haben. Die Geschichte der nationalsozialistischen Maifeiern in den Folgejahren hingegen ist von Ambivalenz gekennzeichnet – allerdings sind gesicherte Aussagen angesichts des Forschungsstandes hier erst bedingt zu treffen. In der Forschung hat sich die Auffassung – auch gestützt durch die Berichte der SOPADE und ausländischer Diplomaten – durchgesetzt, dass die „Massen" zunehmend den Aufmärschen fernblieben[19] bzw. z. T. die Aufmärsche gleich in die Bierkeller verlegt wurden, z. B. 1935 in München.[20] Oder aber, so berichtet die SOPADE im gleichen Jahr, dass der Maifeiertag in „einer einzigen Besoffenheit" endete.[21]

Allerdings scheint das nicht für alle Städte oder Regionen zuzutreffen bzw. ist zu differenzieren. In Bremen wurde ab 1935 auf die Durchführung der sog. Betriebsappelle als Kontrollinstanz für die Teilnahme verzichtet und zugleich eine kontinuierliche Steigerung der Teilnehmerzahlen beobachtet. Festzustellen ist, dass in Bremen die Nationalsozialisten dabei weitgehend auf die klassenspezifische Symbolik oder Assoziationen an die sozialistischen Traditionen verzichteten und den 1. Mai stärker in die volkskulturellen Frühlingsbräuche und -rituale einbetteten bzw. Sportveranstaltungen oder militärische Vorführungen anboten.[22] Dieser Befund zu Bremen zeigt, dass zumindest dort große Teile der Arbeiterschaft mit der von seiner klassenspezifischen Symbolik bereinigten nationalsozialistischen Maifeier durchaus sympathisierten und wohl auch die Militarisierung und Nationalisierung akzeptierten. Zwangsläufig bedeutete das weitgehende Zustimmung oder zumindest Hinnahme des Exklusions- bzw. Ausgrenzungscharakters des nationalsozialistischen Arbeitsbegriffs, der sich in der Rede über die „Gemeinschaftsfremden" bündeln ließ.

---

19 Michael Ruck, Vom Demonstrations- und Festtag der Arbeiterbewegung zum nationalen Feiertag des deutschen Volkes. Der 1. Mai im Dritten Reich und die Arbeiter, in: Marßolek, 100 Jahre, S. 171–188, insb. S. 184–187.

20 Bericht des Generalkonsulats München vom 7.5.1935, zit. n.: Eckard Michels, „If war comes I presume there will be few pro-Germans in the British Isles, but there will be vast numbers of pro-British Germans". Die Berichterstattung britischer Konsulate aus dem „Dritten Reich" in: ders./Christoph Strupp (Hrsg.): Fremde Blicke auf das „Dritte Reich". Berichte ausländischer Diplomaten über Herrschaft und Gesellschaft in Deutschland 1933–1945, Göttingen 2011, S. 38–69, hier S. 49.

21 Zit. n.: Ruck, Demonstrations- und Festtag, S. 185.

22 Dyck, Joost-Krüger, Zukunft, S. 234–238.

3 Schluss

Zurück zum 1. Mai 1933: Entsprechend dem Laborcharakter wurden medial unterschiedliche Facetten des nationalsozialistischen Arbeitsbegriffs transportiert und inszeniert. Der „Tag der nationalen Arbeit“ bedeutete den Beginn eines Aushandlungsprozesses über die Zugehörigkeit zur NS-Volksgemeinschaft auf der Basis ihrer rassistischen Konnotationen. Auffällig aber ist, dass an diesem 1. Mai 1933 keine offen rassistische Propaganda zu beobachten war, die die Gegner ins Visier nahm. Die Konstruktion des deutschen Arbeiters und der nationalen Arbeit schloss von vornherein Juden wie „Gemeinschaftsfremde“ aus. Wer jedoch zu den Letzteren gehörte, war Teil des Aushandlungsprozesses.

Wichtig war in der Gestaltung der nationalsozialistischen Maifeiern, dass diese Facetten durchaus anschlussfähig waren für Vorstellungen, wie sie auf den sozialistischen Maifeiern zelebriert worden waren. Das galt sowohl für die Inhalte wie für die ästhetischen Formen. In einer hochgradig verdichteten medialen Kommunikation – allein wenn man die Länge der Übertragungen, das damals noch Unerhörte der Live-Sendungen sowie die Logistik der Besetzung des öffentlichen Raumes durch die Lautsprechersäulen – bedenkt, wurden hier mediale Angebote zur Integration der sozialdemokratischen und wohl auch kommunistischen Arbeiter gemacht, und zwar sowohl über die Einbettung in ein nationales Narrativ wie über Faszination der Modernität, Stolz auf die eigene Arbeit und Überwindung der Klassenideologie durch die Anerkennung des Wertes der Arbeit. Damit wurde der thematische Kern, die Nationalisierung der Arbeit, zwar aufgesplittert, blieb aber das Zentrum des Events. Die Gleichsetzung des Arbeiters der Faust mit dem der Stirn wurde bereits auf dem Tempelhofer Feld vorgenommen, und es erfolgte zunehmend die Gleichsetzung von Arbeiter und Soldat. Wie die folgenden Maifeiern zeigen, wurde die Militarisierung von Arbeit und des Arbeiters zum zentralen Narrativ, das abgespalten wurde von dem „Feiertag“: Aus den Maidemonstrationen wurden militärische Aufmärsche mit bewaffneten Wehrmachtseinheiten in vorderster Front, die gemeinsam mit der Arbeiterschaft zum „Generalappell der Nation“, wie Hitler es 1936 formulierte, antraten.[23]

23 Dyck/Joost-Krüger, Zukunft, S. 234.

Teil III: **Von der Kollaboration bis zur Vernichtung**

Formen freier und unfreier Arbeit im Deutschen Reich und in den besetzten Gebieten

Marc Buggeln

Unfreie Arbeit im Nationalsozialismus

Begrifflichkeiten und Vergleichsaspekte zu den Arbeitsbedingungen im Deutschen Reich und in den besetzten Gebieten[1]

Wie lassen sich Begrifflichkeiten und Kriterien entwickeln, die die Arbeitsverhältnisse im nationalsozialistischen Deutschland, aber auch in den vor und während des Zweiten Weltkriegs von Deutschland besetzten Gebieten charakterisieren helfen? Am umfassendsten hat sich hierzu bisher Mark Spoerer Gedanken gemacht. Wie die Mehrheit der Forscher nutzt Spoerer den Begriff der Zwangsarbeit, um insbesondere die Arbeit nicht-deutscher Menschen im Deutschen Reich zu kategorisieren. Dabei unterscheidet er drei Hauptgruppen: zivile Fremdarbeiter, Kriegsgefangene und Häftlinge. Er betont dabei jedoch, dass es innerhalb dieser Gruppen oft erhebliche Unterschiede gab, was eine weitere Untergliederung sinnvoll mache. Als Kriterien hierfür benennt er „exit, voice and probability of survival“[2], wobei er die ersten beiden Kategorien in starker Anlehnung an Albert O. Hirschman nutzt.[3] In einer weiteren Publikation hat Spoerer anhand dieser Kriterien eine andere Unterteilung in die folgenden Gruppen vorgeschlagen: Privilegierte Ausländer, Zwangsarbeiter, Sklavenarbeiter und *less-than-slaves*.[4]

Der große Vorteil der Aufteilung in die drei Hauptkategorien zivile Zwangsarbeiter, Kriegsgefangene und Häftlinge ist, dass die Unterscheidung der Gruppen trennscharf möglich ist und die Kategorien auch in anderen Ländern eine Rolle spielen, weswegen sie auch vergleichend genutzt werden können. Der Nachteil ist, dass die Kategorien nur bedingt Auskunft hinsichtlich gradueller Abstufungen der jeweiligen Lebensbedingungen geben können und hiermit auch keineswegs das gesamte Spektrum unfreier Arbeitsbedingungen in den Blick gerät. Insofern soll im Folgenden versucht werden, die von Spoerer vorge-

1 Ich danke Detlev Humann, Fabian Lemmes, Karsten Linne, Kim Christian Priemel und Michael Wildt für ihre Kommentare und Vorschläge.

2 Mark Spoerer, Zwangsarbeit unterm Hakenkreuz. Ausländische Zivilarbeiter, Kriegsgefangene und Häftlinge im Deutschen Reich und im deutsch besetzten Europa 1939–1945, Stuttgart 2001, S. 15ff.

3 Albert O. Hirschman, Exit, Voice, and Loyality: Responses to Decline in Firms, Organizations and States, Cambridge 1970.

4 Mark Spoerer/Jochen Fleischhacker, Forced Laborers in Nazi Germany: Categories, Numbers, and Survivors, in: JInterH 33 (2002) 2, S. 169–204.

schlagene begriffliche Ausdifferenzierung zu verfeinern und anschließend auch nach ihrem Wert für eine Analyse der Arbeitsbedingungen in den von Deutschland besetzten Gebieten zu fragen.

Obwohl im Untertitel Spoerers Monographie auch von den besetzten Gebieten die Rede ist, werden die dortigen Arbeitsverhältnisse kaum untersucht und auch bei seinen Differenzierungsbemühungen nicht berücksichtigt. Dieser Umstand liegt auch darin begründet, dass beim Erscheinen des Buches 2001 kaum Studien zu den Arbeitsbedingungen in den besetzten Gebieten vorlagen und sich dies erst in jüngster Zeit geändert hat, u. a. durch das Bochumer Projekt „Zwangsarbeit im deutschen Kohlenbergbau".[5] Tanja Penter fragt in ihrer Studie explizit danach, ob der Begriff Zwangsarbeit für die Arbeit ukrainischer Bergleute in der deutsch besetzten Ukraine die treffende Bezeichnung ist. Sie verneint dies mit dem Hinweis darauf, dass die Betroffenen es nicht als Zwangsarbeit empfunden hätten und die Deutschen im Wesentlichen das sowjetische Arbeitsregime fortsetzten.[6] Alternativ könnte man aber auch fragen, ob nicht bereits das sowjetische Arbeitsregime als Zwangsarbeit gefasst werden müsste. Damit gerät dann die Frage nach dem Verhältnis zwischen retrospektiven analytischen Kategorien und den Quellenbegriffen bzw. den Selbstdeutungen der historischen Akteure ins Blickfeld.

Im Folgenden wird zuerst die Geschichte der zentralen Termini und deren Abgrenzung gegen- und Beziehung zueinander untersucht. Dabei sollen auch die zentralen Kriterien für die Beurteilung der Arbeitssituation herausgearbeitet werden. Abschließend wird dann geprüft, inwiefern hierdurch ein Ordnungsschema für die unterschiedlichen Arbeitsverhältnisse im Deutschen Reich wie im deutsch besetzten Europa – an den Beispielen Frankreich und Sowjetunion – entwickelt werden kann.

1 Der Begriff „Zwangsarbeit"

Zwangsarbeit ist ein relativ junger Begriff. Er entstand erst langsam in der Frühen Neuzeit, in der sich der Arbeits-Begriff langsam aus seiner jahrhundertealten Verknüpfung mit Mühen und Zwang löste und zunehmend positiv als zentra-

---

5 Hans-Christoph Seidel/Klaus Tenfelde (Hrsg.), Zwangsarbeit im Bergwerk. Der Arbeitseinsatz im Kohlenbergbau des Deutschen Reiches und der besetzten Gebiete im Ersten und Zweiten Weltkrieg, 2 Bde., Essen 2005.

6 Tanja Penter, Kohle für Stalin und Hitler. Arbeit und Leben im Donbass 1929 bis 1953, Essen 2010, S. 227–230.

le Schaffensleistung des Menschen beurteilt wurde. Im 18. Jahrhundert hatte sich diese Auffassung verstetigt. Sie veränderte sich im 19. Jahrhundert aber noch einmal dadurch, dass jetzt eine Arbeitsgesellschaft entstand, in der frei geregelte und marktbezogene Erwerbsarbeit zunehmend zu einem massenhaften Phänomen wurde.[7] Gerade Liberale begriffen Arbeit nun als freien Beitrag aller Bürger zur Leistung der Nation. Alle negativen Begleiterscheinungen betrachteten sie dabei als Übergangsphänomene, die mit der Fortentwicklung der Gesellschaft und der Freisetzung aller Arbeitsverhältnisse verschwinden würden.[8] Erst mit dieser optimistischen Sicht auf Arbeit entwickelte sich die eindeutig negativ konnotierte Zwangsarbeit zu einem sinnhaften Gegenbegriff. Sozialisten und Kommunisten hatten ein ambivalenteres Bild der entstehenden freien Lohnarbeit. Trotz aller Unterschiede waren sich aber Sozialisten und Liberale in der Ablehnung der meisten Formen von Zwangsarbeit einig.

Demgegenüber hielten zumindest Teile der konservativen Kritiker der entstehenden liberalen Arbeitsverfassung Zwangsarbeit für durchaus sinnvoll. Ihr Weltbild war durch eine hierarchische natürliche bzw. göttliche Ordnung geprägt, in der die unteren Schichten mangels anderer Befähigung mühsame und harte Arbeit zu verrichten hatten und dazu auch gezwungen werden konnten. So galt Heinrich von Treitschke die Einführung der Sklaverei in Griechenland als Kulturtat, die die Voraussetzung für die aristokratische Gesellschaft bildete. Die deutschen Arbeiter wollte er zwar nicht zur Zwangsarbeit verurteilen, aber er sagte ihnen ein „hartes und beschränktes Dasein" voraus. Dies wäre aber für den Arbeiter „ein ehrenwertes Leben, wenn er seinen Platz in der Gesellschaft kräftig behauptet und die Ehre der Arbeit lebhaft empfindet".[9] In der völkischen Gemeinschaft sollte also keine Zwangsarbeit mehr geleistet werden, sondern die Arbeit ein Ehrendienst am Volk sein; gegenüber besiegten Völkern blieb die Zwangsarbeit aber für viele Konservative eine Option.

Diese Vorstellungen gerieten jedoch in der internationalen Diplomatie des 20. Jahrhunderts zunehmend in die Defensive und in den 1920er-Jahren wurde die liberale Vorstellung der Arbeitsfreiheit zunehmend zum internationalen Rechtsstandard.[10] Insbesondere mit der Einrichtung des Völkerbundes und der *International Labour Organization* (ILO) erfolgte in der Zwischenkriegszeit eine

---

7 Jürgen Kocka, Mehr Last als Lust. Arbeit und Arbeitsgesellschaft in der europäischen Geschichte, in: JbWG (2005) 2, S. 185–206.

8 Werner Conze, Arbeit, in: Otto Brunner et al. (Hrsg.), Geschichtliche Grundbegriffe: Historisches Lexikon zur politisch-sozialen Sprache in Deutschland, Bd. I, Stuttgart 1972, S. 154–215.

9 Heinrich von Treitschke, Der Socialismus und seine Gönner (1874), zit. n.: Conze, Arbeit, S. 207.

10 Hartwig Bülck, Die Zwangsarbeit im Friedensvölkerrecht, Göttingen 1953, insb. S. 59–69.

zunehmende Ächtung erzwungener Arbeitsformen. Dabei wurde dann auch der Begriff der Zwangsarbeit genauer definiert, der beispielsweise in der Weimarer Verfassung noch nicht enthalten war. In der internationalen Diplomatie stellte der Begriff Zwangsarbeit dabei auch einen Abgrenzungsbegriff zur Sklaverei dar, denn mit der *Slavery Convention* von 1926 sollte die Sklaverei in allen Unterzeichnerstaaten und den ihnen angegliederten Gebieten möglichst sofort beseitigt werden. Sklaverei wurde dabei jedoch vor allem als privates Besitzverhältnis definiert, während Formen der Staatssklaverei ausgeklammert blieben, auch weil viele Großmächte in ihren Kolonien noch umfassende staatliche Zwangsarbeitssysteme unterhielten und diese vorerst für notwendig erachteten. Beispielsweise errichtete Frankreich ab 1921 in Äquatorialafrika eine Eisenbahnlinie von Brazzaville ans Meer, für deren Bau etwa 127 000 Menschen zwangsrekrutiert wurden, von denen mindestens 14 000, vermutlich aber eher 20 000 Menschen umkamen. Die Berichte über die dortigen Verhältnisse führten in Frankreich zu erregten Parlamentsdebatten und trugen dazu bei, dass in der ILO die Ächtung der Zwangsarbeit zunehmend stärker propagiert und schließlich 1930 die *Forced Labor Convention* verabschiedet wurde.[11] In der deutschen Übersetzung hat das Abkommen den Titel „Übereinkommen über Zwangs- und Pflichtarbeit“.[12]

Mit diesem fand der Begriff der Zwangsarbeit Eingang in die internationale Rechtssphäre. Die Definition lautete hier: „Als ‚Zwangs- oder Pflichtarbeit‘ im Sinne dieses Übereinkommens gilt jede Art von Arbeit oder Dienstleistung, die von einer Person unter Androhung irgendeiner Strafe verlangt wird und für die sie sich nicht freiwillig zur Verfügung gestellt hat.“[13] In der deutschen Fassung wird hierbei Zwangs- und Pflichtarbeit äquivalent gesetzt, während in der englischen Fassung nur von *forced labor* die Rede ist. Zentral für das Vorliegen von Zwangsarbeit sind gemäß dem Übereinkommen die Faktoren Strafandrohung und Nichtfreiwilligkeit. Generell wurde in der nationalen Rechtsprechung, u. a. in den USA und Großbritannien, ökonomischer Zwang nicht als Aufhebung der Freiwilligkeit gewertet, sondern nur außerökonomischer Zwang.[14]

Nach der Definition folgte der Bereich der Ausnahmen, in denen Nichtfreiwilligkeit und Strafandrohung vorerst erlaubt blieben. Im Abkommen genannt

---

11 Suzanne Miers, Slavery in the Twentieth Century. The Evolution of a Global Problem, Walnut Creek 2003, S. 134.

12 Übereinkommen 29: Übereinkommen über Zwangs- und Pflichtarbeit, Genf 1930 (dieses Übereinkommen ist am 1.5.1932 in Kraft getreten), in: [http://www.ilo.org/ilolex/german/docs/gc029.htm], eingesehen 28.1.2014.

13 Ebd.

14 Robert J. Steinfeld, Coercion, Contract and Free Labor in the Nineteenth Century, Cambridge 2001.

wurden die Militärdienstpflicht, übliche Bürgerpflichten, Fälle höherer Gewalt (Krieg und Naturkatastrophen), kleinere Gemeindearbeiten und Arbeiten, die aufgrund einer gerichtlichen Verurteilung erfolgten. Hierbei handelte es sich durchweg um staatliche Arbeitseinsätze, während im Bereich der Privatwirtschaft keine Sonderregelungen zugelassen wurden. Die Ausnahmetatbestände hätten für die Staaten in der kolonialen Situation so alle Möglichkeiten zur Zwangsarbeit offen gelassen, doch in den weiteren Paragraphen folgten Spezifizierungen, die deutliche Einschränkungen enthielten. Demnach durfte die staatliche Zwangsarbeit z. B. für öffentliche Arbeiten höchstens zwei Monate im Jahr ausmachen, es sollten ortsübliche Löhne gezahlt werden; Zwangsarbeit im Bergbau und unter Tage wurde gänzlich verboten, ebenso Zwangsarbeit als Kollektivbestrafung. Zudem forderte die ILO regelmäßige ärztliche Kontrollen. Zusammengefasst wurde also eine Höchstdauer der staatlich erlaubten Zwangsarbeit festgelegt, ebenso eine ortsübliche Entlohnung und Zwang bei bestimmten besonders schweren Arbeiten generell verboten. Insgesamt zielte das Abkommen vor allem auf koloniale Praktiken, was unter anderem dadurch deutlich wurde, dass sich mehrere Abschnitte mit den Rechten von Häuptlingen beschäftigen.

Einen Teil der Frage der Besonderheiten des Krieges regelte das kurz zuvor erlassene Genfer „Abkommen über die Behandlung der Kriegsgefangenen“ vom 27. Juli 1929. Dort hieß es: „Die Kriegführenden können die gesunden Kriegsgefangenen, ausgenommen Offiziere und Gleichgestellte, je nach Dienstgrad und Fähigkeiten als Arbeiter verwenden. (...) Die kriegsgefangenen Unteroffiziere können nur zum Aufsichtsdienst herangezogen werden.“[15] Dem Gewahrsamsstaat wurde auferlegt, für ordnungsgemäße Versorgung, Behandlung und Entlohnung zu sorgen. Verboten wurde der Einsatz bei der Herstellung und beim Transport von Waffen sowie bei „unzuträglichen oder gefährlichen Arbeiten“, ebenso „jede Erschwerung der Arbeitsbedingungen als disziplinarische Maßnahme“. Die Arbeitszeit sollte jene der freien Arbeiter nicht überschreiten, und ein Wochentag sollte arbeitsfrei bleiben. Die Entlohnung hatte den ortsüblichen Tarifen zu entsprechen; es konnten aber Kosten für Unterkunft und Verpflegung abgezogen werden.

15 „Abkommen über die Behandlung der Kriegsgefangenen“ vom 27.7.1929, in: [http://www.ris.bka.gv.at/GeltendeFassung.wxe?Abfrage=Bundesnormentzesnummer=10000191], eingesehen 28.1.2014. Zum Abkommen vgl. auch: Daniel Marc Segesser, Recht statt Rache oder Rache durch Recht? Die Ahndung von Kriegsverbrechen in der internationalen fachwissenschaftlichen Debatte 1872–1945, Paderborn 2010, S. 282–294.

2 Ein Vorschlag zur Begriffspräzisierung

Heute hat sich in den internationalen Gremien der Begriff der Zwangsarbeit stärker durchgesetzt, auch weil die Formen der klassischen Sklaverei im Laufe des 20. Jahrhunderts in fast allen Ländern beseitigt wurden. Zwar wird häufig als Synonym zum Begriff der Zwangsarbeit von neuen Formen der Sklaverei gesprochen, doch dies scheint mir nicht sinnvoll zu sein. Stattdessen halte ich es für besser, in Bezug auf das 20. Jahrhundert, Sklaverei als eine Unterform der Zwangsarbeit zu fassen. Sklaverei und Zwangsarbeit sind aber keine statischen Gebilde, sondern sie traten historisch in höchst unterschiedlichen Formen auf. Dies macht eine Definition so schwer. Deswegen geht es im Folgenden auch weniger um vollkommen trennscharfe Definitionen als vielmehr um die Benennung von Unterscheidungskriterien.

Auf der obersten Ebene wäre die Unterscheidung von selbständiger und abhängiger Arbeit zu verorten.[16] Die abhängige Arbeit kann dann in freie und unfreie Arbeit eingeteilt werden. Unfreie Arbeit wäre dann dadurch gekennzeichnet, dass dem Arbeiter[17], der über nichts als seine Arbeitskraft verfügt, die Möglichkeiten verwehrt werden, diese auf dem Arbeitsmarkt frei anzubieten.[18] Nach dieser Definition könnte auch der Großteil der deutschen Arbeiter in der zweiten Hälfte des Zweiten Weltkrieges als unfrei bezeichnet werden, denn mit der Einführung der Dienstpflicht und dem Arbeitsbuch wurde die Kündigung der Arbeitnehmer schon früh erschwert, aber erst unter Kriegsbedingungen tendierte die Möglichkeit dazu in der Realität gegen Null, wie die Untersuchung eines Bestandes von Arbeitsbüchern jüngst aufgezeigt hat.[19] Es wäre aber falsch, die

16 Jan Lucassen, Free and Unfree Labour Before the Twentieth Century: A Brief Overview, in: Tom Brass/Marcel van der Linden (Hrsg.), Free and Unfree Labour. The Debate Continues, Bern 1997, S. 45–56.

17 Der Begriff „Arbeiter“ wird hier in der Regel geschlechtsneutral genutzt und umfasst Arbeiterinnen wie Arbeiter.

18 Als Überblick: Karl Heinz Roth, Unfreie Arbeit im deutschen Herrschaftsbereich 1930–1945: Historische Grundlinien und Methodenfragen, in: Inge Marßolek/Till Schelz-Brandenburg (Hrsg.), Soziale Demokratie und sozialistische Theorie. Festschrift für Hans-Josef Steinberg zum 60. Geburtstag, Bremen 1995, S. 197–210. Auch diese Unterscheidung ist durchaus umstritten, u. a. weil die „freie“ Lohnarbeit als Begründung für die Zivilisierungsmission der europäischen Kolonialmächte genutzt wurde: Michael Mann, Die Mär von der freien Lohnarbeit. Menschenhandel und erzwungene Arbeit in der Neuzeit. Ein einleitender Essay, in: Comparativ 13 (2003) 4, S. 7–22.

19 Stefanie Werner et al., Hitlers gläserne Arbeitskräfte. Das Arbeitsbuch als Quelle von Mikrodaten für die historische Arbeitsmarktforschung, in: JbWG (2011) 2, S. 175–191, hier S. 184. Generell ist dabei zu betonen, dass die Einschränkung bzw. Aufhebung der freien Ar-

deutschen Arbeiter in der letzten Kriegsphase darum als Zwangsarbeiter zu bezeichnen, weswegen unter dem Oberbegriff „Unfreie Arbeit" zwischen Pflichtarbeit/Arbeitspflicht und Zwangsarbeit/Arbeitszwang unterschieden werden sollte.[20]

Die Grenze zwischen beiden dürfte noch schwerer zu ziehen sein als zwischen freier und unfreier Arbeit, so dass vermutlich schwierig zu klärende Grenzfälle als Restgröße verbleiben werden. Trotzdem scheint mir der Versuch der Präzisierung hilfreich zu sein. Eine erste Grundlage für die Differenzierung bietet die *Forced Labor Convention*, die festlegt, welche staatlichen Arbeitseinsätze im Grundsatz nicht als Zwangsarbeit, sondern als Arbeitspflicht zu werten sind, wenn die ebenfalls genannten weiteren Bedingungen erfüllt werden.[21]

3 Kriterien zur Unterscheidung von Arbeitspflicht und Zwangsarbeit

Der Versuch, Kriterien zur Unterscheidung der beiden Phänomene Arbeitspflicht und Zwangsarbeit kann an drei Stationen des Arbeitsverhältnisses ansetzen: dem Eintritt, Austritt (*exit*) sowie den Arbeitsbedingungen, wobei der letztere Punkt der umfassendste ist und hierbei Hirschmans Kriterium *voice* eine wichtige Rolle spielt. Beim Eintritt kann relativ deutlich zwischen einem freiwilligen und einem unfreiwilligen Eintritt unterschieden werden, der dann für den Unterschied zwischen freier und unfreier Arbeit wesentlich ist. Bei der Arbeits-

---

beitsplatzwahl im Kriegsfall kein nationalsozialistisches Spezifikum war. Auch im Ersten Weltkrieg wurde in Deutschland 1916 mit dem Hilfsdienstgesetz die freie Arbeitsplatzwahl eingeschränkt, ebenso erließen auch mehrere demokratische Staaten in Ersten und Zweiten Weltkrieg ähnliche Gesetze.

20 Im Regelfall werden die deutschen Arbeiter in der Forschung nicht als Zwangsarbeiter bezeichnet, obwohl die eigene Definition dies erforderlich machen würde, denn meist wird Zwangsarbeit als Durchsetzung der Arbeit gegen den Willen des Beschäftigten mit außerökonomischen Zwang bezeichnet, was bei der Dienstverpflichtung durchaus zutreffen kann. Siehe z. B.: Jens-Christian Wagner, Zwangsarbeit im Nationalsozialismus – Ein Überblick, in: Volkhard Knigge et al. (Hrsg.), Zwangsarbeit. Die Deutschen, die Zwangsarbeiter und der Krieg, Weimar 2010, S. 180–193, hier S. 180.

21 Es ist dabei aber zu betonen, dass in der Konvention eigentlich jede Form von Arbeitspflicht/Pflichtarbeit abgelehnt wurde und die genannten zugelassenen Arbeiten nur als gegenwärtig noch praktizierte Ausnahmefälle bezeichnet wurden. Siehe auch: Bülck, Zwangsarbeit, S. 61.

pflicht kann nicht von einem gänzlich freiwilligen Eintritt gesprochen werden, weil es sich im Regelfall um eine durchgesetzte staatliche Norm handelt. Allerdings kann diese natürlich in unterschiedlicher Weise vom Betroffenen geteilt werden und der Grad des empfundenen Zwangs erheblich variieren. Dadurch, dass die Arbeitspflicht tendenziell auf die Durchsetzung als Norm zielt, wird der Einsatz körperlicher Gewalt in der Regel nur als letzte Option genutzt. Bei Fällen von Zwangsarbeit kann der Eintritt ins Arbeitsverhältnis freiwillig erfolgen; vor allem dann, wenn sich die Bedingungen langsam hin zur Zwangsarbeit verschieben, wie dies etwa bei den „Westarbeitern" der Fall war. Wenn die Verhältnisse von Beginn an auf Zwangsarbeit ausgelegt sind, wird häufig auch beim Eintritt ins Verhältnis schon mit Waffen und Gewalt gedroht, bzw. werden sie auch eingesetzt. Zudem ist zu unterscheiden, wer rekrutiert wird. Eine Arbeitspflicht liegt in der Tendenz dann vor, wenn die Pflicht für eine größere Gruppe unterschiedslos gilt, also für alle Erwachsenen einer bestimmten Altersgruppe. Erfolgt die Auswahl der Arbeiter nach nationalen, rassistischen oder religiösen Merkmalen, ist die Wahrscheinlichkeit, dass es sich um Zwangsarbeit handelt deutlich höher.

Hinsichtlich des Austritts (*exit*) aus dem Arbeitsverhältnis steht die Frage im Mittelpunkt, ob die Arbeiter ihr Arbeitsverhältnis kurzfristig auflösen können oder ob zumindest ihr Kontrakt befristet ist und sie nach dem Ablauf nicht zum Verbleib gezwungen werden. In der ersten Kriegshälfte bietet diese Frage für die Verhältnisse im Deutschen Reich ein wichtiges Unterscheidungskriterium; gegen Kriegsende jedoch nur noch bedingt, weil selbst deutsche Lohnabhängige ihren Arbeitsplatz kaum noch verlassen konnten.

Bei den Bedingungen während des Arbeitseinsatzes konzentrieren sich Spoerer und Jochen Fleischhacker auf drei Unterscheidungskriterien. Die ersten beiden formieren in Anlehnung an Albert O. Hirschman als *voice*, wobei unterschieden wird, ob den Arbeitern ein Rechtsweg für Beschwerden offensteht oder aber nur die Möglichkeit zur mündlichen Bekundung mit Hoffnung auf Veränderung oder aber keine der beiden Möglichkeiten. An anderer Stelle betont Spoerer, dass aufgrund dieses Kriteriums Inländer zumeist nicht als Zwangsarbeiter zu fassen wären, weil sie fast immer über *voice* verfügt hätten. Ausnahmen hätten im Dritten Reich lediglich, die aus rassistischen Gründen verfolgten Gruppen (Juden sowie Sinti und Roma) gebildet sowie in Lager verschleppte Menschen.[22] Ein Problem des Kriteriums ist, dass sich nur der Zugang zum

---

22 Mark Spoerer, Zwangsarbeiterregime im Vergleich. Deutschland und Japan im Ersten und Zweiten Weltkrieg, in: Hans-Christoph Seidel/Klaus Tenfelde (Hrsg.), Zwangsarbeit im Europa

Rechtsweg halbwegs sicher bestimmen lässt, während die Möglichkeit Veränderungen herbeizuführen deutlich schwerer zu bewerten ist und viele Grauzonen beinhaltet. Als drittes Unterscheidungsmerkmal firmiert die Überlebenschance im Abgleich mit den Sterblichkeitsraten der einheimischen Bevölkerung gleichen Alters und Geschlechts.[23]

Da Spoerer und Fleischhacker eine klare Einteilung in ihrem Aufsatz zum Ziel hatten, war die Beschränkung auf wenige Kriterien sinnvoll. Weitere Kategorien scheinen jedoch für eine Gesamtbeurteilung des Status von Belang zu sein. Vier sind dabei hervorzuheben: Unterbringung, Ernährung, Entlohnung und Gewalt. Bei der Unterbringung können wiederum vier Hauptarten unterschieden werden: Eigener Wohnsitz, in einer Privatunterkunft, im offenen oder im geschlossenen Lager. Wenn die Arbeiter zu Hause wohnen bleiben können, ist die Wahrscheinlichkeit hoch, dass wir es entweder mit freier Arbeit oder einer Dienstverpflichtung zu tun haben. Ähnliches gilt für die Unterbringung in kleineren Privatunterkünften, weil auch hier die Überwachungsmöglichkeit gering und die Fluchtmöglichkeiten hoch sind, und sich dies nur schlecht mit schärferer Zwangsarbeit verbinden lässt. Demgegenüber steigt die Wahrscheinlichkeit des Vorliegens von Zwangsarbeit bei der Lagerunterbringung. In offenen Lagern können jedoch sowohl freie Arbeitsverhältnisse wie auch Arbeitspflicht und Zwangsarbeit bestehen. Je hermetischer ein Lager von der Außenwelt abgeschlossen ist und umso weniger dessen Bewohner außerhalb der Arbeitszeit das Lager verlassen können, umso höher wird die Wahrscheinlichkeit, dass die Betroffenen zur Zwangsarbeit eingesetzt werden.

Die Festlegung von Nahrungssätzen und Lohnhöhen bieten weitere wichtige Indikatoren für die Beurteilung der Lebensverhältnisse. Wichtig für die Analyse ist, dass sich Ernährungs- und Lohnniveau in den vom Deutschen Reich besetzten Ländern erheblich unterschieden. Laut den ILO-Statuten hatte sich das Niveau an jenem des Arbeitsortes zu orientieren. Dementsprechend würde es nicht als Diskriminierung gelten, wenn Arbeiter in den besetzten Gebieten der Sowjetunion weiterhin nach den dort zuvor herrschenden Gegebenheiten von der deutschen Besatzungsmacht ernährt und entlohnt worden wären. Demgegenüber stellte die deutliche Reduzierung von Lohnzahlung und Nahrungszuteilung für polnische und sowjetische Deportierte gegenüber dem deutschen Niveau eine klare Verletzung dieser Bestimmungen dar. Generell war im Deutschen Reich die rassistische Behandlung bestimmter nationaler Gruppen eng

des 20. Jahrhunderts. Bewältigung und vergleichende Aspekte, Essen 2007, S. 191–225, hier S. 192.

23 Spoerer/Fleischhacker, Forced Laborers, S. 173.

mit dem Wohlstandsniveau der jeweiligen Länder verknüpft. Je ärmer eine Nation war, desto schlechter wurden ihre Angehörigen in der Regel gestellt.[24] Hierin unterschied sich das Deutsche Reich nur bedingt von den anderen wohlhabenden Nationen, denn auch dort dominierte zu diesem Zeitpunkt noch häufig die Vorstellung, dass nationale Wohlstandsniveaus gemäß einer mehr oder minder offen rassistischen Anthropologie auf unterschiedliche Befähigungen ihrer Bewohner zurückgeführt werden konnten. Oft korrelierte auch das Ausmaß der Gewalt, dass die Deutschen gegenüber anderen Gruppen einsetzten mit dem Wohlstandsniveau. Darum stellt die Frage, gegen wen Deutsche häufig physische Gewalt einsetzten und inwiefern dies offiziell geduldet oder befürwortet wurde, ein weiteres wichtiges Beurteilungskriterium dar.

4 Ordnungsschemata für die Arbeitsverhältnisse im Deutschen Reich

Spoerer und Fleischhacker schlagen eine Unterteilung der Zwangsarbeiter im Reich in vier Gruppen vor: privilegierte Zwangsarbeiter, Zwangsarbeiter, Sklavenarbeiter und *less-than-slaves*. Für die ersten drei Kategorien wird die Unterscheidung vor allem an den Kriterien *voice* und *exit* vorgenommen, bei der letzten anhand der geringen Überlebenschance (siehe Tabelle 1).

Ich teile weitgehend die hier vorgenommene hierarchische Positionierung der Gruppen. Ich würde lediglich bei den ersten Untergruppen für andere Einordnungen plädieren. Die Gruppen der kroatischen, slowakischen und italienischen (bis September 1943) Zivilarbeiter sowie auch tendenziell die Gruppen der niederländischen, belgischen und französischen Zivilarbeiter[25] bis 1941/42 fasse ich unter dem Begriff der freien Arbeiter, weil sie sich in punkto Entlohnung, Ernährung sowie Kündigungsmöglichkeit nur graduell von den deutschen Arbeitskräften unterschieden. Für die Gruppen der französischen, britischen und serbischen Kriegsgefangenen, die im Regelfall gemäß der Genfer Konvention behandelt wurden, scheint mir der Begriff Arbeitspflicht treffender als der der Zwangsarbeit.

---

24 Darauf weist schon hin: Spoerer, Zwangsarbeit.

25 Der Übergang zur Zwangsarbeit ist hier fließend, aber spätestens mit den Dienstverpflichtungsgesetzen in Belgien und Frankreich im Herbst 1942, die nur noch unbefristete Arbeitsverträge zulassen abgeschlossen: Ulrich Herbert, Fremdarbeiter, Bonn 1999, S. 211.

Tab. 1: Die Hauptgruppen ausländischer Arbeiter im Deutschen Reich 1939–1945[26]

	Privilegiert: Exit & voice	Zwangsarbeiter: No exit, but voice	Sklavenarbeiter: No exit, no voice	Less-than-slaves
Zivilarbeiter				
Kroaten & Slowaken	X			
Italiener	X (bis 9.1943)		X (ab 9.1943)	
Frankreich & Belgien		X		
Niederländer		X		
Serben		X		
Balten		X		
Polen			X	
Sowjetbürger			X	
Kriegsgefangene				
Franzosen		X		
GB/US-Bürger		X		
Serben		X		
Italiener			X	
Polen (nicht-jüd.)				
Polen (jüdisch)				X
Sowjetbürger				X
Häftlinge				
KZ-Häftlinge				X
AEL-Häftlinge				X
Arbeitsjuden				X

Unter dem Begriff der Zwangsarbeiter würde ich dann die westeuropäischen (ab 1941/42), sowie die baltischen und serbischen Zivilarbeiter gruppieren. Eine weitere Abstufung in der Gruppe der Zwangsarbeiter, wie sie Spoerer und Fleischhacker vornehmen, erscheint mir ebenfalls sinnvoll und der Begriff der Sklavenarbeit[27] hierfür gut gewählt.[28] Auch die weitere Unterteilung scheint hilfreich, wenn man die Überlebensraten, der unterschiedenen vier Gruppen betrachtet.

26 Spoerer/Fleischhacker, Forced Laborers, S. 175.

27 Der Terminus ist dabei stark durch die Nürnberger Prozesse geprägt worden. Insbesondere die amerikanischen Ankläger und Richter benutzten den Begriff häufig und oft auch als Synonym für Zwangsarbeit. Sie sprachen allerdings fast ausschließlich von slave labor und fast nie von slaves, weil für sie Sklaven gemäß der Slavery Convention einem privaten Eigentumsverhältnis unterliegen mussten. Dementsprechend hätten die Ankläger und Richter eher von skla-

Tab. 2: Überlebenschancen im Bezug zur Art der Zwangsarbeit[29]

	Privilegiert	**Zwangsarbeit**	**Sklavenarbeit**	**Less-than-slaves**
Überlebensrate	99 %	98 %	89 %	41 %

Tab. 3: Zusammenfassend würde ich zu folgender Einteilung kommen:

	Frei	**UNFREI**			
		Arbeitspflicht	Zwangsarbeit		
			Zwangsarb.	Sklavena.	SmhS
Dt. Lohnabhängige	X				
Slowak. & Kroat. ZA	X				
Italienische ZA	X			X (ab 9.43)	
Frz. & Belg. ZA	X		X (ab 41/42)		
Niederländ. ZA	X		X (ab 41/42)		
DP, AD, LH, PJ		X			
Franz. Kgf.		X			
Britische & US-Kgf.		X			
Serbische Kgf.		X			
Serb. & Balt. ZA			X		
Gefängnisinsassen			X		
Dt.-jüd. Zwangsarbeit				X	
Poln. & sowjet. ZA				X	
Polnische Kgf.				X	
Ital. Militärinternierte				X	
Poln.-Jüd. Kgf					X
Sowjetische Kgf.				X (ab 1944)	X
KZ-Häftlinge					X
AEL-Häftlinge					X
Arbeitsjuden					X

venähnlicher Arbeit sprechen müssen. Die Definition des Sklaven als Privateigentum wird auch vielfach in der Sklavereiforschung genutzt. Allerdings betonen einige Forscher, dass Sklaverei nicht als Privatbesitzverhältnis charakterisiert werden sollte, weil auch staatliche Organisationen versklavten: Robin Blackburn, Slavery – its Special Feature and Social Role, in: Léonie Archer (Hrsg.), Slavery and other Forms of Unfree Labour, London 1988, S. 262–279, insb. S. 274

28 Aufgrund der notwendigen Kürze sei hier nur angemerkt, dass ich die Kriterien „no exit, no voice" für die Konstatierung von Sklavenarbeit nur für bedingt ausreichend halte. Wichtig für die Feststellung, ob der Sklaverei ähnliche Verhältnisse herrschten, wäre die Kategorie des sozialen Todes: Orlando Patterson, Slavery and Social Death. A Comparative Study, Cambridge 1982.

29 Spoerer/Fleischhacker, Forced Laborers, S. 196.

Anstatt von *less-than-slaves* würde ich aber eher von Sklavenarbeit mit hoher Sterblichkeitsrate (SmhS) sprechen, weil es auch in Fällen „klassischer" Sklaverei – z. B. auf den Karibikinseln – Fälle extrem hoher Sterblichkeit gab. Bei dieser Kategorie ließe sich zweifellos über die Einteilung im Detail noch diskutieren. Beispielsweise war die Sterblichkeit bei den sowjetischen Kriegsgefangenen vor allem bis 1942 extrem hoch, anschließend nahm sie stark ab und dürfte 1944 nicht höher gelegen haben als jene der italienischen Militärinternierten, die wiederum durchaus höher war als bei den westeuropäischen Kriegsgefangenen. Auch können bisher keine übergreifenden Angaben über die Sterblichkeit in den Arbeitserziehungslagern gemacht werden. Bei einigen Lagern war die Sterblichkeit eher gering, bei anderen extrem hoch, doch insgesamt spricht viel für die Einbeziehung in die letzte Kategorie.

5 Die Verhältnisse in den besetzten Gebieten

Während diese relativ genauen Einteilungen für die fast 30 Millionen Arbeitskräfte im Deutschen Reich aufgrund der guten Forschungs- und Datenlage festzulegen sind, ist dies für die besetzten Gebiete bisher nur in Ansätzen möglich. Karl Heinz Roth und Jan-Peter Abraham gehen davon aus, dass außerhalb des Deutschen Reiches in den deutsch beherrschten Gebieten Europas etwa 36 Millionen Menschen unfreie Arbeit leisten mussten.[30] Allein in den besetzten Gebieten der Sowjetunion arbeiteten mehr als 22 Millionen Sowjetbürger unter den deutschen Besatzern, u. a. weil der Reichsminister für die besetzten Ostgebiete bereits im August 1941 eine Arbeitspflicht für alle Einwohner im Alter von 18 bis 45 Jahren und einen Arbeitszwang für Juden im Alter von 14 bis 60 Jahren erlies.[31]

30 Karl Heinz Roth/Jan-Peter Abraham, Reemtsma auf der Krim. Tabakproduktion und Zwangsarbeit unter der deutschen Besatzungsherrschaft 1941–1944, Hamburg 2011, S. 455. Jens Binner geht davon aus, dass in den besetzten Gebieten ca. 7 Millionen Menschen Zwangsarbeit leisteten, wobei er vermutlich Zwangsarbeit in einem engeren Sinne meint, auch wenn dies nicht explizit ausgeführt wird: Jens Binner, Zwangsarbeit im Nationalsozialismus, in: Zeitschrift für Weltgeschichte (künftig: ZWG) 13 (2012) 1, S. 31–40, hier S. 38. Dieter Pohl spricht von 5,5 Millionen Zwangsarbeitern im besetzten Osteuropa: Dieter Pohl, Zwangsarbeit im besetzten Osteuropa – ein Forschungsüberblick, in: Knigge et al., Zwangsarbeit, S. 202–207, hier S. 207, wobei er betont, dass Zwangsarbeit in Osteuropa vor allem die jüdischen Einwohner betraf, während für die nicht-jüdischen Einwohner eine Arbeitspflicht galt.

31 Tanja Penter, Arbeiten für den Feind in der Heimat – der Arbeitseinsatz in der besetzten Ukraine 1941–1944, in: JbWG (2004) 1, S. 65–94, hier S. 66.

Generell gilt es, die Arbeitseinsatzpolitik in den besetzten Gebieten mit der Besatzungspolitik insgesamt zu verknüpfen, die den Rahmen für das Geschehen bildete.[32] Die Besatzungspolitik war maßgeblich durch die Rangstufe bestimmt, die der jeweiligen einheimischen Bevölkerung im rassistischen Weltbild der Nationalsozialisten zugeordnet wurde. Folgt man der ganz groben geographischen Einteilung so konnten sich die Nordeuropäer die Hoffnung auf die beste Behandlung machen, gefolgt von den Westeuropäern. Deutlich schlechter stellte sich schon der Ausblick für Südosteuropäer dar, während die Osteuropäer weit unten in der rassistischen Hierarchie der Nationalsozialisten rangierten. Ein zweiter wichtiger Einflussfaktor für den Umgang mit dem jeweiligen Besatzungsgebiet ergab sich durch dessen ökonomische Bedeutung. Umso wichtiger die Ressourcen eines Gebietes für die Kriegsführung war, desto direkter war zumeist die deutsche Einflussnahme, wobei gleichzeitig höhere Zurückhaltung bei der Umgestaltung der vorhandenen ökonomischen Struktur geübt wurde, um den Produktionsprozess nicht zu stören.[33]

Wie sich diese groben Richtlinien auf den Alltag der Menschen in den besetzten Gebieten auswirkten, ist bisher kaum vergleichend untersucht worden. Das Feld des Arbeitseinsatzes dürfte hierfür ein äußerst geeignetes Untersuchungsfeld darstellen, waren doch fast alle Bewohner der besetzten Gebiete mit den Folgen der Arbeitspolitik konfrontiert. Auch wenn die Arbeitsverhältnisse eine gute Sonde für die Erforschung des Alltags darstellen, sollte nicht vergessen werden, dass insbesondere in Osteuropa auch explizite Zwangsarbeitsverhältnisse mitunter keineswegs das Bedrohlichste für die betroffenen Menschen waren.[34] Im Mittelpunkte ihrer Ängste standen oft vielmehr Hunger, umfassende Verbotssysteme, harte exemplarische Bestrafungen und Massenmordaktionen, wobei viele Betroffene einiges davon bereits unter dem stalinistischen Regime erdulden mussten. Insbesondere die beständige Bedrohung durch Hunger und Strafen darf bei einer Analyse der Arbeitsbedingungen in Osteuropa nicht außer Acht gelassen werden. Im Folgenden soll aber zuerst der Arbeitseinsatz in Frankreich untersucht werden, bevor dann vor allem am Beispiel der besetzten Gebiete in der Sowjetunion ein vergleichender Blick nach Osteuropa erfolgt.

32 Jens Binner, NS-Besatzungspolitik und Zwangsarbeit: Ideologie und Herrschaftspraxis, in: ZWG 12 (2011) 1, S. 67–90; Fabian Lemmes, „Ausländereinsatz“ und Zwangsarbeit im Ersten und Zweiten Weltkrieg: neuere Forschungen und Ansätze, in: AfS 50 (2010), S. 395–444, insb. S. 444.

33 Binner, NS-Besatzungspolitik, S. 68.

34 Ebd., S. 73.

6 Unfreie Arbeit im besetzten Westeuropa

In ähnlicher Weise wie in den besetzten Gebieten der Sowjetunion wurde in fast allen besetzten Ländern, auch in West- und Nordeuropa eine allgemeine Dienstpflicht eingeführt, dort aber in der Regel erst ab 1942. In der Literatur wird diese dabei häufig ausschließlich im Zusammenhang mit der Rekrutierung von Arbeitern in Deutschland betrachtet,[35] doch sie bot in der Praxis auch erhebliche Lenkungsmöglichkeiten für den Arbeitseinsatz im Land.[36] In Nord- und Westeuropa ähnelte die Dienstpflicht der deutschen und ihre Auswirkungen waren mitunter ähnlich. Die Lohnhöhe und die Nahrungsversorgung blieben oft auf einem mit der Vorkriegszeit vergleichbaren Niveau und in Dänemark erwies sich die Ernährungssituation sogar als besser verglichen mit der im Deutschen Reich.[37] Eine Durchsetzung der Arbeitspflicht mit Zwang blieb bis 1943 eher die Ausnahme, nahm dann aber z. B. in Frankreich deutlich zu. Ähnlich wie im Deutschen Reich bewegten sich die Verhältnisse für die Mehrzahl der Lohnabhängigen zwischen dem Verhältnis von freier Lohnarbeit und Arbeitspflicht, wobei die Tendenz in Nordeuropa eher zur freien Lohnarbeit und in Westeuropa zur Arbeitspflicht bis hin zur Zwangsarbeit ging. Doch auch innerhalb der westeuropäischen Länder gab es große Differenzen. So zeigt etwa Natalie Piquet, dass sich die Arbeitsbedingungen für belgische Bergarbeiter wesentlich günstiger entwickelten als für ihre Kollegen in Frankreich, weil die französischen Unternehmer stärker mit der deutschen Besatzungsmacht kollaborierten.[38]

Deutlich anders gestaltete sich die Situation der insgesamt etwa 15.000 sowjetischen und serbischen Kriegsgefangenen sowie der ukrainischen Zivilarbeiter, die von Deutschland in die nordfranzösischen und belgischen Bergwerke verschleppt wurden. Bei ihnen lagen Lohn- und Nahrungsrationshöhe zwar unter jener der vergleichbaren Gruppen, die im Reich eingesetzt wurden, doch durch die eher vorhandene Unterstützung durch belgische und französische

---

35 Zur Rolle der deutschen Arbeitsverwaltung dabei: Karsten Linne/Florian Dierl (Hrsg.), Arbeitskräfte als Kriegsbeute. Der Fall Ost- und Südosteuropa, Berlin 2011.

36 Fabian Lemmes, Zwangsarbeit im besetzten Europa. Die Organisation Todt in Frankreich und Italien, 1940–1945, in: Andreas Heusler et al. (Hrsg.), Rüstung, Kriegswirtschaft und Zwangsarbeit im „Dritten Reich“, München 2010, S. 219–252, hier S. 236.

37 Stephen Andersen, Living Conditions and the Business Environment in Denmark, 1940–1945, in: Christoph Buchheim/Marcel Boldorf (Hrsg.), Europäische Volkswirtschaft unter deutscher Hegemonie 1938–1945, München 2012, S. 27–52, hier S. 40.

38 Natalie Piquet, Charbon – Travail forcé – Collaboration. Der nordfranzösische und belgische Bergbau unter deutscher Besatzung, 1940 bis 1944, Essen 2008.

Bergarbeiter erwies sich ihre Situation mitunter als besser als die ihrer Leidensgenossen in Deutschland.[39]

Deutlich schwieriger als die Situation der Bergarbeiter gestaltete sich in Frankreich jene der Bauarbeiter, die für die Organisation Todt (OT) eingesetzt wurden. Fabian Lemmes zeigt, dass die OT zwar von 1940 bis 1942 vor allem mit einer Hochlohnpolitik freiwillige französische Arbeiter gewann, sich diese Situation jedoch mit dem Jahreswechsel 1942/43 merklich veränderte. Nun wurden die Löhne deutlich gesenkt und zunehmend zwangsrekrutiert. Gleichzeitig untersagte der Militärbefehlshaber im November 1942 allen französischen Bauarbeitern, die Küstenbaustellen der OT zu verlassen, womit den Arbeitern die exit-Option versperrt werden sollte.[40] Um die in der Folge zunehmenden Fluchtversuche zu verhindern, ging die OT zur Unterbringung in mit Stacheldraht umzäunten und bewachten Lagern über. Damit war die OT ab 1943 auf vielen ihrer Baustellen zu einem System der Zwangsarbeit übergegangen. Allerdings blieb man trotz dieser Zwangsmaßnahmen dabei, die französischen Arbeiter nach ortsüblichen Tarifen zu bezahlen und entsprechend mit Nahrungsmitteln zu versorgen. Insgesamt betont Lemmes, dass die OT für französische Arbeiter mitunter eine attraktive Option darstellen konnte: zum einen weil die Löhne lange Zeit vergleichsweise hoch waren, zum anderen weil man sich mit der Meldung bei der OT einer Deportation ins Deutsche Reich entziehen konnte.

Diese Bedingungen und Anreize galten jedoch vor allem für die französischen Beschäftigten, die aber 1944 bereits weniger als ein Drittel der bei der OT in Frankreich eingesetzten Arbeiter stellten. Die etwa 300 000 Mann setzten sich aus 15 000 Deutschen, 85 000 Franzosen, 25 000 Angehörige französischer Kolonialvölker und 165 000 ausländischen Zivilarbeiter zusammen.[41] Zudem griff die OT mitunter auch auf KZ-Häftlinge zurück. Beim Einsatz der I. SS-Baubrigade für den OT-Festungsbau auf der Insel Alderney und später auch auf dem französischen Festland zum Aufbau von Stellungen für V2-Raketen waren die Verhältnisse so schlimm, dass sie als Sklavenarbeit mit hoher Sterblichkeitsrate klassifiziert werden müssen.[42]

---

39 Ebd.

40 Lemmes, Zwangsarbeit, S. 237.

41 Ebd., S. 227.

42 Karola Fings, Krieg, Gesellschaft und KZ: Himmlers SS-Baubrigaden, Paderborn 2005, S. 197–214. Gleichzeitig entwickelten sich auf der Insel Alderney auch die zivilen Arbeiterlager mit etwa 15 000 Arbeitskräften zunehmend zu Straflagern, die von der OT und der Wehrmacht mit Gewalt und unter katastrophalen hygienischen Bedingungen geführt wurden: Binner, NS-Besatzungspolitik, S. 86f.

Doch nicht nur in der Bauindustrie verschärfte sich die Arbeitssituation ab dem Frühjahr 1943. Die nunmehr zwangsweisen Deportationen nach Deutschland und die durch die Inflation beständig abnehmenden Reallöhne führten zu Streiks, Absentismus und weiteren Widerstandsformen. Auf diese antworteten die deutschen Besatzer und das Vichy-Regime mit einer Verschärfung der Arbeitssituation, die ab 1944 auch in anderen Bereichen als der Bauwirtschaft nun Zwangscharakter annahm.[43]

Bereits dieser kurze Blick auf die Verhältnisse im besetzten Frankreich zeigt, dass sich die Arbeitsverhältnisse dort ähnlich komplex wie im Deutschen Reich gestalteten und sich im Zeit- und Kriegsverlauf veränderten. Einen wesentlichen Unterschied zu den Verhältnissen im Deutschen Reich bildete jedoch vor allem die Situation der einheimischen Arbeiter. Für die Gruppen der ausländischen Zivilarbeiter oder der KZ-Häftlinge blieben die Verhältnisse oft recht ähnlich wie im Reich und zumeist dürfte eine gleiche Kategorisierung der Gruppe treffend sein. Den wesentlichen Vorteil für diese Gruppen bildete allerdings das in der Regel freundlichere Verhalten der einheimischen Bevölkerung in Westeuropa ihnen gegenüber.

7 Unfreie Arbeit im besetzten Osteuropa

Deutlich anders stellten sich wiederum die Verhältnisse in Osteuropa dar. Während die katastrophalen Verhältnisse auf der Insel Alderney für Westeuropa eine absolute Ausnahme darstellten, waren sie in Polen oder der besetzten Sowjetunion alles andere als das. Neben den auch im Reich bekannten Konzentrations- und Arbeitserziehungslagern, gab es auch Sklavenarbeit in den Ghettos und in den Lagern mit zivilen jüdischen Zwangsarbeitern, z. B. der Organisation Schmelt.[44] Zudem existierte eine Vielzahl von Lagern für sowjetische Kriegsge-

---

43 Bernd Zielinski, Staatskollaboration. Vichy und der Arbeitskräfteeinsatz im Dritten Reich, Münster 1995, S. 176–190.

44 Zur Arbeit in den Ghettos siehe den Beitrag von Andrea Löw in diesem Band sowie: Jürgen Hensel/Stephan Lehnstaedt (Hrsg.), Arbeit in den nationalsozialistischen Ghettos, Osnabrück 2013. Zur Organisation Schmelt: Andrea Rudorff, Arbeit und Vernichtung reconsidered: Die Lager der Organisation Schmelt für polnische Jüdinnen und Juden aus dem annektierten Teil Oberschlesiens, in: Sozial.Geschichte.Online 7 (2012), S. 10–39, [http://duepublico.uni-duisburg-essen.de/servlets/DerivateServlet/Derivate-30285/03_Rudorff_Schmelt.pdf], eingesehen 31.1.2014.

fangene, in denen die Situation oft noch schlechter als im Reichsgebiet war.[45] Die Situation in diesen Lager und Ghettos dürfte in den meisten Fällen mit Sklavenarbeit bei hoher Sterblichkeit treffend charakterisiert sein.

Hier soll jedoch abschließend vor allem ein Blick auf die Arbeitsverhältnisse der Mehrheit der nicht-jüdischen osteuropäischen Zivilbevölkerung gelenkt werden. Rainer Karlsch hat für die vergleichsweise privilegierte Gruppe der Beschäftigten bei der Karpathen-Öl-AG festgehalten, dass die Arbeitsverhältnisse „eher als ‚unfreie Arbeit unter einem brutalen Besatzungsregime‘ [denn] als ‚Zwangsarbeit‘ charakterisiert werden“[46] können. Auch vergleichsweise privilegiert, wenn auch keineswegs im Ausmaß der galizischen Ölarbeiter, waren die Bergarbeiter des Donezbeckens. In beiden Fällen beruhte ihre vergleichsweise gute Situation darauf, dass die deutsche Besatzungsmacht Arbeiter für die Gewinnung der dringend gebrauchten Rohstoffe benötigte. Dadurch erhielten beide Gruppen eher über dem Landesdurchschnitt liegende Löhne und wurden vergleichsweise gut mit Nahrungsmitteln beliefert, wobei hier die Situation in der Ukraine deutlich schlechter als in Polen war.[47] Beide Gruppen können aber eher als positive Ausnahmen beschrieben werden, die deutlich bessere Arbeits- und Lebensbedingungen erreichen konnten, als das Gros der Bevölkerung.[48]

Wesentlich anders stellte sich die Situation in den Stahlwerken in der Ukraine dar, die vom Flick-Konzern und den Reichswerken Hermann Göring betrieben wurden. Da die dortigen Facharbeiter weitgehend mit der Sowjetarmee evakuiert worden waren, mangelte es von Anfang an an geeigneten Arbeitskräften. Die Probleme verschärften sich noch dadurch, dass viele Städter im Winter 1941/42 aufgrund der katastrophalen Ernährungssituation auf das Land flohen. Als dann die Werke 1942 wieder hochgefahren werden sollten, geriet die Arbeiterrekrutierung zudem in Konkurrenz mit den Bemühungen der Sauckel-

45 Dies zeigt am Beispiel der Lager im Baltikum: Tilman Plath, Zwischen Schonung und Menschenjagden. Arbeitseinsatzpolitik in den baltischen Generalbezirken des Reichskommissariats Ostland 1941–1944, Essen 2012, S. 346–368.

46 Rainer Karlsch, Ein vergessenes Großunternehmen. Die Geschichte der Karpaten Öl AG, in: JbWG (2004) 1, S. 95–138, hier S. 127.

47 Penter, Kohle.

48 Zu den Arbeitsbedingungen im besetzten Polen: Karsten Linne, Die deutsche Arbeitsverwaltung zwischen „Volkstumspolitik“ und Arbeiterrekrutierung – das Beispiel Warthegau, in: Florian Dierl et al., Pflicht, Zwang und Gewalt. Arbeitsverwaltungen und Arbeitskräftepolitik im deutsch besetzten Polen und Serbien 1939–1944, Essen 2013, S. 47–170; ders., „Sklavenjagden“ im Arbeiterreservoir – das Beispiel Generalgouvernement, in: ebd., S. 171–316.

Behörde. Die Werke setzten daher von Beginn an eher auf Zwang und Gewalt denn auf hohe Löhne.[49]

Noch stärker als im Stahlsektor war – ähnlich wie in Frankreich – die Tendenz zur Zwangsarbeit im Bausektor gegeben. Auch im Baltikum[50] und in Weißrussland war die OT ein Vorreiter eines allumfassenden Zwangsarbeitseinsatzes. Die OT errichtete in Weißrussland umzäunte Lager und Strafarbeitslager mit besonders harschen Bedingungen. Sie setzte Strafgefangene und sowjetische Kriegsgefangene ein. In einem Fall wurden bei einem OT-Werk sogar 3 000 „Bandenverdächtige", inklusive Greisen, Kindern und Frauen, unter Aufsicht des Sonderkommandos 7b zur Arbeit gezwungen. Christian Gerlach kommt angesichts dieser Befunde zu dem Ergebnis: „Die Männer der OT entwickelten sich zu wahren Experten des Zwangsarbeitseinsatzes."[51] Eine Gruppe jüdischer Arbeitskräfte, die von der Organisation Schmelt aus Ostoberschlesien in die Umgebung Leningrads transportiert wurden, um dort für die OT zu arbeiten, betonten, dass die Bedingungen unter der OT-Aufsicht deutlich schlechter waren als im Schmelt-Lager in Oberschlesien.[52] Noch katastrophaler gestaltete sich die Situation für die jüdischen Arbeitskräfte, die vor allem ab 1942 zum Bau der Durchgangsstraße IV in der Ukraine eingesetzt wurden. Hier kam es unter Aufsicht der OT zum Massensterben durch Hunger, der von Erschießungen und Morden begleitet wurde.[53]

Die Mehrzahl der Menschen in den besetzten Gebieten der Sowjetunion war jedoch weder im Industrie- noch im Bausektor eingesetzt, sondern in der Landwirtschaft. So arbeiteten im Reichskommissariat Ukraine von 7,5 Millionen Beschäftigten 6,1 Millionen (81 %) in der Landwirtschaft.[54] Karel C. Berkhoff hat dabei gezeigt, dass die ukrainischen Bauern in der deutschen Besatzungszeit im

---

49 Kim Christian Priemel, Flick. Eine Konzerngeschichte vom Kaiserreich bis zur Bundesrepublik, Göttingen 2007, S. 499–502.

50 Christoph Dieckmann, Deutsche Besatzungspolitik in Litauen 1941–1944, Göttingen 2011, Bd. I, S. 678f.

51 Christian Gerlach, Kalkulierte Morde. Die deutsche Wirtschafts- und Vernichtungspolitik in Weißrußland 1941 bis 1944, Hamburg 1999, insb. S. 404–418, hier S. 418.

52 Bella Guttermann, Jews in the Service of Organisation Todt in the Occupied Soviet Territories, October 1941–March 1942, in: YVS 29 (2001), S. 65–107.

53 Andrej Angrick, Annihilation and Labour. Jews and the Throughfare IV in Central Ukraine, in: Ray Brandon/Wendy Lower (Hrsg.), The Shoah in the Ukraine, Bloomington 2008, S. 190–223; Hermann Kaienburg, Jüdische Arbeitslager an der „Straße der SS", in: 1999, 11 (1996) 1, S. 13–29.

54 Penter, Arbeiten, S. 71.

Vergleich zur Sowjetzeit eher über mehr Nahrungsmittel verfügten.[55] Falls sie ihr von der Besatzungsmacht festgelegtes Arbeitssoll nicht erfüllten, mussten sie zwar wie „arbeitsunwillige" Städter mit harten Strafen rechnen, doch da die Besatzungsmacht in den Städten deutlich stärker vertreten war, blieb das Repressionsniveau auf dem Land in der Tendenz geringer.[56]

Karl Heinz Roth und Jan-Peter Abraham zeigen jedoch am Beispiel der Besatzungspolitik auf der Krim, dass dies keineswegs überall so war. Sie betonen, dass die von Wehrmacht und deutscher Verwaltung geplante Hungerpolitik in der frühen Besatzungszeit radikal exekutiert wurde, so dass es bald zu Hungertoten kam. Prinzipiell zielte das System jedoch nicht auf den Hungertod, sondern auf chronische Unterernährung am Rande des Existenzminimums. Erst durch die demonstrative Drohung mit dem Hungertod konnte die Arbeitseinsatzpolitik der Besatzer funktionieren. Die Verknüpfung der Ausgabe von Essensmarken mit der Meldung beim Arbeitsamt erzielte so erhebliche Wirkung und führte zu einer weitgehenden Erfassung der Arbeitskräfte. Parallel machte die – allerdings dünn besetzte – Feldpolizei Jagd auf jene, die sich nicht meldeten oder angebotene Arbeit verweigerten. Im Herbst 1942 stieß dieses Vorgehen jedoch an seine Grenzen. Durch die Deportation vieler Bewohner zur Zwangsarbeit nach Deutschland und einen steigenden Arbeitskräftebedarf von Wehrmacht und Zivilverwaltung vor Ort, entstand ein Arbeitskräftemangel auf der Krim. Dieser wurde dadurch befördert, dass sich immer mehr Krimbewohner der drohenden Deportation nach Deutschland bzw. der Arbeit bei Hungerrationen durch die Flucht aufs Land entzogen. Die deutsche Verwaltung versuchte dieses Problem durch den Umstieg auf einen Naturallohn zu lösen. Weil die Arbeitslöhne durch die sich fort entwickelnde Inflation nicht mehr zum Kauf von Nahrungsmitteln ausreichten, durften die Arbeitgeber fortan üppigere Mittagessen an ihre Gefolgschaft ausgeben, was die Attraktivität der Arbeitsplätze real steigerte und die Arbeitsbereitschaft wieder wachsen ließ.[57] Auch die Im Tabakanbau arbeitenden Pflanzerfamilien unterwarf das Besatzungsregime einem ähnlichen Regiment. Die Tabakernte requirierte man nach Möglichkeit in toto und entschädigte die Anbauer dafür zuerst mit Geld. Da dieses aber zunehmend nicht mehr zum Leben reichte, ging die Besatzungsverwaltung auch hier zum Naturallohn über, der im Regelfall ein Überleben bei chronischem Hunger sicherte.[58]

---

55 Karel C. Berkhoff, Hitler's clean state. Everday life in the Reichskommisariat Ukraine 1941–44, Ph. D. Univ. Toronto 1998, S. 93–143.

56 Penter, Arbeiten, S. 79.

57 Roth/Abraham, Reemtsma, S. 177–194.

58 Ebd., S. 358–395.

Roth und Abraham schlussfolgern aus der Beschreibung der Verhältnisse auf der Krim, dass mit den zu beobachtenden Maßnahmen wie „allgemeine Registrier- und Residenzpflicht, Kopplung des unmittelbaren Überlebens mit dem Arbeitsverhältnis, Aufhebung der Freizügigkeit, Vermittlungszwang und Assoziationsverbot" – und hinzuzufügen wären harte exemplarische und oft auch körperliche Bestrafungen bei Widerstand gegen diese Bedingungen – „alle wesentlichen Kriterien erfüllt [sind], die für die Definition des Begriffs ‚Zwangsarbeit' gefordert werden."[59]

8 Analytische Kategorien und die individuelle Einschätzung der Betroffenen

Nicht nur nach den von Roth und Abraham benannten Kriterien, sondern auch nach denen der damals gültigen *Forced Labor Convention* müssen die Arbeitsverhältnisse auf der Krim mehrheitlich als Zwangsarbeit gefasst werden. Gleiches dürfte vermutlich für einen Großteil der Arbeitsverhältnisse in den besetzen ost- und südosteuropäischen Ländern gelten, während in Frankreich wohl erst gegen Kriegsende und nur in einigen Bereichen von Zwangsarbeit gesprochen werden sollte.[60] Trotzdem zeigt sich, dass auch für die ost- und südosteuropäischen Länder einige Forscher die Verhältnisse nicht als Zwangsarbeit betrachten. Maßgeblich hierfür scheinen zwei Gründe zu sein: Erstens lehnen sich einige Studien eher an die Formulierungen der deutschen Entschädigungsdebatte an, bei der häufig nur von Zwangsarbeit gesprochen wurde, wenn die

---

59 Ebd. S. 359.

60 Insgesamt wäre eine stärkere Beurteilung der Situation in den besetzten Gebieten nach den Kriterien exit und voice wünschenswert gewesen. Es mangelt hierzu jedoch bisher an Forschungen. In den eingegliederten polnischen Gebieten galten prinzipiell die deutschen Verordnungen, so dass innerhalb dieses restriktiven Rahmens Arbeitsplatzwechsel prinzipiell möglich gewesen wären, doch inwieweit sie faktisch stattfanden ist unklar. Im Generalgouvernement galt eine Arbeitspflicht, aber aufgrund der nur schwach besetzten deutschen Verwaltung scheint diese vor allem gegen Unterstützungsempfänger angewandt worden zu sein, während Arbeitende wahrscheinlich durchaus begrenzte Wechselmöglichkeiten besaßen. Bei der Anlegung der Kategorien müsste man – folgt man Roth/Abraham – zumindest auf der Krim sogar von Sklavenarbeit sprechen, weil die Arbeitskräfte nur sehr bedingt über legale Möglichkeiten zum Arbeitsplatzwechsel und zur Äußerung von Beschwerden mit der Aussicht auf Gehör hatten. Mir scheint der Terminus aber nicht treffend, weil die Mehrheitsbevölkerung nicht sozial tot gestellt werden konnte, während dies bei den „Ostarbeitern" im Reich schon eher der Fall war.

Betroffenen gewaltsam rekrutiert, dann kaserniert und am Arbeitsplatz dauerhaft überwacht wurden, anstatt die *Forced Labour Convention* zu Rate zu ziehen.[61] Dieses Vorgehen hat während der Entschädigungsverhandlungen dazu geführt, dass die zivilen Zwangsarbeiter in den besetzten Gebieten von etwaigen Ansprüchen ausgeschlossen wurden. Zweitens machen einige Forscher, die alltagsgeschichtlichen Ansätzen und der Oral History-Tradition folgen, die Selbstbeschreibungen der Betroffenen zum Ausgangspunkt ihrer Definitionen. Dementsprechend kann nur dann von Zwangsarbeit gesprochen werden, wenn die Interviewten selbst auch davon sprechen. Tanja Penter betont z. B., dass bei den Bergleuten im Donbass unter deutscher Besatzung nicht von Zwangsarbeit gesprochen werden könnte, weil die Betroffenen dies nicht als solche empfunden hätten, u. a. weil die Verhältnisse in der Sowjetunion vergleichbar gewesen wären.[62]

Dieses Vorgehen macht aber aus meiner Sicht wenig Sinn, wenn eine generelle Beurteilung vorgenommen werden soll. Die Folge wäre, dass weit weniger harsche Verhältnisse im besetzten Frankreich als Zwangsarbeit gefasst werden müssten, weil die Mehrzahl der Franzosen ein freies Arbeitsverhältnis kennengelernt hatten und dementsprechend schnell die neuen Bedingungen als Zwangsverhältnis verstanden, während gleichzeitig die deutlich ungünstigeren Bedingungen in der besetzten Sowjetunion nicht als solche gefasst würden, weil die Vorerfahrung der Betroffenen eine andere war. Deswegen ist es notwendig, einen festen Kriterienkatalog festzulegen, der beschreibt was Zwangsarbeit ausmacht.

Das heißt aber nun nicht, dass die Selbstbeschreibungen der Betroffenen für die Geschichtsschreibung keine Rolle spielen sollten. Ganz im Gegenteil war die Selbstwahrnehmung der Akteure ganz entscheidend dafür, welche Handlungsoptionen sie ergriffen. Und bei allem Zwang und Druck der Besatzer blieben diese aufgrund ihrer geringen personellen Stärke in den besetzten Gebieten auf die Mitwirkung der Einheimischen angewiesen, so dass deren Handlungsoptionen im Regelfall größer waren als jene der nach Deutschland deportierten Zwangsarbeiter.

61 So etwa: Pohl, Zwangsarbeit, S. 203.
62 Penter, Kohle, S. 227ff.

Christoph Thonfeld

Geschichte und Erinnerung der NS-Zwangsarbeit als lebensgeschichtlich reflektierte Arbeitserfahrung

1 Einleitung: "Cultural discourse about what has happened" (Lutz Niethammer)

Im Jahre 2000 beschloss der deutsche Bundestag historisch erstmalig individuell bemessene und von den Betroffenen selbst zu beantragende Wiedergutmachungszahlungen an ehemalige NS-Zwangsarbeitende, die während des Zweiten Weltkriegs für Deutschland erzwungene Arbeitsleistungen erbracht hatten. Es gab zwei Hauptgruppen leistungsberechtigter Personen, die anhand der besonderen Bedingungen ihres zwangsweisen Arbeitseinsatzes unterteilt wurden, sowie eine dritte, die gemäß der Art der Schädigung (Vermögenseinbußen) konzipiert wurde.[1]

Die erste der beiden Hauptgruppen, die für diesen Beitrag relevant sind, umfasste ehemals in Konzentrationslagern oder „vergleichbaren Haftstätten" internierte Personen, die aufgrund der besonderen Schwere ihrer Internierungsumstände in der historischen Forschung und im Entschädigungsdiskurs als Sklavenarbeiter bezeichnet werden. Entsprechend dieser Umstände erhielten sie deutlich mehr Geld als die zweite Hauptgruppe der zivilen Deportierten, für die im engeren Sinne der Begriff Zwangsarbeiter benutzt wird. Kriegsgefangene wurden zwar im Gesetz als weitere Gruppe erwähnt, waren aber trotz Erbringung erzwungener Arbeitsleistungen grundsätzlich von den Zahlungen ausgenommen.

Mit Blick auf die in diesem Verfahren anhand von Umständen des Gewahrsams, der Verbringung und des Rechtsstatus erstellten Kategorien zur Einteilung und Eingrenzung des Kreises der Bezugsberechtigten von Entschädigungsleistungen hatte Niethammer bereits 2001 gefordert: Diese „Kategorien müssen wieder in historische Verhältnisse aufgelöst werden," um die so (wieder)-

1 Hierzu und zum Folgenden: Gesetz zur Errichtung einer Stiftung „Erinnerung, Verantwortung und Zukunft" vom 2.8.2000, in: BGBl. I, S. 1263, zuletzt durch Artikel 1 des Gesetzes vom 1.9.2008 (BGBl. I, S. 1797) geändert worden.

gefundenen „Begriffe für die Zukunft erinnerungsfähig zu machen."[2] Dazu werden in diesem Beitrag Formen von Zwangsarbeit in der NS-Zeit in einen Deutungszusammenhang gestellt, der durch individualisierte und kollektivierte Erinnerungen seine besondere Perspektive erhält. Zunächst soll anhand der Beschreibung der Erinnerungen an Arbeitserfahrungen der verschiedenen Statusgruppen die Sicht der Betroffenen genauer herausgearbeitet werden. Daran anschließend werden die verschiedenen Formen des Zwangs, die die Alltagsrealität der NS-Zwangsarbeitenden charakterisierten, begrifflich neu konzipiert. Dazu lassen sich im Kontext der Arbeit von Ausländern und aus der „Volksgemeinschaft" ausgeschlossener Deutscher mit Deportation bzw. Dislozierung, Internierung bzw. Gefangenschaft und unmittelbar bzw. schrittweise drohender Vernichtung verschiedene Abstufungen von Zwang und Gewalt ausmachen, mit denen verschiedene Arten von Bedrohungen einhergingen. Diese reichen von der Infragestellung individueller und sozialer Identitäten oder des beruflichen bzw. sozialen Status und des damit zusammenhängenden Prestiges über unmittelbare Eingriffe in die räumliche und körperliche Integrität der Betroffenen bis hin zur Inkaufnahme oder sogar vorsätzlichen Herbeiführung des Todes. Mit dieser Erschließung des Erfahrungs- und Deutungsraums hinsichtlich der verschiedenen Grade des Zwangs und der Formen von Bedrohung bzw. Beeinträchtigung werden die unter dem Begriff NS-Zwangsarbeit zusammengefassten Phänomene in ihrer jeweils spezifischen Qualität deutlicher erkennbar.

2 Biographische Quellen als Mittel der Perspektivdifferenzierung in der historischen Forschung

Zur NS-Zwangsarbeit liegen mittlerweile etliche Forschungen vor, auch biographische Perspektiven der Betroffenen sind dabei in jüngster Zeit verstärkt zur Geltung gekommen.[3] Allerdings unterliegt die Darstellung des konkreten Vollzugs der Arbeit, vor allem im Zusammenhang der Debatten um individuelle Kompensationsleistungen seit Mitte der 1990er Jahre, starken normativen und politischen Voranahmen, die den Blick auf das alltägliche Geschehen erzwungener Arbeitsleistungen für NS-Deutschland erschweren. Dieser Blick soll an-

2 Lutz Niethammer, Klärung und Aufklärung. Aufgaben und Lücken der Zwangsarbeiterforschung, in: Stiftung Bibliothek des Ruhrgebiets (Hrsg.), Zwangsarbeiterforschung als gesellschaftlicher Auftrag, Bochum 2001, S. 13–22, hier S. 20.

3 Z. B.: Alexander von Plato et al. (Hrsg.), Hitler's Slaves. Life Stories of Forced Labourers in Nazi-Occupied Europe, Oxford/New York 2010.

hand einer kritischen Lektüre von Transkriptionen lebensgeschichtlicher Interviews mit ehemaligen NS-Zwangsarbeitenden, die im Rahmen des vom Institut für Geschichte und Biographie (IGB) der Fernuniversität Hagen in Verbindung mit 33 Institutionen in 26 Ländern von 2004 bis 2007 durchgeführten „International Forced Labourers' Documentation Project" (IFLDP) entstanden sind[4], geschärft werden. Für diesen Beitrag wurden dazu vor allem Interviews mit Personen, die heute in Deutschland, Frankreich, Großbritannien, Israel, Tschechien und der Ukraine leben, herangezogen. Die Interviews entstanden in zeitlicher Nähe zu den administrativen Entschädigungsverfahren und unter institutioneller Förderung der Stiftung „Erinnerung, Verantwortung und Zukunft", was sie in ein konkretes erinnerungspolitisches und diskursives Bedingungsgefüge einbettet. Die in den Transkriptionen schriftlich niedergelegten, innerhalb lebensgeschichtlicher Interviews mündlich ausgedrückten Erinnerungen sind keine getreuen Abbilder vormaliger historischer Erfahrungen und unterlagen in unterschiedlichem Ausmaß nachträglicher narrativer bzw. diskursiver Überformung, bevor sie im Gesamtzusammenhang der je individuellen Lebensgeschichte als NS-Zwangsarbeitserfahrung formuliert wurden. Allerdings setzt sich dieser Beitrag auch bewusst ab von einer mittlerweile im wissenschaftlichen Diskurs Hegemonie beanspruchenden Haltung ab, die das Quellenprestige mündlicher autobiographischer Zeugnisse dahingehend fundamental zu diskreditieren versucht, als diese einerseits vollständig von zeitgenössischen Erinnerungsdiskursen, persönlichen Identitätsbedürfnissen sowie den Wahrnehmungs- und Werthorizonten der Gegenwart der Interviewten geprägt seien und andererseits keinerlei Bezug zu vergangenen Ereignissen herstellen könnten.

Die vorgebrachten Einwände sind für sich genommen ernst zu nehmen, bedürfen allerdings für eine Gesamteinschätzung auch der Relativierung. Die Literaturwissenschaftlerin Susan Suleiman hat in ihrer Untersuchung zu „Crises of Memory" im Anschluss an Arbeiten des Literaturwissenschaftlers Michael Bernstein konstatiert, „... no first person narrative is 'untouched by figuration and by shaping'."[5] Dies geschieht auch nicht erst im Moment des Erzählens. Erfahrungen werden vielmehr schon im Vorgang des bewussten Erlebens diskursiv semantisiert. Es bleibt aber festzuhalten, dass selbst bei Annahme eines relationalen, in vielfältige Diskurse eingebundenen „dezentierten Subjekts" (Philipp Sarasin) dieses doch weiterhin als maßgeblicher Akteur von Erinnerungsvor-

---

4 Dem Leiter des Projekts, Alexander von Plato, gilt Dank für wichtige Hinweise und Anmerkungen zu diesem Beitrag. Der Gesamtbestand der Interviews ist mittlerweile in einem passwortpflichtigen Internetportal der FU Berlin weiter erschlossen und digital aufbereitet worden: [http://www.zwangsarbeit-archiv.de/], eingesehen 26.1.2014.

5 Susan Suleiman, Crises of memory and the Second World War, Cambridge/MA 2006, S. 168.

gängen anzusehen ist. Diese individualisierten Erinnerungen stehen zwar mit kollektiven Gedächtnisformen in Beziehung, bleiben ihnen gegenüber aber letztlich inkommensurabel oder wie es der Historiker Reinhart Koselleck mit einer Perspektive auf individuelle Erinnerung als eigensinniges Refugium ausgedrückt hat: „Der Mensch hat das Recht auf seine eigene Erinnerung – die lasse ich mir nicht kollektivieren."[6] So entwickeln sich zwischen individualisierten Erinnerungen von an historischen Begebenheiten Beteiligten und den korrespondierenden hegemonialen (Erinnerungs)Diskursen jeweiliger Gesellschaften erhebliche Spannungen und Inkongruenzen, die auch zu einer gegenseitigen Infragestellung, im besten Fall zu einer gegenseitigen produktiven Relativierung führen können.[7] Die Historikerin Anna Green hat versucht, dieses Spannungsverhältnis konstruktiv aufzulösen, indem sie darauf hinwies: "[...] the interesting issue is not that individuals draw on contemporary cultural discourses to make sense of their lives, but which ones, and why."[8] Was die Bedeutung von Erinnerungen für die Erfordernisse einer gegenwärtigen Identitätsbestimmung angeht, so lässt sich im Falle der NS-Zwangsarbeit sagen, dass der Orientierungswert der entsprechenden Erinnerungen für ein heutiges Selbstverständnis bei den meisten Interviewten dieses Untersuchungssamples vergleichsweise gering zu veranschlagen ist, mit den beiden wichtigen Ausnahmen der ukrainischen Zivildeportierten und der französischen Zwangsrekrutierten des „Service du Travail Obligatoire" (STO), für die die Zeit der NS-Zwangsarbeit durch den jeweiligen gesellschaftlichen erinnerungskulturellen Kontext bedingt noch vergleichsweise „heiße Erinnerung" (Charles Maier) ist.

Entschieden gegen die Behauptung einer absoluten Diskontinuität zwischen erlebter Vergangenheit und biographischer Erinnerung hat sich jüngst auch der Schweizer Historiker Christoph Dejung ausgesprochen: „Die Erfahrungen zahlreicher Oral-History-Untersuchungen legen jedoch nahe davon auszugehen, dass sich trotz aller erinnerungsbedingter Verschiebungen und mentaler Selektionsbedingungen bereits im Moment der Wahrnehmung aus den Erzählungen von Zeitzeugen zumindest eine Spur vergangener Realität herauslesen lässt."[9] Diese Spur bildet m.E. den Ausgangspunkt einer Ereigniskurve (analog zum eng-

6 Interview mit Reinhart Koselleck, in: Berliner Zeitung vom 7.5.2005, [http://www.berliner-zeitung.de/archiv/der-historiker-reinhart-koselleck-ueber-die-erinnerung-an-den-krieg--sein-ende-und-seine-toten-ich-war-weder-opfer-noch-befreit,10810590,10282138.html], eingesehen 16.7.2012.

7 Christoph Dejung, Oral History und kollektives Gedächtnis, in: GG 34 (2008), S. 96–115, hier S. 98ff. u. 115.

8 Anna Green, Individual Remembering and „Collective Memory": Theoretical Presuppositions and Contemporary Debates, in: Oral History Journal 32 (2004) 2, S. 35–44, hier S. 42.

9 Dejung, Oral History, S. 102.

lischen Begriff trajectory), die sich bis in die Gegenwart fortschreibt, obwohl die Qualität ihrer Repräsentation unterwegs gewissen Veränderungen unterliegt.[10] Dennoch ist diese Repräsentation nicht nur von gegenwärtigen Bedingungsgefügen dominiert, sondern transportiert gleichermaßen einen in der Vergangenheit entstandenen Wahrnehmungs- bzw. Bedeutungsüberschuss mit, der als kognitive und emotionale Herausforderung in die Gegenwart hineinragt. Ebenso gibt es keinen zwingenden Grund, warum diese Ereigniskurve nicht theoretisch als Ganze zugänglich bleiben könnte, wenn auch mit stark unterschiedlichen Graden von Bewusstheit, die dann individuell als willkürliches Erinnern, spontanes Erinnern, aktives Verdrängen oder passives Vergessen erlebt werden. Es können aus aufmerksamkeitsökonomischen Gründen zwar immer nur bestimmte Auschnitte dieser Ereigniskurven aktualisiert werden, die aber auch nicht immer dieselben und auch nicht unbedingt immer die jeweils jüngsten sein müssen. Eine so verstandene Erinnerung, die aus unendlichen Schnittstellen zahlloser Ereigniskurven ihre in der Totalität unüberschaubare Komplexität erhält, ist als nicht-linearer, nicht-chronologischer Möglichkeitsraum des Erinnerns zu begreifen. Innerhalb dieses Möglichkeitsraums sind Ereignisse nicht mehr in ihrer einzigartigen Verdichtung als historisches Geschehen abrufbar; sie werden stattdessen in der Form von Ausschnitten individuell verzeitlichter, immer komplexer werdender Ereigniskurven, an die sich zunehmend Emotionen und Deutungsmuster anlagern, repräsentierbar, in denen das zugrunde liegende Ereignis als nicht mehr rückholbarer Ursprung im Hegelschen Sinne aufgehoben ist. Aus der Arbeit mit diesen Quellen erhält man zwar streng historiographisch betrachtet keine gesicherten Erkenntnisse, aber dennoch in den meisten Fällen subjektiv wahrhaftige, an den damaligen Gegebenheiten orientierte Annäherungen an historische Verhältnisse, die unser Verständnis von diesen Verhältnissen nichtsdestoweniger erweitern und differenzieren helfen.

3 Arbeit in der NS-Zeit aus der Sicht von KZ-Häftlingen, Kriegsgefangenen und Zivildeportierten

Der Historiker Klaus Tenfelde hat zur Frage individueller Werthaltungen gegenüber Arbeit angemerkt: “It is by the values prevailing within a given culture and

10 Mit ähnlichen Begrifflichkeiten argumentiert: Aleida Assmann, Der lange Schatten der Vergangenheit. Erinnerungskultur und Geschichtspolitik, München 2006, S. 132ff.

by the dominant tendencies and contradictions of the cultural mainstream that opinions about work are shaped, almost regardless of the factual nature of such work."[11] Die korrespondierenden Deutungsmuster seien dabei über die Zeiten hinweg veränderlich. Das führt mitten in die Interpretationsansätze des vorliegenden Beitrags hinein. An dieser Stelle wird zunächst das Verständnis von Arbeit, das in den Erzählungen ehemaliger Zwangsarbeitender zutage tritt, näher untersucht. Die Bestimmung zur Arbeit erhielt während der NS-Herrschaft aus Sicht der Opfer wie der Täter gleichermaßen eine überragende Funktion für das Überleben der Betroffenen.[12] Dies betrifft in erster Linie aus rassistischen Gründen verfolgte ehemalige Arbeitshäftlinge – in deutlicher Mehrheit Juden, dazu Sinti bzw. Roma verschiedener Nationalitäten – gilt aber in ähnlicher Form auch für die aus politischen Gründen und solchen der nationalen Zugehörigkeit Verfolgten ebenso wie für sowjetische Kriegsgefangene und schließlich auch für zahlreiche zivile Deportierte, deren Umstände der Rekrutierung und des Transports nach Deutschland ebenfalls in vielen Fällen nur geringen Zweifel daran ließen, dass ihnen kein besonders positives Schicksal von NS-Deutschland zugedacht war. Ein durchlaufender Tenor in den Interviews ist die Betonung der psychischen Einstellung, die dem Geschehen in den Lagern und an den Arbeitsstätten entgegengebracht werden musste: Als grundlegend schildern viele ehemalige Arbeitshäftlinge, dass sie die Hoffnung auf das Überleben bewahrten.[13] Arbeitshäftlinge eigneten sich zudem vielfach eine Perspektive an, die als Überlebenswahrnehmung beschrieben werden könnte: Sie versuchten, die ihnen in der zunächst meist fremden Sprache zugerufenen Kommandos als einzuhaltende Spielregeln zu betrachten, sich im Arbeitsalltag möglichst unsichtbar machen, um am besten gar keine Aufmerksamkeit zu erregen oder zumindest nicht unangenehm aufzufallen, versuchten ihre Wahrnehmung zu einer gewissermaßen mentalen Selbstverteidigung ausschließlich auf ihr unmittelbares Umfeld zu fokussieren und erlebten schließlich an sich selbst eine stufenweise Routinisierung täglich abgerufener Handlungsabläufe.[14]

Ein anderer Aspekt ist die biographisch kontinuitätsstiftende Funktion der Arbeitserfahrung, die regelmäßig dort von Interviewten dargestellt wird, wo die Wahrnehmungs- und Verhaltensmuster aus Vorkriegs- und Kriegszeit einen

11 Klaus Tenfelde, Forced Labour in the Second World War: The German Case and Responsibility, in: Jürgen Kocka (Hrsg.), Work in a Modern Society. The German Historical Experience in Comparative Perspective, Oxford/New York 2010, S. 131–152, hier S. 133f.

12 Richard Donkin, The History of Work, Basingstoke/New York 2010, S. 235.

13 Transkription des IFLDP-Interviews mit Henry G. (USA 2006), S. 49; Transkription des IFLDP-Interviews mit Anita L. (England 2006), S. 29.

14 Z. B.: Transkription des IFLDP-Interviews mit Jerzy C. (England 2006), S. 5.

Zusammenhang bilden, der zwar durch die Verbringung nach Deutschland zunächst gewaltsam unterbrochen wurde, aber im Anschluss von den Vollzügen körperlicher (Arbeits-)Handlungen her betrachtet sich selbst in gewisser Weise ähnlich blieb.[15] Diese Vorstellung wird narrativ vor allem bedeutsam, wenn Arbeit, auch in erzwungener Form, als Normalität stiftendes und Kontinuität schaffendes Element für die Konstruktion des Lebenslaufs insgesamt eine Rolle spielt. Sie übernimmt dann auch die Funktion, mit Deportation und Zwangsarbeit einhergegangene traumatische Belastungen oder fortwirkende Empfindungen der Erniedrigung und Beleidigung, von Trauer und Verlust, narrativ einzuhegen und mit einem allgemein verständlichen Vokabular alltäglicher Tätigkeitsvollzüge zu artikulieren bzw. diskursiv zu umstellen, um sie damit ihrem tatsächlich erlebten Inhalt nach ggf. umgehen zu können.[16] Die Erzählung von der Arbeit erhält so eine Schutz- und Brückenfunktion, die Risse und Brüche in der Autobiographie ungesagt bleiben lässt, ohne beim Zuhörer den Eindruck einer Lücke zu hinterlassen.[17]

Näher an die unmittelbare Erfahrungsperspektive der Kriegszeit angelagert sind Einschätzungen, nach der selbst schwere Arbeit den Vorteil hatte, einen Fokus außerhalb von einem selbst und entfernt von der Misere des Lagerlebens zu schaffen, wie dieser englische ehemalige Arbeitskriegsgefangene schildert: “Work was hard, but it kept your mind busy.”[18] Dieser Effekt gilt auch über die Kriegszeit hinaus, selbst unter den deutlich gewandelten Vorzeichen der Nachkriegszeit im jeweiligen Herkunfts- oder Aufnahmeland, wenn nämlich ehemals Zwangsarbeitende nunmehr eine neu aufgenommene zivile Arbeit als Hilfestellung dafür ansahen, entweder die Kriegserfahrungen in den Hintergrund zu drängen oder durch die Arbeit ein vielfach zerstörtes Empfinden eines zivilen Alltags wieder aufzubauen.[19]

---

15 Z. B.: Umformatierte Übersetzung der Transkription des IFLDP-Interviews mit Petro K. (Ukraine 2005); umformatierte Übersetzung der Transkription des IFLDP-Interviews mit Wolodymyr M. (Ukraine 2005); umformatierte Übersetzung der Transkription des IFLDP-Interviews mit Sofia P. (Ukraine 2005); Transkription des IFLDP-Interviews mit Josef B. (Deutschland 2005), alle passim.

16 Zu diesem Mechanismus auch: Ulrike Jureit, Patterns of repetition: dimensions of biographical memory, in: Trauma Research Newsletter 1, Hamburger Institut für Sozialforschung, Juli 2000, S. 4 des Artikels.

17 Z. B.: Interview der Forschungsstelle für Zeitgeschichte Hamburg – Werkstatt der Erinnerung (FZH-WdE) – Projekt „In Deutschland lebende ehemalige Displaced Persons und Zwangsarbeiter“ – mit W. S. (Deutschland 1995), FZH/WdE 342, passim.

18 Imperial War Museum – Sound Archive (IWM-SA) Interview mit Alan W. (England 1996), Tonband 9. Hierzu auch: Donkin, History, S. 236.

19 Z. B.: IWM-SA Interview mit Denis A. (England 2001), Tonband 10.

Wichtig für das erzählte Verständnis von Arbeit ist in den Interviews auch, dass zwischen der Arbeit als täglicher Beschäftigung einerseits und den Lebensbedingungen in den lagerförmigen Unterkünften samt Ernährung und hygienischer Standards sowie der gesundheitlichen Versorgung als Ensemble von Begleitumständen andererseits differenziert wird.[20] Diese Differenzierung findet vor allem dort statt, wo eine eigentlich akzeptable oder sogar gute Arbeit schlechten oder gar lebensgefährdenden Rahmenbedingungen gegenüberstand. Das führte im Extremfall dazu, dass ehemalige Zwangsarbeitende nach Kriegsende wieder oder weiterhin an ihrer vorherigen Zwangsarbeitsstelle tätig waren, aber nun ihre Arbeit als „normale" Angestellte versahen.[21] Umgekehrt wirkte sich auch eine private, als menschenwürdig empfundene Unterbringung und Behandlung auf die Erfahrungsbildung, mindestens aber die spätere Verarbeitung – selbst schwerer oder körperlich schädlicher – Zwangsarbeit mildernd oder sogar positiv aus.

4 Kategoriale Zugriffe 1: (Vernichtungs-)Haft und Lebensbedrohung

Im Folgenden sollen verschiedene Formen von Zwang und Bedrohung, die mit der Arbeit für NS-Deutschland einhergingen, in einen kategorialen Deutungszusammenhang gestellt werden. Wiederum Tenfelde hat darauf hingewiesen, dass der Zwang als Begleiterscheinung der Arbeit in Abhängigkeit von traditionellen Loyalitätsbindungen, kulturellen Wahrnehmungs- und Deutungsmustern, persönlichen Erfahrungen sowie potentiell erwarteter Verbesserungen der persönlichen Lebensumstände verstanden werden muss.[22]

Dieser Aspekt ist im Falle der Arbeitshäftlinge vor allem durch die Einbeziehung des Todes als feste Größe in alltägliche Orientierungsleistungen und (Über)Lebensentscheidungen gekennzeichnet. Es war diese Art von Zwangskonstellation, in die sich hauptsächlich die Juden Europas gestellt sahen, in der sie ständig kleinräumige Verhaltensweisen entwickeln und ausprobieren mussten, um mit einer Situation umzugehen, die den Tod als manifeste Möglichkeit enthielt. Um diese Situation wiederum mental und emotional als Dauerzustand

20 Z. B.: Transkription des IFLDP-Interviews mit Wasyl B. (England 2006), S. 2.

21 Z. B.: die Transkription des IFLDP-Interviews mit Jaromir B. (England 2006), S. 35; Transkription des IFLDP-Interviews mit Anastasija S. (Deutschland 2005), S. 4.

22 Tenfelde, Labour, S. 147.

aushalten zu können, musste sie trotz ihrer unbestreitbaren Qualität als ins Endlose verlängerter Ausnahmezustand irgendwie als Alltag imaginiert bzw. vergegenwärtigt werden. Das Narrativ des NS-Zwangsarbeitenden als „Anti-Held“ eines auf Vernichtung zulaufenden Extremalltags[23] erfährt darin ebenso seine Zuspitzung wie das des schließlich aus der „tödlichen Schule des Lebens“[24] zurückgekehrten, voll trotzigen Stolzes Überlebenden. Neben diesen – subjektiv vollkommen verständlichen – narrativen Dramatisierungen finden sich aber vielfach eher nüchterne Protokolle des verzweifelten, mit erheblichen Kosten für körperliche Gesundheit und emotionales Gleichgewicht erkämpften Durchstehens[25] sowie Berichte permanent vom Scheitern bedrohter Versuche einer Rekonstruktion des eigenen biographischen Zusammenhangs[26] als Langzeitfolgen. Arbeit als existentiell erfahrenes Medium von Vernichtung[27] oder Überleben[28] wird vorrangig von jüdischen Überlebenden, von sowjetischen Kriegsgefangenen sowie von Sinti und Roma artikuliert. Die deutliche Spur des Todes, die der NS-Zwangsarbeit – vor allem in ihren in den Konzentrationslagern ausgeprägten Formen – eingezeichnet ist, wird in den mündlichen Zeugnissen sehr deutlich, wie in den Worten dieses Sinto, der verschiedene Konzentrations- und Arbeitslager überstand: „Von der heutigen Generation werden wir, die einst zu vernichtenden Menschen, Zwangsarbeiter genannt. Ein jeder Mensch muss arbeiten, um leben zu können. Uns wurde die Zwangsarbeit auferlegt, um das tierische Krepieren zu beschleunigen.“[29]

Auf der anderen Seite wird der „Raum des Sagbaren“ der NS-Zwangsarbeit von der Problematisierung von Zwangs-, aber auch speziell Häftlingsarbeit als Form des fragwürdigen Ausnutzens von Begünstigungen durch die Betroffenen, das in den Bereich der Kollaboration hineingereicht habe, begrenzt. Artikuliert wird dies z. B. im expliziten Anschluss an die Schriften von Primo Levi und ist

23 Hierzu z. B.: Übersetzung der Transkription des IFLDP-Interviews mit Arie P. (Israel 2005), S. 183.

24 Transkription des IFLDP-Interviews mit Reinhard F. (Deutschland 2005), S. 32.

25 Hierzu z. B.: Transkription des IFLDP-Interviews mit Pinchas G. (Südafrika 2006), passim; British Library – National Sound Archive (BL-NSA) Interview – Projekt „Holocaust Survivors' Centre Interviews“ – mit Manfred H. (England 1999), passim.

26 Hierzu z. B.: Transkription des Interviews des Instituts für Geschichte und Biographie (IGB) – Mauthausen Survivors' Documentation Project (MSDP) – mit Aron B. (Deutschland 2002), passim.

27 Z. B.: Übersetzung der Transkription des IFLDP-Interviews mit Uri C. (Israel 2005), S. 41.

28 Z. B.: Transkription des IGB-Interviews – Projekt „Die volkseigene Erfahrung“ – mit Aron A. (Deutschland 1987), S. 14; Übersetzung der Transkription des IFLDP-Interviews mit Arie P. (Israel 2005), S. 67 u. 74.

29 Transkription des IGB (MSDP)-Interviews mit Reinhard F. (Deutschland 2002), S. 91.

von einer stark moralisierenden Perspektive geprägt, die sich in einzelnen Erzählungen vor allem derjenigen Interviewpartner wiederfindet, die sich schon vor dem Erinnerungsboom der 2000er Jahre in Interviews geäußert haben, wie dieser deutsch-jüdische Überlebende im Jahr 1994: „(E)r [Primo Levi] bezeichnet uns als korrupt, daß wir am Leben geblieben sind, eh, haben jeden Vorteil ausgenutzt, um etwas mehr zu essen zu kriegen, und so weiter und so fort, um am Leben zu bleiben. Und so ist es wirklich gewesen."[30] Diese Selbst- und Fremdeinschätzung ist in all ihrer Schärfe von einem tiefreichenden Unverständnis und einem Schuldgefühl grundiert, das viele Überlebende angesichts des millionenfachen Lagertodes empfanden bzw. empfinden. Im Kontrast dazu gibt es auch jüdische Überlebende, die im Interview jegliche Versuche, der Vernichtung durch Formen von Anpassung zu entgehen, als untauglich zurückwiesen. Sie widersprachen der häufigen Aussage, die Arbeit sei ein Mittel gewesen, um sich zu retten.[31] In einer selteneren, konkurrierenden Deutung wiederum beschrieben Interviewte das Verhältnis von Arbeit und Vernichtung als ausschließlich von zeitabhängigen Nützlichkeitserwägungen der Deutschen geprägt. Bestehende Aporien des in der historischen Forschung inzwischen als problematisch wahrgenommenen Paradigmas der „Vernichtung durch Arbeit"[32] ließen demnach eher ein kontingentes Verhältnis von Arbeit und Vernichtung erkennen als die ideologische oder ökonomische Rationalität eines Leitprinzips. So urteilte auch ein polnisch-jüdischer ehemaliger Arbeitshäftling, dass die Deutschen ihn so lange am Leben ließen, wie sie seine Arbeitskraft benötigten und das Kriegsende für ihn glücklicherweise diesen Wettlauf mit der Zeit beendete.[33]

Potentiell auch durch diese ambivalente Spannung zwischen Arbeit, Anpassung und Überleben bedingt, ist es daher oft nicht einmal so sehr die Arbeit an sich, der die Interviewten lebensrettende Wirkung zuschreiben, sondern es sind eher die konkreten Umstände ihrer Erbringung oder auch die für diese Umstände unmittelbar verantwortlichen Personen. Erinnerungen an Arbeit, Zwang und Tod haben sich in diesen Kontexten gegenseitig verstärkt und reichen seitdem als Bedeutungsüberschuss in die späteren Deutungsbemühungen

---

30 Transkription des IGB-Interviews – Projekt „Wiedergutmachung" – mit Hans F. (Deutschland 1994), S. 93. Hierzu z. B. auch: Übersetzung der Transkription des IFLDP-Interviews mit Uri C. (Israel 2005), S. 82.

31 Z. B.: BL-NSA Interview – Projekt „Holocaust Survivors' Centre Interviews" – mit Manfred H. (England 1999), Kassette 2, Seite A; Übersetzung der Transkription des IFLDP-Interviews mit Uri C. (Israel 2005), S. 54f.

32 Donkin, History, S. 198.

33 Z. B.: BL-NSA Interview – Projekt „Millennium Memory Bank" – mit Sam N. (England 1999), MP 3, passim.

hinein. Die verschiedenen, von den Überlebenden eingeschlagenen Wanderungswege nach dem Krieg scheinen sich hingegen auf diesen speziellen Ausschnitt der Erinnerungsbildung vergleichsweise wenig spezifisch ausgewirkt zu haben, da sie länderübergreifend bei zurückgekehrten und ausgewanderten ehemaligen Zwangsarbeitenden in ähnlicher Form anzutreffen sind.

5 Kategoriale Zugriffe 2: (Kriegs-)Gefangenschaft und Statusbedrohung

Ein eher untergeordneter Stellenwert kommt der Arbeit in denjenigen Interviews – hauptsächlich mit ehemaligen Arbeitskriegsgefangenen, allerdings auch in signifikanter Weise mit Arbeitshäftlingen – zu, in denen sie zwar erwähnt wird und auch durchaus im Gang der Erzählung einigen Raum einnimmt, sich allerdings schon zum Zeitpunkt der Erfahrung andere politische, soziale oder kulturelle (Selbst-)Wahrnehmungen und Deutungen als relevanter erwiesen haben.[34] So findet sich besonders in den Erzählungen britischer Arbeitskriegsgefangener eine dezidierte biographische Herabstufung der geleisteten Zwangsarbeit, die vielfach der Erfahrung der Gefangenschaft im Lager und dem Status als internierter Kombattant untergeordnet wird.[35] Vordringlich wird dabei das Empfinden herausgestellt, trotz widriger und teils auch brutaler Bedingungen noch ein leichteres Schicksal als z. B. sowjetische Kriegsgefangene, Polen und Juden, die dann je nach den konkreten Umständen auch in abgrenzender Absicht explizit als Zwangsarbeiter bezeichnet werden, gehabt zu haben.[36] Die Arbeit erfüllte nichtsdestoweniger auch für diese Interviewten eine Reihe biographischer bzw. narrativer Funktionen: So wurde die Arbeit zu einem räumlichen Orientierungspunkt für solche überlebenden ehemaligen Zwangsarbeitenden, die häufig ihren Internierungs- und Arbeitsort wechseln mussten. Da sie von den jeweiligen Örtlichkeiten kaum einen bleibenden Eindruck gewinnen konnten, waren es eher die wechselnden Tätigkeiten, die von ihnen verlangt wurden, die den Erinnerun-

34 Z. B.: Transkription des IGB-Interviews – Projekt „Wiedergutmachung" – mit Hans F. (Deutschland 1994), passim.

35 Z. B.: ebd.

36 Z. B.: IWM-SA Interview mit Joseph B. (England 1995), Tonband 1, Tonband 2 u. passim; IWM-SA Interview mit Bernard P. (England 1980), Tonband 4; IWM-SA Interview mit Ernest T. (England 1996), Tonband 7.

gen Kohärenz verleihen.[37] Die Arbeit wurde auch wiederholt in einer schlichten Zweck-Mittel-Relation gesehen, wenn sie nämlich eine bessere Ernährung ermöglichte, unter annehmbareren hygienischen Verhältnissen stattfand oder einen im Vergleich zum Lager oder zum vorigen Arbeitsplatz unter das Kommando erträglicherer Aufseher oder Vorarbeiter brachte.[38]

Der Zugriff dieser Kategorie ist zwar zunächst definitionsgemäß auf die Gruppe der Arbeitskriegsgefangenen zugeschnitten, von denen im Interviewsample dieses Beitrags aufgrund der Entstehungsgeschichte des IFLDP hauptsächlich ehemalige britische Kriegsgefangene vertreten sind.[39] In ihrer Situation trafen zwei Dynamiken aufeinander, die ihnen einerseits eine Scharnierfunktion zwischen den Zwangsarbeitserfahrungen ehemaliger Arbeitshäftlinge und der als „Ostarbeiter" bezeichneten Arbeitsdeportierten zuschreiben, die es andererseits aber auch fast unmöglich machen, sie überhaupt als Gruppe zusammenzufassen. Sie hatten kraft ihres Status als Kriegsgefangene den Vorteil, dass das meiste, was ihnen widerfuhr, theoretisch von einem international anerkannten Regelwerk und von einschlägigen historischen Vorerfahrungen gerahmt war. Insofern war die Bedrohung dieses Status für sie zunächst die einzige unmittelbar relevante Gefährdung. Gleichzeitig wurde dieser Rahmen aber auch in einer Vielzahl von Fällen so eklatant missachtet oder gesprengt, dass es notwendig erscheint, den zunächst vergleichweise harmlos klingenden Begriff „Statusverlust" bis hin zur unmittelbaren Lebensbedrohung neu zu dimensionieren und in seiner Bedeutung auch auf andere Gruppen als die britischen Kriegsgefangenen auszudehnen. Die Dramatik dieses Statusverlustes wurde besonders im Fall der ehemaligen sowjetischen Kriegsgefangenen und später auch der italienischen Militärinternierten deutlich, gegenüber denen sich Deutschland nicht an die internationalen Regelungen gebunden fühlte und deren Behandlung zudem von rassistischen und politischen Ideologemen unterfüttert war.

37 Z. B.: Transkription des IGB-Interviews – Projekt „Die volkseigene Erfahrung" – mit Aron A. (Deutschland 1987), passim.

38 Z. B.: IWM-SA Interview mit Joseph B. (England 1995), Tonband 1; IWM-SA Interview mit Leslie E. (England 1998), Tonband 2.

39 Aufgrund des Ausschlusses von Kriegsgefangenen aus dem Geltungsbereich des Zwangsarbeiterentschädigungsgesetzes waren sie im IFLDP nur in relativ geringer Zahl vertreten. Um die Erfahrungen dieser Gruppe stärker repräsentieren zu können, wurden vom Autor zusätzlich 11 Interviews des Imperial War Museum – Sound Archive (IWM-SA) bzw. des National Sound Archive der British Library (BL-NSA, beide in London) mit dem entsprechenden Personenkreis herangezogen. Außerdem wurden die sogenannten „Freitagsbriefe" des Berliner Vereins „KONTAKTE- KOHTAKTbI e.V.", in denen ehemalige sowjetische Kriegsgefangene ihre Erinnerungen beschreiben, regelmäßig ausgewertet: [http://www.kontakte-kontakty.de/deutsch/ns-opfer/freitagsbriefe/], eingesehen 26.1.2014.

Aus den Schilderungen der spezifischen Bedrohungslage der britischen ehemaligen Arbeitskriegsgefangenen werden zudem eine Reihe, teilweise langzeitwirksame Beeinträchtigungen erkennbar. Das innerlich als identitätsgefährdend erlebte Aufgehen im Massenschicksal, exemplifiziert am täglich wiederholten, als unerträglich empfundenen Lagerdasein, tritt aus ihrem Blickwinkel heraus ebenso prononciert hervor wie das als ständig fortlaufender Kampf geschilderte Bemühen um die Bewahrung des angestammten Soldatenstatus, in dem auf Abweichungen rechtlicher Garantien mit spontanem, als selbstverständlich erachtetem Protest oder ungläubiger Hinnahme reagiert wurde.[40] Beide Aspekte zusammengenommen bündelten sich für sie in der ständigen Bedrohung mit der Verfügbarmachung für fremdbestimmte, aufgenötigte Zwecke (zumeist willkürlich zugeteilte Arbeitsleistungen), jedoch erzeugten diese auch schon seinerzeit bzw. im Prozess der Verarbeitung die subjektive Notwendigkeit, sich schamvoll von anderen Statusgruppen, die vergleichsweise schlimmeren Umständen ausgesetzt waren, abzugrenzen.[41]

6 Kategoriale Zugriffe 3: Körperliche Dislozierung und Identitätsbedrohung

Unter den ehemaligen Arbeitsdeportierten beschreiben einige die Zwangsarbeit im Nachhinein durchaus nüchtern als eine vergleichsweise erträgliche Konstellation, um den Krieg zu überstehen. Diese Einschätzung beruht einerseits auf dem Vergleich mit der Situation der kämpfenden Frontsoldaten, andererseits aber vor allem in Osteuropa auch auf der Erfahrung bzw. später erworbenen Kenntnis des harten Besatzungsalltags. Gleichzeitig machte und macht sie das aber auch in ihren jeweiligen Herkunftsgesellschaften angreifbar für Vorwürfe wegen „Vorteilsnahme durch Kollaboration“.[42] Darüber hinaus waren es auch für die Arbeitsdeportierten eher bestimmte Tätigkeitsformen oder die individuelle Art der Durchführung der Arbeit, die ihnen Hoffnung aufs Überleben gaben. Das wurde in Interviews besonders dann zum Ausdruck gebracht, wenn in der Arbeit die beruflichen Vorkenntnisse oder Interessen der Zwangsarbeitenden zur Geltung kommen konnten, wie diese tschechische ehemalige Arbeitsdeportierte zu erkennen gibt: „Ich war vielleicht technisch ’n bisschen begabt. Das

40 Z. B.: IWM-SA Interview mit Bernard P. (England 1980), Tonband 1 u. 3.

41 Z. B.: IWM-SA Interview mit Alan W. (England 1989), Tonband 3 u. 9.

42 Z. B.: Übersetzung der Transkription des IFLDP-Interviews mit Boleslav W. (Tschechien 2005), S. 34.

dauerte nich' lange, da durfte ich denn die Maschinen einrichten, die [...] Bohrer einbauen und die Bohrer schleifen, wie gesagt, das hab' ich dann auch alles getan, ja."[43] Den daraus ableitbaren Stolz auf die arbeitstechnischen Fertigkeiten, der sich als Schlüsselressource für das Selbstwertgefühl, den Überlebenswillen und die kognitive Entschlüsselung der Zwangsarbeit als zeitlich bedingte Überlebenschance erweisen konnte[44], artikulierten am ehesten tschechische Interviewpartner, wenn auch selten so deutlich wie der folgende: „[...] da habe ich gesehen, dass das alles supermoderne Maschinen sind und meist hat niemand anders daran, an diesen Maschinen, gearbeitet als Tschechen. Also waren wir nicht nur irgendein Volk, das, wir waren ein Volk, das etwas konnte."[45]

Die tschechischen Zwangsarbeitenden repräsentieren einerseits eine gewisse Bandbreite von Zwangsarbeitserfahrungen, die andererseits vergleichsweise homogene narrative Ausdrucksformen gefunden haben. Dadurch stellen sie eine Verbindung zwischen den Erfahrungsräumen der ost- und der westeuropäischen Arbeitsdeportierten her, deren Statusunterschiede und entsprechenden Unterschiede in den Arbeitserfahrungen doch beträchtlich waren. Zudem machte ein individuell qualifizierter, maschinengestützter Einsatz die Arbeit der Zwangsarbeitenden generell höherwertiger und sie wurden gleichzeitig weniger leicht ersetzbar. Es stärkte also ihre Position im Produktionsablauf und führte dazu, dass sich Handlungsspielräume ergaben, teilweise sogar für angebliche oder tatsächliche Sabotagehandlungen.[46] Bei Kolonnenarbeiten mussten Zwangsarbeitende eher darauf hoffen, im Rahmen einer generell schweren Arbeit durch pures Glück eine leichtere Teilaufgabe zugewiesen zu bekommen. Es gab auch, sofern der Überwachungsdruck nicht durchgängig gegeben war, zumindest temporäre Gelegenheiten, das Arbeitstempo oder die zu bewegenden Lasten zu verringern, bevor die Betreffenden unter Beobachtung wieder den oft willkürlich überhöhten Ansprüchen der Aufseher genügen mussten.[47]

Als Gesamtgruppe betrachtet betonen die interviewten ehemaligen Arbeitsdeportierten stärker solche Gefährdungslagen, in denen sich die Deportation

---

43 Transkription des IGB-Interviews – Projekt „Wiedergutmachung" – mit Ilse S. (Deutschland 1994), S. 4. Vgl. auch: Übersetzung der Transkription des IFLDP-Interviews mit Ladislav M. (Tschechien 2006), S. 6.

44 Jacob Goldstein et al., Individuelles und kollektives Verhalten in Nazi-Konzentrationslagern. Soziologische und psychologische Studien zu Berichten ungarisch-jüdischer Überlebender, Frankfurt a.M./New York 1991, S. 32ff.

45 Übersetzung der Transkription des IFLDP-Interviews mit Ladislav M. (Tschechien 2006), S. 49.

46 Z. B.: Übersetzung der Transkription des IFLDP-Interviews mit Marie J. (Tschechien 2005), S. 9.

47 Z. B.: BL-NSA Interview – Projekt „Holocaust Survivors' Centre Interviews" – mit Manfred H. (England 1999), Kassette 1, Seite B.

und die Zwangsarbeit aktuell oder langfristig destabilisierend auf individuelle Selbstverständnisse und sozialräumliche Zugehörigkeiten ausgewirkt haben, da Todesgefahr für sie oft weniger konkret erfahrbar war und kein spezifischer Statusverlust drohte. Diese im Verhältnis zur ersten Gruppe also zunächst deutlich geringer unmittelbar existenzgefährdend wirkenden Bedrohungen konnten jedoch vor allem im Fall von Jugendlichen subjektiv dennoch sehr dramatische Formen annehmen. Insofern ist hier einerseits eher von einer generationell, nur bedingt national zu differenzierenden Gefährdungslage zu sprechen, wobei jedoch andererseits zu berücksichtigen ist, dass die jugendlichen Zwangsarbeitenden überwiegend aus der ehemaligen Sowjetunion kamen.

Diese spezifische Bedrohungslage weist auch allgemein auf prekäre Übergangszustände der Kriegs- und Nachkriegszeit hin, die in ihrer Unübersichtlichkeit und Widersprüchlichkeit besonders von den britischen ehemaligen Arbeitskriegsgefangenen, den französischen ehemaligen STO-Rekrutierten sowie den in Deutschland gebliebenen ehemaligen Zwangsarbeitenden artikuliert wurden. Besonders bei der letzten Gruppe zeigen sich auch die spezifischen Auswirkungen der Migrationswege ehemaliger Zwangsarbeitender während des Krieges und danach. Denn die durch Deportation und Zwangsarbeit ausgelösten Wanderungsprozesse verliefen nicht notwendigerweise immer als langfristig geschlossene Abfolge von Trennung und Neuankunft und damit verbundener Transformation des Selbstempfindens. Die Offenheit bzw. Unabschließbarkeit dieser Prozesse haben sich in den genannten Gruppen am stärksten ausgewirkt. So erscheint der Aufenthalt in der (deutschen) Aufnahmegesellschaft teilweise eher als Ort des „Dazwischen“ bzw. das Dasein geriet schon während, spätestens aber nach Ende der Zwangsarbeit zum Leben zwischen den Welten.[48] Die Kriegs- und Zwangsarbeitserfahrung konnte auch einen Einstellungswandel der Betroffenen bewirken, der das Leben danach als ständige Abfolge von Anpassungsprozessen erscheinen ließ.[49] Und auch eine erfolgreiche biographische Selbstverstetigung nach dem Krieg konnte vielfach nur mit Abspaltungsleistungen gegenüber der Vergangenheit erworben werden, so dass diese entweder nur als entfernt wahrnehmbare Erfahrung räumlicher Desintegration oder als vollständiger Fremdkörper im Lebenslauf verbucht wurde.[50]

---

48 Z. B.: Transkription des FZH-WdE-Interviews – Projekt „In Deutschland lebende ehemalige Displaced Persons und Zwangsarbeiter“ – mit S. Z. (Deutschland 1994), S. 7.

49 Z. B.: Transkription des IGB-Interviews – Projekt „Die volkseigene Erfahrung“ – mit Roman K. (Deutschland 1987), passim.

50 Z. B.: Transkription des IFLDP-Interviews mit Gabriel F. (Frankreich 2006), S. 25; übersetzte Transkription des IFLDP-Interviews mit Victor L. (Frankreich 2006), passim.

7 Individuelle Wege der biographischen Integration

Die im vorigen Satz angedeutete, eher defensive Möglichkeit der Verarbeitung besteht in einer mentalen „Auftrennung" der zeitlichen Dimensionen der seinerzeitigen und der gegenwärtigen Erfahrung, durch die die absolute Diskontinuität zwischen dem damaligen und dem heutigen Geschehen betont wird. Die Zeit der Zwangsarbeit wird so zum gänzlich ‚Anderen' der Gegenwart, das für diese nicht mehr bedrohlich werden kann, aber auch emotional und kognitiv nur noch aus großer Entfernung beschrieben wird und subjektiv stark an Bedeutung verloren hat, wie in den Worten dieses nach England ausgewanderten tschechischen ehemaligen Arbeitsdeportierten: "And, it's completely different, you know. I got friends, and when you come there, they tell you all the time the same story, every time the same things, what's happened during the war, he was in India and that things. I don't want to know. I want to know what'll come next week, not what was last year. And that's always the same things, I always think forward."[51] Vor allem bei jüdischen Überlebenden hat sich diese Auftrennung der zeitlichen Dimensionen teilweise zu einer tief sitzenden kognitiven Unvereinbarkeit zwischen dem Leben vor 1933, der Zeit der Verfolgung, der Zeit der Vernichtung und dem Leben danach verdichtet: "So one was very, 'Das kann, ist nicht möglich, was hier passiert.' But bit by bit one realized, 'Alles ist möglich.' You know, when the Nazis took over, everything collapsed really what was normality."[52]

Die Ebene des Vergleichs ist insgesamt unter den Interviewten ein wesentlicher Faktor der Verarbeitung der Erfahrungen und der Deutung der Erinnerungen. So werden eigene Zwangsarbeitserfahrungen im Lichte der inzwischen vorhandenen historischen Kenntnisse, die sich auch zahlreiche ehemalige Zwangsarbeitende offensiv angeeignet bzw. zu deren Zustandekommen manche selbst aktiv beigetragen haben, nüchtern ins Verhältnis zu anderen Formen von Verfolgung und Zwangsarbeit gesetzt und dabei oft (gewollt) positiv relativiert, wie dieser deutsche ehemalige Arbeitshäftling im Bericht über seine KZ-Haft während des Jahres 1933 andeutet: „Sie haben auch noch, wie gesagt, sie hatten noch nicht erfunden (lacht verhalten) die Vernichtung durch Arbeit. Das hatten sie noch nicht erfunden."[53] Anders als die allermeisten Arbeitshäftlinge begreifen manche, vor allem osteuropäische ehemalige Arbeitsdeportierte inzwischen

51 Transkription des IFLDP-Interviews mit Jaromir B. (England 2006), S. 19.
52 Transkription des IFLDP-Interviews mit Anita L. (England 2006), S. 21f.
53 Transkription des IFLDP-Interviews mit Philipp W. (Deutschland 2006), S. 14.

die NS-Zwangsarbeit mehr als Teil eines biographischen Kontinuums, innerhalb dessen wechselnde, mit Elementen von Zwang einhergehende Arbeitsbedingungen im Laufe des Lebens ohne spezifische ethische oder politische Kontextualisierung fortlaufend als Herausforderungen gemeistert werden mussten bzw. müssen. Darin zeigt sich ein Muster der Alltagsbewältigung oder mindestens der rückschauenden Analyse, das besonders unter ethnischen und anderen Minderheiten anzutreffen ist. Für diese war und ist es teilweise generationenübergreifende Realität, mit verschiedenen Formen von Diskriminierung und Verfolgung umzugehen, die in einen fortlaufenden Erfahrungszusammenhang integriert werden. Indem einzelne Verfolgungserlebnisse zueinander ins Verhältnis gesetzt, gegeneinander abgewogen und zu einem biographisch integrierbaren Ganzen gemacht werden, ragen einzelne Perioden für sich genommen nicht notwendigerweise heraus, sondern bekommen erst in der lebensgeschichtlichen Gesamtschau ihre Bedeutung zugewiesen. Die Erfahrung von brutaler Zwangsarbeit unter KZ-Bedingungen ist in diesem Wahrnehmungskontinuum jedoch in der Regel ein fundamentaler, herausgehobener Bezugspunkt für die Erinnerungsbildung und die biographische Integration von Arbeits- und Verfolgungserfahrungen.

8 Fazit: NS-Zwangsarbeit als individualisierte und kollektivierte Zuschreibungsressource

Zwangsarbeit in der NS-Zeit zeigt sich in den Interviews als heterogene, zeitlichem Wandel unterworfene Sammelbezeichnung, die vom mit knapper Not überstandenen Mordversuch durch ruinöse körperliche Überforderung bis zur vergleichsweise glimpflichen, wenn auch auszehrenden Nischenexistenz unter Kriegsbedingungen reichte und die Betroffenen gleichzeitig verschiedenen Bedrohungsszenarien von der unmittelbaren Gefährdung von Leib und Leben bis zur Destabilisierung der psychischen und räumlichen Integrität unterwarf. Dies gilt ausdrücklich nicht nur für verschiedene Statusgruppen, sondern auch innerhalb vieler individueller Lebensläufe über die Dauer des Krieges hinweg. Entsprechend wurden in den Erinnerungen ebenso weit gespannte Strategien des Umgangs mit erzwungener Arbeit in der NS-Zeit erkennbar, in denen einerseits die Konzentration auf das Überleben als essentielles mentales Element erscheint, um Identität und Durchhaltewillen zu wahren oder zu rekonstruieren. Andererseits konnte sich aber auch die hohe Funktionalität der Anerkennung am Arbeitsplatz für Überleben und Selbstempfinden als gleichermaßen bedeutsam erweisen. Solche Beobachtungen haben zudem über den engen biographischen Kontext hinaus auch Einfluss auf wegweisende arbeitspsychologische Forschungen in der Nachkriegszeit genommen.[54]

Es dominiert in den Interviews generell ein Verständnis von Arbeit, nach der sie mit körperlicher Anstrengung zusammengedacht wird und Tätigkeiten wie z. B. Nähen, selbst wenn sie zum Lebensunterhalt beitrugen, kaum als „echte" Arbeit gewürdigt werden.[55] Abgesehen von der Funktion der Arbeit im Kontext der NS-Vernichtungspolitik zeigen sich nicht nur insofern in den Interviews keine Anzeichen einer prinzipiellen Problematisierung von – auch schwerer körperlicher – industrieller, landwirtschaftlicher oder anderer Arbeit an sich in ihren Auswirkungen auf die Menschen, die sie verrichten.[56] Diese grundsätzlich affirmative Perspektive auf (schwere, körperliche) Arbeit bildet sich im diskursiven Extremfall bei ehemaligen Zwangsarbeitenden, die ihre Tätigkeit ohne akute Todesdrohung ausübten, in Form eines narrativierten, selbst empfundenen oder vom (realen, imaginierten) Zuhörer erwarteten Respekts für die erbrachte Leistung ab.[57] An diesen Befund anschließend soll dieses Fazit noch einen weiter gespannten gesellschaftlichen Bezugsrahmen aufnehmen, der für das Verständnis der vorliegenden Forschung auch eine wichtige Rolle spielt.

Seit den 1980er Jahren beginnt sich in den westlichen Industriegesellschaften die Sicht auf Arbeit zu wandeln. Mit der Veränderung der industriellen Arbeits- zu post-industriellen Konsumgesellschaften scheint sich gleichzeitig ein Bewusstsein auszubilden, mit dem es möglich wird, bestimmte Formen von Arbeit nicht nur abstrakt-normativ, sondern auch in den Werthaltungen der Mehrheitsgesellschaften grundsätzlich zu delegitimieren. Mit dem dabei entstandenen Diskursraum interagierte auch die Debatte um die Entschädigungen für NS-Zwangsarbeit. Der Begriff der NS-Zwangsarbeit in seiner gegenwärtigen Form hat eine empirisch legitimierte, aber in seiner politisch-moralischen Verdichtung gleichzeitig auch synthetische Diskursposition geschaffen, von der aus es möglich wurde, die industrielle Arbeitsorganisation der Kriegswirtschaft NS-Deutschlands fundamental zu diskreditieren. Oder wie es Tenfelde ausgedrückt hat: "It [die Entschädigungsdebatte, CT] has fostered a sense of victimization that aims at reconstructing the victims' experiences to enforce legal claims."[58] Zwischen den dies in der Vergangenheit nachhaltig bestreitenden,

54 Donkin, Work, S. 235f.

55 Z. B.: umformatierte Übersetzung der Transkription des IFLDP-Interviews mit Galina G. (Ukraine 2005), S. 10; Protokoll zum IFLDP-Interview mit Jutta P. (Deutschland 2006).

56 Z. B.: Übersetzung der Transkription des IFLDP-Interviews mit Gabriel F. (Frankreich 2006), S. 31.

57 Z. B.: Transkription des IFLDP-Interviews mit Wilhelm N. (Deutschland 2006), S. 21.

58 Tenfelde, Labour, S. 148.

konkurrierenden exkulpierenden Erinnerungen der deutschen Bevölkerung und denjenigen der NS-Zwangsarbeitenden gibt es zwar eine gewisse Schnittmenge. Umso deutlicher ist aber umgekehrt auch auf die erheblich größere Menge wesentlicher Differenzen hinzuweisen. Es mögen nicht immer unbedingt die unmittelbaren Vollzüge der Arbeit gewesen sein, die Leid zufügten, sondern oft mehr noch die gewaltsamen Umstände, unter denen sie stattfanden. Auf Seiten der deutschen Bevölkerung scheint die Sicht auf Formen erzwungener Arbeit in der NS-Zeit im Nachhinein weniger von Verdrängung (wie lange Zeit im Fall der Shoah) geprägt gewesen zu sein, sondern eher von einer manifesten Opferkonkurrenz. Viele Deutsche wollten selbst gern einen Opferstatus für sich reklamieren; in diesem Bemühen waren Millionen internierter, gefangen genommener oder verschleppter und zur Arbeit genötigter Ausländer unerwünschte Mitbewerber. Das führte in der Konsequenz schließlich dazu, dass der deutschen Bevölkerung jahrzehntelang in vielen Fällen die Bereitschaft oder die Kapazität fehlte, das von ihnen hingenommene oder befürwortete oder sogar willkürlich herbeigeführte täglich aktualisierte Drama von Dislozierung, Identitätsbedrohung, Statusverlust oder des drohenden Todes auf Seiten der Zwangsarbeitenden in angemessener Weise erinnern und anerkennen zu können. Dieser aus subjektiver oder objektiver Opferkonkurrenz resultierende Mangel findet sich in abgewandelter, aber vergleichbarer Weise in allen untersuchten Gesellschaften wieder, was sich besonders nachhaltig für ehemalige Zwangsarbeitende aus der ehemaligen Sowjetunion und die STO-Rekrutierten aus Frankreich ausgewirkt hat.[59] Eigene Besatzungserlebnisse, lebensgefährliche Fronteinsätze oder Widerstandshandlungen, verdrängte Kollaborationserfahrungen oder schlichter Neid auf die in Feindeshand Davongekommenen – all dies hat die Spielräume für soziale und erinnerungskulturelle Anerkennung ehemaliger NS-Zwangsarbeitender enorm eingeengt.

Die Verwendung lebensgeschichtlicher Interviews mit ehemaligen Zwangsarbeitenden als historische Quellen lässt es insgesamt sinnvoll erscheinen, unter den NS-Zwangsarbeitenden begrifflich zu differenzieren und streng definitorisch nur diejenigen als Zwangsarbeiter/in anzusprechen, die als Zivilpersonen – ohne vorher Partisanen- oder sonstige gegen die Besatzer gerichtete Tätigkeiten geleistet zu haben oder dessen verdächtigt worden zu sein – aus keinem anderen Grund und zu keinem anderen Zweck als zur Erpressung ihrer Arbeitsleistung nach Deutschland verbracht wurden. In allen anderen Konstel-

59 Hierzu auch: Alexander von Plato, „Es war moderne Sklaverei." Erste Ergebnisse des lebensgeschichtlichen Dokumentationsprojekts zur Sklaven- und Zwangsarbeit, in: BIOS 20 (2007) 2, S. 251–290, hier S. 285f.

lationen der Verschleppung und anschließenden Nötigung zur Arbeit neigen NS-Opfer dazu, in ihren Erinnerungen dominantere Identifikationsmuster als biographische Marker und Träger eines personalen Selbstverständnisses über die als quälend, erniedrigend, lästig, oder in wenigen Fällen sogar in einem existentiellen Sinne als zufriedenstellend erlebte „Begleiterscheinung" Arbeit zu schieben. Diese Überlebenden bezeichnen sich selbst vielfach eher als KZ-Häftlinge, Widerstandskämpfer, aus Gründen nationaler, religiöser oder sozialer Zugehörigkeit Verfolgte oder als Kriegsgefangene, die neben anderen existentiell bedeutsamen Kriegserfahrungen eben auch erzwungene Arbeitsleistungen erbringen mussten. Arbeit gehörte im 20. Jahrhundert offenbar im narrativen Kontext der biographischen Selbstpräsentation vieler Interviewter wie auch im Verständnis der jeweiligen Gesellschaften so selbstverständlich zur menschlichen Existenz, dass sie unter den meisten Umständen als ein Element der Normalität bzw. der Kontinuitätsstiftung erlebt wurde und erinnert wird. Dadurch erscheint Arbeit tendenziell ungeeignet als Element der Skandalisierung bzw. zur Ausgestaltung von Verfolgungserfahrungen, innerhalb derer sie – jenseits des Bereichs der unmittelbaren physischen Existenzgefährdung – eher einem Prozess der narrativen Normalisierung unterliegt. Durch die Verwendung lebensgeschichtlicher Interviews wird so eine weitere Perspektive des historischen Verständnisses erzwungener Arbeitsleistungen in Deutschland während des Zweiten Weltkrieges eröffnet, die neben die klassisch empirische Analyse des Zwangsarbeitsstatus, die nach dem Vorhandensein der Potentiale von exit, voice und probability of survival sucht[60], eine solche stellt, die die Selbstzuschreibungen dieses Status durch die Betroffenen und die erinnerungskulturellen Fremdzuschreibungen – und damit die individualisierten und kollektivierten Erfahrungskontexte und Deutungsmuster – als maßgebliche Dimensionen für eine Gesamtbewertung des Komplexes der NS-Zwangsarbeit mitberücksichtigt.

---

60 Mark Spoerer, Zwangsarbeit unter dem Hakenkreuz. Ausländische Zivilarbeiter, Kriegsgefangene und Häftlinge im Deutschen Reich und im besetzten Europa 1939–1945, Stuttgart 2001, S. 15ff.

Sabine Rutar

„Unsere abgebrochene Südostecke …“

Bergbau im nördlichen Jugoslawien (Slowenien) unter deutscher Besatzung (1941–1945)

1 Einleitung: Betriebs- und Arbeitspolitik an der Peripherie des Deutschen Reiches

Anhand zweier für die deutsche Kriegswirtschaft bedeutsamer, etwa 80 Kilometer voneinander entfernt gelegener nordjugoslawischer (slowenischer) Bergbaubetriebe, dem Bleierzbergbau in Mežica (Mieß) in Südkärnten und dem Braunkohlebergbau im Revier Trbovlje (Trifail) in der Untersteiermark, werden im Folgenden die Wirkungen nationalsozialistischer Arbeitseinsatzpolitik in lokal vergleichender Perspektive untersucht.[1] Anhand der südöstlichen Peripherie des großdeutschen Reichs wird durch das Prisma „Arbeit“ die Bedeutung regionaler Kontexte hervorgehoben. Geoff Eley hat auf das (Miss-)Verhältnis zwischen Zentrum und Peripherie in der Geschichtsschreibung zum Nationalsozialismus verwiesen und die Aufmerksamkeit auf die Wirkmächtigkeit nationalsozialistischer *spatial imaginaries* gelenkt.[2] Lokale sozioökonomische und politische Loyalitäten und Pfadabhängigkeiten sorgten maßgeblich dafür, dass Arbeitsbeziehungen, Ausbeutung von Ressourcen und nicht zuletzt Widerstand auch innerhalb eines kleinen Raumes wie dem nordjugoslawischen (slowenischen) unterschiedliche Formen kannten.[3] Tatsächlich repräsentieren die beiden Bergbauregionen Paradigma und Sonderfall auf kleinem Raum: Zwar wurden aus deutschnationaler Sicht sowohl die Untersteiermark als auch Südkärnten, die seit 1918 dem neuen jugoslawischen Staat angehörten, als durch St. Germain und Versailles unrechtmäßig von den nördlichen Teilen der ehemals habsburgi-

1 Mein herzlicher Dank an Katrin Boeckh, Hans-Christoph Seidel, Joachim von Puttkamer, Rolf Wörsdörfer und die beiden Herausgeber für ihre wertvolle kritische Lektüre einer ersten Fassung dieses Aufsatzes.

2 Geoff Eley, Empire, Ideology, and the East: Thoughts on Nazism's Spatial Imaginary, in: Maiken Umbach/Claus-Christian W. Szejnmann (Hrsg.), Heimat, Region, Identity. Spatial Identities under National Socialism, Basingstoke 2012, S. 252–275, hier S. 268.

3 Maiken Umbach/Claus-Christian W. Szejnmann, Introduction: Towards a Relational History of Spaces under National Socialism, in: dies. (Hrsg.), Heimat, S. 1–22, insb. S. 9.

schen Kronländer Kärnten und Steiermark abgetrennt angesehen. Während aber nach der Zerschlagung Jugoslawiens im April 1941 die deutsche Heim-ins-Reich-Politik in der Untersteiermark, welche der vorher zu Krain gehörige Kohlenbergbau in Trbovlje angegliedert worden war, durch die Entfernung aller „deutschfeindlichen Elemente" und die Ausweisung „sämtliche[r] Nationalslowenen", also durch systematische Ent- und Umvölkerung umgesetzt werden sollte,[4] betrafen die Deportationen in Südkärnten, wo der Bergbau in Mežica das wichtigste Wirtschaftsobjekt darstellte, eher politisch motivierte Einzelaktionen, also Intellektuelle, Priester, nach 1918 aus den an Italien gefallenen slowenisch besiedelten Regionen Zugezogene und politisch Verdächtige (Kommunisten und slowenische Nationalisten). Die große Mehrheit der slowenischsprachigen Bevölkerung in Südkärnten wurde rassisch als „windisch" eingestuft, also, knapp gesagt, als Menschen, die „sich nicht der Rasse nach, sondern nur in der Sprache" von den Deutschen unterschieden.[5] Schon diese divergierende volkstumspolitische Taxierung sorgte für unterschiedliche Besatzungs- und Ausbeutungsverläufe. Trbovlje spiegelt die größeren, eher paradigmatischen Kontexte, die die slowenischen Gebiete wie auch die internationalen Entwicklungen im Kriegsverlauf betrafen; Mežica wich davon ab.

Nicht von ungefähr ist die südöstliche Peripherie des Großdeutschen Reichs ein sozialgeschichtlich vergleichsweise unerforschtes Feld geblieben. Die de facto annektierten slowenischen Regionen – formal dem Status Elsaß-Lothringens vergleichbar – fallen in der Regel aus den gängigen Forschungskontexten heraus. Bezüglich des Arbeitseinsatzes in slowenischen Bergbaubetrieben sind vielfältige Aspekte der slowenischen, jugoslawischen, deutschen, österreichischen und weiteren internationalen, oftmals eben selektiv bzw. mit Blick nur auf das jeweilige Zentrum argumentierenden Forschung zusammenzuführen.

---

4 Vermerk des Reichsministeriums des Innern über die Besprechungen in Graz betreffend Okkupationsmaßnahmen in den besetzten slowenischen Gebieten, Vermerk über die Besprechungen in Graz vom 8. bis 9.4.1941, ohne genaues Datum, in: Tone Ferenc (Hrsg.), Quellen zur nationalsozialistischen Entnationalisierungspolitik in Slowenien 1941–1945, Maribor 1980, Dok 13. Vgl. auch die folgenden, die Untersteiermark betreffenden Dokumente in Ferenc' Band.

5 Ausführlich zu den Windischen: Rolf Wörsdörfer, Ethnisch-nationale Differenzierung in den Ostalpen: „Deutsch-Windisch-Slowenisch" (1920–1991), in: Michael G. Müller/Rolf Petri (Hrsg.), Die Nationalisierung von Grenzen. Zur Konstruktion nationaler Identität in sprachlich gemischten Grenzregionen, Marburg 2002, S. 137–160 (Zitat S. 139).

Der hier verfolgte Ansatz ist ein betriebsgeschichtlicher, der nicht zuletzt historische Pfadabhängigkeiten berücksichtigt.[6] Die Studie basiert auf der Auswertung zweier Unternehmensarchive – der Akten der Bleiberger Bergwerks-Union und der Trboveljska Premogokopna Družba (Trifailer Kohlenwerksgesellschaft). Unternehmensarchive sind zur Untersuchung des NS-Arbeitseinsatzes in den besetzten Gebieten bislang eher selten ausgewertet worden. Ihr Mehrwert liegt indes auf der Hand: Sie bündeln die Perspektiven verschiedener Akteure, der Besatzer wie der Besetzten, und spiegeln en détail lokale Gegebenheiten und gleichzeitig vielfältige Bezüge zu den größeren Kontexten. Insofern unterscheidet sich der hier verfolgte Ansatz von der jüngsten Forschung zum NS-Arbeitseinsatz in den besetzten Gebieten, welche überwiegend aus deutscher Perspektive das (Nicht-)Funktionieren der NS-Institutionen vor Ort analysiert hat.[7]

Arbeitsbeziehungen sind immer auch Herrschaftsbeziehungen, weswegen *Loyalität* im Folgenden ein Schlüsselbegriff ist, um den Umgang mit und die Definitionen von Arbeit zu erfassen.[8] In beiden Fallbeispielen blieben die Bergarbeiter weitgehend im Werk bzw. wurden gezwungen, dort zu bleiben. Die jeweilige Verfasstheit der lokalen Gesellschaft in Mežica und Trbovlje führte zu zwar analogen, jedoch unterschiedlich wirkenden Gewaltpraktiken der Besatzer. Verantwortlich hierfür zeichneten sich insbesondere unterschiedlich gelagerte Loyalitätsmuster in den beiden durch den Bergbau geprägten Sozialregionen.[9] Das Augenmerk liegt darüber hinaus auf *Herrschaft als sozialer Praxis*, auf dem Handeln und den Motivationen vor Ort maßgeblicher Personen, die – ich knüpfe an Alf Lüdtkes Überlegungen an – *eigen-sinnig* handelten.[10] Einen weite-

---

6 Im Sinne von: Tanja Penter, Kohle für Stalin und Hitler. Arbeiten und Leben im Donbass 1929 bis 1953, Essen 2010.

7 Dieter Pohl/Tanja Sebta (Hrsg.), Zwangsarbeit in Hitlers Europa. Besatzung – Arbeit – Folgen, Berlin 2013; Christian Schölzel/Sanela Hodžić, Zwangsarbeit und der „Unabhängige Staat Kroatien“ 1941–1945, Berlin 2013; Florian Dierl et al., Pflicht, Zwang und Gewalt. Arbeitsverwaltungen und Arbeitskräftepolitik im deutsch besetzten Polen und Serbien 1939–1941, Essen 2013.

8 Klaus Tenfelde, Forced Labour in the Second World War: The German Case and Responsibility, in: Jürgen Kocka (Hrsg.), Work in a Modern Society. The German Historical Experience in Comparative Perspective, Oxford/New York 2010, S. 131–152, hier S. 133f. u. 147; Penter, Kohle, S. 11–19. Zur Subjektivität der Bewertung eigener (Zwangs-)Arbeitserfahrungen siehe den Beitrag von Christoph Thonfeld in diesem Band.

9 Klaus Tenfelde (Hrsg.), Sozialgeschichte des Bergbaus im 19. und 20. Jahrhundert, München 1992; vgl. auch: Angelika Westermann (Hrsg.), Montanregion als Sozialregion. Zur gesellschaftlichen Dimension von Region in der Montanwirtschaft, Husum 2012.

10 Alf Lüdtke, Eigen-Sinn: Fabrikalltag, Arbeitererfahrungen und Politik vom Kaiserreich bis in den Faschismus, Hamburg 1993; ders. (Hrsg.), Herrschaft als soziale Praxis: historische und sozial-anthropologische Studien, Göttingen 1991.

ren methodisch nützlichen Rahmen bietet Charles Taylors Konzept der *social imaginaries*, mit welchem er die Art und Weise zu fassen sucht, in der Menschen ihre soziale Existenz begreifen. Es geht um das in einem Sozialgefüge wirkmächtige Verständnis der Welt, welches gemeinsame Praktiken und eine geteilte Vorstellung von Legitimität ermöglicht und nicht zuletzt Loyalitätsmuster entstehen lässt.[11] Wie funktionierten derart umrissene *modern social imaginaries* unter Kriegs- und Besatzungsbedingungen?

1.1 Die Montanregionen Mežica (Mieß) und Trbovlje (Trifail) bis 1941

Das aus dem Zusammenbruch Österreich-Ungarns 1918 entstandene Jugoslawien wies eine denkbar disparate Verfasstheit auf: Auf dem Wege zur Industrialisierung befindliche Regionen im Norden waren 1918 mit kleinbäuerlich geprägten Regionen im Süden zusammengefügt worden. Die slowenischen Regionen hatten in Österreich-Ungarn eine mittlere Position zwischen den reichen Regionen und den armen Peripherien wie Dalmatien und Galizien eingenommen. In Jugoslawien, mit dann 21% Beschäftigten in Industrie und Gewerbe, standen sie demgegenüber an der Spitze. Der jugoslawische Staatsbildungsprozess brachte eine Destabilisierung der Verhältnisse durch die zögerliche Schaffung und Umsetzung neuer Gesetze, welche in den ehemals habsburgischen Regionen oftmals als Rückschritt wahrgenommen wurden, durch den Prozess der Währungsumstellung und die wachsende Inflation, sowie nicht zuletzt durch die Rückständigkeit der südlichen jugoslawischen Regionen. Was den Bergbau betraf, überließ die Belgrader Regierung die Erschließung neuer Förderstätten mangels eigener finanzieller und personeller Mittel ausländischen Firmen. In dieser Hinsicht unterschieden sich die nun in einem neuen Staat vereinten Regionen nur graduell – sowohl in Serbien als auch in den ehemals habsburgischen Regionen war ausländisches Kapital auch früher signifikant an Modernisierungsmaßnahmen und der Entwicklung der Rohstoffförderung beteiligt gewesen.[12]

Zwischen den Weltkriegen spielten jugoslawische Metallerze bei der Versorgung der europäischen Industriestaaten eine wichtige Rolle, weswegen deren Wirtschaftspolitik das Interesse an der Modernisierung der Fördertechniken einschloss. Der südkärntnerische Bleierzbergbau stand seit 1921 durch die neu

---

11 Charles Taylor, Modern Social Imaginaries, 4. Aufl. Durham 2007, S. 23.

12 Sergije Dimitrijević, Das ausländische Kapital in Jugoslawien vor dem Zweiten Weltkrieg, Berlin 1963; ders., Karakteristike industrije i rudarstva bivše Jugoslavije, Belgrad 1949.

gegründete Central European Mines Ltd. (CEM) unter britischer Führung. Die frühere österreichische Betreibergesellschaft, die Bleiberger Bergwerks-Union (BBU), hatte nach Kriegsende von der jugoslawischen Regierung Entschädigung für den Verlust ihres wirtschaftlich erfolgreichsten Objekts gefordert – es blieb bei einem österreichischen Aktienteil von zwei Fünfteln, den die BBU der CEM übertrug, welche 1924 von jugoslawischer Seite die offizielle Betriebsgenehmigung erhielt.[13] In den Folgejahren errichtete die CEM einen Hochofen, mehrere bleiverarbeitende Betriebe und eine Flotation. Seit 1939 war ein unterirdisches Elektrizitätswerk im Bau, welches die deutschen Besatzer 1943 fertigstellten und in Betrieb nahmen.[14]

Dass die maßgeblichen Vertreter der österreichischen Bleiberger Bergwerks-Union in der Zwischenkriegszeit weiter Einfluss auf den nun zu Jugoslawien gehörenden Betrieb nehmen wollten und auch konnten, war ein Ergebnis einerseits der Versailler Dispositionen, andererseits der zunehmenden ökonomischen Abhängigkeit Jugoslawiens von Deutschland.[15] Der Anschluss Österreichs 1938, der Kriegsausbruch und die miserable Ernte 1940, die Jugoslawien zum Import deutscher Agrarprodukte zwang, welche die Deutschen durch Rohstoffe kompensiert wissen wollten, kamen der BBU entgegen. Mittels eines jugoslawischen Staatskommissars gelang es ihr, seit Herbst 1940 die Kontrolle über das Werk wieder zu erlangen. Der britische Protest gegen die faktische Enteignung wurde dann Anfang 1941 von den militärischen Ereignissen eingeholt.[16]

Die Betreibergesellschaft des untersteirischen Kohlenreviers Trbovlje, die Trboveljska Premogokopna Družba (Trifailer Kohlenwerksgesellschaft, TPD), ein ebenfalls ehemals habsburgisches, schon vor dem Ersten Weltkrieg mit französischer Beteiligung geführtes Unternehmen, war das größte Industrieunternehmen der Untersteiermark. Nach dem Ersten Weltkrieg war es den Öster-

13 Die Mežiška dolina (Mießtal) war nicht Teil der Kärntner Volksabstimmung vom 10. Oktober 1920, sondern ihre künftige Zugehörigkeit zu Jugoslawien war in Versailles festgelegt worden: Ivan Mohorič, Industrializacija Mežiške doline, Maribor 1954, S. 285ff.; Thomas Zeloth, Zwischen Staat und Markt. Geschichte der Bleiberger Bergwerks-Union und ihrer Vorläuferbetriebe, Klagenfurt 2004, S. 334–337.

14 Mohorič, Industrializacija, S. 178, der, obwohl aus sozialistischer Perspektive schreibend, den englischen Modernisierungsschub lobt: „Das so ausgestattete Bergwerk stellte für die Verhältnisse im alten Jugoslawien eine technisch vorbildliche Montanindustrie dar."

15 Für die deutsche Forcierung der wirtschaftlichen Abhängigkeit Jugoslawiens ist der Begriff des informal empire bemüht worden: William S. Grenzebach, Germany's Informal Empire in East-Central Europe: German Economic Policy Toward Yugoslavia and Rumania, 1933–1939, Stuttgart 1988; Vgl. auch den Forschungsüberblick von: Uta G. Poiger, Imperialism and Empire in Twentieth-Century Germany, in: History and Memory 17 (2005) 1–2, S. 117–143.

16 Zeloth, Staat, S. 340–343 u. 426–429.

reichern auch hier gelungen, weiterhin mehr oder minder direkten Einfluss auf die Entwicklung des Unternehmens zu nehmen, beispielsweise ab Mitte der zwanziger Jahre über eine Verlegung der den Österreichern verbliebenen Aktien von Wien nach Paris.[17] Das untersteirische Kohlenrevier wurde nicht zuletzt mit Hilfe deutscher Reparationszahlungen modernisiert, etwa durch Maschinenlieferungen der Firmen Brown-Boveri, Krupp, Bleichert, Eisenwerke AG, Topf und Söhne sowie Siemens.[18]

Zum Zeitpunkt der Zerschlagung Jugoslawiens im April 1941 durch die Wehrmacht und ihre Verbündeten waren die älteren Bergingenieure und Facharbeiter in beiden Montanregionen noch an der Bergakademie im tschechischen Příbram oder an der Montanistischen Hochschule Leoben (Obersteiermark) ausgebildet worden. Die jüngeren Bergingenieure hatten ihre Ausbildung an der 1919 neu gegründeten Universität in Ljubljana absolviert. Die österreichischen montanistischen Netzwerke waren durch einen innerjugoslawischen Fachkräfteaustausch ersetzt worden, der sich insbesondere im Kohlenbergbau entwickelte, aber auch zwischen den beiden britisch geführten größten Bleierzbergwerken Mežica und Trepça (Kosovo).

Die Bergarbeiter in Mežica und in Trbovlje stammten „mit wenigen Ausnahmen alle aus dem Draubanat", meist aus der jeweils näheren Umgebung.[19] In den letzten Vorkriegsjahren hatte sich ihre Situation durch die Weltwirtschaftskrise spürbar verschlechtert. Schätzungen gehen für die Jahre 1933/34 von 360 000 bis 500 000 effektiv Arbeitslosen in Jugoslawien aus. Das gewaltige Überangebot an Arbeitskräften hielt das Lohnniveau niedrig; die Bergarbeiterschaft gehörte zu den am schlechtesten bezahlten Arbeiterkategorien. Zwischen 1930 und 1937 betrug der durchschnittliche Verdienst eines jugoslawischen Bergarbeiters gerade noch 38 Prozent des Existenzminimums einer vierköpfigen Familie.[20] Er machte etwa ein Sechstel dessen aus, was im Ruhrgebiet gezahlt

---

17 Ivan Mohorič, Problemi in dosežki rudarjenja na Slovenskem: zgodovina rudarstva, Bd. I, Maribor 1978, S. 226–238.

18 Ferdinand Friedensburg, Kohle, Eisen und Bauxit in Jugoslawien, in: Glückauf. Berg- und Hüttenmännische Zeitschrift 75/46 vom 18.11.1939, S. 897–903, 913–919, S. 902; Arhiv Republike Slovenije (künftig: ARS), Energieversorgung Südsteiermark (EV Süd), fasz. 4, Beschreibung des Kohlenwerkes Trifail vom 20.4.1941.

19 ARS, EV Süd, fasz. 4, Beschreibung des Kohlenwerkes Trifail vom 20.4.1941 (Zitat); Mohorič, Industrializacija, S. 228.

20 Dimitrijević, Karakteristike, S. 43; Der Arbeitslohn im ehemaligen Jugoslawien, in: Arbeitswissenschaftliches Institut der Deutschen Arbeitsfront (Hrsg.), Jahrbuch 1940/41, Bd. II, S. 855, gibt für September 1940 als Tageseinkommen eines jugoslawischen Arbeiters kaum 25 Prozent desselben Existenzminimums an.

wurde, die Schichtleistung ein Drittel.[21] Der Reallohn sank auch nach dem Ende der Wirtschaftskrise stetig: Er lag im September 1940 nicht nur niedriger als während der Krisenjahre 1932/33, sondern um noch ein Fünftel unterhalb des Standes von 1913/14.[22]

In Trbovlje reagierte die TPD auf die Krise mit einer forcierten Mechanisierung der Produktionsabläufe. Die Zahl der Arbeiter halbierte sich zwischen 1925 (5 073) und 1934 (2 564) annähernd.[23] 1934 zählte man 1 587 arbeitslose Bergarbeiter; die soziale Lage zeigte ein elendiges Gesamtbild.[24] In Mežica war die Situation vergleichsweise gut: Vor Ausbruch der Weltwirtschaftskrise hatten die Löhne sogar fast 50 % über dem Durchschnittslohn eines jugoslawischen Bergarbeiters gelegen, was dazu führte, dass der Betrieb auch die Krise besser bewältigte.[25] Nach dem Kriegsausbruch 1939 verschärften sich die Proteste gegen die Preissteigerungen sowie gegen die Unterstützung der Achsenmächte. Das Verhältnis zum jugoslawischen Staat war zwiespältig geblieben.[26]

2 Bergbau im Krieg: Arbeit, Gewalt, Überleben

Nach dem Angriff der Deutschen und ihrer Verbündeten auf Jugoslawien am 6. April 1941 wurde Slowenien zwischen Deutschland, Italien und Ungarn aufgeteilt.[27] Die deutsch besetzten slowenischen Gebiete der Untersteiermark und Oberkrains wurden den Reichsgauen Kärnten und Steiermark angegliedert. Die Eingliederung in das Deutsche Reich war für den 1. Oktober 1941 vorgesehen, kam aber nie zustande, nicht zuletzt wegen der wachsenden militärischen Widerstandsbewegung. Am 14. April wurden die Gauleiter der beiden österreichischen Nachbarprovinzen, in der Steiermark Siegfried Uiberreither, in Kärnten

21 Friedensburg, Kohle, S. 897.

22 Holm Sundhaussen/Wolfgang Höpken, Jugoslawien von 1914 bis zur Gegenwart, in: Wolfram Fischer et al. (Hrsg.), Europäische Wirtschafts- und Sozialgeschichte vom Ersten Weltkrieg bis zur Gegenwart, Stuttgart 1987, S. 847–914, hier S. 868.

23 ARS, EV Süd, fasz. 4, Beschreibung des Kohlenwerkes Trifail vom 20.4.1941; Lojze Požun, Trbovlje v NOB: 1941–1942, Trbovlje 1986, S. 10–13, beziffert die Reduzierung der Belegschaft zwischen 1925 und 1934 auf 58 Prozent.

24 ARS, EV Süd, fasz. 4, Beschreibung des Kohlenwerkes Trifail vom 20.4.1941.

25 Mohorič, Industrializacija, S. 188.

26 Požun, Trbovlje v NOB, S. 8–16.

27 Der folgende Überblick über die Besatzung basiert auf: Sabine Rutar, Besetztes jugoslawisches Gebiet Slowenien, in: Gerd R. Ueberschär (Hrsg.), Handbuch zum Widerstand gegen Nationalsozialismus und Faschismus in Europa 1933/39–1945, München 2011, S. 269–280.

Franz Kutschera (im November 1941 abgelöst durch Friedrich Rainer) zu Chefs der Zivilverwaltung (CdZ) auch für die neu besetzten slowenischen Gebiete erklärt. Die wirtschaftlichen Ressourcen wurden in den Dienst der deutschen Kriegswirtschaft gestellt, Arbeit stand im Mittelpunkt der „Heim-ins-Reich"-Vergemeinschaftungsbemühungen.[28] Dieser Aspekt war allerdings – wie sich schnell herausstellte, in kontraproduktiver Weise – verwoben mit der Germanisierungspolitik, die die Vertreibung für nicht „eindeutschungsfähig" befundener Slowenen nach sich zog.[29] Insgesamt wurden etwa 80 300 Menschen oder zehn Prozent der Gesamtbevölkerung aus den deutsch besetzten Gebieten Sloweniens deportiert, etwas weniger als ein Drittel der ursprünglich geplanten Zahl. Etwa 55 000 gelangten ins sogenannte Altreich, in den „Unabhängigen Staat Kroatien", nach Serbien und andere jugoslawische Regionen, die meisten von ihnen in den Arbeitseinsatz. Etwa 35 000 wurden in die Wehrmacht rekrutiert. 40 000 Slowenen wurden aus politischen Motiven interniert, 15 000 kamen in Konzentrationslager; knapp 3 000 wurden als sogenannte „Sühnegeiseln" erschossen. Etwa 17 000 Menschen flohen aus den deutsch besetzten Gebieten in das italienisch besetzte Ljubljana, darunter viele Intellektuelle.[30] War die Mobilität in und zwischen den jugoslawischen Regionen vorher nur wenig ausgeprägt gewesen, änderten Krieg und Besatzung dies in radikaler Weise.[31]

---

28 Hierzu und allgemein zum Topos Grenzlandschicksal am Beispiel des Gaus Oberrhein: Thomas Williams, „Grenzlandschicksal": Historical Narratives of Regional Identity and National Duty in „Gau Oberrhein", 1940–1944, in: Umbach/Szejnmann, Heimat, S. 56–71. Er nennt den Reichsarbeitsdienst als diejenige Instanz, die sich besonders in der Mobilisierung regional verankerter Identitäten im Sinne der Heim-ins-Reich-Politik hervorgetan habe (S. 60).

29 In der Forschung ist mehrfach die Interdependenz von rassenideologischen Maßnahmen und wirtschaftlichen Interessen herausgestellt worden: Andreas Strippel, NS-Volkstumspolitik und die Neuordnung Europas. Rassenpolitische Selektion der Einwandererzentralstelle des Chefs der Sicherheitspolizei und des SD 1939–1945, Paderborn 2011, S. 18f.; Alexa Stiller, On the Margins of Volksgemeinschaft: Criteria for Belonging to the Volk within the Nazi Germanization Policy in the Annexed Territories, in: Umbach/Szejnmann, Heimat, S. 235–251.

30 Stiller, Margins, S. 244ff., zur rassistischen Überprüfung in den slowenischen Gebieten, der sich insgesamt mehr als eine halbe Million Menschen unterziehen musste. Zum Kriterium der Eindeutschungsfähigkeit und zum „Sonderfall Slowenien": Strippel, NS-Volkstumspolitik, S. 207f. Zu den genannten Zahlen auch: Helga H. Harriman, Slovenia Under Nazi Occupation, 1941–1945, New York 1977, S. 42; Jozo Tomasevich, War and Revolution in Yugoslavia, 1941–1945, Stanford 2001, S. 93; Marjan Drnovšek et al. (Hrsg.), Slovenska kronika XX stoletja, 1941–1945, Ljubljana 1996, S. 20.

31 Zu Arbeitskräften aus und in Jugoslawien, vor allem Serben: Zoran Janjetović, Arbeitskräfterekrutierung und Zwangsarbeit im Militärverwaltungsgebiet Serbien 1941–1944, in: Dierl et al., Pflicht, S. 317–442; Sabine Rutar, Arbeit und Überleben in Serbien: Das Kupfererzbergwerk Bor im Zweiten Weltkrieg, in: GG 31 (2005), S. 101–134; Schölzel/Hodžić, Zwangsarbeit.

„Rüstungsarbeiter“ und Angehörige „sonstiger lebensnotwendiger Betriebe“, und hierzu gehörte der Bergbau, sollten allerdings von den Deportationen ausgenommen bleiben.[32] Mit Bezug auf die slowenischen Regionen wurde verlautbart, dass „unsere abgebrochene Südostecke“ durch die Angliederung an das Deutsche Reich „der natürlichen gegenseitigen Ergänzung“ des ehemaligen habsburgischen Wirtschaftsraums rückverordnet werde. Gleichzeitig wurden auch die aus jugoslawischen Zeiten rührenden Verbindungen vor allem nach Kroatien, aber auch nach Serbien aufrechtzuerhalten gesucht.[33]

In Mežica hatte vier Tage nach Beginn des Angriffes auf Jugoslawien, am 10. April 1941, das Rüstungskommando Graz den Betrieb der Central European Mines Ltd. übernommen.[34] Der Generaldirektor und der Werksdirektor der BBU in Bleiberg, Gustav Heinisch und Emil Tschernig, wurden als Wirtschaftsführer und Bergdirektor in das Südkärntner Werk berufen.[35] Beide sahen in dessen Rückführung unter die Ägide der BBU die Wiederherstellung eines Zustands, der nie hätte verändert werden dürfen.[36] Sie begannen ihre Arbeit mit Beruhigungsmaßnahmen: Schon Ende April hatten sie mehrere Millionen Dinar aus dem nun zum „Unabhängigen Staat Kroatien“ gehörenden Zagreb, wo die CEM ihren Firmensitz gehabt hatte, nach Mežica transportiert sowie von der Kärntner Gauleitung einen Kredit von 200 000 Reichsmark erwirkt, sodass die seit März auf ihre Löhne wartenden Arbeiter ausbezahlt werden konnten. Im Juni wurden deren Löhne denjenigen in Bleiberg angeglichen.[37] Die etwa 850 Mann starke Belegschaft bestand fast vollständig aus Slowenen: „Es ist erfreulich berichten

32 Anordnung Nr. 45/I des Reichskommissars für die Festigung deutschen Volkstums über die weitere Aussiedlung von Slowenen aus den besetzten Gebieten Sloweniens vom 4.9.1941, in: Ferenc, Quellen, Dok. 115.

33 Befreites Land. Untersteiermark und Nordkrain, in: Der Vierjahresplan 5 (Juni 1941), S. 601–603 (Zitate S. 601 u. 602); Industrielle Probleme der Steiermark. Der gewerbliche Beitrag der Untersteiermark, in: Der Vierjahresplan 6 (Januar 1942), S. 39. Im Detail zur Einbindung der BBU in das den Bergbau und die Industrie betreffende deutsche Prämiensystem: Zeloth, Staat, S. 402–405. Das Gros der Aktien übernahm die Preußische Bergwerks- und Hütten AG.

34 Kärntner Landesarchiv (künftig: KLA), AT KLA 813 – Bleiberger Bergwerks-Union (BBU), Schachtel 319, Jahresbericht CEM 1941.

35 Zeloth, Staat, S. 429f. Heinisch war 1932, im Zuge der weltwirtschaftskrisenbedingten Schließungskrise in Bleiberg, an die Spitze des Werks berufen worden. Tschernig war zeitgleich zum Werksleiter ernannt worden, 1936 zum Werksdirektor.

36 KLA, BBU, Schachtel 317, Bericht der Bleiberger Bergwerks-Union an den Staatsrat in Belgrad vom 15.2.1941. Zeloth, Staat, S. 401–420, zum als „reibungslos“ etikettierten vorherigen Übergang des österreichischen Bergbaus in die deutsche Wirtschaft nach 1938. Tschernig schrieb noch 1957, die NS-Wirtschaftspolitik sei dem Bergbau förderlich gewesen: Emil Tschernig, Der Buntmetallbergbau in Österreich, Klagenfurt o.J. [1957], S. 46.

37 KLA, BBU, Schachtel 319, Jahresbericht CEM 1941, S. 7f. u. 43.

zu können, daß die Gefolgschaftsmitglieder [...] willig mitarbeiteten und daß sich Alle [sic], trotz mancher sprachlicher Schwierigkeiten, voll und ganz für die gedeihliche Entwicklung des Betriebes einsetzten", vermerkte Tschernig in seinem ersten Jahresbericht.[38]

Die untersteirischen Kohlengruben wurden in der im Juni 1941 durch die Gauverwaltung gegründeten Aktiengesellschaft Energieversorgung Südsteiermark zusammengefasst, die Teil der Reichswerke „Hermann Göring" war.[39] Die Betriebe wurden als „durchwegs technisch gut ausgerüstet, jedoch noch sehr ausbaufähig" charakterisiert; auch hier plante das Oberbergamt Wien eine Anpassung der „auch für jugoslawische Verhältnisse" niedrigen Löhne.[40] Die Kohlenbergarbeiter in Trbovlje und ihre Familien waren laut einer gleich am Tag nach der jugoslawischen Kapitulation erlassenen Sonderanweisung Himmlers vom 18. April 1941 von den Deportationen auszunehmen.[41] Man stellte sich vor, die Bergarbeiter durch physische Festsetzung unter Kontrolle halten zu können: „Diese Gebiete sind gewissermaßen wie ein großes Konzentrationslager zu betrachten, das unter eine gewisse Bewachung gestellt werden muss."[42]

Schon Ende 1941 war deutlich, dass die volkstumspolitischen und die den Arbeitseinsatz betreffenden Verordnungen Gewaltpraktiken darstellten, die in einem erheblichen Spannungsverhältnis zueinander standen. Noch während die Vertreibungen im Gange waren, konstatierten zeitgenössische Beobachter gravierende Folgen für die wirtschaftliche Lage und insbesondere das Arbeitskräftepotential.[43] Während aber in Mežica die Ausbeutung der Bleierzvorkommen aufgrund der dortigen Konstellation während der ersten beiden Besatzungsjahre vergleichsweise reibungslos verlief, war die Untersteiermark seit

38 Ebd., S. 10.

39 U. S. National Archives & Records Administration, Washington (künftig: NARA), T-17 R 17, Oberbergamt Wien, Lagebericht vom 15.9.1941.

40 Ebd.

41 Ferenc, Quellen, Dok. 23: Richtlinien und Anweisungen des Reichskommissars für die Festigung deutschen Volkstums zur Aussiedlung von Slowenen und Ansiedlung von Deutschen in der Untersteiermark vom 18.4.1941.

42 Eine Anmerkung ebd. zitiert diese Äußerung des Grazer Regierungspräsidenten Otto Müller-Haccius in einer Stabsbesprechung am 30.4.1941. Vgl. ders., Nacistična raznarodnovalna politika v Sloveniji v letih 1941–1945, Maribor 1968, S. 257–289 u. 322–327, 214 Trboveljer Bergmannsfamilien genannt werden, insgesamt 976 Personen, die von den Aussiedlungen ausgenommen worden seien.

43 Abschließender Bericht der Deutschen Gesandtschaft in Zagreb über die Aussiedlung von Slowenen und Serben vom 20.11.1941, in: Ferenc, Quellen, Dok. 179.

Juni 1941 Schauplatz der ersten, ihrerseits gewaltsamen, Widerstandsaktionen der kommunistisch geführten Partisanen.[44]

In Mežica war es insbesondere Werksdirektor Emil Tschernig, der gegen die Germanisierungspolitik, die den Slowenen das Existenzrecht absprach, in einer Weise agierte, die eine „altösterreichische“, insbesondere aber eine starke bergbauliche Identität spiegelt. Er versuchte, „seine“ Werksangehörigen zusammenzuhalten, offenbar unter beachtlichem persönlichem Einsatz:

> Es gelang [...] der Leitung des Unternehmens durch eine Reihe von Vorsprachen bei Dienststellen der Partei und der Behörden, so vor allem der Gau- und Kreisleitung, beim politischen Kommissar in Unterdrauburg [Dravograd], beim Chef der Zivilverwaltung in Veldes [Bled], dem Kommandeur der Polizei und des SD, u. v. a. und durch Eingaben und Berichte den Umfang der geplanten Umsiedlung weitgehend einzuschränken. Immerhin verlor das Werk 38 Gefolgschaftsmitglieder, darunter 16 Angestellte, welche sich jetzt in Serbien befinden und zum Teil bei deutschen Betrieben in dem an Bulgarien gefallenen Teil Mazedoniens (Zletovo) eingesetzt sind.[45]

Einer der nach Makedonien deportierten Ingenieure war Viktor Fettich, der seit 1922 ununterbrochen in der Bleihütte in Mežica tätig gewesen war. Da Tschernig zeitgleich seine Tätigkeit in Bleiberg aufgenommen hatte und die Verbindungen zwischen den beiden Werken trotz der neuen Staatsgrenze bestehen geblieben waren, ist davon auszugehen, dass die beiden Männer sich seit längerem kannten.[46] Zwei Tage vor dem deutschen Angriff hatten die Briten am 4. April Fettich die Werksleitung übertragen. Im Zuge der Besetzung ordnete er die Zerstörung der vitalen Teile des Werks an. In Berichten der Gauleitung Kärnten über die Aussiedlungen aus Mežica heißt es, dass er „im Bleibergwerk Mieß Sprengungen vorgenommen und sich dort als Terrorist gegen das Deutschtum betätigt hat“, dass er „das gegebene Wort gebrochen hat, nach seiner Enthaftung 2 Versammlungen abhielt, bei der einen waren 15 und bei der zweiten 30 Personen

44 Die Partisanenbewegung in Slowenien zählte 1941 etwa 2 000 Mitglieder, 1942 4 500, 1943 5 500. Nach der italienischen Kapitulation im September 1943 – die nicht zuletzt den Zugang zu Waffen bedeutete – wuchs sie auf 20 000. Mitte 1944 erreichte sie die Zahl von 30–35 000 Mitgliedern: Drnovšek et al., Slovenska kronika, S. 52.

45 KLA, BBU, Schachtel 319, Jahresbericht CEM 1941, S. 11. Zeloth, Staat, S. 432–435, zu den Bemühungen Tschernigs, seine Belegschaft zusammenzuhalten. Es habe „während des Höhepunktes der Aussiedlungsaktion im Juli 1941 ein Feilschen um jede Arbeitskraft – jedenfalls um jede qualifizierte“ (S. 433) begonnen.

46 Viktor Fettich, in: Wikipedia, [http://sl.wikipedia.org/wiki/Viktor_Fettich], eingesehen 11.2.2014; Nachruf: Bergrat h. c. Dr. mont. Dipl. Ing. Emil Tschernig, in: Mitteilungen der Geologischen Gesellschaft in Wien 63 (1970), S. 235ff.

anwesend, die Fettich aufforderte, Slowenen zu bleiben."[47] Die Arbeiter kamen Fettichs Sprengungsbefehl jedoch nicht nach, reparierten im Gegenteil noch das, was zerstört worden war, wie elektrische Leitungen, Wege und Brücken:

> In den Abendstunden des 8. April sollten über Auftrag des serbischen Militärs alle Kraftwerke gesprengt werden, doch gelang es dank dem entschlossenen Eingreifen der Maschinenwärter, welche die Zündschnüre durchschnitten oder heimlich die Kapseln durchfeuchteten, dieses Vorhaben zu vereiteln. [...] Alle Maschinen, Geräte und Kabel konnten dank dem vorbildlichen Einsatz der Gefolgschaft geborgen werden.[48]

Dieselben „werkseigenen Kräfte" sorgten mit Unterstützung der Wehrmacht dafür, dass die gesprengte Fernstromleitung zum 40 Kilometer entfernten untersteirischen Kraftwerk in Velenje (Wöllan) binnen weniger Tage – über die Osterfeiertage – wiedererrichtet wurde.[49] Fettich wurde einen Tag nach der jugoslawischen Kapitulation am 18. April mit einigen weiteren slowenischen Führungskräften sowie sieben politisch verdächtigen Bergmännern von der Gestapo verhaftet und drei Tage später in das Polizeigefängnis Klagenfurt verbracht. Ihre Familien brachte man in das gerade errichtete Internierungslager St. Vid bei Ljubljana.[50] Ivan Mohorič, Autor einer Abhandlung aus titoistischer Zeit über die Industrialisierung der Mežiška dolina, benutzt die Floskel der „fünften Kolonne", um die Haltung der Bergarbeiter zu beschreiben, die das Werk nicht sabotieren wollten. Er vermerkt dann durchaus korrekt, es sei die Werksleitung der BBU gewesen, also Repräsentanten der Besatzer, die verhindert habe, dass Fettich und ein weiterer Ingenieur erschossen wurden. Über Tschernig schreibt Mohorič, er sei „in der Ausführung der ihm übertragenen Aufgabe gegenüber der Arbeiterschaft korrekt gewesen und habe vielen Slowenen geholfen, am Leben zu bleiben"[51], was für einen der titoistischen Volksbefreiungstradition verpflichteten slowenischen Historiker durchaus eine ungewöhnliche Aussage ist.

Tschernig vermerkte im Bericht zum ersten Besatzungsjahr: „Die Arbeitsdisziplin und Arbeitswilligkeit muß als sehr gut bezeichnet werden."[52] Das größte Problem sah er in der Tat in der Volkstumspolitik.[53] Er setzte sich für gute

---

47 KLA, BBU, Schachtel 552, Bericht über den Aussiedlungsfall Direktor Dipl.-Ing. Viktor Fettich-Frankenheim vom 12.11.1941.

48 Ebd., Schachtel 319, Jahresbericht CEM 1941, S. 3.

49 Ebd., S. 4, 6.

50 Mohorič, Industrializacija, S. 201f.

51 Mohorič, Industrializacija, S. 201ff. (Zitat S. 202f.).

52 KLA, BBU, Schachtel 319, Jahresbericht CEM 1941, S. 43.

53 Ebd., S. 6f.

Arbeiter und Fachkräfte slowenischer Nationalität ein und suchte deren „verdächtige“ Mitgliedschaften, wie jene im nationalen Sportverein Sokol, durch schlichtes Interesse am Sport zu rechtfertigen und auch andere politisch „zweifelhafte“ Aktivitäten entschärft darzustellen.[54] Er tauschte Briefe mit jenen slowenischen Ingenieuren aus, deren Vertreibung er nicht hatte verhindern können, und bemühte sich auch um praktische Hilfe, etwa um die Verhinderung des Verkaufs bzw. der Beschlagnahmung von Häusern, Möbeln und anderem Besitz.[55]

Der Briefwechsel zwischen Tschernig und dem erwähnten Viktor Fettich, dem der Bleierzbergbau in Zletovo im bulgarisch besetzten Makedonien „übertragen“ worden war, überdauerte die gesamte Besatzungszeit und spiegelt den Austausch zweier Fachkollegen, die sich schätzten. Hinsichtlich der Wertschätzung der eigenen Arbeit und (bergmännischen) Identität spricht insbesondere aus einem Brief Fettichs vom April 1943 deutlich die Seelenverwandtschaft zwischen den beiden Männern und Fettichs Fremdheitsgefühl im als „Orient“ wahrgenommenen Makedonien:

> „Mazedonien“ hat einen berechtigten Beigeschmack. [...] Die Einheimischen sind freundlich, was sie denken, weiß niemand, denn sie sind durch Jahrhunderte gewöhnt, ihre Gedanken zu verbergen und jeder „Obrigkeit“ schön zu tun. Verlassen kann man sich auf niemand. Und dann tun sie so wenig es nur möglich ist, Geld spielt eine kleine Rolle und ist kein großer Anreiz, sie glauben an keine Beständigkeit, denn sie haben schon soviel Wechsel erlebt, dass sie niemand mehr Glauben schenken. Hatte einer mehr Geld, so kam irgendein Aga oder Beg oder Sreski načelnik oder irgend ein Haiduk oder Komita und erpresste es, so dass die, die am armseligsten lebten, am ehesten unbehelligt durchkamen. Drum leben die meisten noch heute schlechter wie das Vieh dort. Mit solchen Leuten ist das Arbeiten nicht leicht.[56]

Tschernig bekam nicht zuletzt wegen des Falles Fettich Schwierigkeiten mit der NS-Gauverwaltung. SS-Standartenführer Alois Maier-Kaibitsch, der als Geschäftsführer des Kärntner Heimatbundes maßgeblich die Aussiedlung der Kärntner Slowenen verantwortete, beschuldigte Tschernig, es fehle

---

54 KLA, BBU, Schachtel 552, Tschernig an Heinisch, Betr.: Herbert Kalisch vom 2.2.1942.

55 Ebd., Brief von Viktor Fettich an Emil Tschernig vom 21.4.1942.

56 Ebd., Brief von Viktor Fettich an Emil Tschernig vom 26.4.1943. Ein sreski načelnik ist ein Bezirkspräfekt; komita geht auf das türkische komitacı zurück (Komitee-Mitglied) und bezieht sich ursprünglich auf irreguläre antiosmanische Militärs im ausgehenden Osmanischen Reich; hajduk bezieht sich auf in Banden organisierte Freischärler, denen im Osmanischen Reich eine Aura nationaler Freiheitskämpfer anhing.

> an der entsprechenden Arbeit gegen die slovenisch kommunistische Tätigkeit innerhalb des Werkes, bei dem verschiedene Partisanen beschäftigt sind. Es steht fest, daß Fettich und Ing. Gogala seinerzeit die Absicht hatten, das Werk zu sprengen und dieser Plan nur deshalb unterblieb, weil die Arbeiter schließlich nicht mittun wollten. Gogala ist, obwohl der nationaler Slovene ist, noch immer im Werk beschäftigt. [...] Herr Dr. Tschernig [hat] sicherlich die betriebswirtschaftlichen Aufgaben einwandfrei gelöst [...], aber das im Mießtal so wichtige Werk Mieß [muss] auch in volkspolitischer Richtung mit dem Ziele der völkischen Angliederung des Mießtales an den übrigen Gau Kärnten seine Aufgaben erfüllen und die Werksleitung sich dem entsprechend einstellen.[57]

Tatsächlich geht aus dem Jahresbericht 1943 hervor, dass der genannte Berginspektor Gogala in der 1941 eingerichteten bergmännischen Berufsschule gar die jugendlichen Lehrlinge unterrichtete, in den Fächern „Unfallverhütung" und „Bergpolizei-Vorschriften".[58] Im Mai 1944 erklärte Maier-Kaibitsch, Tschernig stehe „noch immer in Korrespondenz mit Ing. Fettich" und sei „daher für das Mießtal politisch untragbar", was Tschernig echauffiert dazu veranlasste, um seine Amtsenthebung zu ersuchen, allerdings, wie auch schon 1942, vergeblich.[59]

Während in Mežica zwar die Spannungen zwischen Besatzungsverwaltung und Werksleitung zunahmen, der Betrieb aber – nicht zuletzt dank der Bemühungen Tschernigs, die slowenischen Bergarbeiter zu schützen – ansonsten relativ reibungslos lief[60], belegen die Protokolle der Monatsbesprechungen der Direktion der Energieversorgung Südsteiermark, dass im Kohlenrevier von Trbovlje die volkstumspolitischen Maßnahmen die Arbeit spätestens Ende 1941 massiv beeinträchtigten. Seit Ende Juli hatten die ersten Partisanenaktionen darauf gezielt, Aussiedlungen zu verhindern und die Arbeit zu sabotieren.[61] Für die Besatzer erwies es sich nicht nur als äußerst schwierig, qualifizierte Ersatzkräfte für die vertriebenen Facharbeiter und Ingenieure zu finden, sie notierten auch den wachsenden Unmut der Bergleute:

---

57 Ebd., Schachtel 322, nicht gez. Schreiben an BBU-Generaldirektor Dipl.-Ing. Gustav Heinisch vom 1.6.1944. Die Schachtel enthält weitere Korrespondenz der Vertreter des NS-Besatzungsapparates in Sachen Gesinnung von und Umgang mit Emil Tschernig.

58 Ebd., Schachtel 319, Jahresbericht BBU 1943, S. 59.

59 Ebd., Emil Tschernig an BBU-Generaldirektor Dipl.-Ing. Gustav Heinisch, 25.5.1944. Tschernig erwähnt in diesem Schreiben, ein analoges Gesuch schon am 20.6.1942 vorgebracht zu haben.

60 Zeloth, Staat, S. 435–439.

61 Zur Volksbefreiungsfront im Kohlenrevier im ersten Besatzungsjahr Požun, Trbovlje v NOB, passim.

> Die gegen Ende August eingetretene Beunruhigung wegen der Aussiedlung ins Altreich hat sich in der ersten Hälfte September erheblich verstärkt. [...] Die Stimmung unter der Arbeiterschaft, und zwar auch bei solchen Arbeitern, die als deutschfreundlich bekannt waren, soll keine gute sein.[62]

Im Juli 1942 wurde der Reichsarbeitsdienst auf die CdZ-Gebiete ausgedehnt.[63] Auch die seit März 1942 durchgeführten Rekrutierungen von mehreren zehntausend slowenischen Männern für die Wehrmacht sollten die weitere Stärkung der Partisanen verhindern.[64] Gleichzeitig sollten die Zwangsrekrutierungen der Germanisierung der slowenischen Regionen dienen, wobei trotz der Existenz mehrerer Studien offen geblieben ist, ob man die eingeschränkte deutsche Staatsangehörigkeit an die Slowenen vergab, um sie einzuberufen, oder ob man tatsächlich glaubte, sie dadurch, dass man sie zwangsrekrutierte, germanisieren zu können.

Der Effekt der Wehrmachtsrekrutierungen auf den Arbeitseinsatz war jedenfalls ein doppelt negativer: Anfang 1943 beurteilte das Oberbergamt Wien die Arbeitseinsatzsituation in den Kohlenwerken als „durchwegs schlecht“, und zwar einerseits aufgrund der Einberufungen zu Wehrmacht und Reichsarbeitsdienst, andererseits auch durch nicht ersetzbaren „Abgang“, sprich Arbeitsflucht.[65] Zudem reduzierten „Einberufungen von Gefolgschaftsmitgliedern zur Wehrmannschaft“, also der Einsatz der Arbeiter im Kampf gegen die Partisanen sowie für Luftschutzstollenbauten, die Belegschaft weiter.[66]

Berichteten die Werksleitungen im Kohlenrevier von Trbovlje seit Anfang Juli 1942 regelmäßig über Partisanenüberfälle, Zwangsrekrutierungen und „Flucht zu den Banditen“, Gefangennahmen, Ermordungen, insbesondere von Werkschutzangehörigen, aber auch von Bergleuten[67], stand in Mežica erst das Jahr 1943 „im Zeichen einer ständig größer werdenden Unruhe, welche ihren Grund

62 Bericht des Politischen Kommissars für den Kreis Marburg-Stadt (Maribor-mesto) über die politische und wirtschaftliche Lage im September 1941, o. D., in: Ferenc, Quellen, Dok. 140.

63 Verordnung des Chefs der Zivilverwaltung in den besetzten Gebieten Kärntens und Krains über die Einführung des Arbeitsdienstrechtes vom 7.7.1942, in: ebd., Dok. 232.

64 Marjan Žnidarič et al. (Hrsg.), Nemška mobilizacija Slovencev v drugi svetovni vojni, Celje 2001, S. 20; Verordnung des Chefs der Zivilverwaltung in der Untersteiermark über die Einführung des Wehrrechts vom 24.3.1942, in: Ferenc, Quellen, Dok. 209; Verordnung des Chefs der Zivilverwaltung in den besetzten Gebieten Kärntens und Krains über die Einführung des Wehrrechts vom 7.7.1942, in: ebd., Dok. 233.

65 NARA, T-17 R 17, Oberbergamt Wien, Lagebericht vom 15.3.1943.

66 ARS, EV Süd, fasz. 67, Niederschrift über die Direktorenbesprechung am 27.10.1943 in Cilli, Hotel Europa, vom 4.11.1943.

67 Ebd., fasz. 8, Tagesberichte der Werksleitungen in Hrastnik (Eichtal) und Laško (Tüffer), die seit Mitte Juli 1942 fast täglich in Schutzhaft genommene Belegschaftsmitglieder erwähnen.

im Übergreifen der Partisanentätigkeit auf unser Gebiet und der dadurch ungünstig beeinflußten politischen Lage hat."[68] Seit April verzeichnete man

> eine Reihe von Überfällen, Verschleppungen, Morden, Brandstiftungen, Sabotageakten an den Hochspannungsleitungen usw., denen auch eine Reihe unserer Gefolgschaftsmitglieder zum Opfer fiel. [...] Durch die Anfang 1943 beginnenden Einberufungen zur Wehrmacht, durch Verhaftungen seitens der Staatspolizei, durch Befehle zur Versetzung von nicht voll verläßlichen Werksangehörigen zu anderen Betrieben im Altgau Kärnten und schließlich durch die von Partisanen verursachten Ausfälle verlor der Bergbau eine namhafte Zahl von Angestellten und Arbeitern (über 200), für die es keinen Ersatz gibt, da im besetzten Gebiet weder Kriegsgefangene noch Ostarbeiter eingesetzt werden dürfen.[69]

Tatsächlich kam auch in Trbovlje der Plan, Kriegsgefangene zum Einsatz zu bringen, nicht zur Umsetzung - wobei sowjetische Kriegsgefangene, wohl aus Angst vor (weiterer) kommunistischer Unterwanderung, von vorn herein ausgeschlossen wurden.[70] Die Widerstandsbewegung im „panslawisch-kommunistischen Zentrum des Industriegebietes Trifail-Tüffer" zeigte ihre Wirkung.[71] Im Juni 1943 waren die slowenischen Gebiete auf Befehl Himmlers zum Bandenkampfgebiet erklärt worden.[72] In Mežica und in Trbovlje hatte dies verschärfte Wehrschutzmaßnahmen zur Folge. In Trbovlje zog man Stacheldraht zur Sicherung der Schächte, umzäunte wo möglich das Werksgelände, bemühte sich um eine weitere Verstärkung des Werkschutzes und kämpfte gleichzeitig mit Material- und Personalmangel, die letztlich die Bewerkstelligung der weiteren gewünschten Sicherungsmaßnahmen unmöglich machten.[73] Was in Trbovlje Stacheldraht bewirken sollte, wurde in Mežica mittels Vermauerung der Stollen versucht. Von neun Stollen blieben nur zwei offen, die unter militärischer Bewachung standen.[74]

---

68 KLA, BBU, Schachtel 319, Jahresbericht BBU 1943, S. 1; Zeloth, Staat, S. 455f.

69 KLA, BBU, Schachtel 319, Jahresbericht CEM 1943, S. 1 u. 54; Zeloth, S. 444–446, zum Einsatz ausländischer Zivilarbeiter und Kriegsgefangener im wenige Kilometer entfernten Bleiberg in Österreich, die in der zweiten Kriegshälfte weit über die Hälfte der Belegschaft ausmachten.

70 ARS, EV Süd, fasz. 67, Niederschrift über die Monatsbesprechung am 2.7.1942 in Cilli.

71 Bericht von Alexander Dolezalek über den Stand der Umsiedlung in der Untersteiermark, Oktober 1942, in: Ferenc, Quellen, Dok. 272. Dolezalek war Mitglied des SS-Ansiedlungsstabes Poznàn und 1941 vorübergehend als Leiter der Planungsabteilung im SS-Ansiedlungsstab „Südmark" in der Untersteiermark im Einsatz.

72 Befehl des Reichsführers SS – Erklärung der besetzten slowenischen Gebiete zum Bandenkampfgebiet vom 21.6.1943, in: ebd., Dok. 312.

73 ARS, EV Süd, fasz. 67, Niederschrift über die Monatsbesprechung am 26.8.1943 in Cilli; Niederschrift über die Direktorenbesprechung am 27.10.1943 in Cilli, Hotel Europa, vom 4.11.1943; Niederschrift zur Direktorenkonferenz am 21.4.1944 in Cilli.

74 KLA, BBU, Schachtel 319, Jahresbericht CEM 1944, S. 9f.

Die Einberufungen zur Wehrmacht waren, zusammen mit der Wendung des Krieges, die Hauptursache für den Stimmungswechsel in Mežica. Die erste Partisaneneinheit formierte sich im April 1943 aus Männern, die sich dem Einberufungsbefehl entzogen hatten.[75] Das Jahr 1944 war

> innerhalb und außerhalb des Betriebes eine Kampfzeit. Die [...] Partisanentätigkeit nahm ab Mitte März Formen an, die den regelrechten Krieg in unser Gebiet brachten. [...] (einmal im August wurde Schwarzenbach [Črna] von über 2 000 Mann mit schweren Waffen angegriffen). [...] Der Gesamtverlust beträgt also 478 Mann, naturgemäß die kräftigsten, gesundesten und leistungsfähigsten Leute. [...] Da außerdem 153 Mann zur Wehrmacht abgingen, haben wir einen Gesamtverlust von 631 Mann zu buchen, das sind 41,6 % des Standes am Jahresbeginn, nach der Leistungsfähigkeit und dem Arbeitswert aber mindestens die Hälfte.[76]

In Trbovlje zersetzte die Einwirkung der Partisanen nach und nach die Belegschaft, die nun „häufig beim Politisieren angetroffen“ wurde.[77] Das lokale Kreiskomitee der Volksbefreiungsfront urteilte indes Ende Juli 1944, „die Masse der Bergleute ist sich immer noch zuwenig der Bedeutung der Befreiungsbewegung und der Rolle der Arbeiterschaft insgesamt, der Bergarbeiter aber besonders, bewußt. Also wartet die Mehrheit der Arbeiter immer noch, bis zum letzten Augenblick, sei es aus Angst vor Verhaftung wegen Verbindungen zu uns, sei es aus Angst vor deutschen Repressalien.“[78]

Trotz des Einsatzes der Wehrmacht beklagte die Betriebsleitung „den vollkommen unzureichenden Schutz der Betriebe gegenüber dem Zugriff der Partisanen“.[79] In den Augen der Werksbetreiber kamen deren Mobilisierungsanstrengungen in Bezug auf die Bergarbeiter einem Aufruf zum Generalstreik gleich, den die verbliebene Belegschaft aller Kohlenbergwerke auch „ziemlich durchgreifend“ befolgt habe.[80] Die Förderung kam wegen des wachsenden Mangels an Arbeitskräften und des Einsatzes der verbliebenen Arbeiter bei Sicherungsarbeiten weitgehend zum Erliegen.[81]

---

75 Marjan Linasi, Kako je nemški okupator ocenjeval razmere v Mežiški dolini 1941–45, in: Koroški zbornik 3 (2001), S. 56–84, hier S. 69.

76 KLA, BBU, Schachtel 319, Jahresbericht CEM 1944, S. 1.

77 ARS, EV Süd, fasz. 67, Niederschrift zur Direktorenkonferenz am 21.4.1944 in Cilli.

78 Zit. n.: Metod Mikuž, Pregled zgodovine narodnoosvobodilne borbe v Sloveniji, Bd. IV, Ljubljana 1973, S. 654f.

79 NARA, T-17 R 17, Oberbergamt Wien, Lageberichte vom 18.7.1944.

80 ARS, EV Süd, fasz. 67, Bericht zur Lage im untersteirischen Kohlenbergbau, Cilli vom Oktober 1944.

81 Ebd., Niederschrift zur Direktorenkonferenz am 21.4.1944 in Cilli; NARA, T-17 R 17, Oberbergamt Wien, Lageberichte vom 18.9., 21.10. u. 22.11.1944.

Im Bergwerk Mežica endete die Besatzung, ungeachtet der alles beherrschenden Gewalt, einige Monate später so, wie sie begonnen hatte: geordnet. In der Nacht vom 3. auf den 4. Mai 1945 griffen die Partisanen Dravograd (Unterdrauburg), Črna (Schwarzenbach) und Žerjav (Scheriau) an. In der Nacht vom 7. auf den 8. Mai erging der Befehl an die Besatzungsinstitutionen, das besetzte Gebiet zu verlassen. Im Bergwerk übergab Emil Tschernig, bevor er in Richtung Klagenfurt abfuhr, die Schlüssel und damit die Geschäfte an den Berginspektor Gogala, dessen Vertreibung er vier Jahre zuvor verhindert hatte.[82]

3 Fazit

Der vorliegende Beitrag zeigt auf, dass den lokalen Dimensionen in der Analyse des NS-Arbeitseinsatzes in den besetzten Gebieten mehr Beachtung gebührt, als ihnen bislang zuteil wurde. Der hier gewählte betriebsgeschichtliche Zugang gibt Aufschluss darüber, wie lokale und regionale Dynamiken artikuliert wurden und wie sie im Rahmen größerer nationaler und inter- bzw. transnationaler Dimensionen funktionierten und zu interpretieren sind.

Die Forschung hat einen weitgehenden Konsens über die Kategorisierung von NS-Arbeitsverhältnissen erreicht, mit Ausnahme der „Einordnung derjenigen Arbeitskräfte, die außerhalb des Reichsgebietes für die Deutschen Zwangsarbeit leisten mussten".[83] Dass die Beurteilung dessen, was als Zwangsarbeit und/oder unfreie Arbeit angesehen wird, auch von der jeweiligen gesellschaftlichen Kultur, Politik, Werteverfasstheit und nicht zuletzt dem Recht abhängt, ist vielfach verdeutlicht worden.[84] Die geleistete Arbeit in Mežica und Trbovlje fällt im Rahmen der gängigen Kategorisierungen nicht unter den Begriff *Zwangsarbeit*, schon weil die slowenischen besetzten Gebiete im Bereich des Arbeitseinsatzes wie Reichsgebiet behandelt wurden. Kriegsgefangene oder „Ostarbeiter" kamen hier nicht zum Einsatz, was nicht zuletzt dem

---

82 KLA, BBU, Schachtel 6, Bericht über die Ereignisse in Mežica in der Zeit vom 1. bis 8.5.1945. Zeloth, Staat, S. 455f.

83 Den vielleicht besten Forschungsüberblick gibt: Hans-Christoph Seidel, Der Ruhrbergbau im Zweiten Weltkrieg. Zechen – Bergarbeiter – Zwangsarbeiter, Essen 2010, S. 15–29 (Zitat S. 20). Autoritativ nach wie vor: Mark Spoerer, Zwangsarbeit unterm Hakenkreuz. Ausländische Zivilarbeiter, Kriegsgefangene und Häftlinge im Deutschen Reich und im deutsch besetzten Europa 1939–1945, Stuttgart 2001, 13–20.

84 Jürgen Zarusky, Arbeit und Zwang unter der NS-Herrschaft. Eine Typologie, in: ders. (Hrsg.), Ghettorenten. Entschädigungspolitik, Rechtsprechung und historische Forschung, München 2010, S. 51–63; sowie der Beitrag von Marc Buggeln in diesem Band.

bis Kriegsende bestehenden improvisierten staatrechtlichen Status der nurmehr de facto annektierten Untersteiermark und Südkärnten geschuldet war. Die slowenischen Wirtschaftsobjekte – ganz Slowenien – sollten „eingedeutscht“ werden und unterlagen formal den normativen Vorgaben des Reichs. Die Selektion der Arbeiter erfolgte auf rassistischer und ideologisch-politischer Grundlage und stand in einem fortwährenden Spannungsverhältnis zu den kriegswirtschaftlichen Interessen. Die Bedeutung der Arbeit im Bergbau war ambivalent – sie bot Schutz vor Deportation und Mobilmachung einerseits; sie bedeutete Arbeit für den Besatzer andererseits. Im Laufe des Krieges und mit anwachsender Widerstandsbewegung, die wiederum vom wachsenden Widerwillen gegen die deutschen Repressalien genährt wurde, wandelte sich die Situation der Arbeiter. Jenseits der Abstufungen von auferlegter Pflicht und Zwang stellen sich auch Fragen nach dem subjektiven Empfinden, den Erfahrungsräumen und daraus resultierenden Erwartungshorizonten der Bergarbeiter.

In Slowenien – und in Jugoslawien insgesamt – sind die Sabotageaktionen durch die kommunistisch geführte Partisanenbewegung für eine Geschichte der Arbeit unter NS-Besatzung nicht zu unterschätzen. Die Masse der Arbeiter blieb – wie anderswo auch – unpolitisch und hatte Angst sowohl vor den deutschen Repressionen als auch vor den Partisanen. Dennoch: Mit wachsender Widerstandsbewegung wuchsen auch die Phänomene Arbeitsflucht, Arbeitsverweigerung. Wie oben gezeigt werden konnte, beeinflusste die kommunistisch geführte militärische Widerstandsbewegung jene Aspekte der Arbeit unter Besatzungsbedingungen, die nach Mark Spoerer zentral für die Definition von Zwangsarbeit sind: die mangelnde Möglichkeit, das Arbeitsverhältnis zu beeinflussen oder zu beenden (*voice* und *exit*), und die Überlebenswahrscheinlichkeit.[85] Insofern stößt die Kategorisierung von *Zwang* auch in dieser Hinsicht an ihre Grenzen: Die deutsch besetzten Gebiete wurden *de facto* wie Reichsgebiet behandelt. Gleichzeitig sollten sie erst zu „wirklichem“ Reichsgebiet gemacht werden, durch radikale Eindeutschungsmaßnahmen. Die Ausbeutung der wirtschaftlichen Ressourcen war nicht minder wichtig – Stacheldraht, Festsetzung und Gewalt gehörten zum Alltag des Arbeitseinsatzes. Gleichzeitig boten die kriegswirtschaftlichen Betriebe Schutz vor der Deportation. Und sozial- und wohlfahrtsstaatliche Maßnahmen wie Lohnerhöhungen, Sozialleistungen und Einführung „deutscher“ Bergbautraditionen sollten eben auch ein „Heim-ins-Reich-Holen“ suggerieren.

85 Spoerer, Zwangsarbeit, S. 13–20.

Das Spannungsfeld zwischen der kriegswirtschaftlichen Bedeutung und dem rassenideologischen Umgang mit slawischen Menschen im Betrieb verschob sich im Zuge des Krieges. Der gewaltsame Widerstand der Partisanen – manchmal im Betrieb, öfter aber jenseits der kriegswichtigen und deshalb besonders stark bewachten Industrieorte – verkomplizierte und veränderte die Arbeitsbeziehungen zusätzlich. Der totalitäre Anspruch des NS-Staats ist die eine Seite, während bestehende Loyalitäten – bergmännische Solidarität, alte imperiale Muster, fachliche und menschliche Wertschätzung unter Kollegen – durchaus wirkmächtig bleiben konnten. In Trbovlje brachte das seit den frühen 1920er Jahren politisch mit den Kommunisten sympathisiernde Bergarbeitermilieu den Partisanen vergleichsweise leicht solidarischen Zuspruch, trotz anfänglich durchaus vorhandener Deutschfreundlichkeit. Die Bergleute in Mežica, die die Sabotage von innen ihres nun deutsch besetzten Werks verhinderten, standen offensichtlich der „Wiederkehr" Österreichs, wie sie glaubten, nicht ablehnend gegenüber. Es waren nationalsozialistische Gewalt und Terror, die sie eines Besseren belehrten: Die „alten Zeiten" würden nicht wieder kommen.[86]

86 Drei Monate nach Abzug der letzten deutschen Truppen (9. Mai) wurden am 22. August 1945 vor einem kommunistischen Militärgericht in Maribor sechzehn Mitglieder der Verwaltung des Bergbaus Mežica wegen Hochverrats und Kollaboration verurteilt: Mohorič, Industrializacija, S. 305.

Andrea Löw

Arbeit in den Gettos: Rettung oder temporärer Vernichtungsaufschub?

War Arbeit für die von den Nationalsozialisten in Gettos eingesperrten Juden gleichbedeutend mit Überleben? Der Judenälteste von Litzmannstadt – diesen Namen hatten die deutschen Besatzer der Stadt Lodz oder Łódź im Frühjahr 1940 gegeben – ging davon aus, dass dies so war. Litzmannstadt ist das wohl prominenteste Beispiel einer in großem Ausmaß betriebenen Gettoindustrie und damit verbunden dem Einsatz weiter Teile der Bevölkerung in den Werkstätten und Fabriken. Mordechai Chaim Rumkowski hielt am 4. Januar 1942 vor Mitgliedern seiner Verwaltung und anderen ausgewählten Zuhörern eine Rede. Knapp zwei Wochen, bevor die Deportationen Zehntausender Lodzer Juden in das Vernichtungslager Kulmhof (Chełmno)[1] begannen, blickt der von der deutschen Verwaltung für die Organisation des Gettolebens verantwortlich gemachte Rumkowski zunächst zurück:

> Denke ich zurück, dann erfüllt mich in erster Linie der fürwahr rekordartige Ausbau des Gettos zu einem Arbeitszentrum mit Stolz. Buchstäblich aus dem Nichts haben wir doch enorme Arbeitsstätten errichtet, die verschiedensten Werkstätten und Fabriken in Betrieb genommen. Schon heute beschäftigen wir eine Armee von nahezu 50 000 Menschen. Mit solch einer Zahl an Arbeitenden müssen alle ernsthaft rechnen. Und damit rechnen auch alle, bis in die entscheidenden Instanzen hinein. [...] Ich bin mir sicher, dass die Behörden zu keinen Schikanen greifen werden, solange das Getto ehrlich und gut arbeitet. [...] DER PLAN ZU BEGINN DES NEUEN JAHRES: Dieser Plan ist: ARBEIT, ARBEIT und noch einmal ARBEIT. Mit eisernem Willen werde ich danach streben, dass sich für alle im Getto eine Arbeit findet [...]. Wenn ich dieses Programm verwirkliche, kann ich aufgrund der unanfechtbaren Zahlen beweisen, dass die Juden im Getto ein produktives Element und sie daher wertvolle Menschen sind.[2]

Der Gedanke, dass Juden sich durch ihre Produktivität retten würden, war keineswegs abwegig, in zahlreichen Gettos wurde von den verantwortlichen jüdischen Funktionären entsprechend gehandelt. Oftmals traf sich dieser Wille,

---

1 Deutsche Lager wie z. B. das Vernichtungslager Belzec und das Zwangsarbeits- bzw. Konzentrationslager Plaszow gebe ich hier in der zeitgenössischen deutschen Schreibweise wieder, da es nicht um die polnischen Ortschaften Bełżec und Płaszów, sondern um die von Deutschen eingerichteten Orte des Terrors geht. Und so verwende ich in der Folge auch den deutschen Namen für die Vernichtungsstätte Kulmhof.

2 Zit. n.: Die Chronik des Gettos Lodz/Litzmannstadt 1942 (künftig: Chronik 1942), hrsg. v. Sascha Feuchert et al., Göttingen 2007, S. 23–27.

Arbeit zu organisieren, mit dem Profitstreben deutscher Verantwortlicher – auch hier ist Litzmannstadt mit dem Leiter der deutschen Gettoverwaltung Hans Biebow ein gutes Beispiel – oder auch Firmeninhaber, die die günstige Arbeitskraft der im Getto eingesperrten Juden ausnutzten. Es gab dabei verschiedene Arten der Organisation von Gettoarbeit: In Litzmannstadt war alles zentral geregelt und die Arbeiter blieben im Getto, wo sie in Werkstätten arbeiteten. In vielen anderen Gettos verließen Teile der Arbeiter morgens unter Bewachung das Getto, um außerhalb zu verschiedenen Arbeiten eingesetzt zu werden. Mitunter waren Juden sogar eine Zeit lang bei demselben Arbeitgeber beschäftigt wie vor dem Krieg. Insgesamt gilt: Menschen in den Gettos bemühten sich aktiv darum, eine Arbeitsstelle zu finden. Nur dies garantierte ihre – wenngleich dürftige – Ernährung, später aber war eine Arbeitskarte die nahezu einzige Möglichkeit, den Deportationszügen in die Vernichtung zu entgehen.

Bedeutete Arbeit aber wirklich Rettung oder nur einen Aufschub, bevor die Menschen doch ermordet wurden? In diesem Artikel soll an den Beispielen der Gettos Litzmannstadt im *Reichsgau Wartheland* und Krakau im *Generalgouvernement* aufgezeigt werden, welche Bedeutung Arbeit in den Gettos für die Bewohner hatte und wie sie organisiert war. Nicht geleistet wird eine Geschichte dieser Gettos oder gar eine Darstellung der Gettoisierung im nationalsozialistisch besetzten Osteuropa insgesamt.

Laut den Ergebnissen des USHMM gab es im deutsch beherrschten Ost- und Ostmitteleuropa etwa 1100 bis 1200 Gettos, davon existierten einige nur über einen sehr kurzen Zeitraum. Im Gebiet von Polen in den Grenzen von 1939 etwa 600, im Baltikum etwa 130, in der Sowjetunion etwa 250 unter deutscher Besatzung, weitere Gettos gab es unter rumänischer Herrschaft in Transnistrien und in Groß-Ungarn. Die Unterschiede zwischen den Gettos waren teilweise gravierend. Es existierten geschlossene Gettos, die durch einen Zaun oder – seltener – eine Mauer streng abgeriegelt waren, daneben aber auch sog. offene Gettos, die nicht äußerlich begrenzt waren oder sogar einfach aus einer bestimmten festgelegten Straße im Ort bestanden. Der Grad der Isolation war recht unterschiedlich, außerdem existierten die Gettos auch unterschiedlich lang.[3] Und so differierten auch die Organisation und die Bedingungen von Arbeit erheblich.[4]

---

3 Martin Dean (Hrsg.), Encyclopedia of Camps and Ghettos 1933–1945, Bd. II.: Ghettos in German-Occupied Eastern Europe, Bloomington 2011. Siehe auch: The Yad Vashem Enzyclopedia of the Ghettos During the Holocaust, hrsg. v. Guy Miron/Shlomit Shulhani, 2 Bde., Jerusalem 2009; BGN 25 (2009).

4 Siehe dazu jetzt die Beiträge in: Jürgen Hensel/Stephan Lehnstaedt (Hrsg.), Arbeit in den nationalsozialistischen Ghettos, Osnabrück 2013.

1 Die Organisation der Arbeit

In Litzmannstadt organisierte Mordechai Chaim Rumkowski seit dem Frühjahr 1940, die Arbeit im Getto.[5] Aus nahezu jeder Branche gab es im Getto Spezialisten. Bereits am 1. Mai 1940 wurde die erste Schneidereiabteilung gegründet und die Registrierung aller Schneider begann. Großes Improvisationstalent war gefordert: Die jeweiligen Fachleute wurden aufgerufen, sich zu melden, kamen zur Arbeit, brachten mit, was sie an Werkzeugen oder Maschinen hatten retten können, und die Produktion begann. Viele Maschinen fehlten anfangs, auch der Mangel an Rohstoffen war ein großes Problem. Anfang Oktober 1940 existierten dennoch bereits Fabriken in 18 verschiedenen Branchen, so gab es Schneidereien, Kürschnereien, Strickereien und Gerbereien, eine Gummi-Fabrik und eine Tapeziererei.[6]

Das Zentralbüro der Arbeits-Ressorts – Ressort wurden im Getto die Fabriken genannt[7] – war für die Organisation der Werkstätten und Fabriken zuständig. Unter seinem Leiter Aron Jakubowicz fungierte es seit dem 1. Oktober 1940 als Mittlerinstanz zwischen der deutschen Gettoverwaltung und den einzelnen Betrieben im Getto bei der Ausführung von Aufträgen. Die Bestellungen der Kunden gingen über die Gettoverwaltung an dieses Büro, welches das betreffende Ressort damit beauftragte sowie die Einhaltung des Liefertermins und die Qualität der Ware kontrollierte. Größter Abnehmer war mit etwa 90 Prozent des Bestellvolumens das Deutsche Reich und hier vor allem die Wehrmacht, aber auch die Stadtverwaltung Litzmannstadt. Etwa zehn Prozent der Bestellungen kamen von Privatfirmen wie Neckermann, dem Alsterhaus Hamburg, der AEG

5 Zur Arbeit in den kleineren Gettos des Warthegaus siehe: Stephan Lehnstaedt, Jewish Labor in the Smaller Ghettos in the Warthegau Region, in: YVS 38 (2010), S. 47–84; Andrea Löw, Warthegau. „Und diese Stadt wird leben, weil sie so leidenschaftlich leben will", in: Hensel/Lehnstaedt, Arbeit, S. 113–137. In diesem Artikel habe ich auch die Arbeitsbedingungen im Getto Litzmannstadt genauer dargestellt und konnte mich hier darauf stützen.

6 Zu den unterschiedlichen Branchen im Getto der Bericht eines Überlebenden: Bendet Hershkovitch, The Ghetto in Litzmannstadt (Lodz), in:YIVO 5 (1950), S. 85–122. Ich stütze mich bei diesen Ausführungen in hohem Maße auf: Andrea Löw, Juden im Getto Litzmannstadt. Lebensbedingungen, Selbstwahrnehmung, Verhalten, Göttingen 2006.

7 Das Wort Ressort bürgerte sich schon früh in der Gettosprache ein und bald wurden alle Betriebe des Gettos mit der Bezeichnung Ressort versehen. Es hieß also Schneiderressort oder Tischlerressort. Das aus dem Französischen stammende Wort wurde laut eines Eintrags von Oskar Singer für die 1944 im Getto verfassten Enzyklopädie – mit dem „t" am Ende gesprochen, in: Archiwum Żydowskiego Instytutu Historycznego (Archiv des Jüdischen Historischen Instituts in Warschau, künftig: AŻIH), 205/311, Bl. 323.

oder Telefunken.[8] Die Löhne, die den Auftraggebern in Rechnung gestellt wurden, gingen auf das Konto der Gettoverwaltung, von dem die Versorgung des Gettos finanziert wurde. In der eigenen Währung des Gettos bekamen die Arbeiter von der jüdischen Verwaltung ihre Löhne ausbezahlt.

Zumindest eine Zeit lang konnte ein Arbeiter im Getto Litzmannstadt seine Familie dadurch, dass er angestellt war, miternähren: Es ist nicht ganz klar, wann dieses System eingeführt wurde, doch berichtet die im Archiv des Gettos zwischen Januar 1941 und Juli 1944 verfasste Tageschronik im Mai 1942 von der Abschaffung von Familienzulagen: In den Monaten zuvor hatten nicht beschäftigte Familienmitglieder eines Arbeiters je 15 Mark monatlich als Zulage erhalten.[9] Ein weiterer Faktor, der die Arbeit für die Menschen im Getto so wichtig machte, war die Verpflegung am Arbeitsplatz: Mittags gab es eine Suppe, manchmal bekamen die Arbeiter weitere Verpflegung, teilweise konnten sie davon sogar etwas aus der Fabrik hinausschmuggeln und ihre Familie damit unterstützen.

Der Unterschied zwischen Arbeitern und nicht arbeitenden Gettobewohnern hinsichtlich der Verpflegungssituation war groß: Anfang November 1940 ordnete Biebow an, dass Arbeitskräfte entsprechend größere Mengen an Lebensmitteln bekommen sollten, um ihre Leistungsfähigkeit zu erhalten. Dies ging zu Lasten der übrigen Bevölkerung, denn die dem Getto zugestandenen Rationen erhöhte die deutsche Verwaltung nicht. Seit Januar 1941 bekam jeder Gettobewohner 300 Gramm Brot am Tag, in den Ressorts genannten Fabriken beschäftigte Arbeiter dagegen 600 Gramm.[10]

Am Anfang fanden trotz der Bemühungen Rumkowskis und seiner Mitarbeiter bei weitem nicht alle „arbeitsfähigen" Gettobewohner eine Anstellung. In dieser Zeit erreichten den Judenältesten oder sein „Sekretariat für Bittschriften und Beschwerden" unzählige Briefe, deren Verfasser ihre Situation schilderten und um eine Arbeitsstelle baten.[11]

Durch Werbeaktionen von Hans Biebow und dadurch eingehende Bestellungen einerseits und Rumkowskis Organisationsgeschick andererseits wuchs die Produktion im Getto im Jahr 1941 dann aber trotz aller Schwierigkeiten beträchtlich. Vor allem seit dem Sommer stieg die Zahl der Arbeitskräfte sukzessi-

---

8 Julian Baranowski, The Łódź Ghetto 1940–1944/Łódzkie Getto 1940–1944, Vademecum, 2. verb. und erw. Aufl., Łódź 2003, S. 46–48; Peter Klein, Die „Gettoverwaltung Litzmannstadt" 1940–1944. Eine Dienststelle im Spannungsfeld von Kommunalbürokratie und staatlicher Verfolgungspolitik, Hamburg 2009.

9 Chronik 1942, S. 148.

10 Löw, Juden, S. 127f.

11 Staatsarchiv Łódź, APŁ 278/158 sowie 278/200 bis 278/236.

ve an. Immer mehr Aufträge erreichten das Getto.[12] Im Dezember 1941 standen bereits gut 50 000 Gettobewohner in einem Arbeitsverhältnis, darunter knapp 5000, die außerhalb des Gettos beim Bau der Autobahn von Frankfurt/Oder nach Posen beschäftigt waren.[13] Der Jugendliche Dawid Sierakowiak beschreibt diese Entwicklung am 24. August 1941 in seinem Tagebuch:

> Das Ghetto entwickelt sich immer prächtiger. Es entsteht eine Unmenge neuer Werkstätten und Fabriken, die zusammen mit den schon vorhandenen wahrhaftig den Jüdischen Industriebezirk bilden, wie wir scherzhaft sagen.

Und noch einer Aufzählung verschiedener Arbeitsstätten beschreibt er eines genauer:

> Das Metall-Ressort entwickelt sich zusehends, es bekommt immer gewichtigere Aufträge von den Deutschen. Hunderte von Menschen finden Beschäftigung [...].[14]

In Krakau, der Hauptstadt des *Generalgouvernements*, war das deutsche Arbeitsamt („Arbeitsamt Abteilung Judeneinsatz") in der ul. Józefińska 10 dafür zuständig, die Menschen im Getto auf verschiedene Arbeitsplätze zu verteilen. Zu diesem Zweck arbeitete es mit der Arbeitsamt-Abteilung des Judenrates zusammen – eine solche doppelte Verwaltung des jüdischen Arbeitseinsatzes gab es in vielen Gettos.[15] Diese Judenratsabteilung wiederum führte eine Kartei der Gettobewohner, die nicht im Besitz einer Arbeitsbescheinigung waren. Die beruflichen Fähigkeiten der Juden waren hier verzeichnet, so dass sie gezielt zugeteilt werden konnten. Diejenigen ohne feste Anstellung wurden bei Bedarf verschiedenen Arbeiten zugeteilt. Sie mussten sich dazu morgens mit ihren Kennkarten beim Arbeitsamt melden.[16]

Keine großen Probleme hatten die zahlreichen Handwerker, jedoch: Für viele Krakauer Juden war es ungeheuer schwer, eine feste Arbeit zu finden,

---

12 Die Chronik des Gettos Lodz/Litzmannstadt 1941 (künftig: Chronik 1941), hrsg. v. Sascha Feuchert et al. Göttingen 2007, S. 227.

13 Tabelle über Beschäftigungszahlen: Henryk Rubin, Żydzi w Łodzi pod niemiecką okupacją 1939–1945, London 1988, S. 309.

14 Das Ghettotagebuch des David Sierakowiak. Aufzeichnungen eines Siebzehnjährigen 1941/42, Leipzig 1993, S. 82f.

15 Insgesamt hatte die deutsche Arbeitsverwaltung im Generalgouvernement bis zum Beginn des Massenmordes die Kompetenz für den Arbeitseinsatz der Juden inne; siehe Stephan Lehnstaedt, Die deutsche Arbeitsverwaltung im Generalgouvernement und die Juden, in: VfZ 60 (2012), S. 409–440.

16 Zu den Ausführungen zum Getto Krakau siehe: Andrea Löw/Markus Roth, Juden in Krakau unter deutscher Besatzung 1939–1945, Göttingen 2012.

denn ihre Qualifikationen waren kaum mehr gefragt: Die Fabriken und Werkstätten suchten keine Lehrer, keine Anwälte und auch keine Schriftsteller oder Journalisten. Sie alle mussten nun unter Beweis stellen, dass sie zu körperlicher Arbeit in der Lage waren. Denn um auch nur mit dem nötigsten versorgt zu sein, musste man eine Arbeit finden. So kam es, wie Anna Lermer dies beschreibt, zu einem „fieberhaften Wettlauf zum Arbeitsamt".[17]

Während die Arbeiter im Getto in Litzmannstadt sämtlich innerhalb des Stacheldrahtzaunes eingesetzt waren, verließen zahlreiche jüdische Arbeitskräfte des Krakauer Gettos dieses, um an ihre Arbeitsplätze zu gelangen. Verschiedenste Einsatzorte gab es außerhalb des Gettos für dessen Bewohner, sie waren etwa in der Kabelfabrik in Płaszów, dem Ziegelwerk „Bonarka", am Flughafen in Rakowice (Fliegerhorstkommandatur) oder in der Emaillewarenfabrik von Oskar Schindler in der ul. Lipowa 4 beschäftigt. Zahlreiche deutsche und auch polnische Firmen profitierten von den billigen jüdischen Arbeitskräften. Jeden Morgen sammelten sich die Arbeiter vor dem Arbeitsamt, von wo aus sie in von deutschen, polnischen oder ukrainischen Wachen begleiteten Kolonnen zu ihren Arbeitsplätzen geführt wurden. Um das Getto zu verlassen, benötigten sie einen speziellen Passierschein, der sie als Arbeiter auswies.[18]

Es gab durchaus auch Juden, die in derselben Firma beschäftigt waren wie vor dem Krieg, manche dieser Firmen beschäftigten ihre jüdischen Mitarbeiter sogar kommissarisch weiter als Fachleute und Buchhalter bis zur ersten großen „Aussiedlungsaktion" aus dem Getto im Juni 1942.

Auch auf dem Gettogelände selbst befanden sich Werkstätten, in denen Juden eingesetzt wurden, so die Textilfabrik des Österreichers Julius Madritsch. am Rynek Podgórski 2 und die Fabrik für optische Gläser des Polen Feliks Dziuba in der ul. Targowa 6. Dziuba war gleichzeitig Direktor der Firma „Spektrum", die außerhalb des Gettos lag und Uhrengläser und Autoglasscheiben herstellte. Da beide Fabriken für die deutsche Wehrmacht arbeiteten, bekam Dziuba recht problemlos für sich und seine Angestellten Passierscheine.

Die Arbeitsbedingungen waren sehr unterschiedlich, ebenso variierte offenbar die Bezahlung, obwohl deren Höhe eigentlich von der deutschen Verwaltung vorgegeben war und seit Juli 1940 achtzig Prozent des Lohns für nichtjüdische Polen betragen sollte. Die Firmen überwiesen diese Löhne an den Judenrat, der einen Teil davon an die Arbeiter ausbezahlte, einen anderen Teil wie eine Steuer einbehielt und davon Fürsorgeleistungen für Bedürftige etc. finanzierte. Auch bekamen die Arbeiter zusätzliche Lebensmittel.

---

17 AŻIH, 301/2061, Bl. 4, Bericht Anna Lermer (Übersetzung aus dem Polnischen).

18 Löw/Roth, Juden, S. 75–82, auch für die folgenden Angaben.

Manche organisierten ihre Arbeit selbst: Jüdische Handwerker schlossen sich zu Arbeitsgemeinschaften zusammen oder führten solche Verbünde aus der Zeit vor dem Krieg weiter. Sie organisierten Bestellungsannahme, Produktion und Auslieferung gemeinsam. Diese Zusammenschlüsse professionalisierten und vergrößerten die Produktion und machten die Handwerker damit für Kunden interessant. Der bereits 1940, also vor Errichtung des Gettos, ins Leben gerufene „Dachverband der Jüdischen Handwerker" versuchte, erwerbslosen Juden wieder zu einer Arbeit zu verhelfen. In der ehemaligen Schokoladenfabrik „Optima" gründeten jüdische Handwerker schon im Frühjahr 1941 eine Art Gemeinschaftswerkstatt. In zahlreichen Gettos gab es diese selbst organisierten Werkstätten.[19]

2 Arbeit und Vernichtung

Die Menschen im Getto versuchten also, eine Anstellung in einer der Werkstätten oder Fabriken zu finden, denn nur dies sicherte ihre, wenn auch karge, Versorgung mit Lebensmitteln. Mit dem Beginn der Deportationen in die Vernichtungslager Kulmhof und – im Fall von Krakau – Belzec bekam Arbeit in einem noch viel direkteren Sinne die Bedeutung, das Leben der Gettobewohner zu retten. Bis September 1942 ermordeten die Deutschen etwa 70 000 Juden aus Litzmannstadt in Kulmhof. Die Auswahl der zu Deportierenden oblag zunächst Rumkowski. Zur Gruppe derer, die er und seine „Aussiedlungskommission" zunächst auswählten, gehörten „Verbrecher", also diejenigen Menschen, die vom Gericht wegen verschiedener Vergehen verurteilt worden waren oder im Zentralgefängnis einsaßen, und Gettobewohner, die nicht arbeiteten. Rumkowski musste in der Annahme, das Überleben des Gettos und möglichst vieler seiner Bewohner auf diese Weise zu sichern, die Prinzipien der Besatzer übernehmen und versuchte an erster Stelle die „arbeitsfähigen" Juden zu retten.[20]

Aus dem Krakauer Getto wurden in zwei mehrtägigen Deportationsaktionen im Juni und Oktober 1942 rund 14 000 Menschen nach Belzec deportiert und dort ermordet. Diese „Aktionen" verliefen immer nach dem gleichen Schema: Deutsche und polnische Polizei umstellten das Getto, alle Gettobewohner muss-

19 Zu Beispielen aus anderen Orten als Krakau: Lehnstaedt, Arbeitsverwaltung, S. 426.
20 Löw, Juden, S. 265–268. Zu Rumkowski und seiner Strategie auch: Michal Unger, Reassessment of the Image of Mordechai Chaim Rumkowski, Jerusalem 2004; Monika Polit, Mordechaj Chaim Rumkowski. Prawda i Zmyślenie, Warszawa 2012.

ten mit ihren Papieren zur Registrierung kommen, wo die Dokumente derjenigen gestempelt wurden, die zunächst von der Deportation ausgenommen werden sollten. Alle Übrigen mussten sich auf dem plac Zgody versammeln oder wurden unter roher Gewalt dorthin getrieben. Immer wieder waren Schüsse zu hören, die Menschen wurden getreten und geschlagen. Nahezu pausenlos brachten Helfer Verwundete ins Krankenhaus oder schafften Leichen fort. Die auf dem plac Zgody Zusammengetriebenen brachte man in einem Fußmarsch zum Bahnhof und zwängte sie in die bereitstehenden Züge.[21]

Von solcher Brutalität geprägt war auch die nächste große Deportationsaktion in Litzmannstadt im September 1942, die sog. „Sperre“: Mehr als 15 000 Kinder unter zehn, ältere Menschen über 65 Jahren und Kranke wurden nach Kulmhof gebracht und dort ermordet. Nahezu jeder Gettobewohner verlor in diesen dramatischen Tagen Freunde und Verwandte. Die Gewalt, mit der die nun selbst ins Getto gekommene deutsche Polizei während der „Sperre“ agierte, und die Auswahl der Opfer führten dazu, dass die Ahnung über das Schicksal der Deportierten bei vielen Menschen im Getto zur Gewissheit wurde. So schrieb Oskar Singer in einer seiner Reportagen am 16. September 1942: „Alle sind fest davon überzeugt, dass man die ausgesiedelten Juden in die Vernichtung führt.“[22] Und Oskar Rosenfeld notierte einige Tage nach dem Ende der „Sperre“: „Scheinbar alle ‚Untaugl.‘ Vergast etc., d.h. nicht mehr am Leben.“[23]

Umso wichtiger waren Überlebensstrategien – und die zentrale Strategie war Arbeit. Knapp 90 000 Juden lebten noch im Getto, die Bevölkerungsstruktur hatte sich radikal verändert: Es gab kaum mehr junge, alte und kranke Menschen, außerdem waren im Zuge der Gettoauflösungen im Warthegau etwa 18 000 „arbeitsfähige“ Juden nach Litzmannstadt gekommen. Die Bestellungen, die zuvor in diesen Gettos bearbeitet worden waren, gingen nun in das Getto Litzmannstadt. Lucjan Dobroszycki, der das Getto überlebt und später erforscht hat, konstatierte: „The ghetto had been turned into something like one great factory“.[24] In einem Lagebericht der Gestapo Litzmannstadt vom 1. Oktober 1942 sind die Änderungen zusammengefasst:

21 Zu den Deportationsaktionen im Juni und Oktober 1942 siehe ausführlich Löw/Roth, Juden, S. S. 127–177.

22 Oskar Singer, „Im Eilschritt durch den Gettotag...“ Reportagen und Essays aus dem Getto Lodz, hrsg. v. Sascha Feuchert et al., Berlin/Wien 2002, S. 134.

23 Oskar Rosenfeld, Wozu noch Welt: Aufzeichnungen aus dem Getto Lodz, hrsg. v. Hanno Loewy, Frankfurt a.M. 1994, S. 156.

24 Lucjan Dobroszycki: Introduction, in: ders.: The Chronicle of the Łódź Ghetto 1941–1944, New Haven/London 1984, S. ix–lxviii, S. lx.

> Durch diese letzte Aussiedlung ist der Bevölkerungsstand im Getto Litzmannstadt auf rund 89.500 Juden herabgesunken. Bei diesen Juden handelt es sich durchweg um arbeitsfähige Juden, die fast sämtlich in den Arbeitsprozess einbezogen worden sind. Der weit grössere Teil dieser arbeitenden Juden ist nach wie vor für die Ausfertigung von Wehrmachtsaufträgen eingesetzt, während ein kleinerer Teil mit der Ausfertigung von Privataufträgen beschäftigt wird. Bei den Privatauftraggebern handelt es sich um grössere Textil- und Schuhfirmen aus dem Altreichsgebiet.[25]

Mit dem Ende der „Sperre" ordnete Hans Biebow am 12. September 1942 an, vom 14. September an die Arbeit in den Fabriken und Werkstätten wieder aufzunehmen. Er rief die Arbeiter dazu auf, „pünktlich seinen Arbeitsplatz einzunehmen, wenn ihm daran gelegen ist, sich vor denkbar grössten Unannehmlichkeiten zu schützen". Die Bekanntmachung beruhigte die Menschen, denn es war darin von „nunmehr anerkannten Arbeitskräfte[n]"[26] die Rede. Dies deutet Oskar Rosenfeld in seinem Tagebuch an: „d.h. die Arbeitenden sind geschützt und werden ausreichend ernährt."[27]

Die „Sperre" hatte der jüdischen Bevölkerung vor Augen geführt, dass die aus dem Getto Deportierten vermutlich ermordet worden waren. Doch diejenigen, die im Getto geblieben waren, galten als Arbeitskräfte. Also, so der Schluss, betraf die Vernichtungspolitik der Nationalsozialisten „nur" die nicht arbeitenden Juden. Rumkowskis von Beginn an verfolgter Leitspruch „Unser einziger Weg ist Arbeit" hatte mit dem Einsetzen der Deportationen eine grundlegend neue Bedeutung bekommen: Jetzt war Arbeit der einzige zumindest temporäre Schutz vor dem Abtransport in die Vernichtung. Also arbeiteten die Menschen, und selbst die größten Kritiker der Politik des Judenältesten stimmten in der Annahme, dass Arbeit ihre einzige mögliche Rettung war, mit ihm überein. Oskar Rosenfeld schreibt Ende 1942 in sein Tagebuch: „Die deutschen Fachkommissionen (Fachleute, keine Politiker) finden Arbeit sehr gut, staunen über das Talent der Arbeiter. Getto wird durch Arbeit gesichert." Und wenige Tage später betont er noch einmal: „Getto als Arbeitslager bestätigt, daher Aussiedlung nicht in Frage, Lebensmittelnot nicht zu befürchten."[28]

Ein anderer Gettobewohner schreibt, nun sei „ein neues, echtes Arbeitslager entstanden. Fast die ganze Bevölkerung des Gettos arbeitet, entsprechend dem Auftrag der Gettoverwaltung." Und er interpretiert die Vorgänge wie Ro-

---

25 Gestapo Litzmannstadt: AŻIH, 205/71, Lagebericht vom 1.10.1942.

26 Artur Eisenbach (Hrsg.), Dokumenty i Materiały do Dziejów Okupacji Niemieckiej w Polsce, Bd. III.: Getto Łódzkie, Warszawa 1946, S. 236: Getto-Verwaltung, gez. Biebow: Wiedereröffnung aller Fabriken und Werkstätten ab Montag, d. 14.9.1942 vom 12.9.1942.

27 Rosenfeld, Welt, S. 155.

28 Ebd., S. 174f.

senfeld und vermutlich viele andere Menschen im Getto: „Wir werden arbeiten. Und arbeitsbereite Menschen wird man mit Essen versorgen!“[29] Niemand würde seine Arbeitskräfte ermorden – mit dieser Hoffnung lebten die Menschen nach den traumatischen Tagen der „Sperre“ weiter.

So verfolgte Rumkowski seine Strategie weiter und organisierte die Arbeit im Getto in einem noch größeren Ausmaß – forciert wurde diese Entwicklung wiederum von Biebow, der verstärkt eingriff. In ehemaligen Krankenhäusern, Schulen oder Waisenhäusern wurden neue Werkstätten eingerichtet, Arbeitsbedingungen verschärft und neue Aufträge, vor allem von der Wehrmacht, erreichten das Getto. Im Dezember 1942 waren 94 Fabriken in Betrieb, 87 615 Menschen lebten im Getto, von denen 75 650 beschäftigt waren; von den übrigen waren im Moment ungefähr 1200 krank und sollten danach wieder arbeiten.[30]

In Krakau erfolgte nach den Deportationen vom Juni und Oktober 1942 eine Aufteilung des Gettos: In Getto A lebten die Arbeitskräfte mit ihren Familien, in Getto B alle anderen. Die beiden Teile waren streng voneinander getrennt. Das Signal war deutlich: Arbeit ist überlebenswichtig. Ohnehin hatte die Organisation der Arbeit von Juden im gesamten Generalgouvernement eine grundlegende Änderung erfahren: Seit Juni 1942 durfte deren Einsatz nur noch im Einvernehmen mit den lokalen SS- und Polizeikräften geregelt werden.[31]

Bereits zu Beginn des Jahres 1942 waren immer mehr Arbeiter, vor allem Handwerker, dazu übergangen, sich zur Arbeit zusammenzuschließen, da sie sicher waren, dass nur ihr Status als Arbeitskraft sie vor der Deportation schützen würde. Und der neue Judenratsvorsitzende Dawid Gutter (der bisherige Vorsitzende Artur Rosenzweig war selbst deportiert und ermordet worden) verstärkte diese Bemühungen nach den Deportationen im Juni. Er gründete sogenannte Gemeinschaften von Schneidern, Tischlern usw. Die Mitglieder dieser Gemeinschaften produzierten für deutsche Abnehmer und, so hofften sie, machten sich dadurch unentbehrlich. Der Überlebende Zenon Szpingarn erinnert sich: „Die Sorge um die Zukunft war der hauptsächliche Grund für die massenhaften Bemühungen, in diesen Kooperativen Arbeit zu finden.“[32]

Es gab weiterhin die Möglichkeit, außerhalb des Gettos einen Arbeitsplatz zu finden und Helmut Steinitz, der während der Deportationen seine Familie verloren hatte und nun auf sich gestellt im Getto lebte, erinnert sich: „Verschiedene Betriebe verteilten mittags eine warme Mahlzeit, damals ein ganz beson-

29 Arnfried Astel et al. (Hrsg.), Briefe aus Litzmannstadt, Köln 1967, S. 26 u. 31.

30 APŁ, GV 30024, Bl. 8, Rumkowski an Gettoverwaltung Litzmannstadt vom 4.1.1943.

31 Lehnstaedt, Arbeitsverwaltung, S. 415f.

32 AŻIH, 302/8, Bl. 22, Bericht Zenon Szpingarn (Übersetzung aus dem Polnischen).

deres Privileg. Viele wurden in Militärgaragen als Automechaniker beschäftigt, ein Beruf, der mir interessanter erschien als Schlosser. Ich wollte in einer solchen Garage arbeiten, denn Arbeit außerhalb des Ghettos erschien mir eine gute Ablenkung für mich, und eine zusätzliche warme Mittagsmahlzeit war eine wichtige Hilfe in meiner kritischen Lage."[33]

Mit Wirkung vom 3. Juni 1942 gingen im Generalgouvernement sämtliche „Judenangelegenheiten" in die Zuständigkeit des Höheren SS- und Polizeiführers, Friedrich Wilhelm Krüger, über. Damit fiel auch der Arbeitseinsatz der jüdischen Bevölkerung in den Gettos von der deutschen Arbeitsverwaltung in den Kompetenzbereich des SS- und Polizeiapparates. Damit zusammenhängend ließ der zuständige SS- und Polizeiführer im Distrikt Krakau, Julian Scherner, neue Zwangsarbeitslager errichten, darunter auch das Lager Plaszow.[34] Seit Dezember 1942 wurden Arbeiter, die außerhalb des Gettos beschäftigt waren, nach und nach in dieses neu errichtete Zwangsarbeitslager verlegt. Im Februar 1943 waren dort bereits 2000 Menschen eingesperrt. Im selben Monat wurde der Judenrat von der Absicht informiert, das Getto aufzulösen und die Arbeitskräfte ins Lager zu bringen. Im März 1943 wurde das Getto aufgelöst: Am 13. März mussten sich alle Bewohner von Getto A vor dem Gettotor einfinden, wo sie einer Selektion unterzogen und zum Beispiel alle Kinder zurückbehalten wurden. Die übrigen Juden führten die Deutschen ins Lager Plaszow. Am Tag darauf rückten SS- und Polizeikräfte in das Getto ein und trieben die Bewohner des Gettos B auf dem plac Zgody zusammen, wo sie stundenlang und unter ständiger Demütigung ausharren mussten. Dabei richteten die deutschen Einheiten im Getto ein Blutbad an. Die Patienten der Krankenhäuser erschossen sie in ihren Betten, auch diejenigen, die sie in Verstecken aufstöberten, töteten sie an Ort und Stelle. Auf dem Weg vom Getto zum Bahnhof erschossen die Begleitmannschaften immer wieder Einzelne. Insgesamt ermordeten sie an diesem Tag etwa 2000 Menschen im Getto oder auf dem Weg zum Zug, 3000 deportierten sie ins Vernichtungslager. Die Geschichte des Krakauer Gettos war zu Ende.[35]

---

33 Zwi Helmut Steinitz, Als Junge durch die Hölle des Holocaust. Von Posen durch Warschau, das Krakauer Ghetto, Płaszow, Auschwitz, Buchenwald, Berlin-Haselhorst, Sachsenhausen bis Schwerin und über Lübeck, Neustadt, Bergen-Belsen, Antwerpen nach Erez Israel 1927–1946, hrsg. v. Erhard Roy Wiehn, Konstanz 2006, S. 215.

34 Siehe zur Entwicklung im Distrikt Krakau insgesamt: Mario Wenzel, Die Umwandlung von Ghettos in Zwangsarbeitslager für Juden. Das Beispiel des Distrikts Krakau im Generalgouvernement 1942–1944, in: Hensel/Lehnstaedt, Arbeit, S. 361–373. Zu Plaszow siehe Ryszard Kotarba, Niemiecki obóz w Płaszowie 1942–1945, Warszawa/Kraków 2009.

35 Löw/Roth, Juden, S. 177–182.

Das Jahr 1943 verlief im Getto Litzmannstadt dagegen relativ „ruhig“. Jedoch blieben die Lebens- und Arbeitsbedingungen auch in dieser Zeit stets lebensbedrohlich. Durch Hunger und Krankheit waren die Arbeiter in den Ressorts so geschwächt, dass sie die geforderte Leistung nicht immer erbringen konnten. Im Mai 1943 fand beispielsweise eine Beratung der Leiter der Schneidereien statt, die sich mit dem alarmierenden Problem beschäftigte, dass gerade unter den Arbeitern dieses wichtigsten Ressorts die Sterblichkeit zunahm. In der Tageschronik wurde am 21. Mai darüber berichtet und auf die enorme Bedeutung der Arbeit hingewiesen: „Die Beratung der Leiter galt der Aufgabe, einen Weg zur Abhilfe zu finden. Denn die wachsende Sterblichkeit unter den Ressortschneidern des Gettos kann für diese selbst katastrophale Folgen haben, sobald die Produktion der Schneider-Abteilungen unter das geforderte Mass fällt. Die Versorgung des Gettos mit Lebensmitteln haengt mit der Arbeitsleistung des Gettos zusammen. Wenn die von der deutschen Behörde erteilten Aufträge nicht im gewünschten Umfang und im zeitgerechten Termin ausgeführt werden, drohen dem Getto unausdenkbare Gefahren.“[36]

Lange sah es so aus, als würde Rumkowskis Strategie aufgehen. Doch Anfang 1944 änderte sich die deutsche Politik gegenüber dem Getto, und darauf hatten nun weder Rumkowski noch Biebow Einfluss: Gespräche über den Status des Gettos führten Anfang 1944 zu einer Übereinkunft zwischen Himmler und Gauleiter Greiser, dass das Getto zunächst verkleinert und später aufgelöst werden sollte. Spätestens im März 1944 befahl Himmler, das SS-Sonderkommando Kulmhof zu reaktivieren und Anfang Juni war es „betriebsbereit“. Am 23. Juni 1944 verließ der erste Transport den Bahnhof Radegast.[37]

An diesem Tag schreibt einer der Autoren der Tageschronik sehr hellsichtig über die Ambivalenz der Hoffnung, durch Arbeit der Vernichtung zu entgehen. In der Rubrik „Ressortnachrichten“ heißt es: „Am heutigen Tage kamen über Radegast beträchtliche Mengen von Rohwaren für die Schneiderbetriebe herein, worauf das Getto wieder /irrtümlich/ den Schluss zog, dass also das Getto nicht liquidiert werden dürfte. Natürlich hat eines mit dem andern nichts zu tun. Die Rohwaren sind ja längere Zeit unterwegs und gehören in den wirtschaftlichen Sektor des wirtschaftlichen Problems, das unabhängig vom politischen von anderen Stellen geleitet bzw. gelöst wird.“[38]

---

36 Die Chronik des Gettos Lodz/Litzmannstadt 1943 (künftig: Chronik 1943), hrsg. v. Sascha Feuchert, Göttingen 2007, S. 215f.

37 Michael Alberti, Die Verfolgung und Vernichtung der Juden im Reichsgau Wartheland 1939–1945, Wiesbaden 2006, S. 472–499.

38 Chronik 1943, S. 271.

Der Schreiber sollte Recht behalten. Zwischen diesem 23. Juni und dem 14. Juli deportierten die Nationalsozialisten insgesamt 7196 Juden nach Kulmhof. Nach einem Deportationsstopp folgte dann die endgültige Auflösung des Gettos und knapp 70 000 Menschen wurden aus dem Getto Lodz im August 1944 nach Auschwitz-Birkenau deportiert und die meisten dort sofort ermordet. Ungefähr 2000 der aus im Sommer deportierten Lodzer Juden wurden in das Lager aufgenommen und hatten damit eine Überlebenschance. Einige wurden noch weiter in andere Lager deportiert. Auf dem Gelände des Gettos blieb ein sogenanntes Aufräumkommando zurück, diese Gruppe bestand zunächst aus etwa 1300 Juden, von denen ungefähr 600 im Oktober zur Zwangsarbeit ins Deutsche Reich deportiert wurden. Die Gesamtzahl der Überlebenden aus dem Getto wird auf 5000 bis 7000 Menschen geschätzt.[39]

3 Rettung durch Arbeit?

Für die Menschen in den Gettos Litzmannstadt, Krakau und in vielen anderen Gettos war Arbeit ein zentraler Faktor in ihren Bemühungen zu überleben. Zunächst ging es darum, Geld und Lebensmittel zu erhalten, um sich und mitunter auch die eigene Familie versorgen zu können. Und auch für das Bemühen der Menschen in den Gettos, ihr Leben in der chaotischen und destruktiven Welt des Gettos zu ordnen, sich einen Alltag zu schaffen, spielte es eine wichtige Rolle, einer Arbeit nachzugehen.[40] Seit Anfang 1942 konnte Arbeit dann in einem sehr wörtlich verstandenen Sinne das Leben retten, wurden doch in den allermeisten Fällen nur diejenigen Juden, die nachweisen konnten, dass sie Arbeitskräfte waren, von den Deportationen in die Vernichtung verschont. Doch war diese „Rettung durch Arbeit" in vielen Fällen nur temporär. Viele derjenigen Juden in den Gettos, die durch ihre Arbeitskarten bei den ersten großen Deportationen noch verschont wurden, überlebten am Ende doch nicht. Selbst das Getto Litzmannstadt, das gewissermaßen sinnbildlich für den Versuch steht, die darin Eingeschlossenen durch ihre ungeheure Produktivität zu retten,

---

39 Alberti, Verfolgung, S. 493; Löw, Juden, S. 481–498.

40 Wie furchtbar dem gegenüber das Nichtstun war, beschreibt Oskar Rosenfeld kurz nach seiner Deportation in das Getto Litzmannstadt im Herbst 1941: „Hunde bellen, Pferde wiehern, Vögel zwitschern, Sklaven schufen, aber wir Menschen im Getto vegetieren, sich selbst zur Last. Wir haben den Sinn des Lebens verloren. Man braucht uns nicht erst auf den Mist zu werfen, wir liegen schon dort vom ersten Augenblick, an dem wir das Getto betreten haben. Das Nichtstun hat sich in unser Mark eingefressen und uns allmählich Abscheu vor allem eingegeben." Rosenfeld, Welt, S. 52.

wurde am Ende vollständig aufgelöst und seine Bewohner in den meisten Fällen in den Tod deportiert. Die Überlebenden jedoch haben zumeist lange Zeit in den Gettos gearbeitet: Arbeit war für Juden eine notwendige, wenn auch keine hinreichende Bedingung, den Holocaust zu überleben.

Die Zeugnisse der Menschen in den Gettos machen deutlich, dass ihnen diese doppelte Bedeutung der „Rettung durch Arbeit" sehr bewusst war und sie darum permanent versuchten, einen Arbeitsplatz zu finden.

Dieser Befund – Juden in den Gettos bemühten sich darum, Arbeit zu finden – war in den letzten Jahren von zentraler Bedeutung: Das im Juni 2002 einstimmig vom Deutschen Bundestag beschlossene „Gesetz zur Zahlbarmachung von Renten aus Beschäftigungen in einem Ghetto" (ZRBG) sieht vor, dass in Gettos geleistete Arbeit unter bestimmten Bedingungen einen Rentenanspruch begründet. Etwa 70 000 Anträge gingen daraufhin bei den Rentenversicherern ein, die jedoch zu etwa 90 Prozent abgelehnt wurden. Etwa ein Drittel der Abgelehnten ging vor die Sozialgerichte. Ohne an dieser Stelle in die Einzelheiten gehen zu können: Die Kläger mussten, um ihren Anspruch zu begründen, zwei Dinge belegen: Dass ihre Arbeit „angemessen" entlohnt worden war und dass sie „aus eigenem Willensentschluss" aufgenommen worden war. War Arbeit im Getto also keine Zwangsarbeit und angemessen entlohnt wurde sie auch? Und was bedeutet im Getto eine angemessene Entlohnung? Der Teller Suppe, der angesichts von Lebensmittelpreisen wichtiger war als der offizielle Lohn, kann nur schwer siebzig Jahre später nachgewiesen werden. Es wird deutlich, dass der Gesetzestext auf die extrem schwierigen Bedingungen in den Gettos im Grunde kaum anwendbar war. Diese Begrifflichkeiten des Versicherungsrechts bargen die Gefahr, die Leidenszeit der Menschen in den Gettos zu verharmlosen – so empfanden es auch zahlreiche Überlebende. Das große Ausmaß von Ablehnungen und die Art und Weise, wie hier teilweise argumentiert wurde, hat bei vielen Überlebenden zu großem Entsetzen geführt.[41]

Erst relativ spät, und leider eben auch nicht bei der Entstehung des Gesetzes, wurden Historiker hinzugezogen, dann jedoch in großem Umfang: Zahlreiche historische Gutachten wurden angefertigt, die die Bedingungen von Arbeit in den einzelnen Gettos und Regionen darstellten und mitunter – eigens zu diesem Zweck überhaupt erst detailliert erforschten. Unser Wissen über die Arbeit in den Gettos, die einen wichtigen Teil der Lebenswirklichkeit der Menschen ausmachte, hat sich dadurch in hohem Maße vergrößert. Viel genauer fragen Historikerinnen und Historiker in den letzten Jahren nach dem Leben der

41 Kristin Platt, Bezweifelte Erinnerung, verweigerte Glaubhaftigkeit. Überlebende des Holocaust in den Ghettorenten-Verfahren, München 2012.

Menschen in den Gettos und untersuchen, wie diese versuchten, sich eine Art von Alltag unter den destruktiven Bedingungen zu schaffen, was zumindest teilweise in einem Zusammenhang mit der Gutachtertätigkeit steht.[42]

Anfang Juni 2009 hat dann das Bundessozialgericht darauf reagiert, dass die juristischen Begrifflichkeiten nicht dazu geeignet sind, die komplizierte Realität der Gettos angemessen zu erfassen, und hat in seiner Interpretation eine klare Abkehr von der bisher praktizierten Auslegung des ZRBG vollzogen. Der 5. Senat stellte am 3. Juni fest:

> Die von der bisherigen Rechtsprechung aus den Voraussetzungen für eine rentenversicherungspflichtige Beschäftigung entwickelten Einschränkungen des Entgeltbegriffs bei Geringfügigkeit, Unangemessenheit oder freiem Unterhalt werden den tatsächlichen Lebensverhältnissen im Ghetto nicht gerecht; diese erfordern ein eigenes Verständnis des Entgeltbegriffs im Rahmen des ZRBG.

Außerdem stellte das Gericht fest, der Arbeitszwang für die jüdische Bevölkerung sei nicht mit Zwangsarbeit gleichzusetzen (die eben keinen Rentenanspruch begründen würde) und jegliche Form von Entlohnung, also auch die in Form von Lebensmitteln, sei anzuerkennen. Die historischen Erkenntnisse, die die Gutachten hervorgebracht hatten, sind offensichtlich in diese Argumentation eingeflossen.[43]

In diesem Fall hatten Historikerinnen und Historiker mit der Untersuchung eines nur scheinbar weit zurückliegenden Forschungsgegenstandes einen immens aktuellen Bezug. Und für zahlreiche derjenigen Juden, die vermutlich auch aufgrund ihrer Arbeit in den Gettos überhaupt erst überlebten, bleiben diese Fragen aktuell. Zahlreiche Verfahren wurden nach den wichtigen Ent-

---

42 Um diese Forschungen und Befunde zu bündeln, fand im Dezember 2010 eine Tagung im Deutschen Historischen Institut in Warschau zur Frage der Arbeit in den Gettos statt; siehe den Tagungsbericht auf [http://hsozkult.geschichte.hu-berlin.de/tagungsberichte/id=3544], eingesehen 26.1.2014. Der Band ist gerade erschienen: Hensel/Lehnstaedt, Arbeit. Schon 2008 hatte im Institut für Zeitgeschichte die von Jürgen Zarusky organisierte Konferenz „Ghettorenten und historische Forschung" versucht, vor allem die beteiligten Richter und Historikerinnen und Historiker zusammen zu bringen; Jürgen Zarusky, Ghettorenten. Entschädigungspolitik, Rechtsprechung und historische Forschung, München 2010. Zur Frage des Alltags: Andrea Löw/Doris L. Bergen/Anna Hájková (Hrsg.), Alltag im Holocaust. Jüdisches Leben im Großdeutschen Reich 1941–1945, München 2013 sowie der angekündigte Tagungsbad: Imke Hansen et al. (Hrsg.), Lebenswelt Ghetto. Alltag und soziales Umfeld während der nationalsozialistischen Verfolgung, Wiesbaden 2013.

43 Zit. n.: Jürgen Zarusky, Einleitung, in: ders., Ghettorenten, S. 8. Siehe auch Stephan Lehnstaedt, Geschichte und Gesetzesauslegung. Zu Kontinuität und Wandel des bundesdeutschen Wiedergutmachungsdiskurses am Beispiel der Ghettorenten, Osnabrück 2011.

scheidung des Bundessozialgerichts wieder aufgenommen. Anfang 2012 waren von knapp 50 000 Fällen, die die Rentenversicherer noch einmal überprüfen mussten, etwa die Hälfte zu Gunsten der Kläger entschieden. Doch haben diese mehrere Jahre verloren – mehrere Tausend waren inzwischen bereits verstorben – und die Zahlungen sollen auch nur rückwirkend ab 2005 und nicht, wie im Gesetz ursprünglich vorgesehen, ab der ersten diesbezüglichen Grundsatzentscheidung des BSG im Jahre 1997, erfolgen. Dies hat das Bundessozialgericht im Februar 2012 nochmals bestätigt. Der Bundestag hat im März 2013 die Änderung der Rückwirkungspraxis abgelehnt, ebenso eine Entschädigungslösung, die ebenfalls im Gespräch war.[44]

Bei ihrem Israel-Besuch im Mai 2013 jedenfalls musste Justizministerin Sabine Leutheusser-Schnarrenberger konstatieren, dass es in der Frage der Gettorenten weiterhin Handlungsbedarf gebe: „Das ist eine Verantwortung, der wir unbedingt nachkommen müssen."[45] Viel Zeit bleibt nicht: Die wenigen noch lebenden Juden, die in den nationalsozialistischen Gettos schufteten, sind hochbetagt.

44 Stephan Lehnstaedt, Wiedergutmachung im 21. Jahrhundert. Das Arbeitsministerium und die Ghettorenten, in: VfZ 3 (2013), S. 363–390. Hier auch aktuelle Zahlen zu nach dem Grundsatzurteil 2009 eingegangenen Anträgen und eine detaillierte Rekonstruktion des jahrelangen Gezerres um die Gettorenten.

45 Zit. n.: http://www.europeonline-magazine.eu/leutheusser-schnarrenberger-handlungsbedarf-bei-ghetto-renten_282147.html, eingesehen 26.1.2014.

Julia Hörath

„Arbeitsscheue Volksgenossen"[1] Leistungsbereitschaft als Kriterium der Inklusion und Exklusion

Am 30. September 1933 ordnete der Landrat von Jüterbog-Luckenwalde gegen den Arbeiter Hermann S. „Schutzhaft" an. Die Haftbegründung lautete:

> Sie haben wiederholt die Ihnen zugewiesenen Arbeitsgelegenheiten verweigert [beziehungsweise] Ihre Arbeitsstätte nach wenigen Tagen wieder verlassen und damit zu erkennen gegeben, dass Sie nicht arbeiten, sondern auf Kosten der Allgemeinheit leben wollen. [...] Durch Ihr Verhalten widersetzten Sie sich der dringlichsten Aufgabe der nationalen Regierung, die Arbeitslosigkeit zu bekämpfen, und kennzeichnen sich dadurch als volks- und staatsfeindliches Element. Ihre Inschutzhaftnahme ist daher gerechtfertigt und erforderlich.[2]

Hermann S. wurde in das KZ Oranienburg eingewiesen. Die Dauer seiner Haft ist unbekannt.

Die „Schutzhaftanordnung" des Landrates von Jüterbog-Luckenwalde belegt, dass bereits im ersten Jahr der NS-Herrschaft vermeintliche oder tatsächliche Arbeitsunwilligkeit als „volks"- beziehungsweise „staatsgefährdend" gewertet und verfolgt wurde. Sie macht darüber hinaus deutlich, dass bereits zu dieser Zeit „arbeitsscheues" Verhalten den Anlass für eine KZ-Einweisung bilden konnte. Und sie verweist auf eine „Schutzhaftpraxis", die die Zweckbestimmung der „Reichstagsbrandverordnung", nämlich der „Abwehr kommunistischer staatsgefährdender Gewaltakte"[3] zu dienen, soweit ausdehnte, dass darunter auch Verhaltensweisen subsummiert werden konnten, die ihrem Wesen nach zwar unpolitisch waren, aber sozial Anstoß erregten.

„Schutzhaftfälle", in denen beispielsweise eine nicht-sesshafte Lebensweise, „respektloses" Gebaren gegenüber Amtspersonen, Alkoholismus oder das

---

1 Ulrich Sondermann-Becker, „Arbeitsscheue Volksgenossen". Evangelische Wandererfürsorge in Westfalen im „Dritten Reich". Eine Fallstudie, Bielefeld 1995. Die Kombination des Adjektivs „arbeitsscheu" mit dem Substantiv „Volksgenossen" kommt in den Quellen nicht vor und ist innerhalb des Gedankengebäudes der NS-Ideologie auch begrifflich undenkbar. Der Buchtitel von Ulrich Sondermann-Becker wurde hier aufgegriffen, weil gerade die Verbindung dieser beiden einander ausschließenden Termini auf das paradoxe Spannungsverhältnis verweist, das der rassentheoretischen Annahme von der erbbiologischen „Minderwertigkeit" bestimmter Individuen und Gruppen innerhalb der „arischen Rasse" inhärent ist.

2 Brandenburgisches Landeshauptarchiv Potsdam, Rep. 35 G, „Schutzhaftbefehl", 30.9.1933.

3 Verordnung des Reichspräsidenten zum Schutz von Volk und Staat vom 28.2.1933, in: RGBl. I, S. 83.

Bestreiten des Lebensunterhaltes durch Bettelei, mobiles Kleingewerbe oder Sexarbeit den Grund für die Inhaftierung bildeten, sind schon für das Jahr 1933 aus allen Gebieten des Reiches überliefert. Sie erreichten zwar längst nicht den Umfang wie die Verhaftung von Regime-Gegnern. Dennoch stellte die KZ-Einweisung von Hermann S. im September 1933 keinen Einzelfall dar – zumal keine zwei Wochen zuvor die „Bettlerrazzia" stattgefunden hatte, bei der reichsweit über 10 000 Personen polizeilich kontrolliert worden waren. Einige von ihnen waren den Amtsgerichten vorgeführt und zu kurzen Haftstrafen verurteilt worden. Andere hatte man ohne gerichtliches Strafverfahren in die frühen KZ gesperrt.[4] Im Anschluss an die „Bettlerrazzia", um die Jahreswende 1933/34, war dann eine Ausweitung der „Schutzhaftanordnungen" im Falle sozialer Devianz zu beobachten. Allerdings schoben die „Schutzhafterlasse" dieser Entwicklung im April 1934 einen Riegel vor. Wie im Folgenden noch zu zeigen sein wird, griffen die Behörden bei der KZ-Einweisung sozialer Randgruppen aber schon bald auf andere Mittel zurück, beispielsweise auf den § 20 der „Reichsverordnung über die Fürsorgepflicht"[5] von 1924 oder die polizeiliche „Vorbeugungshaft".

Obgleich das Vorgehen gegen normabweichendes Sozialverhalten in der ersten Hälfte der 1930er-Jahre nicht zentral gesteuert war, korrespondierte es doch mit grundlegenden Elementen der NS-Ideologie: Die nationalsozialistische „Volksgemeinschaft" war nicht nur als „rassisch", sondern auch als sozial homogene Einheit und „völkische Leistungsgemeinschaft"[6] konzipiert. Leistungsbereitschaft beziehungsweise deren Gegenteil, die „Arbeitsscheue", dienten als Unterscheidungsmerkmal, um zwischen den „wertvollen" und den „minderwertigen Volksgenossen" zu differenzieren. Leistungsbereitschaft war daher ein zentrales Kriterium der Inklusion beziehungsweise Exklusion.

Auf der einen Seite sollte der Leistungswille der „Volksgenossen" durch vielfältige kollektive und individuelle Anreize geweckt und prämiert werden.[7] Zu denken ist hier an das Freizeit- und Ferienprogramm „Kraft durch Freude", an die Betriebswettkämpfe um den Titel „nationalsozialistischer Musterbe-

4 Wolfgang Ayaß, „Asoziale" im Nationalsozialismus, Stuttgart 1995, S. 19–47.

5 Im behördlichen Sprachgebrauch benutzte man häufig die Abkürzung „Reichsfürsorgepflichtverordnung" (RFV). Die RFV wurde im Verlauf der Weimarer Republik mehrfach abgeändert. Hier liegt die Fassung von 1932 zu Grunde: Peter A. Baath, Verordnung über die Fürsorgepflicht vom 13. Februar 1924 einschließlich der für Voraussetzung, Art und Maß der öffentlichen Fürsorge geltenden Reichsgrundsätze und der Nebengesetze sowie der einschlägigen landesrechtlichen Vorschriften, Berlin 1933.

6 Günter Morsch, Arbeit und Brot. Studien zu Lage, Stimmung, Einstellung und Verhalten der deutschen Arbeiterschaft 1933–1936/37, Frankfurt a.M. 1993, S. 33–38.

7 Frank Bajohr/Michael Wildt, Einleitung, in: dies. (Hrsg.), Volksgemeinschaft. Neue Forschungen zur Gesellschaft des Nationalsozialismus, Frankfurt a.M. 2009, S. 7–23.

trieb“ oder, als geschlechtsspezifische Prämie, auch an das Mutterverdienstkreuz. Leistungsverweigerung, auf der anderen Seite, wurde unnachgiebig verfolgt und geahndet. Mit dem Einsetzen des Vernichtungsprogramms Anfang der 1940er-Jahre fielen dann auch jene Personen, gegen die man aufgrund ihres normabweichenden Sozialverhaltens KZ-Haft verhängt hatte, den systematischen Tötungen zum Opfer.[8] Dennoch verwiesen die nach dem Machtantritt der Nationalsozialisten gegen „Asoziale“ und „Berufsverbrecher“ ergriffenen Maßnahmen zunächst auf Traditionen, die weit in die Zeit vor 1933 zurückreichten.

Der Fokus meiner weiteren Ausführungen wird auf den Mechanismen der Exklusion aus der nationalsozialistischen „Volks“- und „Leistungsgemeinschaft“ liegen beziehungsweise noch spezifischer: auf der Verhängung von KZ-Haft gegen die sogenannten „Asozialen“ und „Berufsverbrecher“. Konzentrieren werde ich mich dabei auf die Zeit zwischen dem Machtantritt der Nationalsozialisten und den Massenrazzien gegen „Asoziale“ und „Berufsverbrecher“ in den Jahren 1937/38. Mit Blick auf diese Eingrenzung muss allerdings zweierlei hervorgehoben werden: Erstens betrafen die Repressionen aufgrund mangelnder Leistungsbereitschaft nicht ausschließlich die Angehörigen der traditionellen gesellschaftlichen Randgruppen.[9] Und zweitens war die KZ-Haft bei weitem nicht das einzige Sanktionsmittel der Verfolgungsbehörden. Hinzu kamen die rechtliche und wirtschaftliche Schlechterstellung der Betroffenen, beispielsweise durch die schrittweise Ausgrenzung aus der Wohlfahrtsunterstützung, die Einberufung zu Notstandsarbeiten, zum Reichsarbeitsdienst, ja sogar die Einweisung in Lager und Anstalten der geschlossenen Fürsorge. Nicht zuletzt drohte den Betroffenen auch die Zwangssterilisation oder -kastration.

8 Ab 1940 waren auch als „Asoziale“ klassifizierte Personen von den „Euthanasie“-Morden betroffen. Außerdem war ihr Leben, ebenso wie das der Mehrfachstraftäter, in den KZ durch die mörderischen Arbeitsbedingungen und die Selektionen bedroht.

9 Detlev Humann zeigt, dass sich die Verfolgungsmaßnahmen aufgrund von unterstellter oder tatsächlicher Leistungsverweigerung auch gegen Angehörige anderer Gesellschaftsschichten richten konnten, insbesondere dann, wenn sie in nationalsozialistische Großprojekten wie dem Arbeitsdienst oder der Landhilfe beschäftigt waren: Detlev Humann, Ordentliche Beschäftigungspolitik? Unterstützungssperren, Drohungen und weitere Zwangsmittel bei der „Arbeitsschlacht“ der Nationalsozialisten, in: VfZ (2012) 1, S. 33–67, hier S. 61–66.

1 „Arbeitsscheue“ als Zeichen erblicher „Minderwertigkeit“. Diskursive und praktische Anknüpfungspunkte aus der Zeit vor 1933

Der Historiker Detlev Peukert unterschied einst zwischen einem „ethnischen“ und einem „eugenischen Rassismus“.[10] Der Vorteil einer solchen Differenzierung liegt darin, dass sie zwar einerseits die soziale von der interkulturellen Stoßrichtung des Rassismus trennt, gleichzeitig aber deren inneren Zusammenhang kennzeichnet.

Während sich der ethnische Rassismus nach „außen“, gegen die als „artfremd“ und daher nicht zur nationalsozialistischen „Volksgemeinschaft“ gehörig erachteten Personen und Gruppen richtete, bezog sich der eugenische Rassismus auf die angeblich „minderwertigen“ Mitglieder der eigenen „arischen Rasse“. Für eine an rassistischen Prämissen ausgerichtete Politik, wie sie das NS-Regime verfolgte, eröffnete sich mit der eugenischen Stoßrichtung allerdings auch eine zentrale Problematik: Ließen sich die vermeintlich „artfremden“ Individuen noch verhältnismäßig leicht anhand von intersubjektiv überprüfbaren Kriterien wie dem Herkunfts- beziehungsweise Geburtsland, dem Glaubensbekenntnis oder dem Stammbaum bestimmen, war die Frage der Identifizierung im Hinblick auf die „minderwertigen“, aber dennoch „arischen Volksgenossen“ ungleich schwieriger zu entscheiden. Bekanntlich verortete man die Ursache der „Minderwertigkeit“ im degenerierten „Erbgut“, dem „Blut“ oder in nicht näher lokalisierbaren, aber auf jeden Fall angeborenen „Rasseeigenschaften“ – in Eigenheiten also, die sich dadurch auszeichneten, dass sie äußerlich unsichtbar waren. Um dennoch die sozialpolitischen Implikationen, die man meinte aus der „erb“- und „rassenbiologisch“ fundierten Gesellschaftstheorie ableiten zu können, in praktisch-politische Programme umzusetzen, war man darauf angewiesen, die Träger „minderwertigen“ Erbgutes – und damit der als „schlecht“ oder „nachteilig“ erachteten sozialen Eigenschafen und Verhaltensweisen – mögliches einfach und zweifelsfrei zu identifizieren.

10 Detlev Peukert, Alltag und Barbarei. Zur Normalität des Dritten Reiches, in: Gewerkschaftliche Monatshefte (1987) 3, S. 142–153, hier S. 148; ders., Die Genesis der „Endlösung“ aus dem Geiste der Wissenschaft, in: Siegfried Blasche et al. (Hrsg.), Zerstörung des moralischen Selbstbewusstseins. Chance oder Gefährdung? Praktische Philosophie in Deutschland nach dem Nationalsozialismus, Bad Homburg 1988, S. 24–48, hier S. 25, 38; ders., Volksgenossen und Gemeinschaftsfremde. Anpassung, Ausmerze und Aufbegehren unter dem Nationalsozialismus, Köln 1982, S. 246–279.

Es war unter anderem diese anwendungsbezogene Problematik, die zur Entwicklung einer nahezu unüberschaubaren Fülle von Ansätzen zur „rassenbiologischen" Klassifikation der Bevölkerung führte. So war es schon im 19. Jahrhundert eines der Hauptanliegen der gerade im Entstehen begriffenen Kriminologie, anhand physischer und charakterlicher Merkmale sogenannte „Verbrechertypologien" zu bilden, mit deren Hilfe man unter anderem hoffte, den „geborenen Verbrecher" bestimmten zu können.[11] Doch schlugen alle Ansätze, einen Katalog allgemeinverbindlicher Merkmale mit daran geknüpfter Kategorisierung festzuschreiben, letztlich fehl. Stattdessen kursierte eine Vielzahl konkurrierender Erklärungen für die Ursachen des Verbrechens und ebenso zahlreiche „Verbrechertypologien".[12] Dieses Scheitern kriminologischer und „erbbiologischer" Forschung könnte erklären, warum man in der Praxis auf die Leistungsbereitschaft beziehungsweise „Arbeitsscheue" als Bestimmungsmerkmal der „erb"- und „rassenbiologischen Minderwertigkeit" zurückgriff. Im „erb"- und „rassenbiologisch" inspirierten Denken galten als „arbeitsscheu" aufgefasste Verhaltensweisen als Ausdruck der angeborenen „Minderwertigkeit",[13] die durch das degenerierte Erbgut verursacht wurde. Im Gegensatz zu diesem war das „arbeitsscheue" Verhalten aber sichtbar.

Wie eingangs erwähnt knüpften die Exklusions- und Verfolgungspraktiken, die sich während des Nationalsozialismus gegen die als „minderwertig" und „arbeitsscheu" klassifizierten Personen und Gruppen richteten, an Diskurse und Praktiken an, die zeitlich noch viel weiter zurück lagen, als durch den Verweis auf die Kriminologie bereits angedeutet. Einige Verbindungslinien lassen sich bis in die Phase der Frühindustrialisierung zurückverfolgen, in der sich Konzepte und Einrichtungen der Sozialdisziplinierung herausbildeten, die wie die Arbeitshäuser bis weit ins 20. Jahrhundert hinein wirkungsmächtig sein sollten.[14] Wie ich im Folgenden zeigen werden, lassen sich abgesehen von solch

11 Cesare Lombroso, Der Verbrecher in anthropologischer, ärztlicher und juristischer Beziehung, Hamburg 1887; ders., Der Verbrecher in anthropologischer, ärztlicher und juristischer Beziehung, Hamburg 1890.

12 Robert Heindl, Der Berufsverbrecher. Ein Beitrag zur Strafrechtsreform, Berlin 1926, S. 117–169; Franz von Liszt, Der Zweckgedanke im Strafrecht [1882], in: ders., Aufsätze und kleinere Monographien, Hildesheim 1999, S. 126–179, hier S. 165–173; Silviana Galassi, Kriminologie im Deutschen Kaiserreich. Geschichte einer gebrochenen Verwissenschaftlichung, Stuttgart 2004, S. 351–360.

13 Hier überschneiden sich der ethnische und der eugenische Rassismus, denn auch den Zielgruppen des ethnischen Rassismus wurde häufig „Arbeitsscheue" unterstellt. Erinnert sei beispielsweise an das Bild vom „faulen Juden" oder an die Gegenüberstellung des „schaffenden" und des „raffenden" Kapitals, wobei man ersteres mit den „Ariern" und letzteres mit den Juden identifizierte.

14 Wolfgang Ayaß, Die „korrektionelle Nachhaft". Zur Geschichte der strafrechtlichen Arbeitshausunterbringung in Deutschland, in: ZNR 15 (1993), S. 184–201; Gerhard Pfeisinger,

weitgreifenden Traditionslinien aber auch direkte konzeptionelle Vorläufer identifizieren, auf welche die Akteure nach dem Machtantritt der Nationalsozialisten ihr Vorgehen gegen soziale Außenseiter und Mehrfachstraftäter stützen konnten. Sie finden sich vor allem innerhalb der Strafrechtsreformbewegung[15] und im Bereich der Wohlfahrtspflege, genauer gesagt: in der Praxis des fürsorgerechtlichen Arbeitszwangs und der Pflichtarbeit[16] sowie in den Diskussionen über ein „Bewahrungsgesetz".[17]

2 Die erste Phase der nationalsozialistischen Verfolgung von „Asozialen" und „Berufsverbrechern" 1933 bis 1937. Institutionengefüge und Rechtsgrundlagen

Bis zum „Grundlegenden Erlass über die vorbeugende Verbrechensbekämpfung durch die Polizei",[18] mit dem das Reichsinnenministerium am 14. Dezember 1937 eine einheitliche Regelung der polizeilichen „Vorbeugungshaft" schuf, und den anschließenden Massenverhaftungen durch die Gestapo und die Kriminalpolizei 1938, waren die rechtlichen Bestimmungen zur KZ-Einweisung jener Gruppen, die im Jargon der Verfolgungsbehörden gemeinhin als „Asoziale" und „Berufsverbrecher" bezeichnet wurden, den Landesregierungen überlassen. Kennzeichnend für diese erste Verfolgungsphase waren daher die Heterogenität der Maßnahmen und die Vielfalt der in die Verfolgung involvierten Behörden.[19]

Arbeitsdisziplinierung und frühe Industrialisierung 1750–1820, Wien 2006; Hubert Treiber/Heinz Steinert, Die Fabrikation des zuverlässigen Menschen. Über die „Wahlverwandtschaft" von Kloster- und Fabrikdisziplin, Münster 2005.

15 Christian Müller, Verbrechensbekämpfung im Anstaltsstaat. Psychiatrie, Kriminologie und Strafrechtsreform in Deutschland 1871–1933, Göttingen 2004.

16 Ayaß, Asoziale, S. 57–61; Julia Hörath, Terrorinstrument der „Volksgemeinschaft"? KZ-Haft für „Asoziale" und „Berufsverbrecher" 1933 bis 1937/38, in: ZfG 60 (2012) 6, S. 513–532, hier S. 516–520.

17 Matthias Willing, Das Bewahrungsgesetz (1918–1967). Eine rechtshistorische Studie zur Geschichte der deutschen Fürsorge, Tübingen 2003.

18 Im Folgenden: „Grunderlass vorbeugende Verbrechensbekämpfung", in: Wolfgang Ayaß, „Gemeinschaftsfremde". Quellen zur Verfolgung von „Asozialen" 1933–1945, Koblenz 1998, S. 94–98. Ferner: Patrick Wagner, Volksgemeinschaft ohne Verbrecher. Konzeption und Praxis der Kriminalpolizei in der Zeit der Weimarer Republik und des Nationalsozialismus, Hamburg 1996, S. 258–262; Karl-Leo Terhorst, Polizeiliche planmäßige Überwachung und polizeiliche Vorbeugungshaft im Dritten Reich, Heidelberg 1985, S. 115–145.

19 Hörath, Terrorinstrument; Terhorst, Überwachung, S. 61–114.

Da die „Schutzhaft" ab April 1934 bei der KZ-Einweisung aufgrund von Devianz und Delinquenz an Bedeutung verlor, bildeten bis 1937 die jeweiligen länderrechtlichen Varianten der „Vorbeugungshaft" und der § 20 RFV die wichtigsten Rechtsgrundlagen. Bislang ist die Praxis der Verhängung von KZ-Haft auf Grundlage des § 20 RFV lediglich für die Länder Bayern und Baden belegt.[20] Vermutlich verfügten aber alle Länder des Deutschen Reiches über eigene Bestimmungen zur Anwendung der polizeilichen „Vorbeugungshaft".[21] Als Vorlage diente den meisten Landesregierungen der preußische „Vorbeugungshafterlass" vom 13. November 1933.[22] Dieser war als polizeirechtliches Pendant zum „Gesetz gegen gefährliche Gewohnheitsverbrecher und über Maßregeln der Sicherung und Besserung"[23] vom 24. November 1933 geschaffen worden, das aufgrund dieses engen konzeptionellen Zusammenhangs im Folgenden ebenfalls erörtert werden soll.

3 Das Fürsorgerecht als Grundlage der KZ-Einweisung von „Asozialen"

Die ergänzend zur RFV im Jahre 1924 erlassenen „Reichsgrundsätze über Voraussetzung, Art und Maß der öffentlichen Fürsorge" (RG)[24] knüpften in ihrem § 13 den Bezug von Wohlfahrtsunterstützung an die Leistungsbereitschaft und geordnete Lebensführung der Bedürftigen. „Bei Arbeitsscheu oder offenbar unwirtschaftlichem Verhalten" sei die Hilfsbedürftigkeit „strengstens zu prüfen sowie Art und Maß der Fürsorge auf das zur Fristung des Lebens Unerlässliche

20 Das bedeutet allerdings nicht, dass diese Praxis nicht auch für andere Länder des Deutschen Reiches nachgewiesen werden könnte. Bislang fehlen allerdings entsprechende Forschungsvorhaben.

21 Terhorst, Überwachung, S. 101–108.

22 Allerdings wiesen einige länderrechtliche Regelungen der „Vorbeugungshaft" starke Abweichungen von der preußischen Vorlage auf: Hörath, Terrorinstrument, S. 523–525.

23 Gesetz gegen gefährliche Gewohnheitsverbrecher und über Maßregeln der Sicherung und Besserung vom 24.11.1933, in: RGBl. I, S. 995–999; Christian Müller, Das Gewohnheitsverbrechergesetz vom 24. November 1933, Baden-Baden 1997; Terhorst, Überwachung, S. 61–75.

24 Die RG konkretisierten die Form, in der die Wohlfahrtsunterstützung geleistet, und die Bedingungen, unter denen sie gewährt werden sollten. Sie wurden während der Weimarer Republik mehrfach verändert. Hier liegt die Fassung vom 1.8.1931 zu Grunde, in: RGBl. I, S. 441–445; ferner: Verordnung zur Änderung der Reichsgrundsätze über Voraussetzung, Art und Maß der öffentlichen Fürsorge und zur Ausführung des § 85 des Auswertungsgesetzes vom 1.8.1931, in: ebd., S. 439–441.

zu beschränken".[25] Überdies könne in solchen Fällen die Wohlfahrtsunterstützung „auf Anstaltspflege" beschränkt und „offene Pflege",[26] also die Gewährung von Geld- und Sachleistungen, verweigert werden. Die konkrete Handhabe dafür lieferte § 20 RFV. Er ermöglichte es den Fürsorgebehörden, in Fällen selbstverschuldeter Arbeitslosigkeit die Unterstützungsempfänger in eine geschlossene „Arbeitsanstalt" einzuweisen. Auf diese Weise sollte dem „unwirtschaftlichen" Verhalten ein Riegel vorgeschoben und die Betroffenen an „geregelte Arbeit" gewöhnt werden. Allerdings überwog der Zwangscharakter deutlich den Erziehungsgedanken. Selbst im innerbehördlichen Sprachgebrauch bürgerte sich der Ausdruck „Arbeitszwang" für die Maßnahmen nach § 20 RFV ein.[27] Die Verantwortung für die Auswahl geeigneter „Arbeitsanstalten" legte die RFV in die Hände der Landesregierungen. Diese nutzten dafür in der Regel die Arbeitshäuser. Im Wortlaut sah § 20 RFV vor, dass

> wer obwohl arbeitsfähig infolge seines sittlichen Verschuldens der öffentlichen Fürsorge selbst anheimfällt oder einen Unterhaltsberechtigten anheimfallen lässt, [...] von der Verwaltungsbehörde auf Antrag des vorläufig oder endgültig verpflichteten Fürsorgeverbandes oder desjenigen, der dem Fürsorgeverbande die Kosten der Unterstützung zu ersetzen hat, in einer vom Lande als geeignet anerkannten Anstalt oder sonstigen Arbeitseinrichtung zur Arbeit untergebracht werden [kann], wenn er Arbeit beharrlich ablehnt oder sich der Unterhaltspflicht beharrlich entzieht.[28]

Als Nachweis des „sittlichen Verschuldens" und „beharrlichen" Arbeitsverweigerung werteten die Wohlfahrtsbehörden gemeinhin, wenn ein Unterstützungsempfänger Arbeitsgelegenheiten wiederholt abgelehnt beziehungsweise die Arbeit zwar für kurze Zeit aufgenommen, dann aber die Arbeitsstelle wieder verlassen hatte. Um die Arbeitswilligkeit der Unterstützungsempfänger zu prüfen, nutzten viele kommunale Wohlfahrtsbehörden gezielt die Verhängung von fürsorgerechtlicher Pflichtarbeit nach § 19 RFV. Dieser ermöglichte es „in geeigneten Fällen", die Unterstützung arbeitsfähiger Personen „durch Anweisung angemessener Arbeit gemeinnütziger Art zu gewähren oder von der Leistung solcher Arbeit abhängig" zu machen.[29]

In Bayern erkannte das Innenministerium am 16. Oktober 1934 das KZ Dachau als Arbeitsanstalt im Sinne des § 20 RFV an. Vorangegangen waren zum

25 § 13, Art. 1, RG.
26 Ebd., Art. 2.
27 Z. B.: Abschn. VII. „Arbeitspflicht", § 4, Abs. 1 der Verordnung über Voraussetzung, Art und Maß der öffentlichen Fürsorge vom 12.4.1930, in: Gesetz- und Verordnungs-Blatt für den Freistaat Bayern (1930) 14, S. 117–130, hier S. 130.
28 Baath, Fürsorgepflicht, S. 16.
29 Ebd., S. 15; Ayaß, Asoziale, S. 57–61.

einen erbitterte Auseinandersetzungen über die ausufernde bayerische „Schutzhaftpraxis", bei denen vor allem Haftanordnungen in Fällen von „Trunksucht, Misshandlung der Ehefrau, Fangen von Singvögeln, Holzfrevel, [...], unsittliche[m] Lebenswandel, grobe[m] Unfug, Arbeitsscheu" sowie „asoziale[m] Verhalten" in der Kritik standen.[30] Zum anderen hatten die bayerischen Behörden seit dem Machtantritt der Nationalsozialisten ihr Vorgehen gegen die Angehörigen sozialer Randgruppen deutlich verschärft, was einen gravierenden Unterbringungsengpass in den Arbeitshäusern und ähnlichen Anstalten nach sich zog. So war das Arbeitshaus Rebdorf schon im September 1933, in Folge der „Bettlerrazzia", derart überfüllt, dass es im November des Jahres begann, regelmäßig einen Teil seiner Insassen in das KZ Dachau zu überstellen.[31] Angesichts dieser Entwicklung ermöglichte es die direkte fürsorgerechtliche Regelung der KZ-Einweisung, die Verhängung von „Schutzhaft" wieder stärker an politische Kriterien zu knüpfen und dennoch gegenüber einer bestimmten Untergruppe der „Asozialen", den unliebsamen Fürsorgeempfängern, die Repressionen zu verstärken. Gleichzeitig konnten die tradierten Anstalten für geschlossene Fürsorge entlastet werden.

Ein knappes Jahr nach dem Vorstoß der bayerischen Behörden institutionalisierte auch Baden ein ähnliches Vorgehen. Am 20. August 1935 ernannte das dortige Innenministerium das Arbeitshaus Kislau, das in seinen Räumen ein frühes KZ beherbergte,[32] zum Vollzugsort des fürsorgerechtlichen Arbeitszwangs. Spätestens ab 1936 wurden die Arbeitszwangshäftlinge dann nachweislich im KZ Kislau untergebracht.[33]

Die Verfolgungsgeschichte des Bäckers Rudolf B., der im Mai 1935 auf Antrag des Bezirksfürsorgeverbandes München-Stadt im Alter von 52 Jahren in das KZ Dachau eingeliefert wurde, mag das Einweisungsverfahren nach § 20 RFV illustrieren: Aus der Personenakte des B. bei der Polizeidirektion München geht hervor, dass dieser vermutlich seit 1924 mit kürzeren Unterbrechungen auf Wohlfahrtsunterstützung angewiesen gewesen war. Die Versuche der Wohl-

---

30 Bayerisches Hauptstaatsarchiv (künftig: BayHStA München), StK 6299/1, Schreiben des Reichsstatthalter in Bayern vom 20.3.1934; Johannes Tuchel, Konzentrationslager. Organisationsgeschichte und Funktion der ‚Inspektion der Konzentrationslager' 1934–1938, Boppard a. Rhein 1991, S. 153–158.

31 Ayaß, Asoziale, S. 42; ders., „Gemeinschaftsfremde", S. XVII; Annette Eberle, Häftlingskategorien und Kennzeichnung, in: Wolfgang Benz/Barbara Distel (Hrsg.), Der Ort des Terrors, Bd. I, München 2005, S. 91–109, hier S. 97 u. 104; Tuchel, Organisationsgeschichte, S. 155–158.

32 Angela Borgstedt, Kislau, in: Wolfgang Benz/Barbara Distel (Hrsg.), Der Ort des Terrors, Bd. II, München 2005, S. 134–136.

33 Hörath, Terrorinstrument, S. 516–520 u. 529–531.

fahrtsbehörde, B. zur Arbeit zu zwingen, setzten Ende der 1920er-Jahre ein. Am 14. Juni 1928 stellte das Wohlfahrtsbezirksamt München bei der dortigen Polizeidirektion einen Antrag, Rudolf B. gemäß dem bayerischen „Zigeuner- und Arbeitsscheuengesetz“[34] einen polizeilichen „Arbeitsauftrag“[35] zu erteilen. „Seine Bemühungen um Arbeit“, hieß es in der Begründung,

> dürften nicht besonders ernst zu nehmen sein. Zweifellos besteht Arbeitsunwille, weil er in der fraglichen Zeit nicht einmal Gelegenheitsarbeiten aufzuweisen vermag. Bei jeder Antragstellung gebärdet er sich in ungehörigster Weise. Seine Angaben entsprechen nicht immer der Wahrheit.[36]

Wie das polizeiliche Arbeitszwangsverfahren im Jahre 1928 ausging, geht aus der Polizeiakte nicht hervor. Sechseinhalb Jahre später, das NS-Regime hatte sich unterdessen erfolgreich konsolidiert, unternahm das Wohlfahrtsamt einen weiteren Versuch, Rudolf B. zur Arbeit zu zwingen, indem es ihn im November 1934 zum Reichsautobahnbau schickte. Rudolf B. entzog sich diesem „Vermittlungsversuch“ aber, indem er schlichtweg nicht auf der Baustelle erschien.[37] Daraufhin eröffnete ihm das Wohlfahrtsamt, dass man ihm fortan die Unterstützung nicht mehr in Bargeld auszahlen, sondern nur noch in Form von Anstaltsunterbringung in der Herzogsägmühle[38] gewähren werde. Angesichts dessen verzichtete Rudolf B. auf den Leistungsbezug und lebte fortan von finanziellen Zuwendungen seiner Mutter.

---

34 Beim bayerischen „Zigeuner- und Arbeitsscheuengesetz“ handelte es sich um eine länderrechtliche Regelung, die ein sicherheitspolizeiliches Vorgehen gegen sogenannte „Zigeuner“ und „Arbeitsscheue“ ermöglichte. Sie kodifizierte unter anderem den sicherheitspolizeilichen Arbeitszwang, eine dem fürsorgerechtlichen Arbeitszwang nach § 20 RFV ähnliche Maßnahme: Gesetz zur Bekämpfung von Zigeunern, Landfahrern und Arbeitsscheuen vom 16.7.1926, in: Gesetz- und Verordnungs-Blatt für den Freistaat Bayern (1926) 17, S. 359–361.

35 Bayerisches Staatsarchiv München (künftig: BayStA München), C 0402, 1978, Nr. 11630, Akte Rudolf B., Wohlfahrtsbezirksamt München VII vom 14.6.1928.

36 Ebd.

37 Bei einer späteren Vernehmung durch die Polizeidirektion München begründete B. sein Nicht-Erscheinen auf der Baustelle damit, dass er die Arbeit beim Reichsautobahnbau aus gesundheitlichen Gründen nicht hätte leisten können. Tatsächlich wurde ihm die Arbeitsunfähigkeit nachträglich amtsärztlich bescheinigt: ebd., Vorführprotokoll der Polizeidirektion München vom 8.5.1935. Dass die Wohlfahrts- und Arbeitsämter bei der Vermittlung die Frage der körperlichen Eignung für die anstrengenden Arbeiten beim Reichsautobahnbau ignorierten, war kein Einzelfall.

38 Bei der Herzogsägmühle handelte es sich um eine Arbeits- und Unterbringungsstätte für Bettler, Landstreicher, Wander- und Saisonarbeiter, die vom Bayerischen Landesverband für Wanderdienst betrieben wurde, der auch eng mit der Politischen Polizei unter Heinrich Himmler und dem KZ Dachau kooperierte: Annette Eberle, Herzogsägmühle in der Zeit des Nationalsozialismus, Peiting 1994.

Als Vater eines minderjährigen Sohnes, für den er unterhaltspflichtig war, war Rudolf B. langfristig aber nicht vor fürsorgerechtlichen Repressionen sicher, obwohl er selbst nicht im Leistungsbezug stand. Das Kind lebte nämlich auf Wohlfahrtskosten bei einer Pflegemutter. Nachdem der Ortsfürsorgeverband Gräfeling, der Kostenträger, erfolglos versucht hatte, Rudolf B. zu Unterhaltszahlungen heranzuziehen, stellte er am 25. Februar 1935 bei der Polizeidirektion München einen „Antrag auf Einschaffung des Bäckers Rudolf B. in das Arbeitslager Dachau".[39] Die Begründung lautete:

> Der in München [...] wohnhafte [...] Bäcker Rudolf B. ist [...] Vater des Kindes Rudolf S. [...] und soll monatl[ich] 35 RM Unterhaltsbeitrag leisten. Nach Mitteilung der Amtsvormundschaft des Bezirksjugendamts München war es nicht möglich seit Geburt des Kindes auch nur einen Pfennig Unterhalt beizutreiben [...]. [Rudolf B.] ist meistens unbekannten Aufenthalts und wurde wiederholt im Bayer[ischen] Polizeifahndungsblatt ausgeschrieben. B. ist der typische Taugenichts, der sich seiner Unterhaltspflicht mit Absicht entzieht und der daher in ein Arbeitslager gehört.[40]

Die Polizeidirektion München reagierte allerdings nur zögerlich auf den Haftantrag. Doch am 24. April 1935, zwei Monate nach dem Gesuch des Ortsfürsorgeverbands Gräfeling, stellte auch das Städtische Wohlfahrtsamt München, bei dem B. kurz zuvor erneut um Unterstützung gebeten hatte, einen Antrag auf „Vollzug des § 20 RFV".[41] In der Begründung rekurrierte es auf die schon ein Jahrzehnt währende behördliche Auseinandersetzung mit Rudolf B., die den „Beweis" erbracht hätte, dass es sich bei B. um einen renitenten Wohlfahrtsunterstützungsempfänger, „Arbeitsverweigerer" und „säumigen Unterhaltszahler" im Sinne des § 20 RFV handele. Als Beleg diente in erster Linie eine ausführliche Schilderung der erfolglosen Versuche, Rudolf B. gemäß § 19 RFV zu fürsorgerechtlicher Pflichtarbeit heranzuziehen. Als Dauer der Arbeitszwangshaft schlug das Wohlfahrtsamt München-Stadt sechs Monate vor.[42] Am 8. Mai 1935 eröffnete die Polizeidirektion München Rudolf B. dann den Einweisungsbeschluss. Drei Tage später, am 11. Mai, wurde er in das KZ Dachau überstellt. Entgegen dem Antrag des Wohlfahrtsamts kam B. allerdings schon am 12. August 1935, nach drei Monaten KZ-Haft, wieder frei.

---

39 BayStA München, C 0402, 1978, Nr. 11630, Akte Rudolf B., Antrag des Ortsfürsorgeverbands Gräfeling vom 25.2.1935.
40 Ebd.
41 Ebd., Antrag des Städtischen Wohlfahrtsamts vom 24.4.1935.
42 Ebd.

4 „Arbeitsscheue“ in den Begründungen für die Verhängung von „Sicherungsverwahrung“ gegen „Gewohnheitsverbrecher“

Das „Gewohnheitsverbrechergesetz“ fügte am 24. November 1933 in Form einer Gesetzesnovelle eine Reihe von „Maßregeln der Sicherung und Besserung“ in den § 42 Reichsstrafgesetzbuch (RStGB) ein, die ihrer Konzeption nach auf die sogenannte Zweckstrafe zurückgingen,[43] für deren Einführung die Strafrechtsreformbewegung zuvor jahrzehntelang gekämpft hatte. Allerdings war die Strafrechtsreform am Ende der Weimarer Republik gescheitert, was nicht zuletzt an der Zersplitterung des Parlaments gelegen hatte, die es als Gesetzgeber nahezu handlungsunfähig machte. Nach dem Ermächtigungsgesetz vom 24. März 1933, das den Exekutivorganen legislative Kompetenzen übertrug, brauchten die Beamten der Ministerialbürokratie die Reformentwürfe nur wieder aus der Schublade zu ziehen, um Teile des Projektes zu realisieren – nun unter Umgehung eines parlamentarischen Gesetzgebungsverfahrens und mit Schwergewicht auf den repressiven Elementen.[44]

Dennoch hob das „Gewohnheitsverbrechergesetz“ den Dualismus von „Sicherung“ und „Besserung“, welcher der Zweckstrafe konzeptionell innewohnte, nicht vollständig auf, sondern kodifizierte auch solche Maßregeln, die hauptsächlich der „Reform“ der Individuen dienen sollten. Die Widerherstellung der Leistungsfähigkeit und -bereitschaft der Betroffenen kann dabei als eines der zentralen Ziele gelten. So war als Maßregel für „notorische“ Bettler und Landstreicher beispielsweise die Arbeitshausunterbringung und für sogenannte „Gewohnheitstrinker“ die Zwangseinweisung in eine Trinkerheilanstalt vorgesehen. Dem lag die lange tradierte Vorstellung zu Grunde, die Individuen mittels Arbeit „bessern“ und an die Anforderungen eines geregelten (Berufs-)Lebens

---

43 Das Modell der Zweckstrafe hatte der Vordenker der Strafrechtsreformbewegung, Franz von Liszt, maßgeblich entwickelt und propagiert. Im Gegensatz zur Vorstellung der klassischen Strafrechtslehre, in der sich die Strafe allein an der Schwere der Tat zu orientieren hatte, sah die Zweckstrafe eine flexible Anpassung der Strafe an die Persönlichkeit des Täters, die von ihm ausgehende „Gefahr“ und den während der Haft erzielten „Besserungserfolg“ vor. Um die in diesem Sinne geforderten Zusätze im Strafkatalog des RStGB terminologisch von der klassischen Strafe zu unterscheiden, schlug von Liszt vor, von „Maßregeln“ zu sprechen. Innerhalb der Strafrechtslehre setzte sich dann die Formulierung „Maßregeln der Besserung und Sicherung“ durch, welche die Nationalsozialisten 1933 im „Gewohnheitsverbrechergesetz“ in „Maßregeln der Sicherung und Besserung“ verkehrten: Franz von Liszt, Die deterministischen Gegner der Zweckstrafe, in: ZStW 13 (1893), S. 325–370; Müller, Verbrechensbekämpfung, S. 141.

44 Ebd., S. 223–227; Hörath, Terrorinstrument, S. 524f.

gewöhnen zu können.[45] Als schärfste und in erster Linie repressiven Zwecken dienende Maßregel sah der neu eingefügte § 42e RStGB vor, dass das Gericht gegen Personen, die als „gefährliche Gewohnheitsverbrecher“ galten, lebenslange „Sicherungsverwahrung“ verhängen konnte. Vollstreckt wurde die „Sicherungsverwahrung“ zunächst in den Justizvollzugsanstalten, ab September 1942 dann in den KZ.[46]

Ähnlich wie in den Begründungen der Fürsorgebehörden zur Verhängung von Arbeitszwang nach § 20 RFV spielten in den Anträgen auf Anordnung der „Sicherungsverwahrung“ neben den formal-juristischen Kriterien der Haftanordnungen[47] als Legitimationsgrund auch die „Arbeitsscheue“ der Betroffenen eine entscheidende Rolle. So hieß es beispielsweise in einer Antragsbegründung, die der Direktor der Strafanstalt Wittlich/Eifel am 6. Juni 1934 mit Blick auf den dort einsitzenden Sträfling Alex N. formulierte:[48]

> N. hat infolge mangelnder Erziehung und erblicher Veranlagung schon mit 17 Jahren die Verbrecherlaufbahn beschritten. Nach dem frühen Tode des Vaters [...] verlor die Mutter gänzlich die Erziehungsgewalt über den Jungen. Er entwickelte sich zu einem arbeitsscheuen, verwahrlosten und sittlich verkommenen Menschen [...].[49]

Dabei bestand in den Augen des Strafanstaltsdirektors bei N. ein direkter Kausalzusammenhang zwischen dessen angeblich angeborenem „inneren Hang zum Verbrechen“ – nach Auffassung von Kriminologen und zeitgenössischer Rechtsprechung das zentrale Charakteristikum des „gefährlichen Gewohnheitsverbrechers“[50] – und dessen „arbeitsscheuem“ Verhalten. Das wiederum machte N. nach Ansicht des Direktors zu einem „minderwertigen Menschen“,[51] der zu einer „Besserung“ nicht mehr fähig sei:

---

45 Terhorst, Überwachung, S. 69f.

46 Hans-Peter Klausch, „Vernichtung durch Arbeit“, in: KZ-Gedenkstätte Neuengamme (Hrsg.), Ausgegrenzt. „Asoziale“ und „Kriminelle“ im nationalsozialistischen Lagersystem, Bremen 2009, S. 60–71.

47 Für eine Darstellung der Anordnungsvoraussetzungen: Terhorst, Überwachung, S. 65–71.

48 Da das „Gewohnheitsverbrechergesetz“ unter bestimmten Bedingungen sogar die rückwirkende Anordnung der „Sicherungsverwahrung“ ermöglichte, durchkämmten die Strafanstaltsdirektionen kurz nach dessen Inkrafttreten systematisch die Insassen der Justizvollzugsanstalten nach geeigneten Kandidaten: Sylvia de Pasquale, Zwischen Resozialisierung und „Ausmerze“. Strafvollzug in Brandenburg an der Havel (1920–1945), Berlin 2013, S. 134 u. 390–396.

49 Landesarchiv Nordrhein-Westfalen/Abteilung Rheinland (künftig: LAV NRW R), BR 2034 VH I, Nr. 15, Akte Alex N., Antrag des Strafanstaltsdirektors in Wittlich/Eifel [vom 6.7.1934].

50 Entscheidungen des Reichsgerichts in Strafsachen, Berlin 1934, S. 155; ebd., Berlin 1939, S. 295.

51 LAV NRW R, BR 2034 VH I, Nr. 15, Akte Alex N., Antrag des Strafanstaltsdirektors in Wittlich/Eifel [vom 6.7.1934].

> N. ist der Typ des Verbrecherführers, den keine noch so harte Strafe von seiner Verbrecherlaufbahn abbringen wird. Er ist ein intelligenter, selbstsicherer, aber verbissener Mensch, bei dem keine Zeichen innerer Umstellung oder Wille hierzu festzustellen sind. Er hat eine ausgesprochene Scheu gegen geregelte, ehrliche Arbeit und zieht den mühelosen Lebenserwerb durch Verletzung fremden Eigentums vor. Er hält sich selbst für den geborenen Verbrecher und glaubt nicht an die Möglichkeit einer Besserung. Er gehört zu den moralisch und sozial minderwertigen Menschen, in denen das natürliche Ehrgefühl gestorben ist und die sich nicht mehr zu einem gesetzmäßigen Leben aufraffen können.[52]

Im Fall von Alex N. lehnte der zuständige Staatsanwalt den Antrag auf „Sicherungsverwahrung" allerdings ab. Doch verhängte die Kriminalpolizei Köln am 29. Dezember 1934 „Vorbeugungshaft" gegen N. und veranlasste seine Überstellung in das KZ Lichtenburg.

5 „Arbeitsscheue" in den Begründungen für die Verhängung von „Vorbeugungshaft" gegen „Berufsverbrecher"

Die „Vorbeugungshaft" war in Preußen nahezu zeitgleich mit dem „Gewohnheitsverbrechergesetz" durch den Erlass zur „Anwendung der vorbeugenden Polizeihaft gegen Berufsverbrecher"[53] vom 13. November 1933 geschaffen worden. Zum zentralen Definitions- und Erkennungsmerkmal des „Berufsverbrechers" erhob der Erlass das aus „Gewinnsucht" begangene Verbrechen, das im Denken von Kriminologen und Strafrechtsreformern traditionell eng mit der „Arbeitsscheue" der Zielpersonen zusammenhing. Schon Robert Heindl, der mit seinem 1926 publizierten Buch *Der Berufsverbrecher* den Weimarer Diskurs über die „vorbeugenden Verbrechensbekämpfung" entscheidend prägte,[54] hatte hervorgehoben, dass für den „Berufsverbrecher" nicht Arbeit, sondern das Begehen von Straftaten Mittel zum Broterwerb sei, so wie für „andere Menschen schustern, schneidern [und] Bücher schreiben".[55] Der preußische Erlass sah dann die „Vorbeugungshaft" für Personen vor, die „der Kriminalpolizei als Berufsverbre-

52 Ebd.; Thomas Roth, „Verbrechensbekämpfung" und soziale Ausgrenzung im nationalsozialistischen Köln. Kriminalpolizei, Strafjustiz und abweichendes Verhalten zwischen Machtübernahme und Kriegsende, Köln 2010, S. 203.
53 Geheimes Staatsarchiv Preußischer Kulturbesitz (künftig: GStAPK), I. HA. Rep. 84a, Justizministerium, Nr. 8203, Geheimerlass über die „Anwendung der vorbeugenden Polizeihaft gegen Berufsverbrecher" vom 13.11.1933.
54 Wagner, Volksgemeinschaft, S. 19–25.
55 Heindl, Berufsverbrecher, S. 164.

cher bekannt“ waren und „die ausschließlich oder zum größten Teil vom Erlöse aus Straftaten“ lebten.[56] Darüber hinaus galt als „äußere Voraussetzung“ für die Haftanordnung, „dass der Betroffene dreimal wegen eines aus Gewinnsucht begangenen vorsätzlichen Verbrechens oder Vergehens zu Zuchthaus oder Gefängnis von mindestens sechs Monaten verurteilt worden“ war.[57]

Der enge innere Zusammenhang, den der kriminologische und strafrechtliche Diskurs zwischen dem Streben nach einem „mühelosen Lebenserwerb durch Verletzung fremden Eigentums“ einerseits und der „ausgesprochenen Scheu gegen geregelte, ehrliche Arbeit“ andererseits herstellte,[58] hilft zu erklären, warum so viele Haftanträge als Nachweis für die „Gewinnsucht“ der Zielperson auf deren „arbeitsscheues“ Verhalten rekurrierten. So hieß es beispielsweise in einer Haftbegründung, welche die Kriminalpolizei Duisburg am 24. März 1934 für Christian H. verfasste, dieser sei ein „arbeitsscheuer Mensch und Einbrecher“, der „seinen Unterhalt [...] zum größten Teil aus dem Erlös strafbarer Handlungen“ bestreite.[59]

Nicht selten spielte die Frage, ob eine als „Berufsverbrecher“ verdächtigte Person in einem geregelten Arbeitsverhältnis stand beziehungsweise grundsätzlich bemüht war, ein solches aufzunehmen, schon im Vorfeld der Haftanordnung eine wichtige Rolle. So begründete die Münchener Polizei ihre Erwägung, Paul B., einen 35-jährigen Korbmacher, wenige Monate nach dessen Entlassung aus dem Zuchthaus Straubing in „Vorbeugungshaft“ zu nehmen, wie folgt:

> Seine Arbeitsscheue und verbrecherische Gesinnung lassen berechtigte Zweifel aufkommen, dass er nunmehr den Willen aufbringt, sich von seiner früheren Lebensweise abzuwenden und einer geordneten und nachprüfbaren Arbeit nachzugehen. Es ist vielmehr zu vermuten, dass sein arbeitsscheues Verhalten in Hohenbercha, [dorthin war B. kurz zuvor verzogen, J. H.] sehr bald Anstoß erregen und zu neuerlichen Straftaten führen wird.[60]

In den Augen der Polizei galt Paul B. als „brutaler Charakter“, der seine Straftaten mit „größter Rohheit“ ausführte.[61] Tatsächlich war er insgesamt sechzehn Mal vorbestraft, darunter wegen Raubs in Tateinheit mit gefährlicher Körperverletzung, aber auch wegen Sachbeschädigung, Hausfriedensbruchs, grobem

56 GStAPK, I. HA. Rep. 84a, Justizministerium, Nr. 8203, Geheimerlass über die „Anwendung der vorbeugenden Polizeihaft gegen Berufsverbrecher“ vom 13.11.1933.
57 Ebd.
58 LAV NRW R, BR 2034 VH I, Nr. 15, Akte Alex N., Antrag des Strafanstaltsdirektors in Wittlich/Eifel [vom 6.7.1934]; vgl.: Roth, „Verbrechensbekämpfung“, S. 203.
59 LAV NRW R, BR 1111, Nr. 96, Akte Christian H.
60 BayStA München, C 0402, 1978, Nr. 11704, Akte Paul B., Schreiben der Polizeidirektion München vom 6.5.1936.
61 Ebd., Kriminalpolizei München, „Krimineller Lebenslauf“ vom 26.4.1936.

Unfugs und verbotenem Rauchens. Allerdings konnte die Polizei, als sie den Haftantrag stellte, Paul B. keine konkrete Straftat nachweisen. Das war zur Verhängung von „Vorbeugungshaft" aber auch gar nicht notwendig, handelte es sich doch um eine straftatunabhängige Präventivmaßnahme.

Um dennoch begründen zu können, dass die Zielperson „vom Erlös aus Straftaten" lebte, also unter die Anordnungsvoraussetzungen der „Vorbeugungshaft" fiel, musste häufig das „arbeitsscheue Verhalten" herhalten – insbesondere dann, wenn es mit einem finanziell aufwendigen Lebensstil einherging, dessen Quelle der Polizei suspekt war. So war eines der wenigen Verdachtsmomente, die die Kriminalpolizei Duisburg gegen Erich F., den sie der Zuhälterei bezichtigte, vorzubringen hatte, dass dieser immer „sehr nobel gekleidet" sei und „stets als vornehmer Mann in Erscheinung" trete.[62] Über Paul B. wusste die Kriminalpolizei München zu berichten, dieser hätte „ein bequemes Leben" geführt, „trotzdem er seit seiner Entlassung aus dem Zuchthaus keiner geregelten Arbeit" nachginge. Daher bestünde „der dringende Verdacht, dass B. aus dem Erlös strafbarer Handlungen seinen Unterhalt bestreitet".[63] Kurz nach der Verhaftung hieß es dann, B. wäre „bestimmt nicht in vorbeugende Polizeihaft genommen worden", wenn er einen „geregelten Arbeitsnachweis gehabt" hätte.[64] Am 4. Juni 1936 überstellte die Polizeidirektion München Paul B. in das KZ Dachau. Dort verlor sich drei Jahre später seine Spur.

6 Die „Arbeitsleistung" als Grund der KZ-Entlassung

Eine ähnliche Bedeutung wie bei der Haftanordnung kam dem Aspekt der Leistungsbereitschaft beziehungsweise „Arbeitsscheue" auch für die Entlassungspraxis zu. Erwägungen, ob die „Arbeitserziehung" im KZ den angestrebten „Besserungseffekt" erzielt habe und ob die Person im Anschluss an die KZ-Haft in ein festes Arbeitsverhältnis vermittelt werden könne,[65] spielten bei den regelmäßigen Haftprüfungen eine ausschlaggebende Rolle. So schrieb die Kom-

62 LAV NRW R, BR 1111, Nr. 155, Akte Erich F.

63 BayStA München, C 0402, 1978, Nr. 11704, Akte Paul B., Schreiben der Polizeidirektion München von März 1936.

64 Ebd., Schreiben der Gendarmeriestation Karlshud vom 26.5.1936.

65 Gemäß den Durchführungsrichtlinien zum „Grunderlass vorbeugende Verbrechensbekämpfung" von April 1938 galt neben der Zustimmung des Reichskriminalpolizeiamtes (RKPA) das Vorhandensein einer Arbeitsstelle als unabdingbare Voraussetzung für die Entlassung aus der „Vorbeugungshaft", in: Ayaß, Gemeinschaftsfremde, S. 71.

mandantur des KZ Buchenwald am 3. Mai 1938 über den „Vorbeugungshäftling" Heinrich A.:

> Die Führung und Arbeitsleistung des A. sind hier nicht zufriedenstellend. Wird er nicht dauernd unter Aufsicht gehalten, führt er die ihm übertragenen Arbeiten nur nachlässig und mangelhaft aus. [...] Es besteht nicht der Eindruck, dass A. aufgrund der bisherigen Vorbeugungshaft gebessert worden ist.[66]

Anderen „Vorbeugungshäftlingen" bescheinigten die Lagerleitungen hingegen tatsächlich einen „Besserungserfolg". So schrieb die Kommandantur des KZ Flossenbürg am 27. Februar 1940 anlässlich eines Haftprüfungstermins über den „Berufsverbrecher" Alfred G.:

> Die Führung ist genügend, seine Arbeitsleistungen entsprechen den hier gestellten Anforderungen. G. verrichtet willig und fleißig die ihm übertragene Arbeit. Es besteht hier der Eindruck, dass G. in der Volksgemeinschaft noch ein brauchbarer Arbeiter wird, wenn er sofort nach seiner Entlassung in den Arbeitsprozess eingegliedert wird.[67]

Nachdem die Lagerleitung ein Jahr später diesen Eindruck in einem weiteren Führungsbericht bekräftigte, hob der Reichsführer-SS und Chef der deutschen Polizei Heinrich Himmler die „Vorbeugungshaft" auf. Alfred G. wurde am 7. April 1941 aus dem KZ Flossenbürg entlassen.

7 Die Bedeutung von Einsatzfähigkeit, Arbeitsbereitschaft und Leistungsverweigerung bei den Massenrazzien 1937/38

Im Vorangegangenen hoffe ich deutlich gemacht zu haben wie grundlegend die Diskurse um Leistungsbereitschaft und „Arbeitsscheue" für die KZ-Einweisungen von „Asozialen" und Mehrfachstraftäter waren. Und auch 1937/38, als der unter Heinrich Himmler zentralisierte Polizeiapparat[68] das Vorgehen gegen diese beiden Verfolgtengruppen enorm intensivierte, spielten Fragen der Ar-

---

66 Archiv des International Tracing Service Bad Arolsen, KZ Flossenbürg – individuelle Unterlagen, Akte Heinrich A., Führungsbericht der Kommandantur KZ Buchenwald vom 3.5.1938.
67 Ebd., Akte Alfred G., Führungsbericht der Kommandantur KZ Flossenbürg vom 27.2.1940. Ich danke Sven Langhammer für den Hinweis auf die beiden ITS-Akten.
68 Am 17. Juni übertrug Hitler die Befehlsgewalt über die gesamte Polizei an Heinrich Himmler. Dieser konnte sich fortan Reichsführer-SS und Chef der Deutschen Polizei (RFSSuChDtPol) nennen.

beitswilligkeit beziehungsweise Leistungsverweigerung in den einschlägigen Befehlen eine entscheidende Rolle. So definierten die Richtlinien des RKPA zum „Grunderlass vorbeugende Verbrechensbekämpfung“ als „Asoziale“ unter anderem „Personen, [...] die sich der Pflicht zur Arbeit entziehen und die Sorge für ihren Unterhalt der Allgemeinheit überlassen“.[69] Der erste Himmler-Befehl zur April-Welle der „Aktion Arbeitsscheu Reich“ im Jahre 1938 visierte dementsprechend als Zielgruppe explizit Männer an, die obgleich arbeitsfähig, „nachweisbar in zwei Fällen die ihnen angebotenen Arbeitsplätze ohne berechtigten Grund abgelehnt oder die Arbeit zwar aufgenommen, aber nach kurzer Zeit [...] aufgegeben“[70] hatten. Und sowohl von der März-Aktion gegen „Berufsverbrecher“ im Jahre 1937 als auch von der zweiten Verhaftungswelle der „Aktion Arbeitsscheu Reich“ im Juni 1938 waren explizit Personen ausgenommen, die in einem festen Arbeitsverhältnis standen.[71]

Wie dargelegt, hatten diese Haftkriterien Vorläufer, die weit in die Zeit vor 1933 zurückreichten: Schon die §§ 19 und 20 RFV hatten die aus „sittlichem Verschulden“ resultierende Hilfsbedürftigkeit arbeitsfähiger Personen zur Anordnungsvoraussetzung der fürsorgerechtlichen Pflichtarbeit und des Arbeitszwangs gemacht. Dabei galt das mehrmalige Ablehnen eines Beschäftigungsangebots traditionell als Nachweis für die „beharrliche“ Arbeitsverweigerung des Unterstützungsempfängers. Und umgekehrt schloss schon das bayerische „Zigeuner- und Arbeitsscheuengesetz“ von 1926 bei Bestehen eines geregelten Arbeitsverhältnisses die Anordnung des sicherheitspolizeilichen Arbeitszwangs aus.

In der historiographischen Debatte über die Ausweitung der Verfolgungspraxis 1937/38 sind jene Haftkriterien, die die Einsatzfähigkeit, Arbeitsbereitschaft beziehungsweise Leistungsverweigerung der Zielgruppe adressierten, meines Erachtens nach bislang zu einseitig als Beleg für die ökonomischen Motive der Massenrazzien im Zuge der Mobilisierung für den Vierjahresplan interpretiert worden. Derartige Deutungen stützen sich im Wesentlichen auf einen einzelnen Hinweis auf den Vierjahresplan, der sich in einem Befehl Reinhard Heydrichs von 1. Juni 1938 findet, mit dem dieser die zweite Welle der „Aktion Arbeitsscheu Reich“ anordnete,[72] sowie auf ein Zitat des Leiters der Vierjah-

69 Richtlinien des RKPA über die Durchführung der vorbeugenden Verbrechensbekämpfung vom 4.4.1938, zit. n.: Vorbeugende Verbrechensbekämpfung. Erlaßsammlung, [Berlin] 1941, S. 71.

70 Schreiben des RFSSuChDtPol vom 26.1.1938, zit. n.: ebd., S. 47.

71 Schreiben des RFSSuChDtPol vom 23.2.1937, zit. n.: ebd., S. 28. Schreiben des RKPA vom 1.6.1938, zit. n.: ebd., S. 82.

72 Schreiben des RKPA vom 1.6.1938, zit. n.: ebd.

resplanbehörde, Ulrich Greifelt, der ein Jahr nach der Verhaftungsaktion retrospektiv deren Ziele und sich selbst als Initiator des polizeilichen Vorgehens beschrieb.[73] Erklärungsansätze, die diese zwei Belegstellen zum Ausgangspunkt einer Gesamtinterpretation der Massenverhaftungen 1937/38 nehmen, übersehen jedoch die hier dargelegten Diskurstraditionen und überkommenen Exklusionspraktiken und laufen Gefahr, zu Gunsten einer rein auf die ökonomischen Entwicklung fokussierten Perspektive jene Radikalisierungsdynamiken zu vernachlässigen, die der rassistischen und kriminalpräventiven Logik selbst innewohnten.[74]

8 Fazit

Die Kategorie Arbeit ist eine Grundkonstante bürgerlich-kapitalistischer Gesellschaften. Am Beispiel der Verfolgung und KZ-Einweisung von sogenannten „Asozialen" und Mehrfachstraftätern kann gezeigt werden, wie das NS-Regime sowohl auf der diskursiv-ideologischen Ebene als auch in der Praxis an das bürgerliche Arbeitsethos und dessen Leistungsnormen anknüpfte, indem es beispielsweise bestehende Ausgrenzungs- und Disziplinartechniken wie die Arbeitshäuser, den fürsorgerechtlichen Arbeitszwang oder auch die von den Strafrechtsreformern vor 1933 propagierten Konzepte aufnahm und ins Terroristische wendete.

Die Analyse der Fallbeispiele hat deutlich gemacht, dass die Kategorie Arbeit tief in die Konstituierung der Gesellschaft und ihrer Subjekte eingelassen war: Weder die Normierung des gesellschaftlich erwünschten Verhaltens, verkörpert im Bürger oder „Volksgenossen", noch die Entwürfe von deren Gegenbildern, den „Asozialen", „Verbrechern" oder „Gemeinschaftsfremden",[75] waren ohne den Rekurs auf die Kategorie Arbeit denkbar. Alle Personen, die das Regime als „gemeinschaftsfremd" einstufte, einte, dass man ihnen „Arbeitsscheue" unterstellte und zwar unabhängig davon, ob sich ihre konkreten Normverletzungen in der Renitenz gegenüber Behörden, einem abweichenden Sexualverhalten, Gesetzesverstößen oder übermäßigen Alkoholkonsum manifestierte.

73 Für eine Darstellung der daran geknüpften Interpretation: Ayaß, Asoziale, S. 163.
74 Für eine Überblick und eine Kritik an den bisherigen Interpretationsansätzen: Wagner, Volksgemeinschaft, S. 254–298.
75 Zum Begriff „Gemeinschaftsfremde": Wolfgang Ayaß, „Demnach ist zum Beispiel asozial...". Zur Sprache sozialer Ausgrenzung im Nationalsozialismus, in: BGN (2012) 28, S. 69–89.

Gleichzeitig waren die Repressionen gegen „Asoziale", „Berufs"- und „Gewohnheitsverbrecher" aber auch ein probates Mittel, um bestimmte wirtschaftliche Aktivitäten im Bereich der Schattenökonomie zu kontrollieren oder ganz zu unterbinden: So wollte man das Sex-Gewerbe polizeilich reglementieren. Eine der Strategien war die Inhaftierung von Prostituierten und Zuhältern als „Asoziale", „Berufs"- oder „Gewohnheitsverbrecher". Des Weiteren versuchten die Behörden, die Scharen von Arbeitsmigranten, die in Gestalt von Wander-, Saison- und Gelegenheitsarbeitern seit der Weltwirtschaftskrise die deutschen Landstraßen bevölkerten, in „geordnete Bahnen" zu lenken. Ebenfalls bekämpft werden sollten die Praktiken vieler „Wanderer" und Unterschichtsangehöriger, die ihren Lebensunterhalt vollständig oder teilweise durch das Erbitten von Almosen bestritten. Die „Bettlerrazzia" im September 1933 bildete diesbezüglich nur den medienwirksamen Auftakt einer Verfolgungspraxis, die sich in den folgenden Jahren verstetigte und radikalisierte, bis sie in den Massenrazzien der „Aktion Arbeitsscheu Reich" 1938 einen weiteren Höhepunkt fand.

All das zeigt, dass der Kategorie Arbeit bei der Formierung der „Volksgemeinschaft" eine ausschlaggebende Bedeutung zukam: Sie war Kriterium des gesellschaftlichen Ein- beziehungsweise Ausschlusses – ein Kriterium das über die Verteilung von (Über-)Lebenschancen entschied.

Jens-Christian Wagner

Selektion und Segregation. Vernichtung und Arbeit am Beispiel Mittelbau-Dora

Zwangsarbeit spielte im Häftlingsalltag der Konzentrationslager von Beginn an eine maßgebliche Rolle, ihre Funktion änderte sich jedoch zwischen 1933 und 1945 erheblich. Bis in die ersten Kriegsjahre hinein war sie an erster Stelle ein Herrschafts- und Gewaltinstrument der SS; ihre Funktion changierte zwischen Erziehung und Terror. Dementsprechend wählte die SS die Arbeitsorte: Überwiegend wurden die Gefangenen bei körperlich schweren und häufig entwürdigenden Tätigkeiten eingesetzt, etwa in der Moorkultivierung oder in Steinbrüchen. Versuche, die Häftlinge in SS-eigenen Wirtschaftsbetrieben und Rüstungsfabriken zur Zwangsarbeit heranzuziehen, blieben auf Ausnahmen beschränkt. Ziel war es, den Willen und die Persönlichkeit der Häftlinge zu brechen. Ökonomisch blieb die Zwangsarbeit in den Konzentrationslagern in dieser Zeit weitgehend bedeutungslos.[1]

Die Terrorfunktion der Arbeit blieb bis 1945 erhalten. Mit dem zunehmenden Arbeitskräftemangel in der deutschen Kriegswirtschaft kam jedoch 1942/43 nach dem Scheitern der deutschen Blitzkriegsstrategie eine wichtige ökonomische Funktion hinzu: die Ausbeutung der Arbeitskraft der Häftlinge für die deutsche Kriegswirtschaft. KZ-Häftlinge sollten nun die Lücken schließen, die in den Betrieben durch Einberufungen zur Wehrmacht und durch den versiegenden Strom an Kriegsgefangenen und zivilen ausländischen Zwangsarbeitern entstanden waren. Zwar hatte die Arbeitsverwaltung die meisten sowjetischen Häftlinge bereits vor der KZ-Einweisung als „Ostarbeiter" nach Deutschland gebracht, weshalb es sich bei ihnen eigentlich nicht um neue, sondern nur anders kategorisierte Arbeitskräfte handelte. Unter den Häftlingen aus anderen Ländern überwog jedoch die Zahl derer, die unmittelbar in ihren Herkunftsländern verhaftet und dann in die Konzentrationslager im Reich deportiert worden sind. Sie waren tatsächlich zusätzliche Arbeitskräfte, die nun der deutschen Kriegswirtschaft zur Verfügung gestellt wurden, nachdem im September 1942

1 Zur Geschichte der NS-Konzentrationslager die noch immer maßgebliche Gesamtdarstellung: Karin Orth, Das System der nationalsozialistischen Konzentrationslager. Eine politische Organisationsgeschichte, Hamburg 1999. Zur Einführung in die Geschichte der Zwangsarbeit in den Konzentrationslagern: Jens-Christian Wagner, Work and extermination in the concentration camps, in: Jane Caplan/Nikolaus Wachsmann (Hrsg.), Concentration Camps in Nazi Germany. The new histories, London 2009, S. 127–148; Marc Buggeln, Das System der KZ-Außenlager. Krieg, Sklavenarbeit und Massengewalt, Bonn 2012.

nach Verhandlungen zwischen der SS und Rüstungsminister Albert Speer und einem „Führerentscheid“ die Grundsatzentscheidung für den externen Einsatz von KZ-Häftlingen bei Rüstungsunternehmen gefallen war (die SS hatte sich mit ihrer Forderung, dass stattdessen Rüstungsfertigungen in die Konzentrationslager verlagert werden sollten, nicht durchsetzen können). Nun forderten immer mehr Unternehmen KZ-Häftlinge als Zwangsarbeiter an, für deren Bereitstellung sie der SS bzw. dem Reich ein pauschales Tagesentgelt von 4 RM für Hilfs- und 6 RM für Facharbeiter zahlen mussten. Neben der Rüstungsindustrie war die Bauwirtschaft die zweite große Branche, in der KZ-Häftlinge arbeiten mussten, vor allem auf Großbaustellen bei der Verlagerung von Rüstungsbetrieben in Bunker und Untertageanlagen.

Die Folge dieser Entwicklung war ein starker Anstieg der Häftlingszahlen und der Lager. Zwischen Sommer 1943 und Anfang 1945 verdreifachte sich die Zahl der KZ-Häftlinge nahezu von 224 000 auf mehr als 700 000.[2] Noch stärker stieg die Zahl der Lager an, denn die meisten Häftlinge waren nun nicht mehr in den zentralen KZ-Hauptlagern untergebracht, sondern in dezentralen Außenlagern, die – in großer Eile und häufig sehr improvisiert – von den Firmen in der Nähe der Werkhallen oder der Baustellen eingerichtet wurden. Ende 1943 existierten bereits fast 260, im Juli 1944 fast 600 und im Januar 1945 über 730 Lager[3] – und das, obwohl der deutsche Herrschaftsbereich in diesem Zeitraum erheblich geschrumpft war und zahlreiche Lager im Osten wie im Westen mit der Deportation ihrer Insassen in das Innere des Reichsgebietes schon wieder aufgelöst worden waren. Im Winter 1944/45 gab es kaum noch eine Stadt im Deutschen Reich, in der sich nicht ein KZ-Außenlager befand.

1 Das KZ Mittelbau-Dora

Beispielhaft für diese Entwicklung ist die Geschichte des KZ Mittelbau-Dora bei Nordhausen. Gegründet wurde Dora Ende August 1943 als Außenlager des KZ Buchenwald im Zuge der Verlagerung der Raketenrüstung von Peenemünde in eine vor Luftangriffen geschützte Stollenanlage im Kohnstein bei Nordhausen am südlichen Harzrand. Anfang 1944 kamen weitere Bau- und Rüstungsprojekte

2 Jan Erik Schulte, Zwangsarbeit und Vernichtung: Das Wirtschaftsimperium der SS. Oswald Pohl und das SS-Wirtschafts-Verwaltungshauptamt 1933–1945, Paderborn 2001, S. 402, Tabelle 6.

3 Die Zahlen beruhen auf einer kritischen Auswertung der – z. T. fehlerhaften und unvollständigen – Daten, die Gudrun Schwarz 1990 zusammengetragen hat: Gudrun Schwarz, Die nationalsozialistischen Lager, Frankfurt a.M./New York 1990.

hinzu: Nach dem Vorbild des unterirdischen Raketenwerkes sollten im Südharz neue Stollenanlagen vorangetrieben werden, in die Flugzeugfabriken des Junkers-Konzerns und später auch Treibstoffraffinerien verlagert werden sollten. Allerdings wurde angesichts des nahenden Kriegsendes kaum eine der geplanten Untertageanlagen auch nur annähernd fertiggestellt. Als Arbeitskräfte für die Bauprojekte wurden neben zivilen ausländischen Zwangsarbeitern und deutschen Aufsichtskräften vor allem KZ-Häftlinge herangezogen, für deren Unterbringung die SS in der Nähe der Baustellen improvisierte KZ-Außenlager einrichtete. Im Herbst 1944 wurden diese aus der Verwaltung des KZ Buchenwald herausgelöst und mit dem Lager Dora zum nunmehr selbständigen KZ Mittelbau zusammengefasst. Dieses umfasste Anfang 1945 fast 40 Einzellager mit zusammen über 40 000 Insassen.[4]

Mittelbau-Dora war eines der ersten und das am Ende weitaus größte Konzentrationslager, das ausschließlich mit dem Ziel gegründet wurde, die Arbeitskraft seiner Insassen für die Kriegswirtschaft auszunutzen. Trotz oder vielleicht auch gerade wegen der ökonomischen Zielsetzung war im KZ Mittelbau eine sehr hohe Todesrate zu verzeichnen, vor allem zu Beginn, während des Stollenausbaus im Kohnstein im Herbst und Winter 1943/44, und in den letzten Monaten vor der Lagerräumung im April 1945. Etwa 20 000 der insgesamt 60 000 Häftlinge, die in die Mittelbau-Lager deportiert wurden, haben diesen KZ-Komplex, der nur anderthalb Jahre existierte, nicht überlebt. Anders als in den Vernichtungslagern starben die meisten Häftlinge aber nicht durch gezielte Mordhandlungen, sondern an den Folgen von Hunger und katastrophalen hygienischen Bedingungen sowie vor allem infolge der auszehrenden Zwangsarbeit. Diese führte insbesondere auf Baustellen unter Tage innerhalb weniger Wochen oder allenfalls Monate zur vollständigen Erschöpfung und damit zum Tod.

2 Vernichtung durch Arbeit?

Die hohen Todesraten bei unterirdischen Verlagerungsvorhaben wie denen des KZ Mittelbau-Dora können auf den ersten Blick kaum den Gedanken aufkommen lassen, die SS habe hier auch nur rudimentär ökonomisch-rational gehandelt, ließ man doch die Menschen sterben, deren Arbeitskraft man eigentlich dringend benötigte. Vielfach wird daher in der Fachliteratur das Beispiel des KZ

4 Zur Geschichte Mittelbau-Doras: André Sellier, Zwangsarbeit im Raketentunnel. Geschichte des Lagers Dora, Lüneburg 2000; Jens-Christian Wagner, Produktion des Todes. Das KZ Mittelbau-Dora, Göttingen 2001.

Mittelbau-Dora zur Untermauerung der These herangezogen, am ideologisch motivierten Ziel der Vernichtung habe sich, so etwa die Historiker Hermann Kaienburg und Miroslav Karný, trotz allen kriegswirtschaftlichen Pragmatismus bis 1945 nichts geändert, ein Funktionswandel im KZ-System sei nicht feststellbar. Programmatisch zeige sich die unverändert exterminatorische Haltung der SS am Konzept der „Vernichtung durch Arbeit".[5]

Nun suggeriert dieser Begriff, so treffend er im deskriptiven Sinn auch sein mag, in analytischer Perspektive eine Programmatik, die es bezogen auf alle Häftlingsgruppen so nicht gegeben hat.[6] In den bisher bekannten Quellen findet sich die Formulierung lediglich in zwei Aktennotizen von September 1942, die Gespräche zwischen dem erst kurz zuvor ernannten Reichsjustizminister Otto Georg Thierack mit Propagandaminister Joseph Goebbels und SS-Chef Heinrich Himmler wiedergeben. Danach geht der Gedanke der „Vernichtung durch Arbeit" auf Goebbels zurück, mit dem Thierack am 14. September 1942 über die Überstellung von Gefangenen aus dem Strafvollzug in die Konzentrationslager und ihre anschließende Vernichtung beriet. Ausgehend vom Ergebnis dieses Gespräches vereinbarte Thierack wenige Tage später formell mit Himmler die „Auslieferung asozialer Elemente aus dem Strafvollzug an den Reichsführer SS zur Vernichtung durch Arbeit". Ausgeliefert werden sollten, so einigten sich Thierack und Himmler, „die Sicherungsverwahrten, Juden, Zigeuner, Russen und Ukrainer, Polen über 3 Jahre Strafe, Tschechen oder Deutsche über acht Jahre Strafe nach Entscheidung des Reichsjustizministers."[7] Dieser Vereinbarung folgend überstellte die Justiz von September 1942 bis zum Kriegsende über 20 000 Gefangene an die Konzentrationslager, unter ihnen mehr als die Hälfte „Sicherungsverwahrte" (im KZ-Jargon wurden sie SVer oder auch „Schwerverbrecher" genannt).[8] Rund 800 überwiegend deutsche Siche-

5 Hermann Kaienburg, „Vernichtung durch Arbeit". Der Fall Neuengamme. Die Wirtschaftsbestrebungen der SS und ihre Auswirkungen auf die Existenzbedingungen der KZ-Gefangenen, Hamburg 1991; Miroslav Kárny, „Vernichtung durch Arbeit". Sterblichkeit in den NS-Konzentrationslagern, in: Beiträge zur nationalsozialistischen Gesundheits- und Sozialpolitik 5 (1987), S. 133–158; ders., „Vernichtung durch Arbeit" in Leitmeritz. Die SS-Führungsstäbe in der deutschen Kriegswirtschaft, in: 1999 4 (1993), S. 37–61. Ähnlich Gerhard Armanski, Maschinen des Terrors. Das Lager (KZ und GULAG) in der Moderne, Münster 1993, S. 72ff.

6 Im Folgenden: Jens-Christian Wagner, Das Außenlagersystem des KL Mittelbau-Dora, in: Ulrich Herbert et al. (Hrsg.), Die nationalsozialistischen Konzentrationslager. Entwicklung und Struktur, Göttingen 1998, S. 707–729, hier S. 720.

7 Aufzeichnung Thieracks über ein Gespräch mit Himmler am 18.9.1942, Nürnberger Dokument PS-654, in: Der Prozeß gegen die Hauptkriegsverbrecher vor dem internationalen Militärgerichtshof (IMT) Nürnberg, Bd. XXVI, Nürnberg 1948, S. 200ff., hier S. 201.

8 Nikolaus Wachsmann: Gefangen unter Hitler. Justizterror und Strafvollzug im NS-Staat, München 2006.

rungsverwahrte brachte die SS im Herbst 1943 von Buchenwald nach Mittelbau-Dora. Fast die Hälfte von ihnen starb dort innerhalb weniger Monate. Damit litten die Sicherungsverwahrten in Dora unter einem höheren Vernichtungsdruck als alle anderen Häftlingsgruppen, und mit gewisser Berechtigung lässt sich in diesem Fall tatsächlich ein Programm der „Vernichtung durch Arbeit" nachweisen.[9]

Ein auf alle Häftlingsgruppen bezogenes Vernichtungsprogramm ist damit aber noch lange nicht belegt, erst recht nicht für die gesamte Zeit von 1942 bis zum Kriegsende – war doch die Situation von 1942 weder im gesamtökonomischen Rahmen noch im KZ-System mit der des letzten Kriegsjahres vergleichbar. Auch als Kompromissformel für den scheinbaren Gegensatz zwischen den Polen Arbeit und Vernichtung taugt der Begriff nicht, denn insbesondere in den letzten Kriegsmonaten löste sich dieser Gegensatz, wie noch zu zeigen sein wird, sukzessive auf. Schließlich führt „Vernichtung durch Arbeit" auch als generalisierender Begriff in die Irre, nivelliert er doch die erheblichen Unterschiede bei den Lebens- und Arbeitsbedingungen der Häftlinge je nach ihrer Herkunft bzw. Haftkategorie und dem Charakter der Arbeit, zu der sie herangezogen wurden.

Es ist daher angebracht, sich zumindest im analytischen Sinn vom leitenden Begriff der „Vernichtung durch Arbeit" zu trennen. Ertragreicher als Formeln, die eine falsche Schlüssigkeit suggerieren, ist für die Frage nach dem Wechselverhältnis von Vernichtung und Arbeit der genaue Blick auf die Existenzbedingungen unterschiedlicher Häftlingsgruppen und auf die Selektionskriterien, nach denen SS-„Arbeitseinsatz"-Dienststellen, Unternehmen und Lagerärzte über Leben und Tod entschieden. Hinweise darauf geben einige Berichte von SS-Ärzten vom Winter und Frühjahr 1943/44, die erst vor wenigen Jahren in den Handakten des Buchenwalder SS-Arztes Erwin Ding-Schuler in einem Brüsseler Archiv gefunden wurden.[10]

---

9 Jens-Christian Wagner, Vernichtung durch Arbeit? „Sicherungsverwahrte" als Häftlinge im KZ Mittelbau-Dora, in: Beiträge zur Geschichte der nationalsozialistischen Verfolgung in Norddeutschland 11(2009), S. 84–93.

10 Directie-generaal Oorlogsslachtoffers, Dienst Archieven en Documentatie (künftig: DODAD Brüssel), Bestand Ding-Schuler. Dr. med. Ding-Schuler (1912–1945) war als Chef der Abteilung für Fleckfieber- und Virusforschung beim Hygiene-Institut der Waffen-SS in Buchenwald zusätzlich zuständig für die Überwachung der Hygiene auf Baustellen und in den Lagern rund um Nordhausen. Ein Teil des Schriftverkehrs, den er in dieser Funktion als „Hygieniker bei der SS-Sonderinspektion II" führte, blieb mit seinen Handakten erhalten und gelangte durch einen überlebenden Häftling des Buchenwalder Krankenreviers nach 1945 nach Brüssel.

3 Selektion und Segregation

Im Dezember 1943 schrieb der SS-Arzt Dr. Karl Gross[11], der vom Hygiene-Institut der Waffen-SS in Berlin zu einer Inspektion nach Nordhausen geschickt worden war, einen denkbar negativen und wohl recht realistischen Bericht über die hygienischen Zustände im Lager Dora, dessen Häftlinge zu dieser Zeit noch fast ausschließlich in „Schlafkammern" im Stollen untergebracht waren. Dort herrschten katastrophale Bedingungen. „Auffallend sind Schwer- und Schwerstkranke sowie auch Sterbende am Arbeitsplatz", schrieb Gross, und weiter:

> Die Häftlinge machen zum großen Teil einen frierenden Eindruck. Die Bekleidung ist für die Arbeit im Stollen (starker Durchzug) unzureichend. Das Schuhwerk ist zum Teil mangelhaft. [...] Sanitäre Anlagen im Stollen (Arbeitsstellen, Schlafstollen) gibt es nur im Projekt. Die Zustände sind als katastrophal zu bezeichnen. In zerbeulte, niedere Blechkübel, die – soviel man sehen konnte – alle überfüllt und außen vollkommen verschmutzt waren, versuchen die Häftlinge ihre Notdurft zu verrichten. Die kleine Notdurft wird frei im Stollen verrichtet. Beim Abtransport der Kübel konnte mehrfach das Verschütten des Inhaltes beobachtet werden (Kotpfützen!). Waschgelegenheiten im Stollen gibt es ebenfalls nicht.[12]

Man könnte auf die Idee kommen, dass aus dem Bericht des SS-Arztes humanitär motivierte Empathie spricht. Tatsächlich offenbart er jedoch einen rein utilitaristisch motivierten kalten ökonomischen Blick, der ganz der Logik des KZ-Systems entsprach, wie sich an den „Vorschlägen für das Lager ‚Dora'" zeigt, die Gross am Ende seines Berichtes gab. Darin forderte er u. a., „zumindest die wertvollen Facharbeiter unter den Häftlingen mit warmen Kleidungsstücken (Pullover, Wollstrümpfe usw.) auszustatten und dieselben auch unterbringungsgmäßig von den übrigen Häftlingen zu trennen", zudem „regelmäßige Gesundheitsappelle zur Erfassung schwerkranker Häftlinge" sowie „eine entsprechend strenge Auswahl der Häftlinge", „um eine unnötige Belastung des Betriebes mit körperlich mangelhaftem Menschenmaterial [...] zu vermeiden", ferner der „Bau eines Krematoriums so bald als möglich" („hierbei ist sofort an ausreichenden Verbrennungsraum zu denken"), und schließlich „die Errichtung eines Ausweichlagers für arbeitsunfähige Häftlinge".[13]

---

11 SS-Sturmbannführer Dr. Karl-Josef Gross (1907–1967) leitete 1943 Impfversuche an Häftlingen im KZ Mauthausen. Nach 1945 betrieb er eine Arztpraxis in Linz: Ernst Klee, Das Personenlexikon zum Dritten Reich. Wer war was vor und nach 1945?, Frankfurt a.M. 2003, S. 203.
12 DODAD Brüssel, 1546/Ding-Schuler, unpag, Schreiben Dr. Karl Groß, Hygiene-Institut der Waffen-SS, an SS-WVHA, Amt D III vom 23.12.1943.
13 Ebd.

Im Grund fasste der SS-Arzt hiermit im Dezember 1943 bereits zusammen, was 1944 für den entstehenden KZ-Komplex Mittelbau-Dora konstitutiv werden sollte: Selektion und Segregation waren die zentralen Schnittstellen zwischen den Polen Arbeit und Vernichtung. Entscheidend waren dabei die körperliche Verfassung und die berufliche Qualifikation der Häftlinge sowie der Charakter der Arbeit, zu der sie herangezogen wurden.

Die SS-Führung im Lager Dora setzte die Vorschläge von SS-Arzt Gross zügig um. Am 6. Januar 1944, nur zwei Wochen, nachdem Gross seinen Bericht geschrieben hatte, verließ ein erster Transport mit 1000 als arbeitsunfähig ausgemusterten Häftlingen Dora in Richtung Lublin-Majdanek. Einen Monat später folge ihm ein zweiter Transport mit ebenfalls 1000 Häftlingen, und Anfang April 1944 überstellte die SS einen dritten Transport mit kranken und sterbenden Häftlingen in das KZ Bergen-Belsen. Kaum einer der in das KZ Majdanek und nur wenige der nach Bergen-Belsen überstellten Häftlinge haben überlebt.[14]

Hintergrund der Abschiebung nicht mehr arbeitsfähiger Häftlinge war eine Umstrukturierung im Lager Dora, die ab Januar 1944 mit dem Anlaufen der Raketenmontage im nun nahezu fertig gestellten unterirdischen Raketenwerk einherging. Viele der Häftlinge, welche die kräftezehrenden Ausbauarbeiten im Mittelwerk im Herbst und Winter 1943/44 überlebt hatten, meinten die SS und die Firmenleitung in der Produktion nicht mehr gebrauchen zu können, da sie entweder körperlich zu geschwächt oder für die Arbeit an den Montagebändern beruflich nicht qualifiziert schienen. Nach Angaben des SS-Lagerarztes Dr. Karl Kahr soll sich die Mittelwerk GmbH nach Anlaufen der Produktion mehrfach bei der SS beschwert haben, dass sie Tagesentgelte für Häftlinge entrichten musste, die nicht mehr arbeitsfähig seien.[15] Für die Fertigung der A4-Rakete wurden deshalb neue, in anderen Konzentrationslagern ausgewählte Gefangene nach Dora gebracht. Unter den alten „Bauhäftlingen“ (so der Quellenbegriff in den SS-Akten) nahm die SS „ärztliche Reihenuntersuchungen“ (richtig: Selektionen)

---

14 Zum Transport nach Bergen-Belsen der Bericht eines Überlebenden: Michel Fliexc, Vom Vergehen der Hoffung. Zwei Jahre in Buchenwald, Peenemünde, Dora und Belsen, Göttingen 2013 (frz. Erstauflage Evreux 1946). Etwa 110 der 1000 im April 1944 nach Bergen-Belsen überstellten Häftlinge brachte die SS Ende Juli 1944 als wieder arbeitsfähig nach Buchenwald und teils von dort nach Dora zurück: Liste Transport Bergen-Belsen – Buchenwald vom 29.7.1944, erstellt v.: Bernhard Strebel, Dokumentationsstelle der KZ-Gedenkstätte Mittelbau-Dora (DMD). Von den nach Lublin-Majdanek Deportierten überlebten weitaus weniger Häftlinge. Einer von ihnen war André Rogerie, der Anfang Februar 1944 von Dora nach Majdanek und von dort wenig später weiter nach Auschwitz deportiert wurde. Anfang 1945 gelangte er mit den Räumungstransporten aus Auschwitz zurück in das KZ Mittelbau-Dora: André Rogerie, Vivre c'est vaincre, Paris 1946.

15 National Archives Washington (künftig: NARA), Microfilm Publication M-1079, Roll 8, S. 4692, Aussage von Dr. Karl Kahr im Dachauer Dora-Prozess 1947.

vor, deren Ziel „die Ausscheidung der Schwächlinge war“, wie SS-Arzt Dr. Joachim Mrugowski Anfang April 1944 in einem Vermerk für SS-Bauchef Hans Kammler schrieb.[16]

Die ganz schwachen, sterbenden Häftlinge schob die SS nach solchen Selektionen nach Majdanek und Bergen-Belsen ab.[17] Diejenigen, die zwar für die Raketenmontage nicht (mehr) geeignet schienen, aber noch über einen Rest an Arbeitskraft verfügten, wurden Baukommandos zugewiesen – zunächst noch im Lager Dora, bald aber vor allem in den seit März 1944 entstehenden Außenlagern in der Umgebung von Nordhausen. Dort mussten sie weiterhin im Stollenvortrieb oder auf Baustellen über Tage arbeiten. So gelangten aus Dora allein in das gefürchtete Lager Ellrich-Juliushütte, das Anfang Mai 1944 eingerichtet wurde und dessen Insassen ausschließlich in Baukommandos eingesetzt waren, etwa 10 000 Häftlinge. Darunter waren nicht nur Gefangene, die zuvor schon beim Stollenausbau für das Mittelwerk eingesetzt worden waren, sondern auch solche, die neu aus dem KZ Buchenwald herangebracht wurden.

Das Lager Dora entwickelte sich seit dem Frühjahr 1944 zu einer Drehscheibe des Häftlingsverschubs und übernahm damit schnell Funktionen eines Hauptlagers: Neu aus Buchenwald eintreffende Häftlinge wurden auf ihre Tauglichkeit für die Raketenmontage untersucht, und im Falle, dass sie physisch oder fachlich nicht tauglich schienen, in die Baulager der Umgebung weitergeleitet.

Die Gründung der im Südharz gelegenen KZ-Außenlager erfolgte im Zusammenhang mit der Bildung des „Jägerstabs“ und der Untertageverlagerung der Luftrüstung ab dem Frühjahr 1944. Rund um Nordhausen sollten im Rahmen des Jägerprogramms, das die Produktionszahlen von Jagdflugzeugen erhöhen sollte, nach dem Vorbild des Mittelwerkes unterirdische Verlagerungsbetriebe für den Junkers-Konzern entstehen. Daneben begann man, die für den geplanten Rüstungskomplex im Südharz nötige Infrastruktur zu schaffen; es wurden Stromleitungen gelegt, Straßen und Bahnlinien gebaut sowie Barackenlager für die erwartete Belegschaft der geplanten Rüstungsbetriebe errichtet. Nach der Gründung des „Geilenbergstabs“ kamen im Sommer 1944 weitere Untertageverlagerungsprojekte der Mineralölindustrie hinzu.[18] Der enorme

16 DODAD Brüssel, 1546/Ding-Schuler, unpag, Dr. Joachim Mrugowski, Oberster Hygieniker beim Reichsarzt SS, Vermerk für SS-Gruppenführer Kammler vom 1.4.1944.

17 Zu den Selektionen, die den Transporten vorausgingen: Aussage der überlebenden Häftlinge Cecil Francis Jay, 1947, NARA, M-1079, Roll 6, S. 60ff.; Dr. Jan Čespiva, 1947, ebd., S. 751 u. 829.

18 Zum Jägerstab: Wagner, Produktion des Todes, S. 101ff.; zum Geilenbergstab: ebd. sowie: Christine Glauning, Entgrenzung und KZ-System. Das Unternehmen „Wüste“ und das Konzentrationslager in Bisingen, Berlin 2006, S. 103ff.

Arbeitskräftebedarf für diese Projekte wurde zu einem großen Teil durch KZ-Häftlinge, aber auch durch zwangsrekrutierte ausländische Zivilarbeiter, Kriegsgefangene und dienstverpflichtete Deutsche gedeckt, insgesamt rund 100 000 Personen. Angesichts des nahenden Kriegsendes ist jedoch trotz des rücksichtslosen Einsatzes besonders der KZ-Häftlinge kaum eines der Projekte des „Unternehmens Mittelbau" auch nur annähernd fertiggestellt worden. Das Rüstungszentrum im Südharz blieb weitgehend eine Fiktion. Sein einziges reales Produkt war der tausendfache Tod von Häftlingen und Zwangsarbeitern, die in sinnlosen Bauprojekten verheizt wurden.

Die meisten im Zusammenhang mit der Untertageverlagerung eingerichteten Mittelbau-Lager lagen in einem relativ eng umrissenen Gebiet um Nordhausen. Neben dem Hauptlager Dora, das mit durchschnittlich etwa 15 000 Häftlingen belegt war, bildeten die Lager Ellrich (gegründet am 2. Mai 1944, belegt mit durchschnittlich etwa 8000 Häftlingen) und Harzungen (eingerichtet am 1. April 1944, belegt mit durchschnittlich 4000 Häftlingen) den Kern des Mittelbau-Komplexes. Alle anderen Mittelbau-Lager waren mit maximal 1500 Häftlingen, teils aber auch nur einigen Dutzend Gefangenen, wesentlich kleiner. Erst im Januar 1945 kam mit der Nordhäuser Boelcke-Kaserne ein weiteres großes Lager hinzu. Anfangs diente es vor allem der Unterbringung der in Nordhäuser Rüstungsbetrieben arbeitenden Häftlinge. Seit Februar 1945 war es aber vorrangig das zentrale Kranken- und Sterbelager des KZ Mittelbau, in das alle Häftlinge abgeschoben wurden, die so erschöpft waren, dass ihre Arbeitskraft auch auf Baustellen nicht mehr ausgebeutet werden konnte.[19] Im März 1945 war das Lager mit fast 6000 Häftlingen belegt.

4 Bau- und Produktionskommandos

Die räumliche Trennung von Bau- und Produktionskommandos sowie Kranken- und Sterbezonen war für die Herausbildung des Lagerkomplexes Mittelbau-Dora konstitutiv. Entscheidend war der Wert, den SS und Firmenleitungen den einzelnen Häftlingen je nach Charakter der von ihnen erzwungenen Arbeit beimaßen. Arbeitskommandos in Rüstungsbetrieben boten aufgrund der besseren Arbeitsbedingungen vergleichsweise größere Überlebenschancen, da beruflich Qualifizierte für die von ihrer Arbeitskraft profitierenden Betriebe einen Wert darstellten, der nicht ohne weiteres ersetzt werden konnte. Entsprechend achte-

19 Jens-Christian Wagner, Gesteuertes Sterben. Die Boelcke-Kaserne als zentrales Siechenlager des KZ Mittelbau, in: Dachauer Hefte 20 (2004), S. 127–138.

ten die SS und die Betriebsleitungen in diesem Fall zumindest ansatzweise darauf, dass auch die Bedingungen im Lager sich nicht kontraproduktiv auf den Fertigungsablauf auswirkten und die „Fertigungshäftlinge" von den „Bauhäftlingen" getrennt untergebracht waren. Dies ist der Hintergrund für den bereits zitierten Vorschlag von SS-Arzt Dr. Karl Gross von Dezember 1943, die Facharbeiter des Mittelwerkes „unterbringungsmäßig von den übrigen Häftlingen zu trennen"[20]. Auch sonst wurden in Bau- und Fertigungskommandos arbeitende Gefangene unterschiedlich behandelt. So gab es für die in Produktionskommandos eingesetzten Häftlinge eine bessere Verpflegung, und auch in der medizinischen Versorgung wurden sie vorgezogen.[21] Als beispielsweise im Mai 1944 die ersten Fleckfieberfälle im Lager Dora auftraten, ordnete die Lagerleitung nicht für alle Lagerinsassen Schutzimpfungen an, sondern lediglich für das Revierpersonal und für „die für das Werk wichtigen Häftlingsfacharbeiter", wie es im Monatsbericht des Lagerarztes Dr. Karl Kahr hieß.[22]

Anders als in den Produktionskommandos sah es auf den zahlreichen Baustellen aus: Die beruflich nicht für die Produktion qualifizierten „Bauhäftlinge", und das war die Mehrzahl der Häftlinge nicht nur in den Mittelbau-Lagern, brauchten kaum angelernt zu werden, und sie schienen leicht austauschbar zu sein, was eine Verschubpraxis auslöste, die sich katastrophal auf die Existenzbedingungen und Überlebenschancen der Häftlinge auswirkte: Entkräftete oder beruflich nicht qualifizierte Häftlinge, die in den Produktionskommandos des Hauptlagers Dora oder „besseren" Baukommandos einzelner Außenlager nicht oder nicht mehr ausgebeutet werden konnten, schob man auf Baustellen ab. Bei minimaler Versorgung wurde dort der letzte Rest an Arbeitskraft aus ihnen herausgeprügelt.

Die meisten Häftlinge durchliefen im KZ Mittelbau-Dora auf diese Weise einen Leidensweg, der sie in immer kürzeren Abständen von einem Lager ins nächste führte und schließlich in den Sterbezonen der Krankenreviere oder, seit Februar 1945, in der Boelcke-Kaserne in Nordhausen endete. Während die Sterblichkeit im Hauptlager Dora auf diese Weise seit dem Frühjahr 1944 bis zur Auflösung des Lagers im April 1945 auf einem relativ niedrigen Niveau blieb,

---

20 DODAD Brüssel, 1546/Ding-Schuler, unpag, Schreiben Dr. Karl Gross, Hygiene-Institut der Waffen-SS, an das SS-WVHA, Amt D III vom 23.12.1943.

21 Wagner, Produktion, S. 368 u. 476. Zur hierarchisierten medizinischen Versorgung der Häftlinge: Oliver Tauke, Gestaffelte Selektion. Die Funktion der Häftlingskrankenbauten in den Lagern des KZ Mittelbau-Dora, in: Judith Hahn et al. (Hrsg.), Medizin im Nationalsozialismus und das System der Konzentrationslager. Beiträge eines interdisziplinären Symposiums, Frankfurt a.M. 2005, S. 26–45.

22 Hauptstaatsarchiv Düsseldorf, Gerichte Rep. 299/562, Bl. 141ff., Monatsbericht Häftlingskrankenbau Dora vom 23.5.1944.

stieg sie in den Außenlagern und insbesondere in der Boelcke-Kaserne seit Herbst 1944 dramatisch an (siehe Abb. 1). Diese Praxis der mobilen Selektion erlaubte es der SS und den von der Häftlingsarbeit profitierenden Firmen, bei minimaler Versorgung ein Maximum an Leistung aus den Häftlingen herauszuholen. Eine wesentliche Rolle spielte dabei der Faktor Zeit: Angesichts des nahenden Kriegsendes und des enormen Zeitdrucks, unter dem die Bauprojekte vorangetrieben wurden, löste sich mit dem Verzicht auf den Erhalt der Ressourcen der Grundwiderspruch zwischen dem wirtschaftlich begründeten Interesse am Erhalt der Häftlingsarbeitskraft und der ideologisch motivierten Vernichtungsabsicht weitgehend auf. Da ohnehin nur noch im Zeitraum von wenigen Wochen oder Monaten gerechnet wurde, bestand auch bei den beteiligten Betrieben an einer mittel- oder gar langfristigen Reproduktion der Häftlingsarbeitskraft kein Interesse mehr.[23]

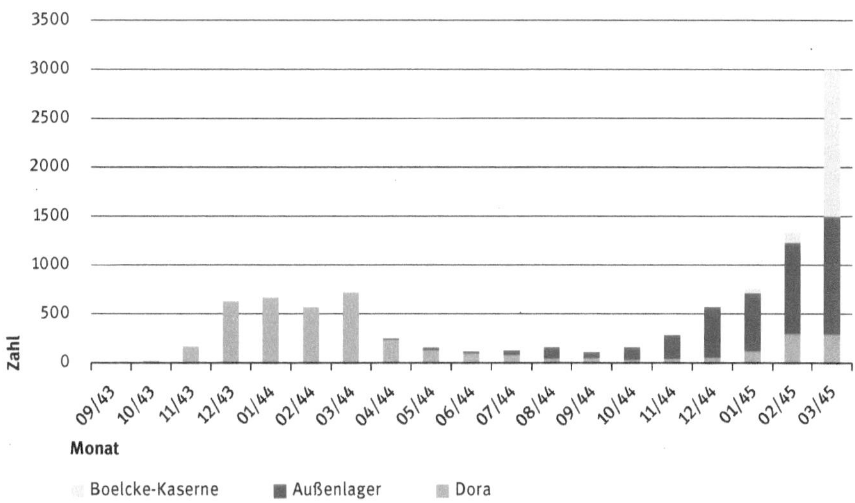

Abb. 1: Todeszahlen im KZ Mittelbau-Dora.[24]

23 Wagner, Außenlagersystem; ders., Noch einmal: Arbeit und Vernichtung. Häftlingseinsatz im KZ Mittelbau-Dora 1943–1945, in: Norbert Frei et al. (Hrsg.), Ausbeutung – Vernichtung – Öffentlichkeit. Studien zur nationalsozialistischen Lagerpolitik, München 2000, S. 11–41.

24 Zahlen nach: Wagner, Produktion, S. 647, Anlage 5. Nicht mit aufgeführt sind rund 1000 Häftlinge, die im Januar 1945 bei der Ankunft der Räumungstransporte aus dem KZ Auschwitz tot aus den Waggons geborgen und in das Stärkeverzeichnis des KZ Mittelbau gar nicht erst aufgenommen wurden.

5 Sterblichkeit einzelner Häftlingsgruppen

Prinzipiell gilt der Befund der mobilen Selektion für alle Häftlingsgruppen gleichermaßen – sowohl für jüdische Häftlinge also, die ohnehin unter einem hohen rassistisch motivierten Vernichtungsdruck standen, als auch für nichtjüdische Westeuropäer, die auf der von der SS vorgegebenen rassistischen Stufenleiter wesentlich weiter oben standen: Letztlich tötete die Zwangsarbeit alle Häftlinge. Etwas differenzierter ist der Befund allerdings, wenn man genauer auf die einzelnen Häftlingsgruppen schaut. Hier zeigt sich, dass die Sterblichkeitsraten (und damit wohl auch die Lebens- und Arbeitsbedingungen) der einzelnen Gruppen sehr unterschiedlich waren – und das weitgehend unabhängig von den von der SS vorgegebenen rassistischen Hierarchien.

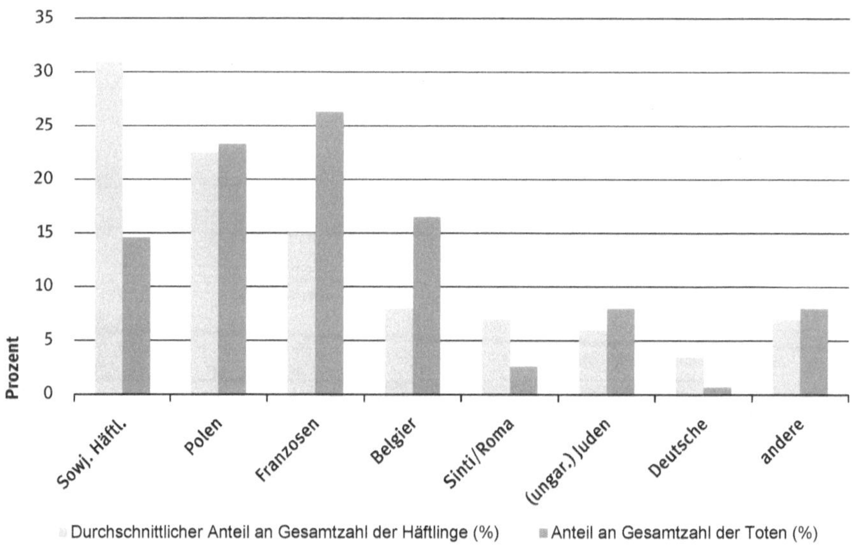

Abb. 2: Prozentualer Anteil der Häftlingsgruppen nach Herkunft bzw. Haftgruppe an den Gesamtzahlen aller Häftlinge und aller registrierten Todesfälle im KZ-Außenlager Ellrich-Juliushütte, Mai 1944 bis März 1945.[25]

25 Zahl der registrierten Toten (insgesamt 2971) berechnet nach: Archiv des Internationalen Suchdienstes Bad Arolsen (künftig: ITS), Mittelbau-Ordner 22-27, Veränderungsmeldungen des Lagers Ellrich-Juliushütte vom 2.5.1944–31.3.1945; DMD, D1e, Bd. VII, Totenbuch KZ Mittelbau-Dora vom 3.10.1943–5.4.1945. Der Anteil der jeweiligen Gruppen an der Lagerbelegschaft war im zeitlichen Verlauf recht unterschiedlich. Die hier für die Gesamtzahl der Häftlinge angege-

Deutlich werden die unterschiedlichen Todeszahlen je nach Herkunft oder Haftkategorie, wenn man sich die entsprechenden Zahlen für das KZ-Außenlager Ellrich-Juliushütte ansieht (Abb. 2).[26] Nun sind das Berechnen und der Vergleich von Mortalitätsraten im KZ wegen der dürftigen Quellenlage und ganz prinzipiell aus ethischen Erwägungen fragwürdig. Um überhaupt analytische Aussagen über die Gründe für das Massensterben treffen zu können, kommt man jedoch nicht daran vorbei, und immerhin zeigt der Blick auf die jeweiligen Sterblichkeitsraten einen überraschenden Befund.

Wären die Überlebenschancen der einzelnen Häftlingsgruppen mehr oder weniger gleich gewesen, müssten die schwarzen und die grauen Balken in der Grafik, die den Anteil der Gruppen an der Gesamtbelegung und an den Todesfällen angeben, jeweils gleich hoch sein. Das sind sie jedoch nur bei den polnischen Häftlingen, deren Sterblichkeit demnach dem Durchschnitt entsprach. Bei den anderen Gruppen fallen hingegen große Diskrepanzen auf. Vergleichsweise gering war die Todesrate unter den deutschen Häftlingen, was angesichts ihrer Position an der Spitze der von der SS vorgegebenen Häftlingshierarchie im Lager kaum überrascht.[27] Hingegen war die Todesrate der sowjetischen Häftlinge, die in der SS-Rassenhierarchie sehr weit unten standen, relativ niedrig: Sie stellten fast 30 Prozent an der Gesamtbelegung, unter den Toten waren jedoch weniger als 20 Prozent sowjetische Häftlinge. Besonders auffällig ist der relativ niedrige Wert der Todesfälle bei der Gruppe der Sinti und Roma. Obwohl am Vernichtungswillen der SS kein Zweifel bestehen kann (die meisten Angehörigen der nach Mittelbau-Dora deportierten Sinti und Roma sind in Auschwitz-Birkenau ermordet worden), war der Anteil der Überlebenden unter ihnen

benen Werte ergeben sich aus dem Mittelwert zweier erhalten gebliebener Gesamtaufstellungen des Lagers Ellrich-Juliushütte vom 1.11.1944 u. 1.4.1945, in: Jens-Christian Wagner (Hrsg.), Konzentrationslager Mittelbau-Dora 1943–1945. Begleitband zur Ständigen Ausstellung in der KZ-Gedenkstätte Mittelbau-Dora, Göttingen 2007, S. 68. Unter den Deutschen sind auch Österreicher mitgezählt, nicht aber jüdische Deutsche oder Sinti und Roma. Unter den polnischen Gefangenen sind auch einige Hundert jüdische Häftlinge erfasst, die im Januar/Februar 1945 mit den Räumungstransporten aus Auschwitz in das Lager kamen.

26 Ellrich-Juliushütte ist das einzige Lager im KZ-Komplex Mittelbau-Dora, dessen Belegungs- und Todeszahlen nahezu vollständig überliefert sind. Für das Gesamt-KZ Mittelbau-Dora liegen dagegen nur unvollständige Zahlen vor. Sie deuten aber an, dass die für Ellrich-Juliushütte ermittelten Werte auf das Gesamt-KZ Mittelbau weitgehend übertragbar sind: Jens-Christian Wagner, Ellrich 1944/45. Konzentrationslager und Zwangsarbeit in einer deutschen Kleinstadt, Göttingen 2009, S. 110ff.

27 Die Todesfälle unter den deutschen Häftlingen betrafen weit überwiegend Sicherungsverwahrte (Wagner, Vernichtung), d.h., bei den nicht als „SVern“ eingewiesenen Deutschen war die Sterblichkeit noch geringer, als es die Grafik suggeriert.

höher als bei allen anderen Häftlingsgruppen.[28] Umgekehrt war die Todesrate unter den Franzosen und Belgiern sehr hoch: Einem Anteil von 14 bzw. fünf Prozent an der Gesamtbelegung des Lagers Ellrich-Juliushütte standen über 20 bzw. über acht Prozent aller Toten gegenüber. Ähnliches gilt für die italienischen Häftlinge (die meisten von ihnen waren italienische Militärinternierte, also Kriegsgefangene), die auch in den anderen Lagern des KZ Mittelbau unter einem sehr hohen Vernichtungsdruck litten.[29] Obwohl sie nur gut ein Prozent aller Häftlinge in Ellrich-Juliushütte stellten, lag ihr Anteil an den Toten bei über vier Prozent. Bei den jüdischen Häftlingen (erfasst sind in der Tabelle fast ausschließlich Juden aus Ungarn, die im Sommer 1944 von Auschwitz über Buchenwald und Dora nach Ellrich gebracht wurden) hingegen war der Anteil der Todesfälle zwar überdurchschnittlich, aber nicht so hoch, wie man es angesichts der Vernichtungsabsicht seitens der SS erwarten könnte.

Generell lässt sich festhalten: Die Sterblichkeit der Westeuropäer und der Italiener war in Ellrich-Juliushütte (wie auch in den anderen Lagern des KZ Mittelbau) deutlich höher als bei anderen Häftlingsgruppen, insbesondere den aus der Sowjetunion stammenden Häftlingen, obwohl diese doch unter einem sehr viel höheren rassistisch motivierten Vernichtungsdruck standen. Dieser Befund deckt sich mit dem aus anderen Lagern, etwa dem KZ Neuengamme oder dem KZ Buchenwald, für die bei den Franzosen eine ähnlich hohe Todesrate zu verzeichnen ist.[30]

Die Gründe für diesen auf den ersten Blick überraschenden Befund lassen sich weniger in ideologischen Vorgaben der SS finden (sonst sähe der Befund anders aus), sondern eher in einem Bündel situativer Faktoren. Ein wichtiger Grund war sicherlich der Zeitpunkt der Ankunft im Lager. Aufgrund der Witterungsbedingungen waren die Überlebenschancen im Winter deutlich schlechter als im Sommer. Da Einlieferungsschübe dem Kriegsverlauf folgten, war die Zusammensetzung neu eintreffender Häftlingstransporte sehr unterschiedlich. Im Sommer 1944 etwa trafen in Buchenwald und damit auch in den Mittelbau-

28 Jens-Christian Wagner, Sinti und Roma als Häftlinge im KZ Mittelbau-Dora, in: Beiträge zur Geschichte der nationalsozialistischen Verfolgung in Norddeutschland 14 (2012), S. 99–107.
29 Wagner, Produktion, S. 423ff.
30 Marc Buggeln, Arbeit und Gewalt. Das Außenlagersystem des KZ Neuengamme, Göttingen 2009, S. 244–246. Das KZ Buchenwald überlebten zwischen 40 und 50 Prozent der französischen Häftlinge nicht: Vanina Brière, Franzosen im Konzentrationslager Buchenwald, in: Janine Doerry et al. (Hrsg.), NS-Zwangslager in Westdeutschland, Frankreich und den Niederlanden. Geschichte und Erinnerung, Paderborn 2008, S. 47–60, hier S. 53ff. Insgesamt starben rund 40 Prozent der über 86 000 in die deutschen Konzentrationslager deportierten Franzosen: Peter Lieb, Konventioneller Krieg oder NS-Weltanschauungskrieg? Kriegführung und Partisanenbekämpfung in Frankreich 1943/44, München 2007, S. 306.

Lagern viele Transporte mit Häftlingen aus Frankreich und Belgien ein, die aus Lagern und Gefängnissen stammten, die nach der Landung der Alliierten in der Normandie geräumt worden waren. Als im Winter 1944/45 die Zahl der Todesfälle in Ellrich drastisch anstieg, befanden sich die Häftlinge aus Frankreich und Belgien bereits seit Monaten im Lager und waren von der Zwangsarbeit schon stark geschwächt. Viele polnische Häftlinge kamen hingegen erst später nach Ellrich, zum einen im Herbst 1944, nachdem der Warschauer Aufstand niedergeschlagen worden war, zum anderen Anfang 1945 mit der Räumung der Konzentrationslager Auschwitz und Groß-Rosen.

Auch die Frage, ob der Deportation in die Mittelbau-Lager bereits eine längere Haftzeit in einem anderen Lager vorausgegangen war, hatte für die Überlebenschancen eine erhebliche Bedeutung. Eine längere KZ-Erfahrung konnte durchaus dazu beitragen, sich im neuen Lager besser zu behaupten als ein frisch eingewiesener Häftling. Andererseits waren viele Gefangene aber auch durch Vorhaftzeiten körperlich schon geschwächt. Auch die Umstände des Transportes nach Mittelbau-Dora spielen in diesem Zusammenhang eine wichtige Rolle: Die aus Auschwitz und Groß-Rosen stammenden Häftlinge hatten teils mörderische Fußmärsche und tagelange Bahntransporte in großer Kälte hinter sich, als sie im Januar und Februar 1945 in den Mittelbau-Lagern eintrafen.

Es ist bei der Beurteilung gruppenspezifischer Überlebenschancen mithin zu berücksichtigen, wann und unter welchen Bedingungen diese Gruppen im Lager eintrafen. Eine wichtige Rolle spielte ferner das Alter der Häftlinge. Die Auswertung einer erhalten gebliebenen Gesamtaufstellung aller Lagerinsassen in Ellrich-Juliushütte vom 1. November 1944 offenbart in dieser Hinsicht einige Auffälligkeiten: Während die sowjetischen Häftlinge dieser Liste zufolge durchschnittlich 26 Jahre alt waren, hatten die Franzosen ein Durchschnittsalter von 31 und die Belgier sogar von fast 33 Jahren.[31] Noch deutlicher wird der Unterschied, wenn man sich die Aufteilung nach Altersgruppen ansieht. Über 70 Prozent der sowjetischen Häftlinge waren zwischen 18 und 30 Jahre alt und damit in einem Alter, in dem die körperliche Widerstandskraft am höchsten ist. Bei den Franzosen und Belgiern war hingegen die Hälfte der Gefangenen über 30 Jahre alt und immerhin noch über fünf Prozent älter als 50 Jahre. Am auffälligsten ist die altersmäßige Zusammensetzung der Gruppe der ungarischen Juden, die nach den Franzosen und Belgiern die höchste Todesrate auf-

31 DMD, Mikrofilm B 2, Gesamtaufstellung Lager Ellrich-Juliushütte vom 1.11.1944. Vgl. auch: Jens-Christian Wagner, Noch einmal: Arbeit und Vernichtung. Häftlingseinsatz im KL Mittelbau-Dora 1943–1945, in: Norbert Frei et al. (Hrsg.), Ausbeutung, Vernichtung, Öffentlichkeit. Neue Studien zur nationalsozialistischen Lagerpolitik, München 2000, S. 11–41, hier S. 30f.

wies: Drei Viertel der ungarischen Juden waren jünger als 20 oder älter als 40 Jahre.[32]

Ein weiterer Grund für die unterschiedlichen Überlebenschancen war in vielen Konzentrationslagern die berufliche Qualifikation. Häftlinge, die eine handwerkliche Ausbildung vorweisen konnten, hatten eher die Chance, einem Produktionskommando zugewiesen zu werden, in dem im allgemeinen bessere Bedingungen herrschten als in den gefürchteten Baukommandos. Allerdings mussten in Ellrich fast alle Häftlinge in Baukommandos arbeiten, völlig unabhängig davon, ob es Russen oder Franzosen waren, weshalb das Kriterium der beruflichen Qualifikation hier keine herausgehobene Bedeutung haben konnte. Es kann aber mit einer gewissen Berechtigung vermutet werden, dass die physische Widerstandskraft bei Häftlingen, die bereits vor ihrer Verhaftung körperlich gearbeitet hatten, größer war als etwa bei Akademikern, deren Anteil unter den Franzosen und Belgiern relativ hoch war.

Lebensrettend konnte es sein, einen Funktionsposten als Blockältester, Kapo oder Vorarbeiter zu erhalten, was einen privilegierten Zugang zu Verpflegung, Kleidung und besseren Unterkünften mit sich brachte. Außerhalb der Krankenreviere, wo die fachliche Qualifikation eine große Rolle spielte, war der Zugang zu Funktionsposten vor allem solchen Gefangenen möglich, die über Klientelbeziehungen zu anderen Funktionshäftlingen und über deutsche Sprachkenntnisse verfügten, denn sie sollten die Anweisungen der SS ja an ihre Mithäftlinge weitergeben. Die geringe Todesrate der Deutschen in Ellrich ist vor allem auf den Umstand zurückzuführen, dass sie die meisten Funktionsposten stellten. Das gilt auch für manche Sinti und Roma in Ellrich, die ihre Positionen nutzten, um Mithäftlinge aus ihrer eigenen Gruppe zu schützen.[33] Anderen Häftlingsgruppen blieb der Zugang zu Funktionsposten hingegen fast vollständig verwehrt.

Ein wichtiges Überlebenskriterium ist sicherlich auch die Prägung der Gefangenen in der Zeit vor der Verhaftung gewesen. Viele sowjetische Häftlinge, insbesondere aus der Ukraine, hatten beispielsweise in der Hungersnot von 1932/33 Erfahrungen gesammelt, die ihnen im KZ möglicherweise halfen. Auch habituelle Prägungen hatten Einfluss auf die Überlebenschancen: In Berichten von Überlebenden aus Belgien und vor allem aus Frankreich ist immer wieder die Rede vom ausgeprägten Individualismus unter den Häftlingen aus diesen Ländern.[34] Den sowjetischen Häftlingen wird dagegen in diesen Berichten gera-

---

32 Zur Bedeutung des Alters für die Überlebenschancen: Brière, Franzosen, S. 56.

33 Wagner, Sinti, S. 105.

34 Jean Mialet, Haß und Vergebung. Bericht eines Deportierten, Berlin/Bonn 2006, S. 201f.

dezu stereotyp ein ausgesprochenes Kollektivverhalten unterstellt.[35] Bei aller Vorsicht gegenüber Erklärungsmustern, die ethnisch geprägte Verhaltensmuster behaupten, scheint es tatsächlich so gewesen zu sein, dass sich die sowjetischen Häftlinge eher in kleineren oder größeren Gruppen zusammengetan haben, die das Überleben sichern konnten, während viele Franzosen oder Belgier versuchten, auf sich allein gestellt zu überleben. Damit hatten sie in einem Lager wie Ellrich-Juliushütte, in dem unter den Häftlingen angesichts der gezielten Unterversorgung durch die SS ein erbarmungsloser Kampf um Leben und Tod herrschte, kaum eine Chance, sich zu behaupten. Vielen Sinti und Roma hingegen, die bereits lange vor ihrer KZ-Haft gelernt hatten, sich in einer feindlich gesinnten Umgebung durchzusetzen, gelang es, kollektive Überlebensstrategien zu entwickeln. Erleichtert wurde das durch den Umstand, dass viele von ihnen nicht alleine aus dem „Zigeuner-Familienlager" in Auschwitz-Birkenau in den Harz deportiert wurden, sondern zusammen mit Familienangehörigen, auf deren Hilfe und Unterstützung sie zählen konnten.

Dieser Befund lenkt den Blick weg von den Vorgaben der SS und hin zum konkreten Verhalten der Häftlinge selbst. Je nach Prägung in der Zeit vor der KZ-Einweisung gelang es einigen besser und anderen schlechter, sich auf die im Konzentrationslager herrschenden Bedingungen einzustellen, Bedingungen, die – von der SS vorgegeben – durch einen Kampf auf Leben und Tod und durch die Außerkraftsetzung fast aller ethischen und moralischen Normen gekennzeichnet waren. Und in dieser Hinsicht scheint es, das deuten die Berichte Überlebender an, unter den Häftlingen durchaus gruppenspezifisch unterschiedliche Reaktionsweisen gegeben zu haben, was sich auf die Entwicklung der Todesraten auswirkte.

6 Fazit

Der Blick auf die Arbeits- und Lebensbedingungen in den Mittelbau-Lagern macht den grundlegenden Unterschied zwischen Bau- und Produktionskommandos deutlich. Während es in letzteren zumindest eine Aussicht auf das

35 Beispielhaft: Serge Miller, Le Laminoir – Récit d'un Déporté, Paris 1947, S. 147. Stereotyp sind die Berichte überlebender westeuropäischer Häftlinge über russische und ukrainische Diebesbanden im Lager, die den Westeuropäern Lebensmittel und Kleidung gestohlen und unter sich aufgeteilt haben sollen. Vielfach haben diese Berichte auch einen dezidiert antislawischen, manchmal auch einen antikommunistischen Unterton: Edgar van de Casteele, Ellrich. Leben und Tod in einem Konzentrationslager, Bad Münstereifel 1997, S. 67ff (mit antirussischer Stoßrichtung); Miller, Le Laminoir, S. 189 (mit ausgeprägt antipolnischen Passagen).

Überleben gab, weil ein fachlich qualifizierter Häftling nicht ohne weiteres ersetzbar war, kam die Zuweisung in ein Baukommando einem Todesurteil gleich. Doch vor dem Tod wurde bei minimaler Versorgung ein Maximum an Arbeitsleistung aus den Häftlingen herausgeprügelt. Das galt prinzipiell für alle Häftlinge gleichermaßen. Hierin ist das eigentliche Ergebnis der „Ökonomisierung" der Lager zu sehen: Die Überlebenschancen der in der SS-Rassenhierarchie höher angesiedelten Häftlingsgruppen glichen sich denen der am Ende der Stufenleiter stehenden Gruppen an. Juden und Franzosen starben in einem Lager wie Ellrich-Juliushütte gleichermaßen, unabhängig davon, ob ihr Tod geplant war oder – wie bei den Franzosen – nur einkalkuliert. Der Gegensatz zwischen den Polen Vernichtung und Arbeit löste sich vor diesem Hintergrund zunehmend auf.

Die Mittel, mit denen dieses System einer abgestuften Ausbeutung der Häftlinge aus der Sicht der SS und der von der Zwangsarbeit profitierenden Firmen effektiv funktionieren konnte, waren die Selektion und die Segregation. Bau- und Fertigungshäftlinge wurden streng voneinander getrennt und nach Möglichkeit in unterschiedlichen Lagern untergebracht. Dabei waren sie ständigen Selektionen ausgesetzt: Mit zunehmender Entkräftung wurden die Gefangenen von Produktions- in Baulager und von dort in Sterbezonen wie die Nordhäuser Boelcke-Kaserne abgeschoben. Im Großen und Ganzen war dies eine eigendynamische Entwicklung in den Konzentrationslagern, die durch den Kriegsverlauf und wirtschaftliche Erfordernisse von außen gesteuert wurde. Zugleich entsprach sie aber der Logik der SS, die den Gefangenen generell das Lebensrecht absprach und ihre Lebenserwartung von der Leistungsfähigkeit abhängig machte. Die Qualifizierung als eigendynamisch bedeutet jedoch nicht, dass diese Entwicklung quasi automatisch eintrat. Vielmehr waren es konkrete Personen, die das System der räumlichen Trennung der Häftlinge und der gestaffelten Selektionen gezielt gestalteten. Die Vorschläge von SS-Arzt Dr. Karl Groß von Dezember 1943 für den Umgang mit „Arbeitsunfähigen" im Lager Dora etwa lesen sich vor diesem Hintergrund wie ein Masterplan für die Entwicklung des KZ-Komplexes Mittelbau-Dora.

Man sollte sich jedoch hüten, die Überlebenschancen der Häftlinge ausschließlich mit Blick auf die Täter und ihre ideologisch oder ökonomisch motivierten Vorgaben zu bewerten. Wie die je nach Herkunft und Haftgruppe unterschiedlichen Todesraten in Mittelbau-Dora zeigen, waren es neben ideologischen vor allem situative Gründe, die dazu führten, dass in einem Lager wie Ellrich-Juliushütte Franzosen unter einem deutlich höheren Vernichtungsdruck standen als sowjetische Häftlinge, und das, obwohl sie auf der von der SS vorgegebenen rassistischen Stufenleiter deutlich höher standen. Entscheidend waren dabei – neben dem Zeitpunkt der Einweisung, dem Alter und der beruflichen

Qualifikation der Gefangenen – nicht nur die soziale und habituelle Prägung aus der Zeit vor der Deportation, sondern auch das konkrete Handeln der Häftlinge im Lager. Selbstverständlich darf diese Einsicht nicht dazu führen, dass man diejenigen, die nicht überlebten, für ihr Schicksal selbst verantwortlich macht. Es ist jedoch nötig, die Häftlinge nicht nur als Objekte wahrzunehmen, gewissermaßen als willenlose Opfer, sondern als Akteure, die – wenn auch in sehr begrenztem Rahmen – Handlungsoptionen hatten. Deutlicher formuliert: Es wird Zeit, die KZ-Geschichte nicht nur als Leidensgeschichte zu erzählen, sondern auch als eine von Selbstbehauptung, Eigensinn und Widerstand – und das jenseits heroisierender Legendenbildung, wie man sie aus früheren DDR-Gedenkstätten kennt.

Stefan Hördler

Rationalisierung des KZ-Systems 1943–1945

Arbeitsfähigkeit und *Arbeitsunfähigkeit* als ordnende Selektionskriterien

> Der grösste Teil dieser Häftlinge dürfte für einen Arbeitseinsatz nicht mehr in Frage kommen.[1]

Mit dieser Einschätzung kategorisierte der SS-Standortarzt des KZ Buchenwald, Gerhard Schiedlausky, im Septemberbericht 1944 etwa 1.600 rücküberstellte jüdische Häftlinge aus den Außenlagern „Wille“ in Tröglitz und Rehmsdorf bei Zeitz (Brabag) sowie „Magda“ in Magdeburg-Rothensee (Brabag). Die über 5.000 Gefangenen in „Wille“ waren von Juni bis Dezember 1944 in einem Zeltlager in Tröglitz untergebracht, bevor sie ab Neujahr 1945 ein neues Barackenlager in Rehmsdorf bezogen. Unter ihnen befand sich auch der junge Imre Kertész, sein autobiographischer *Roman eines Schicksallosen* basiert zum Teil auf Szenen aus Tröglitz.[2] Die Krankenrate und Sterblichkeit waren sehr hoch; im Januar 1945 galten – trotz Rücküberstellungen nach Buchenwald – circa 63 Prozent der Häftlinge als arbeitsunfähig. Rückverlegte Gefangene wurden meist nach Auschwitz weitertransportiert und dort ermordet. Von 8.572 registrierten Häftlingen, die zwischen Juni 1944 und März 1945 von Buchenwald nach „Wille“ verlegt wurden, schickte die SS 3.434 zurück. Insgesamt starben 5.871 Häftlinge des Außenlagers „Wille“ (die nach Auschwitz und in andere Lager deportierten Kranken und Arbeitsunfähigen eingerechnet).[3]

Im Januar 1945 registrierte die Amtsgruppe D (bis 1942 Inspektion der Konzentrationslager) im SS-Wirtschafts-Verwaltungshauptamt (SS-WVHA) über 700.000 Gefangene in 15 Konzentrationslagern und 500 Außenlagern.[4] In weni-

1 Thüringisches Hauptstaatsarchiv Weimar (künftig: ThHStA Weimar), KZ und Haftanstalten Buchenwald, Nr. 10, Bl. 85f, „Monatsbericht über den San.-Dienst im K.L. Buchenwald“ von Gerhard Schiedlausky vom 30.9.1944.

2 Imre Kertész, Roman eines Schicksallosen, Berlin 1996, S. 143ff.

3 Lothar Czoßek, Tröglitz/Rehmsdorf („Wille“), in: Wolfgang Benz/Barbara Distel (Hrsg.), Der Ort des Terrors. Geschichte der nationalsozialistischen Konzentrationslager, Bd. III, München 2006, S. 593–596.

4 Bundesarchiv Berlin (künftig: BArch Berlin), ehemals Berlin Document Center (BDC), SSO, Glücks, Richard, 22.4.1889, Begründung zum Vorschlag von Richard Glücks für die Verleihung des Deutschen Kreuzes in Silber vom 13.1.1945. Diese Zählung beinhaltet noch die KZ Ausch-

ger als einem Jahr hatte sich die Zahl der Insassen mehr als verdoppelt. Nachdem das SS-WVHA im März 1944 22 Hauptlager mit 165 Außenlagern und etwa 300.000 Häftlingen verzeichnet hatte,[5] waren es im August 1944 schon 524.000 Häftlinge.[6] Mehr als 250.000 der nachweislich über 700.000 im Januar 1945 registrierten KZ-Häftlinge überlebten die Befreiung der Lager nicht.

Trotz dieser hohen Todesrate 1945 sind Desorganisation, Willkür und Rassenwahn keine Attribute, mit denen sich das KZ-System im letzten Kriegsjahr zutreffend beschreiben lässt. Stattdessen bestimmte ein pragmatisches Ordnungsbedürfnis der SS die Anweisungen und Praxis in den Lagern. Zwei Ansprüche galt es dabei zu vereinen: erstens eine ab März 1944 von außen (z. B. Albert Speer) herangetragene forcierte Ökonomisierung und zweitens eine von innen (Lager-SS) geforderte Stabilisierung des Lagersystems. Die beschleunigte Erhöhung der Häftlingszahlen konnte ein an allen Kriegsfronten schrumpfendes und durch Raum- und Ressourcenknappheit geprägtes Lagersystem kaum noch verkraften. Ökonomisierung wie Stabilisierung machten eine kurzfristige Reorganisation des KZ-Systems unumgänglich. Zur Analyse beider Dimensionen wird hier der Begriff der Rationalisierung eingeführt, der gleichermaßen die personellen und strukturellen Veränderungen im Rahmen der Expansion und der Reduktion des Lagerkosmos berücksichtigt. Eine dritte Komponente bildete die Ermordung der europäischen Juden, die mit der „Ungarn-Aktion" in Auschwitz ab Mai 1944 einen tragischen Höhepunkt erreichte. Erneut galt es, eine von außen durch das Reichssicherheitshauptamt (RSHA) forcierte Deportation und eine von innen geforderte Stabilisierung des KZ-Komplexes Auschwitz zu vereinen. Zum einen verzögerte sich aufgrund von Bedenken hoher NSDAP- und RSHA-Funktionäre der von Heinrich Himmler angekündigte Masseneinsatz von Juden im Reichsgebiet.[7] So teilte das RSHA mit, ein „offener Arbeitseinsatz in Betrieben des Reiches" sollte „aus grundsätzlichen Erwägungen nicht in Be-

---

witz und Plaszow, laut Übersicht der Amtsgruppe D befanden sich am 1. Januar 1945 706 648 Häftlinge und 39 969 SS-Wachmannschaften im KZ-System: BArch Berlin, NS 3/439, Bl. 1f, Aufstellung über die Zahl der KZ-Häftlinge und SS-Wachmannschaften aus der Amtsgruppe D im SS-WVHA vom 1.1. u. 15.1.1945. Jens-Christian Wagner zufolge existierten Ende 1943 260 Haupt- und Außenlager, Mitte 1944 600 und Anfang 1945 730: Jens-Christian Wagner, Work and Extermination in the concentration camps, in: Jane Caplan/Nikolaus Wachsmann (Hrsg.), Concentration Camps in Nazi Germany, London 2010, S. 127–148, hier S. 135.

5 BArch Berlin, NS 19/1921, Schreiben von Oswald Pohl an Heinrich Himmler vom 5.4.1944. Darin ist von 20 Hauptlagern die Rede, sodass die KZ Auschwitz I bis III vermutlich als ein Standort Auschwitz gezählt wurden.

6 Nürnberger Dokument, NO-1990 = PS-1166, Schreiben des Amtschefs D IV, Wilhelm Burger, an den Chef der Amtsgruppe B, Georg Lörner, vom 15.8.1944.

7 BArch Berlin, NS 19/1922, Befehl von Heinrich Himmler an Gottlob Berger und Oswald Pohl vom 11.5.1944.

tracht kommen, da er im Widerspruch zu der inzwischen im großen und ganzen abgeschlossenen Entjudung des Reiches“ steht.[8] Der Gauleiter in Thüringen und Generalbevollmächtigte für den Arbeitseinsatz, Fritz Sauckel, und der Gauleiter in Sachsen, Martin Mutschmann, boykottierten den Einsatz von ungarischen Juden in ihren Gauen bis Sommer bzw. Herbst 1944. Zum anderen sahen sich die Amtsgruppe D und die Standortleitung in Auschwitz außerstande, diese große Zahl an Transporten ohne Möglichkeit der kurzfristigen Weiterleitung in andere Lager unterzubringen, zu verpflegen und zu versorgen. Trotz der Unvereinbarkeit von kriegswirtschaftlicher Ökonomisierung der Häftlingsarbeitskraft – im August 1944 war noch die Erhöhung der Gefangenenzahlen auf 1.136.000 Frauen und Männer geplant[9] – und der Stabilisierung eines zunehmend überlasteten Lagersystems zeichneten sich die für die Ermordung von über 300.000 ungarischen Juden notwendigen Umgestaltungen in Auschwitz durch nüchterne, flexible und effiziente Steuerungsmechanismen aus. Eine zweckrationale Komponente besaß der Judenmord für das KZ-System und das SS-WVHA aber nicht.[10]

Galt es in der Vorkriegszeit, die Interessen und die Machtstellung der SS u. a. beim Aufbau der SS-Totenkopfverbände gegenüber der Wehrmacht und der Justiz durchzusetzen,[11] versuchte die SS im letzten Kriegsjahr, sich gegenüber dem übermächtigen Albert Speer zu behaupten und in das rüstungs- und kriegswirtschaftliche Entscheidungszentrum vorzudringen. In beiden Phasen diente der Ausbau des KZ-Systems der Macht- und Kompetenzerweiterung der SS. Selbst die Dynamiken des Holocaust spiegelten diese Entwicklung wider, als Heinrich Himmler im Mai 1944 den Arbeitseinsatz von 200.000 Juden im „judenfreien“ Reichsgebiet anordnete, um seine Position als Juniorpartner in der Rüstungswirtschaft zu stärken. Insofern passten sich Gewalt und Mord in den Lagern den jeweiligen Erfordernissen an. Der Ausbau der Statistik im SS-WVHA überwachte den Prozess und rationalisierte in diesem Sinne sogar die Tötung von Menschen.[12] Kriegswirtschaftliche Mobilisierung und Arbeitskräftemangel zogen 1944 einen

8 Nürnberger Dokument, NG-2059, Schreiben vom RSHA an das Auswärtige Amt vom 24.4.1944.

9 Nürnberger Dokument, NO-1990 = PS-1166, Schreiben des Amtschefs D IV, Wilhelm Burger, an den Chef der Amtsgruppe B, Georg Lörner, vom 15.8.1944.

10 Anders Christian Gerlach/Götz Aly, Das letzte Kapitel. Realpolitik, Ideologie und der Mord an den ungarischen Juden 1944/1945, Stuttgart/München 2002, S. 415.

11 Stefan Hördler, Before the Holocaust: Concentrations Camp Lichtenburg and the Evolution of the Nazi Camp System, in: Holocaust and Genocide Studies 25 (2011) 1, S. 100–126; ders., SS-Kaderschmiede Lichtenburg. Zur Bedeutung des KZ Lichtenburg in der Vorkriegszeit, in: ders./Sigrid Jacobeit (Hrsg.), Lichtenburg. Ein deutsches Konzentrationslager, Berlin 2009, S. 75–129.

12 Michael Thad Allen, The Business of Genocide. The SS, Slave Labor, and Concentration Camps, Chapel Hill 2002, S. 281.

veränderten Stellenwert der Häftlinge und eine Prioritätenverschiebung in der – zumindest formalisierten – Häftlingsbehandlung nach sich. Nach dem Vernichtungsstopp in Auschwitz im November 1944 verfügte Richard Glücks Anfang Dezember 1944 neue Richtlinien zur besseren „Behandlung der einsitzenden jüdischen Häftlinge“. Im Unterschied zu Saul Friedländer, der das letzte Kriegsjahr als „the final drive toward the complete extermination of the European Jews“ charakterisiert,[13] stellte sich diese Phase weitaus komplexer dar und ist nicht nur durch einen eliminatorischen Antisemitismus geprägt. Es ist daher zu fragen, ob und inwiefern der Arbeitswert und Nutzen eines Häftlings rassistische Kategorien verdrängten, über dessen Bedeutung für die SS entschieden und als ordnende Faktoren für die Rationalisierung des KZ-Systems fungierten.

1 Reorganisation des KZ-System 1944

Eine wichtige Zäsur bildete bereits 1942 die Einbettung der Inspektion der Konzentrationslager (IKL) als Amtsgruppe D in das neue gegründete SS-Wirtschafts-verwaltungshauptamt. Unter Regie des SS-WVHA setzten bis Frühjahr 1943 die umfangreichsten und utilitaristisch motivierten Bemühungen der SS ein, die Verhältnisse in den Lagern zu bessern und die Sterblichkeit zugunsten des verstärkten Häftlingseinsatzes in der Rüstungsindustrie zu senken. Zugleich entstanden zahlreiche Außenlager an den Produktionsstandorten der Rüstungsindustrie. Nach den gezielten alliierten Bombenangriffen auf deutsche Rüstungszentren Anfang 1944 und der Gründung interministerieller Sonderstäbe zur sicheren Verlagerung der Rüstungsindustrie explodierte das System der Außenlager. Die Hauptlager verloren sukzessive an Bedeutung. Das vorletzte Lager, das den Status eines eigenständigen Konzentrationslagers erhielt, war das KZ Mittelbau mit den Untertageverlagerungen zur Raketen-Produktion im Harz. Das Außenlager des KZ Buchenwald wurde im Oktober 1944 den übrigen Hauptlagern gleichgestellt.[14] Das von November 1944 bis Januar 1945 selbständige Lager „S III“ Ohrdruf (Baustelle „Führerhauptquartier“) wurde indes als Außenlager dem KZ Buchenwald unterstellt. Nur zehn Hauptlager existierten noch im April/Mai 1945.

Parallel zur kriegsbedingten Räumung der KZ Kauen, Riga und Vaivara im Baltikum, der Lager Lublin, Warschau und Heidelager/Debica in Polen, des KZ

13 Saul Friedländer, The Years of Extermination, Nazi Germany and the Jews, 1939–1945, New York 2008, S. 602.
14 Siehe dazu den Beitrag von Jens-Christian Wagner in diesem Band.

Herzogenbusch in den Niederlanden und der Evakuierung des KZ Natzweiler im Elsass ab Sommer 1944 erfolgte eine Umstrukturierung, Neuformierung und Funktionsanpassung in den übrigen Lagern. Zu den ersten Veränderungen gehörte die Transformation Stutthofs zum Auffanglager für die aufgelösten KZ im Osten. Das Lager wirkte als Mediator in einer Entwicklung, die als Rationalisierung des KZ-Systems im letzten Kriegsjahr beschrieben werden kann. Die Rolle des Mediators beinhaltete in diesem Zusammenhang sowohl die Umschichtung von Häftlingen und SS-Personal im KZ-System als auch eine Experimentierfunktion im Umgang mit Überfüllung und Unterversorgung. Der Krankenmord im KZ Stutthof ab Sommer 1944 war ein wesentlicher Bestandteil der „Problembeseitigung"; die hierbei gewonnenen Einsichten beeinflussten in den Folgemonaten die Abläufe und Handlungsmuster in den übrigen Lagern.

Bis Anfang 1945 transformierten sich die verbliebenen Hauptlager endgültig zu Auffanglagern für kranke und ausgezehrte Häftlinge. Hinzu kam für die Monate Januar bis März 1945 die zweite Welle der Evakuierungstransporte. Hierbei handelte es sich hauptsächlich um Häftlinge aus den KZ Auschwitz, Groß-Rosen und Stutthof. Parallel stieg die Todesrate durch planmäßige Massentötungen und Vernichtung durch Unterlassung signifikant an. Ein Synonym für die apokalyptischen Zustände in den Lagern wurde das sogenannte Aufenthaltslager Bergen-Belsen. In anderen KZ erreichte die Todesrate in dieser Zeit ebenfalls den Höchststand in der Lagergeschichte. Besonders in den KZ Mauthausen, Ravensbrück, Sachsenhausen und Stutthof startete die SS ab 1944/45 systematische Tötungsaktionen.

Die Massentötungen im letzten Kriegsjahr und besonders der Krankenmord bildeten aus Sicht der SS ein stabilisierendes Element. Es dominierte ein Ordnungs- und Sicherheitsbedürfnis der SS, das den Erhalt des Lagersystems bis zum Selbstzweck suggerierte; das Inferno seitens der Gefangenen war demgegenüber ein in Kauf genommener und kalkulierter Preis für die Aufrechterhaltung der Kontroll- und Funktionsfähigkeit des KZ-Kosmos. Die Tötung von Schwer- und Seuchenkranken sowie von längerfristig Arbeitsunfähigen war aus Sicht der SS notwendig, um den drohenden Kollaps der Lager abzuwenden. Der selektive Mord unterstützte damit die Perpetuierung eines Ausnahmezustandes, der mit den Lagerauflösungen im Baltikum 1944 begonnen hatte. Oberste Priorität besaß – trotz des Widerspruchs zwischen forciertem Ausbau des KZ-Systems bei gleichzeitig schwindenden Ressourcen – die Lagerbeherrschung.

Zentrale Argumente für den Krankenmord waren der Gnadentod und der Schutz vor Epidemien, eine Erklärung, die angesichts der Reaktionen in Stutthof und in Ravensbrück durchaus glaubhaft erscheint. Von einer primär rassistischen Komponente war keine Rede, stattdessen unterteilten sich die Selektionskategorien ab 1944 lagerübergreifend in drei Gruppen: tauglich, bedingt tauglich und ungeeignet.[15] Dies darf aber nicht vergessen machen, dass während der „Ungarn-Aktion“ 1944 der größte Teil der jüdischen Gefangenen unmittelbar nach ihrer Ankunft in Auschwitz im Rahmen der „Endlösung“ ermordet wurde. An dieser Stelle kulminierten die Interessen der RSHA-Führung einerseits und das Selbsterhaltungsprimat der SS im KZ Auschwitz andererseits, das mit der Aufnahme weiterer Gefangener an seine räumlichen und personellen Grenzen kam. Zur Aufhebung des Paradoxons von forciertem Judenmord und intensiviertem Arbeitseinsatz wurden die ungarischen Juden nach der Entscheidung Himmlers vom Juni 1944 direkt in das Reichsinnere deportiert. Im Gegensatz zu Auschwitz wurde der Großteil unmittelbar zur Rüstungsproduktion in die Außenlager weitergeleitet.

Vom „Notstand“ durch Überfüllung, Raumnot und hohen Krankenstand betroffen waren vor allem die norddeutschen KZ wie Ravensbrück und Stutthof, die sich zu Auffang- und Durchgangslagern für arbeitsunfähige Häftlinge entwickelten, aber durch ihre geografische Lage und fehlenden unterirdischen Werke kaum noch über nennenswerte Produktionsstandorte in den Außenlagern verfügten.[16] Infolge des verstärkten Häftlingseinsatzes und der Etablierung neuer Verwaltungsstrukturen ab März 1944 entstand ein Nord-Süd-Gefälle innerhalb des KZ-Systems, dessen deutlichster Ausdruck die Aufteilung der Verlagerungsprojekte und die geschaffenen SS-Sonderstäbe und Sonderinspektionen waren. Weiterhin sorgte die Beseitigung des Monopols des KZ Ravensbrück über weibliche Häftlinge ab September 1944 für eine Verstärkung dieses Gefälles. Das System der Rücküberstellungen von kranken, erschöpften und schwangeren Frauen nach Ravensbrück und Bergen-Belsen führte zur „Überlastung“ dieser Hauptlager, was abermals die Kluft zwischen den Nord- und Südlagern zuspitzte, den rüstungspolitischen Bedeutungsverlust manifestierte und letztlich mörderische Konsequenzen für die Gefangenen nach sich zog. Ex causa stellten diese Interdependenzen zwischen neuer Flexibilität und strukturellen Zwängen „hausgemachte“ systeminhärente Probleme dar. Die SS reagierte – wie in anderen Zusammenhängen auch – mit gezielten Tötungsaktionen.

Zur Eskalation und Entscheidung für den systematischen Krankenmord, der mit einer Neuauflage der „Aktion 14 f 13“ (Euthanasie) einherging und sich am

15 ThHStA Weimer, NS 4/Bu-54, Bl. 138, Schreiben von Gerhard Schiedlausky an den Lagerkommandanten des KZ Buchenwald, Hermann Pister, vom 31.1.1945.

16 Einzige Ausnahme bildete das verhältnismäßig kleine Nordlager Neuengamme, das aufgrund seiner günstigen geographischen Küsten- und sicheren Frontlage über zahlreiche Werft- und Produktionsstandorte verfügte. Dazu zählten auch die Untertagevorhaben A 1 bis A 3: Marc Buggeln, Arbeit & Gewalt. Das Außenlagersystem des KZ Neuengamme, Göttingen 2009.

Gesundheitszustand und nicht an der „Rasse“ orientierte, trug der Vernichtungsstopp in Auschwitz im November 1944 bei.[17] Der Abbruch der Krematorien und der Stillstand der Vernichtungstransporte nach Auschwitz brachten die übrigen Lager in Bedrängnis. Noch im August 1944 war von Glücks angeordnet worden, alle kranken jüdischen Häftlinge nach Birkenau abzuschieben.[18] Mit dem Wegfall dieser Option suchte die SS nach Alternativen, um dem drohenden Kollaps der Lager entgegenzusteuern.[19] Die kurzfristige Etablierung von Sterbezonen war dabei nur von temporärer Wirkung. Das Eintreffen der Räumungstransporte aus anderen KZ und die Rückführungen der eigenen Außenlager spitzten die Lage dermaßen zu, dass ab 1944 vor allem in Stutthof, Ravensbrück und Mauthausen, ab 1945 aber auch in Sachsenhausen und Buchenwald gezielte Mordaktionen einsetzten, denen in diesen Lagern (ohne Hartheim) mindestens 18.700 vornehmlich Kranke und Arbeitsunfähige – weitgehend unabhängig von Religion, Nation, Ethnie und Geschlecht – zum Opfer fielen.

2 Aufhebung rassistischer Selektionskriterien von KZ-Häftlingen 1944

Der Befehl, arbeitsunfähige jüdische Häftlinge aus allen Lagern nach Auschwitz zu deportieren, war am 24. August 1944 vom Chef der Amtsgruppe D im SS-WVHA, Richard Glücks, an alle Lagerkommandanten ausgegeben worden. Für die Weiterleitung der Order an die für die Selektionen zuständigen SS-Standort- und Lagerärzte sorgte der Amtschef D III (Sanitätswesen) im SS-WVHA,

17 Privatbesitz, Brief von Eduard Wirths an seine Frau vom 29.11.1944. Zur Person: BArch Berlin (ehem. BDC), SSO, Wirths, Eduard, 4.9.1909.

18 ThHStA Weimar, KZ und Haftanstalten Buchenwald, Nr. 9, Bl. 28, Rundschreiben von Enno Lolling an die SS-Standortärzte und ersten SS-Lagerärzte der Konzentrationslager (ohne Plaszow) vom 25.8.1944.

19 Der Ausbruch von Fleckfieberepidemien und die völlige Hilflosigkeit und Gleichgültigkeit gegenüber dem Massensterben ist nur ein Indikator für den wachsenden Kontrollverlust im Lager und den Versorgungsnotstand der Häftlingsmassen. Sowohl in Stutthof als auch in Ravensbrück wurde Ende 1944 bzw. Anfang 1945 wegen Fleckfieber eine Lagerquarantäne verhängt: Archiwum Muzeum Stutthof/Archiv des Museums Stutthof (künftig: AMSt), I-IB-3 Sonderbefehl des KZ Stutthof vom 29.12.1944, Sonderbefehl des KZ Stutthof „über Sicherungsmaßnahmen gegen die Fleckfieberepidemie“ vom 9.1.1945, Sonderbefehl des KZ Stutthof vom 21.1.1945; The National Archives/Public Record Office, Kew (künftig: TNA/PRO), HW 16/43, msg 143, Verschlüsselte Funknachricht der Kripoleitstelle Köln an das Reichskriminalpolizeiamt (RKPA) Fürstenberg/Mecklenburg vom 10.2.1945.

Enno Lolling.[20] Von dieser Verfügung, die einem Todesurteil gleichkam, waren auch die am 27. September 1944 nach Buchenwald rücküberstellten Häftlinge aus dem Außenlager „Magda" in Magdeburg-Rothensee (Brabag) betroffen.[21] Aus der Gruppe von 525 kranken und geschwächten Häftlingen wählte das medizinische SS-Personal in Buchenwald 388 Personen aus und schickte sie am 3. Oktober 1944 nach Auschwitz. Der Sammeltransport umfasste 1.188 arbeitsunfähige Häftlinge, von denen die Mehrzahl kurz nach ihrer Ankunft am 5. Oktober 1944 in Auschwitz ermordet wurde. Es war der größte Vernichtungstransport des KZ Buchenwald.[22] Von den 2.172 jüdischen Gefangenen des Außenlagers „Magda" starben mindestens 550 weitere in Magdeburg. Darüber hinaus transportierte die SS 1.151 Häftlinge, die als arbeitsunfähig ausgesondert worden waren, bis Dezember 1944 zurück nach Buchenwald, nach Auschwitz oder nach Bergen-Belsen. So ging am 29. Dezember 1944 ein Transport mit 401 arbeitsunfähigen Häftlingen des Außenlagers in Magdeburg-Rothensee nach Bergen-Belsen. Über 800 der 1.151 rücküberstellten Häftlinge kamen ums Leben.[23]

Im Hinblick auf die ursächlichen Zusammenhänge der Selektionsabläufe interessieren besonders die Mechanismen der Rücküberstellungen von Kranken und Arbeitsunfähigen, die – wie am Beispiel der Außenlager „Magda" und „Wille" aufgeworfen – einer gewissen Systematik und Regelmäßigkeit folgten. Sie waren unmittelbar mit den Massentötungen im letzten Kriegsjahr verbunden, da die rücküberstellten Häftlinge zur primären Opfergruppe, ob durch systematische Unterlassung oder durch gezielte Tötungen, gehörten. Daneben wird der Blick auf die Akteure der Selektionen gerichtet, die sich eines definierten und abgestuften Kriterienkataloges zur „Ausmusterung von Häftlingen"[24] bedienten. Eine bislang weitgehend unbeachtete Gruppe stellen in diesem Zusammenhang

---

20 ThHStA Weimar, KZ und Haftanstalten Buchenwald, Nr. 9, Bl. 28, Rundschreiben von Enno Lolling an die SS-Standortärzte und 1. SS-Lagerärzte der Konzentrationslager (ohne Płaszów) vom 25.8.1944.

21 ThHStA Weimar, NS 4/Bu-136a, Bl. 121, Überstellungsliste des KZ Buchenwald mit 525 Personen vom 27.9.1944.

22 Danuta Czech, Kalendarium der Ereignisse im Konzentrationslager Auschwitz-Birkenau 1939–1945, übers. v. Jochen August et al., Hamburg 1989, S. 895–897; Harry Stein, Konzentrationslager Buchenwald 1937–1945. Begleitband zur historischen Ausstellung, hrsg. v. der Gedenkstätte Buchenwald, Göttingen 2000, S. 221.

23 Franka Bindernagel/Tobias Bütow, Magdeburg-Rothensee, in: Benz/Distel, Ort, Bd. III, S. 512–515; Tobias Bütow/Franka Bindernagel, Ein KZ in der Nachbarschaft. Das Magdeburger Außenlager der Brabag und der „Freundeskreis Himmler", Köln 2004.

24 Betreff eines internen Vermerkes des SS-Standortarztes Buchenwald, in dem er die Selektionskriterien der „Ausmusterung" definiert: ThHStA Weimar, NS 4/Bu-54, Bl. 138, Schreiben von Gerhard Schiedlausky an den Kommandanten des KZ Buchenwald, Hermann Pister, vom 31.1.1945.

die Vertreter und Mitarbeiter der Privatwirtschaft dar, die sich über ihre Kompetenzen hinaus ebenfalls an der Aussonderung beteiligten. Während die SS ihr Augenmerk auf die Kranken und Arbeitsunfähigen richtete, die aus ihrer Sicht „den Häftlingskrankenbau stark belasten“,[25] standen für die Privatfirmen fachliche Eignung und Arbeitsfähigkeit der Häftlinge im Rahmen ihrer Produktionspalette im Vordergrund. Beide Typen werden mit den Begriffen der „negativen“ und der „positiven“ Selektion eingeführt. Obwohl das Resultat für die Häftlinge gleich war, existierten dennoch erhebliche Unterschiede in der Organisation und Praxis beider Selektionsformen.

2.1 „Negative Selektion“

Die Selektionen wurden in Zusammenarbeit zwischen der medizinischen Abteilung und der Abteilung Arbeitseinsatz durchgeführt. Im Hauptlager übernahmen meist die SS-Lagerärzte, der Arbeitseinsatzführer oder ein Stellvertreter die Aussonderungen, in den Außenlagern der SS-Sanitätsdienstgrad (SDG) und Kommandoführer. Darüber hinaus lassen sich Rundreisen der jeweiligen SS-Standortärzte nachweisen, die während ihrer Besichtigungstouren nicht nur die medizinischen und sanitären Verhältnisse inspizierten, sondern auch mit den dort stationierten SS-Ärzten (wenn vorhanden), dem SDG oder dem übrigen SS-Personal kranke und arbeitsunfähige Häftlinge für Rücküberstellungen aussuchten. Im KZ Flossenbürg besuchte zum Beispiel der Lager- und Zivilarzt Heinrich Schmitz[26] im November 1944 das Außenlager Nossen.[27] Die Visite war

25 ThHStA Weimar, KZ und Haftanstalten Buchenwald, Nr. 10, Bl. 85f, „Monatsbericht über den San.-Dienst im K.L. Buchenwald“ vom SS-Standortarzt Gerhard Schiedlausky vom 30.9.1944.

26 Schmitz bildete eine Ausnahme unter den Lagerärzten. Er war von 1932 bis 1937 Mitglied der NSDAP, aber nie Mitglied der SS gewesen. 1943 wurde er auf Beschluss des Erbgesundheitsgerichts Jena wegen manisch-depressiver Geistesstörung sterilisiert und von der Wehrpflicht entbunden. Über Vermittlung des Reichsarztes SS Ernst-Robert Grawitz arbeitete Schmitz von Mai 1944 bis März 1945 als Zivilarzt in Flossenbürg und leitete dort die chirurgische Abteilung: National Archives and Records Administration, College Park (künftig: NARA), RG 549, US Army Europe, Executee Files, Box 12, Folder zu Heinrich Schmitz, Eidesstattliche Erklärung von Heinrich Schmitz vom 25.8.1947. Schmitz wurde am 12. Dezember 1947 von einem US-amerikanischen Militärgericht zum Tode verurteilt und am 26. November 1948 in Landsberg/Lech hingerichtet. SS-Standortarzt in Flossenbürg war von Oktober 1944 bis März 1945 SS-Obersturmbannführer Hermann Fischer: BArch Berlin (ehem. BDC), SSO, Fischer, Hermann, vom 22.03.1883.

27 Das Außenlager Nossen war organisatorisch dem Verlagerungsprojekt B 5 in Leitmeritz zugeordnet. Von November 1944 bis April 1945 wurden rund 650 Häftlinge nach Nossen ver-

in eine größere Rundreise eingebettet, in deren Verlauf er nach eigenen Aussagen mindestens zehn Außenlager kontrollierte.[28] Anschließend teilte der Kommandoführer, SS-Hauptscharführer Wetterau, der Kommandantur in Flossenbürg die Rücküberstellung von fünf Häftlingen mit:

> Das Kommando bittet nachstehende Häftlinge, da sie vorl. nicht einsatzfähig sind [sic] überstellen zu können. Bescheinigung des Lagerarztes liegt bei, ebenfalls veranlaßte Herr Dr. Schmitz am Sonntag bei seiner Lagerbesichtigung bereits die Abstellung.[29]

Für die Lager-SS bedeutete die langfristige Arbeitsunfähigkeit eines KZ-Häftlings „eine unnötige Belastung des Betriebes mit körperlich mangelhaftem Menschenmaterial“[30], dessen sie sich so schnell wie möglich entledigen wollte. Drei Komponenten waren dafür verantwortlich: *Erstens* spielte der ökonomische Faktor eine Rolle, demzufolge die Abteilungen Arbeitseinsatz und Verwaltung keinen Ertrag aus der Arbeitsunfähigkeit eines Gefangenen zielen konnten.[31] Zudem war für Kranke und Schwache eine kosten- und zeitintensive Fürsorge notwendig, für die es im Lager weder Raum noch Mittel gab. De facto verlor die SS mit dem Verlust der Arbeitsfähigkeit das Interesse am Gefangenen. *Zweitens* lehnten Firmen, die KZ-Häftlinge beschäftigten, die Bezahlung für nicht einsatzfähige Gefangene ab. Der Verwaltungsaufwand und die Abrechnungsstreitfragen stellten aus Sicht der SS einen ernstzunehmenden Mehraufwand und dringend zu vermeidenden Konfliktpunkt dar.[32] *Drittens* bestand wegen der unzureichenden medizinischen und sanitären Versorgung der Seuchenkranken eine erhöhte Epidemiegefahr im Lager. Handlungsoptionen des SS-Standort-

---

legt. Ulrich Fritz, Nossen, in: Wolfgang Benz/Barbara Distel (Hrsg.), Der Ort des Terrors. Geschichte der nationalsozialistischen Konzentrationslager, Bd. IV., München 2006, S. 210–213.

28 Zu den im November 1944 besuchten Außenlagern zählten Lengenfeld, Zwickau, Chemnitz, Nossen, Mittweida, Dresden, Zschachwitz, Rabstein, Leitmeritz und Holleischen: NARA, RG 549, US Army Europe, Executee Files, Box 12, Folder zu Heinrich Schmitz, Eidesstattliche Erklärung von Heinrich Schmitz vom 3.1.1946.

29 Centre des Recherches et d'Études Historiques de la Seconde Guerre Mondiale, Bruxelles (künftig: CEGESOMA), Mikrofilm 14368+, Schreiben von Wetterau an die Kommandantur des KZ Flossenbürg vom 25.11.1944.

30 Archiv der Directie-generaal Oorlogsstachtoffers, Dienst Archieven en Documentatie in Brüssel, 1546/Ding-Schuler, Berichtsprotokoll des SS-Hygienikers Karl Groß an das Amt D III im SS-WVHA vom 23.12.1943. Für den Hinweis danke ich Jens-Christian Wagner.

31 Siehe dazu die Aufstellungen der Arbeitseinsatzführer über die Anzahl der Kranken, Schonungskranken und Seuchenkranken im Lager, z. B. ThHStA Weimar, KZ und Haftanstalten Buchenwald, Nr. 10, Bl. 393, Stärkemeldung vom Arbeitseinsatzführer des KZ Buchenwald, Albert Schwartz, an Rudolf Höß vom 20.3.1945.

32 International Tracing Service/Internationaler Suchdienst des Roten Kreuzes, Bad Arolsen (künftig: ITS), HIST/SACH, Natzweiler, Ordner 7, Bl. 243, Schreiben des Arbeitseinsatzführers des KZ Natzweiler, Robert Nitsch, an die Kommandantur des KZ Natzweiler vom 4.11.1944.

arztes bildeten dagegen nie eine intensivierte Pflege der Kranken, sondern die selektive Ermordung der Schwerkranken, Invaliden und Arbeitsunfähigen. Laut Aussage des früheren ersten SS-Lagerarztes in Mauthausen, Friedrich Entress, wäre ein solches Bemühen ohnehin nutzlos gewesen. Ausgenommen waren Krankenzulagen (Essen und Medizin) für Gefangene, deren baldige Rückführung zur Arbeit möglich erschien.[33] Rudolf Höß zufolge betraf diese Zulage diejenigen Häftlinge, „die innerhalb 6 Wochen wieder gesund und einsatzfähig gemacht werden konnten".[34] Entress habe seine Selektionstätigkeit daher auf längerfristig Kranke und Arbeitsunfähige fokussiert. Diese seien dann in der Gaskammer des KZ Mauthausen vergast worden.

Maßnahmen der Amtsgruppe D zur Verbesserung der Haftbedingungen galten den gesunden Gefangenen, vor allem den Facharbeitern, was das Gefälle nur noch verstärkte. In einem der zahlreichen Runderlasse zur „Erhaltung der Arbeitskraft der Häftlinge" wiederholte Glücks im Oktober 1944 die Forderung seines Vorgesetzten und Chefs des SS-WVHA, Oswald Pohl: „Allen diesen Punkten [ausreichend Schlaf, trockene Unterkunft und Bekleidung, SH] ist mit besonderer Sorgfalt Ihre Aufmerksamkeit zu schenken, damit die Gesunderhaltung der Häftlinge und ihr Einsatz für die Rüstungsmaßnahmen gewährleistet bleiben."[35] Obwohl Anweisung und Praxis wegen der katastrophalen Mangelzustände im letzten Kriegsjahr und der Gleichgültigkeit der SS-Wachmannschaften vor Ort weit auseinander lagen, vermitteln sie doch ein Bild über die Zielplanungen der SS-Führung.

Im Zusammenspiel dieser Faktoren drängten SS und Wirtschaft auf die Beseitigung der Kranken. Dabei sollte die „Belastung" des Lagers mit Arbeitsunfähigen vermieden und die Gefahr einer Ansteckung der Arbeitsfähigen eingedämmt werden. Rudolf Höß, der als Amtschef D I mit diesen Fragen beschäftigt war, gab in seinem Memoiren eine bezeichnende Einschätzung dieser pervertierten Handlungslogik ab:

> Hätte man nach meiner, immer wieder vertretenen Anschauung in Auschwitz nur die allergesündesten und allerkräftigsten Juden ausgesucht, so hätte man zwar weniger Arbeitsfähige melden können, aber dann auch wirklich Brauchbare für lange Zeit gehabt. So hatte man hohe Zahlen zwar auf dem Papier, in Wirklichkeit konnte man sie schon in der

33 NARA, RG 549, US Army Europe, Cases tried, Case 000-50-5 (Mauthausen), Box 345, Folder No. 3, Prosecution Exhibit No. P-83, Aussage von Friedrich Entress vom 29.1.1946.

34 Rudolf Höß, Kommandant in Auschwitz. Autobiographische Aufzeichnungen, hrsg. von Martin Broszat, München 2000, S. 250.

35 NARA, RG 549, US Army Europe, Cases not tried, Case 000-50-011 (Ravensbrück), Box 523, Folder No. 5, Schreiben von Richard Glücks an den Kommandanten des KZ Auschwitz III (Monowitz) vom 26.10.1944.

> Mehrzahl zu hohen Prozentzahlen abziehen. Sie belasteten nur die Lager, nahmen den Arbeitsfähigen Platz und Essen weg, leisteten nichts, ja durch ihr Vorhandensein machten sie noch wiederum viele Arbeitsfähige – arbeitsunfähig. Das Endergebnis war ohne Rechenschieber zu errechnen.

Seine Ausführungen münden in der apologetischen Verklärung des Gnadentodes. – „Hätte man die Häftlinge in Auschwitz gleich in die Gaskammern gebracht, so wäre ihnen viele Qual erspart geblieben."[36]

Die Kriterien der „negativen Selektion" orientierten sich lagerübergreifend an einem dreistufigen System,[37] wobei die erste Stufe das höchste Maß der Arbeitsfähigkeit und die dritte Stufe das niedrigste der Arbeitsunfähigkeit darstellten. Der SS-Standortarzt des KZ Buchenwald definierte diese Gruppen wie folgt:

> 1. Gruppe: kräftige, für den Einsatz im dortigen Kommando tauglich.
> 2. Gruppe: körperlich nicht für das dortige Kommando geeignete Häftlinge, die aber durchaus für industrielle Fertigung verwandt werden können.
> 3. Gruppe: wegen Krankheit oder allgemeiner Körperschwäche ungeeignete Häftlinge.[38]

Für das eingangs genannte Außenlager „Wille" wies der SS-Standortarzt Ende Januar 1945 von 2.132 Häftlingen 1.472 der Gruppe 1, 340 der Gruppe 2 und 320 der Gruppe 3 zu. Darüber hinaus befanden sich 1.279 weitere Häftlinge „in Schonung", von denen er 353 („vorwiegend Kranke, die in absehbarer Zeit wieder voll einsatzfähig werden, z. Zt. aber im Krankenbau sind") der Gruppe 1 zuteilte, 358 der Gruppe 2 und 568 der Gruppe 3, „von denen im Lauf der nächsten Tage oder Wochen 200–300 Häftlinge sterben dürften."[39] Damit klassifizierte er von insgesamt 3.411 Häftlingen 26 Prozent als temporär oder dauerhaft arbeitsunfähig. Während in der namentlichen Auflistung der ersten beiden Gruppen noch die erlernten Berufe der Häftlinge vermerkt wurden, verzichtete die SS bei der dritten Gruppe vollständig auf diesen Akt. Für die darin erfassten Häftlinge bestimmte die Lageradministration den Tod.

Analog dazu teilte auch der junge SS-Arzt und an der Universität Berlin habilitierte Gynäkologe im Frauen-Konzentrationslager Ravensbrück, Percival

---

36 Höß, Kommandant, S. 205f.
37 Dies betraf die Selektionen von registrierten KZ-Häftlingen. Davon ausgenommen sind Neueinlieferungen von nicht registrierten Gefangenen wie den ungarischen Juden in Auschwitz, bei denen nur zwischen arbeitsfähig (Registrierung mit einer Haftnummer) und arbeitsunfähig (Ermordung in der Gaskammer) entschieden wurde.
38 ThHStA Weimar, NS 4/Bu-54, Bl. 138, Schreiben von Gerhard Schiedlausky an den Lagerkommandanten des KZ Buchenwald, Hermann Pister, vom 31.1.1945.
39 Ebd.

Treite, die Frauen in drei Gruppen ein: a) vollarbeitsfähig, b) beschränkt arbeitsfähig, c) Invalide oder arbeitsunfähig.[40] Zur dritten Gruppe zählte Treite vor allem Jüdinnen aus dem aufgelösten Auschwitz. „Diese Häftlinge waren körperlich und seelisch in einem völlig heruntergekommenem [sic] Zustand. Im Laufe der Zeit starben von diesen ca. 50 %, meistens an allgemeiner Körperschwäche."[41]

2.2 „Positive Selektion"

Das Richtmaß der „positiven Selektion" bezog sich hingegen nicht wie bei der „negativen" auf die Gruppe 3, sondern ausschließlich auf die Gruppe 1, also die körperlich starken und voll arbeitsfähigen KZ-Häftlinge. Von entscheidender Bedeutung war in diesem Kontext, auch für die Überlebenschancen der Gefangenen, der erlernte Beruf. Nach Gründung des SS-WVHA im März 1942 entspannten sich zwischen der Amtsgruppe D, den Lagern und den betreffenden Firmen mitunter kleinteilige Korrespondenzen über den Einsatz eines einzelnen Häftlings.[42] Rundschreiben mit dem Gesuch nach spezifischen Berufsgruppen waren an der Tagesordnung.[43] Im Kontext der großangelegten Verlagerungsprojekte ab 1944 waren alle Lager aufgefordert, Listen von besonders dringend benötigten Facharbeitern auszufertigen. Der Schutzhaftlagerführer des KZ

---

40 TNA/PRO, WO 235/309, Exhibit No. 8, Aussage von Percival Treite vom 3.10.1946.

41 Ebd., Aussage von Percival Treite vom 5.5.1945. Zur Sterblichkeit in Ravensbrück: NARA, RG 549, US Army Europe, Cases not tried, Case 000-50-011 (Ravensbrück), Box 522, Folder No. 3, Aussage der ehemaligen Gefangenen Danuta Tulmacka vom 13.5.1945.

42 So ordnete der Amtschef D II, Gerhard Maurer, im Juli 1942 die Überstellung des inhaftierten Steinschleifers Josef Menzel von Buchenwald nach Mauthausen an, da dieser dort dringend im Betrieb der Deutschen Erd- und Steinwerke GmbH (DESt) benötigt wurde. Das KZ Buchenwald organisierte darauf einen Einzeltransport: NARA, RG 549, US Army Europe, Cases tried, Case 000-50-9 (Buchenwald), Box 436, Folder No. 3, Funkspruch von Gerhard Maurer an das KZ Buchenwald vom 6.7.1942 und Schreiben vom Büroleiter der Politischen Abteilung des KZ Buchenwald, SS-Hauptscharführer Fritz Stollberg, an die Abteilung III vom 13.7.1942. In einem anderen Fall verfügte die Amtsgruppe D die Überstellung von zwei Porzellanbrennern von Ravensbrück nach Buchenwald: NARA, RG 549, US Army Europe, Cases tried, Case 000-50-9 (Buchenwald), Box 443, Folder No. 1, Schreiben von Arthur Liebehenschel an die Kommandanten der KZ Ravensbrück und Buchenwald vom 11.12.1942.

43 Z. B. NARA, RG 549, US Army Europe, Cases tried, Case 000-50-9 (Buchenwald), Box 443, Folder No. 1, Fernspruch betr. „Meldung von Facharbeiter. – Fuer einen dringenden Einsatz in der Ruestungsindustrie [...]" vom Amtschef D II an den Kommandanten des KZ Buchenwald vom 1.10.1942; Antwortfernschreiben von Hermann Pister und dem Arbeitseinsatzführer des KZ Buchenwald, Philip Grimm, an das Amt D II im SS-WVHA vom 3.10.1942: „Das K.L. Bu. erstattet zum obigen Betreff: – Fehlanzeige – Die hier verfügbaren Häftlinge werden restlos für das Werk Buchenwald der G.W.W. benötigt."

Auschwitz III (Monowitz), SS-Obersturmführer Vinzenz Schöttl, informierte im Juni 1944 deshalb alle Außenlager in seinem Befehlsbereich über den bevorstehenden Austausch der polnischen Facharbeiter. Dafür hatten die Kommandoführer in einem Vordruck die Facharbeiter und eine mögliche Ersatzstellung aufzulisten. Der Beruf bildete das zentrale Kriterium.[44] Im Oktober 1944 befahl Schöttl, Listen von unabkömmlichen Facharbeitern anzufertigen. „Die Listen dürfen nicht von Häftlingen erstellt werden, um ein vorzeitiges Bekanntwerden zu vermeiden."[45] Auch das KZ Groß-Rosen überstellte im November 1944 400 benötigte Facharbeiter für den Arbeitseinsatz in das KZ Buchenwald.[46] Diesen Facharbeitern standen in der Regel nicht nur eine bessere Unterkunft, Kleidung, medizinische Versorgung und höhere Verpflegungssätze in Aussicht, sondern auch eine bessere Behandlung durch das SS-Lagerpersonal.

Ein weiterer Unterschied zur „negativen Selektion" waren die Akteure. Weniger die SS-Lagerärzte und Arbeitseinsatzführer als vielmehr die Mitarbeiter der Privatindustrie trafen in den Lagern die Auswahl über „ihre" Häftlinge. Charakteristisch für diese Praxis ist der gut dokumentierte Häftlingseinsatz der Berliner Firma OSRAM. OSRAM erhielt in den Stollenbauten des Untertagevorhabens B 5 in Leitmeritz, dem größten Außenlager des KZ Flossenbürg, Produktionsräume zur Herstellung von Wolfram- und Molybdänerzeugnissen für die Flugzeugindustrie. Die Anlage führte in den Unterlagen die Tarnbezeichnung „Richard II" (R II). In einem firmeninternen Protokoll vom 29. Januar 1945 heißt es, SS-Obersturmführer Wilhelm Biemann[47] „empfahl, schon jetzt die nächsten 140 Häftlinge in Gross-Rosen auszusuchen, da z. Zt. wieder eine Auswahl vorhanden sei und sich zahlreiche Handwerker darunter befänden. Die ausgesuchten Häftlinge würden bis zu unserem Abruf in Gross-Rosen verbleiben können."[48] Die Unterbringung der gelernten Handwerker sollte in Leitmeritz getrennt von den „Bauhäftlingen" erfolgen, welche als ungelernte Hilfsarbeiter schwere und niedere Arbeiten auszuführen hatten. Die Todesrate der „Bauhäftlinge" war gegenüber den „Fertigungshäftlingen" aufgrund ihrer unterschiedli-

44 NARA, RG 549US Army Europe, Cases not tried, Case 000-50-11 (Ravensbrück), Box 523, Folder 5, Befehl von Vinzenz Schöttl an alle Außenlager des KZ Auschwitz III vom 14.6.1944.

45 Ebd., Schreiben von Vinzenz Schöttl an das Außenlager Golleschau vom 22.10.1944.

46 ITS, List Material, Groß-Rosen, Ordner 11, Bl. 20–26, Zugangsliste des KZ Buchenwald über 400 „Politische Polen/Juden" aus dem KZ Groß-Rosen vom 4.11.1944.

47 Biemann war neben Karl Sommer der wichtigste Mitarbeiter vom Amtschef D II Gerhard Maurer bzw. ab Januar 1945 von dessen Nachfolger Hans Moser: BArch Berlin (ehem. BDC), SSO, Biemann, Wilhelm, 9.12.1900.

48 Landesarchiv Berlin (künftig: LAB), A Rep. 231, Nr. 0482, Bl. 179, Niederschrift der Firma OSRAM „über ein Ferngespräch mit O.St.F. Biemann am 29.1.1945 betr. Häftlinge" vom 30.1.1945.

chen Behandlung und Versorgung wesentlich höher. Beide Begriffe werden daher zur nachfolgenden Kategorisierung der Selektionskriterien eingeführt. Die Unterscheidung zwischen beiden Gruppen schlägt sich zudem deutlich in der SS-Administration und Terminologie nieder.[49] Mehrfach wurde von der Firma OSRAM insistiert, eine separate Unterkunft für „unsere Häftlinge" zu organisieren, um die Arbeitsfähigkeit zu erhalten. Unterstützung erhielt OSRAM vom Amt D II.[50]

Für das Außenlager Plauen, das ebenfalls zum KZ Flossenbürg gehörte und ein Produktionsstandort der Firma OSRAM für diverse Glühlampenfabrikate war, arrangierte die SS schon mit der Einrichtung des Lagers im Sommer 1944 die Musterung von arbeitsfähigen Häftlingen. Zur Vorbereitung trafen sich der Flossenbürger Lagerkommandant Max Koegel und sein Verwaltungsführer Hermann Kirsammer Mitte August 1944 mit Vertretern von OSRAM in Plauen, um über das Auswahlprozedere und die Unterbringung der Gefangenen zu beraten. Bereits im Juli fanden mehrere Besichtigungen in Plauen statt, um den Transfer von 500 ungarischen Jüdinnen zu organisieren.[51] OSRAM sollte zum gegebenen Zeitpunkt „Mitteilung erhalten, in welchem Lager sich die für uns bestimmten Häftlinge befinden. Unsere Herren können dann kurz vor dem Überweisungstermin dort hinfahren und sich die für unsere Arbeiten geeignetesten Kräfte aussuchen."[52] Die erforderlichen weiblichen Bewachungskräfte stellte OSRAM und sorgte für deren Transport zu einem „Kursus" für Aufseherinnen im Außenlager Holleischen.

Als Resultat der Verhandlungen zwischen OSRAM und der Amtsgruppe D im August 1944 fuhr ein Mitarbeiter der Firma nach Auschwitz, um 250 Frauen für die Produktion in Plauen auszuwählen. Die Frauen kamen dort Mitte September 1944 an.[53] Anfang Oktober meldete OSRAM beim Amt D II jedoch Bedenken an, da aus Sicht der Firma die Jüdinnen in Auschwitz ungeeignet erschienen. Biemann versprach darauf, jugendliche Frauen im Alter von 17 bis 18 Jahren zur Verfügung zu stellen. OSRAM vermerkte, dass sie wie in Auschwitz die

49 ITS, HIST/SACH, Natzweiler, Ordner 19, Bl. 42, Schreiben des Kommandanten des KZ Natzweiler, Friedrich Hartjenstein, an den Kommandoführer des Außenlagers Thil-Longwy, Eugen Büttner, vom 11.7.1944.

50 LAB, A Rep. 231, Nr. 0500, Bl. 197, Niederschrift der Fa. OSRAM über einen „Anruf bei Herrn Obersturmführer Biemann am 24.1.45" vom 24.1.1945.

51 LAB, A Rep. 231, Nr. 0490, Bl. 133, Niederschrift der Fa. OSRAM über einen „Besuch in Plauen am 21–25., 29.7. u. 1.8.44" vom 8.8.1944.

52 LAB, A Rep. 231, Nr. 0490, Bl. 129, Niederschrift der Fa. OSRAM über einen „Besuch in Plauen am 14. u. 15.8.1944" vom 21.8.1944.

53 LAB, A Rep. 231, Nr. 0489, Bl. 18, Telegramm der Fa. OSRAM betr. „Transport 250 Häftlinge aus Auschwitz in Plauen" vom 13.9.1944.

Gelegenheit erhalten würden, die geeigneten Arbeitskräfte auszusuchen.[54] Im Falle von Leitmeritz erfolgte die „Ausmusterung“ zahlreicher Häftlinge aus dem KZ Groß-Rosen. „Es sind z. Zt. [November 1944, SH] wieder 1200 Männer in Gross-Rosen verfügbar, und zwar ungarische Juden, bei denen man wohl die Kenntnis der deutschen Sprache voraussetzen kann.“[55] Über die anschließenden Selektionen führte OSRAM Protokoll. Am 29. Dezember 1944 fand sich ein Mitarbeiter im KZ Flossenbürg ein, um 180 Häftlinge aus einem Transport aus Groß-Rosen auszusuchen. Begleitet wurde er vom dortigen Arbeitseinsatzführer, SS-Unterscharführer Friedrich Becker.

> Bei den uns zur Verfügung gestellten Häftlingen handelt es sich um ungarische Juden, welche fast durchweg im Alter von 20–40 Jahren stehen und körperlich gut aussehen. Der Lagerarzt hatte alle vorher untersucht und in Gesundheitsklassen eingeteilt, sodaß es für mich leichter war, kranke und anfällige Häftlinge zurückzuweisen. Es gelang mir, unsere Forderung nach Fachkräften soweit durchzudrücken, daß wir z. B. restlos alle Metallhandwerker, welche sich im Transport befanden, bekommen.[56]

Während der Verhandlungen verkehrten Vertreter von OSRAM mehrmals in den Dienststellen der Amtsgruppe D und des SS-WVHA in Oranienburg und Berlin, um über „Mindestkontingente“ und Bestimmungen des Häftlingseinsatzes zu diskutieren. Anlässlich einer solchen Unterhaltung im November 1944 erklärte Biemann als führender Mitarbeiter des Amtes D II, dass sich die Vorbehalte der SS gegenüber dem Ausländereinsatz in den Rüstungsproduktionen „unter dem Zwang der Verhältnisse“ gelockert hätten.[57] Probleme bestanden dennoch im gemischten Einsatz von weiblichen und männlichen Gefangenen, in der Anlernung der Häftlinge und im Einsatz von jüdischen Gefangenen. Auf der einen Seite kamen infolge der „Kontingentierung“ und „Verfügbarkeit“ für zahlreiche Arbeiten hauptsächlich jüdische Häftlinge in Betracht, auf der anderen Seite sperrten sich hohe NS-Funktionäre wie der sächsische Reichsstatthalter und Gauleiter Martin Mutschmann gegen den Einsatz von Juden in ihrem Bereich. „Es muss daher schnellstens versucht werden, dieses Verbot aufzuheben“, da

54 LAB, A Rep. 231, Nr. 0502, Bl. 15, Niederschrift der Fa. OSRAM „über den Besuch beim SS-Wirtschaftsverwaltungs-Hauptamt Oranienburg gemeinsam mit Herrn Penne am 3.10.44“ vom 4.10.1944.

55 LAB, A Rep. 231, Nr. 0500, Bl. 210, Niederschrift der Fa. OSRAM „über einen Besuch beim SS-Wirtschaftsverwaltungs-Hauptamt am 13.11.44“ vom 14.11.1944.

56 LAB, A Rep. 231, Nr. 0500, Bl. 330, Niederschrift der Fa. OSRAM betr. „Besuch im KL Flossenbürg zwecks Ausmusterung von Häftlingen“ vom 3.1.1945.

57 LAB, A Rep. 231, Nr. 0500, Bl. 210, Niederschrift der Fa. OSRAM „über einen Besuch beim SS-Wirtschaftsverwaltungs-Hauptamt am 13.11.44“ vom 14.11.1944.

die Amtsgruppe D keine „Arier [...] zur Verfügung stellen kann."[58] Die Firma OSRAM und ihre Mitarbeiter nutzten die ihnen gegebenen Handlungsräume so weit wie möglich, um ein maximales Ergebnis für den Betrieb zu erzielen. Dabei suchte das Unternehmen bewusst die Nähe zur SS, obwohl die Anforderung von KZ-Häftlingen eigentlich Aufgabe des Reichsministeriums für Rüstung und Kriegsproduktion war.[59] Nach einem diesbezüglichen Schreiben Albert Speers vom 9. Oktober 1944, in dem er alle Anträge auf Zuweisung von KZ-Häftlingen mit Ausnahme der in Bearbeitung befindlichen als erledigt ansah, wandte sich OSRAM an die SS. Beruhigt notierte ein Mitarbeiter in Rücksprache mit dem Amt D II Mitte November 1944, „der unmittelbare Verkehr mit der SS ist in unserem Fall, der als in Abwicklung befindlich betrachtet werden kann, als durchaus statthaft anzusehen."[60]

Die Auswahl von KZ-Häftlingen durch Betriebsangestellte der Firma OSRAM stellte keinen Einzelfall dar. In allen Konzentrationslagern suchten private Unternehmen Gefangene für ihre Produktionsanlagen aus. Dies geschah im Einverständnis mit der Amtsgruppe D und den jeweiligen Kommandanten und Abteilungsleitern der Lager. Hermann Pister informierte im Dezember 1944 den Kommandanten des Aufenthaltslagers Bergen-Belsen, dass zwei Mitarbeiter der Heerbrandt AG am 28. Dezember 1944 die „Ausmusterung 500 weiblicher Häftlinge" vornehmen werden. Gleichzeitig bat die Firma um Quartierstellung für ihre beiden Angestellten.[61] Die 500 Frauen und Mädchen, meist Jüdinnen, trafen am 7. Februar 1945 im Außenlager Raguhn ein, um für den Mutterkonzern Junkers in der Flugzeugproduktion zu arbeiten. Raguhn war das zweitletzte gegründete Außenlager des KZ Buchenwald. Aufgrund von Materialmangel und Versorgungsengpässen konnte die Fertigung nicht mehr voll aufgenommen werden.[62]

In einem anderen Fall fuhr ein Mitarbeiter von BMW in das KZ Stutthof, um dort eine kleine Zahl von „Fertigungshäftlingen" auszuwählen. Der Kommandant Paul Werner Hoppe informierte anschließend sein Personal über die Häft-

---

58 LAB, A Rep. 231, Nr. 0502, Bl. 121, „Aktennotiz Richard II Nr. 47" der Fa. OSRAM vom 19.10.1944.

59 Speer hatte im Juni 1944 umfangreiche Vollmachten von Hitler erhalten, Wirtschafts- und Rüstungsprojekte nach ihrer Relevanz einzustufen und kriegswichtige Vorhaben zu fördern: BArch Berlin, R 3/3286, „Anordnung zum Erlass über die Konzentration der Rüstung und Kriegsproduktion" von Adolf Hitler vom 19.6.1944.

60 LAB, A Rep. 231, Nr. 0500, Bl. 210, Niederschrift der Fa. OSRAM „über einen Besuch beim SS-Wirtschaftsverwaltungs-Hauptamt am 13.11.44" vom 14.11.1944.

61 ITS, HIST/SACH, Buchenwald, Ordner 48, Bl. 151, Fernschreiben von Hermann Pister an den Lagerkommandanten von Bergen-Belsen, Josef Kramer, vom 21.12.1944.

62 Irmgard Seidel, Raguhn, in: Benz/Distel, Ort, Bd. III, S. 551f.

lingsüberstellung: „Gemäß Anordnung der Amtsgruppe D im SS-WVHA, werden 72 Häftlinge zum KL. Dachau überstellt. Das Aussuchen der Häftlinge ist bereits durch einen Beauftragten der BMW-Werke erfolgt.“[63] Sowohl dem SS-Begleitkommando, das vom SS-Totenkopfsturmbann Dachau gestellt wurde, als auch den Häftlingen wurde vor dem Transport warmes Essen und ausreichend Marschverpflegung für drei Tage mitgegeben, was erneut auf die Besserstellung der „Fertigungshäftlinge“ verweist.

Desgleichen bestätigte der vormalige Kommandant des KZ Ravensbrück, Fritz Suhren, in seinen Nachkriegsvernehmungen von 1946 die Verhandlung über arbeitsfähige Häftlinge durch Firmenvertreter der Produktionsstandorte in den Außenlagern. Dabei hätten einige Leiter der Betriebsstellen, in denen Häftlinge aus Ravensbrück beschäftigt waren, mindestens einmal das Hauptlager Ravensbrück besucht, um mit dem Arbeitseinsatzführer Hans Pflaum „ueber Fragen des Arbeitseinsatzes zu konferieren.“[64] In seiner nachstehenden Auflistung nannte Suhren zahlreiche führende Mitarbeiter diverser Firmen wie Siemens & Halske, Polte, Dornier oder Heinkel.

Selektionskriterien für die Privatindustrie waren in den meisten Fällen eine kräftige körperliche Konstitution und Qualifikationen in handwerklichen, meist metallverarbeitenden Berufen. Darüber hinaus zählten sprachliche Fertigkeiten, vor allem dann, wenn es sich um jüdische Häftlinge aus Osteuropa handelte. Kenntnisse der deutschen Sprache steigerten die Chancen, bei gleichzeitig gutem Gesundheitszustand auch ohne handwerkliche Ausbildung von den Unternehmen ausgewählt zu werden. Im Herbst 1944 selektierten Vertreter von Daimler-Benz für die Flugzeugmotorenwerke in Genshagen (Außenlager des KZ Sachsenhausen) eine große Zahl deportierter ungarischer Jüdinnen im KZ Ravensbrück.[65] Zentrale Selektionskriterien von Daimler-Benz waren Arbeitsfähigkeit und Deutschkenntnisse.[66]

Aufgrund der Vielfalt der Interessen und Akteure waren Konflikte unvermeidbar. Zudem weichten die Handlungsräume der Rüstungsfirmen – nachdem das Reichsministerium für Rüstung und Kriegsproduktion und die diversen Sonderstäbe wie der Jägerstab, der Kammler- und der Geilenberg-Stab sowie der

63 AMSt, I-IB-3, Kommandanturbefehl Nr. 15 des KZ Stutthof vom 21.2.1944.

64 Nürnberger Dokument, NI-091, Eidesstattliche Erklärung von Fritz Suhren vom 17.6.1946.

65 Institut Pamięci Narodowej/Archiwum Głównej Komisji Badania Zbrodni przeciwko Narodowi Polskiemu/Archiv der Hauptkommission zur Erforschung der Verbrechen am polnischen Volk, Warschau (künftig: IPN/AGK), KL Ravensbrück, sygn. 75, k. 13–31, Liste des KZ Ravensbrück über den „Sondertransport Nr. 123 am 22. November 1944 aus Budapest ohne Papier“. In dem Transport befanden sich 753 ungarische Jüdinnen.

66 Sammlungen Mahn- und Gedenkstätte Ravensbrück/Stiftung Brandenburgische Gedenkstätten (MGR/SBG), NL 28, Bl. 8, Eva Féjer, Bericht aus der Verfolgungszeit, Januar 1956.

Rüstungsstab bereits die Macht über das KZ-Imperium beschnitten hatten – die Kompetenzen der Amtsgruppe D im SS-WVHA zusätzlich auf. Anlässlich einer eigenmächtig angeordneten Häftlingsüberstellung der Organisation Todt erinnerte Maurer daran, dass die Verfügungsgewalt darüber allein bei der Amtsgruppe D läge. „Es ist kürzlich bei einem Aussenlager eines Konzentrationslagers der Fall eingetreten, dass der Leiter einer OT-Dienststelle [...] von sich aus den Lagerführer dazu bewegen wollte, etliche hundert Häftlinge aus diesem Bestand in ein anderes Arbeitslager im Bereich eines anderen Konzentrationslagers zu überstellen. Dieser Führer der OT hat damit versucht, sich Befugnisse anzueignen, die ihm nicht zustehen."[67] In einem anderen Fall beschwerten sich die Adlerwerke in Frankfurt/Main über die falsche Zuweisung von Häftlingen, nachdem der firmeneigene „Arbeitseinsatzingenieur" persönlich die Auswahl von 1.000 Gefangenen im KZ-Natzweiler vorgenommen hatte. Die Kosten dafür wurden an die Lagerverwaltung zurückgewiesen.[68]

Trotz aller Unterschiede und Kompetenzgerangel bestand allerdings eine wesentliche Gemeinsamkeit der Häftlingsselektionen darin, dass spätestens ab 1944 weniger rassistische als vielmehr körperliche, berufliche und sprachliche Voraussetzungen die „Ausmusterung" von Häftlingen prägten. Oberstes Richtmaß war die Arbeitsfähigkeit bzw. -unfähigkeit der Gefangenen.[69] Dieses Vorgehen basierte auf zentralen Verordnungen, die zwar regional unterschiedlich umgesetzt wurden, aber trotzdem intentionalen und auf der Führungsebene beschlossenen Paradigmenwechseln zugrunde lagen. Dazu gehörte der Arbeitseinsatz von jüdischen Gefangenen im Altreich, obgleich sich einflussreiche Personen wie Kaltenbrunner, Sauckel oder Mutschmann dagegen wehrten. Die sukzessiv unterschiedslose Verwendung von Juden in den Rüstungsproduktionen galt – vorerst mit Ausnahme von Berlin – ab Mai/Juni 1944 für das gesamte

---

67 NARA, RG 549, US Army Europe, Cases not tried, Case 000-50-011 (Ravensbrück), Box 523, Folder No. 5, Rundschreiben des Lagerkommandanten des KZ Auschwitz III (Monowitz), Heinrich Schwarz, an alle Außenlagerführer des KZ Auschwitz III vom 14.8.1944.

68 ITS, HIST/SACH, Natzweiler, Ordner 19, Bl. 114, Schreiben der Adlerwerke AG an die Kommandantur des KZ Natzweiler vom 18.11.1944.

69 TNA/PRO, WO 235/21, British Military Court War Crimes Trial, Bergen-Belsen & Auschwitz Concentration Camps Case, JAG No. 12, Vol. X, Exhibit No. 122, „Übersicht über Anzahl und Einsatz der weiblichen Häftlinge des Aufenthaltslagers Bergen-Belsen" vom 15.3.1945, gezeichnet vom Lagerkommandanten Josef Kramer. Die Aufstellung des Arbeitseinsatzes enthielt keine Angaben zur Häftlingsgruppe und keine Unterscheidung von jüdischen und nichtjüdischen Gefangenen. Dies war kein Merkmal der Schlussphase: ITS, HIST/SACH, Dokumente/Schriftwechsel zu Verfolgung/Haftstätten, Ordner 11, Bl. 121, Aufstellung zum Arbeitseinsatz der Häftlinge des KZ Mauthausen vom 11.11–17.11.1941.

deutsche Reichsgebiet.[70] Auch verschwand der gelbe Judenstern als äußere Stigmatisierung der jüdischen Gefangenen.[71]

Das Jüdischsein war also nicht per se die Grundlage für eine „negative Selektion". Sowohl jüdische als auch nichtjüdische Häftlinge wurden als arbeitsunfähig ausgesondert und bei planmäßigen Mordaktionen wie in Mauthausen und Ravensbrück erschossen, vergiftet oder erstickt.[72] Jüdische Gefangene waren aber wegen ihrer langen und entbehrungsreichen Verfolgungszeit verstärkt Opfer der Selektionen und wiesen eine hohe Todesrate auf.[73] Eine Ausnahme bildeten nichtjüdische deutsche Gefangene. Sie zählten zu den „alten" und erfahrenen Häftlingen und oftmals zur privilegierten Häftlingsselbstverwaltung im Lager. Im Gegensatz zu den ausgemergelten Neuzugängen aus den evakuierten Ostlagern waren sie überwiegend gesund und bei Kräften. Viele von ihnen arbeiteten seit Jahren in exponierten Positionen der Häftlingsselbstverwaltung und sorgten für die aus Sicht der SS notwendige Stabilität. Aber auch diese Gruppe wurde, wie die Analysen der Mordlisten zeigen, in die „negative Selektion" einbezogen.[74] Die Selektionen des letzten Kriegsjahres stellten somit kein tragendes Element der „Endlösung der Judenfrage" dar, sondern eine erweiterte Neuauflage der „Aktion 14 f 13".

3 Schlussbetrachtung

Arbeit kann als ordnender Leitbegriff eines Terrorapparates gesehen werden, der sich ab Ende 1943 vom drakonischen Straf- und Mordsystem scheinbar hin

70 In den Diskussionen sollte der Einsatz von Jüdinnen nicht in Berlin erfolgen: BArch Berlin, R 3/1756, Bl. 47, Schnellbericht des Jägerstabes vom 9.6.1944.

71 NARA, RG 549, US Army Europe, Cases not tried, Case 000-50-011 (Ravensbrück), Box 523, Folder No. 6, Schreiben von Richard Glücks an den Kommandanten des KZ Auschwitz III vom 20.11.1944 [Abschrift].

72 Z. B. IPN/AGK, KL Ravensbrück, sygn. 15, Häftlingsüberstellung des KZ Ravensbrück in das „Schonungslager Mittwerda i. Schles." vom 6.4.1945. Hierbei handelte es sich um eine getarnte Aufstellung von Mordopfern der Gaskammer und Erschießungen im KZ Ravensbrück. Den Ort Mittwerda in Schlesien gab es nicht. Unter den 493 aufgelisteten Frauen befanden sich 156 Jüdinnen. Mahn- und Gedenkstätte Ravensbrück, Projekt Gedenkbuch (Hrsg.), Gedenkbuch für die Opfer des Konzentrationslagers Ravensbrück 1939–1945, wissenschaftliche Leitung von Bärbel Schindler-Saefkow, Mitarbeit von Monika Schnell, Berlin 2005, S. 49.

73 TNA/PRO, WO 235/309, Exhibit No. 8, Aussage von Percival Treite vom 5.5.1945; Linde Apel, Jüdische Frauen im Konzentrationslager Ravensbrück 1939–1945, Berlin 2003, S. 336f., u. 352f.

74 Stefan Hördler, Die Schlussphase des Konzentrationslagers Ravensbrück. Personalpolitik und Vernichtung, in: ZfG 56 (2008), S. 222–248, insb. S. 239f.

zu einem effizient strukturierten Arbeitskräftereservoir zu emanzipieren versuchte. Die Differenzierung, separate Unterbringung und unterschiedliche Behandlung von sogenannten Bauhäftlingen und Fertigungshäftlingen ist nur ein Ausdruck dieser Entwicklung. Das einheitliche dreistufe Selektionssystem der SS und die „negative Selektion" der Arbeitsunfähigen einerseits sowie die auf Ausbildungskriterien, Bildungsgrad und Sprachfertigkeiten gerichtete „positive Selektion" der Arbeitsfähigen durch Unternehmen und ihre Arbeitseinsatzingenieure andererseits trugen deutlich zu einer Neuausrichtung des KZ-Systems und zur Rationalisierung von Abläufen wie auch von räumlichen und zeitlichen Strukturen bei. Ein veränderter Aushandlungsrahmen zwischen KZ-System und Kriegswirtschaft etablierte die Arbeit als zentrale Bezugskategorie der Zielplanung und des Prioritätenrahmens, der stärker als zuvor über Leben und Tod eines Häftlings entscheiden konnte.

Die nationalsozialistisch-rassistische Ideologie besaß als kollektive und alles integrierende Handlungsanleitung geringe Bedeutung für die Selektion und Massentötung von KZ-Häftlingen. Vor allem im letzten Kriegsjahr wurde die rassistische Hierarchisierung der Gefangenen schrittweise nivelliert. Am Ende dieser Periode stand der Vernichtungsstopp in Auschwitz im November 1944. Die Einrichtung interministerieller Sonderstäbe (z. B. Jägerstab) zur Steigerung der Rüstungsproduktion verdeutlicht das sicherlich stark unter Druck geratene, aber trotzdem flexible Krisenmanagement von Politik und Wirtschaft. Sowohl Ministerial- als auch Parteibehörden hoben sich über die bestehenden rassistischen Kriterien und ideologischen Bedenken hinweg. Gegen die Widerstände hoher SS- und Parteifunktionäre ordnete Heinrich Himmler im Mai 1944 die Deportation von 200.000 Juden in die Konzentrationslager an, um sie bei „kriegswichtigen Aufgaben" einzusetzen. Die neuen Anforderungen zogen einen veränderten Stellenwert der Häftlinge und eine Prioritätenverschiebung in der – zumindest formal angeordneten – Häftlingsbehandlung nach sich. Nach dem Vernichtungsstopp in Auschwitz im November 1944 verfügte Richard Glücks Anfang Dezember 1944 neue Richtlinien zur besseren „Behandlung der einsitzenden jüdischen Häftlinge", der gelbe Judenstern wurde abgeschafft. Im Unterschied zu Saul Friedländer, der das letzte Kriegsjahr als „the final drive toward the complete extermination of the European Jews"[75] charakterisiert, stellte sich diese Phase daher weitaus komplexer dar und ist nicht durch einen eliminatorischen Antisemitismus geprägt. Selektionen und Massentötungen richteten sich zuallererst gegen solche Häftlinge, welche die SS in ihrem dreistufigen Selektionssystem wegen Krankheit oder allgemeiner Körperschwäche

75 Friedländer, Years, S. 602.

als ungeeignet betrachtete. Eine primär rassistisch motivierte Aussonderung ist nicht festzustellen. Nach den für einen Arbeitseinsatz Tauglichen und bedingt Tauglichen bildeten die Untauglichen in den Todeszonen die unterste Selektionsstufe. Das Jüdischsein war nicht per se die Grundlage für eine „negative Selektion". Die Analyse der Mordlisten belegen, dass jüdische Häftlinge und damit das Primat der „Rasse" keine Priorität besaßen. Zentrale Faktoren waren neben der Berücksichtigung ökonomischer Interessen zuvorderst die Selbsterhaltung und Stabilisierung des KZ-Systems an sich. Die hierarchische Partialisierung der Lager in mehrere Räume und die Ermordung der Kranken und Arbeitsunfähigen dienten in diesem Zusammenhang sowohl der Konsolidierung überbordender Lagerkomplexe als auch der utilitaristisch ausgerichteten Auslese der noch als brauchbar angesehenen sowie der Ausmerze der als unbrauchbar angesehenen Insassen.

Teil IV: Statt eines Schlusses: Interview der Herausgeber mit Alf Lüdtke

„Deutsche Qualitätsarbeit": Mitmachen und Eigensinn im Nationalsozialismus – Interview von Marc Buggeln und Michael Wildt mit Alf Lüdtke (Göttingen, 19.02.2014)[1]

MW: Du hast grade in deinen Arbeiten zur Fabrikarbeit im 19. Jahrhundert auf die Heterogenität der Arbeit hingewiesen und gegen die Annahme einer Gleichförmigkeit der fabrikindustriellen Arbeit angeschrieben.[2] Gilt das jetzt für die Fabrikindustrie? Gibt es andere Arbeitsformen, die auch durch die Lohnarbeit zurückgedrängt oder an den Rand gedrängt worden sind? Gibt es so etwas wie eine Durchsetzung des Lohnnexus und der lohnabhängigen Fabrikarbeit? Das ist ja eine These, die häufig stark gemacht wird, dass eben mit dem Kapitalismus sich die Erwerbs-, die lohnabhängige Erwerbsarbeit zur dominierenden Arbeit entwickelt hat.

AL: Also mir scheint, dass das, was sich durchgesetzt hat, eine sehr starke Projektion oder auch eine normative Vorstellung über einen umfassenden Wandel ist, der sich in dieser Perspektive mit Lohnarbeit verknüpft – und zugleich von der Lohnarbeit angestoßen zu sein scheint. Dabei nicht untypisch ist Edward P. Thompsons These von der Disziplinierung der Zeit durch die Erfordernisse der Lohnarbeit, bei der dann eine Form der Gleichmäßigkeit, der Taktförmigkeit entstehen soll. [3]

Ein *eye opener* war für mich die Frage nach den Arbeitspausen. Es zeigte sich, jedenfalls für meinen Bereich, gestützt auf Werkstätten, dass es ein relativ breites Spektrum gab an informellen Pausen – und generell an Vermeidungs-, Umgehungs-, Unterwanderungspraktiken und vielleicht sogar auch an entsprechenden Strategien oder jedenfalls Taktiken. Um dagegen anzugehen, waren die verhängten Strafen, die Lohnabzüge auch durchaus fühlbar, was sich an Strafbüchern und eben auch kleinen Notizen in Meisterbüchern oder in noch anderen wenigen Unterlagen, die es für Einzelpersonen auf dieser Ebene gibt, zeigen lässt. Es gab somit durchaus einen offenen Rand oder eine Zone, in der die Eindeutigkeit, die sich etwa in Fabrikordnungen findet, keineswegs die Realität war. Und diese Offenheit, die spricht für mich eigentlich dafür, dass

1 AL: Alf Lüdtke, MW: Michael Wildt, MB: Marc Buggeln.
2 Alf Lüdtke, Eigen-Sinn. Fabrikalltag, Arbeitererfahrung und Politik vom Kaiserreich bis in den Faschismus, Hamburg 1993, S. 23–193.
3 Edward P. Thompson, Zeit, Arbeitsdisziplin und Industriekapitalismus, in: ders., Plebejische Kultur und moralische Ökonomie, Frankfurt am Main 1980, S. 35–66.

auch die Vorstellung von Lohnarbeit und ihrer Gleichmäßigkeit oder ihrer homogenisierenden Dynamik offenbar zu linear, zu simpel, zu glatt, zu flächig angelegt ist. Wobei mich auch ein Stück weit verblüfft hat, wie sehr jemand wie E. P. Thompson, der ja doch einen scharfen Blick für die Vielfältigkeiten von Artikulationen hat, dann doch zu Homogenisierungen neigt. Da fehlt meines Erachtens die Hälfte der Medaille; und die andere Hälfte der Medaille ist die Arbeitssituation, mehr noch die Arbeitspraktiken, auch da, wo eine Fülle von Vorgaben existieren.

Meine konkreten Studien bezogen sich immer auf die Betriebe des Maschinenbaus, die dadurch gekennzeichnet sind, dass sie gerade auch im 19. Jahrhundert Einzelaufträge oder kleine Stückzahlen bearbeitet haben. Das heißt, dass sie mit einem relativ variablen Arbeitsprogramm arbeiteten, und auch die Vorgaben gerade nicht taktmäßig waren, vielmehr ging es um Einzelstückfertigung. Der *proof of the pudding* wäre eine Studie zu zwei Webereien zum Beispiel mit Halbautomaten. Und da gibt es dann Material, wenn man in die Zwanziger Jahre geht. Das zeigt, das eben gerade auch in diesem Kernbereich der Automatisierung, der bei den Textilmaschinen sehr viel stärker und auch hörbarer gewesen ist, dass auch dort diese Eindeutigkeit und Einförmigkeit in der Praxis nicht gegeben war.

MB: Wenn man jetzt in einem längeren Blick vom Kaiserreich bis zum Nationalsozialismus oder auch bis zur Bundesrepublik schaut, dann ist immer dieses Spiel zu beobachten: Kontrolle von oben, man versucht den Spielraum der Arbeiter einzuengen, ihren Freiraum eher zu behindern, sie auf die Arbeit zu konzentrieren und Versuche, sich da unten dagegen zu wehren. Würdest du da Tendenzen sehen? Also kommt es irgendwann zu einer Verdichtung, der dann nicht mehr ausgewichen werden kann, oder bleiben immer die Möglichkeiten, von unten etwas dagegen zu tun, und der Zugriff gelingt eigentlich nie so richtig? Sprich, bei neuen Formen der Arbeitskontrolle von oben gibt es immer neue Ausweichstrategien von unten dagegen und es bleibt ein beständiges Wechsel- und Beziehungsspiel, das nicht technisch von oben gelöst werden kann.

AL: Auch wenn es relativ unhistorisch klingen mag, ich tendiere zunehmend zu der letzteren Sicht: Es geht um Kräftefelder, Auseinandersetzungsfelder, Machtfelder, deren Asymmetrien keineswegs eindeutig sind. Und auch bei intensiveren Zugriffen verschwinden sie nicht, etwa wenn man an Taylorisierung und Fordismus denkt. Es gibt dann zwar vielerlei Rationalisierungstechniken, also von den ganzen Zeitmessungen bis hin zu bildlichen Aufnahmen, um zu zeigen, wie gleichmäßig oder ungleichmäßig bestimmte Abläufe sind. Gerade auch in den Zwanzigern gibt es ja einen enormen Schub. Aber schon in der Nazizeit, um den deutschen Fall zu nennen, zeigt sich, dass es in relativ weiten Bereichen vielleicht Veränderungen, aber nicht wirklich grundsätzliche Homogenisierung gibt – Handlungsmöglichkeiten werden nicht ausgeschaltet. Gewiss gibt es Verschiebungen, und es gibt eine phantasiereiche Praxis. So etwa, dass man zunächst 'mal heftig ranklotzt und dann ein Polster hat, dass man Pause machen oder auch etwas bis morgen liegenlassen kann. Solche Praktiken finden sich in den Zwanzigern und in den Dreißigern wie in den Vierziger und Fünfziger Jahren immer wieder, wenn auch in unterschiedlicher Intensität. So eine Art Wiederkehr des Ähnlichen, könnte man vielleicht sagen.

Was natürlich die Frage aufwirft, was sind das eigentlich für Potenziale, die da offenbar unerschöpflich sind. Es wäre dann auch wichtig, Verhältnisse und Situationen der strikten Zwangsarbeit, Gefängnisarbeit, Lagerarbeit im Vergleich anzuschauen, um zu sehen, wie es denn da mit diesen eventuellen Freiräumen oder mit den Manövriermöglichkeiten aussieht.

MB: Ein wirkliches Verhindern von Freiräumen oder auch Sabotage ist nur möglich, wenn sehr viel Überwachungspersonal da ist. Jens-Christian Wagner hat für das KZ Mittelbau-Dora gezeigt, dass die Werksleitung bei der feinmechanischen Produktion an den V2-Raketen, die sehr störungsanfällig war, dann tatsächlich für zwei KZ-Arbeiter einen Überwacher abgestellt hat.[4] Bei meinen Fällen in den Außenlagern des KZ Neuengamme gibt es dagegen eher einen Bewachungsschlüssel von 1:8 bis 1:15. Die Frage nach Freiräumen hängt dort dann sehr von den Sichtbarkeiten am Arbeitsplatz ab. Es gab Zwangsarbeitseinsätze beim Panzergrabenbau, die so gut einsehbar und überwachbar waren, dass es da ganz schwer war, Strategien zu entwickeln, um auszuweichen. Aber sobald man unübersichtliche Baustellen oder verzweigte oder zugestellte Fabrikhallen hat, nehmen die Möglichkeiten deutlich zu. Und da gibt es immer wieder Möglichkeiten, Pause zu machen, und die Häftlinge warnen sich gegenseitig vor dem nächsten Wachmann, der da kommt, gegenseitig vor, etwa mit Pfeifsystemen. Das Ziel ist natürlich, sich selbst zu schonen und sich nicht totzuarbeiten.

AL: Wobei die Situation – pardon! – auch nicht allein situativ gesehen werden sollte. Bei Elissa Mailänders Arbeit zu den Aufseherinnen oder auch in Isidor Nussenbaums Erinnerungen über die Stationen seiner KZ-Arbeit schien mir, dass es sehr darauf ankommt, ob es eine Wiederkehr des Gleichen war – dass bestimmte Arbeitsplätze nicht nur für ein, zwei, drei Tage, sondern für zwei, drei, vier Wochen besetzt wurden.[5] Das Personal kannte die Leute dann, und es gab Situationen, in denen es Arrangements gab, wo eine gewisse Flexibilität oder auch eine gewisse „Vertrautheit" entstand.

---

4 Jens-Christian Wagner, Produktion des Todes. Das KZ Mittelbau-Dora, Göttingen 2001.

5 Elissa Mailänder-Koslov, Gewalt im Dienstalltag. Die SS-Aufseherinnen des Konzentrations- und Vernichtungslagers Majdanek, Hamburg 2009; Isidor Nussenbaum, „Er kommt nicht wieder" – Geschichte eines Überlebenden, Dresden 2013.

MB: Bei mir gibt es zum Beispiel einen Fall, Hannover-Limmer, Gasmaskenproduktion: Frauen, also weibliche Häftlinge, eingesetzt in der Produktion, politische Häftlinge, hauptsächlich aus Frankreich, Sowjetunion, Polen, werden von Frauen aus der SS überwacht, die von Ravensbrück mitgekommen sind. Sie werden am Anfang massiv geschlagen. Dann gibt es ein Angebot von der SS, dass sie Bonusscheine erhalten, um mehr aus ihnen rauszuholen. Das lehnen sie kollektiv ab. Die SS akzeptiert das letztendlich. Bis zu dieser Aktion standen ihnen die deutschen Arbeiter gleichgültig bis feindlich gegenüber. Und das ändert sich in den Berichten dann nach dieser erfolgreichen Aktion sozusagen schlagartig und es gibt eine gewisse Vertrautheit, Solidarität der Arbeiter mit den Zwangsarbeiterinnen, mit den KZ-Häftlingen, und danach hört das Schlagen in der Fabrik auf. Weil die deutschen Arbeiterinnen und Arbeiter in der Fabrik gegenüber den Aufseherinnen deutlich machen, dass das nicht mehr gewünscht ist, und dadurch verändert sich die Situation. Und trotzdem muss man auf der andern Seite sagen, dass dies dann kein Widerstand gegen die Fabrikarbeit an sich ist, denn die Häftlinge erreichen die Quoten, die von der Fabrik vorgegeben sind.[6]

AL: Es gehört ja eine weitere Dimension dazu, die neben dem Überlebensinteresse und dem Interesse, Strafen zumindest auszuweichen, sie jedenfalls nicht zu provozieren, steht: so etwas wie Befriedigung über das zu empfinden, was man tut. Und dass auch im KZ so etwas wie Arbeitsstolz eine Rolle spielt. In Imre Kertész' Roman eines Schicksallosen wird das deutlich. Fraglos ist das ein literarischer Text – aber einer, der zugleich autobiografische Signaturen trägt oder zu tragen scheint.

MW: Der Arbeitsstolz kommt in Interviews und Berichten von ehemaligen Zwangsarbeiterinnen und Zwangsarbeitern explizit vor. Es gibt einige Berichte von Polen, die betonen, dass sie gern gearbeitet haben, dass sie stolz darauf waren, auf das, was sie z. B. bei Siemens oder der AEG taten. Dass sie auch Verantwortung bekamen für eine bestimmte Fertigung und dass sie diese Verantwortung auch als befriedigend empfunden haben. Ich wollte auf die Frage nach dem Stellenwert von Zwang in der Fabrik hinaus. Das würden wir ja tatsächlich mit dem Nationalsozialismus sehr stark verbinden. Doch wenn wir noch mal auf diese längeren Linien schauen, wo gibt es auch Zwang und Gewalt in der Fabrik des ausgehenden 19. Jahrhunderts?

AL: Karl Marx hat ja zunächst nicht ohne Grund vom stummen Zwang der Lohnarbeit geschrieben, hat aber auch im Schlusskapitel des ‚Kapital' durchaus brutale Gewalt oder brutalste Gewalt notiert; das bezieht sich dann zunächst

6 Marc Buggeln, Arbeit & Gewalt. Das Außenlagersystem des KZ Neuengamme, Göttingen 2009, S. 318–322 und 591–596.

oder vornehmlich auf Kolonialverhältnisse. Aber auch das Profil von Lohnarbeit generell ist im Blick.

MB: Dürfen Vorarbeiter schlagen?

AL: Sie haben es getan, wobei es gegenüber Jüngeren den Vorrang der Position wie den Vorrang des Alters gab; der eine wie der andere öffnete jeweils weitreichende Handlungsmöglichkeiten. Und eine der Schwierigkeiten ist, dass genau deshalb, weil es so etabliert und auch so selbstverständlich war, es darüber kaum Beschwerden gibt. Es gibt in Deutschland aus den Jahren um 1900 dieses halbe Dutzend Arbeiterbiografien und die Aufzeichnungen des späteren Herausgebers dieser Texte, des evangelischen Pastors Paul Göhre.[7] Dort stehen durchaus Bemerkungen über die Kameraden als Teufel, und das würde ich in dem Fall ziemlich ernst nehmen. In diesem konkreten Fall bei M.T.W. Bromme geht es allerdings gar nicht um Vorgesetzte – vielleicht war es deshalb auch leichter, darüber zu schreiben. Mir scheint, dass Vorgesetzte einen sehr weitreichenden Raum hatten, in dem auch Brutalitäten von den Arbeitern stillschweigend oder äußerstenfalls murrend hingenommen wurden, es also auf beiden Seiten kaum oder gar kein Unrechtsbewusstsein gab. Das hat wahrscheinlich in Deutschland im 19. Jahrhundert auch damit zu tun, dass parallel die allgemeine Wehrpflicht existierte. Und dann kam man mit zwei oder drei Jahren Erfahrung beim Militär, die – das Wort Kommiss deutet das ein bisschen an – wirklich mit massiver Erniedrigung und auch körperlicher Tortur verbunden waren, in die Fabrik. Dass dann die Fabrik als angenehmer oder doch erträglicher – als Verbesserung erschien, ist verständlich. Das darf man nicht vergessen. Oder auch die Schläge, die man regelmäßig in der Schule und auch im Konfirmandenunterricht zu erwarten hatte; auch die galten als selbstverständlich. Ebenso wurde in den Haushalten geschlagen und geprügelt. Zudem: Das änderte sich kaum bis in die 1950er und 60er Jahre.

MW: Henry Marx schildert in seiner Master-Arbeit einen Fall, in dem eine belgische Arbeiterin Widerworte gibt und sich gegen eine Behandlung durch den deutschen Vorarbeiter wehrt. Es kommt zu einer lautstarken Auseinandersetzung und im Bericht heißt es dann, er holt den Knüppel und löst es „mit Gewalt".[8] Darin scheint der Beweis von besonderer Gewalt des Nationalsozialismus zu liegen. Aber war die Gewalterfahrung in der Fabrik womöglich gar nicht so ungewöhnlich?

7 Alf Lüdtke, Fahrt ins Dunkle. Erfahrung des Fremden und historische Rekonstruktion, in: ders., Eigen-Sinn, S. 23–41.

8 Henry Marx, Soziale Beziehungen bei OSRAM und der AEG in Berlin 1939–1945. Betriebliche Herrschaft und Machtbeziehungen, unveröff. Masterarbeit, Institut für Geschichtswissenschaften, Humboldt-Universität, Berlin 2014.

AL: Ich denke schon, dass man in der Tat einen Unterschied machen muss etwa zwischen einer Ohrfeige mit bloßer Hand – was z. B. im Kaiserreich denkbar gewesen wäre – und Schlägen mit einem besonderen Instrument, wie Knüppel oder Peitsche. Da existiert natürlich noch eine Schwelle, die, glaube ich, in dem eben geschilderten Fall überschritten wird, und nicht nur völlig zufällig. Da könnte ein Argument eine Rolle spielen, wie Christopher Browning es in einem Aufsatz macht:[9] Da gibt es Polizisten, die im alten Reichsgebiet auch Juden dann noch grüßen, als das verboten ist und eigentlich schon geahndet wird – und dieselben Polizisten verhalten sich in den neu eroberten Gebieten ganz anders, sehr viel gewalttätiger. Freundlichkeit gibt es nicht mehr, im Gegenteil, eigentlich nur Misstrauen und Schlaggewalt. Und so etwas, sozusagen die Präsenz der Kolonisierten oder völlig Unterworfenen, ist natürlich bei den Zwangsarbeitern analog ins Reichsgebiet bzw, „heim"-gebracht worden. Die Schwelle, glaube ich, die da zu überschreiten war, war oder wurde deshalb auch niedriger.

MW: Vielleicht noch mal zur anderen Seite, also das Stichwort mit den Leckereien und dem Bartwichsen, das du beleuchtet hast.[10] Es gibt ja in der Fabrik auch mehr als Arbeit, etwa Formen männlicher Geselligkeit, die eine wichtige Rolle spielen. Ist das etwas, was die Fabrikherren im Laufe des beginnenden 20. Jahrhunderts aus der Fabrik austreiben wollen und gewissermaßen im NS-Regime mit dem Amt „Schönheit der Arbeit" wieder in die Fabrik geholt wird? Oder kann man das nicht so sehen?

AL: Ich glaube nicht, dass die NS-Anstrengungen eine neue oder eine ganz konträre Linie markierten oder anpeilten. Sie nahmen in vielem den Werksgedanken der Zwanziger Jahre auf und zielten auf die Einheit der Werksgemeinschaft ab, die zumindest bei größeren Betrieben, ich kenne es bei der Gutehoffnungshütte (Oberhausen/Sterkrade) und bei Krupp (Essen), gerade in der Werkszeitschrift stark propagiert wurde. Dann gab es Sommerfeste oder Sportereignisse, aber auch Chöre und Musikkapellen, die aufspielten. Da ist eine ganze Menge organisiert worden. Aber das gilt vornehmlich für Großbetriebe. Sie stehen aber weder für die Masse der Betriebe noch der Beschäftigten. Mit Blick auf die Großbetriebe waren die NS-Anstrengungen sicher nichts Revolutionäres. Aber zumal in der Breite hatten sie etwas sehr, sehr Beeindruckendes.

---

9 Christopher Browning, Deutsche Mörder – Befehle von oben, Initiativen von unten und der Ermessensspielraum der örtlichen Instanzen. Das Beispiel Brest-Litowsk, in: ders. (Hrsg.), Judenmord. NS-Politik, Zwangsarbeit und das Verhalten der Täter, Frankfurt am Main 2001, S. 179–217.

10 Alf Lüdtke, Arbeitsbeginn, Arbeitspausen, Arbeitsende. Skizzen zur Bedürfnisbefriedigung und Industriearbeit im 19. und 20. Jahrhundert; sowie ders., Lohn, Pausen, Neckereien. Eigensinn und Politik bei Fabrikarbeitern in Deutschland um 1900, beide in: ders., Eigen-Sinn, S. 85–119 und 120–160.

Ich denke zum Beispiel an die Studien von Wolfgang Schäfer über den Solling und die Weser-Region.[11] Dort gibt es Industriedörfer und Kleinstädte mit kleinen oder Mittelbetrieben, mit 80, 100, 200, 250 Leuten. Dort war das NS-Programm „Schönheit der Arbeit" wirklich revolutionär.

Aber du hattest ja angesetzt mit der Überlegung, ob nicht die Fabrikherren das Austreiben der Nicht-Arbeit doch längerfristig betrieben haben. Meine Antwort wäre: zum Teil schon. Dazu gehört dann auch, dass etwa bei der Gutehoffnungshütte um 1900 der Alkohol raus sollte, dass auch Bier verboten wurde. Stattdessen wurde etwa Sinalco, also eine Brause ohne bzw. ‚sine alcohol', das gerade erfunden worden war, stark propagiert und zum Teil auch kostenlos abgegeben: kein Freibier, aber freie Sinalco. Und so etwas kostet ja sogar. Da sind durchaus auch moderate Summen eingesetzt worden, um solche Dinge zu befördern und ein *Streamlining* zu erreichen.

Nach dem Ersten Weltkrieg, also seit der Niederlage 1918, gibt es gerade auch in den Industrien und in der Ökonomie diesen Impuls: Wir lassen uns nicht unterkriegen. Jetzt muss für den nächsten Waffengang gerüstet werden oder für die nächste Auseinandersetzung, bis hin zu einzelnen Äußerungen, dass die Ökonomie, die Wirtschaft und die deutsche Arbeit der letzte Rettungsanker seien – das „Feld der Arbeit" als letztes Feld der Ehre.[12] Und in dem Zusammenhang ist mir aufgefallen, dass im Sommer 1920 bei einer Tagung von Ingenieuren auf der middle-management-Ebene im Rahmen des späteren Reichskuratorium für Wirtschaftlichkeit zu Zeitstudien gesagt wurde: Wir wollen keinen Taylorismus, wir wollen die Qualitäten fördern, die wir haben, und das ist zuerst die Qualität der deutschen Arbeiter: „Ohne ihren guten Willen sei nichts zu erreichen", und es müsse „die Arbeitsfreude beim Arbeiter wieder geweckt werden"[13]. Taylorismus sei genau das falsche, denn die Zerlegung der Handhabungen in einzelne Handgriffe und Teilarbeitszeiten zerstöre die Qualität; das dürfe die deutsche Industrie nicht zulassen. Man müsse Wege finden, die die Kreativität in der Produktion förderten und erhielten.

11 Wolfgang Schäfer, Eure Bänder rollen, nur wenn wir es wollen! Arbeiterleben und Gewerkschaftsbewegung in Südniedersachsen: Beiträge zur Geschichte der IG Chemie-Papier-Keramik zwischen Harz und Weser 1899–1979, Hann. Münden 1979; ders., Heimatfronten. Kriegsalltag im Solling, Holzminden 2005.

12 Hermann Pankow, Vom Felde der Arbeit, Leipzig 1920, S. 4: „So möge denn das Buch hinausgehen in dieser schweren Zeit und mithelfen das zu wecken, was uns jetzt am meisten nottut: das neubauende Wirken und Schaffen auf dem Felde der Arbeit".

13 Rheinisch-Westfälisches Wirtschaftsarchiv, 130-30411/45, Protokoll der Sitzung vom 11. Juni 1920; vgl. dazu Alf Lüdtke, „Deutsche Qualitätsarbeit", „Spielereien" am Arbeitsplatz und „Fliehen" aus der Fabrik: industrielle Arbeitsprozesse und Arbeiterverhalten in den 1920er Jahren – Aspekte eines offenen Forschungsfeldes, in: Friedhelm Boll (Hrsg.), Arbeiterkulturen zwischen Alltag und Politik, Wien 1986, S. 155–197.

MB: Im Schiffsbau in den Vierziger Jahren versucht Speer durchzusetzen, dass insbesondere der U-Boot-Bau getaktet wird. Rudolf Blohm setzt sich massiv dagegen ein und hat den Großteil der Werftindustriellen hinter sich, und dann setzt Speer Blohm als Vorsitzenden des Arbeitskreises Kriegsschiffbau ab und beruft einen LKW-Industriellen, der viel in den USA war. Und der führt dann die Taktproduktion von U-Booten ein. Das machen die Werften dann auch, aber nach dem Krieg endet das. Denn da stellen sie wieder auf die alte Fertigung und genau diese alte handwerkliche Qualitätsarbeit um.

AL: Der Deutsche Metallarbeiterverband – die „freie" bzw. sozialdemokratische Gewerkschaft in dieser Branche – hat 1930 eine Umfrage unter seinen Mitgliedern gemacht, bei der unter anderem auch nach der Fließbandarbeit gefragt wurde. Die Zahl, die da herauskam, ist schon interessant: sieben Prozent derer, die antworteten, gaben an, Fließbandarbeit zu haben – 93 Prozent eben nicht. Und insofern und mit Vehemenz: der Chaplin-Film „Modern Times" (1936) bedient mit dem ikonischen Arbeiter als hilflosem Würstchen, das zwischen die Zahnräder der Maschinerie gerät, Projektionen, Schreckbilder zumal, ist aber keine Beschreibung der Arbeitsrealität, wie sie die große Mehrheit in der Industrie erlebte.

MW: Meine Frage zielte darauf hin, ob im NS-Regime an etwas wieder angeknüpft werden konnte, was mit der Versachlichung von Arbeitsbeziehungen, zumindest in den Intentionen, die mit Taylor verbunden sind, verschüttet wurde und was durchaus zu einem stärkeren Zugehörigkeitsgefühl zur Betriebsgemeinschaft geführt haben könnte.

AL: Dieser Anspruch der Effizienzsteigerung, der vermehrten Rentabilität durch Gleichförmigkeit von Arbeitsabläufen, von Zeitregimes und der Zerlegung in Fertigungsschritte ist gewiss das Grundprogramm der Zwanziger Jahre. Das wird in Großbetrieben auch durchaus erkennbar. Das Spektrum und die Intensitäten solcher Versuche waren aber sehr unterschiedlich. Nicht selten führten strikte Programme zu mitunter sehr energischem Blockieren durch Beschäftigte. Dann erweist sich das Programm als Fehlschlag, weil solche Durchgriffe genau das blockieren, was eben auch notwendig ist, nämlich Engagement bei der Arbeit und für die Arbeit, für die ‚passgenaue' Fertigung, dass man sich gegen Widrigkeiten – Pannen bei Zulieferungen oder am eigenen Werkzeug – dennoch durchsetzt, und dass man einiges mehr tut als nur das Minimum. Da kommt dann genau das Element der Befriedigung in der Arbeit mit hinein, über das wir vorhin gesprochen haben.

Das sind alles keine neuen Elemente. Sie werden allerdings gerade auch in den Ansätzen oder in den Aktivitäten der organisierten Arbeiterbewegungen ab den 1860er, -70er, -80er Jahren gerade nicht zum Thema! Ich glaube, das ist ein entscheidender Punkt dafür, dass dann in den 1930er Jahren die Nazi-Aktivitäten einen enormen Resonanzboden finden. Und ich glaube auch, dass es dafür gute Gründe gab: die Äußerungen der Partei- und Gewerkschaftsfunktionäre, die Debatten in der Arbeiterpresse, die fast ausschließlich auf den Lohn fixiert waren.

Gewiss, die Textilarbeitergewerkschaft bzw. deren Arbeiterinnensekretariat machten in den frühen Zwanziger Jahren eine Studie über schwangere Frauen am Arbeitsplatz, an den Spinn- und Webautomaten. Oder es gibt dann 1930 diese Aufsatzsammlung von Texten, die weibliche Gewerkschaftsmitglieder 1928 für einen Wettbewerb zu ‚Mein Arbeitstag, mein Wochenende' eingereicht hatten. Aber sonst passierte von Gewerkschaftsseite wenig.

MB: Ist dies nicht etwas einseitig? Arbeitsschutz spielte doch bei den Gewerkschaften eine große Rolle.

AL: Ja, der Blick allein auf den Lohn wäre zu eng, das ist richtig, aber auch da bezieht es sich, wenn man so will, nur auf die materielle Situation am Arbeitsplatz. Da gibt es die erwähnte Untersuchung der Textilarbeitergewerkschaft zu Arbeitsplätzen für schwangere Frauen. Oder vor 1914 über Nieter und die grässliche Lärmbelastung beim Nieten. Hier war ein lokales Arbeitersekretariat in Kassel aktiv. In der als Broschüre veröffentlichten Untersuchung wird das Arbeiten mit dem pneumatischen Niethammer knapp und präzise beschrieben. Ich weiß aber nicht, ob auf dieser Grundlage irgendeine Forderung nach Ohrenschützern oder längeren Arbeitspausen erhoben wurde.

Aber der Punkt wäre ja, Arbeit nicht nur als Erwirtschaften eines Lohns mit einer Tätigkeit, bei der man hoffentlich auch halbwegs gesund ist oder bleibt, zu sehen – sondern vielmehr als eine sehr viel umfassendere Aktivität, in der individuelle und kollektive Momente zusammenkommen, auch mit der Möglichkeit zu Scherz oder Spaß, ebenso wie zu Trauer und Sympathie, aber auch als Chance für Kontakt und Austausch mit anderen, nicht nur an der Maschine oder neben der Maschine, sondern zwischendurch, und vor wie nach den Arbeitszeiten. Das kommt bei den Gewerkschaften kaum vor. Oder wenn es dieses ‚Mehr' doch gibt, dann nur auf die Organisationsfähigkeit und deren funktional-politischen Nutzen bezogen.

MB: Die Frage wäre doch, warum dieses Element in der Arbeiterbewegung nicht vorkommt? Ist das also kein Bedürfnis, das die Arbeiter artikulieren? Oder artikulieren sie es und es kommt nicht bei den Gewerkschaften an, und aus welchen Gründen kommt es nicht an? Die Gewerkschaften verstehen sich ja als Vertretung der Arbeiter. Und wenn dieses Bedürfnis präsent war und sich artikulierte, ist es schon erklärungsbedürftig, warum das nicht aufgenommen wurde.

MW: Gilt das als rückständig? Also gilt das als Relikt einer handwerklichen Tradition, die sich in der modernen Industriearbeit verflüchtigen wird.

AL: Ich würde pauschal sagen: ja. Es spielt aber sicher eine Rolle, dass die Terminologie, die zur Beschreibung der Wirklichkeit verwendet wird, ganz extrem auf Lohnarbeit hinzielt, und dass der Lohn nicht zufällig Teil dieses Schlüsselwortes ist. Das Interessante ist natürlich, dass es offenbar einen Resonanzraum dafür gab, angesichts der Subsistenzkrisen, die im 19. Jahrhundert ja keine Unbekannten waren: Massenhafter Hunger hatte in Städten durchaus eine sehr reale Präsenz, zumal nach dem „Steckrübenwinter" 1916 und bis in die frühen 1920er; Armut konnte sehr handgreiflich sein. Das Kaufen von Lebensmitteln war zunehmend an Geld gebunden, und so hat sich die Warenförmigkeit im 19. Jahrhundert verändert und verstärkt. Diese Logik hatte mit Annahmen über Modernität zu tun – sie stand quer zu herkömmlichen „alten Gewohnheiten". Borgwirtschaft und Notbehelf – ein erheblicher Teil der alltagspraktischen Verhaltensweisen von Arbeitern – wurden oft als altertümlich und erledigt abgebucht. Demgegenüber waren steigender Lohn, Vorratshaltung (und Sparen) Elemente einer *self-fulfilling prophecy* von Fortschritt, Modernität und Befreiung, bei der Gewerkschafter die starke Hoffnung haben konnten: Lohnsteigerungen, die wir durchsetzen, werden die Ausbeutung überwinden!

MB: Aber noch mal zurück: Formulieren die Arbeiter denn diesen Wunsch und kommt er nicht oben an oder beschränken sich die Arbeiter in ihren Forderungen selbst auch auf den Lohn? Und wie kommt die „Schönheit der Arbeit" bei den Arbeitern an?

AL: Für die 1930er Jahre gibt es Oral History- und andere Selbstzeugnis-Belege, dass diese Veränderungen, wie Dusch- und Pausenräume, sehr positiv aufgenommen wurden. Aber das ist auch ein Problem von Artikulationsmöglichkeiten. In der Regel sind schriftliche, im Rahmen von „Schönheit der Arbeit" oder in Betriebszeitschriften auch bildliche Zeugnisse überliefert. Das ist aber, wenn man so will, das untauglichste Minimum. Wir müssten Belege haben bzw. finden zur Körperlichkeit. Doch wo findet man die? Es gibt natürlich in den meisten Fabrikordnungen das Verbot von Raufereien. Warum verbietet man etwas? Und zwar nicht nur alle paar Jahre einmal, sondern immer wieder. Das findet sich kaum oder gar nicht in den Akten; es steht aber auf den Warntafeln und Hinweisschildern, die aufgehängt wurden – dort findet sich dieses ‚meat' des Betriebsablaufs. Gut wäre es, wenn man sich mit Mitteln der Oral History – soweit das noch geht – erzählen ließe, wie sich ein Arbeitstag entwickelte. Da gibt es natürlich Quatschereien, da gibt es Streitereien, da gibt es alles Mögliche. Das Handhaben von Vorprodukten, Arbeit an oder mit Maschinen, mit Werkzeugen und Geräten: das gibt es auch, aber es gibt eben immer auch eine ganze Menge mehr.

Gewerkschaften haben ja massiv ein Bildungsideal vertreten. Danach waren Raufereien und Quatschereien – also „ungebärdiges" Verhalten – schädlich, sie standen für eine grundfalsche Sache. Insofern gab es wenig Grund, Raufereien ernst zu nehmen, im Gegenteil, sie waren bestenfalls kindisch. Und natürlich ist es von da aus eigentlich keine Überraschung, dass die Nazis – ich kann immer nur das Wort clever gebrauchen – das clever einbezogen, was bis dahin von Arbeitervertretern weggedrückt worden war und den Kollegen ausgetrieben werden sollte. Demgegenüber machten die Nazis ein Angebot: die „Ehre der Arbeit" zu würdigen.

MW: Hat dies nicht auch etwas mit der Vorstellung von völkischer Arbeit zu tun, also mit einem anti-marxistischen Programm, das Arbeit nicht in erster Linie als marktwirtschaftlich organisierte Lohnarbeit, als Ware begreift, sondern Arbeit im Sinne deutscher Arbeit stets ganzheitlich für die Gemeinschaft des Volkes versteht. Im völkischen Programm der Arbeit ging es darum, eben diese anderen, nicht lohn-, sondern gemeinschaftsbezogenen Aspekte, die Arbeit enthalten kann, stärker zu betonen.

AL: Eine „völkische" oder „deutsche" Ausrichtung von Arbeit läuft, glaube ich, schon vor dem Hintergrund 1918/19, als Versuch sich zu vergewissern, was können wir denn eigentlich noch tun, sind wir vielleicht doch nicht ganz unbesiegt? Da gibt es einen Resonanzboden, der die „deutsche Arbeit" als letzte Ressource mobilisiert und aufruft: Das haben die Nazis ebenfalls gemacht. Aber es gibt keine Zwangsläufigkeit. Die Debatte um deutsche Arbeit war in den Zwanzigern breiter. Die Nazis spitzen das zu, und der Rassismus tritt nun offen zu Tage.

MW: Ein wichtiger Punkt ist die Ganzheitlichkeit der Arbeit. Du schilderst in deinen Aufsätzen, welche Rolle die familiäre Zuarbeit spielte. Die Frauen bringen das Essen in die Fabrik, die Kinder helfen. In der männlich dominierten Erwerbsarbeit war und ist immer auch andere Arbeit involviert. Ist das nicht ein Gesichtspunkt, der durch Gewerkschaften und auch durch die Arbeiterbewegung gewissermaßen an den Rand gedrängt worden ist? Nämlich, dass zwar gleicher Lohn für gleiche Arbeit eine Grundforderung war, und damit Arbeiterinnen im Fokus auch der Gewerkschaften waren, aber all die Arbeit, die außerhalb von Erwerbs-, von Lohnarbeit lag, marginalisiert wurde, um dann von den Nationalsozialisten wieder in das Blickfeld aufgenommen zu werden? Und ermöglichten die Nationalsozialisten nicht durch die Betonung des Ganzheitlichen, dass Arbeit, die nicht Lohnarbeit war, als gleichwertig, als Dienst für die Volksgemeinschaft betrachtet werden konnte? Ist diese Ausblendung von Arbeit jenseits der Lohnarbeit eine fatale Entwicklung im frühen 20. Jahrhundert gewesen?

AL: Bei Krupp und einigen anderen Großbetrieben gab es gegen Ende des 19. Jahrhunderts die Wärmeschränke, damit die Frauen oder Kinder nicht kommen mussten. Aber das gilt natürlich nur für Großbetriebe. Arbeiten jenseits der Lohnarbeit habe ich auch in dem Aufschreibebuch eines Krupp-Arbeiters (von 1907 bis 1914, erneut ab 1919 und bis 1956) im „Haus der Essener Geschichte /

Stadtarchiv" gefunden. Für diesen Angelernten war die Gartenarbeit ungemein wichtig. Über seine Fabrikarbeit schrieb er nichts, es sei denn, es gab eine unfreiwillige „Feierschicht". Detailliert notierte er aber seine Garten- und Ackerarbeit. Sie war spannender, wichtiger und zum Teil wohl auch schwieriger: Kriegt man das jetzt mit dem Abdecken vor dem Frost noch hin – oder habe ich jetzt den richtigen Termin für die Sellerie-Saat?

Bei den Nazis bin ich mir allerdings nicht ganz sicher, ob sie die von dir erwähnte Nicht-Fabrik- oder Nicht-Maschinenarbeit im engeren Sinne auch wirklich so stark betont haben, abgesehen von wenigen Anlässen (etwa Hitler beim ersten Spatenstich für den Bau der Reichsautobahn in Frankfurt oder 1938 beim Spatenstich beim Bau der ersten Autobahn in Österreich[14]). Für meine Wahrnehmung ist bei der deutschen Arbeit, der deutschen Qualitätsarbeit, die Handarbeit der entscheidende Punkt. Also das Schaufeln ist ein geradezu ikonisches Bild dafür. Die Schaufel ist ein emblematisches Zeichen für diese Art der Arbeit. Die zentrale Figur ist natürlich der Handarbeiter, also der, der die Schaufel oder den Hammer einsetzt. Der Punkt ist dabei nicht, dass es Lohnarbeit, sondern dass es ehrliche Handarbeit ist. – Die Frage der Wertschätzung von Frauenarbeit spielt eigentlich hier hinein, gerade bei der Handarbeit im Haushalt und im Umgang mit kleinen Kindern. Aber diese Verbindung taucht zeitgenössisch, soweit ich sehe, überhaupt nicht auf.

MB: Aber ist diese Fokussierung auf Handarbeit und bäuerliche Arbeit nicht eine ganz alte konservative Linie, die von den Nazis fortgesetzt wird?

AL: Ja und nein. Sie wird, glaube ich, nicht nur fortgesetzt. Etwa bei dem Reichsberufswettkampf ist die große Bedeutung von Handarbeit an Maschinen klar. Auch der Dreher ist in diesem Sinne dann wieder ein Handarbeiter, weil er seine Maschine immer wieder auf- und abrüstet und neu einstellt. Ich glaube also, dass da zumindest Elemente drin sind, die Handarbeit nicht nur auf das Schaufeln reduzieren, auch wenn es zum Teil stark betont wird. Maschinenarbeit war ja auch noch sehr körperlich. Es sind eben nicht die Tastaturen wie heute.

MB: Ich bezog mich auf den Beitrag von Katharina Schembs im vorliegenden Band. Sie hat sich vor allem die Propagandaplakate des italienischen und des deutschen Faschismus angeschaut und festgestellt, dass bei beiden relativ wenig industrielle Arbeit abgebildet wird, und schon sehr viel Handarbeit mit Spaten und landwirtschaftliche Arbeit mit dem Pflug zu sehen ist; dass das eigentlich in beiden Faschismen das zentrale Propagandabild von Arbeit ist.

---

14 Bundesarchiv_Bild_183-H04560,_Österreich,_Reichsautobahn,_Adolf_Hitler,_Spatenstich.jpg

AL: Einer der Bände, aus dem ich Bilder verwende, stammt aus dem Jahr 1942. Das sind alles Maschinenarbeiten, Handhabungen von und an Maschinen. In der Kriegszeit spielt das eine große Rolle.

MB: Ich würde denken, dass das auf Fotos sehr viel öfter auftaucht, weil die Mechanisierung des Krieges eine zentrale Erfahrung der Soldaten ist.

MW: Ich denke auch, dass der Punkt der Handarbeit ein ganz wichtiger ist. Er ist vielschichtig, weil er auf der einen Seite an eine alte Vorstellung anknüpft – an die der Strafe, durch die deviante Personen, Jugendliche vor allem, wieder zu einem disziplinierten Mitglied der Gesellschaft erzogen werden sollen. Und es gibt die Verächtlichmachung. Also die Intellektuellen, die Lehrer, die Professoren, die Ärzte, die als Linke oder linke Juden ins Konzentrationslager gesperrt werden und endlich mal richtig arbeiten lernen sollen. Dies wird ja wörtlich in der Hitlerrede am 1. Mai 1933 hervorgehoben. Er sagt: „Ich will, dass jeder einmal hier mit einstimmt, also jeder einmal Handarbeit erfährt." Und wenn man dem Protokoll glauben will, gab es brausenden Beifall genau nach diesem Satz. Auf der andern Seite steckt aber auch eine Aufwertung darin, dass man gewissermaßen in der körperlichen Arbeit auch eine bestimmte körperliche Befriedigung erfahren kann.

AL: Ja, es kommt auch noch ein Element hinzu, das wäre das Reinigende und das Sühnende, das durch Arbeit, durch ehrliche Arbeit erreicht werden kann. Nach 1945 gibt es ja eine ganze Reihe von Äußerungen in dem Sinne: „Wir haben jetzt alles verloren, was wir noch haben, ist unsere Arbeit." Es ist die sühnende Arbeit, die da beschworen wird.

MW: „Aktion Sühnezeichen" war zu Beginn Handarbeit an Soldatengräbern. Da geht es nicht darum, einen Besinnungsaufsatz zu schreiben, sondern darum, dass man vor Ort Gräber pflegt als Sühne.

AL: Das ist natürlich auch etwas Religiöses. Ich meine, das dürfen wir nicht ganz unterschätzen, dass die Weihe der Arbeit tatsächlich auch eine religiöse Dimension hat.

MW: Gehen wir zurück zu den Konzentrationslagern. Viele Lieder von KZ-Häftlingen handeln von der Arbeit. Das Moorsoldatenlied ist ein Lied von der harten, aber befriedigenden Arbeit. Es kann natürlich keine gesungenen, widerständigen Lieder in den Konzentrationslagern geben, aber dass diese Lieder von Häftlingen wiederum immer auch von der SS abgefordert wurden, dass sie nach '45 noch ein wichtiger Bestandteil der Erinnerungskultur waren, zeigt ja etwas, nämlich dass durch die Kultivierung des Moores bei aller Gewalt, bei allem Zwang, die ja auch bei diesem Lied eine Rolle spielen, ein Element von Arbeitsstolz angesprochen wird und dieses bezieht sich auf harte Handarbeit. Die Frage wäre, wie verändert sich das im Nationalsozialismus?

AL: Da ist schon ein Punkt, der sich verändert, nämlich dieser Bezug auf das große Ganze, also auf das deutsche Volk, auf die Nation und natürlich dann auf die arische Rasse.

MW: Ist dann Arbeit nicht eher als Dienst an der Volksgemeinschaft zu verstehen?

AL: Das ist interessant. Das habe ich selber, für mich jetzt, bisher nicht so genau angeschaut. Die Frage, ob die Dienstvorstellung, also ich diene dem deutschen Volk, wichtig ist. In einer Rede bezeichnet Hitler sich selbst als Diener und unterwirft sich dem Urteil des Volkes. Aber das bezieht er dann auf sich selbst. Es wäre aber rein terminologisch schon eine wichtige Frage angesichts von Begriffen wie Amtsdiener, Staatsdienst oder Militärdienst. Das ist ein Punkt, der bisher nicht wirklich in Relation gesetzt worden ist. Wie sind Arbeit und Dienst verknüpft, und welche Gewichtungen verschieben sich?

MW: Das ist ein Gedanke, der in einem Gespräch mit Iris Därmann, die gerade ein Buch über den Dienst schreibt, aufgekommen ist: wie stark Arbeit als Dienst an der Gemeinschaft eine Rolle spielt und inwieweit dies das offizielle Verständnis von Arbeit im Nationalsozialismus mit formt.

AL: Ich denke, das ist ein ganz zentraler Punkt, der aber natürlich weit über die Nazizeit hinausreicht. Denn ich würde sagen, dass erst seit den 1960er, '70er Jahren die Durchschlagskraft dieser Dienstvorstellung verloren geht. Da gibt es wirklich einen Bruch. Den würde ich beinahe so ähnlich sehen wie bei der Konfessionalität. Die Dienstvorstellung spielt seit den 1960er Jahren kaum noch eine Rolle. Das ist ja eine dramatische Veränderung, die aber offenbar wenig Aufsehen erregt hat. Und dies wäre vielleicht eine zweite, sehr weit reichende Änderung, dass die Ehrenhaftigkeit des Dienstes und auch der Vorrang des Dienstes gesellschaftlich an Bedeutung verloren haben, dass es nicht mehr besser ist, wenn man gut gedient hat, als wenn man nur *cash* einstreicht.

MB: Ihr habt jetzt die Angebote stark betont, die die Nationalsozialisten gemacht haben. Die eine Frage ist nun, wie erfolgreich sie damit tatsächlich waren, also mit welchen Quellen man das messen kann. Und die andere, mir wichtig erscheinende Frage ist, wo es gegenläufige Tendenzen gab. Soweit ich es sehe, gehen ja die meisten Studien davon, dass 1937/38 Absentismus und Langsam-Arbeiten deutlich zunahmen. Und auch als Folge davon und natürlich auch des Kriegsausbruches kam es 1939/40 dann doch zu einer deutlichen Radikalisierung des Terrors durch das Regime. Arbeitserziehungslager wurden geschaffen, der Druck auf kranke Arbeiter wurde erhöht etc., Druck und Terror stiegen auch gegenüber deutschen Arbeitern merklich an. Wie setzt man dies in Beziehung und mit welchen Quellen könnte man vielleicht noch besser beschreiben, was dies in der Praxis bedeutet?

AL: Auch da bin ich mir nicht so sicher, welche Seite der Medaille wir dabei sehen. Zum Beispiel finde ich nach wie vor plausibel, was Michael Zimmermann im LUSIR-Projekt über die jungen Bergarbeiter herausgefunden hat.[15] Mitte der 1930er Jahre stiegen die Löhne wieder auf die Höhe der späten 1920er, vor allem gab es wieder gute Aussichten für dauerhafte Beschäftigung und nicht mehr nur eine Feierschicht nach der anderen. Damit wurden Heirat und Familiengründung für viele erstmals möglich – im Lebenslauf also eine entschiedene Aufwärtskurve. Und zum zweiten gibt es zeitlich parallel eine erhebliche reichsinterne Migration zu den alten wie neuen Industrie- und Rüstungszentren. In Interviews, die ich in den späten 1980ern mit ehemaligen Arbeitern im Eisenbahn-, Lkw- und Panzerbau bei Henschel (Kassel) führte, wurde mir das sehr deutlich. Die Gesprächspartner stammten aus dem Saargebiet, aber auch aus Agrarregionen wie dem Hunsrück, dem Emsland oder dem Bayerischen Wald. Ähnliches gilt zum Beispiel für die Heinkel-Flugzeugwerke in Rostock. Spannend wäre natürlich, mehr Selbstzeugnisse – zumal Postkarten und Briefe, Tage-, Aufschreibe- oder Kassenbücher, Fotos und Fotoalben, selbstgemachte Objekte (wie Textilien; Kinderspielzeuge) – zu haben, um den Wahrnehmungen und Praktiken der historischen Akteure näherrücken zu können. Auch auf Flohmärkten oder Dachböden ist da sicherlich einiges zu finden.

Die Überlieferungslage ist ja mitunter sehr schwierig. In der alten Bundesrepublik ist in Betriebsarchiven, ich weiß es konkret von Krupp, sehr lange Zeit vieles nicht zugänglich gewesen. Und die Chance, dass man jetzt noch materiell etwas über diese unteren Schichten der Betriebshierarchie, über die Verhältnisse und Verhaltensweisen am ‚point of production' erfährt, ist sehr gering. Genau diese Akten wurden häufig kassiert bzw. vernichtet, weil sie nicht als aufbewahrenswert galten. Eine gewisse Chance bieten natürlich die Überlieferungen der seinerzeit verstaatlichten Betriebe in der ehemaligen DDR. Diese Bestände waren sozusagen versiegelt, d.h. die Bestände bis 1945 wurden auch nicht gesäubert. Da gibt es nach meinen Eindrücken ausführliche Unterlagen zu den wenig spektakulären Seiten des Arbeits- und Betriebsalltages.

MW: Um noch mal die Frage von Marc aufzugreifen: Du hast ja in deinen Studien auch sehr auf die Gleichzeitigkeit von Eigensinn und Zwang hingewiesen. Ließe sich das unter Betrachtung der Studien, die in den letzten Jahren erschienen sind, noch präzisieren? Und sollte man stärker postulieren: „Achtet da drauf, dass es jeweils auch andere Elemente gibt"?

---

15 Michael Zimmermann, Ausbruchshoffnungen, in: Lutz Niethammer (Hrsg.), „Die Jahre weiß man nicht, wo man die heute hinsetzen soll". Faschismuserfahrungen im Ruhrgebiet, Berlin 1983, S. 97–132.

AL: Als Richtlinie ist diese Forderung immer sinnvoll! Im Übrigen ermuntert sie ja auch zu vergleichender Forschung und Darstellung. Dabei macht es natürlich wenig Sinn, wenn ich etwas aus einem Betriebsteil der Lokomotivwerkstatt von Krupp (Essen) in Relation setze zu einer Möbelwerkstatt in Uslar (Solling). Die Fälle, Situationen und Personen müssen vergleichbar sein. Für die (Vor-)Auswahl gibt es freilich extrem wenige Hilfsmittel.

MB: Was ich sehr wichtig finden würde, aber in den bisherigen Studien zu Arbeitserziehungslagern kaum sehe, wäre die Frage, wen das eigentlich im Betrieb trifft, und wie die andern das einschätzen? Kommen etwa Arbeiter in ein Arbeitserziehungslager, während die anderen sagen: „Einverstanden, der hat nicht ordentlich gearbeitet, den trifft es zu recht"? Oder ist das etwas, was verpönt ist und wo die deutschen Arbeiter das Gefühl haben, das kann einen auch selbst treffen?

AL: Es gibt eine ‚umgekehrte' Analogie, die sich nicht direkt übertragen lässt: die Wahrnehmung der Betriebskampfgruppen in der früheren DDR bei den Arbeitskollegen und -kolleginnen. In Gesprächen und zumal auf ausdrückliche Nachfrage ließen die allermeisten der damaligen Kollegen eine massive Schimpfkanonade vom Stapel. Die Angehörigen der Kampfgruppen wurden durch die Bank als schreckliche Drückeberger und Karrieristen bezeichnet. Es war ein bitterer, angestauter Zorn, den bereits die flüchtige Erinnerung auslöste. Es hieß: die haben immer ein freies Wochenende gehabt oder konnten sich da auf Betriebskosten besaufen und wir durften für die mitmalochen.[16]

Auch vor diesem Hintergrund ist es wichtig, sich nicht allein auf Tagebücher oder andere Aufzeichnungen einzelner Personen zu beschränken. Damit verbindet sich aber dennoch die Ermunterung, sich immer auch auf Einzelfälle von angeblich Namenlosen einzulassen – so intensiv wie nur möglich. Das Problem ist allerdings, dass in der Zunft dafür die Bereitschaft, solche Studien zu würdigen und zu nutzen, nach wie vor eher schmal ist. Die Keule der angeblichen Nicht-Repräsentativität ist dann immer noch schnell zur Hand.

MB: Warum habe ich den Eindruck, dass die Alltagsgeschichte im Stalinismus inzwischen besser erforscht ist als die Alltagsgeschichte des Nationalsozialismus? Wenn wir jetzt beispielsweise an die Studien von Sheila Fitzpatrick,

16 Alf Lüdtke, Meister der Landtechnik oder Grenzen der Feldforschung? Annäherungen an einen „Qualitätsarbeiter" auf dem Lande im Bezirk Erfurt, in: Daniela Münkel/Jutta Schwarzkopf (Hrsg.), Geschichte als Experiment. Studien zu Politik, Kultur und Alltag im 19.und 20. Jahrhundert, Frankfurt am Main/New York 2004, S. 243–257.

Jochen Hellbeck oder Stephen Kotkin denken.[17] In Bezug auf den Nationalsozialismus hat man doch das Gefühl, dass deine Arbeiten nach wie vor sehr singulär dastehen und da nicht Dissertationen en masse gefolgt sind, die versucht hätten, eine Alltagsgeschichte des Nationalsozialismus am Beispiel eines Ortes oder eines engeren Themas zu schreiben. Ist das eine Quellenproblematik oder ist das eher eine Zunftproblematik?

AL: Wahrscheinlich beides! Ganz so pessimistisch sehe ich die Lage übrigens nicht. Immerhin gibt es im Rahmen der Geschichte von Krieg und Massenmord, aber auch der Denunziationen und von Polizeiarbeit – überhaupt zu „Herrschaft als sozialer Praxis" – eindringliche Studien. Das Feld der Arbeit ist von der Welle der Zwangsarbeit(er)-Studien vielleicht wieder in Erinnerung gerufen worden – bei Arbeit kommt hinzu, dass dieses Themenfeld offenbar weltweit eine tiefe Konjunkturdelle hatte oder hat.

Zu den Materialien (ich halte den „Quellen"-Begriff für irreführend!): Es gibt oder gab ja in Deutschland nicht, wie zum Beispiel im Polen der 1920er und 30er Jahre, eine Tradition des Aufsatzschreibens und zwar solcher Aufsätze, die auch veröffentlicht werden. In Polen gibt es offenbar noch erhaltenes Material aus diesem Korpus – das klingt für mich sehr interessant! Aber auch hierzulande hat ja die Suche nach Selbstzeugnissen erst begonnen!

MW: Aber denk zum Beispiel an Theodore Abels Sammlung, die zwar einmal ausgewertet worden ist, aber dann lange nicht mehr durchgesehen wurde. Das sind hunderte Berichte von Nationalsozialisten, die gefragt worden sind, warum sie Nationalsozialisten geworden sind. Und es interessiert sich niemand heute mehr für dieses Material.

Ich würde doch zuspitzend sagen, es ist auch ein Zunftproblem. Und es ist auch ein Problem der Dominanz der Holocaust-Forschung. Weil angesichts des Massenverbrechens und der Erforschung dessen, wie es zu diesem unvorstellbaren Massenverbrechen gekommen ist, Fragen nach dem Alltag, nach dem Garten, unangemessen erscheinen. Und von daher hat es Alltagsforschung schwer, Geltung für sich zu beanspruchen, weil erklärt werden muss, wie die *ordinary men* zu Tötenden und Mördern wurden. Das LUSIR-Projekt[18] markiert in Deutschland die Hoch-Zeit der Arbeit mit der neuen Quelle, es ist ja aber daraus nicht viel gefolgt, außer, wenn man so will, die Alltagsgeschichte von Opfern, von Verfolgten.

---

17 Sheila Fitzpatrick, Everyday Stalinism, Oxford 1999; Jochen Hellbeck, Revolution on my mind. Writing a diary under Stalin, Harvard 2006; Stephen Kotkin, Magnetic Mountain. Stalinism as a Civilisation, Berkeley 1995.

18 Lutz Niethammer (Hrsg.), Lebensgeschichte und Sozialgeschichte im Ruhrgebiet 1930–1960, 3 Bände, Berlin 1983–1985.

Gottlob ist die Geschichte der jüdischen Minderheit vielerorts erforscht, aber die Geschichte derjenigen eben, die zugesehen, mitgetan haben, ist nach wie vor kaum aufgearbeitet. Ich denke an Luke Holland, einen englischen Filmemacher, der seit vielen Jahren mit viel Engagement normale Nationalsozialisten, Volksgenossinnen und Volksgenossen interviewt und für diese Arbeit keinerlei Mittel von Stiftungen bekommt, weil alle Angst haben, dass dann in der FAZ oder der ‚Süddeutschen' steht, sie würden Geld für Interviews mit alten Nazis ausgeben.

AL: Ich meine, dass tatsächlich beides zutrifft. Natürlich geht es nicht ohne Materialien. Zugleich würde ich dem völlig zustimmen, dass große Teile der Zunft aus methodischem Konservatismus mauern, aber auch aus Ängstlichkeit vor der Nähe, die Ego-Dokumente mitunter erfordern oder suggerieren. Dabei ist es ja ein alter Hut: Es gibt nicht nur fragwürdige Interviews, sondern ebenso gefälschte Akten und selektierende Archivpolitik, nicht nur nach dem Ersten Weltkrieg durch das Reichsarchiv.

Zudem gibt es die Frage: Darf man das eigentlich, sind wir Deutsche nicht sozusagen verbrannt? Das spielte sicherlich eine Rolle. Die FAZ brachte vor einiger Zeit zwei, drei Fotos von SS-Männern und Frauen des „Gefolges", die in Auschwitz stationiert waren – die Fotos zeigten sie bei einem Betriebsausflug. Es folgten zwei Diskussionen: Erstens, gab es auch diesen Alltag und, zweitens, darf man das heute zeigen? Ich fürchte, da lässt sich argumentativ nicht allzu viel ändern. Die einzige Möglichkeit, die Sehweisen zu öffnen, ist eine weitere Veralltäglichung der Forschung – Fragen quer zu den Hauptachsen des Interesses sind produktiv, etwa die nach Betriebsausflügen.

MW: Lass uns über den wichtigen Begriff der deutschen Qualitätsarbeit sprechen.[19] Zunächst war der Begriff gewissermaßen eine Trademark, die in Großbritannien britische Konsumenten davon abhalten sollte, deutsche Waren zu kaufen.

AL: Das Wort Qualitätsarbeit gehört ja nicht zum Signet des *Made in Germany*, das als Stigmatisierung gedacht war. Man könnte sagen, dass es ein klassischer Fall von Aneignung ist, in diesem Fall sogar einer Verkehrung. Ich habe mir die Benutzung für die Zeit nach 1900 angesehen, als die positive Besetzung bereits verbreitet war. Schon um 1900 finden sich journalistische Berichte in diesem Sinne. Einen Schub gab es im Umfeld des Ersten Weltkrieges, als die Berichts- und Propaganda-Medien unisono die besondere Qualität der eigenen,

19 Alf Lüdtke, „Deutsche Qualitätsarbeit" – ihre Bedeutung für das Mitmachen von Arbeitern und Unternehmern im Nationalsozialismus, in: Aleida Assmann/Frank Hiddemann/Eckhard Schwarzenberger (Hrsg.), Firma Topf & Söhne. Hersteller der Öfen für Auschwitz: ein Fabrikgelände als Erinnerungsort?, Frankfurt am Main 2002, S. 123–138.

der deutscher Waffen herausstrich, etwa von Langrohr- und Schiffsgeschützen oder U-Booten. In den 1920er Jahren taucht „deutsche Qualitätsarbeit" immer wieder als Topos auf. So etwa auch bei Topf & Söhne, Erfurt, wenn sie für ihre Haupterzeugnisse – neben den Krematorien – werben, für Silos oder Trocknungsanlagen für Brauereien. Da gibt es entsprechende Hinweise auf unsere gute und deutsche Qualitätsarbeit.

Der Punkt, der mir aber eigentlich wichtig ist, ist, dass diese positive Wertschätzung deutscher Arbeit und konkret aber auch der eigenen Arbeit in Fabriken in Deutschland einen breiten Resonanzraum hatte, unter industriellen Arbeitern und vermutlich auch Arbeiterinnen. So findet sich etwa in der Zeitschrift des Deutschen Metallarbeiterverbandes 1928 der Bericht eines der Funktionäre nach einer Reise in die USA. Er schrieb, dass in den USA die Maschinenbedienung *fool proof* sein müsste, also narrensicher. Das hätten „wir Deutsche" als qualifizierte Arbeiter doch gar nicht nötig. Man sei „besser". Jeder produzierende Arbeiter gehe eigenständig mit Werkzeugen und Maschinen um und habe keine Gängelung nötig. – Parallel dazu fand ich Äußerungen deutscher Arbeiter in der damaligen Sowjetunion vor 1933. Diese Arbeitsmigranten beklagten sich in Briefen an die deutschsprachige Gewerkschaftszeitung, die unveröffentlicht blieben, sie würden mit ihren Vorschlägen zur Verbesserung der Arbeitsabläufe keinerlei Resonanz finden. Vielmehr würden sie ignoriert oder sogar gehänselt. Kurz: der Ausgangspunkt war die Selbstsicht, „die" Deutschen seien doch die Kompetenteren.

MB: Wie sieht die Frage der Qualitätsarbeit denn im generelleren Sinne im internationalen Vergleich aus? Auch in den USA, Großbritannien oder Frankreich entwickeln Fach- und Industriearbeiter, soweit ich es sehe, doch eine Idee von Qualitätsarbeit, gerade wenn sich die gefertigten Produkte im internationalen Wettbewerb befinden und sich dort bewähren, scheint es doch ganz ähnliche Prägungen zu geben. Die Frage ist dann, was ist das Besondere an der deutschen Qualitätsarbeit? Meine These wäre, dass es doch sehr stark die Niederlage im Ersten Weltkrieg ist, die dazu führt, dass der Begriff „deutsche Wertarbeit" aufgeladen wird, denn nun braucht man ein Feld, in dem man siegreich ist und sich bewährt, wo man militärisch doch so geschlagen ist.

AL: Ja, diese Einschätzung teile ich. Und natürlich will ich nicht behaupten, dass das insofern zuträfe, als es tatsächlich besser war als das, was in England, USA oder im sowjetischen Russland industriell betrieben und gefertigt wurde. Natürlich sind das Selbstprojektionen, es sind Selbstansprüche. Und vermutlich gibt es das ganz ähnlich auch in Frankreich, z. B. bei Renault. Was mich dabei tatsächlich interessiert – und insofern ist der Vergleich dann auch nicht so entscheidend –, ist, inwieweit diese Selbstsicht – eine Variante des „Deutschland über alles" in der Arbeitswelt – verbreitet war und sich nach 1918 in der deutschen Gesellschaft durchgesetzt hat. Wann und wie wurde der Anspruch der „deutschen Qualitätsarbeit" aktiv genutzt und aktuell in Anspruch genommen und mit welchen Folgen?

Wichtig ist dann, wie man an das Thema herankommt, vor allem, wie man aus den vielfach vereinzelten, bruchstückhaften Spuren Bezüge, vielleicht einen Zusammenhang herstellen kann. Hier ist es wohl konkret der Krieg, der ein Mehr an solchen Spuren angestoßen und produziert hat. Und zwar sowohl der Krieg an der Heimatfront wie an den Kampffronten. Beispielsweise finden sich Feldpostbriefe, in denen es heißt, dass man „gute Arbeit" geleistet habe – oder: ob diese Russen überhaupt mit unseren guten Maschinen arbeiten könnten? Dazu gehört dann auch die Briefnotiz, die eigenen Truppen hätten „gute Arbeit" geleistet, im April und Mai 1943 bei der Vernichtung des Warschauer Ghettos. Es ist dieses Signet: wunderbar, toll gemacht, das in „guter Arbeit" auf den Punkt gebracht wird – ebenso knapp wie unmissverständlich! Hier ist Zerstörung und Destruktion nicht das Gegenteil von Arbeit. Vielmehr gilt umfassende Zerstörung als „gute Arbeit" – die zudem sogar reizvoll sein mag, weil gefährlich. Und manchmal kommt auch die religiöse Dimension hinein, die Weihe der Arbeit, die durch Taten der Arbeit bewiesen werden kann oder bewiesen werden muss.

MB: Eine Verbindung von Soldat und Arbeit findet sich ja unter anderem auch im Begriff des Kriegshandwerks. Welche längeren Traditionen würdest du sehen? Und was entwickelt sich neu durch den Nationalsozialismus? Und wie würdest du das Verhältnis Soldat-Arbeiter im Nationalsozialismus beschreiben?

AL: Das Kriegshandwerk ist ein Terminus, der sich auf die Vor-Massenarmeen bezieht und die professionellen, zum Teil auch langjährigen Söldner meint, die sich bei vielerlei Herren verdungen haben, und auch dienten. Was Kriegshandwerk im oder seit dem 19. Jahrhundert, in Zeiten von Massenarmeen, noch bedeuten kann, ist eine offene Frage. Spannend wäre es natürlich, ob und wie es im Ersten Weltkrieg auftaucht. Es gibt die bemerkenswerte Autobiografie von Dominik Richert,[20] der schließlich als Unteroffizier 1918 noch desertiert – wegen der mangelnden Professionalität der Offiziere. Sein Bericht zeigt, wie sehr er *ferocious soldier* geworden war, mit Herz und Blut, Leib und Leben.

MW: Vielleicht ist es aber doch eher ein Bruch, weil der Kriegshandwerker, der Söldner gewissermaßen seine Fertigkeiten seine Kompetenzen anbietet, für die er ja auch bezahlt wird, während der Arbeitersoldat, der in dem Massenheer

20 Dominik Richert, Beste Gelegenheit zum Sterben. Meine Erlebnisse im Kriege 1914–1918, hrsg. von Angelika Tramitz und Bernd Ulrich, München 1989.

ab dem 19. Jahrhundert für eine begrenzte Zeit eingesetzt wird, etwas anderes ist als ein Kriegshandwerker. Außerdem würde ich einen Bruch darin sehen, dass er mit Maschinen umgeht. Das mag das Kennzeichen der Kriege des 20. Jahrhunderts sein. Die Arbeiter, die als Soldaten eingesetzt werden, haben nun mit vielen Maschinen zu tun, wo genau die Fertigkeiten gefordert sind, die sie als Arbeiter erlernt haben. Und nun leisten sie Arbeit der Vernichtung. Meine Frage wäre, ist das auch eine Form, dieses exeptionelle Tun, gewissermaßen für sich zu normalisieren, indem man es als Arbeit beschreibt?

AL: Man muss bedenken, dass es eine systematische Praxis des Schreibens war, wirklich schlimme Dinge, schreckliche Dinge, die die Lesenden – etwa zu Hause – beunruhigen konnten, wegzulassen oder sie so zu bringen, dass sie unauffällig waren: Wir tun auch nur unseren Job. Und das ist ja genau in dem Verweis auf ‚Arbeit' enthalten. Die Mannschaftssoldaten in den Armeen, die in den Ersten Weltkrieg marschiert sind, waren Handlanger. Das heißt, sie haben Kisten geschleppt, sie haben schweres Gerät hin und her geschoben oder gewuchtet. Die allerallerwenigsten haben Arbeit mit einer Maschine oder an der Maschine geleistet. Zudem sind die meisten ja zu Fuß marschiert, auch im Zweiten Weltkrieg, und nicht, wie in den Wochenschauen, motorisiert herumgebraust oder auf den Rücken von Pferden gesessen. Diese Marschiererei ist natürlich nichts, was einfach so nebenbei geschieht. Und das Schießen mit einem Gewehr ist natürlich das Bedienen einer Maschine, aber doch mit sehr begrenzter Raffinesse. Beim Maschinengewehr ist es ein bisschen anders, oder auch beim Handgranatenwerfen – oder beim Handhaben eines Flammenwerfers, aber das waren nur ganz wenige. Der Umgang mit Maschinen war also sehr viel begrenzter als es die gängigen Metaphern und Bilder des ‚industrialisierten Krieges' glauben machen.

MW: Würdest du denn so weit gehen, mit dem Begriff ‚Vernichtung als Arbeit', auch die Massenmorde wie zum Beispiel die Erschießungen in Babi Jar zu bezeichnen? Ist das als Arbeit wahrgenommen worden oder als Arbeit entworfen?

AL: Arbeit ist stets eine zielgerichtete Tätigkeit, zum anderen eine produzierende Tätigkeit. Man macht also etwas mit irgendetwas Stofflichem. Zielgerichtet meint ja nicht nur für das Produkt, sondern auch für sich selber, also im Sinne von Befriedigung damit bewirken. Und dies wiederum ist bei einmaliger Aktion kaum oder gar nicht möglich. Insofern gibt es auch eine zeitliche Streckung. Ich möchte aber das Wort von der Routine vermeiden, weil das zu sehr einen Automatismus unterstellt. Es gibt bei Arbeit ein Element der Wiederholung, der Repetition: Gemeint ist das ‚Immer-wieder-Machen' des mehr oder weniger Gleichen, aber nicht ganz Identischen. Das wäre aus meiner

Wahrnehmung nicht anders, wenn man an die Wiederholung von Massakern denkt.[21]

Mir kommt gerade die Frage: Waren die Massaker in Belgien 1914 weniger Arbeit, weil sie nicht so repetitiv waren? Arbeit ist im Normalfall keine Exzesstat, und für Arbeit ist ja auch konstitutiv, dass man das besonnen macht, überlegt, dass man sich das Material und die Werkzeuge zurechtlegt, einen Plan hat. Das gilt ja für viele, wenn nicht die meisten Massaker 1941/42 in den besetzten Gebieten Polens und der UdSSR auch. – Das wäre eine offene Frage: Gibt es eine Grenze zwischen Arbeit und Exzess? Natürlich kann man auch exzessiv arbeiten. Auch da gibt es sicher keine scharfe Linie; aber es gibt Akzentuierungen, die das Erleben von Arbeit verstärken oder vermindern.

MB: Wird die Arbeitsmetapher für Kriegszustände und Massaker im Verlauf des 20. Jahrhunderts bedeutsamer? Und wenn ja, woran liegt das? Ich sehe zwei Möglichkeiten: Die eine wäre, dass der Krieg der Arbeitssituation in der Fabrik ähnlicher wird. Die andere, dass Arbeit so ubiquitär und zentral für das Leben wird, dass sie von den Leuten mit vielem in Bezug gesetzt wird, was sie machen und zumindest grobe Ähnlichkeiten aufweist.

AL: Wichtig sind Vorstellungen von einer Totalisierung der Arbeit, im Sinne von: alles ist Arbeit. Bei Ernst Jünger ist in den Manuskriptfassungen der Tagebücher noch viel von Arbeit die Rede. In den weiteren Bearbeitungen streicht er zwar das Arbeitsmäßige nicht ganz raus; den Akzent legt er aber vermehrt auf das Exzeptionelle, das Rauschhafte.

MW: Der Arbeiter geht ja bei Jünger mit der Figur des Soldaten zusammen. Er betont ja die Disziplin in der Fabrik, die bei ihm mit dem disziplinierten Massenheer der Moderne zusammengeht.[22]

MB: Jünger kommt dabei aber von der Seite des Soldatischen her und macht den Arbeiter zum Soldaten. Die Bewegung bei vielen Arbeitern ist andersherum, das sind Arbeiter, die zu Soldaten werden und dann vom Krieg schreiben, das sind zwei unterschiedliche Entwicklungslinien.

AL: Die natürlich in ihrer Differenz wichtig sind. Dennoch: Führen nicht beide Richtungen letztlich dazu, dass bestätigt wird, dass der Krieg eben auch nur eine Arbeit ist?

---

21 Alf Lüdtke, Über-Leben im 20. Jahrhundert. Krieg und Arbeit in den Lebensläufen von Arbeiterinnen und Arbeitern in Deutschland – mit vergleichenden Ausblicken nach Frankreich und Großbritannien, in: Josef Ehmer/Helga Grebing/Peter Gutschner (Hrsg.), „Arbeit" – Geschichte, Gegenwart und Zukunft, Leipzig 2002, S. 37–50; Alf Lüdtke, War as Work. Aspects of Soldiering in Twentieth-Century Wars, in: ders./Bernd Weisbrod (Hrsg.), No Man's Land of Violence. Extreme wars in the 20th Century, Göttingen 2006, S. 127–152; ders., Soldiering and working: almost the same?, in: Jürgen Kocka (Hrsg.), Work in a Modern Society, New York 2010, S. 109–130.

22 Ernst Jünger, Der Arbeiter. Herrschaft und Gestalt, Hamburg 1932.

MW: Wie ist es denn dann nach dem Krieg? Kann denn diese enthemmte oder entgrenzte Vernichtungsarbeit wieder eingehegt werden?

AL: Für viele gilt, dass Arbeit als Reinigungs- und Sühnetat das einzige ist, was noch übrig bleibt. Das ist eine weit verbreitete Orientierung, die viele nach der bedingungslosen Kapitulation 1945 in den ersten zwei, drei Nachkriegsjahren teilten, die aber relativ rasch verblasste. Ob sie nicht vielleicht doch noch da ist, wäre eine andere Frage. Ich denke gerade an Heinrich Hauser, der als US-Exilant um 1950 einen Band zur deutschen Industrie gemacht hat.[23] Da werden zwar keine Kanonen mehr gefertigt, aber da ist die gleiche Ikonografie. Es sind die gleichen zähen Gestalten, die dort den Betrieb am Laufen halten: die Hochöfen, die Metallverarbeitung – alle Hardcore-Elemente der Industrie sind als ikonografische Formen im Einsatz. Das scheint mir schon ein Gefühl dafür zu sein, dass das etwas sei, was wir ‚noch haben' und uns nicht wegnehmen lassen.

MB: War deutsche Qualitätsarbeit ein in der DDR genutzter und verbreiteter Terminus?

AL: Oh ja! Es gibt ein wunderbares Dokument von 1962 aus dem VEB „7. Oktober" in Berlin, aus einer Grundorganisation der SED. Dort heißt es: „Wir müssen wieder deutsche Wertarbeit einführen!"[24] Dann kommt eine Reihe von Beispielen, in denen es um Ordentlichkeit, Verlässlichkeit und Sauberkeit am Arbeitsplatz geht. Alle müssten verantwortungsvoll mit Material und Werkzeugmaschinen umgehen – man streiche z. B. nicht etwas zweimal an, um dann höhere Prämien zu bekommen. Diese kleinen Manöver, die ja durchaus nicht selten waren, wurden angeprangert, höchst konkret. – Es gibt im Herbst 1989 in der DDR in – Berliner – Betrieben lautstarke Forderungen, die beides nennen: „Wir wollen endlich gutes Geld" und „wir wollen endlich wieder richtig arbeiten können."[25]

MW: Zuspitzend könnte man sagen, dass der Topos der deutschen Qualitätsarbeit gerade in der DDR noch ein Fortleben hatte, weil der Appell an den Dienst an der Klasse, den Dienst an dem sozialistischen Staat das nochmal aufruft, während im Westen mehr und mehr die Lohnarbeit, das Entgelt und der Konsum in den Vordergrund rückten.

---

23 Heinrich Hauser, Unser Schicksal: Die deutsche Industrie, München 1952.

24 Alf Lüdtke, „Helden der Arbeit" – Mühen beim Arbeiten. Zur mißmutigen Loyalität von Industriearbeitern in der DDR, in: Hartmut Kaelble/Jürgen Kocka/Hartmut Zwahr (Hrsg.), Sozialgeschichte der DDR, Stuttgart 1994, S. 188–213.

25 Alf Lüdtke, Männerarbeit Ost und West, in: Dirk Baecker (Hrsg.), Archäologie der Arbeit, Berlin 2002, S. 35–47.

AL: Ja, wobei auch da Vorsicht geboten ist. Die Wahrnehmung, die wir wahrscheinlich seit Jahren haben: Alles dreht sich nur um den Konsum, erfasst auch höchstens einen Teil der Wirklichkeit.

MW: Ich würde noch mal auf die Historiografie zurückkommen. Ist das nicht tatsächlich ein großes Desiderat, eine Geschichte der Körperlichkeit von Arbeit?

AL: Ganz gewiss. Wobei man auf die Gefahr achten muss, nicht Geschlechterdifferenzen zu reifizieren. So geht es in meinen Arbeiten überwiegend um Männer. Das ist aber keine Entscheidung, die Genderfrage nicht ernst zu nehmen. – Aber dir geht es ja um Körperlichkeit bei Männern und Frauen – aber gewiss auch auf dem Feld der Kinderarbeit. Dabei schließt die Frage auch die Tätigkeiten ein, die in der Regel als nicht körperlich gelten, also Geistesarbeit oder Schreibtischarbeit, ebenso wie Beziehungsarbeit. Auch wenn Menschen nur sitzen, sind sie dabei ja tätig; auch hier gibt es Körperlichkeit als arbeitende oder tätige Körper. Und diese Körper sind immer auch emotional geprägt oder ‚geladen'. Kurz: das ist ein ebenso facettenreiches wie dringendes Programm!

Es gibt eine Studie über Diener von Markus Krajewski.[26] Das ist ein Versuch, wegzukommen von den konventionellen Tätigkeiten. Wie steht es mit Historikern und ihrer Körperlichkeit? Wichtig wären dabei Raumanordnungen: Wie sind Büros und Arbeitszimmer eingerichtet? Wie passen sich die arbeitenden Körper dort ein, in die meist strikt hierarchischen Vorgaben, etwa bei Schreibtischgrößen oder Armlehnen? Und wann passen sie sich ein? Und wann oder wie nicht?

MW: Man könnte zum Beispiel Arbeitsschutzbestimmungen daraufhin lesen, inwieweit sie eine bestimmte Körperlichkeit einschließen und ausschließen oder vorschreiben wollen. So dass eine bestimmte Körperlichkeit am Arbeitsplatz als geboten und eine andere als gefährlich erscheint. Auch Fotografien könnte man beispielsweise daraufhin durchsehen, inwieweit denn die Arbeitenden gezeigt werden, welche Haltungen als vorbildlich gelten?

AL: Die Frage bleibt für mich, ob das nicht primär für die produzierenden Bereiche gilt. Büroarbeit, ja sicher, mit den Bürostühlen, das ist seit Jahren ein Thema, aber auch noch nicht so wahnsinnig lange. Im produzierenden Bereich gibt es halt die Gefahr, dass man sich verbrennt, vergiftet, einen Finger abhackt. Das ist im Büro nicht gegeben.

---

26 Markus Krajewski, Der Diener. Mediengeschichte einer Figur zwischen König und Klient, Frankfurt am Main 2010.

MB: Ich hatte deine beiden zentralen Aufsätze zu Arbeit und Arbeitern im Nationalsozialismus, noch mal gelesen,[27] und die sind ja noch sehr stark geprägt von den Angriffen der Sozialhistoriker auf die Alltagsgeschichte und dann sozusagen Repliken darauf. Wenn du dir das heute noch mal ansiehst, würdest du Dinge vielleicht anders sagen und die Abgrenzung gegenüber sozialgeschichtlichen Ansätzen nicht mehr so stark machen? Du kritisierst zum Beispiel sehr scharf statistische Arbeitsweisen. Nach deiner Meinung kann man damit dem Geschehen überhaupt nicht auf die Spur kommen. Würdest du das noch ähnlich sehen?

AL: Ich denke, ich habe mich auch etwas verändert. Das betrifft nicht zuletzt die Statistiken, wobei ich nicht ganz sicher bin, ob ich wirklich so schroff zugespitzt habe. Aber ich will das gar nicht in Abrede stellen. Ich hatte allerdings parallel dazu – das ist gerade in dem ersten Eigensinn-Aufsatz, der 1986 auf Englisch erschienen ist,[28] schon enthalten – selber statistisch mit den Lohnbüchern der mechanischen Werkstatt der Gutehoffnungshütte gearbeitet. Sie verzeichnen die gezahlten Löhne für eine begrenzte Zahl von Arbeitern über mehrere Jahre um 1870. Gott sei Dank waren es nicht allzu viele, schwankend, aber um die 200 – das hätte sonst die Auswertung extrem erschwert. Mir war aufgefallen, dass diese Löhne auf enorme Weise schwankten, in zweierlei Hinsicht: zum einen über die Zeit, also, dass es am 1. des Monats zehn Groschen, vierzehn Tage später 25 Groschen sein konnten, weitere vierzehn Tage später wieder sieben – und so weiter. Zweitens sah ich weder Zyklen noch Gleichmäßigkeit in diesen Auf- und Abbewegungen; vor allem schwankten auch die ausgezahlten Löhne untereinander erheblich, zwischen den Bohrern oder den Schmieden. Das warf Fragen auf – wie sich solche individuellen Ungleichmäßigkeiten auf das eigene Leben, zugleich auf Haushalt und Familie, aber auch auf die Kollegialität untereinander auswirkten.

Vor diesem Hintergrund bin ich sehr skeptisch geworden gegenüber den Durchschnittsangaben von Reallöhnen, denn das sind meistens Jahresdurchschnitte. Und es sind oft nur Großgruppen, bei denen im Zweifelsfall ein breites Spektrum von Individuen auf eine Zahl reduziert wird. Die Spannbreiten und die Verteilungen sind dann nicht mehr erkennbar. Die Diagonale ist für die konkreten Personen kein Maß, an dem sie ihre eigene Lebenssituation erkennen.

---

27 Alf Lüdtke, Wo blieb die „rote Glut"? Arbeitererfahrungen und deutscher Faschismus; ders., „Ehre der Arbeit": Industriearbeiter und Macht der Symbole. Zur Reichweite symbolischer Orientierungen im Nationalsozialismus, beide in: ders., Eigen-Sinn, S. 221–282 und 283–350.

28 Alf Lüdtke, Cash, coffee-breaks, horseplay. "Eigensinn" and politics among factory workers in Germany circa 1900, in: Michael Hanagan (Hrsg.), Confrontation, class consciousness, and the labor process, New York 1986, S. 65–95.

MB: Ja, das ist sicher richtig, aber ich würde schon dagegen sagen, dass es nicht unwichtig ist, wieviel ich am Jahresende verdient habe in der Gesamtsumme, weil man natürlich ansparen kann, wenn es gut läuft, um dann schlechtere Zeiten ausgleichen zu können. Also wenn man lernt mit den Schwankungen umzugehen, ist die Gesamtsumme ziemlich bedeutsam.

MW: Können wir nicht überlegen, auch stärker auf die Ausgabenseiten zu schauen. Also wann werden größere Güter gekauft werden, die vielleicht auf Raten abbezahlt werden oder für die vorher gespart wurde. Es gibt bestimmte Grundbedürfnisse wie Essen und Unterkunft und Konsumgüter wie Kleidung, die müssen unmittelbar befriedigt werden. Aber es gibt dann trotzdem Zeitpunkte, wo ich sage, „Ich kann mir das Radio kaufen für 80 Reichsmark".

AL: Nein, da sind ja immer auch Projektionen im Spiel, die sich vor dem Hintergrund der eigenen Erfahrungen und vielleicht auch der von Verwandten und Eltern abbilden. Da ist die Lebensverdienstkurve – in der Tat eine Gesamtsumme, allerdings eine individuelle! – von großer Bedeutung. Erneut wichtig sind die Lebenserfahrungen – Zuversicht oder Verunsicherung und Sorge speisen sich stets auch daraus und vermitteln das Gefühl, dass es insgesamt aufwärts oder abwärts geht. Dabei sind die mittleren Konjunkturzyklen, also nicht die langen Kondratieffs, sondern die sieben-, achtjährigen Juglar-Zyklen wesentlich. Insofern gibt es natürlich eine saisonale Zyklizität. – Für den Schreiber des bereits erwähnten Aufschreibebuches vermehrten sich ab Anfang 1930 die (unbezahlten) „Feierschichten" bei Krupp, zunehmend auch Tag für Tag: eine Erfahrung, die für ihn neu war – die aber vor dem Hintergrund bisheriger dauerhafter Beschäftigung als unerfreuliche Ausnahme erscheinen konnte. – Es sind also mehrere Ebenen zwischen momentan und langfristig, die man unterscheiden müsste. Deren Wechselwirkungen wären zu untersuchen – gerade auch auf individueller Ebene.

MW: Darum war ich damals so froh, dass ich im Landesarchiv Schleswig die konkreten Haushaltsbücher gefunden habe, wo man zum Beispiel bei der einen Familie genau die Ausgaben sehen konnte. Dadurch ließ sich nachvollziehen, ab wann man sich etwas leistete. Ich fand damals wirklich bezeichnend, dass eine ganze Seite in diesem Ausgabenbuch für den Kauf eines Fernsehers 1958 verwendet wurde. Dort wurden die Marke und der genaue Preis angegeben und besonders hervorgehoben, dass es das erste große Konsumgut war, das auf Raten gekommen ist.[29]

29 Michael Wildt, Am Beginn der „Konsumgesellschaft". Mangelerfahrung, Lebenshaltung, Wohlstandshoffnung in Westdeutschland in den fünfziger Jahren, Hamburg 1994.

AL: Es gibt auch für das Kaiserreich schon 1912 eine statistische Erhebung, in der eine Reihe von Haushalten mit ihren Ausgaben und konkreten Einzelrechnungen präsentiert werden. Es gibt also schon Material, das über die reine Diagonale hinausgeht. Und insofern ist der Einwand gegen die Pauschalität ebenso berechtigt wie sinnvoll. Die Erhebung hatte natürlich mit der damaligen Situation zu tun, wo es nicht um revolutionäres Dreinschlagen, sondern um sozialreformerische Intervention ging.

MW: Würdest du sagen, dass sich durch die Beschäftigung mit dem Nationalsozialismus dein Begriff von Eigensinn verändert hat?

AL: Ja, das betrifft insbesondere das Engagement – und, ja, auch die Begeisterung beim Kriegführen, beim Töten, sowohl in Massakern wie auch an den regulären Fronten. Da zeigen sich Aspekte von Übererfüllen, von gesteigerter Intensität nicht nur des Mitmachens, sondern des Weitertreibens, die ich zuvor nicht im Blick hatte. Vorstellungen wie: ‚es jetzt erst recht gut machen' und ‚lieber einmal mehr schießen' gehören eben auch in den Eigensinn-Kontext. Es ist ein ‚etwas so zu machen, wie es einem eigentlich liegt und sich um nichts und niemanden kümmern, weder um Vorgaben noch um Leute, mit denen man zusammenarbeitet'. Diese starke Eigenakzentuierung ist es. Wobei dieses Sich-selbst-Vorantreiben und in dem Sinne eigen sein nicht gegen eine Rechtfertigung spricht, dass es ja um das große Ganze gehe, für Führer, Volk und so weiter – oder um die Durchsetzung einer besseren Rasse. Eigensinnigkeit bezieht sich dann auch nicht auf dieses oder jenes Verhalten, sondern darauf, sich nicht zähmen zu lassen – eigensinnig zu sein wie ein ungebärdiges Kind.

MW: Das ist eine wichtige Akzentuierung. Eigensinn hat ja als Begriff durch dich und deine Begriffsnutzung viel Resonanz gefunden. Es gibt Dissertationen, die den Begriff Eigensinn im Titel führen und dort wird häufig das Subjektive, nicht mehr so allein, wie zu Beginn bei den Geschichtswerkstätten, das Widerständige in den Mittelpunkt gestellt. Es wird also inzwischen schon ambivalenter benutzt. Aber es wird immer noch sehr als subjektive Kategorie von Akteuren verwendet, und du würdest das jetzt ja noch mal stärker als eine Kategorie des Tuns sehen, als eine Charakterisierung des Tuns.

AL: Charakterisierung des Tuns: das in der Tat. Aber ich glaube, dass dieses Tun und Machen sehr wohl subjektiv ist. Wobei Subjekt und Subjektivierung für mich immer Fichtes begründendes Subjekt anklingen lassen, das „subiectum inconcussum“, das die Welt erschafft. Dieses losgelöste und zugleich unerschütterliche Subjekt schreckt mich bei der Wortverwendung; genauer: es ermuntert mich, dieses Wort eher zu vermeiden. Der Sache nach aber meine ich schon, dass es hinter jedem Eigensinn nur jeweils ein Ich gibt.

MW: Du hast Eigensinn einmal im Englischen mit *self-energizing* umschrieben[30] und verbindest damit ja den Eigensinn mit Emotionen und Emotionsgeschichte.

AL: Ich denke, diese Wendung bildet die Dynamik gut ab, die ja durchaus sehr fatal sein kann, wenn man hier alles wegwischt – und ob dann Scherben entstehen, juckt mich nicht. Es meint das: Ich hab' höhere Ziele, ich will das nun einfach so. Insofern geht es auch um die Aufladung mit einer extremen Rücksichtslosigkeit. Die würde ich bei Eigensinn relativ hoch veranschlagen. Für mich ist das weithin kein sehr menschenfreundliches Verhalten, sondern eher fatal, und von daher sollte man da nicht zu enthusiastisch sein. Vielleicht ist das ja das eigentlich Befreiende, dass die Gleichsetzung von Subjekt und ‚gut' fragwürdig wird und wieder stärker die Vielfarbigkeit des Subjektes deutlich wird.

MB: Ich habe darüber nachgedacht, weil das in den beiden Aufsätzen ‚Rote Glut' und ‚Ehre der Arbeit' so eine große Rolle spielt, warum es für die Nazis eigentlich von so zentraler Bedeutung war, die Arbeiter zu erreichen und sie das vielleicht stärker taten als andere rechte Militärdiktaturen oder faschistische Regime. Eine Frage wäre, ob sie es tatsächlich stärker machten. Im faschistischen Italien oder bei der Militärdiktatur in Argentinien gab es ja durchaus auch Versuche in diese Richtung, aber insgesamt scheint mir die Propaganda für Arbeiter im Nationalsozialismus schon eine klar bedeutendere Rolle einzunehmen. Warum ist das so? Meine These wäre, dass dies damit zusammenhängt, dass das NS-Regime von Anfang an einen Revanche- und Eroberungskrieg plant. Es geht also nicht nur um innenpolitische Machteroberung, sondern es geht um kriegerische Expansion, wo die Beteiligung von ziemlich vielen erforderlich ist, die nicht nur Dienst nach Vorschrift machen, sondern sich engagieren.

AL: Ich denke auch, dass diese Dynamik sehr entscheidend ist. Man sollte aber auch nicht vergessen, dass in Deutschland der Bevölkerungsanteil der Lohnarbeiterschaft etwa seit den 1890er Jahren deutlich größer war als z. B. im Italien der 1920er oder dem Argentinien der Perón-Ära. Parallel dazu stieg im Deutschen Reich die politische Präsenz der Arbeiterschaft. Und das andere: eine von Revanche wie von Revanche-Abwehr geprägte politische Konjunktur nach dem Ende des Krieges 1918 halte ich für sehr einleuchtend. Es gibt ja dieses – vielleicht überzogene – Reden vom Dreißigjährigen Krieg, der von 1914 bis 1945 gedauert habe. Das ist eine sehr verkürzte oder verkürzende Formel. Aber

30 Sheila Fitzpatrick/Alf Lüdtke, Energizing the Everyday: On the Breaking and Making of Social Bonds in Nazism and Stalinism, in: Michael Geyer/Sheila Fitzpatrick (Hg.), Beyond Totalitarianism: Stalinism and Nazism Compared, Cambridge 2009, S. 266–301, bes. S. 287–291, 300.

enorme Resonanzen über Zäsuren und Grenzen hinweg lassen sich zeigen – sie reichten hinweg über Umbrüche wie 1918, überbrückten aber auch Distanzen zwischen Generationen und Klassen, zwischen politischen Lagern und Konfessionen. Freilich jeweils im materialen wie imaginären Rahmen des Nationalstaates – der wiederum Kolonialherrschaft voraussetzte oder reklamierte.

MW & MB: Wir danken dir für das Gespräch!

Dank

Der vorliegende Band geht auf eine Tagung zurück, die vom 13. bis 15. Dezember 2012 im Internationalen Geisteswissenschaftlichen Kolleg „Arbeit und Lebenslauf in globalgeschichtlicher Perspektive“ (re:work) in Berlin stattfand. Für die Vorbereitung und Organisation der Tagung danken wir insbesondere Maité Kersaint und Felicitas Hentschke und re:work vor allem für die finanzielle Unterstützung, mit der die Veröffentlichung des vorliegenden Bandes erst möglich wurde.

Anne Scheel und Katharina Böcker danken wir für das sorgfältige Korrekturlesen sowie Maria Akingunsade für die Transkription des Interviews mit Alf Lüdtke. Nicht zuletzt waren die Beharrlichkeit, das Engagement und die klugen Ratschläge unserer Lektorin Julia Schreiner eine immense Unterstützung. Allen sehr herzlichen Dank!

www.ingramcontent.com/pod-product-compliance
Lightning Source LLC
LaVergne TN
LVHW102229300926
849160LV00006B/76
9783486765380